西藏自治区社会科学院重大项目

《历辈班禅额尔德尼传》系列丛书之七

九世班禅额尔德尼·确吉尼玛传

救怙主遍知罗桑土旦确吉尼玛格列朗杰

贝桑布共传——自在王宝串

洛桑江央益西丹巴坚赞　等著

许 德 存　　　　　译注

西藏藏文古籍出版社

《历辈班禅额尔德尼传》系列丛书编委会

图书在版编目(CIP)数据

九世班禅额尔德尼·确吉尼玛传/洛桑江央益西丹巴坚赞等著;许德存译. --拉萨:西藏藏文古籍出版社,2022.4
ISBN 978-7-5700-0359-4

Ⅰ.①九… Ⅱ.①洛… ②许… Ⅲ.①班禅九世(1883-1937)-传记 Ⅳ.①B949.92

中国版本图书馆CIP数据核字(2022)第283937号

《历辈班禅额尔德尼传》系列丛书之七

九世班禅额尔德尼·确吉尼玛传

作　　者	洛桑江央益西丹巴坚赞　等
译　　注	许 德 存
责任编辑	米玛次仁
译　　校	王　雷
封面设计	嘎东普琼
排　　版	阿旺曲吉
出　　版	西藏藏文古籍出版社
印　　刷	安徽省桐城市神州书刊印务有限公司
发　　行	西藏新华书店
开　　本	787×960　1/16
印　　张	41.5
字　　数	483千字
版　　次	2022年4月第1版
印　　次	2022年4月第1次印刷
印　　数	1-3,500
书　　号	ISBN 978-7-5700-0359-4
本套定价	68.00元

目 录

总序 ……………………………………………………… (1)
前言 ……………………………………………………… (1)
救怙主遍知罗桑土旦确吉尼玛格列朗杰贝桑布共传——自在王宝串(上册) ……………………………………… (1)
礼赞 ……………………………………………………… (1)
第一章　遍观班禅额尔德尼历辈事迹 ………………… (6)
第二章　寻访遍观九世班禅额尔德尼·罗桑土旦确吉尼玛格列朗杰 ……………………………………… (12)
第三章　遍观班禅额尔德尼的化身坐床、受出家戒 ……………………………………………………… (29)
第四章　英国侵略西藏,我方反击驱除,班禅额尔德尼赴印度 ……………………………………………… (103)
第五章　遍观班禅额尔德尼住寺期间新建佛殿和身语意三所依 ……………………………………… (131)
第六章　遍观班禅额尔德尼受近圆戒 ……………… (138)
第七章　救怙主佛自在达赖喇嘛从北京返回拉萨,救怙主大遍观班禅额尔德尼去北方迎接 ………… (205)
第八章　地方政府与班禅堪布会议厅产生分歧,遍观班禅额尔德尼出走内地 ……………………… (228)
第九章　班禅额尔德尼从扎什伦布寺给皇帝的慰问信集锦——月镜 ……………………………………… (256)

救怙主遍知罗桑土旦确吉尼玛格列朗杰贝桑布共传——自在王宝串(下册) ………………………………………… (270)
第一章　从卫藏出发到达大国(北京)之前的情况　…… (270)
第二章　双足抵达金色大国,首次在此弘法利乐佛教众生 ………………………………………… (315)
第三章　首次在霍尔地区宣化,发展佛教众生利乐事业 ………………………………………… (370)
第四章　在祖国内地弘扬大乘佛法……………………… (446)
第五章　略述在多麦地区弘法化众的事迹……………… (521)
第六章　庄严色身暂摄法界幻化事业略说……………… (548)
第七章　概说如何修行成就圆满特殊无漏心的方法 ………………………………………… (560)
九世班禅额尔德尼·确吉尼玛年谱 ………… 米玛次仁　编(571)
人名、地名汉藏词汇对照 ………………………………… (577)
后记…………………………………………………… (653)

总 序

2013 年 3 月,西藏自治区社会科学院启动《历辈班禅大师传记》编辑出版项目。其中,由西藏自治区社会科学院与扎什伦布寺合作编撰的藏文版《历辈班禅大师传记》,于 2014 年 7 月正式出版发行。该丛书汇集了扎什伦布寺收藏的第四世至第九世班禅额尔德尼传记的木刻本和从全国各地搜集到的第一世、二世、三世班禅额尔德尼的传记,共 12 册 380 余万字。此次出版的汉文版《历辈班禅额尔德尼传》是该丛书的藏译汉版本,包括《一世、二世、三世班禅额尔德尼传》《四世班禅额尔德尼·罗桑确吉坚赞传》《五世班禅额尔德尼·罗桑益西传》《六世班禅额尔德尼·罗桑班丹益西传》《七世班禅额尔德尼·罗桑班丹旦白尼玛传》《八世班禅额尔德尼·罗桑班丹旦白旺秋传》《九世班禅额尔德尼·确吉尼玛传》等七册。

"班禅额尔德尼"是藏传佛教教格鲁派最负盛名和影响力的活佛转世系统之一。"班"是梵语"班智达"的简称,意为"学者";"禅"是藏语"钦波"的简称,意为"大";"额尔德尼"是满语,意为"珍宝"。1645 年,蒙古固始汗封罗桑确吉坚赞为"班禅博克多","博克多"是蒙语,意为"睿智英武"。格鲁派确认罗桑确吉坚赞为四世班禅,追认宗喀巴门徒克珠杰为一世班禅,索南确朗为二世班禅,罗桑顿珠为三世班禅。1713 年,清朝康熙皇帝封赐五世班禅为"班禅额尔德尼",并将此封号加封以前历辈班禅,"班禅额尔德尼"遂成这一活佛系统的封号。自 1792 年清朝乾隆皇帝设立金瓶掣签制度后,于八世班禅额尔德尼开始,历辈班禅转世灵童均须经中央政府批准金瓶掣签认定,或须报请中央政府批准免于金瓶掣签认定①。

通过该丛书可以看到,历辈班禅额尔德尼一脉相承,继承和发扬藏传佛教历史悠久的爱国主义传统,高举祖国统一、民族团结、爱国利民的旗帜,在维护中央政府权威、协助治理西藏地方、抗击外敌侵略、维护国家主权和领土完整统一等方面,发挥了重要的历史作用。如四世班禅额尔德尼·罗桑确吉坚赞积极与入关前的清朝皇太极政权联系,主动要求归于新的中央政权管辖之下,极力劝说五世达赖进京朝觐。五世班禅额尔德尼·罗桑益西全力配合中央政府平定准噶尔部叛乱和噶伦争权造成的内乱。六世班禅额尔德尼·罗桑班丹益西坚决站在中央政府一边,听闻珠尔默特那木扎勒杀害驻藏大臣,阴谋叛乱,立即派人前往拉萨慰问幸存的驻藏大臣家属及其随从,送去物资。后来,他又在英国侵略不丹时,拒绝英国人控制的东印度公司对他的拉拢和利诱,还不远万里专赴北京,朝觐大皇帝,庆贺乾隆皇帝70大寿。七世班禅额尔德尼·罗桑班丹旦白尼玛协助中央政府治理西藏,帮助医治因廓尔喀人入侵带来的战争创伤,同时动员群众支援前线,驱逐森巴侵略军,维护国家领土和主权的完整。清朝进入衰落时期后,历辈班禅仍一如既往,坚定地站在维护祖国统一的立场上,坚决维护中央政府对西藏的主权,恭顺历代皇帝,尊重历任驻藏大臣,赞翊中央。八世班禅额尔德尼·罗桑班丹旦白旺秋时期,正值晚清政局不稳、国家动荡之际,但他始终坚持拥戴中央政权、维护国家主权的立场,全力抵制英国入侵我国西藏,还在当时西藏大众向驻藏大臣呈递立誓不准外国人入藏的公禀上列名并出具图章。九世班禅额尔德尼·确

① 十世班禅由国民政府代总统李宗仁于1949年6月3日颁发免于金瓶掣签的命令继任为第九世班禅额尔德尼。

吉尼玛早年积极开展抗英斗争，在辛亥革命后坚持反对英帝国主义侵略及西藏上层反动势力分裂祖国的活动。1923 年，他流寓祖国内地后，始终坚持祖国统一、维护民族团结，积极从事抗日斗争，被民国政府任命为“护国宣化广慧禅师”“西陲宣化使”。他在南京新亚细亚学会所作的《西藏是中国的领土》的讲演，充分体现了他坚持西藏是中国不可分割的一部分的爱国主义立场。他临终遗言说：“我如此全力做事，是为了拥护中央，发展佛教，各民族团结和睦，国家稳定。”他指示“所属的火枪除了留给卫兵和勒参巴护身需要外，其余全部献给中央，有利于帮助消除国家的危难”，并叮嘱“最后一定要为我们藏族僧俗官民和其他诸民族共同一道心思国家建设、汉藏和睦而努力。”由此可见，历辈班禅额尔德尼始终坚持维护祖国统一、增进民族团结的爱国利民立场。

此次出版的《历辈班禅额尔德尼传》系列丛书，大部分内容是首次汉译面世，具有极高史料价值，不仅是研究历辈班禅额尔德尼的第一手重要中文史料，也是研究扎什伦布寺历史及日喀则社会、经济、宗教、文化等方面历史状况的重要史料；对于了解藏传佛教的教规教义及其历史发展，以及近 600 年来中国西藏的社会状况和历史发展、西藏地方与中央政府的关系、各民族间的交往交流交融史等，也具有重要参考价值；同时，还有利于研究和总结藏传佛教爱国爱教的优良传统，充分挖掘和发扬藏传佛教教规教义中有利于社会进步、人民幸福的积极因素，进一步推动藏传佛教中国化，引导藏传佛教与社会主义社会相适应。特别是对历辈班禅额尔德尼维护祖国统一、促进民族团结、反对民族分裂光辉事迹的挖掘、宣传，有利于引导广大僧俗群众爱国爱教、遵规守法，大力弘扬藏传佛教和谐向善的理念，做增进民族团结的典范；高举爱国主义伟大旗帜，做维护祖国统一的典范，坚定不移地与十四世达赖集团的分裂破坏活动作斗争。

本丛书的翻译工作得到社会有关各界的大力支持,一些译者还亲赴扎什伦布寺学习考察,并得到了寺管会的热情接待和指教,特别是得到了十一世班禅额尔德尼·确吉杰布的接见和鼓励。丛书编委会要求翻译人员严格按照西藏藏文古籍出版社2014年出版的藏文版《历辈班禅大师传记》(12册)丛书内容进行翻译,并增加注释和引言、后记、汉藏人名地名对照;要求责任编辑通篇核对原文,译校人员做好编较、统一专用词语等工作。但应指出的是,由于传记作者所处的社会历史背景使然,他们在写作时难免会受到当时西藏社会思想的影响,如一些关于佛教高僧的神奇故事和传说的描述等;在写作体例和内容侧重上,有的流于枯燥烦琐和冗长,多有对求法、讲经、谒见、馈赠等宗教活动方面的记述。另外,译文中涉及到的不少专有术语,特别是一些历史地名、人名、职官、寺院名称、宗教仪轨、佛学典故和确切时间等,还需进一步研究,以使翻译更加准确。为此,尚祈读者鉴察。

编　者

2021年4月25日

前 言

九世班禅额尔德尼·确吉尼玛是近代西藏地方维护祖国统一和民族团结的一位爱国人士。1883 年生于西藏塔布,1888 年在布达拉宫经过被金瓶掣签确定为第九世班禅。当天,由十三世达赖喇嘛图登嘉措剃度,取法名为“杰尊罗桑确吉尼玛格列朗杰贝桑布”。1892 年正月初三日,在扎布伦布寺坐床。由摄政第穆呼图克图担任堪布授予其沙弥戒,清朝政府特赐白银 10000 两表示祝贺,由四川总督刘秉璋由“司库提领”,并“派员迅速解往”。不久,九世班禅特派堪布罗布藏云丹前往北京,向慈禧太后和清德宗皇帝“谢恩”。

1902 年,九世班禅来到拉萨,十三世达赖喇嘛在大昭寺释迦牟尼像前授给他比丘戒。同年五月初十日,九世班禅由拉萨返回扎什伦布寺。1904 年六月二十二日,英国发动第二次侵藏战争并入侵拉萨,十三世达赖经青海逃往蒙古库伦,当时驻藏大臣有泰奏请中央革去达赖名号,饬令班禅兼管前藏①商上事务,班禅力辞。班禅在给驻藏大臣有泰的信中说:“钦奉恩命,自应谨遵,曷敢妄渎,惟查后藏为紧要之区,地方公事须人料理,且后藏距江孜二日程,英人出没,尤宜严密防范,若分身前往前藏,恐有顾此失彼之虞。”班禅的这一回答,使英国侵略军头子荣赫鹏和卖国分子有泰想让班禅代替达赖的阴谋没有得逞。1905 年,英兵 50 余人到扎什伦布

① “前藏”“后藏”是历史上的用法,西藏自治区成立后不再使用。历史上“前藏”大致指的是拉萨、山南一带,“后藏”大致指的是日喀则周围。在不同历史时期、不同语境中,“前藏”“后藏”所指地域有所不同。——编者

寺强迫九世班禅去印度会晤英国皇子乔治。班禅对英国人说:“我往印度不难,但须禀陈钦宪,奏知大皇帝殊批照准,方可启程,否则难以从命。”又写信给驻藏大臣有泰:“若不去,恐后藏地方扎什伦布寺均不能保全,若其去时,则我未奉到钦宪批饬,将来大皇帝降罪,必不能宽。惟后藏之安危所系,生灵之性命所关,为我班禅一人,致使全局震动,此心实所不安。”这年十一月,年仅22岁的九世班禅受英印驻江孜商务代表鄂康诺之逼前往印度。当见到英皇子时,被要求行跪拜之礼,班禅义正言辞地说:“我只在大皇帝前跪拜,其余不行。”第二年一月十一日(十二月十七日),班禅从印度加尔各答返回西藏。1906年九月,英国人柏尔来到扎什伦布寺游说,遭到班禅的严词拒绝。

1910年农历正月初三,川军进入拉萨,十三世达赖喇嘛出走印度。次年一月,班禅被请到拉萨,并用元宝犒赏川军。他先后入住大昭寺和罗布林卡,并坐在达赖的宝座上处理事务,因此引起拉萨官员和达赖属下的不满。当年,班禅返回扎什伦布寺。1912年,达赖从噶伦堡返回,途经热隆寺时,班禅专程去迎接,以求和好。1914年,噶厦在后藏班禅管辖区设置两名总管,强征各种新加税赋,干涉扎什伦布寺事务。1915年6月,班禅写信给达赖,请求免征税赋,遭到达赖拒绝,致使双方的矛盾加剧。1921年,噶厦成立军粮局,强迫扎什伦布寺缴全藏应纳额的四分之一的军粮(月25万斤),以及军费2-3千秤(合藏银10余万两)。这年10月,班禅派人去拉萨请求免征,噶厦没有接受。1923年11月,达赖以“亲汉”的罪名,突然将班禅身边的几位重要官员拘捕入狱。班禅意识到形势的严峻性,于是带领15名侍从顺北路去往青海。几日后,日喀则基总才发现班禅离去,立即电告达赖,达赖派孜本龙夏率领1000骑兵追捕,追至唐古拉山因大雪阻途而返回。班禅一行由于出走匆忙，没有更多的食物，一路上行走非常艰难，还好在从草坝遇到哲布尊丹巴活佛的经师雪珠堪布，随行到达甘肃的安西县。从此，班禅一行开始了长达十余年的内地生活。

1924年4月25日，安西县知事迎接班禅额尔德尼到县政府，款待一周。随后，班禅一行经过肃州、西宁、甘州、凉州到达兰州，受到军政官员和军民数千人的热烈欢迎。大总统曹锟特派李乃芬作为“迎护专员”到兰州亲迎，带来了大总统的封号“致忠阐化”。在兰州期间，班禅外出“乘黄轿，衣黄衣，租黄钺，盖黄伞，驺众甚众”，拜会了当地官员。当年5－6月，班禅前后派遣两名堪布去北京，蒙藏院发函各部准备迎接，其他一些部门和团体也做好了迎接的准备。中央政府确定蒙藏院为主办机构具体负责接待的筹备工作，同时明确了接待的费用由中央财政提供。

1924年10月下旬，班禅一行离开兰州，经西安准备进京。在西安停留期间发布通电，表达爱国之情。部分通电内容是：“共和布政，五族归仁，布岭萨川，同隶禹甸。……我国值风雨飘零之际，正危急存亡之秋，亟应速息内讧，力图上理。乃者风烟未靖，风鹤频惊，同室操戈，既贻煮豆燃萁之诮；渔人伺利，将成摘瓜抱蔓之非。唇既亡而齿自寒，皮不存而毛焉附？非惟中原锦绣，同蹈陆沉，且虞边塞藩篱，亦供刀俎。”

1925年1月5日班禅一行到达太原，受到阎锡山的热情接待。临时执政段祺瑞派达寿和章嘉活佛前往慰问。2月25日，班禅专列抵达北京，各部院官员和各社会团体、佛道教人士等数万人在车站迎接。次日上午，觐见临时执政段祺瑞。之后，双方几次见面。4月，班禅派代表参加了善后会议，发表政治主张。4月下旬，应孙传芳邀请，乘火车南下经上海到浙江，一路上受到由蒙藏院和江苏、浙江及沿途地方等官员迎接。临时执政派达寿、翊卫使熙钰护送,蒙藏院派祺诚武、李铣、方燕庚陪同。5月1日,班禅从上海到杭州,浙江军政官员、僧众、社会各界隆重欢迎。8日,班禅从杭州返回上海,9日上午中华佛教总会上海分会在静安寺举行欢迎大会,下午乘船前往普陀进香,到达普陀后又受到僧俗各界的热烈欢迎,各寺庙都做好了迎接准备。在上海有军政绅商、各社会团体和外国驻沪机构代表参加的宴会上,班禅发表演说,表示"现在五族共和,汉满蒙回藏尽属一家。"1925年8月1日,临时执政段祺瑞颁布命令,称"班禅额尔德尼远道来京,赞筹统一,精忠翊国,嘉慰良深,著加给'宣诚济世'封号,用示优异"。12月1日,中央政府举行隆重仪式,予以正式册封。中央政府同时批准设立班禅驻京办事处,在福佑寺办公。

1926年10月九世班禅离开北京,此后至1928年都在东北、内蒙古活动。1931年5月班禅赴南京,参加国民会议,拉让在会上提出由中央护送班禅回藏的问题。同月,在南京新亚细亚学会第三次会议上,班禅发表演说:"西藏为中国的领土一部分,想必诸位对于中藏历史都有深刻研究与认识,勿用多赘。兹略举其荦荦大者:如当藏王松赞干布之时,曾迎娶唐之文成公主为妻,迄至藏王默瓦葱时,复与中朝之金城公主结婚;……达赖第五世、班禅第六世,曾相继到中原朝觐大皇帝,清时准噶尔人侵略西藏,清帝派兵援助平叛之后,即派驻藏大臣驻拉萨,并率相当兵力保护达赖、班禅,捍卫国土。以上历举,可资证明西藏为中国领土。言至此,余有两点感想,可向各位报告:(一)西藏是中国的领土,如被帝国主义者侵略,可无异于自己的门户被人拆毁,不免有唇亡齿寒之忧;(二)如何使蒙藏与中国团结成整个的民族?要做到这两点,须先下许多功夫,上自中央政府,下至全国国民,一致努力。"7月1日国民政府主席蒋介石封他为"护国宣化广慧大师",

定年俸,颁玉册玉印。随后班禅前往蒙古地方进行佛事活动。1932年3月,在归绥(今呼和浩特)设立班禅驻归绥办事处,在绥远省贝勒庙发表声讨日本侵略电文;11月再赴南京,12月24日国民政府任命班禅为“西陲宣化使”,并在政府礼堂举行就职典礼。之后,班禅派安钦活佛带着自己的书信进藏。1933年2月班禅返回绥远。是年四月,安钦活佛抵达拉萨,向达赖转达了“愿率属归藏,要求赐还后藏一切固有权利”的愿望。达赖也表达了“切望早日回藏,共谋众生安宁”的愿望,并同意恢复他以前的地位、权力、庄园,条件是在一般的租税之外,应当缴纳噶厦规定的一种新税。不幸,达赖于1933年12月17日突然圆寂,班禅获悉后举行盛大的追荐活动。

1934年二月二十日,国民党任命班禅为国府委员,派赵守钰为护送班禅回藏专使。1935年三月十一日,班禅向蒋介石提出回藏方案,要求拨巨款修路、设立邮电,兴办学校,派护送卫队。国民党政府稍作修改后,准予实施。西藏噶厦也发电给班禅,欢迎按照已故达赖所提的要求进藏,并答应提供方便,但也提出了其他要求。1936年6月,班禅一行抵达甘肃拉卜楞寺,拉萨三大寺和扎什伦布寺都派代表来欢迎班禅回藏,但噶厦给班禅的公函要求“勿带蒙汉官兵”,否则“将必坚决抵抗”。1936年12月18日,班禅一行进抵青海玉树,噶厦派代表来通知不要带中央卫队进藏。班禅行辕发电请问国民政府如何处理此事。正在这时,全面抗日战争爆发,北京、天津沦陷,上海危机。国民党政府无暇顾及西藏事务,复电班禅行辕和护送专使考虑停止进藏。而噶厦则提出如果班禅带中央代表和卫队进藏,必须写一封书面保证,而且必须“外国担保,以资慎重”。三大寺来电,要求班禅书面保证从北路赴扎什伦布寺。休息两月后,“即将中央官兵,不留一人,由海道撤回后,服从拉萨政府命令,及不妨碍师徒圣宜。”噶厦来电也提出了类似的要求。迫于无奈,1937年10月1日,班禅致函护送专使同意暂缓入藏。就这样,班禅回藏之事终因分裂势力的阻挠而废止。1937年12月1日,九世班禅由于忧郁成疾在玉树大寺甲拉颇章示寂,享年54岁。12月23日,国民政府追封九世班禅为“护国宣化广慧圆觉大师”。

索南才让(许德存)

救怙主遍知罗桑土旦确吉尼玛格列朗杰贝桑布共传——自在王宝串(上册)

礼　赞

智慧贤劫佛语火晶界，部分相好坛轮皆圆满，
如来教法莲苑欢喜笑，顶礼大日善妙尊胜光。
(是说尼玛格列朗杰)

千万妙源善慧佛教光明库，本性清净法界无云是法身，
三密[①]日照坛轮事业光喜宴，祈愿善妙圣光照亮大地胜。
(是说罗桑土旦确吉尼玛格列朗杰)

无为法离始终而无分别天成智慧究竟圆满佛，
离言语清净明亮非理分别不动寂静离贪正法，
诸凡一切分别以自证智[②]武器断除三障[③]是僧众，
顶礼永离生老病死圆满功德之源无欺的三宝。
智慧宝剑常锐利，斩断二障[④]之命根，
红黄光照智慧库，顶礼文殊尊胜天。

---

① 佛教用语，指身密、语密和意密。

② 大乘佛教瑜伽行派所提出来的一种认识学说，意思是自己能够证知有认识活动的能力或智慧。

③ 佛教用语，指信仰弘扬佛法的三大障碍，一是包括贪嗔痴三毒在内的“烦恼障”；二是由身语意所造成的阻碍修习佛法的思想行为“业障”；三是由于作恶事而导致堕入地狱、饿鬼、畜生等道的“报障”。

④ 佛教所说的烦恼障和所知障。

离诸戏论净空界,五智[1]光满平房中,
耸立端坐梵天子,请说不尽满愿语。
母女发心光宴波,等同广阔世界边,
圆满佛教莲花友,敬礼第二胜佛日。
广阔善慧知识边,利乐之源显密法,
如意宝言化徒众,礼持二义胜幢者。
受母女发心风鼓动善慧绿马引导相好轮威德圆满,
十万叶鬘摇动众生利乐蜜酒滴漏佛教白莲花盛开,
运用十力[2]智慧光芒解开使天成二义事业光明圆满,
众有情如是共同称呼的法王应是要颂的殊胜导师。
(是说罗哲贝云益西确吉杰布)

爱恋缘起蓝光法界虚空女腹部,
善慧光宴拥抱触摸而美丽祥瑞,
执持根本后得一体三金刚心法,
美肢体常供佛教之日八种自在[3]。
(是说罗桑班丹旦白尼玛)

无上四身宫中以文殊普贤胜行,
圆满伟大三密千辐断证炼金轮,
统治佛法世界无与伦比的语日,
复又供养尊胜妙善光鬘莲指花。

---

① 佛教用语,指大圆镜智、平等性智、妙观察智、成所作智、法果性智。

② 具有的十种智力:知觉处非处智力、知三世业报智力、知解脱三昧智力、知众生上下根智力、知种种解智力、知种种界智力、知一切至处道智力、知天眼无碍智力、知宿命无漏智力、知永断习气智力。

③ 佛教所说的世间八种功德或成就地,指细分色功德、粗分色功德、轻功德、周遍功德、证得真实功德、极光明功德、坚住功德、如意功德。

（是说罗桑土旦确吉尼玛格列朗杰）

高尚善行湿育的胜乘部大地上，
诸众有情永远不弃发心种子熟，
积累二资粮[①]的六度[②]四摄[③]叶密布，
四身异熟花之善业消除生死苦。
深广有寂之枯海，利他二资粮船渡，
拥有无漏快乐库，一生心只想众生。
每一细微尘团中亦有阔海之尘，
一时庄严中有佛身意双运幻变，
净与非净佛土有变化各种庄严，
你除不尽衰损是如来自在后嗣。
从三密天空中出现悲心聚光镜熔精，
贤正善良轮圆满现起利他事业光波，
佛教在大地转变能够消灭衰微暗淡，
利乐笑莲传记是消除世间苦的甘露。
三界[④]众生的导师您有无量断证功德，
与诸佛三密大海中心无别平等一体，
千万劫来一切声闻独觉菩萨在述说，
若是不能诠释圆满何须说见其真理？
若是干渴而受苦，一滴海水能除苦，
上师功德甘露滴，即使受用也有益。
傲慢天空极美丽，八法混乱五种色，

① 佛教用语，指福德资粮和智慧资粮。
② 即六般若波罗蜜，大乘佛教修行的6种方法，指布施、持戒、忍辱、精进、禅定、智慧。
③ 菩萨应做的四件事：布施摄、爱语摄、利行摄、同事摄。
④ 佛教所说的色界、欲界、无色界三种世界。

假话的彩虹形象，如似同类孩童样。
三密功德非虚构微尘风所堆积，
长行书写传记是正直本性大路，
渡过粗细生死海能达极乐码头，
诸佛欢喜毛发竖起日供花亦新。
是故大密水蕴中，诚心不变拂子顶，
洒下部分述说水，倍感清凉极欢喜。
谨依上师多闻法掌握一切理论，
贤正善良力压圆满佛教大宝座，
甚深法理如雷声等降供施细雨，
善业影子合一如药是稀语因缘。
发出悦声使着氆氇丽衣鸟戏止，
碧绿树木摇动仿佛大地的云巾，
结伴戏电欢宴夏季鼓雷声远离，
孔雀群欢喜舞如变幻圆形伞盖。
胜解脱甘露引心，虔诚睨视摇摆心，
颂义常醒神乐器，请听有暇依善意。

不偏不袒的众生怙主，以不皈依和无明白翳分别取舍，慧眼圆满。业气不尽，在有海（世间海）深处现怒容，捉住如巨鳖般的烦恼，好像恶见之波浪使心散乱，生老病死的变触使身体受损，不忍一切的本性，以大悲心思考。为了解脱这些，以急遽的方法调伏一切，身庄严和难做之行，成为不顺一切世间语言的基础，不顾身体与性命，不安于快乐，在一切净、非净国土，导师佛是一切佛与佛子的本性。如说：八十俱胝①中佛陀，虽然显示为佛性，还要消除满足

① 俱胝是梵文的音译，意为“千万”，或十个百万的数位。

识，领悟了达胜菩提[①]。《华严经》说：获得菩提海，异熟有情海，发菩提心海，恒讲增行海，如此如来变。若尔，诸佛薄伽梵已证具五决定[②]（金刚手）受用圆满身[③]，为了如实无边众生缘而第一次发菩提心，学菩萨行，像水中月的幻像一样显示佛貌，如弥勒佛说：从佛身不动，各种变化性，因此生现生。《平等加行续》说：有些寂静有些怒，有些厉鬼做魔障。犹如一位高明的画家将一种颜料放在手指甲上调配就可以画出各种画，大乐智一性显摄各种动静世界（情世间器世间），一明镜面上有各种形象。《宝性论》说：清净琉璃地，如现天身相，清净有情地，显现如来身。如此能做的原因是：一微尘之上有微尘佛坛，不相互阻碍，明亮闪烁，如此的微尘不偏不倚，遍布于动静的物质世界中，发菩提心、伏魔、转法轮，修行无数劫，刹那从每一个毛孔中出现菩萨行，入住化身双运心语中，拥有知识之不可思议的力。《华严经》说：一尘上有多尘佛，端坐菩萨的中间，若尔一切法界中，一切诸佛满欢喜。吉祥月称说：承许有此清净地，一尘之中多世界，无数世界说微尘，没有粗尘无细世。如此的功德不仅是十方一切如来的共法，诸佛二净之法身与无分别天成事业没有区别。《大乘庄严经论》比喻说："平川不去地下面，处所相异水相异，水又细小做异事，水处动物微细行。""不住佛性皆坚固，所依相异慧相异，自事相异分别小，有情稀少常行事。若是一切住佛性，因缘分别皆是一，事业合一恒常行，受用有情大资粮。"这是从意义方面说的。既是说圣人的功德，也要说佛与菩萨的功德，因此生起不退转之信心，必须稳住善资粮之根。《佛菩萨

① 胜菩提，是佛的一切种智，最胜的菩提，即大觉。

② 五决定，报身所具有的五种特殊法，指处决定、身决定、眷属决定、法决定、时决定。具五决定，是金刚手的异名。

③ 佛的三身之一，佛教经典的解释不尽相同，是以法身为因，经过修习而获得的佛果之身。

本生》说:成为美名此妙贤,成为如来说诸道。由此原因,如此殊胜之语具有分别善恶的智慧技能,为了那些希望解脱的中立人,施与其心利乐的威德。因此,天等一切众生的导师没有匹敌,一切如来的三密幻变戏舞广博静猛坛轮犹如天空的群星是收摄的作者。三界法王无上导师最胜佛遍知罗桑土旦确吉尼玛格列朗杰贝桑布尊者的三密传记如同大海,从中获得一小掬信仰进行供养。

第一章　遍观班禅额尔德尼历辈事迹

世间导师、三世①上师无尽利乐心要圆满释教胜主化身如意王,是三时诸佛分别智慧本性、西方极乐净土(ནུབ་ཕྱོགས་བདེ་ལྡན་ཞིང་།)的怙主无量光佛的化身。莲花生说:“善现②化身出生藏绒(仁)界,与我无别能使雪域乐”。洛扎南须(ལྷོ་བྲག་གནམ་ཞུགས།)授记说:“莲花化身出生藏绒(གཙང་རོང་།)界,藏区洛门(ལྷོ་མོན།)广做众生事,一心闻法绝对离恶趣。”“灌顶加持边区民,指引遥远善趣道,爱怜藏区的比丘,往生西方极乐土”。甚深密教经典《集密本续》说:“善现化身生后藏,树立寺庙主教幢”。量言成就说:“佛(性)与三密功德不仅没有任何差别,需要觉悟诸佛四身五智与五部佛性③,使断证功德成为平等性。因此,梵天(ཚངས་པ།)、帝释(བརྒྱ་བྱིན།)等具有巨大威力的诸天(神)和声闻(ཉན་ཐོས།)、独觉(རང་རྒྱལ།)等住地圣者也超不出所说境。”月称(ཟླ་གྲགས།)(译者注:大乘佛教中观应成派创始人之一,据多罗那他《印度佛教史》记载是古印度南部萨曼多人,婆罗门种姓,曾从羯摩罗佛提学习中观学,做过那兰陀寺座主,和月官进行辩论,为《中论》《四百论》等作过注,著有《中观明句论》《入中论》等。其著作翻译成藏文后,在一段时间内并没有引起重视,后来通过

① 指佛教所说的过去世、现在世、未来世。

② 释迦牟尼十大弟子之一的须菩提,古印度拘萨罗国人,婆罗门种姓,在佛的弟子中以证空著称,故有“解空第一”的美称。

③ 五部佛:不动佛、宝生佛、无量光佛、不空成就佛、毗卢佛。

萨迦派的仁达瓦进行宣讲，传给宗喀巴，成为宗喀巴思想的主要来源。）说："没有天空，所以鸟类不返回。同样，由于自力已尽，不能返回。佛有无量功德，犹如虚空，佛弟子们不能叙说。"总之，班禅额尔德尼所有的事迹是以大悲心帮助无数贫穷的人们得到解脱，由于二资粮行使圆满、异熟、修习达到究竟，好像所化（弟子）的胜解心，利益一切的变化顺利地显现出来。如说：寂身好像如意树明亮，犹如不分别如意宝珠，众生为了解脱常来世，此乃远离戏论变光明。《经》中说："彼等寺中成大树，药宝不尽是库藏，如意珠宝如意树，为走错路者引路。"意思是，不仅化成智者、成就士、国王、大臣，而且也变成船只、树木，做利益众生之事，仅此部分不可思议。在这里，如果概述普遍所说的（共称）庄严身，贤劫第四导师①（རྣམ་འདྲེན་བཞི།）在娑婆世界（མི་མཇེད་ཀྱི་ཞིང་།）②发出利乐甘露之时，生在舍卫城（མཉན་ཡོད།）婆罗门种姓，叫到佛（导师）跟前受近圆戒（比丘戒），一切漏尽（消除一切痛苦），证得阿罗汉果位，教化了龙和五百鹏，宣讲《般若经》，为弟子们解疑答问，断除了所化者（弟子）的怀疑之网，犹如群星中的金星（པ་སངས།）；在声闻弟子中，是最优秀的无烦恼智慧人，抛撒受佛赞扬的鲜花，以住地声闻弟子上座须菩提的模样，显示如来日卧睡法界的样子，在雪山大地环绕的中央，好像八瓣莲花；在美丽地方有以九十六俱胝（千万བྱེ་བ།）城为主的美丽成就佛土，在迦拉波③（ཀ་ལཱ་པ།）拥有九十六俱胝小国所依的高宝座；用神变重新召回了逐至边地的日车（ཉི་མའི་ཤིང་རྟ།）④等3亿5千万梵净仙人（ཚངས་པའི་དྲང་

① 释迦牟尼的别名。

② "娑婆"，"堪忍"之义，故又作"堪忍世界"，因为此世界充满各种不能忍受的苦难，致使众生罪孽深重，故名。指释迦牟尼佛进行宣法教化的现实世界。

③ 佛教所说的北方一城市名。

④ 古印度有许多修行获得成就者，有"仙人"之称，日车就是其中之一，因出自日车族，故名。

སྡོང་།)①,作为可塑之人;在南方玛拉雅(མ་ལ་ཡ།)幸福苑的体坛城中,授时轮灌顶,通过修炼甚深道金刚瑜伽使心续成熟,决定一切为一金刚种,具种部部主为妙吉祥称(འཇམ་དཔལ་གྲགས་པ།),如来授记区分甚深经部的了义不了义经,圣者龙树(ཀླུ་སྒྲུབ།)的高足清辨(ལེགས་ལྡན།)著《根本慧论释疏般若灯论》,开自续派,他是一位空前大乘师,在摩揭陀王②辛旦坚(ཤིང་རྟན་ཅན།)时期,是位精通五明学的大班智达,一天中五分之四的时间在写书说法;当因誓愿过时之时,空行母授记成就胜妙中阴,好像没有鼓励著书。他著有《三思念》(འཕྲེང་བསྐོར་གསུམ།)、《口诀穗》《无畏论释》等。在杂罗僧诃(ཙ་ར་སིང་ཧ།)地方教化旃陀罗王(གདོལ་པའི་རྒྱལ་པོ།),成就达到顶峰,阿跋哈雅迦罗拘多(ཨ་བྷྱཱ་ཀ་ར་གུཔྟ།)在西藏遇见卓弥译师(འབྲོག་མི་ལོ་ཙཱ།)等人,闻修佛法,来到印度依止上师云力(སྤྲིན་གྱི་ཤུགས་ཅན།)等72人,修习经续和集密等而成为智者,修行使他目睹曼荼罗中的本尊,受到加持,撰写完成了《集密总纲》,所收的弟子有集密受教弟子、母续四柱弟子、口诀八梁乘弟子等无数,三界众生的上师宗喀巴也作《桂氏传规之大颂》,赞扬桂·库巴拉孜(འགོས་ཁུག་པ་ལྷས་བཙས།):他生于西藏,精通梵文,从著名大师萨钦扎巴坚赞(ས་ཆེན་གྲགས་པ་རྒྱལ་མཚན།)等人处闻听显密教法,成为一名优秀的学者;在梦中从世亲(དབྱིག་གཉེན།)③闻法,成为教诀库藏,与外道僧辩论获胜;按照杰尊授记,到霍尔地区(ཧོར་ཡུལ།)传教,广做众生之事,最后去了妙吉祥(文殊菩萨)的心间。这就是班智达贡嘎坚赞(ཀུན་དགའ་རྒྱལམཚན།)。

生于岚氏家族(རླན་རིགས།)的雍敦多杰贝巴(གཡུང་སྟོན་རྡོ་རྗེ་དཔལ་བ།):

① 在欲界修行已断除烦恼的人。

② 古印度中部一城市名。

③ 印度佛教唯识学派创始人之一,无著的弟弟。曾修学《小乘佛教说一切有部法》,后来在兄长的几次劝说下改学大乘。他博学多闻,注解《华严经》《大涅槃经》《般若经》等多部佛教经典,著作有《唯识二十颂》《唯识三十颂》《佛性论》《大乘五蕴论》等,创立了唯识学。

依止达敦释迦佩（མདའ་སྟོན་ཤཱཀྱ་འཕེལ།）等人，闻习了许多旧密法，成为一名具有强大威德力的大自在，能使役八部鬼众（སྡེ་བརྒྱད།）①，断除家庭的系缚而受近圆戒，从学于布顿（བུ་སྟོན།）等人，使教诫的宝瓶圆满，来作了汉地王的应供上师，将无数有情安置在异熟解脱道上。

建立修行胜幢、获得持明高位的克珠杰（第一世班禅）：年轻时由本尊摄授，智慧像火一样燃烧，被称为克珠拉旺罗（ལྷ་དབང་བློ།）转世化身。16 岁时，来到昂仁（ངམ་རིང་།）和博东班钦（བོ་དོང་པཎ་ཆེན།）②辩论，并取得胜利。之后，依止仁达瓦（རེད་མདའ་བ།）③闻习显密教法。从 22 岁起，正式拜宗喀巴（ཙོང་ཁ་པ།）为师。宗喀巴赞扬说："像须弥山中央的金山一样庄严，无有匹敌格列贝桑"。他是宗喀巴心传弟子之一的克珠玛瓦尼玛格列贝桑（མཁས་གྲུབ་སྨྲ་བའི་ཉི་མ་དགེ་ལེགས་དཔལ་བཟང་། 善成语日妙善贤），生于后藏，从兄长帕索曲杰坚赞（པ་སོ་ཆོས་ཀྱི་རྒྱལ་མཚན།）学习显密教法，成为一名智者。曾得到本尊佛仲杰玛授记，使用神通来到那里，与多名持藏弟子共同修建了曲阔维顶寺（ཆོས་འཁོར་དབུས་སྡིང་།），点燃佛教法灯，消除了散漫放逸之心，修行获得证悟。最后，从天空发出乐声，降下花雨，空行而去。

索南确吉朗布（བསོད་ནམས་ཕྱོགས་ཀྱི་གླང་པོ། 第二世班禅）：出生后不久，不忍望见无数众生而发出怜悯之声，念诵六字真言，有难以揣摩的生平传记。曾从拉日瓦（ལྷ་རི་བ།）听讲多种菩提道次第和时轮等显密教法，准备在扎什伦布寺修加行法，想到贪恋不实践词句是小事，于是中断了修行，当时大成就师曲杰多吉（ཆོས་ཀྱི་རྡོ་རྗེ། 法金刚）

① 佛教所说的四大天王率领的 8 种鬼神：天、龙、药叉、寻香、非天、金翅鸟、人非人、大腹行。

② 又译"博东班钦"，本名"雍仲桑杰吉"，法号"久美扎巴"或"曲杰坚赞"，藏族著名的佛学理论家和因明辩论家。1375 年生于日喀则拉堆南部的尤古地方，7 岁在嘉木桑丹林寺出家为僧，曾长期在博东艾寺师从多位喇嘛学习，佛学造诣深厚。尤其在辩论方面很有才能，16 岁巡回萨迦寺就因明学的释量论进行辩论获胜，名声大震。他知识面宽，涉猎多门学科，著作等身。

③ 萨迦派著名学者，尤其在中观方面很有造诣，宗喀巴、贾曹杰、克珠杰师徒三人都是他的弟子。

扮成以送口诀门的样子而来,传授了全部的耳传教诀,并将甘丹幻化秘籍托付于他,授予绍圣(རྒྱལ་ཚབ།)①权力,成为顶级学者。

温萨罗桑顿珠(དབེན་ས་བློ་བཟང་དོན་གྲུབ། 第三世班禅):年轻时从克珠桑杰益西(མཁས་གྲུབ་སངས་རྒྱས་ཡེ་ཤེས།)学习佛法,曾出现花雨飘落的奇相,继承了温萨曲杰颇章(དབེན་ས་ཆོས་ཀྱི་ཕོ་བྲང་།)②的法位。在一个时期内,专心修炼妙音佛母法,目睹妙音佛母现身,从自身出现两位妙音佛母赐予成就,证得广大智慧,成为大法王,他在卫藏地区所做的事难以叙说。93 岁时,色身融入法界。

至尊罗桑确吉坚赞(རྗེ་བཙུན་བློ་བཟང་ཆོས་ཀྱི་རྒྱལ་མཚན། 第四世班禅):曾依止佛主阿旺洛桑嘉措(ངག་དབང་བློ་བཟང་རྒྱ་མཚོ།)、金刚持贡却坚赞(རྡོ་རྗེ་འཛིན་པ་ཀུན་མཆོག་རྒྱལ་མཚན།)等人,全面学习灌顶、教理、身授、口诀等显密法,严格修行,成为雪域学者们的顶髻。

遍知罗桑益西(བློ་བཟང་ཡེ་ཤེས། 第五世班禅):出生后不久,就由欲界(འདོད་ཁམས།)③自在佛母身影相伴,成就事业。数月后,忽然不停地念诵六字真言,俱生不可思议的功德。曾依止大密金刚持洛桑索巴(བློ་བཟང་བཟོད་པ།)和第七世达赖喇嘛·格桑嘉措(རྒྱལ་བ་སྐལ་བཟང་རྒྱ་མཚོ།)等多位善知识习法,圆满证得共与非共智慧,事业之幢覆盖大地。

遍知罗桑班丹益西(བློ་བཟང་དཔལ་ལྡན་ཡེ་ཤེས། 第六世班禅):生于后藏白朗吉雄(པ་སྣམ་སྐྱིད་གཤོངས།)地方,年轻时与其他人的做法不同,事业圆满。莅临大寺(扎什伦布寺)成为圆满佛教的主人。

班禅旦白尼玛(བསྟན་པའི་ཉི་མ།),心思是所化弟子们的怙主而来,多闻、如理修行和事业等各方面好像将前世们的一切三密功德汇

① 字面的意思是“王的替补者”,即代替或将代替王摄事者,包括代替国王摄政和代替法王管理佛事等,如宗喀巴的弟子贾曹杰就是此意。

② 即继承日喀则温萨寺的法位。

③ 佛教三界之一,指具有食欲、淫欲,享受五妙欲的众生居住的场所,包括五道中的地狱、畜生、饿鬼、六欲天和人所生存的器世间。

集在一起,救怙主遍知旦白旺秋等出离戒像莲花花苞一样洁净,具有利他的热诚心,(将佛法亡)蜜酒满足有缘的群蜂,安定于二次第①之三摩地②,威力的香气充满圆满时(圆劫),智者不断涌现,功德不可思议。特别是至尊确吉坚赞(指四世班禅)等人广泛弘扬利乐的根本、佛教的精华、妙吉祥怙主(文殊菩萨)的清净教理,犹如身语意的秘密海,可通过他们的详传而获知。

复又,怜悯诤劫浊世的徒众,除了显现不同的身形,还像晨暮中的太阳一样,断证功德没有任何污染,具足二净(དག་པ་གཉིས་ལྡན།)③与法界(ཆོས་དབྱིངས།)④平等加行,心生大乐智慧,身上佩带各种装饰品,与轮相好日双运(联合),依止色身,千万曼荼罗之主人大金刚持之弟子,一切佛的承继者、大遍知遍观救怙主罗桑土旦确吉尼玛格列朗杰贝桑布的下半生的三密普贤行殊胜事迹,在他处有记载。

有诗云:具有七支⑤幻网城,空乐等行月亮笑,十万幻象无动摇,广博固动有幻变,九节腰带紧系缚,蔚蓝姑娘的睨视,拥抱大地曼荼罗,不管大地那一方,贤正善良坛城满,讲辩著光十万束,如来正教莲苑盛,贤哲日鬘真殊胜,寻思之风摇不动,变化云鬘满世界,所做善事如雨水,促长利乐的苗芽,此乃诸佛之本性,圣贤的发心光明,消除五浊恶世(译者注:佛教用语。认为现实世界充满各种烦恼痛苦。五浊,有不同的说法,《杂阿含经》卷三十二说:"命浊、烦恼、劫浊、众生浊、见浊,众生善法

---

① 密教修行的两种方法或层次,指生起次第和圆满次第。

② 即藏文ཏིང་ངེ་འཛིན་的意译,又作"定""等持"或"三昧"等。修行时对于所观察的事或对象,心不散乱的一种精神状态。如《俱舍论》解释:"心一境性"。龙树在《大智度论》中解释"善心一处不动而名三昧"。

③ 所知障和烦恼障清净,意指佛果。

④ 佛教名词。有多种含义,解释也各不相同。一是特指意识所缘虑的对象;二是泛指各种事物,即事物的类别;三是指一切事物现象的本源和本质,以及成佛的原因。《藏汉大辞典》解释说:指自性空之色等五蕴。

⑤ 佛教名词。修学佛法时的七种加行法,包括积资粮七支:顶礼、供养、忏悔、随喜、劝转法轮、请住世不入涅槃、回向正等菩提;忏罪七支:忏罪、随喜、发胜义菩提心、皈依、发愿菩提心、发行菩提心、回向;密乘七支:礼拜、供养、忏悔、随喜、皈依、发菩提心、回向等。

退减故。”命浊,众生由于作恶业,导致寿命极为短暂;烦恼浊,一切众生有贪心、嗔心、痴心等烦恼;劫浊,从时间上说,世世代代灾难不断,或有饥馑,或有战争,或有疾病,或有各种自然灾害。众生浊,由于众生不相信善恶报应,不守持禁戒,而遭受众苦;见浊,众生坚持错误的见解,致使正法日益衰替。)暗,自证智慧太阳光,消除一切衰落相,诸佛月光胜于他。

第二章　寻访九世遍观班禅额尔德尼·罗桑土旦确吉尼玛格列朗杰

前面概述了历辈班禅的事迹,现在细述此世班禅的功德。有云:善慧诸佛事业精舍中,如来教法太阳帝释天(ལྷ་དབང་།)①,妙善正法甘露千眼动,虔诚祈请尊胜怙主您。意思是大慧普贤的事迹常传不断,他心系一切众生分位和究竟利乐,把普明之边与平等诸佛的智慧和导师佛的事业摄为一体,塑造为三分自身金刚持的化身。救怙主法王上师(杰喇嘛),显示前世班禅思想再次融入法界,作为佛教众生的怙主化身仁布切,远离失误,无疑明确见到本尊,来到卫藏地区。

关于他的诞生地、父母的名字、出生时间等问题,关键是佛事根本方面,自始至终没有任何丝毫厄难,一生莲足坚固,把发心事业、妙吉祥怙主第二佛(འཇམ་མགོན་རྒྱལ་བ་གཉིས་པ།)②的功德赋予自己,当作顺利完成心愿的力量。需要如何叙说?从水虎年(即1883年)五月十五日开始,以大师救怙主佛自在善缘双方(福田与施主)为代表的卫藏地区的上师、活佛占卜,请问拉莫护法神(ལ་མོ་ཆོས་སྐྱོང་།)等,了解了以前的情况,做好了准备。按照救怙主佛自在(达赖)、

① 藏文ལྷ་བརྒྱ་བྱིན་的别名。古印度湿婆教的天神,佛教的护法神之一,传说是忉利天(三十三天)的主人,居住在须弥山顶的善见城。

② 妙吉祥怙主,即指文殊菩萨,此处指格鲁派创始人宗喀巴,传说他是文殊菩萨的化身,即智慧的象征,故名。

摄政呼图克图、普布觉活佛、察汗呼图克图、桑顶活佛、密法师荣罗活佛丹增旺杰(ཡོངས་རྫོགས།)、堆桑林札仓经师僧钦活佛巴丹群佩、夏尔孜札仓经师甘丹赤巴达磨洛桑格敦、布隆活佛(འབི་ལུང་།)、吉札仓卸任经师、夏尔札仓卸任师、欧曲乃喇嘛仁布切(དངུལ་ཆུ་གནས་བླ་མ།)、拉孜麦喇嘛仁布切、勒龙喇嘛仁布切(ལེགས་ལུང་བླ་མ།)、扎拉鲁浦格西仁布切、热振呼图克图、昌都帕巴拉活佛、第穆呼图克图仁布切、拉莫护法神、乃琼护法神(གནས་ཆུང་ཆོས་སྐྱོང་།)、昌珠护法神(ཁ་འབྲུག་ཆོས་སྐྱོང་།)的授记,一切正常进行。

前世圆寂后已经过去五六个月,第十五饶迥水羊年,光绪九年(即 1883 年)一月二十二日,为了雪域众生之怙主,师徒像旃檀和妙香永不分离。现在要说救怙主佛自在的出生地和近处,大圣莲花手的化土中心的南方有个名叫达布达曼布巴(དྭགས་པོ་མདའ་སྨད་ཐྱམ་པ།)的地方,由于十善相①(དགེ་བཅུ།)而富裕美丽。为了表达佛菩萨不可思议的威势和能力,无父,但母亲血统都纯正。母亲丹曲措姆(དམ་ཆོས་མཚོ་མོ།)之子相好庄严,犹如太阳从东方山头出来驱散乌云,众生事业福泽圆满。坚硬的石头上明显留下美丽善相之足印,取名伦珠嘉措(ལྷུན་གྲུབ་རྒྱ་མཚོ།)。虽无父,但有被称为台吉丹珍(ཐའི་ཇི་རྟ་མགྲིན།)的祖父奇麦旺布(འཆི་མེད་དབང་པོ།)照顾至金瓶鉴定为止,作为侍从,因此担当父亲的职责。对寺院来说,事情比较紧急,有了关于前世的一些忆念,有许多善相吉兆。身体逐渐长大,力量很大,许多方面与其他小孩不同,行为正直,没有污点,因此何人见状皆会升起坚定的信仰之心。

自从前世于水马年七月十五日圆寂后,在祈请殊胜化身尽快转世方面,以做高胜幢的事业的扎萨喇嘛罗桑顿珠(ཛོ་སག་བླ་མ་བློ་བཟང་

① 或十美,富裕地方的十种优美条件:远、近牧草美,田、宅土质美,饮、灌水性美,础、磨石质美,屋、薪木材美。

དོན་གྲུབ།)为首的僧俗侍从,都努力为寻找前世的化身而忙碌。天神的敕令,尤其前后向救怙主佛自在第十三世土登嘉措(ཐུབ་བསྟན་རྒྱ་མཚོ།)请问誓愿种子[①],现在已接到敕令,侍从们依令行事。皇帝派人送来金字圣旨,将救怙主达赖喇嘛、全体驻藏大臣的教导(训诲或指示)放在心上,再次请求各位护法神卜卦,派人去各地寻访,在托杰[②](ཐོབ་རྒྱལ།)、拉莫(ལྷ་མོ།,在达孜县)、达布(在林芝)三个地方寻得奇异孩童,高僧们怀疑是否有错,特派两位知宾去向达赖喇嘛汇报几位高僧卜卦和调查探寻到的奇异孩子的名字。(达赖)说:三个奇相孩子中有真正的化身,不必怀疑。高低僧俗徒众期望化身定能找到。为此,请求在布达拉宫内寝能言天母面前进行占卜,为使不出现错误根源的障碍,由地方政府支持开展酬补、请托、礼赞、催劝等宗教活动。

在加行(སྔོན་འགྲོ།)[③]方面,达赖喇嘛、摄政第穆呼图克图阿旺洛桑赤烈饶杰(དེ་མོ་ཧོ་ཐོག་ཐུ་ངག་དབང་བློ་བཟང་འཕྲིན་ལས་རབ་རྒྱས།)、经师洛巴旦增旺杰一心祈愿,感恩卜卦。首先占卜出的是光绪十年,即木猴年九月二十五日生于托杰日囊巴(ཐོབ་རྒྱལ་རི་ནང་པ།)的顿月嘉金(དོན་ཡོད་སྐྱབས་སྦྱིན།),其父名叫顿珠玉杰(དོན་གྲུབ་གཡུལ་རྒྱལ།),母亲叫班玛卓玛(པདྨ་སྒྲོལ་མ།)。第二个出现的是光绪十一年,即木鸡年五月二十日出生的旦白坚赞,父亲是拉莫神师丹增旺堆玉杰(བསྟན་འཛིན་དབང་འདུས་གཡུལ་རྒྱལ།),母亲叫尼玛布赤(ཉི་མ་བུ་ཁྲིད།)。第三个出现的是光绪九年,即水羊年一月十二日生于达布布巴的伦珠嘉措(ལྷུན་གྲུབ་རྒྱ་མཚོ།),母亲是布巴管家的女儿叫阿楚(ཨ་སྡུག)。之前驻藏大臣必须把三位灵童前后出现的相关情况报奏大皇帝,请求说:托杰日布孩童是否

① 指所有的条件,包括自身的身体条件、灵异情况以及其他环境等方面。

② 在后藏南木林县,八世达赖喇嘛就出生在这里。

③ 又作“先行”或“前行”。一般是指预备工作。

是班禅仁布切的殊胜化身，在扎什伦布寺的护法班丹拉姆像前卜卦。之后，大密咒师确若和曲阔杰寺喇嘛、翁则、普通僧人等诵经向班丹拉姆敬献十万酬补，并进行会供曼荼罗[①]（ཚོགས་འཁོར།）活动。现于布达拉宫内寝能言天母座前，高贵天人的顶饰达赖喇嘛亲自占卜，当确定第一个出现的为救怙主班禅旦白尼玛的殊胜化身时，是与天喇嘛的结果一致。对于第二个奏折，皇帝非常重视，同意认定。汉藏文书所记寿数、事业已圆满，最好依照前述亡文书所说，以树立佛教和黄帽派的清净之主考虑，做掌管、护持、发展三方面的事，我等是救怙主的救助者（依托处），及时按照前世的规矩，获得大皇帝以智慧观察所认定的宏恩，不然根据以前汉藏文书，把前面说的两个合适化身名签置于金瓶观察，把有关每个孩童的奇异观相另外书写上报。现在藏蒙两族为代表的僧俗大众，特别是扎什伦布寺基巧[②]阐苏里诺门汗罗桑顿珠（ཆོ་མིན་ཧན་བློ་བཟང་དོན་གྲུབ།）、各札仓堪布、僧众部、随员、所辖僧俗民众等一心依靠大皇帝的慈悲之恩，急切盼望早日见到救怙主班禅额尔德尼的殊胜化身。（他们说）以前的历辈班禅额尔德尼得到了历代天神父祖（皇帝）的嘉奖，赏赐诰印、敕书、金条、擎旗等奖品，现在我们依止请求按原样赏赐，按原规矩赐予文书，尽快认定灵童。全体大噶伦于光绪十三年，即火猪年六月四日上书大皇帝，感谢皇恩。以上是出自扎什伦布寺基巧堪布罗桑顿珠关于第八世班禅转世珍金的文书。

火猪年十二月三日，达赖喇嘛闭关时，在日光帐幕大殿诵经后，身体动了动，端坐在垫子上没有任何说话的意思，表现出漫不经心的样子。第五日、第七日，驻藏大臣特派法官（ཁྲིམས་དཔོན།）送

---

① 佛教宗教活动之一，观想凭借神力加持五欲及饮食品成为无漏智慧甘露以供上师、佛三宝和自身蕴、处、支分三座坛场，积聚殊胜资粮的仪轨。

② 扎什伦布寺的总管家。

去水果柑桔。灶房已经清洗过柑桔,放在银盆中。近侍司寝官(森本 གཟིམས་དཔོན།)[1]在下面敬拜。唤道:“看这三个班禅的转世稍有不同,这是达布的,这是托杰的,这是拉莫的,必须要知道。”接着把三个柑桔倒进银盆,面向帕巴仁布切和拉莫,嘴里念着七字咒,手转动着银盆。近侍森本堪布(司寝堪布)专心看着,三个(柑桔)紧挨着转动了一会儿,最后达布那个腾起,来到身前,认定是达布的。为了再次确定,又把三个柑桔倒进银盆,一边念诵七字经咒,一边转动三个柑桔,结果还是达布的那个桔跳到跟前,而写有托杰和拉莫名字的柑桔紧靠着落在后面。因此,传出班禅的化身是达布孩童的话。但是,根据清朝中央政府的决定和扎什伦布寺四大堪布、众人的愿望,三个孩童经过金瓶掣签后才能确定是第九世班禅。

九月十六日,扎什伦布寺拉章卸任大管家和卸任知宾来到拉萨,做金瓶掣签准备工作,达赖喇嘛也派来了副堪布崔成敦丹(ཚུལ་ཁྲིམས་དོན་ལྡན།),协助扎什伦布寺官员,在准备工作上给予大力支持。光绪十四年十一月,送来准许批文。决定于第十五饶迴土鼠年,即1888年一月十四日,举行金瓶掣签第八世班禅继任者的仪式。一月四日,以扎什伦布寺扎萨喇嘛[2]诺门汗罗桑顿珠为首的扎什伦布寺全体僧俗官员500人同时到达拉萨。五日,扎萨喇嘛在布达拉宫拜见达赖喇嘛,敬献了哈达、曼荼罗、佛像、佛经、佛塔等,同时请求确定班禅仁布切的化身,为灵童剃度、取名,撰写长寿祈祷文。一月十四日,星辰相合的吉日,在第二普陀洛迦布达拉宫无量大殿内的三界尊胜寝室,正式开始了金瓶掣签确定转世灵童的仪式。

---

① 音译“森本”,旧西藏专门为上层贵族和高僧达赖和班禅等管理衣服起居等内部事务的官员,地位较高。扎什伦布寺设有朗玛岗,森本是朗玛岗三大堪布之一。

② 扎萨,即扎萨克的简称,清代封授的官职名称,为管理全寺事务的总管。过去的西藏噶厦内札萨喇嘛相当于三品官。

当天，新任驻藏大臣文硕和来自扎什伦布寺僧俗官员、持宝瓶的僧人等提前来到布达拉宫。之后，达赖喇嘛、摄政第穆呼图克图阿旺洛桑赤烈饶杰（ངག་དབང་བློ་བཟང་འཕྲིན་ལས་རབ་རྒྱས།）、副经师普布觉活佛洛桑崔成嘉措（ཕུར་ལྕོག་བློ་བཟང་ཚུལ་ཁྲིམས་རྒྱ་མཚོ།）、三位灵童候选人和他们的家人同时汇聚于此。按照教规将三位候选人的出生时间、名字用满文、蒙文、藏文写在标签上，呈现在达赖喇嘛、摄政活佛、经师、驻藏大臣、扎什伦布寺扎萨喇嘛等人面前，一一过目，然后用纸卷好放在宝瓶前，达赖喇嘛、摄政、经师、持宝瓶僧等诵完经后，驻藏大臣面向东方叩拜，将名签放入宝瓶。当诵完真实三宝求证真言和托管誓言海护法真言时，驻藏大臣双膝跪地，三次拨动金瓶后，写有达布孩童名字的名签跳出来，无疑他就是大光明导师的幻变。达赖喇嘛根据前面的观察作出决定，在场的众人露出了喜悦的微笑，高呼“善神得胜了”，寻得了真正的信念。土鼠年一月十五日，化身仁布切从幸福园林（德吉林卡）来到布达拉宫，在甘丹央孜寝室拜见达赖喇嘛，敬献了先行曼荼罗和佛像、佛经、佛塔等，向教主的身像献了敬神哈达。然后，小灵童坐在达赖喇嘛前面的垫子上，第十三世达赖喇嘛土丹嘉措为化身仁布切剃度，取名罗桑土旦确吉尼玛格列朗杰贝桑布（བློ་བཟང་ཐུབ་བསྟན་ཆོས་ཀྱི་ཉི་མ་དགེ་ལེགས་རྣམ་རྒྱལ་དཔལ་བཟང་པོ།），抛撒吉祥之花，同时很高兴地赏赐世间最长的哈达、如来佛像、名颂长寿祈祷文和护身结。

达赖喇嘛和摄政活佛一起来到日光殿[①]，噶厦营造欢庆气氛，举行盛大宴会。化身仁布切师徒向达赖喇嘛敬献了酬谢的三所依[②]（རྟེན་གསུམ།）。在日光寝室和措钦大殿陈设油炸面点，按照以往

---

① 布达拉宫日光殿分东日光殿和西日光殿，东日光殿是十三世达赖时期修建的，由会客厅、习经厅、议事厅、寝室、传达室等组成。西日光殿始建于五世达赖时期，由5个殿堂组成。

② 佛像为身所依，佛经为语所依，佛塔为意所依。

习惯举行盛大的喜宴。世间顶饰救怙主达赖喇嘛师徒[①]为了徒众,掌持着各自不同身形的寺院代表发菩提心誓言的标记。(小班禅)在达赖喇嘛的座前不断闻习显密[②]广大甚深法,为了贤劫良缘徒众转广大甚深之法轮,普及佛法。后来,多次莅临寝室陈设法器等。具体的做法是:向囊斯色诺寝室(སྣང་སྲིད་ཟིལ་གནོན།)敬献了10指高金铜质杰喇嘛像一尊和配有包布、夹板、函头标签的《贤劫经》两函,12指高响铜质灵塔一座,11指高金皮包裹的红水晶供具一对,银质曼荼罗一尊,配有红铜灯7盏,分列两排,绸缎棉布5条,一马蹄银[③],一章喀银[④],13指高黄响铜释迦牟尼佛像一尊,《佛十万名相经》一函,《别解脱戒经》《菩萨戒学》和大小吉祥怙主、业者的酬补[⑤]、忏悔、护法欢喜歌等共一函,《圣大解脱殊胜悔罪净罪经》一函,《中阴闻解经》一小函,《圣般若八千颂》一函,《圣般若波罗蜜多金刚经》及其他经共一函,阿卡包一个,五轮贡孜(ཀོང་ཅེད་འཁོར་ལྔ།)一个、长包5个、缎子两条、缎子棉布5条、褐红色件料一匹、中绿色件料一匹、氆氇5匹;向强佐岗(ཕྱག་མཛོད་སྒང་།)敬献柱面哈达3条、茶4包、酥油包一个、水果包一个、长包7个、各种大小哈达3叠、布匹绸缎7匹,以及糌粑、马料、盐、油等所需要的物品。翼宿月(藏历二月)初五日,班禅到大昭寺参观发愿,基本上完成了在前藏仪式,不久后返回后藏。师徒两人(达赖和班禅)一起来到布达拉宫日光寝殿,非常高兴地相互献见面哈达,达赖喇嘛亲自话别,班

① 指达赖和班禅,这种关系是从四世班禅和五世达赖开始的,当时班禅年长作为达赖的师傅。从此达赖和班禅谁年长谁就是师傅。十三世达赖年长于九世班禅,故称"师徒"。

② 佛教分显教和密教,显教即理论部分,密教重在实践。在修行中所说的"止观"之"止"即指密教修定等,而"观"则指理论。

③ 银锭的一种,形如马蹄,故名。明代时在原银锭的两端稍卷起,向上高翘,呈船形,使整个银锭如马蹄形,故称马蹄银。清代时,西藏大量使用马蹄银。

④ 亦称"章多",旧藏币的一种计数单位,一章多为藏银50两。

⑤ 对神佛的酬谢,有专门的仪式。

禅一行从拉萨出发，地方政府和三大寺安排侍奉和乘马送行。达赖喇嘛派近侍堪布①阿旺尼玛（ངག་དབང་ཉི་མ།）、知宾②崔成群佩（ཚུལ་ཁྲིམས་ཆོས་འཕེལ།）嘱托两人一定把班禅仁布切送达寺院。

在返回后藏的路上，为无数人顺利地播下了见、闻、念、触的善业。土狗年，即1888年日出辰时，从拉萨启程，欢迎之况超出想象，无以言表。途中，日喀则的迦湿弥罗代表、尼泊尔代表、扎什伦布寺四大卸任上师、附近的贵族代表前后来迎接，敬献哈达，班禅赐予回礼。之后，各寺院仪仗队、唢呐队、扎什伦布寺基巧巴、扎萨喇嘛点燃各种香料欢迎，班禅在萨麻吉祥欢喜苑扎什伦布寺迎接处下轿坐上宝座，扎什伦布寺扎萨喇嘛主仆、四大卸任喇嘛、札仓和米村的大小执事、日喀则驻宗总令③（རྫོང་སྡོད་སྤྱིལ་པོ།）、草料管家、勒仲（ལས་དྲུང་།）、房管、欧尔塔孜寺现任堪布喇嘛、娘群科林寺、夏鲁寺堪布喇嘛、桑林寺喇嘛、邬林寺喇嘛、喇嘛托嘎瓦、25个世俗庄园主、11个管家、雪乃卡（ཞོལ་གནས་ཁང་།）、九措当等敬献哈达，班禅予以回赐。嘉达瓦主仆、抬轿者等人都被安排就座。扎萨喇嘛、喀尔喀洗礼诺门汗（ཁལ་ཁའི་བྱབས་ཁྲུས་ནོ་མིན་ཧན།）为代表的僧俗随从、四大卸任喇嘛也就座，吃面点、饮茶、吃米饭，盘中放着各种水果，置于3张汉式短方桌上，还有呈文赏品等。系解柱面哈达、宝座哈达。寺院仪仗队和尼泊尔舞蹈队排列在围墙后门处，日喀则军营的10位头人（ལྡིང་དཔོན།）在两侧高举飘幡，后面是如本（རུ་དཔོན།）和甲本（བརྒྱ་དཔོན།）。④ 日喀则宗的5支舞蹈队吹奏乐器，他们的后面是法王欧西瓦的随从（དངོས་ཞི་པ།）、富人、奇索

---

① 或作“侍从堪布”，指经常随侍达赖照料其起居的官员，地位较高。

② 又译“卓尼”，旧西藏所设的接待宾客、传达命令的官员，有大小之分，一般为达赖和班禅所设的知宾地位较高。

③ 地方政府派驻宗的正副两位宗本。

④ 相当于部落联盟时期的百夫长或百户长。这里指清代西藏地方政府所设置的军官名称，即管辖100名人丁或100户人家的官员。

(ཆིབས་སྒོར།)。之后是扎什伦布寺的迎接骑士首领孜仲[1](地方政府的僧官)、政府和私人的孜仲等骑队列队,拉章扎萨喇嘛等人在骑队的前面。救怙主(班禅)在飞帐中坐轿启程,一路上有日喀则大老爷迎接,敬献哈达,班禅扶着轿子回赐。

班禅从右绕过扎什伦布寺围墙来到外大门边,随员、夏卜拜(地方官员)[2]、贵族扎萨江坚公(ཇ་སག་ལྕང་ཅན་གུང་།)、宇拓之子、大喇嘛等人等在大门内。甲噶雄拉(རྒྱལ་འགག་གཞུང་བློ།)迎接人员中的基巧巴(སྤྱི་ཁྱབ་པ།)请香,经过五世达赖喇嘛灵塔前面,向皇帝画像行礼。行至后门处,扎什伦布寺扎萨喇嘛点香,将大皇帝像供在前面的垫子上行礼,同时向左右的塔像敬献哈达。之后,向五世达赖喇嘛灵塔磕头献哈达,登上前世班禅住过的宫殿中的无畏狮子宝座,夏卜拜、贵族扎萨、扎什伦布寺扎萨等主仆列坐喝茶、吃米饭,3张汉式短桌上放着水果盘,大家一起享用。从这里又乘轿来到经堂门口,经过后门进入。从后门到德坚寝宫(བདེ་ཆེན།)门口,有仪仗队、吹奏海螺唢呐和跳舞者,桑阿俄林(གསང་སྔགས་ཞུག་གླིང་།)鼓舞队和尼泊尔乐舞队员列队两侧。跟前面做法一样,多人在门口点香迎接。在德庆颇章石板地面的红毡上落轿,进入德庆颇章殿小寝室的甘珠尔拉康登上宝座,夏卜拜、贵族扎萨(སྒོ་སྲིད་ཇ་སག)及其子坐在前排,其他的孜雪勒参巴(普通办事人员)坐在寝室门口,享用面点。首先由扎什伦布寺扎萨喇嘛敬献三所依和见面哈达,接着日喀则宗基巧(སྤྱི་ཁྱབ་པ། 总管)、代本[3](མདའ་དཔོན།)敬

① 《藏汉大词典》译作"增准",原西藏噶厦地方政府的官职名,即最高的接待来宾的僧官。后来,班禅堪布厅也设此官员。

② 即藏文ཞབས་པད་的汉文音译,本意是"足莲"。这里指原西藏地方政府官员。

③ 亦译"戴琫",原西藏地方的藏军军官,清乾隆末年,规定每个代本辖兵500名,后来有所扩大。

献三所依①和哈达，上茶和米饭，三张汉式桌上摆放着水果盘。（班禅）给每个人回赠了礼品，为扎什伦布扎萨喇嘛和基巧两人赐护身结。

在寝室夏丹拉康（ཞབས་བརྟན་ལྷ་ཁང་། 长寿殿）更换衣服后，来到大经堂，由夏卜拜向遍观殊胜化身仁布切敬献三所依和哈达。夏卜拜和贵族扎萨敬献三所依和哈达。江坚公、宇拓子、大喇嘛、台吉囊玛、孜恰②（རྩེ་ཕྱག）、扎萨之子南巴、孜雪贵族勒参巴、全体仲译（或仲科）、同仲科③（དྲུང་གཏོགས）、管家的仆人（ནང་ཟན། 家奴或朗生）、甲达瓦（རྒྱུ་དར་བ། 富人）以上的人列队向化身仁布切敬献哈达。拉章扎萨喇嘛、经师洛巴旦增旺杰贝桑布（སློབ་པ་བསྟན་འཛིན་དབང་རྒྱལ་དཔལ་བཟང་པོ།）为代表的仲科（随员）、4 位卸任喇嘛向救怙主善缘双方敬献哈达，全部列坐喝茶、吃点心，向善缘双方上油炸面点，为夏卜拜、贵族扎萨、扎什伦布扎萨喇嘛等人上果盘、米饭。解献在柱面哈达和宝座哈达后，一起来到悦意寝室（གཟིམ་ཚང་ཡིད་དགའ།），救怙主（班禅）的雪机构的官员敬献三所依和上等见面哈达，一起诵经祷告。夏卜拜、政府贵族扎萨、拉章扎萨喇嘛、江坚公、宇拓子、大喇嘛、台吉、囊玛大小堪布、粮台长官、代、强佐、孜雪官员等的勒参巴④、全体仲科、同仲科以上的官员列坐喝茶、吃面点和油炸食品等，接着又上油炸面点和蔗糖。

一次茶后，全体随员（主仆）去了寺院住房休息，贵族扎萨、孜强佐、索本（司膳师）、森本（司寝官）、知客（知宾）和孜勒空的两位知客（孜仲）、格盖仲涅（卓尼，即知客）、孜僧噶（གཟིམ་འགག内寝侍

---

① 指佛教所说的佛经、佛像、佛塔。

② 原西藏地方政府官员，扎什伦布寺也设有孜机构，孜恰是专门收支财物的官员。

③ 地位相当于仲科的官员。

④ 相当于五品僧俗官员。

卫)、格盖(贵族)两位僧噶、众陪颂者(གསུང་ཞབས་རྣམ་པ།)、孜雪(རྩེ་ཤོད།)①的厨师等人安排住在德庆颇章的房屋和蒙古帐幕中。孜的厨师不停地供应茶饭,孜涅(孜管家)供应糌粑和面食等,从这天开始住在扎什伦布寺。二十二日,日喀则都司(ཏུ་སི།)等汉族官员来见时,(班禅)针对见面礼立即给予赏赐(为了在仲甲之前拜见,立即给予赏赐品)。来到参森康(མཚན་གཟིམ་ཁང་། 内寝),夏卜拜、贵族扎萨等人住在侍从房。后仲甲前来拜见,扎什伦布寺向参森康敬献茶水和喜欢的食品。(班禅)吃完面食后,坐在宝座上,为勒参以上的官员摩顶,然后接受扎什伦布寺僧俗管事者敬献哈达。值班代本、如本、甲本等官员列坐饮茶、相互问安。侍从们不停地上油炸面点,(班禅)应请给他们赐护身结、摩顶,军人们献见面哈达。当时,(班禅)为日喀则宗翟雍杜巴(རྫོང་སྒྲིལ་ཡོངས་བསྡུད་པ།)、孜涅(孜管家)、勒仲康管家噶若巴、俄尔塔孜寺(ངོར་ཐང་རྩེ།)堪布、喇嘛勒托巴、4 位卸任喇嘛、纽曲科林、夏鲁寺堪布、伦孜拉章、赛坚拉章、岗坚堪布喇嘛、桑林寺喇嘛、欧林寺喇嘛、喇嘛托嘎尔等 111 人、25 个世俗庄园的 71 人、11 个管理机构的 22 人、18 个雪乃卡人、9 个措顶的 18 人、巴布两位头人(བལ་བུ།)、迦湿弥罗(ཁ་ཆེ།)②两位首领、政府仪仗队和欧尔、纽、夏鲁、伦孜、岗坚、图丹、艾曲、绰普等寺院的 354 人,桑俄的击鼓跳舞者 48 人、扎什伦布寺雪和附近 4 支歌舞队的 179 人、卡热(ཁ་རག)等周边歌舞者 64 人、巴布跳舞者、拉章所属雪区的歌舞者 121 人、庄园所属的歌舞者 335 人摩顶,赐护身结。用完餐后,在大经堂由达赖喇嘛派来的送信和进献礼品的人向殊胜化身仁布切献哈达;坚拉等人敬献三所依和哈达;大喇嘛、台吉、囊玛大

---

① 孜雪,藏文的本意是“上下”,后来专指原西藏地方政府的一种机构,或特指达赖和摄政。这里指扎什伦布寺班禅堪布厅所设的最高机构。

② 藏文本义为“大嘴”,这里指地方名称,即现在的克什米尔,早期又译“箇失密”。

小堪布、孜雪的勒参巴、仲科、同仲科、孜涅、强佐、甲达瓦以上官员各献哈达，列坐喝茶用餐。雄拉（གཞུང་བླ།）的歌舞者、击鼓跳舞者、巴布乐舞师、南卓塔则巴（གནམ་སྒོ་ཐག་རྩེད་པ།）求见，按照前面的做法在德庆颇章石板地上赏赐他们。

二十三日，喝茶、赏赐、吃面，摩顶结束后，为僧俗民众摩顶，赐护身结。吃干果、喝茶。班禅坐在悦意寝室的宝座上，接受官员的献三所依和见面哈达，陈设物品。与其同时，格盖扎萨来献三所依、哈达和其他礼品。这天，扎什伦布寺拉章献来时津贴（额外补助）。

二十四日和二十五日两天，拉章举行仪式。二十六日，（班禅）为仲科侍候人员摩顶。在寝室用完茶点后，经师为遍观殊胜化身教授四无量皈依心①、与欢喜天相关的所缘慈悲经文传承。二十七日，参加拉章仪式。二十八日，为仲甲摩顶。然后，为前来拜见的民众摩顶，赐护身结。经师为化身仁布切讲授长寿法。

班禅额尔德尼年幼之时，住在德庆格桑颇章宫，有一天中午宴会结束后，拿着粉团，像是休闲玩耍的样子，来到颇章南面的水泉边给水中的鱼喂食，鱼群游到化身仁布切面前，粉团已经用完，（小灵童）拿起水中的小石子搓揉，作为食物加持喂鱼。已经过去好长时间，经师仁布切装着侦察的样子慢慢过来，这时正值小石子被放进水中的时候，经师从身后抓住，手中出现了用各种小石子形成的两个粉团，据说紧接着讲了大悲咒。

回到德庆格桑颇章，突然一群白野鸭欢快地聚集在草坪上栖息，此处顶噶井（སྟེང་ཀ་ཁྲོན་པ།）的井水沫日渐旺盛，树叶逐年茂盛，丰年足食，幸福安康，就像新圆满时代。经师丹巴坚赞的化身洛巴旦

---

① 佛教修行利益众生的4种广大心，即引导众生脱离痛苦获得快乐的慈心、悲心、喜心、舍心。

增旺杰和大译师潘德康萨瓦洛桑南杰(ལོ་ཆེན་པཎ་བདེ་ཁང་གསར་བ་བློ་བཟང་རྣམ་རྒྱལ།)两人戴着群伦冠冕,通过意乐加行的(བསམ་སྦྱོར། 思想行为)方式,如理依止,从此开始了广闻深思显密教法仪式的缘起。

6岁时,开始学习藏文读写,念诵上下法行论,按照共同次第总规矩记诵密法咒语。雪域政教之救怙主经师靖善禅师(ཧེའི་ཐུན་ཤན་སི།)大呼图克图主仆[①]、皇帝金书使者、钦差、驻藏大臣等人即将来到后藏,班禅特派孜近侍索本堪布康钦巴格敦达结(ཁང་ཆེན་པ་དགེ་འདུན་དར་རྒྱས།)和知宾古格巴洛桑诺布(ཀུ་གེ་བ་བློ་བཟང་ནོར་བུ།)去慰问汉藏上师官员。关于灵童之事已报奏大皇帝,按照善成之意,铁虎年(1890年)十月内从此派信使知宾朱霍尔贝丹次仁(ཇུ་ཧོར་དཔལ་ལྡན་ཚེ་རིང་།)送金书,孜雪按照先例,西藏地方政府孜雪、驻藏大臣文硕(ཧྲིན་ཨམ་བན།)等人通过不同的渠道表示慰问和祝贺,来后藏的噶伦喇嘛总堪布、丹吉林扎萨、知宾堪布甲拉巴(ལྕགས་ལམ་པ།)等人慰问礼品和信函另处说明。教民利乐大怙主摄政靖善禅师大呼图克图主仆是十一月二十一日从丹吉林颇章启程,行至甘巴拉东下时,(班禅)派出第一批慰问者知宾仲孜瓦洛桑次仁,孜雪向摄政献承诺书和印章。雪[②]向噶伦大喇嘛和格盖扎萨献慰问礼。(摄政)下榻江孜时,即十一月(班禅)派出以近侍潘康格敦达结和知宾赤烈诺布为代表的第二批慰问团,代表孜雪两大机构向摄政献礼。摄政行帐宿地,由大嘉荫[③](སྐྱབས་དབྱིངས།)的迎候准备者提前选择金卡尔(གཅིན་མཁར།)等合适的地方。大摄政启程时,在格顶康萨后迎接,行

① 指八世第穆呼图克图,他于咸丰八年(1858)经金瓶掣签确定为七世第穆呼图克图转世灵童。光绪十二年(1886),奉光绪帝圣旨出任摄政,掌办商上事务。十七年,因办理印藏通商有功,赏“靖善禅师”名号。二十一年,十三世达赖喇嘛亲政后辞去摄政职务。二十五年,因涉嫌与瞻对喇嘛用符咒谋害达赖,被革除呼图克图名号,禁止第穆呼图克图系统转世。

② “雪”的字面意思是“下面”,这里指扎什伦布寺设立的办事机构。

③ 过去对班禅管家扎萨喇嘛的尊称。

礼献哈达。起轿前，在帐幕门前备好轿子、饮食等，在帐幕中稍坐片刻，饮茶结束后，摄政立即进入彩虹宝帐中，孜的慰问者敬献哈达。之后，由雪敬献阿喜哈达①（ཨ་ཤི）、曼荼罗、三所依等，向主从献茶。在行幕和蒙古帐幕中，单独会见摄政，敬献哈达。然后，和噶伦、格盖扎萨交换见面哈达。

针对这年举行坐床仪式，所有能依方面的谈话，大嘉荫来到江孜办事驻地。这时，钦差大臣文硕也来会见。十一月九日至二十日内，政府和私人的胜幢、幔、遮盖物等全部更新。二十一日，在萨麻（ས་དམར）设灶迎接的准备工作由卸任管家知宾夏尔等单独安排，动员了人力差役哈尔东法谿（庄园）赛玛所属的60个人，宝座、灶台、伽尔加（གར་ཅལ）、香炉等事前设计，各地负责行程中道路的整治维修、煨桑等。在萨麻，准备了飞幕器具、坐垫等，按照地位高低安排座次，排列无误，将面食、茶、米、水果等15盘食品放在两张汉式桌子上。大嘉荫、4位卸任喇嘛、掌堂师（纠察僧）、马官、3位内侍、5名勒参巴②、僧俗仲科15人等按地位高低敬献哈达。乘骑迎接的人有此寺（扎什伦布寺）的素西南巴（ཟུར་བཞི་རྣམ་པ）和大掌堂师各主仆3人、五部掌堂师、哈尔东札仓两位师傅、两位管家、喀尔喀康村师傅、甲康村师傅、萨姆罗康村师傅、卓尼康村师傅、大中小米村的吉根（རྒན་རྒྱི，总师傅）骑士71人、周边贵族乘骑25人、各寺院堪布、悦众维那③（དབུ་ཚོགས）21人、桑阿密宗学院的僧人仪仗队100人、三所显宗学院的僧人共300人、周边各寺院僧人300人、雪区寺院政府的舞者121人、周边宗谿所属舞者335人等预迎。从外墙城门开始，地方政府和寺院拉章的吉细（སྐྱི་བཞི）煨桑焚香，经过

① 指上品哈达，属二等哈达。

② 原西藏地方政府五品僧俗官员。后来扎什伦布寺也设此官职。

③ 寺院中起腔领众讽诵经文的人和执掌清规戒律的人。

世界美饰灵塔殿大佛像前行供,到西边的后门口落轿,地上铺着红色方形缎毡。在汉地佛殿画像前供放一副相同画像,向左右佛像献敬神哈达。然后启程去五世达赖喇嘛灵塔殿参观,当登上宝座时拉章的夏卜拜、格盖扎萨等主仆列坐,两张汉式桌上摆放着15盘面点、茶、米饭、水果等。从外墙大门到德庆格桑颇章大门之间的道路两侧排列着仪仗队、歌舞者。从德庆格桑颇章门口开始有政府拉章的吉细、贵族接头人、大寝室大喇嘛、孜的两位强佐(管家)等引香(点燃香迎接),行抵德阳羌(བདེ་ཡངས་བྱང་།)落轿,铺设了红毯。孜的索本和却本迎接。甘珠尔拉康中一张精致的汉式桌子上摆放了麦穗酥糕①和品相完好的高档食品。在北面法座前,面向南是为摄政准备的地毯、木质床榻、床褥、红垫子、白色帷幔、华盖高桌、脚台等。身前左右两侧是为索本和森本准备的内垫,前排左边第一个座位是为大嘉荫设的缎质软垫,按照地位分配方形垫褥和桌子;右边第一座是为噶伦大喇嘛本塘巴(འབུམ་ཐང་པ།)、贵族扎萨、江坚公准备的缎垫缎褥和装饰过的桌子各一张。其下面是为粮台长官宇拓弟、近侍兄巴布巴之子、堪仲大喇嘛洛桑顿丹(ཏྭ་བློ་བཟང་དོན་ལྡན།)、桑颇台吉(བསམ་ཕོ་ཐའི་ཇི།)等人准备的薄软缎垫和红桌子。其下面是为基巧仔本(财务官员)擦绒、吉杜之子、银子管家代本吉普巴、绒区迎候准备管理者、后藏代本宇拓之子、孜恰雪康巴、南林之子、朗噶尔(སྣང་དཀར་སྲས།)之子、噶细巴(དགའ་བཞི།)之子、帕拉(ཕ་ལྷ།)之子等人准备的缎褥子、桌子各一张。右一是为近侍长兄堪钦强巴南杰贝丹(བྱམས་པ་རྣམ་རྒྱལ་དཔལ་ལྡན།)、近侍喀尔喀大儿子益西群佩(ཁལ་ཁ་ཇོ་ལགས་ཡེ་ཤེས་ཆོས་འཕེལ།)、近侍舅父大堪布等人准备的上好缎褥、红色土桌子。其下是为堪仲强钦巴钦饶绛曲(ཆང་ཁྱིམ་པ་མཁྱེན་རབ་

① 藏历新年或其他喜事时,用酥油拌合糌粑,连同炒麦花装满斗形木器,上插麦穗和花枝等,以迎接客人。

བྱང་ཆུབ།)、副堪布益西图丹(ཡེ་ཤེས་ཐུབ་བསྟན།)、孜恰副堪布洛桑平措、卸任粮台官堪琼钦饶平措(མཁྱེན་རབ་ཕུན་ཚོགས།)、造币处堪琼嘉央丹巴(འཇམ་དབྱངས་བསྟན་པ།)等人设的缎褥子和桌子。其余是仲森勒参巴[①]、司钥(寺院里掌管财物的管家)、僧俗普通官员等内寝侍从。摄政一登上宝座,孜厨房立即在两张汉式桌子上摆上面点、茶、米饭、水果各15盘等。大嘉荫献上见面哈达、曼荼罗、三所依、一两黄金、一章喀银、一匹四相缎等,请求摩顶。

在大经堂,关于最上怙主的宝座和三位近侍的坐垫是按照以往样式布置的。在宝座的左面杰当噶东(རྒྱལ་སྙིང་ཀ་གདོང་།)为摄政准备了面向南的地垫,地垫上的床榻有四层垫褥,坐褥红色,靠垫白色,有华盖、座前高桌等。宝座的左右为索本和森本各设一块内垫(上好垫子)。嘉孜(སྐྱབས་རྗེ།)[②]宝座的右方杰当(རྒྱལ་སྙིང་།)处,有为经师仁布切准备的面向北的缎垫、桌子。杰当下方是为地方政府大堪布们设的软缎垫和红色土桌各一张。前排右面第一座是为大嘉荫准备的缎质软垫、精致花桌。其下是为地方政府小堪布们准备的折叠垫和桌子。其下是为勒参巴设的氆氇虎纹垫各一块。后排是为普通僧俗官员准备的10块氆氇垫。前排左面第一垫是为噶伦大喇嘛本塘巴设的垫。知宾们坐在庭院围墙内。

在甘珠尔拉康殿,大嘉荫向嘉斯(སྐྱབས་སྲིད་ཆེན་པོ། 摄政)前来献薄礼,根据前后的情形,迎请大救怙主(班禅)至大经堂,具恩善缘双方[③]见面聚会。摄政向班禅行礼,敬献见面哈达。落座后,地方政府的噶伦、扎萨等僧俗仆人按照地位高低先后敬献哈达,班禅一一摩顶,然后各位就坐。大嘉荫向善缘双方(班禅和摄政)敬献内库

---

① 指知宾、森本等办事人员。

② 指班禅活佛。

③ 一般指福田与施主,此处指班禅和原西藏噶厦地方政府的摄政。

上等哈达,接着由拉章的大小近侍、勒参巴以上的官员按照地位分别敬献见面哈达,接受摩顶。全部就坐后,端上面点。这时,孜(勒空)问候达赖喇嘛玉体安康否?金刚持阁下(摄政)贵体安宁否?噶伦扎萨身体安康否?全体僧俗随员身体可好?接着上茶和米饭。

根据食册为班禅、摄政、大嘉荫、西藏地方政府噶伦大喇嘛、格盖扎萨等人准备了油炸面点和茶。结束后,善缘双方一起到内寝悦意殿寒暄,按前布置了坐垫、靠垫和桌子,北面华丽处是为摄政休息准备的缎质软垫、方形缎褥、高桌、靠背等;西面柱前是为经师仁布切准备的面朝东的薄垫、缎褥、矮桌。寝室门口(གཟིམ་ཆུང་འགག།森琼噶)是为供施双方的近侍准备的红色垫子。在森钦(大卧室)为大喇嘛准备的叠卓(ལྡབ་ཅོག);在小卧室甘丹林北面墙边,为大嘉荫准备了缎质软垫、上等缎褥、花桌等;南面神龛(灵座)边是为地方政府噶伦大喇嘛本塘巴和扎萨准备的上等缎褥和镶嵌精美的桌子各一张。甘珠尔拉康内,按照地位高低大小分别为江坚公等四品以上僧俗官员准备了相应的大小垫褥。在小卧室门口,按照等级为知宾等僧俗勒参巴和僧俗普通官员设置垫子等。为包括仲科等在内的人员,在经堂上层安排垫子,下层为驮夫、私人佣人设垫。

班禅和摄政供施双方坐在悦意寝殿用茶,佛母(班禅母亲)向班禅额尔德尼和摄政敬献哈达后马上回夏卓森噶(ཞལ་སྒྲོའི་གཟིམ་འགག)。为班禅叠靠垫和坐垫各15层,为摄政叠13层。用第二次茶时,各上一盘饭、馍馍、肉。为四品以上官员赐茶,用银盘摆放干肉、馍馍等。为大嘉荫、噶伦大喇嘛、扎萨等人安排茶等食品9种。

二十二日,在喜悦寝殿,达赖喇嘛派人送来书函、上等哈达、曼茶罗三所依、一两黄金、一章喀银、衣料绸缎一匹等,请求摩顶。上下赛马仪仗队名册顺序已排好,有启开善缘资粮百门的人历算家艾希瓦(དངོས་བཞི་བ།)、扬幡骑士(ཚིབས་དར་བ།)①第一位举吉祥军旗的人扎西顿珠、第二位举护国天王②(ཡུལ་འཁོར་སྲུང་།)白色军旗的人帕州(བག་གྲོ།)、第三位举增长天王③(འཕགས་སྐྱེས་པོ།)黄色军旗的次仁顿珠、第四位举西方丑目天王④(སྤྱན་མི་བཟང་། 广目天王)红色军旗的丹正、第五位举多闻子⑤绿色军旗的桑佩、第六位举圣物的顿珠、第七位举圣物的次珠、第八位拿脚凳的多吉平措,驮夫有阿旺曲扎、阿旺丹增、钦饶阿旺、洛桑金巴、洛桑克确、丹巴桑佩、平饶阿旺次佩、本塘强巴塔钦等。

救怙主摄政靖善禅师经师呼图克图仁布切的骑具、宝骑、伞盖管理者尊追桑布、司钥洛桑克增、桑丹益西、地方政府佛事处的钦饶扎巴、洛桑多杰、强巴丹佩、洛桑金巴、洛桑桑丹、强巴饶杰、雪仲科、长兄巴布子、行帐孜本擦绒巴、孜本吉堆子、孜夏雪康巴、南宗林林子、孜负责人那噶尔之子、噶雪噶细之子、厩吏噶德瓦、噶仲诺囊巴(ནོར་ནང་པ,噶厦的秘书)、噶厦知宾年仲巴、会计多德瓦、噶雪代理人玛拉木巴、行营总侍吉嘉巴、噶厦门卫杜康巴、绒查巴、热兹巴、卡尔丹巴等,需要分开返回。知宾和侍卫等分两组分别与前面马队一起前行。

第三章　遍观班禅额尔德尼的化身坐床、受出家戒

关于遍观班禅仁布切的殊胜化身坐床,经过向汉藏政教共主奏报,决定铁兔年(1891 年)七月五日,天等有寂之顶饰救怙主通

---

① 指达赖、班禅等人出行时,仪仗队中擎旗的人。

② 多罗吒,居住须弥山第四层护持东方的天王。

③ 守护须弥山南方的天王。

④ 毗留博叉,守护须弥山西方的天王。

⑤ 又作“毗沙门”,佛教四大天王之一,位在北方。由于他乐善好施,又称财宝天王。

达一切的殊胜化身仁布切在大颇章坐床,向有大恩的汉藏政教主禀报的情况有连续的记录(笔记)。驻藏大臣升(ཧྲིན། 升泰)[①]到任时,关于日期方面的文书的词句说:“大皇帝嘱托,为了区分藏事而驻的升钦差阁下:鄙人扎萨喇嘛旺秋崔成(ཛ་སག་བླ་མ་དབང་ཕྱུག་ཚུལ་ཁྲིམས།)请求(报告),文殊大皇帝的悲心中,光绪十四年确定班禅额尔德尼的殊胜化身仁布切,现安居于德庆颇章,年已9岁,逐渐长大,天资聪颖,诵读佛法经典,不可思议,此乃皆为文殊大皇帝的发心与恩威。愿大皇帝莲足长存数万劫,为了长寿永固而勤修。关于班禅额尔德尼殊胜化身仁布切坐床扎什伦布寺方面,鄙人扎萨喇嘛、4位卸任喇嘛[②]、僧俗仆从于前文册详细写到:第五世班禅额尔德尼罗桑益西6岁时,大皇帝于康熙七年特遣来惹且喇嘛(རལ་ཆེ།)和恰噶尔喇嘛(ཚ་དཀར་བླ་མ།)等赏赐金字宝书(圣旨)及随函礼物金银绸缎等,护持班禅在扎什伦布寺坐床。第六世班禅额尔德尼·罗桑班丹益西(བློ་བཟང་དཔལ་ལྡན་ཡེ་ཤེས།)4岁时,大皇帝于乾隆六年特派钦差脱藏第(ཐོ་ཙང་ཏཱི།)和大喇嘛、笔贴式等人来赐金字宝书、随函礼物佛珠、玉柄、衣服、坐垫、金银绸缎、斋僧茶费银两等,护持在扎什伦布寺坐床。第八世罗桑班丹确吉扎巴旦白旺秋(བློ་བཟང་དཔལ་ལྡན་ཆོས་ཀྱི་གྲགས་པ།)6岁时,大皇帝于咸丰十年特派钦差驻藏大臣恩(ཧེན།)[③]、色楞或明翰(མིང་ཧན།)等人送来圣旨,另有汉银一万两等赏品,护持于扎什伦布寺坐床。现在僧俗民众一心一意祈请大皇帝恩准第九世班禅额尔德尼亦尽早坐床。这样既能增强对大

---

① ཧྲིན། 明显是汉文的音译,根据任职时间推算很可能是驻藏大臣升泰,他是驻藏大臣有泰之兄,前后两次出任驻藏大臣,前一次作为驻藏帮办大臣,任职时间为1886-1890年;第二次是作为擢任驻藏办事大臣,时间为1890-1892年。

② 素西是藏文ཟུར་པའི་的音译,一般指卸任的喇嘛。

③ 根据时间推算可能是驻藏帮办大臣恩庆,任命时间是1857年,离任时间为1865年,在藏病卒。

皇帝的无比崇敬，深切体会皇恩浩大，又能促进黄帽教派的兴盛。为了继续惯例不断，我等恳请光绪十八年九月九日藏历吉日，大皇帝如同先前的做法，恩准将班禅额尔德尼转世灵童从德庆颇章迎请到扎寺伦布寺坐床，恭候接请圣旨、礼物，驾临特派钦差主持协助大典，并亲自宣读圣旨。回呈过去历辈班禅额尔德尼获得丰富奖励物品的礼单，期望此次也能像过去一样受到重视，特此上奏致谢。光绪十七年，即藏历铁兔七月五日敬呈。

以前请求奖品（称赞）的一份文书中写道："鄙下扎萨喇嘛旺秋崔成请求（报告），原文册详载历代大皇帝父祖心思兴黄教，无量奖品助缘是：康熙五十二年（1713 年）特派太尔更孜瓦（ཐེར་ཀུན་ཚེ་ར་བ།）之父次仁、太尔更喇嘛索巴仁钦（ཐེར་ཀུན་བླ་མ་བཟོད་པ་རིན་ཆེན།）、比丘艾噶其（ཨེ་ཀག་ཆེ།）、大臣厄鲁（ཨོ་རོད།）等人给第五世班禅额尔德尼·罗桑益西颁发满蒙藏汉四体对照（实为满汉藏三体对照）的金印和敕书（金书），敕书写着：朕嘉许您（实际上印面写有"敕封班禅额尔德尼"），嘉封班禅额尔德尼之名号，从此没有人对扎什伦布寺及其属寺、庄园等挑衅寻争，保持稳定。此乃与嘉言同赐。第六世班禅罗桑班丹益西坐床时，依照先例，特派钦差赐前世金印及敕书等。乾隆四十五年（1780 年），前后赏赐黄轿、黄车、黄幔帐幕、一对黄伞盖、锦旗、马旗 40 对等。同样，高宗弘历皇帝 70 岁大寿时，赏赐圣宝印和宝书。第七世班禅罗桑班丹旦白尼玛确列朗杰（བློ་བཟང་དཔལ་ལྡན་བསྟན་པའི་ཉི་མ་ཕྱོགས་ལས་རྣམ་རྒྱལ།）坐床时，特派钦差颁发赐予前世的羊脂玉印、羊脂玉敕书、金印、金书、黄轿、黄车、黄布幔、马旗等，并不断传来准许请求赏赐的嘉言。道光二十二年（1842 年）森巴战乱时（译者注：森巴是藏语对居住在印度北部查谟地区的道格拉人的称呼。森巴分为然吉森、索热森、谷朗森三大部落，最大者为然吉森拉达克。道光二十年（1840 年）末，左拉瓦尔以拉达克爽约为由，再次派兵入侵。拉达克王向西藏告急，驻藏大臣并不发兵救援。于是森巴军队占领拉达克首府列城，吞并拉达克全境。道光二十一年（1841 年）

五月,在英国远征军入侵中国东南沿海之际,左拉瓦尔辛格率森巴及拉达克、巴勒提各族军队共七千余人,以朝拜神山圣湖为名,兵分三路,潜入西藏阿里境内。左拉瓦尔率北路军沿班公错东进,趋日土宗(今阿里地区日土县),以防备新疆的援军南下。驻防日土宗的藏军仅二百余人,被森巴军队击溃。中路军由诺诺色朗率领,溯狮泉河而上,攻克扎西岗、噶尔亚沙、噶尔宗(在今噶尔县昆沙乡)。南路军由塔那达日指挥,沿象泉河前进,攻占札布让宗、达巴宗(均在今札达县)。三路军在噶尔宗昆沙会师后,一路向南推进,洗劫了阿里南部重镇补仁宗(在今普兰县)。)(སིང་པ།),赐予大量的军费。大皇帝格外施恩,在原有敕书之上,增赐'巡护西藏'的奖品。第八世罗桑班丹确吉扎巴旦白旺秋(བློ་བཟང་དཔལ་ལྡན་ཆོས་ཀྱི་གྲགས་པ།)坐床时,特派钦差来颁发赐予前世的印、文册、黄轿、黄车、黄马鞍辔、红黄马伞为主的全套马旗等,不仅鼓励按传统使用,而且还赐黄披肩。这些全部记录在册。现在按先例赐予第九世班禅额尔德尼前几世的敕书、印等,不断获得赏赐。自从准许在扎什伦布寺坐床以来,按照谕书判决意思,关于撤销化身的名号方面,向大皇帝上致敬呈文。按照佛法善规和以前赏赐历辈班禅的做法,同意赐大金印。这些都有明确的记载,藏族僧俗民众相信。对于周边民族来说也受到大皇帝的怜悯和恩惠,因此定会成就太平安宁的大事。我扎萨喇嘛、诸位卸任喇嘛、僧俗随员都诚心祈祷,支持大臣禀奏之事成功,通过上书请求怜悯。光绪十七年,铁兔年七月五日。"

"关于父亲的爵位,我扎萨喇嘛商卓特(管家)请求:在昔,赐给第七世班禅额尔德尼之父巴丹顿珠(དཔལ་ལྡན་དོན་གྲུབ།)公爵并一品顶戴;首赐第十一世达赖喇嘛之父次旺顿珠(ཚེ་དབང་དོན་གྲུབ།)公爵、宝顶、两眼翎等;请求获赐第八世班禅额尔德尼之父丹增旺杰(བསྟན་འཛིན་དབང་རྒྱལ།)公爵、顶翎等。之后,赐予历辈达赖喇嘛之父爵位、顶戴、翎眼等,书中皆有记载。现今,班禅额尔德尼化身没有明确的父亲,此乃佛教的(做法)事业已不可思议,西藏把他执为奇异敬信之境(处或对象)。但是,从亲自见到化身到相关金瓶掣签未确定之前,化身的祖父齐迈旺布(འཆི་མེད་དབང་པོ།)努力请求要像父亲一样服侍化身，所以一定对班禅额尔德尼殊胜化身的名义有利。通过大臣上奏（大皇帝）按赏赐前世之父的先例赐给祖父齐迈旺布公爵及相关的一品顶戴、孔雀翎等。光绪年，铁兔年月日。”

钦差方面，“我扎萨喇嘛商卓特请求：在昔，第七世班禅额尔德尼在扎什伦布寺坐床，特从黄金大国派遣钦差上官等来颁发金书、礼品，进行护持。第八世坐床时，委派代理钦差驻藏恩（庆）大臣、色楞呼诺门汗（ཟེ་ལེ་ཧུ།）等人来颁发金书、礼品。书中明载。现今，按八世班禅时的先例，委派两位驻藏大臣作为钦差来参加坐床仪式。倘若特派钦差官员，随函礼物会同时到达。钦差喇嘛方面，若卸任商卓特诺门汗病愈则能胜任，否则库热洗礼堪布诺门汗（ཁུ་རལ་ཁྲབས་ཁྲུས་མཁན་པོ་ནོ་མིན་ཧན།）在此地，可做获得皇帝奖品爵位的官员，两人谁能胜任请赐书，这符合规矩，大臣奏请皇帝作出合适的决定。光绪十七年，铁兔年七月五日。”

延请摄政方面，“我扎萨喇嘛商卓特请求，奏请大皇帝，可否请班禅额尔德尼殊胜化身仁布切于明年一月在扎什伦布寺坐床，此乃僧俗民众一致的心愿，期望实现。文书明载：乾隆六年，第六世班禅额尔德尼班丹益西坐床时，西藏的摄政颇罗鼐（ཕོ་ལྷ་ནས།）①莅临帮助；之后乾隆四十九年，七世罗桑班丹旦白尼玛确列朗杰坐床及受居士戒时，八世达赖喇嘛和摄政诺门汗莅临扎什伦布寺；咸丰十年（1860年），八世罗桑班丹确吉扎巴旦白旺秋坐床及受居士、出家戒时，由于达赖喇嘛尚年幼，摄政热振阿齐呼图克图仁布切（ར་

---

① 本名索朗多吉（1689－1747年），曾为拉藏汗的随身秘书，后作为汗王代表，接管年楚河流域的军事政务，并授予“比切齐台吉”封号。康熙五十六年，率领卫藏军队在达木（当雄）一代抵抗准噶尔部策妄阿拉布坦派兵侵入，兵败被俘，后释放。康熙五十九年，配合阿里总管康济鼐击退准噶尔军。1723年，被清朝中央政府封为“台吉”爵位。之后，出任噶伦，并任孜本主管财务。雍正六年，任命他协助驻藏大臣总理政务，并受封为“贝子”。九年，封为“贝勒”。乾隆四年，晋封为“多罗郡王”，全面主管西藏地方事务。乾隆十二年，病逝于拉萨。

སྒྲིང་ཡ་ཆེ་དྭ་ཐོག་བྲུ།)①特来扎什伦布寺。文书记载,按照先例,法印必须请示达赖喇嘛,然而达赖喇嘛尚未受比丘戒,律规时机未到,不敢请求。明年,班禅额尔德尼殊胜化身坐床时已10岁,不可拖延,顺应天子的深意,黄帽宝教普及中原边疆各地,为使班禅额尔德尼殊胜化身一生事业圆满、以前历辈班禅及非共清净师徒,请摄政经师呼图克图活佛来参加仪式。为了传授居士出家戒,献讲法教,请摄政经师呼图克图仁布切怜悯扎什伦布寺,此乃我扎萨喇嘛、四大卸任喇嘛、僧俗侍从、众僧的心愿,请求书(信函)另呈。大臣与经师呼图克图商量,请求通过上奏皇帝给予合适的护持怜悯。光绪十七年,铁兔年七月五日。"

关于坐床,雪(勒空)请求:以三门②大礼向达赖喇嘛致敬。依止大皇帝和救怙主达赖喇嘛的猛力发心之加持力和恩惠,确定救怙主殊胜化身仁布切,完成剃度及上名号,故护持玉体安住扎什伦布寺附近的德庆格桑颇章,是年已9岁,按前世之规,已到坐床、受出家戒的时间,若拖延身体将会有碍。明年一月初九神变大法会(ཆོ་འཕྲུལ་དུས་ཆེན།)③时星辰等善合,奏请大皇帝准许救怙主殊胜化身仁布切坐上高胜幢宫殿(ཕོ་བྲང་རྒྱལ་མཚན་མཐོན་པོ།)的宝座。现在特派代表索本堪布去报告驻藏恩大臣,期待会有丰硕的结果,并使全部仪式顺利进行,成为善道。誓言(修证)、皈依等一刻也不能散乱,请求祈祷。孜(རྩེ། 即孜勒空)回复称,事情将会成就(成熟)。由于救怙主达赖喇嘛尚年幼,不敢祈求,按照旦白旺秋坐床时,由摄政热振阿齐呼图克图参加的做法,现在班禅额尔德尼的坐床、居士出家戒、传

① 按照时间推算应该是三世热振活佛阿旺益西楚臣嘉措,曾两次出任摄政,1863年圆寂。

② 指佛教所说的佛像、佛经、佛塔。

③ 亦作"大神变节",一般在藏历正月初一至十五日期间举行。传说释迦牟尼在世时,示现各种神通变化以制伏各种邪魔外道,故名。此处指扎什伦布寺举行的一年一次的祈愿大法会,法会期间举行各种活动。扎什伦布寺的祈愿法会是由四世班禅确定的。

法等，请摄政经师呼图克图活佛参与完成亦可。复又请示驻藏大臣，要考虑西藏教民的大事，应允落实诸事请求，并未来继续心系关照不断。观看文书，成为祈请下马礼、哈达（天界宝物）之凭依，礼物有内库哈达、佛土大海的有角庄严图、佛像、佛经、佛塔、第一宝黄金一两、章喀银 50 两、华服、博绫等，良时敬献的信函（呈文）。

摄政，大敬祈请，依止奉天承运文殊大皇帝与救怙主达赖喇嘛双方的发心，完成了确定救怙主殊胜化身仁布切，剃度取名。现在住在扎什伦布寺附近的德庆格桑颇章，是年已 9 岁，根据年纪及历辈前世的规矩，到了坐床时间。近来，西藏地界不安宁，库中所需用品匮乏，虽在努力置办必备物件，进度缓慢。如果继续拖延，难以承担因此造成的厄难，因此不得不提前报告。地方政府答应提前借贷坐床时所需的金额，加之自己的事自己办，典礼所需物品正在努力筹备之中。为了明年一月初九神变节期间，良辰吉日，准请救怙主殊胜化身仁布切在高胜幢殿坐床，立即奏报大皇帝；今特派代表索本堪布，驻藏恩大臣单独献文。为此，希望尽快接到批复，得到嘉言。那时为了佛教，授出家戒的堪布、首先传法的，即历辈班禅与发心三昧耶①统一，不共善缘聚合，时机成熟。因此，我扎萨喇嘛、四大卸任喇嘛、僧俗随侍、僧部等诚心祈请救怙主，坐床的同时登上扎什伦布寺宝座，心思佛教与民众的大事，获得有益、良好的最高教言。不仅向达赖喇嘛呈文报告，关于授出家戒，必须提前向大皇帝奏请。现在，单独向大皇帝送去文书，请求给予支持，特别是对重要的教诫、全部的大小仪式、礼物、誓言、皈依亦如前获得关照，了知遍智甚深法界。礼品有：呈文哈达、祈请内库白哈达、曼荼罗三所依、8 钱黄金包、马蹄银、章喀银 50 两、华服、面子薄绫等。

① “三昧耶”是梵文的音译，意为“誓言”。一般是传法上师与弟子之间立的誓言。

吉日所献的信函。

启请噶厦诸官员:祈请!救怙主殊胜化身仁布切现年9岁,按先世的规矩,这一年纪护持坐床,一定受居士、出家等戒。但是,现在西藏地界社会不安定,库存东西急剧下降,筹备进度缓慢导致人心惶惶,因此不得不提前向地方政府报告借坐床所需费用之事,设法准备全部东西,努力自己的事自己办,正在筹备典礼物品。如果明年一月九日星辰善合,救怙主殊胜化身仁布切即可于高胜幢殿坐床,必须尽快通过上奏大皇帝得到怜悯,特派人去向驻藏恩大臣送去信函文书。札子的批复,获得事情成熟的嘉言,顺利坐床,传授居士出家戒及首始法教。达赖喇嘛年幼,不便邀请。按照铁猴年,与前世班禅有发心誓言清净特殊师徒关系,此次希望救怙主摄政经师呼图克图亲临,众堪布、寺庙及僧俗侍从诚心祈请,亦向摄政、孜雪①和驻藏大臣上书送函,唯是考虑佛教与民众的大事,努力不弃,希望诸事圆满给予支持。特派大司膳协商,要有各方面事先沟通的指示,希望努力了解内部情况。随函礼品有:哈达、华服、面子博绫等。吉日奉献。

针对上述情况,向恩大臣送去30两藏红花、佛像、深青色件料、4匹上等氆氇等,表示对解决事情的感谢。请词说:"今日吉祥,十万福泽所建制的宝像犹如金山般坚固,皆属皇帝的擎天善业威光之福。我身体健康,为大皇帝勤奋祈福,精进承侍教政,致敬。救怙主班禅额尔德尼殊胜化身仁布切年已9岁,按照昔日历辈班禅之惯与佛法规矩,请求于扎什伦布寺坐床,授居士出家戒,但已拖延,心中急慌,因此希望在准备等方面请示合适的方法。现今,商卓特积蓄很少,今年内不可能有丝毫增加,算上闰月,明年一月内的坐床典礼只有加快

① 指孜勒空和雪勒空两大机构。

不能推延。同样，以前请求皇帝的奖品，按照单独奉献的书函，金书中有明确记载，希望得到圆满的支持。现今对特派人员索本堪布也有兴利除弊的特殊教诲，针对这些批复成事，多次表示了感谢。关于成因，不能放松活佛长寿的祈祷，承侍皇帝事业兴旺发达，不能放弃慈悲心，应知所有的教诲指示像神水一样流淌。随函礼品和问候礼品有两匹上等哈达、吉祥响铜质着衣佛像、30 两藏红花、妙香、氆氇件料、带有点子花的氆氇等。吉日献。”

“启请摄政：敬大礼，如通达甚深智慧法界，以前圣聪请事，大政府（གཞུང་ས་ཆེན་པོ། 指地方政府）支付资金的喜讯获得之后。殊胜救怙主感念大皇帝之恩惠而顶礼叩头，并为复命回赠礼品事谊特地安排仲康（མགྲོན་ཁང་།）[1]人员办理。救怙主殊胜化身仁布切正式坐床和护持居士出家戒方面，去年前任强佐诺门汗已秘密向殊胜救怙主报告，救怙主赐嘉言说如果水龙年六月初四佛转四谛法轮节能坐床甚善。以前，各方面的准备秘密进行。在外部，请示汉藏方面，虽然事先奏报大皇帝，但不能确定时间。尤其是年内基本不能完成，因此不得不拖延。明年六月初四日，是特殊的氐宿月节[2]（ས་ག་ཟླ་བ།），沿途百姓农忙时节，中夏雨水丰盛，担心返回的山岗道路被毁。有闰月的水龙年霍尔一月[3]（ཧོར་ཟླ།）正值鹿野苑大神变节[4]（ཆོ་འཕྲུལ་ཆེན་མོ།），初九日坐床；十五日，授居士出家戒。若能在此时间定下来，对百姓来说也是农闲空暇时段，时机合适，星辰值合。向大救怙主禀报方面，向驻藏大臣呈献文书，向救怙主孜雪、噶厦报告，现在特派出大索本潘康巴（གསོལ་དཔོན་ཆེན་མོ་ཕུན་ཁང་པ།）。到时与其

① 专门接待宾客的机构或场所，相当于现在的宾馆。

② 纪念释迦牟尼降生、成道、圆寂的节日。

③ 据《藏汉大辞典》解释：五世达赖喇嘛在《黑白算答问》中说：1227 年，成吉思汗取西夏，盛宴庆祝，以此月为蒙历岁首，星宿月以正月见称，故称霍尔月。

④ 释迦牟尼在世时，示现各种神通变化制伏妖魔鬼怪，故名。

它一些正常佛事活动有所冲突,但为了信众,尤其是扎什伦布寺,此事是第一重大事情,也是唯一的大事。我等诚心请求班禅(殊胜救怙主)一定能顺利驾临,等待获得成熟的回复嘉言。行程路线、邀请时间等单独报告。事先请求道畅通等方面不吝赐教,对准备全部仪式全力承许保佑,不断进行取舍教诲,感谢常赐教言。随呈文、祈祷的礼品有:一对洁白哈达、曼荼罗身语意三所依、8 钱第一宝黄金、马蹄汉银、华服、面子薄绫等。吉日献的呈文(信函)。”

启请基巧大堪布大喇嘛、噶伦喇嘛本塘巴(འབུམ་ཐང་པ།)、噶伦多卡瓦(རྡོ་མཁར་བ།)、噶伦仁巴瓦(རམ་པ་བ།)、宇拓(གཡུ་ཐོག),护持救怙主殊胜化身仁布切坐宫殿宝座授居士戒事宜,通过驻藏大臣向大皇帝禀呈的文书、向达赖喇嘛和噶厦报告,是特派大司膳堪布潘康巴完成,说清典礼及具体时间等,希望获得确切的答复。另,到时需要运输物品的马骡规模方面也明示指教。雪(勒空)说:孜仲堪布强巴旦增仁布切(རྩེ་མགྲོན་མཁན་པོ་བྱམས་པ་བསྟན་འཛིན།)座前,献上水果。过去,通过孜恰顿康巴(རྩེ་ཕྱག་དོན་ཁང་པ།)[①]的嘱托一定记在心上。救怙主殊胜化身仁布切坐床、受居士出家戒方面,感谢驻藏大臣禀奏大皇帝,特派大司膳堪布去报告达赖喇嘛,请求提前赐以有益的答复、大救怙主启程时间和随员的名单等,希望给予明示。礼物有哈达、黄金 2 两等。吉日。

遍观救怙主殊胜化身仁布切坐床时的队伍之名录:铁兔年即 1891 年,为了决定一切佛以三平等正平等,虽无一切导师之法,但是在不了义[②]化机(徒众)的心中,月轮从天空不转向其他地方,在

① 原西藏地方政府两大管理机构(拉恰和孜恰)之一,专门管理发放贷款和负责为达赖喇嘛收支财物等事物。

② 佛教名词。《藏汉大词典》解释:为了诱导普通徒众,以一切世俗现象指出补特伽罗、有情及蕴界处等,及其生灭往还,能渐次以言说思议称量而增益者,以及开示此义的佛典及其注疏等。经典中多有解释,但是每一部经典的解释都不相同,因为立论依据不同。

百个千万水器中寻找月亮顺利出现一样，掌握人的生死，圆满、异熟、修习等事业之差别，超出了心口（思想语言）之境。所以，无数佛出世，难伏未现的浊垢，好像一切众生被束缚在善趣和极好的坦途上。在此又获得之时，一切轮回朽败，名号有意义，极乐净土的怙主没有光，贪恋三分袈裟虚伪天神向众生的保护者（སྐྱབས།）、怙主（མགོན།）、真正救星（དཔུང་གཉེན། 友军）排列世辈鲜花，如今百瓣发菩提心之花盛开，犹如白色的莲花一样，应当称颂。遍观班禅殊胜化身活佛杰增罗桑土旦确吉尼玛格列朗杰贝桑布在四洲[①]转力轮，好像天子妙吉祥大皇帝用金玉之言（圣旨）分开全时代，铁兔年十一月初二日，第一佛、轮流曜施凉主月亮、星宿头等圆满会合顺逆的甘露分际日升起。救怙主殊胜化身大遍智、雪域一切教法之主救怙主摄政靖善禅师经师第穆呼图克图主仆从德庆格桑颇章来到扎什伦布大寺尊胜洲（南杰林），登上高胜幢殿的悦意持法寝室无畏五面狮擎宝座，授权（授位）天人众生的大灯心。德庆颇章到扎什伦布寺之间，如利众轮星宿中的圣者（超群星），或似三生[②]（སྐབས་གསུམ།）主被众近王（遍入天）簇拥，善趣天和空行降下曼达罗（མནྡ་ར།，受意女）雨，世界所有的一切上等广行供养，供云充满天地之间。救怙主双方（班禅和摄政）仿佛相好日月一同发光，宝轮无数，尽情享受所有徒众导师的喜宴，加行于见闻念触一切分位和究竟劫（圆满劫）。当奏乐三次后，遍观殊胜化身坐进轿子，班禅后面的骑队、僧俗官员（གཞུང་ཞབས།）、贵族等乘马随员、扬幡骑士、马匹等按名册排列前行。从德庆格桑颇章出发，到扎什伦布寺协庆章康（ཁྲི་ཆེན་བྲང་ཁང་།）大门之间，仪仗队、海螺唢呐队、歌舞队、藏戏队、舞蹈队、汉藏军营队伍等排列在道路两侧，高处鼓声铮铮，旗幡飘扬，日喀

① 佛教所说的四大洲：东胜神洲、南瞻部洲、西牛货州、北俱芦洲。

② 三世：前世、今世、后世。

则宗顶端乐舞队吹奏乐器和唢呐,燃香迎接,行至扎什伦布寺贡森佛殿(ཀུན་གཟིགས།)后面落轿,踏着地毯从右绕行中佛殿(མཆོད་ཁང་དཀྱིལ།)、拉章等,经过大门首次登上悦意持法寝室和甘丹颇章寝室法座,从下开始向每个寝殿敬献哈达。在宝座上,(班禅)接受索本(司膳堪布)、森本(司寝堪布)、却本(司供堪布)敬献哈达,端上食品和茶。这天,政府的贵族们住大日光殿;金字使者年仲(མཉན་དྲུང།)、钦差大臣等人在仲涅(知宾管家)和联络员的引导下住新日光殿,日光殿东面的左边摆放着诏书和随函礼物。

之后,大家一起来到大日光寝殿,遍观殊胜化身仁布切面向东,跪在方形缎褥和红色垫子上;扎什伦布寺扎萨喇嘛和所有佩带顶戴的官员也面向东跪,金字使者年仲和扎什伦布寺仲译(秘书)宣读诏书,行九叩礼。钦差诺门汗宣谕。(班禅)登上宝座前站在红垫上,摄政礼敬献哈达然后上坐,摆上食品和茶。经师洛巴活佛和八位护法神殿师敬献八吉祥物①(བཀྲ་ཤིས་རྫས་བརྒྱད།);扎什伦布寺经师洛巴献曼荼罗,并做解说。拉章分别向救怙主双方献哈达、曼荼罗三所依、实物等,呈现于前。接着由扎什伦布寺四大卸任喇嘛、掌堂师、内侍、勒参巴、仲科②、呈供者等根据地位高低向供施双方和拉章夏卜拜献哈达。吃面点的同时,第一次表演舞蹈。摄政起身代表地方政府献佛像、佛经、佛塔等三所依及其他礼品。

接下来夏卜拜、贵族扎萨、江坚公、宇拓子、大喇嘛台吉、内府大小司钥、代本、孜恰、子南巴、孜雪的勒参巴以上的官员分别向班禅和摄政敬献哈达。之后,用茶两次,对辩者辩论,第二次表演舞蹈。之后,按照惯例为班禅、摄政、钦差大臣诺门汗、政府的夏卜拜、扎萨、各位汉族官员等准备油炸面点,上第3道茶,第三次表演

① 指镜子、酪、长寿茅草、木瓜、右旋海螺、牛黄、黄丹、白芥子。

② 原西藏地方的俗官,扎什伦布寺也设有此官职,为班禅服务。

舞蹈，对辩者辩经，应请赐护身结。向钦差官员们、两位对辩格西、舞蹈者赏赐礼品，系上柱面哈达和宝座哈达。大臣返回时，双方邀请在悦意持法寝室饮茶吃面点，香灯师（སྐུ་གཉེར། 庙祝）敬献哈达。动身时，为了表示感谢，将多如恒河沙数的仆从名字按顺序造册登记：地方政府彻德（འཕྲལ་བདེ།）[1]家奴、孜恰雪康巴（山下房住人）、孜恰副堪布洛桑平措、算师艾希瓦（དངོས་བཞི་བ།）等；第一行中，分开因缘妙汇百门者顶钦代表符合计算书的洛桑巴顿珠南杰（ལོ་བཟང་པ་དོན་གྲུབ་རྣམ་རྒྱལ།）；第二位是雪甘拉巴次仁（ཞོལ་ཀན་ལྷག་པ་ཚེ་རིང་།）分别燃香迎接；第三位能胜异品，携世界画轮者拉章白咒师仁增南杰（རིག་འཛིན་རྣམ་རྒྱལ།）；第四位高擎吉祥军旗者扎西顿珠（བཀྲ་ཤིས་དོན་གྲུབ།）；第五位高擎持国天王白旗者帕卓（བཀག་སྒྲོ།）；第六位高擎增长天王黄旗者次仁顿珠；第七位高擎丑目天王红旗的旦真（རྟ་མགྲིན།）；第八位擎多闻天绿旗的桑佩（བསམ་འཕེལ།）；第九位广博四业（ལས་བཞི།）[2]自然成就而负荷胜顺一切成就之库释迦牟尼白色圣物的顿珠；第十位是战胜魔军、统治三世、集诸佛威力于一体的拿红心物的人次珠（ཚེ་སྒྲུབ།）；第十一位是拿救怙主摄政靖善禅师经师第穆呼图克图的脚蹬椅的人多吉平措（རྡོ་རྗེ་ཕུན་ཚོགས།）；第十二位是携天神大居士法主觉沃青噶尔瓦心物的群佩（ཆོས་འཕེལ།）；第十三位是拿妙吉祥阎摩德迦的护法神业阎摩心物的人平措多杰。

天子文殊大皇帝乾隆赐予历辈班禅精美奖品，如目前正在使用的轿子等，骑士有第一、二位中持戒板的细卓瓦（བཞིས་སྒྲོ་བ།）和江康制帽师。第三、四位中，拿莲花花蕊的细热瓦（བཞིས་ར་བ།）；第五、

---

① 即"彻德勒空"，意为"支付局"。原西藏地方政府设立的专门管理达赖喇嘛收支物资的机构，即孜恰，又名布达拉宫总管处。

② 佛教名词，指息业、增业、怀业、诛业。息业的意思是通过消除障害和疾病进行净化和安抚；增业是通过修行增富、长寿；怀业是指能控制局面的影响，或是自己的心自在；诛业是依靠马头明王、金刚橛的忿怒本尊修法，将野蛮众生的心识强行超度到净土。

六位中拿一对铁锤的岗江瓦(སྒང་ལྕང་བ།)和塞卡瓦;第七、八位中拿金龙五碟装饰的红军旗的制靴师桑木旦和松凯白仓(ཟོན་ཁ་སྤེན་ཚང།);第九、十位中拿黄军旗的皮匠群佩和帽匠次旦;第十三、十四位中拿五角形白军旗的夏尔热曲和佛堂师次仁;第十五、十六位中擎黄色军旗的银匠达帝巴(ར་རི་བ།)和德仁巴(བདེ་རམ་པ།);第十七、十八位中擎红响铜色军旗的桑木次(བསམ་ཚེ།)和多杰嘉布(རྡོ་རྒྱལ།);第十九、二十位中拿蓝军旗的卓果瓦(གྲོ་སྐོར་བ།)和铜匠顿珠;第二十一、二十二位中拿一对金色五面画装饰的黄军旗的卓库巴热瓦(གྲོ་ཁུད་ཐག་ར་བ།)和扎西格当巴(བཀྲ་ཤིས་དགེ་སྡིང་པ།);第二十三、二十四位中拿一对金鸟画装饰的蓝色军旗的德勒卫巴(བདེ་ལེགས་དབུས་པ།)和铸工尼玛(ལུགས་པ་ཉི་མ།);第二十五、二十六位中高举一对黄色胜幢的管家扎西和江周(ལྕང་འབྲོག);第二十七、二十八位中擎三对幡幅的修仲瓦(ཕྱག་གྲོང་བ།)和扎拉岗巴(དགྲ་ལྷ་སྒང་པ།);第二十九、三十位中擎一对红胜幢的达喇多杰平措和靴匠邦甲欧(ཐང་གཅལ་འོག);第三十一、三十二位中拿一对五种彩缎的叠舌饰美的胜幢的噶夏尔(དགའ་ཤར་བ།)和鞋匠南杰;第三十三、三十四位中拿金龙画装饰的红色凉扇的穆巴(སྨུ་པ།)和鞋匠辛布巴(ཤིང་སྨུག་པ།);第三十五、三十六位中拿一对黄色扇子的松凯普次(ཟོན་ཁ་ཕུར་ཚེ།)和铜匠努玛拉次(ནུབ་མ་ལྷག་ཚེ།);第三十七、三十八位中拿一对红色伞盖的塔尔康木匠和工匠丹增;第三十九、四十位中拿黄色伞盖的香料师潘托(ཕན་ཐོག་པ།)和茶师措康巴(ཚོགས་ཁང་པ།),舞蹈者群佩、斯塔顿珠(སྲིད་ཐར་དོན་གྲུབ།)、索南杰布、斯塔雄巴、巴桑、仲巴斯塔多杰、扎西顿珠、雪琪索尼(ཤོད་ཆིབས་གསོར་གཉིས།)。

救怙主摄政靖善禅师经师第穆呼图克图仁布切使用的卧具、行骑、宝骑、孜的卧具饮食等都准备妥当,金桥住地内殿中有迎请者甲林巴夏仲洛桑贡却、夏仲次旦坚赞等,还有联络员益西措尼。

勒参巴有冲布达结、曼日杰仲、夏仲丹举、印经师平措曲杰、杰仲洛桑南杰、禅巴杰仲、玛素桑布、夏仲丹巴坚赞、桑村益西、司祭南杰、嘎钦曲觉、鲁钦金巴平措、恰强巴、涅本江公杰仲、邦卡洛桑云丹、甲杰尼玛曲佩、格娘索南、驮茶者洛桑曲觉、饶丹、卸任第巴素康巴。

政府办事人员（勒参巴）有：手工局管家[1]（འདོད་དཔལ་དོ་དམ།）、钦饶仁青（མཁྱེན་རབ་རིན་ཆེན།）、书籍管理员钦饶洛哲（མཁྱེན་རབ་བློ་གྲོས།）、孜管家洛桑丹增、司钥桑丹益西和洛桑克增、雪管家洛桑克确、翻译洛桑曲增、达本（ཟ་དཔོན།）江公、仓库管理者素康、孜恰顿康巴、大掌堂师、代本宇拓子、祖父丹巴、卸任粮台官副堪布钦饶平措、小堪布强钦巴钦饶绛曲、孜恰堪布苏夏尔（ཟུར་ཤར།）、卸任司祭岗拉（གངས་བློ།）、近侍司祭、堪布且康巴（ཆེ་ཁང་པ།）、司膳堪布潘康巴、司寝堪布大喇嘛、近侍舅丹增嘉措、近侍喀尔喀大儿子益西曲佩（ཁལ་ཁའི་ཇོ་ལགས་ཡེ་ཤེས་ཆོས་འཕེལ།）、近侍兄长堪布强巴南杰贝丹、司浴诺门汗堪仲大喇嘛洛桑顿丹、粮台官宇拓子、江坚公、扎萨、救怙主摄政靖善禅师经师第穆大呼图克图的司马官、救怙主孜所（རྩེའི་སོ།）的四位司马官、第穆府黄轿夫、第穆府的伞盖师洛桑多杰、救怙主靖善禅师经师第穆呼图克图活佛的伞盖师尊追桑布（བརྩོན་འགྲུས་བཟང་པོ།）、森本罗桑班丹（བློ་བཟང་དཔལ་ལྡན།）、索本钦饶智美（མཁྱེན་རབ་དྲི་མེད།）、雪小厨师洛桑南杰、经师洛巴丹增旺杰、夏孜札仓堪布、杰康札仓堪布、堆桑林札仓堪布、密宗札仓堪布、语夏丹林钦饶扎巴、洛桑多杰、强巴丹佩、洛桑金巴、洛桑桑丹、强巴饶杰。

政府随行官员：兄长布巴之子（ཕྲུ་པ་སྲས།）、孜本（审计官）擦绒瓦（ཚ་རོང་པ།）、孜本吉堆子（སྐྱིད་སྟོད་སྲས།）、英萨扎萨喇嘛的随侍仲科、经

---

① 原西藏地方政府所设的管理工业工人应差的机构，直接管辖铜工、铁工、刻镂工、铸工、画工饰件工、塑工、车工等。

师、四位卸任轨范师的仲钦(秘书长)等。

两位夏卜拜(原西藏地方政府噶伦的敬称)在轿子的两侧。政府的私人仲涅(知宾)和僧噶(达赖、班禅的内寝侍从)等人走在轿子的前后。所属和日喀则桑珠孜地区的僧俗部户列仪仗迎接。歌舞者、寺院的全体服务人员、四大札仓负责人主仆各3人、三大显宗学院的各两名长老、现任掌堂师主仆3人、大会两位领诵师(翁则),密院管家、翁则、司祭、掌堂师(ཆོས་ཁྲིམས་པ།,维那),三大显宗札仓的3位翁则、3位掌堂师,大经堂管家、大法会司茶官、哈尔东康村两位老师和两位管家、喀尔喀康村老师、甲康康村老师、桑洛康村老师、卓尼康村老师,堆桑林米村五大部各三骑、十四中部各两骑、七小部各一骑等迎接。仪仗队有大会僧众和密院全会僧众。周边的队伍:甘丹饶杰寺(དགའ་ལྡན་རབ་རྒྱས།)管家主仆二骑、金刚上师主仆二骑、悦众维那①二骑,曼日寺(སྨན་རི།)堪布主仆二骑、悦众维那二骑,热拉雍仲寺(ར་ལག་གཡུང་དྲུང་།)悦众维那二骑。仪仗有噶达饶杰寺僧人100人、修三昧耶法的比丘3人、曼日寺僧人30人、热拉雍仲林寺僧人20人、来自噶热(དགའ་རབ།)地区的男女歌者23人、来自珠仓(གྲུལ་ཚང་།)地区的男女歌者16人、日东(རི་གདོང་།)地区男女歌者5人。

获得准许迎接者有谿卡(庄园)管家主仆二骑、富户主6骑(སྣར་ངོ་བོ།)、男女歌者41人、欧尤(འོད་ཡུག)头人主仆二骑,热木顶木顶寺金刚轨范师和悦众维那,达若卡骑士两人、甘居(ཀན་བཅུ།)三骑士。仪仗队有:热木顶木顶(རམ་སྡིངས།)11名僧人、来自热木顶地区男女歌者7人。迎接者有达木拉管家主仆二骑、居许(བཅུ་ཤུལ།)4骑、世俗贵族铁瓦的11人骑队。派骑迎接者有:辛氏甘赤5骑、擦

① 寺院里聚会时起腔带领众僧讽诵经文的上师和管理戒律、维护秩序的人。

尔管家主仆二骑。仪仗有：伦珠曲林寺（ལྷུན་གྲུབ་ཆོས་གླིང་།）3名僧人、男女歌舞者34人，孜佩寺（རྩེད་འཕེལ།）管家主仆二骑、男女歌舞者19人，楼敦寺（ལུག་གདོང་།）管家主仆二骑、金刚上师格佩、悦众维那二骑，格佩寺30名僧人、香喀觉巴寺（ཤངས་མཁའ་སྤྱོད་པ།）5名僧人、男女歌者25人，央寺（གཡང་ཆོས་སྡེ།）管家主仆二骑、央寺喇嘛主仆二骑、悦众维那两人，达结密修院（དར་རྒྱས་སྒྲུབ་སྡེ།）喇嘛主仆二骑、盖协热巴（སྐྱེར་ཤེལ་རིག་པ།）主仆3骑、盖仲康（སྐྱེར་གྲོང་ཁང་།）主仆3骑、敦粗囊巴（གདོང་ཚོགས་ནང་པ།）主人一骑。仪仗有央曲德寺僧15人、达结密院比丘15名僧人、班玛曲顶寺（པདྨ་ཆོས་སྡིངས།）3名僧人、德庆空行寺（བདེ་ཆེན་མཁའ་སྤྱོད་པ།）3名僧人、男女歌者40人、多杰林寺管家主仆二骑、郭仓修行寺（གོད་ཚང་སྒྲུབ་སྡེ།）住寺喇嘛主仆二骑、郭仓寺仪仗队15人、男女歌者8人、科拉管家主仆二骑、嘉措德庆日超寺（རྒྱ་མཚོ་བདེ་ཆེན་རི་ཁྲོད།）代表一人、德庆日超寺仪仗队10人、密咒士3人、男女歌者12人、德饶寺（བདེ་རག）管家主仆二骑、德饶寺堪布主仆二骑、德饶寺悦众维那一人和司祭一人、德饶寺仪仗14人、甘丹多杰旦寺（དགའ་ལྡན་རྡོ་རྗེ་ལྡན།）仪仗僧3人和男女歌者15人，鲍尔托寺（སྤོར་ཏོག）管家主仆二骑、拉丁日超寺仪仗队3人和男女歌者20人，扎西次寺管家主仆二骑、甘丹曲林寺仪仗僧人3人和男女歌者13人，哲（འབྲིག）寺管家主仆二骑、男女歌者5人，许仲寺管家一人、男女歌者11人，东噶尔寺管家主仆二骑、当钦喇嘛主仆二骑、罗布寺喇嘛一人、觉宗寺喇嘛一人、罗布寺悦众维那一人、觉宗寺悦众维那一人、当钦寺仪仗队10人、卡觉日超寺仪仗队9人、罗布寺仪仗队5人、觉宗扎西曲定寺仪仗队5人、央玉恰扎德丹寺仪仗队5人、达隆欧噶曲顶寺仪仗队3人和男女歌者100人、仁青孜寺管家主仆二骑，土旦南杰寺堪布主仆5人、代表两人、悦众维那两人，日喀尔曲德、贡查瓦、萨德庆、萨多丹、拉卡曲德、塞琳曲德、吴坚宗曲德、日追曲德等寺院的喇嘛主仆各两人、悦众维那各一人骑,擦龙和珠德两寺的代表各一人、曲布寺僧人一人、盖伦林寺主仆5人、门吉寺负责人一人、萨囊寺负责人主仆二骑,雅卓老者骑队21人、土旦南杰寺仪仗队30人、日追桑木丹林仪仗队7人、男女歌者50人、伦朗地区的男女歌舞者10人、伦孜寺管家主仆二骑和悦众维那一人、夏尔林曲德寺僧人主仆二骑和悦众维那、夏素巴(亲见者)仪仗队5人、尤噶尔日追寺仪仗3人和男女歌舞者25人、通门寺管家主仆3骑、扎西饶寺管家主仆二骑,格佩寺僧人主仆3骑、寺院总管一人、悦众维那两人骑,当喀喇嘛主仆二骑、悦众维那一人,土旦央坚寺堪布主仆3人骑、轨范师二骑、总代表一人、悦众维那两人骑,外札仓堪布主仆两人骑、轨范师一人、总管家一人、悦众维那两人骑;德坚喇嘛主仆二骑、达当和玛素两寺主仆各5人,且(ཇིལ)、乃康巴、柏伽尔等寺院主仆各两人骑,康多盖如民监(མི་དཔོན།)和长老共30人骑队;扎西格佩寺仪仗队70人、当喀寺仪仗队10人、土旦央坚寺仪仗队30人、外札仓(札仓切莫)仪仗队10人、邦宇德坚寺仪仗队10人、俄曲山寺仪仗队5人、日沃珠增寺仪仗队7人、布巴寺仪仗队5人、男女歌舞者80人,绒措寺管家主仆二骑和悦众维那主仆二骑、桑珠德庆寺喇嘛主仆二骑和悦众维那主仆两人骑,桑珠德庆寺仪仗队7人、男女歌舞者25人。骑马迎接者有江孜管家主仆两人骑、曲科德庆寺金刚上师、悦众维那两人骑,私人德吉主仆两人骑、曲科德庆寺僧10人,尼玛龙寺僧5人、悦众维那一人、男女歌舞者60人,伦饶寺管家主仆两人骑、悦众维那一人,私人贵族包热瓦主仆两人骑。雅德索寺仪仗队15人、扎欧日追寺仪仗队3人、男女歌舞者60人,扎西宗管家主仆两人骑,桑木丹曲顶寺仪仗队5人、男女歌者11人,温贡寺管家主仆两人骑、金刚上师一人、悦众维那两人、仪仗队150人、男女歌舞者28人;扎库寺管家主仆两人骑，仲孜曲德寺僧人主仆两人骑、悦众维那两人，尹乃札仓僧人主仆3人骑、悦众维那两人骑，赛康贡寺僧人主仆两人骑、悦众维那一人，乃宁寺僧人主仆两人骑、悦众维那两人骑；白朗章摩切寺僧人主仆两人骑、悦众维那两人，拉康札仓僧人主仆两人骑、悦众维那两人，朗巴寺管家主仆两人骑，塞林曲德寺僧人主仆两人骑、悦众维那两人骑。仲孜曲德寺仪仗队25人、尹乃寺仪仗队30人、朗巴塞林寺仪仗队15人、赛康贡巴寺仪仗队15人、努玛曲隆寺仪仗队10人。扎朗地区来的男女歌舞者26人、勒曲寺管家主仆两人骑、金刚上师、悦众维那两人、仪仗法舞表演队30人、男女歌者15人。春堆寺管家主仆两人骑、丹玉伦布寺住持主仆两人骑；加萨莫查巴寺仪仗队7人、甘丹达结林寺仪仗队10人、桑木丹岗巴寺仪仗队5人、扎西塔钦林寺仪仗队7人、白朗德庆日追寺仪仗队7人、男女歌者50人。达尔结寺管家主仆两人骑、绛钦密修院僧人主仆两人骑，绛钦密修院仪仗队15人、秋雄甘丹曲林寺仪仗队7人、男女歌者50人；那塘寺管家主仆两人骑、金刚上师主仆两人骑、悦众维那两人骑；孤儿莫牧民80人、骑士5人，盖岗居巴住持一人。那塘寺仪仗队150人、男女歌者60人；奈曲德寺管家主仆两人骑、轨范师一人、悦众维那一人；贝顶夏尔巴私寺住持主仆两人骑。奈曲德寺仪仗队10人、男女歌者7人。赖普寺住持两人骑、悦众维那一人，欧宗多丹寺僧人主仆两人骑、悦众维那一人。达尔达结林寺僧人主仆两人骑、悦众维那一人，巴州百户长5人骑。赖普扎西曲科林寺仪仗队3人、孜木桑丹塔却林寺仪仗队员3人、日追桑珠德庆寺仪仗队员3人、嘎雅达热寺仪仗队3人、查热密修院3人、达托甘丹曲科林寺3人、男女歌者45人。噶木巴寺管家主仆3人骑、帕里寺僧人主仆两人骑、恰岗10位老人骑队。日追桑丹曲科寺仪仗队3人、色多密修院甘丹曲林仪仗3人、帕里觉咋扎西林寺仪仗 7 人、帕里扎西曲顶寺仪仗 10 人、康布寺内管家 3 人、男女歌者 50 人、金龙寺管家主仆两人骑;卡觉寺堪布主仆 3 人骑、轨范师一人、悦众维那一人。卡觉寺仪仗队 10 人、甘丹扎西敦寺巴仪仗 3 位前行人、日追格佩林寺仪仗 3 人、男女歌者 50 人;卸任内管家主仆 3 人、曲欧寺管家主仆两人骑、推林寺曲豀(寺属庄园)管家主仆两人骑、我家一人、曲豀代表男女歌舞者 30 人、吉曲欧宗寺管家主仆两人骑、男女歌舞者 8 人、夏尔曲达答伦珠林寺管家主仆两人骑、男女歌者 18 人、阿曲觉杰寺管家主仆两人骑、男女歌舞者两人、哈尔赛甲岗松庄园管家主仆两人骑、朗生(ནང་ཟན།,家奴)骑队 19 人、男女歌舞者 40 人、赛玛舞蹈人 15 位。

从日喀则下部来的扬幡骑士、茶贩、酥油小贩等商人共 40 人组成的骑队,女歌者和男女驮夫等 121 人,四大札仓[①]和哈尔东等康村的庄园下属的男女歌者 50 人,驻平措林管家主仆 3 人骑、平措林寺堪布主仆 3 人骑、代表 3 人、悦众维那两人骑;觉囊僧人主仆两人骑。平措林寺仪仗队 50 人、男女歌者 40 人。拉孜宗宗本主仆两人骑、欧门林寺堪布主仆 3 人骑、总管家主仆两人骑、悦众维那两人;龙甘丹和萨隆曲德两寺的僧人主仆两人,昂仁寺堪布和僧人实为一人。土旦格佩寺堪布主仆两人骑和悦众维那一人、曲科伦布寺堪布主仆两人骑和悦众维那一人,贵族拉日孜瓦主仆 5 人骑、扎西孜瓦主仆 3 人骑,达纳巴、卡乌萨、噶丑巴、楼巴、吉普巴、嘎夏尔、嘎努、扎西林巴等寺各派主仆两人。甘丹欧门林寺仪仗队 150 人、萨隆甘丹寺仪仗队 10 人、龙甘丹寺仪仗队 15 人、达尔章摩切寺仪仗队 11 人、该寺代表男女歌者 60 人、穆寺管家主仆两人骑、穆修布博代表 7 人骑队、昂仁宗宗本主仆 3 人骑、(昂仁)

---

① 指扎什伦布寺的四大札仓:堆桑林札仓、夏尔孜札仓、吉康札仓和阿巴札仓(密宗学院),其中前 3 个是寺院创建者格敦珠时期建立的,阿巴札仓是由四世班禅所建。

曲德(寺院)堪布主仆3人骑、总管家主仆两人、桑珠甘丹僧人主仆两人骑、代表一人、悦众维那两人,贵族曲隆、茹托巴主仆7人骑队,艾尼主仆3人;昂甲伦白、欧巴、央曲巴、曲达扎西孜巴、益门巴、绛曲等各派主仆两人,东西协地、杨白、通门巴各来住持一人,绛坚三法寺会首①(བྱང་ཅན་ཆོས་གསུམ་སྤྱིའི་ཀན་པོ།)5人骑队。昂仁曲德甘丹贤珠强巴林寺(ངམ་རིང་ཆོས་སྡེ་དགའ་ལྡན་བཤད་སྒྲུབ་བྱམས་པ་གླིང་།)决定以后和拉孜平措林寺一样安排150人,现在派20人仪仗队。日喀则宗所属公家和私人、寺院审理安排迎接者、仪仗队、歌舞者等。骑队迎接的有:东西宗各主仆7人骑队、总摄师主仆3人骑,两位本管各派主仆3人,5位近侍办事官员各出主仆两人,两个房管处各出主仆两人,陀伽尔瓦(ཐུག་དཀར་བ།)主仆两人、岗坚寺堪布主仆5人骑队、夏鲁寺堪布主仆5人骑队;日提僧人(རི་མཐིལ་གྲྭ་ས།)和佐巴(司库)各出主仆两人、欧林寺(ཨུག་གླིང་།)僧人主仆5人骑队、欧尔寺堪布主仆7人骑队、车任僧人(གྲྭ་ས་ལས་ཐོག་པ།)主仆5人骑;索西②各出主仆两人、伦孜僧人主仆5人骑队、桑林寺僧人主仆两人,艾曲德寺(ཨེ་ཆོས་སྡེ།)堪布主仆两人、仲钦一人(秘书长)、悦众维那两人各出主仆两人。扭曲科林寺堪布主仆5人骑队、涅仓(仓库)第巴主仆两人、孜东管家(ཙེད་གདོང་།)主仆两人、悦众维那两人各出主仆两人;东谢通门法主(བཞད་ཆོས་བདག་ཤར།)主仆3人骑、贵族扎西通门巴(བཀྲ་ཤིས་མཐོང་སྨོན་པ།)和曼塘巴共主仆5人骑队、贵族班觉伦布瓦主仆5人骑队、贵族德庆瓦主仆3人、布如瓦主仆3人骑队、顶钦巴主仆两人、涅那娃主仆3人、贵族诺尔结囊巴主仆两人、贵族吉堆巴主仆两人、琼仁巴主仆两人;达江塔杰夏钦布主仆两人、白萨瓦主仆两人、拉乌巴主仆两人、达纳盖顶巴主仆两人、贵族孜钦让雄巴主仆

① 过去寺院中掌管公共财物的人。

② 指四大卸任喇嘛(堪布)。

两人、贵族雪库巴主仆3人、贵族龙夏尔瓦主仆两人、塞尔丁巴主仆两人、塘珠主仆3人、东顿纳主仆两人、西顿纳主仆两人、贡乃巴主仆两人、桑顶巴主仆两人、姜擦瓦主仆3人、擦绛主仆3人、仁琼主仆两人、乃甲主仆两人、曼擦瓦主仆两人、日喀则诺尔结康萨尔主仆3人、查恰顶[①]顶本主仆两人、阿库顶顶本主仆两人、扎西杰顶顶本主仆两人、翁则顶顶本主仆两人、杰康顶顶本主仆两人、夏乌莱顶顶本主仆两人、帕尔错顶顶本主仆两人、楼热顶顶本主仆两人、珀东诺尔结庄园管家主仆两人、甲夏尔管家主仆两人、班甲觉尔管家主仆两人、门琼管家主仆两人、达纳管家主仆两人、且甲管家主仆两人、孜松管家主仆两人、乃查管家主仆两人、贝次管家主仆两人、孜东管家主仆两人、泊庄园管家主仆两人、雪(下面)区的18人骑队,巴布13个头领,主仆共53人;迦湿弥罗两位头领,主仆共7人,舞者13人。欧尔寺仪仗队110人、岗坚寺仪仗队45人、夏鲁寺仪仗队60人和舞者8人、伦孜寺仪仗队20人、牛曲林寺仪仗队45人、色多坚寺仪仗队40人、达纳土旦寺仪仗队20人、超浦寺仪仗队10人、艾曲林寺仪仗队20人、萨朗寺鼓舞队24人、雪和附近4支歌舞队共179人、卡惹歌者18人、门琼公私歌者14人,另外还有甲巴夏曲、年康曲米、曼果、饶朗、且白、甲日、岗嘉格念、囊夏尔、楼日、欧尔囊、素白、帕仲等地的歌者41人、尼泊尔舞者13人、南卓跳绳者等。

铁兔年十二月初三吉日,世间顶饰救怙主殊胜化身遍智遍观(班禅)在高胜幢殿坐床时,为部下和日喀则宗桑珠孜地区的僧俗迎接者、仪仗队、歌舞者发放布施,按照先例赏赐。初三日,救怙主(班禅)莅临更苏颇章寝室(ཀུན་གཟིགས་པོ་བྲང་,遍观殿);初四日,施放

① 村寨或小部落,也是兵员编制单位,每顶25人,设顶本一人。

斋僧茶。摄政和班禅一起用茶，扎什伦布寺部众献礼；驻藏大臣来到格桑围廊，奏乐3次，吹奏唢呐，格贵（掌堂师）、知宾等人点燃香料迎接双方，与驻藏大臣会面后，登上宝座。救怙主雪（摄政）献礼。以夏卜拜为代表的政府和私人的全部随从列坐，扎什伦布寺拉章首先献礼的是夏尔孜（札仓）轨范师，敬献曼荼罗三所依、见面哈达、物相等，然后陈列物品。当时，扎什伦布寺拉章向摄政也敬献了佛像、佛经、佛塔等三所依、哈达及其他礼品。拉章随侍和四大卸任堪布等僧俗按照地位身份分别向班禅和摄政敬献哈达，班禅和摄政摩顶后，诸位列坐，喝茶吃面点，观看第一次表演，观赏辩经。扎什伦布寺各札仓、昌都代表向班禅敬献三所依、哈达和其它礼品，班禅为他们摩顶，赐护身结。第二次用茶、吃米饭，观赏第二次舞蹈表演，吃面食，为驻藏大臣等汉族官员上盘。当第二次悠扬的乐声响起时，汤面上来了，第三次表演舞蹈，第三次用茶。宴待驻藏大臣为代表的汉族各大官员、夏卜拜、贵族扎萨等。辩经者、跳舞者敬献哈达，拉章赐护身结和礼物。

驻藏大臣先行到达噶当颇章寝室，其他人如前燃香迎接双方到寝室，一起用茶。之后，摄政返回遍观（ཀུན་གཟིགས།）寝室。在格桑大回廊设盛大喜宴，按照名册上的排名次序，为拉章僧俗大小官员上饮食；为经师活佛上水果和各种糖等13盘，其他食品有油炸面食等80种、各种肉、神馐、两个全羊腔、两个羊头、一只羊腿。为大密咒师、夏尔孜上师、杰康上师、堆桑林上师、大法会掌堂师、孜轨范师夏素、珠旺活佛（གྲུབ་དབང།）、布隆活佛（འབི་ལུང།）、德庆活佛（བདེ་ཆེན།）、阿勒活佛（ཨ་ལི།）、柔卓活佛（རིགས་གྲོལ།）、洛钦活佛（ལོ་ཆེན།）、定结活佛（གཏིང་སྐྱེས།）、帕里下寺活佛（ཕག་རི་དགོན་འོག་སྤྲུལ་སྐུ།）等16位活佛各上水果、各种糖7盘、第4献的油炸面食70种、各种肉、一个半全羊腔、一个半羊头；为新老佛母、祖父齐美旺布（མེས་པོ་འཆི་མེད་དབང་པོ།）

3 人各上水果和糖 11 盘、四重普[①](ཕུལ)油炸面食 80 种、各种肉、全羊腔两个、羊头两个、羊腿一个;为近侍达尔汗诺门汗、大寝室大喇嘛、舅舅大堪布丹增嘉措、琼波扎西旺杰等人各上糖果 9 盘、四重普的油炸面食 70 种、各种肉、全羊腔一个半、羊头一个半、羊腿一个;为父亲庄园母亲的母亲却旦旺姆、二妻等 3 人各上糖果 7 盘、油炸面食 60 种、全羊腔一个;为近侍大司膳潘康、司祭且康(ཆེ་ཁང་།)、卸任司祭岗拉(གངས་ལྷ།)、孜恰堪布苏夏尔(ཟུར་ཤར།)、孜仲堪布诺尔章(ནོར་བཟང་།)、孜恰顿康巴、大管家苏康巴(ཟུར་ཁང་པ།)、骑兵军官江公(ལྕང་སྒོང་།)、迎驾指挥官顿囊(གདུང་ནང་།)等 9 人各上糖果 7 盘、各种肉、全羊腔一个半、羊头一个半;为雪卸任司膳丹玉瓦(ཞྭན་ཡུལ་བ།)、卸任司膳贝丹格列、亚豁(父亲庄园)大儿子丹正(ཇོ་ལགས་རྟ་མགྲིན།)、秘书长(仲切)擦尔巴(མཚར་པ།)、秘书长素尔康、知宾冲布巴(ཁྲོན་སྨུག་པ།)、知宾古格瓦、知宾哲霍尔(ཏེ་ཧོར།)、知宾曲康巴、知宾苏尔夏、知宾诺尔章、知宾潘康、知宾洛桑、知宾仲孜瓦、知宾赤烈诺布、卸任知宾益西嘉措、卸任知宾嘉阳喜饶、扎西同杰仲、司钥平康、司钥当钦巴、司钥贡桑、卸任司钥莱邬瓦、卸任司钥南杰金巴等 23 人各上糖果 5 盘、三重普的油炸面食 55 种、各种肉、全羊腔一个、羊头一个;为勒参巴部门的参夏巴、卸任司钥苏尔康饶丹、私人医生顿囊、孜(勒空)的大司厨、打茶师、心腹索南、铁匠尼玛群培、邦卡尔洛桑云丹、启请者喜饶坚赞、扎西同杰仲、江公杰仲(རྗེ་དྲུང་།)、德康谷如、大庙祝(སྐུ་གཉེར།)、恰恰巴(ཕྱག་ཚ་པ།)、龙官金巴平措、盖群觉、南杰、司祭、斯措益西、雕塑师弥觉、杰仲丹巴坚赞、马苏桑布、康钦洛桑南杰、在下杰仲、杰仲洛桑南杰、布隆夏仲、印刷师平曲、夏仲丹巴群佩、曼日夏仲、冲布达杰、孜森噶(孜机构的门

---

① 容量单位,相当于一藏升的 1/6。

警）洛桑群佩、森噶洛桑江央、森噶洛桑达杰、森噶拉果、俗人勒参巴塞布顿珠平措、托杰之子、江公次丹、如本当巴、负责人苏尔康、贝饶管家（དཔལ་རབ）、伦珠林斯塔杰布、敦康次旺杰布、杂赛尔次仁旺秋、阿索喇嘛等44人各上糖果5盘、三重普油炸面食5种、各种肉、全羊腔一个、羊头一个；为俗官（仲科）秘书（仲仓巴）嘉巴尼玛曲桑、嘎钦杰仲、夏仲（侍从）阿旺益西、扎木顿珠次仁、茹托扎西顿珠、赛玛丹巴、塞巴旺杰、卡噶尔丹增、索南杰布、当巴尼玛斯塔、斯塔平措、勒仲噶章夏仲、擦尔巴杰仲、曲康杰仲平措曲培、丹玉多杰伦珠、小寝室门卫尼欧格娘、大文书南杰喜饶、近侍管家扎西顿珠、占堆、医师丹巴达杰、且康夏仲、白萨尔杰仲、萨巴索南多杰、孜司厨多杰次仁、老父亲秘书、孜司厨斯塔、仲杰琼、迎水者曲觉、恰娘巴旺、协巴丹曲、诺布多杰、贡嘉、吉纳管家、甘噶尔南贡、格娘旺杰、索布江扎、扎曲、遍观寝室管家、德庆颇章管家、南杰扎巴、杰仲索南、孜司厨洛桑、斯塔、基隆夏仲、盖贝桑、益西土旦、强巴旦增、管家嘉措、杰仲巴丹顿珠、贡林管家罗桑顿珠、贡林管家诺布强巴、夏仲洛桑次成、年轻管家洛桑丹增、索波洛桑金巴、杰仲益西次成、洛桑丹达、益西平措、班觉、翻译洛桑曲培、日光殿管家赛热、玛娘丹巴坚赞、仲洛桑南杰、仲曲丹、顿次、洛桑、巴丹、仲桑珠、次仁、珠巴杰仲、莱浦杰仲、土旦桑布、让章南杰、堆巴杰仲、德康杰仲、大中厨师、德尔巴尼茨、萨隆南杰、群佩、杂赛平措旺杰、舞官顿珠、次旦诺布、宇囊多丹、次布答达尔、次布伦珠、薪首尼加、薪首达珍、薪首赤烈、薪首扎西平措、画师扎西顿珠、老升两师多杰、商师顿珠次仁、老薛拉仓、管家顿珠次仁、印刷师诺布斯塔、吉布丹果、孜护法神殿仲科70人、南浦巴4人、雪护法殿人员10人、密典诵者一人、校对师一人、催促师一人、大法会领诵师两人、十地领诵师一人、佛殿供祭师20人、宣法师7人、同旺顿丹卸任宣法师一人、骑官索南次仁、放马者平措等223人各上水果3盘、三重普油炸面食35种、各种肉、全羊腔半个;为同仲科涅仓内侍8人、马厩奴7人、舞者15人、孜雪司厨和熬茶女仆共23人、小管家10人、小近侍9人、佛殿服务人员25人等97人各上水果一盘、粗糖一盘、第三普油炸面食25普、各种肉、全羊腔的三分之一;为涅仓[1]普通内侍122人、舞童15人、驯马者4人、宗庄园朗生25人、卫生人员和烧茶者共10人、书写者12人、工匠13人、鲁顶秘书(ཀླུ་སྡིངས་དྲུང་ཡིག)8人、刻印者7人、木匠12人、铜匠14人、纸匠13人、铁匠12人、铸造匠11人、碗匠两人、搅拌者两人、制皮火筒者两人、制酒师两人、如本仆人两人、放马仆人两人、园林师5人、马牛羊管家共15人、上下净厨(དྲང་ཁང།)[2]工人24人、各种手工匠40人等共434人分别提供水果一盘、油炸面食15种、各种肉及全羊腔的1/4;为两位昂仁宗本、两位拉孜宗本、两位平措林寺管家等6人分别提供水果3盘、油炸面食35种、各种肉及全羊腔半个;为通门管家、德饶管家、兰管家、扎西宗管家、温贡寺管家、杰龙管家、扎西饶管家、莱普管家、甲琼管家、东噶尔管家、科兰木管家、达尔杰管家、甘巴管家、擦尔管家、托谿管家、噶饶管家、包尔多管家、帕仲管家、拉孜公宅、穆管家、查堆管家、哲管家、扎西则管家、昂仁管家、央管家、冲堆管家、勒曲管家、查浦管家、朗巴管家、江钦孜管家、仁孜管家、伦珠孜管家、绒措管家、楼东管家、多林管家、欧由管家、达若卡管家、达木喇嘛、那塘管家等40人分别供应水果一盘、粗糖一盘、第三普油炸面食20种、全羊腔1/4;为拉昂平措宗本主仆两人、谿卡全体仆人、督促诵玛尼的官员主仆两人、印刷仆6人等58人分别供应水果一盘、第三普油炸面食10种、全羊腔的1/5。

① 指按照戒律存放食品的厨房。

② 涅仓,即藏文“仓库”之意,一般指食品储藏室。

初五吉日，遍智班禅活佛在扎什伦布寺坐床。如《珍贵本生故事如意树》所载：“第三世界善住教，具有脚台金宝座，美丽宝穗叶瓣上，有山有光如身攀。”无法阻挡自己的智慧明分，登上高胜幢宫殿由八自在①（དབང་ཕྱུག་བརྒྱད）无畏狮子抬举的金色高大宝座，十方广大无边土地的佛子们同声赞美祝福，到达天空的长寿童子们降下花雨，住在地上的人们各自餍足十三欢愉的善相，成就仙人的持明们同时请求金刚真言披甲，足莲至此，天等一切众生的救怙主好像相好宝轮、千万日祥，光辉灿烂。为了表示感恩，地方政府在格桑大回廊设盛大宴会，为陈列礼品，从前一天起按规制作宝座、驻藏大臣等汉族官员和地方政府官员的坐垫。殊胜遍观（班禅）、救怙主（摄政）依次就坐，随从为摄政和班禅献茶。之后，驻藏大臣到来的同时，摄政和噶伦手中拿着燃香，伴着唢呐声前来迎接。班禅和摄政双方站在脚凳上，身体显得轻松自然。驻藏大臣拜见后，化身仁布切（班禅）入座，摄政坐在红色垫子上，地方政府献第一次礼品，洁白、世间最长的哈达，如同佛国之大海般庄严的许多五色哈达。随从和扎萨喇嘛抬着三所依伴随六十音律，依次献上达赖喇嘛的信函礼品，衣服、用品、金银、绸缎等礼物摆在面前。后救怙主上座，杰仲向扎什伦布寺扎萨僧人献上达赖喇嘛的秘籍礼品。丹（吉）林寺拉章（སྟེ་རིང་བསྟན་གླིང་）所献的三所依和哈达等礼物由扎萨喇嘛敬献，陈于座前。之后，由夏卜拜代表敬献噶厦的礼品三所依和哈达等，放在座前。

夏卜拜扎萨、大喇嘛、台吉、大小司钥、粮台官、恰赛（ཕྱག་སྲས）、孜雪两大勒空贵族等人的办事人员（勒参巴）、全体仲科、同仲科

① 细分色功德、粗分色功德、轻功德、周遍功德、证得真实功德、极光明功德、坚住功德、如意功德。

(ཟུར་གཏོགས།)①、孜的管家、朗生、营帐定本、蒙古帐管家、富人等以上人员分别向遍观班禅仁布切和救怙主摄政敬献哈达,接受摩顶、列坐,享用第一道茶面食,观看第一次舞蹈表演。上第二道茶之后,紧接着上米饭,离席起座者散居寺(སྨད་རྒྱུད་པ།)②堪布和扭曲科林寺(ཉུག་ཆོས་འཁོར་གླིང་།)堪布两人行礼对辩。当第二次悠扬的乐声响起后,上藏式汤面,夏卜拜站起来打开碗盖,为粮台官等汉族官员摆上应得的食品盘。观赏第三次舞蹈,上第三道茶,为以扎什伦布寺扎萨喇嘛和以钦差大臣为代表的藏汉族官员赠以礼品。华丽的对辩词说完之后,向班禅和摄政敬礼,献见面哈达。班禅和摄政分别赐予护身结和哈达。同时,为表演舞蹈的人员和舞童摩顶、赏赐物品、护身结;分别赏赐两位迎请吹唢呐者哈达。系上柱面哈达和宝座哈达,按照原先的做法,伴随着燃香,回到寝室,一起用茶。之后,摄政回到遍观寝室。

初六日,救怙主(摄政)来到殊胜遍观(班禅)跟前一起喝茶。这天,拉章所属的全体僧俗仆从、宗谿管家及所属俗人共同在格桑大回廊设午宴,一切准备妥当后,派人去邀请驻藏大臣,班禅和摄政、扎萨喇嘛被燃香迎请入席。按照前一天的做法,班禅见过驻藏大臣后,坐上宝座,摄政同样献见面哈达,然后上座。扎什伦布寺吉康(དཀྱིལ་ཁང་།,中房)阿阇黎(轨范师)敬献曼荼罗并作颂词;拉章扎萨向班禅呈献佛像、佛经、佛塔等三所依和内库哈达等上好礼品。拉章的全体侍从按照身份地位的高低分别向班禅和摄政敬献哈达,照例举行迎送仪式。

初七、初八日,班禅为侍茶人员摩顶后,班禅看望孜雪全体侍

① 藏文字面意思是“属于仲科类”的,即同样是仲科(秘书),但实际地位较低。

② 该寺是格鲁派早期的一座密宗寺院,位于日喀则市西南的散(或作“色”)地方,是由宗喀巴的八大弟子之一的喜饶僧格所建,也是格鲁派最早的上密院。第一世达赖格敦珠作为宗喀巴年龄最小的弟子,同时也是喜饶僧格的弟子,在该寺居住过。一般称此寺所传密法为“色派(或散派)”。

从，从遍观宫殿（贡素颇章）后门来到中供殿和拉章佛殿东面的灵塔殿。从此先后来到欧噶拉康（མདོན་དགའ།）、长寿佛殿（འཆི་མེད།）、德庆拉康、甘丹拉康、定吉拉康（གཏིང་སྐྱེས།）、同瓦顿丹拉康（མཐོང་བ་དོན་ལྡན།）、旃檀银喜拉康（ཙནྡན་དངུལ་དགའ།）、汉地拉康（རྒྱ་ནག）、仁钦拉康等，拉章一直上茶、米饭、油炸面食等，摆放在5张汉式桌上。之后，班禅参拜赤黄色卓玛拉康、班珠（班智达成就师）拉康、噶东（དགའ་གདོང་།）拉康、那措喇嘛拉康（སྣ་ཚོགས།）、赛格欧拉康（གསེར་སྐྱ་འོག）、江热拉莫康（ལྕང་ར་ལྷ་མོ་ཁང་།）、强康面容佛殿（བྱམས་ཁང་ཞལ་རས་ལྷ་ཁང་།）、拉莫康、上赛格拉康（གསེར་སྐྱ་ལྷ་ཁང་སྟེང་།）等殿，在涅旦噶（གཉེར་གཏད་འགག）参观内圣物、用茶；参拜拉莫拉康和十地拉康后，从长顶棚中间的东小门出发去参拜十地拉康、雅让喇嘛拉康（གཡབ་རིང་།）、道次第上师拉康、拉麦拉康（ལྷ་མེད།）、拉仁木拉康（ལམ་རིང་།）、格桑拉康、勒玛夏尔（东铜殿，ལི་མ་ཤར།）、中铜殿、西铜殿等，从西小门经过德阳拉章参拜却杰殿（མཆོད་དཀྱིལ།）。然后从楼梯下面走到文殊殿（འཇམ་དབྱངས།）参拜后，绕回廊到贡素寝室，侍从上茶，接受摩顶。扎什伦布寺措钦（ཚོགས་ཆེན། 大法会或大经堂）的执事僧拜见班禅。

初十日，为司茶僧摩顶后，动身前往参拜扎什伦布寺四大札仓，密宗札仓大密咒师向班禅敬献哈达，仪仗队吹奏唢呐迎接，僧众持香引行。中途参拜了大经堂并向大密咒师比隆巴钦波（འབི་ལུང་པ་ཆེན་པོ།）的银质灵塔和塑像敬献供品，然后绕行贡康布（མགོན་ཁང་ཕྱུག 后护法殿）和大殿。拜过班禅（遍观）和僧钦格列饶杰两人的灵塔、森塞（གཟིམ་སེ།），经过后门往堆桑林札仓（ཐོས་གླིང་།），在密宗学院后门，堆桑林札仓喇嘛敬献哈达、引香。从后门进入拉莫拉康和甘珠尔拉康，然后经过中间楼梯观赏大经堂、东西后殿（གཙང་ཁང་།）、噶布拉莫（ཀ་སྨུག་ལྷ་མོ།）的壁画，经二楼楼梯来到大门。在大门口，夏孜喇嘛敬献哈达、引香，从东佛殿佛像后到夏孜后门，从净厨（香积厨）来到孜的护法殿和甘珠尔拉康等,还参拜了天窗檐后的十地拉康、大殿内部。从此经过二楼梯子到了大门,大门口吉康(དཀྱིལ་ཁང་།,门卫室)喇嘛敬献哈达、引香,绕行祖拉康,从拉章花园背面到了吉康后门,从此很快到了姊妹护法殿(ལྕམ་སྲིང་མགོན་ཁང་།)①,给僧俗侍从人员行拜见礼的机会。参观贡康多殿(མགོན་ཁང་མདོ།)等之后,会见大殿和后殿的僧人,然后经过二楼楼梯礼拜圆离塔,朝拜世界美饰灵塔殿(མཆོད་སྡོང་མཛེས་གླིང་རྒྱན།)。之后从这里回到寝宫。

觜宿月(མགོ་ཟླ་བ,藏历十一月),即阴历十二月十一日,星辰相合的吉日上午,乐声响过第三遍,太阳从东方山顶升起,班禅和摄政双方以唢呐声与引香作前导,来到扎什伦布寺祖拉康主尊佛像无比如来仁布切前,坐在舒适的垫子上,喝茶吃面食。侍从向摄政敬献曼荼罗三所依和其他礼品,请求为遍观班禅仁布切受出家戒。教主僧伽摄政第穆阿旺洛桑赤烈饶杰贝桑布亲自担任堪布,在金刚持洛桑旺杰等虔诚的持戒长老足数僧人的中间,传授居士戒、中间出家戒,提前受清净沙弥戒。昔日,前世班禅被精美如规的衣服装饰,如理学习超越了沙弥所取的一切守护法。班禅落座后,摄政敬献常佩佛像(不离佛像)、三所依、哈达。扎什伦布寺拉章向殊胜遍观(班禅)和救怙主(摄政)敬献三所依和其他物品,摆上油炸面食。夏卜拜、扎萨、大喇嘛、台吉、江坚公、宇拓子、内室大小司钥、孜代本以上的官员分别向双方敬献哈达;拉章扎萨喇嘛、勒参巴以上官员敬献哈达,上茶和米饭,祝愿吉祥,献上柱面哈达和宝座哈达。班禅和摄政参拜祖拉康释迦牟尼佛像等和护法殿后,来到甘丹颇章小寝室休息。救怙主摄政到贡苏寝室稍歇。时间差不多时,派人去请驻藏大臣。驻藏大臣到达的同时,响起第三次乐声,迎请者吹奏唢呐、燃香走在

① 姊妹护法,又叫"大红司命主",属于马头明王眷属中的红面狱主,是藏传佛教五大守舍神之一。其主要职能是保护崇拜者不被外敌伤害,一般居于人的右肩膀上。

前面，引导双方一起来到设在格桑回廊由扎什伦布寺拉章精心准备的盛大宴会上。班禅和摄政双方一到会场，驻藏大臣问候，然后落座。摄政站在红色垫子上向班禅问候献哈达。扎什伦布寺首先由经师洛巴活佛向班禅敬献曼荼罗及相关的三所依等圣物，陈列于前；向摄政第穆活佛献三所依、哈达，陈列礼物。扎什伦布寺扎萨喇嘛、贵族内侍、勒参巴等向班禅、摄政双方敬献哈达，受护身结，列坐后喝茶吃面食。舞蹈和宴会后赏赐物等大小仪式都按照前一天进行，献上柱面哈达和宝座哈达。宴会结束后，（班禅）到甘丹颇章寝室歇息，摄政回到贡苏颇章。

十二日，司茶师引导摄政来到班禅跟前，命人去请驻藏大臣。驻藏大臣来后，摄政和噶伦等人护持香引，迎请班禅登上脚凳。萨迦达钦（ས་སྐྱ་བདག་ཆེན།）[①]来献见面哈达。与驻藏大臣见面后，班禅坐上法座，摄政站在红地毯上代表西藏地方政府首先敬献由夏卜拜（噶伦）和扎萨两人抬举，配有无阻梵音解说大恩的佛国大海五彩庄严画（ཞིང་ཁམས་རྒྱ་མཚོའི་བཀོད་པ་དར་ལྷའི་ཚོན་འཕྱང་ཅན་གྱི་སྐྱེ།），以及身语意三所依和达赖喇嘛的信函、礼品等，接着陈列衣服用品、金银绸缎等礼物。之后，由摄政的第仲（སྡེ་དྲུང་།）[②]呈列达赖喇嘛赐给扎什伦布寺扎萨喇嘛的书信、礼物。全体公职人员（དྲུང་འཁྱི།）[③]的礼品由夏卜拜呈献。夏卜拜、扎萨、江坚公、粮台官、宇拓子、大喇嘛、台吉、内侍大小司钥、孜管家、后藏代本、孜雪贵族官员的勒参巴、全体仲科、同仲科、孜管家朗生、管帐者、定本（ལྡིང་དཔོན།）、蒙古帐管理者、富人（སྐྱ་དར་བ།）等分别向班禅、摄政敬献哈达。班禅为大家摩顶。列坐用第一、第二道茶后上米饭，紧接着起座者开始提问，扎什伦布寺

---

① 萨迦达钦是萨迦派的教主，又称萨迦达钦法王。

② 摄政的近侍，相当于私人秘书长。

③ 指原西藏地方政府的僧俗官员。

两位噶钦①(དཀའ་ཆེན།)对辩,表示行礼助兴,第二次表演舞蹈。当第二次悠扬的乐声响起后,端上了藏式汤面,夏卜拜起身打开碗盖,为汉族官员上盘。吃过汤面,表演第三次舞蹈,上第三道茶。班禅向驻藏大臣为代表的汉族官员和拉章扎萨等人赠宴后礼物。对辩者以精句结束辩论敬献哈达,两位救怙主的赏赐品和护身结等明记于查德②(འཐྲུལ་བདེ།)。为舞蹈者和吹奏唢呐导引者赐给哈达。仪式结束后照例燃香引导(班禅)回到寝室饮茶。摄政回贡苏颇章休息。

十三日,仲科上茶,班禅摩顶。然后,在拉章日光大殿举行班禅仁布切的辞行礼,摄政站在红色垫子上向班禅跪拜献哈达。入座后,夏卜拜、扎萨、台吉、内侍大小司钥、粮台官、孜恰子、孜雪贵族官员的勒参巴、全体仲科、同仲科、孜管家奴、骡头人(གཟིམ་དྲིལ་འགོ་པ།)、驮夫、飞帐定本、雪内侍、蒙古帐管理者、富人等敬献哈达。同级仲科以上官员列坐喝茶吃米饭。上第一道茶,为摄政准备馈赆礼,具体如查德(物资供应机构)所记;送给夏卜拜、扎萨大喇嘛、台吉等官员的分别礼白银物品陈列于前。拉章扎萨喇嘛向摄政敬献佛像、佛经、佛塔等三所依和哈达;根据地位高低分别向夏卜拜等随行官员献哈达。这时,摄政起身站在红色垫子上行礼,表示感谢。接着,全体随行人员行礼。

之后双方来到甘丹颇章寝宫,一起用餐。其他随行人员在日光殿喝茶、吃油炸食品和汤面;管家、朗生等私人仆从在格桑回廊的棚门处喝茶、吃食品及油炸面食。用餐结束后,摄政返回贡苏颇章。

① 扎什伦布寺的一种学位,由精通《释量论》《现观庄严论》《中论》《俱舍论》《戒律本论》等五部论著的僧人,经过辩论考试获得的。藏文的本意是"大难"。

② 旧西藏的一种机构,汉译为物资供应处。

救怙主(班禅)10岁,水龙年即1892年一月初十日,清光绪十八年,根据谕旨,升泰(ཁང་ཐའི།)在去多杰林(རྡོ་རྗེ་གླིང་།)与英帝商谈时[①],顺路来到扎什伦布寺肩负起第九世班禅受出家戒、坐床仪式的主要责任;班禅仁布切坐上高胜幢宫殿的悦意持法寝室和扎什伦布寺法筵(ཚོགས་སྟོན།,宗教典礼)狮子抬举的高大金刚宝座,举行盛大的坐床仪式。根据请求,如果完成受出家戒的羯摩仪轨,接受四品侍官以下的人敬献哈达,按先例为僧众准备政府的侍奉物,诵发愿回向文等一切都按前世做,所有的人信仰虔诚。来到格桑大回廊上俗官政府和拉章联合布设的油炸面食的盛宴上,负责僧会对辩和各种舞蹈的表演,整个仪式宴会非常隆重热闹,不可思议。强佐(管家)在遍观班禅仁布切坐床、受出家戒时献礼,颂词从8192中,用第1633至被称"醉孔雀"声律拼合颂词祝颂。如:善慧称吉祥如意自在佛,置黄胜幢顶降显密法雨,发射光明日轮妙善光芒,胜方佛怙主有寂无上师。丽身金山跏趺眉间发光更优胜,千万魔军投器如空性花雨布空,平等慈军乱心尊胜我部战争后,转三乘法轮救众生敬仰无比佛。佛教形象如夏季美妇容颜殊妙,冬季像所触物刺痛而衰落,用温湿度丸慎重修行发菩提心,佛教清净思想如春天美人,天生丽质正当壮年将世间众生,安置在极高定胜喜宴上,获得胜佛第二佛陀的足尘菩提,以大乐轮向您供养承侍。清净黄帽派四洲大寺环绕中心,优于一切的吉祥微尘堆高之山,教规喜宴过去后享用三学[②](བསླབ་གསུམ།)甘露,礼敬三千八百多位长寿圣资粮。身上穿着精美绝伦的华丽衣服,双手紧紧拿着旗帜矛戈财宝

---

① 可能指升泰与英国谈判之事。据史料记载,1888年升泰接替文硕出任驻藏办事大臣,同年11月他从拉萨起程前往边界与英国政务司保尔谈判,对英国提出的赔偿军费、开放江孜、帕里等地区的无理要求给予严正拒绝。但是,1890年3月17日,在清政府的施压下,升泰与英国签订了《中英藏印条约》,按照英国的要求划分了藏哲边界。1892年,升泰卒于西藏的仁进冈。

② 佛教名词,指戒学、定学、慧学。

盆。骏马的颜色以洁白为特色,月光照射雪山天居士殊胜,佛转尼斯(ཝ་སེར།,婆罗尼斯)专心做四业(ལས་བཞི།)事业。为何疑虑遮饰妙法未移至天八集会中心?世间富饶丰足的作者未能聚集一处?袈裟的颜色遍及各处决定贤劫大围廊,在救怙主尊前供祭普贤。如此确定事业的祝福词引自《琵琶续》。所请求的如《现观庄严论》说:“圆满受用性,如是他化者,还有法身等,正说为四种。”三时佛是一切法的自性本来清净境空,为本性身,断证①(སྤངས་རྟོགས།)究竟,而成为没有任何差别的一体,有境大乐的智慧是法身;为了十方佛子众菩萨,在具五决定②(ངེས་པ་ལྔ་ལྡན།)色究竟大密严刹土③,相好装饰是圆满报身;在不净广博国土轮回未空之间,不断宣说十二宏化之嬉戏,这是化身,无疑四身五智④(ཡེ་ཤེས་ལྔ།)地位顿时显现,所区分业的法犹如兔角的弟兄。但是,如《现观庄严论》说:“法界无差别,部种非有异,能依法分别,是故说差别。”其中“能依法分别”的意思是符合我等徒众的信守,救怙主殊胜至尊喇嘛(སྐྱབས་མགོན་རྗེ་བཙུན་བླ་མ་མཆོག)过去生为转轮的轮辋王(རྩིབས་ཀྱི་སྐུ་འཁྲུངས།)⑤,自从第一次发胜菩提心以来,已经走完了十地五道(ལམ་ལྔ།)⑥,圆满了天国净土的怙主无量光佛的本性而成佛,在触及天边的一切世界,示现不可思议的相应变化,做众生的事业。

---

① 佛教术语,意思是究竟远离污垢,解悟功德,清除烦恼障和所知障以及其他习气,完全证得如所有性和尽所有性,即是如来圆满断证功德。

② 金刚持的异名。五决定是指报身佛所具有的五种特法:处决定,永驻色究竟大密严刹土;身决定,相好庄严圆满报身;眷属决定,只有圣者菩萨围绕;法决定,但说大乘教法;时决定,住世乃至轮回未空。

③ 色究竟天,是佛教第四禅天之第五净居天,到达此天已处在色界最胜处。密严刹土是金刚持的住处,即报身佛住地。

④ 指大圆镜智、平等性智、妙观察智、成所作智、法界性智。

⑤ 转轮王是古印度传说中的人物,佛教借用过来把凡是支持佛教发展的王称为转轮王,分为金轮王、银轮王、铜轮王、铁轮王。按照佛经说他拥有“七宝”,即轮宝、象宝、珠宝、马宝、女宝、主藏宝、兵宝。

⑥ 佛教名词。十地是指菩萨十地:欢喜地、离垢地、发光地、焰慧地、极难胜地、现前地、远行地、不动地、善慧地、法云地。五道指资粮道、加行道、见道、修道、无学道。

在圣地印度成为佛的殊胜声闻弟子大长老须菩提①（རབ་འབྱོར།）问答般若波罗蜜多义，是广说吉祥时轮教的具种法王妙吉祥称（འཇམ་དཔལ་གྲགས།），是诞生于八纳拘沙海莲花花蕊中使役印藏地区的一切恶魔鬼怪获得长寿持明成就如今在拂尘洲②（ཟ་གཡབ་གླིང་།），镇压恶鬼罗刹的莲花生大师，是圣者龙树的高足开启中观自续派的大轨范师清辨③（ལེགས་ལྡན་འབྱེད།），是广宏大乘道的大明杜鹃（རིག་པའི་ཁུ་བྱུག་ཆེ་བ།），是曾任金刚座堪布、以讲辩著将佛教宏传于十方的大班智达阿帕伽罗雅（ཨ་བྷྱ་ཀ་ར་ཡ།），是精通十明学、成为甚深教诫库的弘扬噶当七法宝教的印藏圣者阿底峡大师，是获得胜乐轮成就而空行的轨范师金刚铃（རྡོ་རྗེ་དྲིལ་བུ།），是精通显密经典、护持过金刚座祖拉康、为佛教和众生事业做出伟大贡献的大班智达桑结窘乃（སངས་རྒྱས་འབྱུང་གནས། 佛源），是亲眼目睹度母显现、以药丸和摄生术（བཅུད་ལེན།，避谷术，或金丹术）广做自他事业的轨范师巴瓦巴扎（ཛ་ཕ་ཛ་ཏྲ།），是在藏区芸香药域弘扬噶当教法的大格西卓隆巴洛哲窘乃（གྲོ་ལུང་པ་བློ་གྲོས་འབྱུང་གནས།）和朗日塘巴多杰坚赞（སྣང་རི་ཐང་པ་རྡོ་རྗེ་རྒྱལ་མཚན།），经律具全达波拉杰（དགས་པོ་ལྷ་རྗེ།），是精通一切文化尤其是精通显密一切教理的出类拔萃者、战胜外道教主并使其改信佛教的萨迦班智达贡嘎坚赞，是获得生起圆满二次第成就、使役阎罗王的雍敦钦波多杰贝（གཡུང་སྟོན་ཆེན་པོ་རྡོ་རྗེ་དཔལ།），是摧毁像金汁一样的父王第二佛陀（宗喀巴）教理的恶辩象群，犹如无畏的太阳一般的智者语狮子格列贝桑布（དགེ་ལེགས་དཔལ་བཟང་པོ། 克珠杰），是精通显密教理、一生当中勤奋努力的索南确吉朗布（བསོད་ནམས་ཕྱོགས་ཀྱི་གླང་པོ། 第二世班禅），是精通显密教理、尤其成为第二佛陀耳传法

---

① 善现，释迦牟尼十大弟子之一，为解空第一。

② 罗刹国，传说是罗刹鬼怪汇聚的地方。

③ 非龙树的直传弟子，约公元6世纪左右的人。

主的罗桑顿珠（བློ་བཟང་དོན་གྲུབ།），精通五部大论等广博的显密教理而获得成就转法轮、一生事业超胜、黄帽教的核心救怙主遍知罗桑确吉坚赞，显密闻思广大、持戒如牦牛尾①（གཡག་རྫ།）的救怙主罗桑益西，到达自他宗派海的彼岸、一切学者的顶饰救怙主班丹益西，闻思一切显密教语取得优异成绩、掌握威力神变法的救怙主旦白尼玛确列朗杰，精通一切宗派宗义、知识渊博的救怙主遍知罗桑确吉扎巴旦白旺秋贝桑布。以上罗列的世系，他们的事业传记可敬可赞。如："世系无数谁来记，世系无量谁来会，您的知识人皆知，威力超群难衡量。"

总之，这些已经超出了我们普通人的思想和言语范围，尤其是救怙主遍知自从怀胎而诞生以来，直接和间接的奇相变化不可思议，确定为转世灵童，暂且在德庆格桑颇章宫生活，这年双足登上扎什伦布寺高胜幢宫殿的法宴狮子宝座，黄帽教的主人摄政经师靖善禅师大呼图克图同时授予佛教的根本律部中的沙弥戒和出家戒，他的恩惠永远也不敢衡量。但是，为了不寻找甚深缘起的章节，如《如意宝树史》说："双垂璎珞妙衣冠，伞盖白扇微笑祥，殊胜受用贤劫宴，表明大师宏伟业。"这里，好像天人的所有财富堆积在一处，有无数供物。宴会布置得很华丽，而且规模空前，所献的礼品和内库哈达已堆放不下，尤其是第穆活佛代表地方政府献的佛田大海庄严画非常贵重，还有身所依无量寿佛像、语所依长寿经卷、意所依尊胜塔、随身用品、瓷碗托、承接器、净瓶（军荼利）、衣服、长顶尖帽、袈裟、披单、皮衣、腰带、僧裙坐垫、金刚画图像白垫、敷具、白面靠垫、法轮托、银箔法螺、吉祥物、国政七宝、各种金刚、犀角珠宝、大乘象齿、战胜敌军的鼓槌、汉地钹、汉地凉扇、由一两

① 雪山牦牛尾，传说雪山牦牛护其尾犹如保护生命。

黄金制造的7个佛塔、10个汉地马蹄银、各由50两白银制造的佛塔25个、华服料50匹、白粮包、以白金丝缎为主的九段缎一匹，用离障智慧观护。

不变金刚法坚固长寿方面，四摄法①（བསྡུ་བཞི།）伟大事业中，喜欢走和自己的义理一致的道路，首先学习以五部大论②为代表的显密经义，完成闻思次第，掌握贤正善良③（མཁས་བཙུན་བཟང་གསུམ།）相关的黄帽教佛法精要，掌管、护持、发展四方的同时，祈愿整个世界具足一切幸福圆满。又祈请继续与圣地（འཕགས་པའི་ས།）观世音菩萨发愿，普渡众生一样，弘扬无量寿佛。

有诗云：阿旺罗桑土旦确吉尼玛（语自在善慧佛教法日），愿您妙善三密事业盛；佛王事业稳固众上师，愿您获得定胜佛三身。仿佛溪流入海勤奋闻思永不足，此土佛教要义善规犹如上弦月，大千世界众生之幸福如庄稼，祥瑞如恨诤之云降下众生细雨。若尔获得福泽之光名号佛自在，立为持褐黄色之身如来教法日，足登众生敬仰的金色宝座出家，愿戒律度传记教民的事业吉祥。

铁兔年，救怙主大遍知（班禅）在高胜幢宫殿（ཕོ་བྲང་རྒྱལ་མཚན་མཐོན་པོ།）的金色宝座上，受出家戒。按照铁猴年的规矩，所属各寺院派来献酬谢礼品的人，（班禅）向他们予以赏赐，详见《编册》和《纲领》。某月某日，昂仁甘丹贤珠强巴林（ངམ་རིང་དགའ་ལྡན་བཤད་སྒྲུབ་བྱམས་པ་གླིང་།）向孜（勒空）献茶米代替章喀银3锭、内库物品、三所依、八吉祥物、法轮、法螺、3种衣服、胜利鼓、绸缎一匹、门衣一件、白粮食一

---

①　或四摄事，指菩萨摄持众生的4种方法：布施摄，随愿布施法和财；爱语摄，用善言慰籍众生；利行摄，随顺众生的愿望做有利的事；同事摄，随顺众生的愿望，同其做有利的事情。

②　格鲁派规定必修的五部论，即因明学方面法称的《释量论》，瑜伽行方面弥勒的《现观庄严论》，中观学方面龙树的《中论》或月称《入中论》，说一切有部世亲的《俱舍论》和戒律方面功德光的《戒律本论》。

③　指才识精湛、德行谨严、心地善良。

包。(班禅)向3位执事各赐哈达一条。孜雪回赠茶两箱、章喀银一锭、缎一匹等。

初二日,雅德索寺(ག་ཡག་སྡེ་སོག་དགོན།)全体喇嘛向孜献阿喜哈达(一种上品哈达)、五两代银佛像一尊、衣服用品替代章喀银21两、章喀银30两、白氆氇33匹、九节缎子一匹;向雪(勒空)献三所依替代银3两、纯银27两、白氆氇25匹、七节缎子一匹。噶饶寺(དགའ་རབ་འདུས་སྡེ།)向孜献茶米替代章喀银3两、曼荼罗替代章喀银5两、内库见面哈达、3种衣服、章喀银50两、茶3条。孜和雪两大机构向噶饶寺三位轨范师执事各赠外库哈达一条、赏赐品茶3包、章喀银15两、缎子一匹、缎子两节,全体僧人献哈达各一条。向雪机构献哈达、礼物替代章喀银3两、纯章喀银15两。香甘丹曲科寺(ཤངས་དགའ་ལྡན་ཆོས་འཁོར།)向孜勒空献上品礼物、三所依替章喀银3两、纯章喀银25两,向各执事献哈达一条。勒曲寺(ལེགས་ཆོས་འདུས་སྡེ།)全体僧人向孜勒空献哈达、曼荼罗三所依、食品。孜和雪一起回赠三执事哈达各一条、赏赐品茶两包。努曲隆寺(ནུབ་ཆོས་ལུང་།)向孜献三所依、白银8两、白鸡爪参一包、氆氇两匹、念珠两串等。桑珠甘丹寺(བསམ་གྲུབ་དགའ་ལྡན།)向孜献内库哈达、三所依、食品,执事僧献哈达。朗巴塞顶寺(སྣང་པ་གསེར་ལྡིང་།)向孜献哈达、三所依、白银3两、氆氇10匹、长毛氆氇帽29个,每僧各献哈达一条。孜(勒空)向3位执事回赠哈达各一条、僧茶两包、居留费白银3两。拉孜曲德寺(ལྷ་རྩེ་ཆོས་སྡེ།)向孜献哈达、三所依、食品、衣服用品替银15章喀、黄金3两(8两秤)、缎子3匹、门衣3件、氆氇10匹、茶一包、酥油一包、白粮食一包、缎子一节。香德庆饶杰寺(ཤངས་བདེ་ཆེན་རབ་རྒྱས།)向孜献哈达、三所依、食品、章喀银一石(ཉི་རྡོ་གཅིག)、缎子一匹、茶两包、水果一包、香料30背包、红景天一包。谢扎西格佩寺(བཞད་བཀྲ་ཤིས་དགེ་འཕེལ།)向孜献哈达、三所依、食品、黄金一钱、章喀银15两、茶一包、套头衣；向雪勒空献阿喜哈达、礼物替银 3 两、章喀银 8 两、茶一包、套头衣一件。那塘寺向孜献内库哈达、三所依、食品、茶两包、酥油一包、小麦 3 包、章喀银 30 两、红景天一包。孜和雪一起回赠茶一包、章喀银 10 两；给执事哈达。江孜细乃札仓（གཞི་གནས།）向孜献哈达、三所依、章喀银 15 两、汉地钹、缎子一匹、氆氇 13 匹、帽氆氇 15 匹、水果一包、红景天一包；向雪勒空献哈达、三所依等。孜雪一起回赠献礼三执事哈达各一条、帽氆氇 15 匹、套头衣一件、水果一包、茶一包、章喀银 5 两。岗坚群佩寺向孜献哈达、食品、章喀银 15 两。孜雪一起回赠执事哈达、礼物一包、缎子一匹、茶一包、佐肴品替银 3 两章喀。俄曲乃增巴晋美（དངུལ་ཆུ་གནས་འཛིན་པ་འཇིགས་མེད།）向孜献哈达、三所依、食品、茶一包、头衣一件、章喀银一两。回赠品有精美上衣一件和其他礼物一包。遍观第九世班禅坐床时，管家（商卓特）登记了所献礼品。

大慧贤劫弟子佛事业，佛教莲苑茂盛之亲戚，佛法太阳妙善千光照，顶礼尊胜十方怙主您。千万善事宝藏端庄身体雪山顶，奇异相好多少太阳光辉去拥抱，蓝琉璃祥瑞蓝色童子顶髻美神，施寿如意轮此时降下共同成就雨。千万长寿宝树嬉戏的华丽闭合，贪怒相现娇媚体的明点曼荼罗，只是一念统治三界众生所有物，愿具祥勇敢天女掌控三世一切。千万智慧太阳的光辉，拔出众生心中的黑暗，成就邪见敌障命鬼者，但愿法王摧毁诸魔军。本知好施内库门，百门同开降希雨，夜叉财神的部众，政教财如上弦月。如此用巴尔蒂（ཟླ་རྟི།）的声音赞颂，班禅额尔德尼是拥有十方三时之十力①（སྟོབས་བཅུ།）、将一切静猛（ཞི་ཁྲོ།）弟子的智悲力量汇集一起的本性，是致力于希求善趣永久安乐的如意宝，是彻底摧毁众生痛苦敌军

① 如来佛所具有的十种力量，称如来十力：知处非处智力、知业报智力、知种种解智力、知根胜劣智力、知遍趣行智力、知静虑解脱等持等至智力、知宿住随念智力、知死生智力、知漏尽智力。

的英雄,是引导众生去解脱宝洲的向导,是消除五浊[①](སྙིགས་མ་ལྔ།)黑暗、开启圆满光明的世间明灯。不只是说说而已,这位了义遍知教主、生死涅槃的导师无与伦比,不能直呼其名。至尊上师大金刚持,他的无量悲心遍及天空,为了佛教和民众,尤其是妙吉祥藏宝教和我等世界一切众生,迅速改变化身的歌舞,即双足登上吉祥天成盛德大部尊胜诸方洲(扎什伦布寺)圣众聚会的中央高大的法宴狮子金轮宝座,作为娑婆世界(མི་མཇེད་འཇིག་རྟེན།)[②]圆满佛教的主人。向三界法王敬献天成悲悯白伞盖的美好凉扇、为天神等一切众生分位和究竟的圆满幸福、新生昼夜环行的良缘洁白的世间最长的上品哈达,以竞争恭敬三喜的方式献上,还有佛国大海庄严系角画(ཞིང་ཁམས་རྒྱ་མཚོའི་བཀོད་པ་སྣེ་གདོགས་ཅན།)、身语意三所依、法轮、法螺、八吉祥物、八瑞相、国政七宝(རྒྱལ་སྲིད་རིན་ཆེན་སྣ་བདུན།)[③]、衣服用品全套、象牙、犀牛角、各种金刚、汉地钹、汉地扇、拂尘扇、各有8钱黄金的5个包(འཐུམ།)、马蹄汉银5个、各有50两章喀银的铜器5个、件料21匹、白粮食包、以金丝缎为主的9种绸缎等,在离障智慧的眼前瞬间享受,又悲悯公私一切教民,祈请照例悲观,明鉴。遍观(班禅仁布切)坐床后,管家(商卓特)敬献礼物。

语自在善慧称宗喀巴大师,护持释教精要百瓣苑之友,佛法善妙太阳千光来照耀,顶礼供养尊胜诸方怙主您(此颂是说班禅罗桑确吉尼玛格列朗杰)。诸佛妙观察智善成如妙龄智慧女神,鲜红莲花喜宴引领圆满善相蕴,越过难量之地一起善住须弥山妙高地,怙主您的威力缘起永远真实奇妙。可怖切齿之口面向十方怒目动,

---

① 指寿浊、烦恼浊、众生浊、劫浊、见浊。

② “娑婆”是梵文的音译,意为“堪忍”。娑婆世界有两层意思,一是说生活在娑婆世界的众生罪孽深重,必须忍受各种烦恼痛苦,所以称为娑婆世界,即堪忍世界,指五浊世间;另一层意思是众佛菩萨能忍受劳累,在浑浊的世界里不断地教化众生,具有大智、大悲和勇敢精神。

③ 或称七政宝、轮王七宝,指金轮宝、神珠宝、玉女宝、主藏臣宝、白象宝、绀马宝、将军宝。

一切皆被遍入天等护法海摧毁,如何修行驯服邪恶怖畏痛苦者,公正对待众生成为悲护皈依处。奇妙生兆如云密布殿宇极威严,天师授记悦耳雷声响彻所鼓动,贤劫翎眼请歌喜舞侍奉供养迎,如意宝饰胜幢之顶享受利乐船。祈请道:大菩萨寂天[①],如意宝瓶,明咒及猛药,如意之宝树,有情之如意。怙主您是从无数劫以前完成圆满、异熟、修习三大事业、已经成为具乐国土怙主恒光自性圆满佛,除了过去无量发心誓言应时的权力,不管勤奋努力,唯独像住在空界的月轮一样清澈明亮,遇到清洁的水器时就出现影像,三密(གསང་བ་གསུམ།)[②]的事业也是和每一位弟子的福力共行的法性,在此小世界业果地或圣地印度是佛的声闻弟子中提问答疑的优秀上座长老须菩提[③],在藏地药域是伟大的善知识卓隆巴洛哲窘乃[④]、萨迦班智达贡嘎坚赞等不同宗派的贤者,特别是坚持父王第二佛陀(宗喀巴)教的顶饰贤哲语狮子格列贝桑布(克珠杰)。从救怙主遍知班禅罗桑确吉坚赞到前世救怙主大金刚持至尊罗桑班丹确吉扎巴旦白旺秋贝桑布之间,大转贤哲之轮,以此为代表,直接或间接变化的胜士夫向天空的群星一样出现,他们广做佛教与众生事业,用语言难以表达,用心难以想象。尤其救怙主遍知作为雪域众生的保护者,师徒犹如旃檀和香味一样永不分离,为了汇集他们的事迹,现在叙述其出生情况,靠近达赖喇嘛诞生地的达布达曼巴布

---

① 寂天,古印度著名的佛教思想家,出生于古吉拉特,年少时在那兰陀寺出家,从胜天受戒。离开那兰陀寺以后,游学各地,在佛学方面造诣非常深厚。著有《入菩萨行论》和《集菩萨学论》,这两部著作对后世的影响非常大,尤其是藏传佛教把它作为必修的著作。

② 佛教名词。指身密、语密和意密。

③ 须菩提是释迦牟尼佛的十大弟子之一,出生于古印度拘萨罗国舍卫城的一个婆罗门家庭。他自幼聪明,心地善良,乐善好施,对事待人方面与同龄人表现出很大的不同。后来皈依释迦牟尼,聆听教授,悟解一切事物现象都是因缘和合,自性本空。因此有了"解空第一"的称号。

④ 噶当派的著名学者。早年师从阿底峡和仲敦巴学法,后来师事俄译师罗丹喜饶,以精通经教著称。著作有《阿底峡小百法要义总纲》《教次第广论》《教次第略论》等。其中后两部专门解释阿底峡的《菩提道灯论》,成为后来宗喀巴著《菩提道次第广论》的重要依据。

(མདའ་སྨད་རྩེ་པ།)地方,为了向十善相(དགེ་བཅུའི་མཚན་མ།)所富的良母传授佛菩萨不可思议的威力(མཐུ་དང་ནུས་པ།),不顾能生的父亲,进入母亲的胎中而诞生,在坚硬的石面上留下清晰的美丽足印。另外,对寺院方留下很多前世记意之善根妙语,有许多善相、大喇嘛的授记,与天神的敕言(卦辞)相同,金瓶掣签也无误明确。

圆满佛教的教主达赖喇嘛土登嘉措(ཐུབ་བསྟན་རྒྱ་མཚོ།)亲自剃度取名,回到德庆格桑颇章宫在绿油油的草坪上白鹅(白野鸭)群突然欢聚一起,池塘水井等的流水和树木一年比一年丰盛,农牧业丰产,衣食丰足,幸福满愿,好似开始了新的圆满时。现在吉日良辰,(班禅)从德庆格桑颇章启程前往扎什伦布大寺胜一切洲,以摄政经师大呼图克图为首的汉藏所有高级夏仲(仆从)迎接,仪仗队、歌舞者等在地上和空中像供云一样非常多。如《如意宝树史》说:第三世界善住教,是有脚凳之金座,美丽珠宝穗之叶,山有光辉如身攀。自己的智慧明分不能消灭,足登高胜幢大殿的八自在①(དབང་ཕྱུག་བརྒྱད།)无畏狮子抬举的高大金座,汇聚十方博土佛弟子的佛音为一体的祝福,到达天空的长寿童子们降下花雨,住在地上的人们各自显露着幸福八相,仙人成就持明者们祈请誓言金刚披甲的同时,足底轮图画布相使天等一切众生的保护者相好宝轮像千万太阳的光辉一样灿烂,生活闪亮,为表谢意,敬献金子般的内库长哈达、白银制佛国大海庄严画、身所依着衣教主释迦牟尼佛像、语所依《贤劫经》、意所依银质尊胜塔、带座法轮、银叶法螺等,与前面的相同。考虑到是甚深缘起的供云而高兴地接受了,成为短暂的享受。又如说:"洛扎虚空幢,教民之幸福,盈亏依仗您,直至末劫波,愿有长寿身。"总别佛教与众生的救怙主

① 世间的八种共同成就:细分色功德、粗分色功德、轻功德、周遍功德、证得真实功德、极光明功德、坚住功德、如意功德。

无与伦比，双足永固，坚如金刚法。其一切政教事业犹如夏天的水库，或上弦的月亮一样越来越丰满，一定永远皈依，不能舍弃。悲知，悲知。

甘丹丹杰林（དགའ་ལྡན་བསྟན་རྒྱས་གླིང་།）拉章向遍观仁布切呈献礼品。在无与伦比的佛教与众生的保护者班禅遍知化身仁布切的莲足前，甘丹丹杰林拉章所献礼品，登记在册。搅动诸佛意海第二精华莲花金刚日，搅动怙主发心大海文殊上师施凉者，弘扬佛法慈爱众生殊胜化身甘露源，佛法众生三大怙主一起觉悟成顶饰。贤慧尊胜释教精舍中，经论百部全都记心间，熟知百个遍观帝释日，施舍贤善尊胜吉祥前。您身如同明月亮，唯是掉落意海中，洁白诚心诸蛇冠，发出欢喜祈祷声。吉祥数美饰世界，通人竞争贤哲处，释教如山顶现高，无比佛法大殿中，吉祥狮子宝座上，十万日光金刚身，制伏魔军的战场，来做天人众生师，尤其增上学宝贝，在您心续丁香帐，不要有疑请休息，戒律芳香能满足，妙善千身如意宝，战胜诸方的光辉，妙语正法无数河，洗净徒众无明垢，悦耳云声牵引心，东方汉地大梵天，激发悲心的圣谕，摧毁财富欲望雨，显现如是奇异相，甘丹丹杰寺拉章，敬献所需一切物，财富供云全陈列。如此赞美祝福，开启了妙善之门迎接。《经》中说："不做任何恶，善业圆满增，心续全调伏，此乃是佛教。"众生各自做善恶事，从中产生苦乐果。罪恶被水清洗，用手消除痛苦，不做不应做的事。弟子们自己闻思佛的教证宝教，按照弃恶修善的取舍道理去做。必需的原因是：佛教是唯一的至宝，关注希望解脱的无上道路。如佛弟子寂天论师说："众生痛苦唯一药，产生一切快乐处，寻找佛教恭敬佛，但愿永远皈依佛。"消除一切众生痛苦和集苦之病的药和产生利乐的根本，唯有依靠佛的宝教。殊胜怙主很早就战胜了二障①,掌握了一切断证功德,有了法身普贤佛的本性。这样,法界无生无为法而自然形成的光明奇异界好像没有变动,爱恋本初大菩提利他行的胜喜(རྩེ་བ་སྐྱེད་བྱུང།),通过神变显示欢快的嬉戏,从佛尊前的上座僧须菩提开始,到前世班禅之间做佛教和众生的事业。现今,殊胜遍观化身仁布切诞生于圆满种族,从天神的黄金宝瓶出微名,坐上历辈前世的佛法大寺中无畏狮子宝座,成为如来圆满教的主人,在大地上努力布设谢恩与善妙喜宴。如《别解脱戒经》说:“佛调雪域海,一切无边际,住法藏心要,乃是别解脱。”从不变智慧法身增上缘产生的教证功德,犹如大河,汇聚诸处的根本是所诠释的戒律(毗奈耶)。因此,(俗人)普遍认为殊胜怙主年龄甚小如同树枝一样细小。但是,有吉祥十力,肩负着众生事业的重担,三密轮的部分圆满,部种的习气恢复。为使佛教更加弘扬,在轨范师和僧众中间授圆满居士戒和沙弥戒,没有任何过失。这样的功德基础是八支别解脱戒甘露装满了意宝瓶,丝毫没有损失接受学习的基础,从一切法门进行保护。神奇的功德,如说:“您的身语意三密,声闻弟子和独觉,几多观察非心境,梵天帝释作何说?”为了开启如此奇异事业门的缘起,我敬仰皇上谕旨派遣的西藏执政者靖善禅师经师第穆呼图克图,从甘丹丹吉林拉章表示侍奉,敬献洁白的内库哈达所系之净土身所依无量寿佛像、语所依长寿经、意所依尊圣塔等,如果以不变三信敬献,在观世音菩萨面前稍微异熟,以后又这样祈请:诸佛发心大海中,相好宝界之光辉,常现寻思日月行,师寿固如须弥山。慧海八种法蕴座,深广善言波浪摇,保护具缘无数鸭,常发无碍语和声。

---

① 佛教名词。指烦恼障和所知障。烦恼障是妨碍修行到菩提,而无法证得涅槃的一切烦恼或惑,由人我执而生。根本烦恼有十种:贪、嗔、痴、疑、慢、萨迦耶见(身见)、边见、邪见、见取见、禁戒取见。所知障,由法我执而生,能障碍成就菩提妙智,不了解诸法实相。

生死初生戏论界，掌管法身之佛界，是由二谛无执护，系牢不变心誓言。到达理海之彼岸，我做双运灌顶王，热忱歇息胜幢顶，摧毁所欲功德雨。佛转圆满金色轮，犹如统治四大洲，大师您的事业广，普及佛教一切处。东方汉地梵天王，降旨派至藏摄政，我也长久做一切，完成佛教众生事。佛王师徒二殊胜，举起事业白伞盖，不生不顺之障相，速成望果降神力。如此祈祷百次，僧俗仆从、各宗豁管家执事、属下民众向班禅献礼祝福，所献礼品登记在册。

持语自在妙贤大慧具祥黄袈裟，佛教思想精华盛传不衰法日升，千万妙善光辉照耀智者怙主您，但愿经常战胜一切恶毒四魔军[①]（བདུད་བཞི།）。众生心池所现影像成为眼甘露，乃至佛教白色光鬘照亮一切处，赞颂极乐净土空中的无量寿佛，如似利众坛城不灭祝愿您长寿。月光涂抹的伽拉夏（ཀ་ལ་ཤ།）穿着帝释天弓衣之神，您俊美身体适合去二财主寺院，具有怒笑空行自在白怙如意宝，请您降下殊胜共同成就的细雨。不忍从可瓜[②]（མ་དྲུ་ཏེ།）寒林（尸林）驱逐的大屠夫，享受恶毒血肉不餍红舌大电光，犹如马嘎拉（མ་ཀ་ར།）獠牙口中鲜血长流。乘三信玛拉雅风，调动的身体之树，在五支叶瓣大地，伸手百次祈请您。吉祥的花鬘娇艳，提前顶礼请求，如《父子相会经》说："鸟道天空能衡量，宝瓶也能量大海，须弥山街亦能量，难证释尊功德边。"有寂[③]顶饰救怙主大遍观（班禅）是了义四身五智[④]本性极乐净土的怙主不变光，过去发菩提心，从无阻的誓愿威力勤奋众生事，不顾解悟而讲任何动静世界，引导众生进入善趣定胜妙道，善知方便，聪睿智慧，难以言表，无法想象。谁有能耐敢量

---

① 蕴魔、烦恼魔、死魔、天子魔。

② 药用木本植物。

③ 佛教名词。有寂，即生死与涅槃。

④ 四身，是指佛所具备的自性身、智慧法身、受用报身、变化化身；五智，按照顺序排列为大圆镜智、平等性智、妙观察智、成所作智、法界性智。

最高的天空,但是根据各自的兴趣,共同的感觉是:一切等空的众生和其中的我等人被安排在雪域药境,悲悯众生,即由于和上首弟子大圣世自在一起发菩提心,从持白莲格敦珠贝桑布开始,未来如何承事,如《噶当宝卷》说:“根据授记,扎什伦布寺胜一切洲创建以后,救怙主罗桑确吉坚赞贝桑布莅临此寺坚持弘扬如金汁一样的三界法王宗喀巴之教,兴旺发达的事业遍及卫藏地区。因此,转力轮的大王天神觉杰布(ཇོ་རྗེ་འབོག),即从皇(ཧང་)[①]开始结成了牢固善缘关系,其子顺治(ཤུན་ཅི)等为历辈班禅赐金书、金印、宝书、宝印,以及金银绸缎等无数礼品,保护寺院和寺属百姓献礼,以僧伽王的样子成为公私教民的无与伦比的救怙主友。现在刚刚来到我等寺属百姓的最上净土,大皇帝特派钦差来赐难得的金字宝书和难以估价的上好礼品,皇帝敕书赞扬。达赖格桑嘉措说:“无数人所敬宝座,众敬宣令无畏狮,抬举之顶立佛座,给予大地诸吉祥。”足底吉祥轮登上此宫殿的金座,最近为了把佛教作为与佛自己出世相同的功德,保护受出家和沙弥二戒,恩惠之蕴已经超越了所量之境。但是,为了不修改甚深缘起的章节,僧俗仆从、宗谿管家执事、所属部众为了报答部分恩惠敬献极长洁白的内库哈达、佛田海五彩庄严画、身所依着衣无量寿佛像、语所依长寿经卷、意所依尊圣塔等,祈祷离障智慧之观和未来之分直到双足劫海之间坚固,三密一切事业成为佛教与民众的福德,我等寺庙属民时代坚持,从救助金刚帐永不舍弃。

众生圣主佛无与伦比班禅殊胜遍知化身仁布切的高大莲足前,甘丹丹吉林拉章登记了坐床时所献的礼品。

有诗云:情器世间[②](བསྟན་གཡོ)诸法本非伪造是天成法身,妙身

---

① ཧང་,是汉文的藏语音译,可能指爱新觉罗皇太极。

② 佛教所说的有情世界和器世界。

界中七不动摇是为受用圆满身，犹如水中月影一身外亦造身是化身，各种变化精做众生事无量光赐妙善。妙慧释教四洲空界中，明亮妙善佛法太阳光，照耀利他园中莲花开，引导贤劫法王赐吉祥。热忱住在大海旋涡中，喜信妙音神鼓响亮声，引导所属臣民妙龄女，不断发出祈请祷告声。吉祥千辐美丽大法轮，善用神奇力持四分满①(སྡེ་བཞི)，不尽任运天成希求财，装满三世大地大法寺，狮子座上威严金刚身。一切有情导师到来时，天等众生欢宴场合中，圆满王后美貌全炫耀，统治甚深广大的政教，精通利用方便化徒众，犹如大臣傲慢抢珠宝，为了众生操劳似象王，慈爱真挚众生的神通，步伐迅速为众施乐果，难以揣度威力带兵将，只有你能战胜违逆者，若尔显现奇异功业时，具信丹吉林寺活佛府，供献所需财物多如云，喜庆登记表册似莲鬘。

赞美祝福的悦耳声犹如云雨雷电，现叙述主题，如说："悲悯母的养育中，细心护佑佛尊您，圆满功德至究竟，怎能迷恋凡间欲？"殊胜怙主从很早以前开始对众生就像母亲对待儿子一样，多少次用慈爱大悲的方便智慧双运护持体力圆满，怙主自己获得了究竟一切圆满功德的四身位，虽然暂时没有寂乐迷人的时机，但是在广阔的国土用教化徒众的无量功德做如虚空的众生事，拥有了至高无上的特殊功德，难以述说。"诸佛无量劫，难以说到边，您的功德蕴，由我难说尽。"过去的发心和伟大誓言是怎么来的，其威力如何？将佛和弟子的悲心部分合为一块成为精神甘露宝库，怙主不变光明的上首弟子世自在挑起教化的重担，犹如白水晶溶液色泽的雪山环绕地方教化了君臣、贤哲、成就者、持明者、轨范师和亲教师师徒等，其神通变化无法言说，使释尊的宝教永远在天地之间传

① 或四缘、四德，指法、财、欲、果，即佛法盛行，资财具足，享受色、声、香、味、触五妙欲，修行能证得解脱涅槃果。

播,从仲敦(འབྲོམ་སྟོན།)①的呈献事业中喷射出来。如说:“上师清净授记中,说到我的变化身,暂时变化成比丘,时常莅临传教地。”“东方升起月亮轮,化成溶液之孩童。”意思是遍观主师徒两人犹如旃檀和旃檀香味,在广阔的金色大地上不仅作为一切众生尤其是雪域佛教众生的救怙主友身鬘日月,而且如《金刚歌》所说:“我去那里伏神鬼,一个化身游圣地,一个化身去多麦。”同样,达赖喇嘛根敦嘉措说:“持明成就自在莲花生,五百顶饰具祥燃灯佛②,持金刚王善慧称吉祥③,敬礼展示各种变化舞。”本初诸佛的传记和变化庄严犹如虚空边际,尽管难以述说,但是自从共同化机心目中的朋友妙音人舞妙吉祥怙主上师的无与伦比的大弟子克珠格列贝桑布(即克珠杰)起,难说前世的名号,期间本生鬘像金山一样逐渐出世,立为圆满如来教的主人,弘扬佛教与众生的利乐瑞兆,乃至轮回之间坚持变化歌舞,用发菩提心的强大誓愿再次来世。如说:“种族姓氏和母系,还有轮回和再生,出离菩提树功德,一切功德很圆满。”清楚地观见五照见④(གཟིགས་པ་རྣམ་པ་ལྔ།),种姓圆满的父母之子持悲悯乐舞,出生后好像千万个太阳拥抱水晶灵塔(灯芯),其智慧如大海,犹如地黄金光照天空一样,傲慢智者的一切禁行仿佛被太阳的光辉照耀而变得暗淡。现在是贤劫时分,历辈班禅的寺院吉祥天成大寺无畏狮子抬举的金色宝座上,双足因上千妙善而壮美,汉地的大地梵天王的敕书赞扬如来教主,为了报答贤劫显现的大恩,皇帝降旨派遣雪域教民的执政者,名叫靖善禅师呼图克图以恭敬之心让甘丹丹吉林拉章开启坐床缘起之门,呈献世间最长的

---

① 仲敦,可能指噶当派的创始人仲敦巴。

② 具祥燃灯佛,指阿底峡大师。

③ 善慧称吉祥,是指格鲁派创始人宗喀巴大师。

④ 如来依靠物种观察选择降生人间:国王迦毗罗婆窣堵、种姓刹帝利、氏族甘蔗释迦、生母摩诃摩耶、时会五浊恶世。

代表静业(ཞི་བའི་ལས།)的触及天顶的国土花束、身所依无量寿佛像、语所依长寿经卷、意所依尊胜佛塔、生活用品、古瓷座、净瓶、痰盂、班智达长顶尖帽、袈裟、披单、卷轴画、佛像、腰带、敷具、白色靠垫、金刚图画垫子、银叶白螺、吉祥物等。虽所献的物品像莲根一样细小,普贤供云物品暂时陈放在眼前、摄受。之后专心祈请道:假如没有佛教日,岂有利乐月花蕊?若无遍观月护持,妙怙教睡莲不开。教证法的此宝教,讲说修行使常住,怙主不变奇异生,在此大地到永远。闻思教理过万河,贤正善良财宝富,智者中间讲和著,所欲不尽开百门。圣旨派遣执藏政,看您沙门做何事,佛教众生的威德,梵王国政日和月,英明大臣如群星,中土星道现标志,众生幸福禾茂盛,但愿夏季长久住。我等众生您摄收,未来迦罗波村落,初佛二次瑜伽道,千色大印愿速得。显见诸法智者地,说诗善趣美女前,母虎丽法笑热诚,悦声界中不舍弃。

在甘丹丹吉林的所有官员和其他贵族、僧俗侍从祝福所献的礼品登记册,如说:"搅动善慧大海的精华,释教四洲圣城政教师,妙善威光闪烁真耀眼,尊胜高达金色法座前,是您加持光辉劫,智慧莲花苑盛开,恭敬三门之手指,白莲开放在一起,欢喜祈祷蜜蜂音,发出嗡嗡的叫声。怙主您从很早前,光辉不变圆成身,所做三密的威德,战胜不死而长寿,固乐之时好赏赐,无边功德普明界,智慧低劣蜂翅技,哪有行走的机会,您的功德蕴资粮,唯独定是佛行境。若尔心思众生幻变舞,相好圆满化身月美貌,一般善业引自东山顶,众生抛撒赞颂的鲜花,第二极乐净土法座上,双足登上三密威光闪。佛赞法理殊胜的基础,勤奋受学清净的戒学,举起天等众生善妙供,同时仲基共同敬献品,陈设供云在所处,无碍慧观暂摄受。"如从赞颂后引出,怙主您本来断证已达究竟,执为无量光明的本性佛。但是,为了引导浊时失去保护的人到解脱佛界,按照法身不动性区分利他的化身,在个别教化刹土,殊胜化身双足登上轮画吉祥天成寺高大的宝座,区分缘起之时,尤其是献纳一切功德的基础戒学珠宝,恩惠极大,十方诸佛降下善妙花雨,同时大皇帝也降旨称颂,雪域执政者,救怙主靖善禅师经师第穆大呼图克图亲赐妙善缘起大礼。与此同时,地方政府和在这里的公私僧俗侍从共同敬献洁白哈达、佛界大海庄严图、身所依无量寿佛像、语所依长寿经卷、意所依尊胜佛塔等,在智慧眼前面瞬息成熟。祈请道:"双足具吉祥轮画,登上金刚界狮座,去劫海转正法轮,祈愿您长寿永驻。转动奉天二轨政法轮,治下庶民我等众有情,怙主悲心不放觉悟间,请赐不离随持的恩惠。如此说来所献礼,逐次陈列的名册,祈请七次杜鹃声,颂词一并敬献之。"

佛教众生的救怙主友无与伦比,遍观智慧日遍知大遍观的脚台无畏狮子抬举的高大宝座前,我噶伦大喇嘛本塘巴的小礼册,以恭敬三门敬礼祈祷。殊胜救怙主为了了义执为极乐净土无量寿佛的本性觉悟,但是在不了义徒众的心目中,过去是圣地印度辩答甚深空性义的优秀圣者大长老须菩提,在雪域西藏是妙吉祥怙主第二佛(宗喀巴)的主要弟子贤哲格列贝桑布①。从温萨巴罗桑顿珠(第三世班禅)到前世大遍观金刚持(第八世班禅)之间,获得了高大的贤哲位,历辈的本生鬘次第出世,以贤正善良的方式弘扬三界法王宗喀巴的思想,犹如白昼;引导徒众进入异熟解脱善道,其恩惠无法叙说。特别是现在慈爱我等一切众生,露出稀有特色等殊胜化身的笑容。如说:"青春年华如日期,自从初一到十五,较量十五持兔月,您是佛教白莲友。"年龄像上弦月亮一样,虽然很小,但是利他发菩提心的部分圆满,可以同第三佛的月轮相比,作为佛教

① 即第一世班禅克珠杰,本名为格列贝桑。他是宗喀巴的两大弟子之一,班禅活佛系统建立后,他被追认为第一世。

千瓣白莲解脱友。地上梵天妙吉祥大皇帝金字敕书统治赞扬，在大寺院扎什伦布寺高大的法座上坐床，我们一切众生享受幸福的喜宴，衡量如此恩惠的时间已经没有，但是为了很小的报答，我噶伦大喇嘛本塘巴以信、敬、热爱[①]（དད་གུས་སྤྲོ་གསུམ།）的方式敬献很长的上等哈达、曼荼罗三所依等微不足道的礼品，犹如莲根一样细小。考虑到泥生（莲花）佛的供物，在眼前成熟，再次祈请的心要："祝遍空的全部动物（含识）和我们西藏人（雪山居人）的佛教众生的利乐根基——达赖喇嘛师徒长寿，事业发达，依此弘扬佛教众生得救怙主友双足金刚法，闻思深广，发菩提心事业善相圆满。从此摄持我等直到觉悟。"

班禅坐床时，地方政府和摄政也呈献礼物，四大卸任喇嘛、吉索（སྤྱི་སོ།，或基索）、康村、米村、所属大小寺院献礼祝贺坐床和受戒，所献礼物登记在小册上。从大乐界永固的无量光佛是法身像，五合佛土相好庄严无量寿是报身像，显现广博动静世界（情世界和器世界）无量光佛化身像，顶礼三身无别至尊上师土旦确吉尼玛（ཐུབ་བསྟན་ཆོས་ཀྱི་ཉི་མ།）。神奇发心园圃环绕中，贤劫千佛鲜花全开放，精力全胜香气得赞善，敬礼释迦佛尊白莲花。三次第吉祥道歌中说，三乘正法无上救怙主，解脱众生法殿之梯子，三信不变方式敬百次。我爱他人菩提心身胜，六度行之白齿更美丽，不负三学珠宝之重担，大乘僧王保护有情众。皈依之处雪域怙主的部主，持光相佛袈裟释迦总别教，黄色宝冠宗派大海檀香飘，怙主雅曲取自火神琵琶续。如此行清净大礼无数次，如弥旁格列嘉巴拉说："圆净佛法吠琉璃，绚光天道之有相，悲悯众生依靠您，仿佛胜解日月舞。"好像自利法身中没有动摇，利他两种色身的庄严轮回不空，救怙主至尊

① 信服其人，敬重其言，热爱其思想。

上师也和等空有情界，特别与上首弟子圣胜世怙主一起发菩提心而生活在所化刹土，我等雪域众生、佛教的保护者，尤其是妙吉祥怙主第二佛金汁教理等佛教众生的救怙主友无与伦比，就像出泥土却没有泥土味的莲花一样，虽然持普通人的身像（感觉状况），但是与其他不相混杂的三密的奇异神变庄严，像是用净水洗净一切错乱味，从前世历辈班禅降下善妙吉祥加持雨，已在大宫殿的金色宝座上坐床。最近，佛的无比后嗣摄政经师靖善禅师大呼图克图仿佛亲自调伏正法，同时传授前节沙弥戒和中间出家戒，恩蕴之大超越了所量之境。为使甚深缘起不错乱，在下四大喇嘛（ཟུར་བཞི་བླ་མ།）、吉索、康村、米村所属大小寺院答谢献礼，主要有洁白的顶级哈达、五色佛国大海庄严画、着衣教主像、有包布标签腰带的《贤劫经》、意所依尊胜佛塔、八瑞祥、八吉祥物等，暂时进入清净智慧眼中。以后，祈祷消除一切身障，莲足永驻，直至劫海，圆满闻思五部大论为代表的显密一切经论，三密事业圆满，承担前世罗桑确吉坚赞贝桑布的清净功德，在广阔的瞻部洲大地弘扬父王第二佛（宗喀巴大师）的宝教，永远皈依，大悲知。

萨迦寺向遍观（班禅）坐床时敬献礼单，谦恭敬礼。相好明亮圆满的珍宝色身如意至宝①（བསམ་འཕེལ་དབང་གི་རྒྱལ་པོ།）在有寂（生死涅槃）的胜幢顶上满足众生所思所想的佛法，如今已拥有了与大皇帝金字圣旨相关的无畏狮子抬举的高大金色宝座足轮画，在利乐三世有情的稀有善果的贤劫集会喜宴上，萨迦呈献的礼物有洁白吉祥的哈达、曼荼罗身语意三所依、以一两黄金为主的九节缎等，所献礼物像莲根一样细小，但是心思鲜花供物所随行，热心摄持普贤供云而不弃。

① 传说大鹏经常去大海觅食蛇肉，到了年老时，多次觅食不得，于是饿死在大海里，若干年后，它的心变成了珍宝，称如意至宝。

萨迦赤钦(ཁྲི་ཆེན།)[1]在(班禅)坐床时献礼入册。一切众生的导师殊胜化身仁布切座前,恭敬请求道:集诸佛相好的妙龄从极乐净土的怙主心无热大海出现,没有偏心利益众生,思考承担快乐的河流传统,殊胜化身仁布切的黄色胜幢在十方飘动,双足登上无畏狮子抬举的高大的黄金宝座,在世间赐四种财物的神奇做法,我昆氏掌座弟兄俩为了享受喜宴,敬献缘起见面礼洁白吉祥的长哈达、代银5两曼荼罗三所依、有一两黄金为主的九段缎等,献礼犹如连花花根一样细小,承担起鲜花供物随行,传承不放松。

铁兔年,1891年,大救怙主坐床、受居士、沙弥戒之时摄集。铁兔年吉日,世间顶饰救怙主殊胜化身遍知大遍观至尊罗桑土旦确吉尼玛格列朗杰贝桑布(རྗེ་བཙུན་བློ་བཟང་ཐུབ་བསྟན་ཆོས་ཀྱི་ཉི་མ་དགེ་ལེགས་རྣམ་རྒྱལ་དཔལ་བཟང་པོ།),按照大皇帝圣旨,于水龙年阴历一月吉日在高胜幢大宫殿坐床,同时举行传授居士、沙弥戒大恩惠的仪式,双足吉祥画登上寺院圣僧中间的法宴金刚宝座,逐渐开启贤劫百门;铁猴年救怙主持金刚教自在就坐时,按照册道加本的做法,僧俗百姓用念恩的方式敬献章喀银41秤,九月十五日由管家登记。密宗札仓、堆桑林札仓、吉康札仓、夏尔孜札仓的喇嘛各献章喀银60两;3个性相学院(参涅札仓)各献章喀银60两;密宗札仓财务管家献章喀银20两;在任格贵勒土巴(དགེ་བསྐོས་ལས་ཐོག་པ།)[2]献章喀银30两;格贵长老献章喀银25两,另外4个人各献章喀银15两;两位大翁则献章喀银7两5钱;其他勒参巴、大经堂管家、大法会茶管、密宗殿3位茶管各献章喀银7两5钱;法苑掌堂师、两位摩隆巴(དམིགས་སྐྱོང་བ།)、老年和青年两位掌堂师、绍圣者、一位酬补师、仲钦管、正副糖管、仲译一名、司香官一名、积资官、螺师、托楚翁则(ཐུག་ཚོལ།)、卓玛翁

① 指萨迦寺的寺主或昆氏家族族长。

② 维那,即铁棒喇嘛。

则(度母殿领诵师)、阿巴翁则(密院领诵师)、密院掌堂师、司祭、寝室僧衣管家、堆桑林札仓两位根保(ཀན་པོ།)[①]、给尔车札仓两位根保,五供殿(ལྔ་མཆོད་ཁང་།)管家等各献章喀银 5 两。堆桑林札仓大米村诺布甘丹、哈尔东、赛康巴、章且、金隆巴等 5 个米村各献章喀银 25 两;中等米村甘丹饶杰、勒珠巴、达纳、甲、定结、降巴邦玉、协巴、散诺布曲科尔、勒贤林、仲孜、德觉等 14 个米村各献章喀银 17 两;小米村乃巴、乃娘曲康巴、绒巴、卓尼等各献章喀银 15 两;央巴、次成康巴等 6 个米村各献章喀银 11 两。杰康札仓大米村古格、达摩、当钦、拉卡、伦孜、绒措、达尔等 8 个米村各献章喀银 25 两;中米村罗布、日卡尔、欧宗巴、萨德庆、觉宗巴、萨多丹巴、曲布巴等 8 个米村各献章喀银 17 两;小米村贝林岗巴、哲蚌巴、乃娘、德庆等 4 个寺各献章喀银 11 两;夏尔孜札仓大米村江钦孜巴、绛巴桑珠甘丹、吞巴、拉康巴、喜乃巴等 5 个各献章喀银 25 两;中米村冲布巴、帕协瓦、乃娘赛热、保尔多巴、桑罗娃等 5 个各献章喀银 17 两;小米村德阳巴、乃娘纳西巴、诺尔顶巴、尤噶尔瓦、萨隆巴等各献章喀银 11 两。夏仲(随侍)人员中,卸任强佐(商卓特)诺门汗罗桑顿珠献章喀银 65 两。内侍中的大司寝大喇嘛、司祭堪布且康杰仲贝丹喜饶、卸任司祭堪布岗拉洛桑群佩、近侍洗浴堪布诺门汗盖洛桑金巴、孜恰卸任堪布夏尔洛桑顿月、孜恰顿康之子南杰桑珠、大管家多结丹增、宝骑官斯塔扎西、传令官(ཕེབས་སྒོ།)次仁果吉、噶钦班丹益西等各献章喀银 75 两。大知宾萨隆巴曲扎桑波、雪索丹玉(ཐོད་གསོལ་ལྷན་ཡུལ།)杰仲阿旺群觉、大夏仲擦尔巴杰仲洛桑丹达尔、卸任年轻夏仲康巴洛桑丹增、知宾冲布强巴达曲、知宾管家洛桑诺布、知宾哲霍尔贝丹次仁、知宾贝丹索巴、卸任知宾夏尔强巴旦增、

① 长老,或更波,过去传达差役通知或直接分派差役的头人,一般指米村的负责人。

知宾诺尔章群则阿旺贡却、知宾管家洛桑次成、知宾甲康洛桑、知宾群则洛桑次仁、知宾赤烈、卸任知宾益西嘉措、卸任知宾诺尔章阿旺班觉、卸任知宾翻译家嘉木样喜饶、司钥彭康洛桑桑木丹、司钥当钦巴洛桑次成、司钥贡桑、卸任司钥洛桑丹增、卸任司钥达木拉南杰金巴、扎西屯杰仲阿旺顿珠等各献章喀银 5 两。勒参巴人员中饶丹、拉曼巴顿囊洛桑群佩、司厨玛且旺堆、司茶比丘曲佩饶杰、格娘巴索南、铁王尼玛群佩、邦卡尔杰仲、呈请者喜饶坚赞、扎西杰贝丹顿珠、江公杰仲巴丹顿珠、德康古茹、大香灯师(庙祝)贡桑南卓、恰恰瓦夏仲次成、鲁顶头人金巴平措、噶钦曲觉、南杰、司祭比丘次成、司印班觉、斯商人益西、卸任司钥洛桑扎西、诺丁弥觉、孜恰勒夏杰仲丹巴坚赞、玛素桑波、康钦洛桑南杰、孜恰勒禅杰、噶尔娘杰仲洛桑南杰、孜恰做事者布隆夏仲洛桑次丹、彭康顷则洛桑丹增、医师夏仲丹增群佩、森噶洛桑曲佩、洛桑嘉木样、洛桑达杰、拉弓塞班顿珠平措、多囊顿次、托斯顿珠玉杰、阿颇喇嘛、如本当巴次仁多杰、江公次丹、贝饶管家尼玛杰布、接待官学苏儿尼玛杰布、伦林斯塔杰布、顿康次旺杰布等各献章喀银 32 两,共计 315 两。仲译官员嘉巴尼曲、盖杰仲、曼日洛桑南杰、冲布巴索南坚赞、夏仲阿旺益西、扎穆顿珠次仁、日土扎西顿珠、塞巴丹、杂赛次旺、塞巴旺杰、康嘎尔旦增南杰、喀尔扎索南杰布等 12 人各献章喀银 15 两。勒空知宾人员噶尔章杰仲、擦尔杰仲格列曲佩、曲康杰仲洛桑秀朗、彭康顷则洛桑群觉、丹玉多杰伦珠、顶巴洛桑斯塔、斯塔平措等各献章喀银 12 两,共计 270 两。小寝室门卫中日光殿门卫尼玛丹增、仲钦南杰喜饶、庙祝扎西顿珠、曼章医师、丹巴达杰、且康夏仲、拜萨杰仲、萨巴桑多、多杰次仁、父豁秘书、雕像师斯塔、迎水者仁钦曲觉、恰娘旺、贤巴丹巴曲佩、诺布多杰、贡恰西勒、噶钦平措南杰、古娘旺杰、索巴嘉木样扎巴、扎曲、遍观原庙祝强巴排杰、德普庙祝洛桑丹增、噶钦扎西、当钦贝丹金巴、南杰扎巴、杰仲洛桑金巴、司厨洛桑、杰龙夏仲、噶钦洛桑格桑、益西图丹、聂甲、南杰颇章巴、贡林寺7名酬补师等各献章喀银9两。涅仓奴仆(仓库管理人员)中司厨上下的女佣6人献礼。宗豀中,豀兴伦珠饶丹管家献章喀银60两;帕索伦珠德庆寺(པ་སོ་ལྷུན་གྲུབ་བདེ་ཆེན།)僧人献章喀银7两5钱;且林寺僧人献章喀银1两5钱,雅德索寺僧人献章喀银5两,尼姑寺甘丹扎全寺献章喀银3两8钱5分,涅摩赛顶寺(ཉ་མོ་གསེར་སྡིང་།)献章喀银3两2钱,雅德索寺百姓献章喀银5两7钱5分,噶饶寺(དགའ་རབ།)管家、噶饶和帕索两寺堪布等献章喀银50两,扎纳寺(ཟག་སྣ།)僧人献章喀银2两,扎纳寺献章喀银2两5钱,曲科岗寺(ཆོས་འཁོར་སྒང་།)僧人献章喀银3两5钱,曲科岗寺献银2两5钱,三昧耶修行寺(དམ་ཚིག་སྒྲུབ་གནས།)全体僧人献章喀银15两,曼日寺僧人献章喀银3两5钱,热拉雍顿寺(ར་ལག་གཡུང་སྟོན།)全体僧人献章喀银15两,曼日寺所属牧户和农民献章喀银1两7钱5分,恰杜扎西桑木丹林寺(བྱ་དོལ་བཀྲ་ཤིས་བསམ་གཏན་གླིང་།)献章喀银4两,伦珠曲林寺(ལྷུན་གྲུབ་ཆོས་གླིང་།)献章喀银4两5钱,楼东寺管家、格佩堪布等人献银37两,郭仓寺(གོད་ཚང་།)僧人献章喀银8两3钱,郭仓寺献银15两,喀觉寺(མཁའ་སྤྱོད།)献章喀银15两,格列寺(དགེ་ལེགས།)金刚上师献银3两,格列寺献银20两,尼姑寺拉阿扎寺(ཉ་ལྷ་ཟག)僧人献章喀银3两6钱,拉阿扎寺献银15两,哲蚌寺僧人献章喀银2两5钱,哲蚌寺献银5两,桑木丹寺献章喀银3两9钱,康扎寺献2两,达杰修行寺僧人献银8两3钱,达杰修行寺(དར་རྒྱས་སྒྲུབ་སྡེ།)献章喀银15两,央曲德寺(གཡང་ཆོས་སྡེ།)僧人献银4两,曲涅寺(ཆོས་ཉིད།)献银4两,日追德庆空行寺(རི་ཁྲོད་བདེ་ཆེན་མཁའ་སྤྱོད།)献章喀银4两,仁青岗寺献银一两,其尼姑寺曲瓦玉则寺(ཆུ་དབང་གཡུ་རྩེ།)献银3两5钱,尤噶尔寺(ཡོལ་དཀར།)献章喀银一两,德庆日追寺和阿龙等寺献银一两,桑珠新寺献银3两,其尼姑寺卸任领诵僧人献银2两5钱,桑珠尼姑寺献银10两,甲热桑珠德庆寺(སྒྱར་བསམ་གྲུབ་བདེ་ཆེན།)僧人献银2两2钱,甲热桑珠德庆寺献章喀银10两,派岗百姓献章喀银9两7钱5分,牧户献银3两5钱,扎岗献银7两5钱,小户献银5两9钱,德庆寺所属牧户献银2两,香德饶寺(ཤངས་བདེ་རབ།)管家献章喀银50两,6个支谿的管家、普通人、朗生、纳税者27人等献章喀银13两5钱,德饶僧人献银5两,德饶寺献银40两,日追甘丹金刚座寺(རི་ཁྲོད་དགའ་ལྡན་རྡོ་རྗེ་གདན།)献银3两5钱,甘丹念岳寺(དགའ་ལྡན་གཉན་ཡོད།)献银7两5钱,雄热玛特瓦(གཞོང་ར་མ་ཐི་བ།)百姓献章喀银27两5钱,寺属庄园百姓等人献白银4两5钱,堆穷(དུད་ཆུང་།,小烟户)献银5钱,共计169两5钱;拉丁日追寺(ལྷ་ལྡིང་རི་ཁྲོད།)献银3两5钱,其尼姑寺曲隆寺献银5两;鲁康所属的多丹庄园(曲谿)未确定出生的百姓献章喀银31两2钱,艾莫(ཐུས་མོ།)牧户献银5钱,共计90两5钱;扎西孜管家献章喀银30两,甘丹曲林寺献银3两,其尼姑寺扎西曲宗献银7两5钱;当钦僧人献银8两5钱,当钦寺献银2两5钱;罗布寺(སློ་སྦུག)僧人献银3两5钱,罗布寺献银1两6钱,罗布寺全体僧人献银5两;觉宗扎西曲当寺(རྫོ་རྫོང་བཀྲ་ཤིས་ཆོས་སྡིང་།)僧人献银3两5钱,寺院献银1两6钱,全体僧人献银2两5钱;央玉德瓦坚寺(ཡང་ཡུལ་བདེ་བ་ཅན།)僧人献银2两,全体僧人献银1两2钱;达隆寺全体僧人献银3两5钱;央曲寺僧人献银3两,寺院全体僧人献银12两5钱;达孜寺僧人献银1两2钱,寺院全体僧人献银2两5钱,其尼姑寺绛曲曲林寺僧人献银1两5钱;日库曲德寺(རི་ཁུད་ཆོས་སྡེ།)僧人献章喀银7两,寺院献银2两,其尼姑寺萨嘎尔顿寺(ས་དཀར་གདོང་།)僧人献银一两,全体僧人献银5两;尼姑寺吴坚古如(ཨུ་རྒྱན་གུ་རུ།)僧人献银1两5钱,全体僧人献银3两;尼姑寺吉普寺(སྐྱིད་ཕུག)僧人献银1两8钱,全体僧人献银5两;萨多丹寺(ས་རྡོ་ལྡན།)僧人献银2两8钱,寺院献银1两5钱,全体僧人献银7两5钱;日喀曲德寺僧人献银2两5钱,寺院献银1两6钱,全体僧人献银3两;赛尔林曲德寺(སེར་གླིང་ཆོས་སྡེ།)僧人献银2两5钱,寺院献银一两;贡查僧人献银2两8钱,寺院献银1两2钱,全体僧人献银7两1钱;萨德庆寺僧人献银2两8钱,寺院献银1两2钱,全体僧人献银5两;擦隆寺僧人献银2两8钱,寺院献银1两2钱,全体僧人献银5两;修行院僧人献银2两,全体僧人献银5两;曲布寺僧人献银2两,其尼姑寺达图寺僧人献银一两,全体僧人献银2两5钱;日追桑木丹林寺全体僧人献银5两5钱,其尼姑寺扎西排杰林寺僧人献银2两,全体僧人献银8两2钱5分,其尼姑寺纳库曲宗寺(ན་ཁུད་ཆོས་རྫོང་།)全体僧人献银3两;日库曼拉寺庄园献银4两11钱5分;欧尔寺(ངོར།)属户民献银1两4钱;60个牧区部落献章喀银540两。贵族伦朗献章喀银40两,全体差役献银9两。伦珠孜曲德寺僧人献银4两;夏苏寺全体僧人献银4两5钱;尤噶尔寺全体僧人献银4两;扎西饶管家献章喀银18两;扎西格佩寺僧人献银14两,管家献银10两,全体僧人献银60两。甘丹曲林寺僧人献银10两,全体僧人献银10两。当噶寺僧人献银10两;仲普寺僧人献银5两;强巴邦宇寺僧人献银11两,总管献银4两,全体僧人献银20两。邦龙寺僧人献银2两5钱,全体僧人献银5两。周曲顶寺僧人献银3两5钱,全体僧人献银3两5钱。达尔顶日甲寺僧人献银5两,全体僧人献银5两。强巴林寺僧人献银6两,全体僧人献银7两。仁青布寺僧人献银1两8钱,全体僧人献银5两。新寺哲蚌寺僧人献银3两,全体僧人献银5两。欧琼巴布寺(མདོན་ཆུང་པ།)僧人献银3两,全体僧人献银5两。达尔顶邦康寺(དར་ལྡིང་སྤང་ཁང་།)僧人献银5两,其尼姑寺僧人献银1两5钱,尼姑寺藏胡咋热寺(གཙང་ཧྲོ་ཛ་ར།)僧人献银2两5钱,全体僧人献银5两。俄曲宗寺

(དྲྭ་ཆུ་ཆོས་རྫོང་།)全体僧人献银7两5钱。卓玛拉康玛尼修行院僧人献银5两,全体僧人献银5两。贡布寺全体僧人献银4两5钱。俄日追甘丹孜全体僧人献银5两;觉莫勒寺全体僧人献银3两;绛曲寺僧人献银1两5钱,寺院总管献银1两6钱,全体僧人献银7两5钱。朗贡寺(གླིང་དགོན།)僧人献银2两,全体僧人献银6两7钱5分。贡仓寺(དགོན་ཚང་།)僧人献银1两6钱;邦宇寺(སྤང་ཡུལ།)属庄园六冈献银3两;桑珠德庆寺僧人献章喀银10两;查噶尔寺(བྲག་དཀར།)僧人献银2两;曲科德庆寺金刚上师献银1两5钱;尼玛隆寺(ཉི་མ་ལུང་།)全体僧人献银3两;贡木仓寺(སྒོམ་ཚང་།)僧人献银1两5钱;噶蔡甘丹曲林寺(དགའ་ཚལ་དགའ་ལྡན་ཆོས་གླིང་།)全体僧人献银3两,尼姑寺喜饶曲林寺全体僧人献银4两;温贡寺管家等人献银42两5钱;甘丹达杰林寺全体僧人献银7两;桑木丹岗寺全体僧人献银3两;阿贡寺僧人献银2两;扎西曲顶寺全体僧人献银4两2钱5分;欧珠曲窘寺僧人献银2两;扎西大乘洲全体僧人献银4两5钱;强巴林寺全体僧人献银7两;白朗德庆日追寺全体僧人献银5两5钱;勒曲管家喇嘛等人献章喀银35两,金刚上师献银3两。仲孜曲德寺僧人献银10两;细乃札仓僧人献银6两;赛康贡寺僧人献银5两,全体僧人献银12两5钱。曼隆修行院全体僧人献银10两;吉普寺僧人献银一两;拉康札仓僧人献银两。杂南甘丹曲佩寺(ཙས་རྣམ་དགའ་ལྡན་ཆོས་འཕེལ།)僧人献银2两;竹木日沃当钦寺(འབྲུམ་རི་བོ་མདངས་ཅན།)僧人献银2两;查拉寺僧人献银一两,尼姑寺甘丹饶杰寺全体僧人献银2两。亚东东噶尔扎西曲林寺全体僧人献银10两;赛林寺僧人献银5两;绛钦寺僧人献银3两;秀雄甘丹曲林寺(ཤུག་གཞུང་དགའ་ལྡན་ཆོས་གླིང་།)全体僧人献银5两;拉尔贡嘎寺(ལྷར་གོང་དཀར།)僧人献银1两5钱;珀热扎西曲林寺(པོ་ར་བཀྲ་ཤིས་ཆོས་གླིང་།)僧人献银2两;古尔麦扎西顶(གུར་མེ་བཀྲས་ལྡིང་།)全部烟户献银1两6钱。乃曲德寺僧人献银3两2钱;僧格孜寺僧人献银1两5钱,尼姑寺协嘎尔曲隆寺全体僧人献银6两5钱;欧宗金刚座寺(ཨོ་རྫོང་རྡོ་གདན།)僧人献银6两7钱;达尔达杰林(མདར་དར་རྒྱས་གླིང་།)僧人献银20两,全体僧人献银20两,尼姑寺甘丹曲顶寺僧人献银3两1钱,尼姑寺布日僧人献银3两1钱,其他僧人献银6两7钱5分。孜隆班玛曲顶寺(རྩེ་ལུང་པདྨ་ཆོས་སྡིངས།)僧人献银1两5钱;纳萨查寺(ན་བཟའ་བྲག)僧人献银5两3钱,全体僧人献银5两2钱5分。惹萨诺布曲佩寺(རེ་ས་ནོར་བུ་ཆོས་འཕེལ།)僧人献银1两5钱,全体僧人献银6两2钱5分。查拉寺僧人献银1两5钱;结热寺(སྐྱེ་རི།)僧人献银5两;甘丹喀觉游戏洲(དགའ་ལྡན་མཁའ་སྤྱོད་རོལ་པ་གླིང་།)全体僧人献银3两;桑木丹修行院全体僧人献银2两5钱;日追扎西曲科林寺全体僧人献银3两;孜木桑木丹大乘洲(འཛོམ་བསམ་གཏན་ཐེག་ཆེན་གླིང་།)全体僧人献银3两;扎西桑木丹林僧人献银8两;日追桑珠德庆寺僧人献银3两;查热木修行院(བྲག་རམ་སྒྲུབ་སྡེ།)僧人献银2两5钱;达托新寺(རྟ་ཐོག་དགོན་གསར།)甘丹曲林僧人献银4两5钱;甘巴两位管家献章喀银60两;日追桑木丹曲科寺僧人献银5两;扎西甘丹寺僧人献银5两;帕里新寺僧人献银2两5钱;帕里寺僧人献银2两5钱;纳仁曲宗僧人献银2两5钱;尼姑寺上下曲顶寺僧人献银2两7钱,全体僧人献银15两。尼姑寺桑珠甘丹寺僧人献银2两7钱;周诺布岗寺(འབྲིག་ནོར་བུ་སྒང་།)僧人献银1两7钱;尼姑寺恰楼噶寺(ཇ་ལུག་ཀ)僧人献银2两5钱;赛多修行院甘丹曲林全体僧人献银4两,赛多尼姑寺班玛曲顶寺僧人献银2两5钱。杂坚寺(ཙ་བརྒྱད་དགོན།)僧人献银2两5钱;查仓马蒂修行院(བྲ་ཚང་མ་སྡེ་སྒྲུབ་སྡེ།)僧人献银2两5钱,全体僧人献银15两。贡摩且扎寺(དགོན་མོ་ཆེ།)僧人献银2两5钱,尼姑寺扎西康萨寺僧人献银2两7钱;帕里觉杂扎西曲林(ཕག་རི་ཇོ་ཙ་བཀྲ་ཤིས་ཆོས་གླིང་།)僧人献银7两5钱;帕里扎西曲顶寺僧人献银10两。康布贡布寺(ཁམས་

ཐུ་དགོན་སྒྲུབ།)僧人献银4 两5 钱;康布达隆寺(ཁམ་བུ་སྟག་ལུང་།)僧人献银2 两5 钱;觉杂扎西林寺(ཇོ་ཚ་བཀྲ་ཤིས་གླིང་།)献银一两;贡布寺全体僧人献银一两;喀觉僧人献银3 两;甘丹扎西集会僧献银4 两;甘丹曲布寺僧人献银2 两5 钱;江日寺僧人献银一两;杜莫寺(བདུད་མོ་དགོན།)僧人献银一两;曲布寺(ཆུ་སྒྲུབ།)僧人献银1 两7 钱;卫日寺(དབུ་རི་དགོན།)僧人献银1 两5 钱;拉琼寺僧人献银1 两7 钱;南赛寺僧人献银1 两5 钱;尼姑寺桑日寺僧人献银一两;萨尔曲科德庆寺(ཟར་ཆོས་འཁོར་བདེ་ཆེན།)僧人献银1 两8 钱;强林寺僧人献银一两;桑阿曲林寺僧人献银10 两;日追格佩寺僧人献银3 两5 钱;布尔布贡寺僧人献银15 两;当周寺僧人献银1 两5 钱;纳查寺僧人献银1 两5 钱;吴坚宗曲德寺僧人献银1 两8 钱,全体僧人献银2 两。乃达寺僧人献银7 钱;曲德堪布献章喀银40 两;芒卡乃萨寺僧人献银2 两;曲布寺僧人献银1 两5 钱,尼姑寺觉瓦寺僧人献银6 两3 钱。觉囊寺全体僧人献银1 两2 钱5 分;杨雄寺僧人献银5 两;饶杰林寺僧人献银1 两1 钱,全体僧人献2 两5 钱,尼姑寺惹萨寺献银2 两5 钱,全体僧人献银4 两2 钱5 分。德庆寺僧人献银一两;努曼同丹寺僧人献银2 两3 钱,全体僧人献银10 两2 钱5 分。杜孜布寺僧人献银2 两2 钱;恰浪卡寺僧人献银5 钱;盖尔普桑木林寺僧人献银2 两2 钱;穆唐曲宗寺僧人献银3 两;桑木丹林寺僧人献银2 两2 钱;曲隆寺僧人献银3 两,尼姑寺蔡寺僧人献银2 两5 钱;桑木丹寺僧人献银2 两1 钱,尼姑寺甲夏寺僧人献银2 两6 钱。曲果曲隆寺僧人献银3 两,尼姑寺萨隆寺僧人献银2 两8 钱;德瓦坚寺僧人献银2 两1 钱,尼姑寺琼扎寺僧人献银5 钱,尼姑寺云丹南杰寺僧人献银2 两5 钱。堪寿扎西甘丹曲佩寺僧人献银5 两,尼姑寺拉香曲布寺僧人献银5 两2 钱5 分,拉香曲布寺僧人献银5 两。桑木窘寺僧人献银5 钱,尼姑寺当僧人献银5 钱。日盘寺僧人献银5钱,尼姑寺顿查寺僧人献银2两1钱,尼姑寺曼布寺僧人献银2两1钱。门卓德庆吉普寺僧人献银4两2钱5分,尼姑寺恰布寺僧人献银5钱。格叶寺僧人献银5钱,尼姑寺桑木林寺僧人献银5钱。帕尔曲寺僧人献银5钱,尼姑寺沙喀寺僧人献银5钱。欧门林寺堪布献章喀银40两;隆甘丹寺僧人献银13两;芒卡尔桑珠寺僧人献银7两5钱;萨隆甘丹曲佩寺僧人献银8两;军寺僧人献银7两5钱;扎莫寺僧人献银2两2钱5分,尼姑寺格佩寺僧人献银2两5钱;达尔辛寺僧人献银3两;吴坚桑木林寺僧人献银2两5钱;敦卡曲德寺僧人献银9两;孜噶尔寺僧人献银3两;吉布曲科林寺僧人献银6两;塔钦欧萨林寺僧人献银2两5钱;江查噶尔曲德寺僧人献银3两;细钦诺尔龙寺僧人献银2两5钱;甲桑寺僧人献银2两7钱;盖普夏尔钦寺僧人献银6两1钱;查麻寺僧人献银4两1钱;扎细聚会僧人献银2两;扎普僧人献银2两5钱;甲卡拉龙寺僧人献银1两5钱;芒卡夏尔钦僧人献银2两3钱;欧龙赛摩且僧人献银2两3钱,尼姑寺央孜僧人献银一两;康马尔僧人献银一两;曲玛桑珠曲顶寺僧人献银1两9钱5分;空行甘丹僧人献银一两;库如甘丹林寺僧人献银5钱;琼噶尔强巴林寺僧人献银2两2钱;甲贡扎西曲顶寺僧人献银2两5钱;敦顶诺布林各僧人献银1两5钱半分;拉钦玛尼拉康僧人献银5钱;扎顶寺献银20两2钱5分。所辖寺属庄园百姓献银133两6钱;寺院大堪布献银50两;乃让僧人献银13两;桑珠甘丹寺僧人献银15两;雅曲僧人献银14两;日沃扎桑寺僧人献银15两;格居寺僧人献银14两;豆龙库寺僧人献银14两;勒林顿竹林寺僧人献银7两5钱;邦康寺僧人献银3两;涅尚寺僧人献银3两;豆曲科岗僧人献银13两;擦库伦德布寺僧人献银10两5钱;达孜曲德寺僧人献银13两;多曼顶、伦顶等僧人献银10两5钱;君日沃切僧人献银15两;君德贡寺僧人献银12两5钱；努贡钦僧人献银6两1钱；甲莱僧人献银2两1钱；多协贡僧人献银7两5钱；贡萨尔寺僧人献银3两；帕尔布包热寺僧人献银7两；桑丹喜寺僧人献银12两；素尔擦查噶尔曲丧寺僧人献银10两5钱；窘朗日寺僧人献银7两5钱；窘拉丁寺僧人献银11两；曲隆洛寺僧人献银5两；窘达夏拉康全体僧人献银11两；措科尔琼本巴僧人献银10两5钱，尼姑寺桑木顶寺僧人献银3两；夏尔如擦空寺僧人献银3两；勒龙赤麻僧人献银2两1钱；帕热僧人献银3两5钱，尼姑寺南堆僧人献银2两1钱，尼姑寺拉章贡僧人献银2两5钱；努贡琼僧人献银10两1钱；塞顿江卡尔喇嘛、窘曲科林僧人献银6两5钱；修仇僧人献银2两5钱；炯噶尔波夏尔僧人献银6两1钱；欧普波切僧人献银2两5钱；素尔措喜顶僧人献银2两3钱；北三世尊胜僧人献银10两1钱；桑桑拉扎僧人献银2两2钱；素尔擦甲普僧人献银2两1钱，尼姑寺拜日僧人献银2两1钱；帕尔布蔡僧人献银6两，尼姑寺尼卡尔各位僧人献银2两1钱；多卡尔穷康萨僧人献银16两；绛曲德林、尼姑寺日当塔林寺僧人献银2两1钱；尼姑寺拉夏尔康全体僧人献银6两1钱；窘欧噶夏尔僧人献银4两1钱；金刚座僧人献银2两1钱，尼姑寺雄噶尔僧人献银2两1钱；德贡僧人献银1两7钱；亚拓让僧人献银一两；拉布德卓僧人献银一两；德卓喇嘛、东寺僧人献银一两；素尔龙喇嘛、吉素尔布僧人献银一两；官府差民献银3两。共计章喀银1819两5钱7分半。

班禅坐床时，几次为驻藏大臣升泰（ཧྲིན་ཨམ་བན།）主仆设素宴，赠送礼品及告别礼物，即为大皇帝特派钦差驻藏大臣升泰主仆设素宴招待并赠送礼品，登记在铁猴年册子上。十二月初三日坐床日，在日光寝室举行盛大宴会，向钦差大臣赠送内库哈达、长寿火镀金瓶一个、短香包二十个、锦缎一匹、上等缎二匹半、上品氆氇八匹；

赠送钦差诺门汗阿喜(上品)哈达一条、饰缎一匹、白粮食一包;向大米厦张大人、粮台官大老爷、日喀则三大老爷赠送哈达、香粉一包、小长寿瓶一个、两层香包15个、女仆件料一匹、氆氇两匹;赐予两位热满俗官、译仓大官一名、匡佐(管家)扎八爷、法官两名、翻译一名,以及银库管家、日喀则粮台官等八部门官员每人一条哈达、香包10个、香粉包一个、氆氇两匹;为小匡佐一名、汉族小仲科4名、日喀则法官(审判官)两人、两位定日大老爷等人赐给哈达各一条、香粉包一个、香包8个、氆氇各两匹;为驻藏大臣的全体随从赐氆氇10匹;为两位公爵赐哈达各一条、香包8个、氆氇各一匹。

初四日,寺庙部众在格桑大回廊设中等宴会,会后向钦差大臣赠送内库哈达、长寿火镀金瓶一个。各大官员的仆从敬献两驮半粮食、上品氆氇6匹、两层香包25个。向钦差诺门汗献阿喜哈达一条、缎子一匹、白粮食一包;送给米厦(མི་ཤང།)大匡佐张大人、粮台官辛大老爷、日喀则大老爷等人哈达各一条、香粉一包、朱红色件料一匹、香包10个、细氆氇3匹。

初五日,政府出资设宴,配好了赠送的礼品。初六日,僧俗夏仲等所属百姓一致要求赏赐。向钦差大臣赠送内库哈达一条、长寿火镀金瓶一个。从张大人到两位小官之间的赏赐品,是按照初四日做法,十一日由拉章宴会赏赐,向钦差大臣送内库哈达一条、大长寿火镀金瓶一个。十二日,由政府承担班禅的赏赐品及其宴会费用。孜和雪两大机构共同向钦差大臣献内库哈达一条;向两位随侍医生、两位法官、粮台官、两位翻译等人赠送氆氇件料4匹;向拉莫法王(ལ་མོ་ཆོས་རྗེ།)、蒙古上师仲孜瓦阿穆拉献上品哈达各一条。

遍观殊胜化身班禅在法座上诵经结束后,向孜和雪请求礼品。孜勒空向达赖僧人献礼呈文(信函),清楚地请求道:"现在值遇吉日,十方佛一切弟子的三密幻化网殊胜影像犹如吉祥须弥山一样威严，公正无私地发展利乐佛教众生的事业无与伦比，高大的事业宫殿非常神圣，恩惠巨大，吾亦生活美满，努力追求闻思学，对于佛教众生就像医师热心对待病人一样。我专为历辈前世坐床，现今此人前不乱往昔良规，好缘起的实物礼品单独敬献。自从拥有了甚深法界，今后紧紧掌握佛教众生的命运，莲足像金刚界般坚固，护持世间离开竞争的事业，从很早以前起，不弃书信也像引导金沙的河流一样。"能承（འདེགས་ཐེབ།）①书信的礼物是天界宝物哈达、第一珠宝黄金一阔（འཁོར་གང་།）、华服等。吉日献的书信。

孜勒空向摄政献书说："现今吉日，由无量发菩提心之车牵引，贵体光明库主的坛城（之轮）殊胜明亮，对于佛教众生就像医生对待病人，护持伟大胜妙事业之增光普及，成为欢喜的春天。聚界贤妙，精进闻习求学，利乐佛教众生的热心不减。最近，我们已完成了历辈前世法座的迁移，不乱原来善规的章节，单独敬献缘起实物礼品，沉浸在意海中。以后，四部的亲属们努力使化身长寿，如前保护特作的善相，喜爱的书信像恒河一样。礼物有哈达、黄金一轮、华服、绸缎等。吉日敬献。

遍观班禅坐床、受出家戒后，扎什伦布寺米村和夏仲请求献礼。水龙年吉日，天等有寂顶饰救怙主遍知大遍观在高胜幢宫殿的金座上坐床、受出家戒，扎什伦布寺的米村在内随侍中有人请求献礼，所献礼物按时间做了登记。一月八日，洗浴堪布向孜献系角曼荼罗三所依、具有内库特色的诵经条令②（དཔྱད་ཐ།）。这样，在大法会施放僧茶时布施每僧章喀银一个。一月九日，甲米村（རྒྱ་མི་ཚན།）向孜献曼荼罗三所依替代银5两，上等茶叶、大米替代银3

---

① 意思是抬承或高举。

② 诉讼判决书或诵经条令：过去西藏地方政府聚集僧众诵经时发布的有关佛事内容、僧徒人数、物资支付等事项，一般盖有达赖和班禅的私章。

两,以及内库见面哈达、代物衣服一种、缎子一匹、茶一条、氆氇二匹一包、九件代银 15 两、有 15 两白银一包,明载于甲康村的名册中,老中年僧人各献哈达一条;向雪勒空献同样的礼物。同日,代本(མདའ་དཔོན།)[①]敬献哈达、曼荼罗三所依、僧茶、大米、氆氇衣、藏被等,全部收集在孜恰。

十日,大译师活佛向孜献见面哈达、曼荼罗三所依、茶米。向雪(ཞོད།)献同样的礼物。热振格培林寺(ར་སྒྲེང་དགེ་འཕེལ་གླིང་།)单独敬献祝寿祈祷书,如礼册记:救怙主遍知大遍观于大寺坐床、受出家戒,恩惠巨大,从热振呼图克图仁布切[②]前世起师徒信仰坚定,特派匡佐扎萨喇嘛代表我于新年吉日喜宴上敬献缘起礼物曼荼罗三所依代银 5 章喀、有黄金的包两个、汉地马蹄银一个、章喀银两秤、黄色龙纹图案的库缎一匹、紫色四相缎一匹、蓝色四相缎一匹、铁红色四相缎一匹、内库金丝缎一匹、朱红蓝色氆氇衣料 3 匹、点子花氆氇 6 匹、10 块装茶一箱、蔗糖一包、白粮食一包等,其中马蹄形金银物献礼合计章喀银 419 两 5 钱,5 件皮衣共计章喀银 18 两 9 钱,还有大红结黄铜造像一尊、内库哈达、毛呢件料一匹、粗氆氇 3 匹。向雪也献了同样的礼物。

一月十四日,丹林寺拉章派来的祝贺(班禅)坐床的人仲迈(མགྲོན་མེས།)向孜献阿喜哈达、曼荼罗三所依、茶米、十二装茶一箱。向雪献阿喜哈达、朱红毛呢件料两匹。如前,孜回赠香 25 包、紫红色氆氇 3 匹。在甘丹康萨做事的联络员格楚特派津贴茶、香、粮食共一包,长条茶一包、酥油一包。地方政府特派献礼者孜近侍司膳

---

① 代本,又译"戴",原西藏地方政府藏军军职。开始时编制人数较少,乾隆末年确定为一代本辖兵五百人,后来有所增加。

② 热振呼图克图仁布切,即热振活佛,西藏林周县热振寺的寺主活佛。热振寺原为噶当派主寺,被称为新噶当派的格鲁派创立后,宗奉格鲁派。七世达赖喇嘛·格桑嘉措封自己的经师阿旺确丹为活佛,即第一世热振活佛。第二世罗桑益西丹巴绕杰担任过甘丹寺赤巴,1770 年被乾隆皇帝赐封为呼图克图。第三世阿旺益西赤臣嘉措受命于危难之中,两次出任摄政,至今已转世七世。

堪布丹增旺秋(བསྟན་འཛིན་དབང་ཕྱུག)向孜献阿喜哈达、曼荼罗三所依。达赖(གོང་ས་མཆོག)的物品替代印阿喜哈达、金两、缎子、药物等。

一月十九日,夏鲁日苏活佛向孜献茶米等礼物及阿喜哈达、曼荼罗三所依、黄金一钱、足料藏被、肩帔一件、白氆氇一匹。向雪献了同样的礼品,随书的阿喜哈达等。孜和雪一起赠送外库哈达、茶粮包、粗缎。夏鲁寺全体喇嘛向孜献以茶米等为主的阿喜哈达、朱红毛呢件料一匹、一包,向雪献同样礼品。孜雪一起向献礼的诺云赠送哈达、缎子等。

一月二十日,次觉林(ཚེ་ཚོགས་གླིང་,仪轨殿)拉章向大救怙主敬献坐床贺礼内库哈达、曼荼罗三所依、黄金一两、彩缎靴子一双、朱红四相缎一匹、紫色氆氇件料一匹、朱红后藏产毛呢件料一匹、茶3件、米两包、九片缎包一个;向雪献了同样礼物。按照前面的做法,孜给予回赠。次觉林拉章向孜雪敬献内库哈达、黄金一两、缎子两匹、水果一包。

吉日,昌都僧人们祝贺班禅坐床,特派来常住属民的管理者主仆多奈蔡康巴(སྡོད་གནས་ཚེར་ཁང་པ།)、代表达尔结(དར་རྒྱས།)觐见大救怙主班禅,在茶饭会上敬献阿喜哈达、曼荼罗三所依、10块装茶一箱、细氆氇一匹;向雪献同样礼品。另外,纸条上明确记载,向新建的强巴佛像(弥勒佛像)献内装神物、福物等请托礼品阿喜哈达、章喀银10两。西瓦拉活佛[①]向孜赠送随书礼物外库哈达、阿喜礼品、价值10章喀银的包两个、上等茶两箱,向雪送同样的礼物。贡多活佛(ཀུན་རྡོལ།)给孜的随书礼物有外库哈达、中等礼品、价值10章喀银的包一个。昌都(强巴林)寺基巧管家达尔汗堪布的随书托礼有中等礼品、价值50两章喀银的包一个。

---

① 西藏昌都强巴林寺活佛。

吉日,参周甘丹达尔结林寺(མཚན་འབྲོག་དགའ་ལྡན་དར་རྒྱས་གླིང་།)派来密宗学院堪布格西、管家轨范师、两位前藏仓库管家向大救怙主(班禅)坐床祝福,向孜献哈达等礼物。某日,在正式的祝福宴会上,向孜献茶米、曼荼罗三所依、衣服、日常用具等代银30两、面呈哈达、价值章喀银15两的包两个、缎子两匹、白氆氇一匹、白粮食一包、有缎片一块。堪布、执事共200多人各献见面哈达,向雪献同样礼品。

某日,军粮管理者、执事们祝大救怙主坐床,向孜敬献曼荼罗三所依、茶米。管理者仲涅(མགྲོན་གཉེར།)献内库哈达。勒恰(ལས་བྱ།)献白哈达;勒措细布(ལས་ཚོ་བཞི་པོ།)献次等哈达;公上(སྐྱོ།)献价值章喀银50两的包3个,向雪献曼荼罗三所依等。孜雪联合赏赐,给管理者大护身结、阿喜哈达、上等坎肩一件;赏赐勒恰粗结、毛呢件料一块;赏赐勒措细布护身结各一条、哈达各一条、粗毛呢件料、缎子、一箱茶等。

坐床时,皇帝赏赐礼品,九世班禅献礼谢恩。在天人的顶饰妙吉祥文殊菩萨大皇帝的莲足金轮前,以大恭敬合掌跪地请求道:"迩来,以大恭敬心向足莲敬礼,百个千万小国的顶珠妙吉祥大皇帝是四洲①天等佛教众生的无与伦比的救怙主友,犹如仁布切的千万坛城日自在的威光一样清净明亮,国政七宝②先行的威力千辐金轮闪耀,统治天地,好像赐予天等一切众生圆满幸福的生活,恩惠实难衡量。依止三大宝和妙吉祥大皇帝的悲心,小喇嘛我也身心快乐,弘扬佛的宝教,祝妙吉祥大皇帝万岁,莲足永固;为了政治昌盛,让僧众努力诵经。敬请大皇帝慈爱小喇嘛我,特遣驻藏大臣升泰与库热洗礼堪布诺门汗洛桑金巴(བློ་བཟང་སྦྱིན་པ།)等人送来圣旨及

① 佛教名词。指须弥山四方大海中的四大部洲:南瞻部洲、西牛贺洲、东胜神洲、北俱卢洲。

② 又叫"轮王七宝",指金轮宝、神珠宝、玉女宝、主藏臣宝、白象宝、绀马宝、将军宝。

不可思议的赏赐品,关爱掌控扎什伦布寺前世班禅的法座,如此之大恩难思难表。现在,为感谢以前之大恩,献上洁白的上等哈达(圣物)、吉祥黄铜制无量寿佛像一尊、珊瑚念珠等,不仅以三门[①]大敬敬上,而且随行圣旨之后,努力弘扬黄帽教法,求学法行,拥有大智慧。今后,居住在日落西方的雪域佛教众生,尤其是小喇嘛我等僧众属民的一切利乐都要依靠妙吉祥大皇帝的悲恩,任何时间地点都被悲怜之心不弃,并为当前与长远之利不断赐予净善的训诲。随函献礼哈达。吉日,从扎什伦布寺敬献。"

殊胜遍观在大经堂法座坐床后,达赖喇嘛赏赐礼品,对此表示感谢。说:"孜向殊胜佛自在(达赖喇嘛)净心请问,现今善相美丽之时,对十方佛弟子的大悲智慧三密[②]不尽,威力显著,佛教众生的公正利乐如花园中的睡莲盛开,事业似甘露之水滴流淌,有生之年初次登上扎什伦布寺大经堂宝座,为表示祝贺,您特派身前司膳堪布来赐哈达、黄金、华服、绫缦等,颇具大恩。三宝祝祥,我身体健安,学习知识,热心利乐佛教众生,如在上弦月,致敬。未来佛教众生之友莲足金刚三法性任运成就,调伏徒众事业的善相圆满齐备,悲悯之羂索不松懈,书信也像流水一样源远流长不断。随函献礼洁白哈达、黄金一两、华服、绫绸等。吉日献。"

地方政府献礼说:我们祝贺(班禅)在扎什伦布寺大经堂坐床,为表达对赏赐品的感谢,敬献上等哈达、白银制佛界大海庄严画、价值一两黄金包一个、各有 75 两章喀银的代汉银包 3 个、有章喀银 50 两的包、多种花色的缎子 7 匹、尖茶两箱、谷物 3 包、果子茶 5 包、以缎子为主的料子 20 块。

殊胜遍观(班禅)在大经堂坐床时,噶厦献礼祝贺,(班禅)予

① 身门、语门、意门。

② 身、语、意三密。

以赏赐。孜说:如今噶厦,孕育在完美二资粮[①]大地上生活,像查那本界一样明亮,进入百规的事业之光闪耀,成为欢心的甘露。我的身体安康,弘扬佛教的心热情澎湃。现在已经坐上扎什伦布寺大经堂法座,即彼各位献礼祝贺,善缘有哈达、曼荼罗代银5两、价值一轮两黄金的包两个、缎子两匹、毛呢件料两匹、条状茶两包、大口面缎子两匹。以后,祝愿善缘生活,事业日兴,祝福语像神水一样流畅。随函礼有密护身结4条、黄金一两、章喀银50两、华服料一匹。吉日。

铁兔年,坐床时,为献礼祝贺的多麦地区的上师活佛回书赏赐礼品。孜回信说:“佛教的亲属(本枝)昌都帕巴拉呼图克图[②]阁下,现今吉祥,赞美的福德智慧犹如月亮宝镜一样明亮,利他做为首要的事业像清凉的甘露,现在特派人员来祝福献礼。奉天承运大皇帝的金字圣旨明确认定我为前世班禅的转世,已顺利登上高胜幢宫殿的法座,缘起善礼有内库哈达、汉地马蹄银、价值章喀银50两的包两个、件料、树瓣轮(སྡོང་འདབ་འཁོར།)15个等,完整无损收悉,成为欢心之吉祥。现在我身体健安,精进闻习求学,对佛教众生的热情就像医生对待病人那般热心。祝愿以后成为利乐之友,最上事业的善相兴旺,慈祥宽容,书信像引导金沙的河流一样来往。”随函礼物有护身结、前世亲自制作的持寿像、部类圣物、哈达、有黄金的包两个、锦缎坎肩、红黄色氆氇3包、红糖、华服料。吉日。

孜(勒空)写给昌都希瓦拉活佛仁布切的信中说:“现在像在大

---

① 佛教名词,指福德资粮和智慧资粮。

② 西藏昌都强巴林寺的寺主。1437年,宗喀巴的亲传弟子曼喜饶桑布创建了强巴林寺,其圆寂后由弟子恰达德青多吉继任堪布管理寺院,尊称为“帕巴拉(圣天)”,他即是第一世帕巴拉活佛,在周围地区修建了不少寺院,作为强巴林寺的属寺。第二世帕巴桑吉曾做过丽江木氏土司的“国师”。至今已转世十一世。

地上茁壮生长的大树一样坚固、枝叶茂盛。现今特派人员到来，当我按妙吉祥大皇帝圣旨允许的历辈前世居住宫殿垫座上坐床时，敬献书函礼物内库哈达、白银百两，犹如欢喜的春天般高兴。我身体安康，热心发展利乐佛教众生的事业。今后祝你生活幸福，洁白的事业兴旺，善语像江河一样流淌。”随函礼有护身结、前世亲自制作的持寿像、圣物多种、哈达、锦缎坎肩、红氆氇3匹、糖包、缎料等。吉日。

孜（勒空）给佛教明灯昌都嘉拉瓦活佛仁布切（ཆབ་མདོ་ཞྭ་ནག་པ།）回信说：“现在，我勤手积福德和智慧二资粮，如蜂蜜采花；天神大皇帝的金字圣旨确认后，我登上前世班禅们居住宫殿的垫座时，（您）派人送来书函八种礼物。礼品有阿喜哈达、银条百两。我身体安康，发展利乐佛教众生的热心不减。祝以后你生活顺利，事业善长（དགེ་རིང་།），对我的善语像江河一样流淌。”赏赐品如前。

孜（勒空）给佛教明灯贡却多杰活佛仁布切（དཀོན་རྡོར་སྤྲུལ་པའི་སྐུ་རིན་པོ་ཆེ）的书信说：“广大善事在大地上成熟，生活像卡纳仁康（ཁ་ཚའི་རང་ཁམས）一样甘甜，利他善业的威光闪耀，人员之前赏赐礼函。与天神（大皇帝）的圣旨相关，在我们高胜幢宫殿的宝座上坐床时，敬献祝福礼内库哈达、价值50两章喀银的包和称心如意的其他礼品。我身体健康，热心发展利乐佛教众生事业。祝你以后生活顺利，洁白事业兴旺，对我善语亦如流水一样。”赏赐品有护身结、前世亲自制作的长寿像、圣物几种、哈达、锦缎坎肩、红色氆氇3匹、糖包、缎件等。吉日。

孜给昌都基巧管家达尔汗堪布的书信说：“现在，生活美好，努力跟随圣者善行。特派人员前来，奉天承运大皇帝圣旨确定，祝贺班禅在此法座上坐床的贺礼有内库哈达、有50两章喀银的包和称心如意的其他礼物。我身体健康，发展佛教的热心像白莲花束一样开放。祝愿你以后生活顺心,美德无阻。"随函礼有护身结、几种圣物、哈达、毛呢件料等。吉日。雪也如此回信赏赐。

遍观班禅坐床、受出家戒,为了成就前中后一切理想,向所有的寺院发放僧茶。铁兔年,天等有寂顶饰救怙主殊胜化身大遍知遍观在宫殿坐床、受出家戒,一直的心意是为了通达佛与佛的宝教心要,按照先例对前藏、内地各宗派寺院施放僧茶的管理者救怙主摄政经师靖善禅师大呼图克图主仆启程回拉萨(原文:启程回具神大国),请求送行的知宾哲霍尔巴(རྫེ་ཧོར་པ།)安排诵经条令中载明的有茶、佐肴品奶子和盐块、各种物资包裹、香料等的执照(ལམ་ཡིག 通行证),为哲蚌大法苑、哲蚌寺藏巴康村、色拉大乘洲、色拉寺切曼札仓两个藏巴康村、日沃甘丹尊胜洲(甘丹寺)、甘丹寺藏巴康村、古夏札仓尊胜利乐善言洲(南杰潘德勒贤林)、上密院、下密院、热振寺、堆隆觉摩隆寺、扎西窘曲科央孜寺、达隆寺、木鲁寺、桑阿喀尔那兰陀寺、塘萨甘丹曲科寺、帕瓦寺、拉姆巴寺、卫盖札仓扎西曲科林、扎叶巴寺、拉堆寺、嘎丹丹结林、尼玛塘寺、彭域尚康寺、曲水塔尔巴林寺、桑阿绛曲林、年布寺、蔡却桑木丹林、帕摩寺、聂当寺、甲日柔切林寺、噶瓦栋寺、曲桑寺、果尔门寺、加麻新修行院、普布觉寺①、功德林、当卡寺、帕尔布寺、王妃苑(增摩蔡)、加麻旧修行院、加麻寺、拉莫蔡斯寺、拉隆吉卓寺、措曼寺、蔡赛寺、查塞寺、具喜了义双运解脱洲(甘丹艾敦松久塔巴林)、怕翁卡寺、尼姑寺甲萨姆孜寺、热卡扎日追、热振央贡寺、色拉孜日追、日加桑木丹林、曲沃日加萨林、扎西曲顶寺、布多寺、辛强古寺

① 藏传佛教格鲁派寺院,位于拉萨市北部色拉寺后山东北侧。相传十二世纪印度的一副金刚杵飞落此处,故名。1744年,在君王颇罗鼐的支持下,阿旺绛巴修建了寺院。因为,他的上师格列嘉措是第六世达赖喇嘛仓央嘉措的师傅,他的弟子益西坚赞是第七世达赖喇嘛·格桑嘉措的上师,第三世班禅出自其门下,所以他的地位非常高。其转世绛巴活佛被封为呼图克图,名列四大摄政活佛之后。

(ཁྲིན་ཚང་ཀ།)、拉莫绛曲觉寺、格佩日追、新寺桑木丹林;前藏南部地区各寺:琼结日沃德庆寺、群科杰寺、多杰丹寺、殴布曲松寺、沃卡藏齐寺、阿里札仓、达布贤珠林、甘丹桑热林、推桑达尔杰林、德庆群科寺、孜塘甘丹扎西群科寺、贡嘎贤珠林、欧阿布曲寺、加林措巴寺、孜塘五供寺、雅隆日沃曲林寺、扎西孜寺、扎西德庆寺、坚萨曲德、扎当波切寺、桑耶提饶迥札仓、丹萨提寺、且恰噶寺、日果曲德寺、索杜布曲科寺、赛多甘丹南杰寺、温甘丹曲顶寺、且藏措巴寺南饶达布札仓、欧姆噶尼玛林、松喀尔显密洲、吉雄热瓦曼、孜塘哲布林、热琼普、曲拉姆仁、堆斯甘丹饶旦寺、阿章寺、日沃南杰寺、扎塘阿巴寺、多喀尔曲德寺、甲日寺、桑日卡玛寺、沃噶桑林寺、沃噶仁青岗、阿尔凯曲德、强桑木丹林、沃噶曲桑寺、琼结曲科顶多杰扎、卓贡布寺、沃噶日沃塞林、楼曲德、底俄尔曲德、甘丹曲顶寺、沃噶空行寺、鲁贡寺、恰叶寺堆日追、南卓夏噶林、日追空行帐篷寺、桑日强日追、沃噶日追甲索、拉脱日追、塔钦林日追、拉丁日追、温扎西卡卡日追、帕日追、沃卡日追、甘丹塔钦林、曲龙日追、伽尔布日追、森康噶尔布日追、曲康、尼姑寺空行寺、楼嘎隆日追、日追甘丹群佩央孜、藏且日追弥勒洞、莱日贡寺等寺院、日追赐(发放)代供僧茶。

公元1895年,藏历木羊年某月某日,到了大救怙主13岁年灾,西藏地方政府派近侍兄长大堪布洛桑扎西(བློ་བཟང་བཀྲ་ཤིས།)前来祝寿,迎请(班禅)到扎什伦布寺僧众大法会上首座,献礼祝寿,(班禅)也接受了原有的一些僧人的祝福献礼。殊胜喇嘛本来已经获得天成了义断证的成就位,承担符合徒众愿望的闻思业的时机已成熟,从1896年开始在热振呼图克图阿旺益西次成坚赞座前闻听多种甚深显密教法。这位法王心思总别之教的传统,既具有贤哲的功德知识,甚至有少量的法相学知识;不仅给予足够满意的赏赐品,还给予无数次赞颂。开始读写藏文大小楷书体和法行,记诵密咒仪轨,尤其打开智慧之门,消除摄行、加行心暗,用智慧翅膀衡量圆满显密知识的三戏(རོལ་གསུམ།)。开始勤修闻习,但因之前历辈修来的福报,此世拥有不可比拟的睿智,一切贤哲士夫不敢相比。这些不是夸张、谄媚,而是事实,就连傲慢的智者赛贡多杰羌(གསེར་ཁོང་རྡོ་རྗེ་འཆང་།)、蒙古拉仁巴格西多杰(ལྷ་རམས་པ་རྡོ་རྗེ།)、卓尼洛桑嘉措(ཅོ་ནེ་བློ་བཟང་རྒྱ་མཚོ།)等教诀的主人们只要与(班禅)喇嘛一见面、听他一两句话,傲慢顿时消敬,虔诚信仰之心油然而生、心悦诚服。赛贡活佛说:"我从前藏来时,遍知达赖喇嘛说:'对遍观仁布切(班禅)来说已经精通显教部分,可能需补充秘教方面。'我自己产生了精通密法的傲慢之心,但是见了班禅仁布切后,经多次询问发现,他在传法会上也曾暗示我不熟悉密教方面。当时我在想,明天见面时向他请教显密教法某个难点,真正见面时我还没来得及问,他主动给我讲解了我心里的疑问。从此敬仰之心更加牢固,没进寝室之前,在门外开始合掌祈祷。"卓尼仁布切说:"拜见时他询问了一个难点,我未能准确回答。我马上向班禅等人祈祷后想到了正确答案,回复如此神奇,确实出人意料。讲授教法时,不管是从显教还是密法方面,他都能详细讲解口诀和难点。如果托付心愿,提前不作任何看书和思考,犹如在禅定中说出来,眯着眼睛坐着,好像是在读书一样,毫无障碍,作笔记很困难。从大汉地回雪域时,莅临多麦大寺扎西且德(མདོ་སྨད་ཆོས་སྡེ་ཆེན་པོ་བཀྲ་ཤིས་འཁྱིལ།)①,因为那里的智者们非常傲慢,阿拉拉科仁布切(ཨ་ལགས་ལྷ་ཁོ་རིན་པོ་ཆེ།)②为了了解情况,报告

① 即甘肃拉卜楞寺,1709年由第一世嘉木样活佛修建,是涉藏地区格鲁派六大寺院之一。乾隆皇帝曾赐"慧觉寺"匾额一块。寺院内设六大学院(札仓),十六座佛殿,十八个活佛府邸以及其他小佛殿、僧舍。

② 可能指青海塔尔寺的拉科活佛,他是塔尔寺的主要活佛之一,至今已转世八世,加上追认的八世,共十六世。

说我们的僧人不简单，请勿必谨慎。在这座寺院里开始讲道次第摄义，由于教授了以前没有遇到的有关中观、般若方面的疑问，好像智者们的心被融化了。西藏为了邀请，很多喇嘛和随从到达多麦（མདོ་སྨད།）①，在一个寺院里讲授小教法时，有色拉寺且札仓②的一位卸任堪布，他说至今我没有想到班禅仁布切有这样的学问，后悔以前没有信仰。另外，法王帕邦卡强巴旦增赤烈嘉措（ཕ་བོང་ཁ་པ་བྱམས་པ་བསྟན་འཛིན་འཕྲིན་ལས་རྒྱ་མཚོ།）等大学者们都被这位法王（班禅）的讲演折服。

第四章　英帝国侵略西藏，我方反击驱除，班禅额尔德尼赴印度

关于佛教的敌人英帝国历次侵略，我方奋力反击并肩驱逐方面：大救怙主21岁时，孜勒空上书达赖喇嘛：“敬行大礼，异见教敌英国发动多次侵略，我方正在武力反击，坚信能够击溃，所以之前没有上报。最近传闻教敌官兵将至曲水，如是实情，已兵临拉萨。敌人预谋难料，三恩上师大堪布遍知遍观的生命财产之安危鄙等难以承担，不得不立即上奏如下：我们再次招兵固边实乃首策；如若不然，教敌对具教藏地恶念不死，难以沟通说理。他们奸诈老练无比，不是没有签订某种协议的可能。驻藏大臣也通过佐夏（མཛོད་ཤག）传旨。这边拉章尽一切能力沟通协调，争取最好的结果。这样做不知正确否，但商谈之机更是我方便于再次征调部队、护佑佛教

① 多麦，又译“脱思麻”或“朵思麻”，元代置脱思麻路，属陕西等处行中书省。相当于今青海、甘肃涉藏州县和四川阿坝藏族羌族自治州的一部分，是元代内地通往乌斯藏的驿路所经。

② 又作“切札仓”或“吉札仓”，色拉寺四大札仓之一，由贡却罗丹仁钦僧格所建。他曾从宗喀巴学习佛法，哲蚌寺建成后担任讲经导师，由于受到一部分人的嫉妒和诽谤，心情郁闷，离开哲蚌寺来到色拉寺，许多弟子跟随。1466年，在内乌宗（柳吾）宗本的资助下修建了且札仓，经堂面积100根柱子。

尊严。这样妥否,请大堪布遍知遍观大智慧管擦赐教。”随书敬献内库哈达,吉日。

水兔年(即 1903 年),第九世班禅 21 岁,岗巴(གམ་ཕྱོགས།)方面出现英帝军官①,地方政府奉旨坚守阵地,为了解释退还抢夺的地方,派代表孜恰勒帕尔(རྩེ་ཕྱག་ལས་འཕར།)、丹伦(ལྡན་ལྷུན།)、岗巴宗赛康巴(གམ་རྫོང་གསེར་ཁང་པ།)献呈文,僧俗部落的代表格巴古强斯塔(གུས་པ་ཀུ་འཆང་སྲིད་ཐར།)、顿康次贝(དོན་ཁང་ཚེ་དཔལ།)、当巴次饶(སྟེང་པ་ཚེ་རབས།)等人传译主要精神。六月二十三日到达,从二十八日开始主要指示(བཀའ་སློབ།)地方政府代表两位仲代(དྲུང་མདའ།)和汉、藏、回、朱诿(ཧོ་ཧི་ཡོ།)人,大家一起去外国军营,根据相互问答的每件事进行观察记录,反复向地方政府汇报,但总是得不到立即答复或没有明示。异教徒不想听从,在极其困难之时,突然于十月二十三日让人放火烧毁帐篷等,经过杰邦返回后抵达亚东,拉章人士没有招风引雨,前后发生的所有事情都有汉藏上师官员做了详细的记录。

木龙年,公元 1904 年英军侵入拉萨,大救怙主虽已离开拉萨,未能面呈,上报内容详见附件明载。地方政府已通过阿冲(ཨ་དྲུང་།)转奏。27 日才收息噶厦发文,28 日途径那曲出发,没能送行,也没

---

① 英国不久就在中国西藏岗巴宗与锡金的边界处挑起争端。1902 年,英国称驻守西藏岗巴宗的藏军越界驻防,派军队闯入这一地区,驱逐世代在此居住的居民。在没有中国政府官员参与的情况下,英军擅自划定西藏与锡金的边界。西藏地方政府对英军的罪恶行径进行了坚决的抵制。随后,英属印度总督乔治寇松多次致信十三世达赖喇嘛,希望与他单独对话,都遭到严辞拒绝。寇松表示:“这真是世界上最稀奇古怪、不可理解的事情,在离我们边境只有 200 英里的地方,竟然有一伙赤手空拳的和尚敢于长期蔑视我们。”1903 年秋,寇松向英政府发了一份电报:“西藏人在边界攻击尼泊尔的牦牛,并带了不少头回西藏,这是极具敌意的行为。”心领神会的英国务大臣回复:“就西藏人目前的举动看,陛下和政府认为不可能不采取行动了。”1905 年 9 月 24 日,英印政府驻江孜商务代表鄂康诺,率领 30 名英军前往日喀则。10 月 27 日,鄂康诺前往会见九世班禅,邀请他前往印度参加英国皇太子的朝觐大典。据说,鄂康诺见到班禅之后,双方“展开了开诚布公的政治讨论”。鄂康诺还向班禅保证:在达赖喇嘛返回西藏时,他可以出面调合两大活佛之间的矛盾;并在清政府得知班禅访印,认为此举是一种叛国行为而加以谴责时,向班禅提供保护。鄂康诺在 1905 年 11 月 23 日,致锡金政治专员怀特的信中明白地写道,总而言之,我在西藏采取的政策大致如下:抓紧目前有利的机会,巩固同扎什喇嘛(指班禅九世——引者)的友谊,如果需要,甚至他将得到我们的资助与保护;按照《拉萨条约》的条款,在日喀则辟一新的贸易口岸;并使之清楚地看到,任何其它势力在拉萨的企图,将会引起我们在后藏和南部西藏的势力范围的相应扩张(转引自《英属印度与西藏》,第 260 页)。

有得到请教的机会。班禅额尔德尼应留或离事宜与随从大中小官及索西(ཟུར་བཞི)大堪布磋商，决定在鲁布拉姆面前问卦，结果出现了留在日喀则。驻藏大臣也要求安心留住日喀则，地方政府方面没有得到回复。英军官员从拉萨回来，经过日喀则时将前往堆噶尔(上部营帐)的萨海和住江孜郭诺萨海①来见，此事提前向驻藏大臣和噶厦汇报，回答也是不应去印度，在民族交往方面要坚持原则，按照政府规定要求接待、会晤等，给予开导，在孜雪全天的谈话中没有丝毫谈及危害西藏佛教的事情，而且地方政府派特使去江孜办事，舅父大堪布亲自秘密汇报，依此向驻藏大臣和噶厦请示内情，通过萨海先生(སྐུ་ཞབས་ས་དེབ)向印度摄政(总督)赐给白银书牍等，相当于支付外币50万，关照公事。鄂康诺突然提出让九世班禅赴印度(译者注：根据文献记载，当时在加尔各答谈判的清政府代表张荫棠发觉。10月28日，张荫棠电告清政府："闻印政府乘达赖喇嘛未回，已遣人入藏，诱班禅喇嘛来印，借迎英储为名，实密谋废达赖图藏。此事关系极大，拟请大部电有(泰)大臣，飞速严密防范，设法阻止，以遏阴谋"(吴丰培辑：《张荫棠奏牍》，卷1，第3页。载《清季筹藏奏牍》第3册，商务印书馆1938年版。

"班禅当即回称：我往印度不难，但须禀陈钦宪，奏知大皇帝殊批照准，方可起程，否则难以从命。该英员即称，该国有信，不去不行，请细思之等语"。"后藏为紧急之区，地方公事须人料理，且后藏距江孜仅二日程，英人出没靡常，尤宜严密防范，若分身前往前藏，恐有顾此失彼之虞。"

鄂康诺没有理会班禅的态度，反而持强要挟，说："该国有信，不去不行，请细思之"《班禅赴印记略》，第2页。载《清代西藏史料丛刊》第一集，商务印书馆1938年版。尽管英印当局作了种种安排，但班禅喇嘛抵达印度时，正值英属印度的外交格局发生重大转变之际。当时，寇松的总督位置已由明托爵士继任，前者已成为英国在"西藏的冒险事业"的责任者。在伦敦方面，保守党政府正处在让位于自由党政府的过程中。新上任的英国印度事务大臣约翰慕荣，对于班禅访印一事感到惊诧，他以为这是英印政府边境官员的一个"不太高明的举动"，是不能容忍的(《印度事务大臣致印度总督电》(1905年12

① 可能是商务代表鄂康诺，全名弗雷德里克鄂康诺(1870－1943年)，英国大贵族出身，曾上过伍尔伍齐皇家陆军军官学校，20岁从军，24岁来到中国西藏边境，29岁升任为上尉，被任命为克什米尔炮兵军官。后来，参加荣赫鹏侵略西藏的行动，兼任情报搜集工作，积极鼓动九世班禅去印度，图谋分裂中国西藏。

月2日),《英国议会文书》帙5240,第33页;《英属印度与西藏》,第261页)。另一方面,由于清政府对班禅访印一事态度明朗,有外交照会在先;加上班禅喇嘛一再表示效忠祖国,不受英印政府的笼络和收买,使印度当局的阴谋没有得逞,只好于1906年1月11日将班禅送回西藏了事。)。并且以英军要占日喀则和扎什伦布寺为由进行威胁。在此情况下,九世班禅于光绪三十一年(公元1905年)10月12日离开日喀则前往印度。九世班禅到印度后见英皇太子(王储)时,鄂康诺要班禅跪拜,班禅未从,当称我只在大皇帝前跪拜,其余不行,仍行执手常礼。当时清朝政府外务部已电达驻印钦使及印督等,班禅来印赴会则可,若逼令干预藏事,即令班禅亲自画押,盖用印信,均作为废纸。这样,英人的阴谋未遂,不得不厚礼送归九世班禅。

关于需要代理摄政方面,班禅额尔德尼需要向中央政府请示批准。木蛇年即公元1905年九月二十九日,萨海先生(鄂康诺?)借口不日即将回印度,并说我们与地方政府关系融洽,印度摄政和大臣们都考虑(您)今年会晤王子(王储),邀请班禅额尔德尼的信函马上送达,需提前准备。班禅说没有获得皇帝的准许,不可擅自出走,不能做没有先例的事情。鄂康诺说三世班禅班丹益西(即指第六世班禅——译者)与我们第一位摄政王(总督)关系融洽,如果现在再次会晤甚好,否则不妥。由于鲁莽胁迫邀请,僧俗夏仲商议,粮台和日喀则宗等人向萨海(鄂康诺)插叙,想尽办法不用(班禅)去印度,即使这样(鄂康诺)还是不听,大放厥词,耀武扬威,威胁说军队即将到达,并陆续有部队到达。面对如此严重之事,孜恰商议立即派人赶往拉萨请求驻藏大臣、赤仁布切(ཁྲི་རིན་པོ་ཆེ)①、噶厦必须做出不用(班禅)动身去印度的决定。结果没能做出,这时(班禅)突然痛心不已,在鄂康诺的胁迫下束手无策,不得不去,并

① 即摄政活佛。

将此事再次报知（驻藏大臣和噶厦），汉藏方面没有任何有关骑马随从和联络的安排意见，于是班禅额尔德尼在 23 岁，即第十五饶迥的木蛇年（1905 年），由英帝的康诺萨海（鄂康诺）请到英帝（所在的印度），当时（扎什伦布寺）的僧人们担心如果班禅额尔德尼去了外国不能回到西藏，确定从英帝回来的时间安排及时迎请回藏。陪伴者有经师洛巴丹增旺杰、经师潘德康萨、夏卜拜珠旺仁布切、公爵等僧俗全部侍从。师徒在印度供养金刚座大菩提塔[①]等各大圣地，为佛教众生的利乐发愿，同时为那里的无数高低贵贱者讲经传法，满足他们眼前和长远的愿望。接待仪式圆满，侍奉恭敬。行程中和在东西印度，（班禅）会晤王储和许多大小萨海（商务代表或官员）时，除了说一些有利于藏传佛教发展的话外，没有做任何直接危害大局的事情。完成了如此秘密不可思议的身语意事业，没有丝毫不妥的想法和行为。当班禅安全地返回西藏时，英帝敬献的特殊财物有水泥、电灯、照相机、留声机、全套引水器等。之后，据老人们说如果班禅去祖国内地，英帝王储就不去英国，有心系祖国的特殊感情。这年，喀尔喀的哲布尊丹巴活佛（ཁལ་ཁ་རྗེ་བཙུན་དམ་པ།）[②]来扎什伦布寺拜见班禅，双方细谈佛法。哲布尊丹巴说："班禅大师，请一定要到蒙古部落来。为了不迷路，我们在去羌塘和蒙汉地区路边插木棍作路标。"

总之，根据其他文献记载，英帝的愿望是趁达赖喇嘛不在西藏的机会，让班禅替代达赖喇嘛摄政，用心险恶。但是，班禅自己说

---

① 摩诃菩提佛寺的主体建筑，位于中印度释迦牟尼修行悟道成佛的菩提伽耶地方，相传为孔雀王朝的阿育王所建，下方上尖，质地为硬质砂岩，塔高 50 米。底层是边长 15 米的方形，从中部开始，层层上缩，顶部为圆柱状，上立一铜制螺旋圆顶。塔身第一层四角有 4 个小塔，形似主塔，呼应而立。塔上供有形态各异的佛像。

② 可能是第八世哲布尊丹巴活佛阿旺垂济尼玛丹彬旺舒克（1869 – 1924 年），又称"博克多格根"，蒙语称"博克达汗"。出生于西藏山南沃卡巴卓地方，父亲是第十二世达赖府邸的会计，四岁时被选定为第七世哲布尊丹巴的转世灵童和父母一起去了喀尔喀。

要去印度的原因是:如上述资料说,在英帝的胁迫下,强硬挟持的无奈之举。有人说是自愿去的,还说废除达赖喇嘛后有掌管西藏地方的企图。之所以这样,除了人们疑虑当时外部一些形势外,对实际情况的认识不足。通过钦宪(驻藏大臣)和张大人前后的详细情况奏请大皇帝并降旨谅解。关于白朗冲豁卡(འབྲུངས་གཞིས།),夏仲郑重请求,担心变成一个恶因,答应不减以前税的前题下收回经营权,平息了争论。另外,马海定(མ་ནས་ཏིང་།)、奈赖(ཉེ་ལེ།)、玛尼项噶(མ་ཏི་ཤངས་ཀར།)等外民族到达时,立即给汉藏官员汇报,除了根据旨意外,不能主观臆断。

关于向张大人汇报新建 9 个藏事机构方面,特派去办事堪布知宾、翻译等人,没有危害西藏的佛教原则下,嘱托必须坚守藏人利益,办事人员办事没有达到目标或者驻藏大臣没有明示的情况下,不讨论新组建军队等为代表的题议。通过与仲孜(འབྲོང་རྩེ།)会面和文书等途径讨论,报告实际收入,斟酌军队招募与训练范围。今后根据实际情况,新建机构,计划派办事代表等事宜延后,等大怙主回驾再定。今后指示善道,清净观察,大悲。

约请遍观救怙主仁布切(班禅)与印度王子会面,从扎什伦布寺出发行程记录。班禅 23 岁,藏历木蛇年,公元 1905 年闰九月十二日午后时分,按照约定的恩惠,无比的救怙主大遍知遍观(班禅)去会晤印度王子①,扎什伦布寺在雪扎西格居德勒饶丹(ཚལ་བཀྲས་དགེ་བརྒྱད་བདེ་ལེགས་རབ་བརྟན།)下面设灶饯行,在此四大卸任喇嘛、仆从仲科以上人员捧着三所依(佛像、佛经、佛塔)依次敬献见面哈达,然后按职位大小就坐上第一道茶饭,迎候准备由仲科负责,设灶迎送。在戴尔那(གཏེར་སྣ།)迎接时,(班禅)向冲堆管家、戴尔那管家主仆赏

① 应该是英国王储或太子乔治。

赐哈达各一条、正方缎褥各一床；向各位奴仆赏赐哈达各一条；向管家主仆赐护身结、哈达，还赏赐寺院喇嘛、执事主仆等人。行近冲堆吉塘滩（ཚོང་འདུས་སྐྱིད་ཐང་།）住帐时，塔尔巴勒曲寺（ཐར་པ་ལེགས་ཆོས།）10 名僧人组成的仪仗队迎接，按照预算施放僧茶僧斋。之后，乘马送行者日喀则两位宗本献曼荼罗三所依，请求见面。救怙主（班禅）分别赏赐护身结、哈达、有 5 条缎褥的缎件；赏赐抬轿服务者日喀则两位代本侍从护身结、哈达各一条、3 块缎件；赏赐各如本护身结、哈达、一件四缎褥包；赏赐 4 位百本（甲本）护身结、哈达、一件三缎褥包。

十三日，夜宿诺尔琼（ནོར་ཁྱུང་།），赏赐迎接者主仆哈达。在诺尔琼下部，江孜宗擦仁瓦（རྒྱལ་རྫོང་ཁ་རིང་པ།）主仆迎接，赏赐如前，赐茶。白朗宗献三所依，准备了茶饭。（达赖班禅）为迎接者赏赐哈达、大口面缎子两匹、茶两包；为抬轿者和其他送行的 40 人赏赐护身结、哈达。

十四日，夜宿仲孜，为迎接者细乃喇嘛（གཞི་གནས་བླ་མ།）主仆两人赏赐哈达、缎褥 3 条；赏赐仲孜喇嘛、翁则达巴以哈达、缎褥 3 条；为年堆吉普巴（ཉང་སྟོད་སྐྱིད་ཕུག་པ།）喇嘛主仆赐哈达；为白居寺（དཔལ་ཆོས།）堪布主仆赐哈达、一条半缎；为管理者主仆赐哈达；为孜钦寺（རྩེ་ཆེན།）堪布主仆两人、管家主仆两人赐哈达。为仲孜曲德寺（འབྲོང་རྩེ་ཆོས་སྡེ།）55 人仪仗队、大乘洲 60 人仪仗队、年堆吉普寺 20 人仪仗队施放僧茶僧斋。用茶时，大乘洲献三所依和食品，赏赐了拜见的民众。戳曲巴向雪献三所依。赏赐杜空（འདུ་ཁོངས།）头人哈达、两块缎子；为其他人赐哈达、财物等。

十五日，宿营于江孜甲塘（རྒྱ་ཐང་།），江孜辖下居仲 6 骑、扎门巴一骑等为首的僧俗民众像以前一样进行迎接。

十六日，在夜宿处照样用茶，杂南甘丹曲佩寺献三所依；努巴曲隆巴献三所依;乃宁寺[①]献三所依,其尼姑寺噶饶寺献三所依,一切按原来的规定办理。这天夜宿江孜,侍从照样上茶,白居寺喇嘛执事献三所依;细乃札仓喇嘛、执事献三所依、白氆氇等礼物。(救怙主)赏赐各位喇嘛等。孜钦寺[②]负责人献三所依,不断会见僧人。细乃札仓向雪献三所依等。

十八日,行宿康马,乃宁寺喇嘛主仆前来迎接,(救怙主)特赐哈达、5块章喀银;同样,赏赐塘夏甲仲主仆两人、赛康喇嘛主仆、朗巴管家主仆。

十九日,驻锡萨玛达,拉康喇嘛主仆两人和20位僧人仪仗队迎接,施放斋僧茶,如名册所记。

二十日,住在嘎拉,嘎拉塘夏两位甲仲迎接。行幕中用茶,会见拜见者,并给予赏赐。

二十一日,夜宿堆纳(在亚东县),帕里公使迎接,赏赐哈达、一个半缎褥。上下寺喇嘛的代表两人迎接,受赐礼物,如名册所记。

二十二日,住在帕里,在行幕和下寺吃菜。参观了上下寺,(班禅)登上宝座接受各自所献的曼荼罗三所依,按照原来做法给予赏赐。

二十三日,住在帕里,帕里觉杂扎西曲顶寺献礼,摆上25盘油炸食品和水果,敬献曼荼罗三所依、内库哈达、缎件等,回赐缎子、

---

① 又译“乃娘寺”,全称“乃宁曲德寺”,是西藏历史上非常有名的一座寺院,位于日喀则康马县南尼乡境内。传说原寺是由莲花生的弟子强巴桑布所建,主要传讲吐蕃时期译介进来的密法。宗派形成后,改宗噶当派。十五世纪改宗格鲁派,对寺院进行了大规模的扩建。十九世纪和十三世达赖时期又两次扩建,占地达到6.5万平方米。1904年英军侵略西藏,是年6月25日进攻乃宁寺,当地军民(包括寺院僧人)顽强抵抗,爆发了乃宁寺大血战。寺内文物有题款为“大明永乐十年四月十四”的绢画大明皇帝御制旃檀佛像、题款为“大明成化年制”的“霁红瓷杯”“佛传故事”木雕等文物。

② 西藏日喀则江孜境内的一座古寺,多罗那他的《后藏志》、弟吴尊者的《弟吴宗教源流》和巴卧祖拉陈瓦的《贤者喜宴》都有记载。据说噶贝瓦曾请噶玛让迥多吉代向元朝皇帝请求恩准在香普孜古山建寺。元帝妥欢贴睦尔诏准其请,并赐囊钦官职及印信。于是,噶贝瓦筹资修建,取名为“孜钦寺”。该寺管理严格,在佛法教育方面成绩斐然,萨迦派的仁达瓦、布顿仁青珠、迦湿弥罗班智达释迦室利、宗喀巴等著名学者都在这里学习过。

条茶等。赏赐仲钦护身结、阿喜哈达。上寺献三所依；噶举寺僧人献三所依；不丹仁布家族官员献三所依。帕里上下两寺要服侍15天，代供章喀银3两等，如前记录。

二十四日，行至亚东上部朗玛塘（སྣང་མ་ཐང་།）休息，亚东东嘎寺（དུང་དཀར་དགོན།，又译：董嘎寺）①喇嘛、翁则、查噶尔喇嘛（བྲག་དཀར་བླ་མ།）、新雍贡寺喇嘛（གཡུང་དགོན་གསར།）、拜康东西札仓（སྤེལ་ཁང་གྲྭ་ཚང་།）、结蔡喇嘛（སྐྱེ་ཚེ་བླ་མ།）、东嘎寺施主二骑等人迎接，东嘎寺20人仪仗队在行幕附近迎接，还有其他仪仗队不断迎接。（班禅）喇嘛分别给予赏赐。

二十五日，住在亚东上部，郁南（ཡུ་ནག）求见。茶话会上，亚东上部四部落献三所依和衣服、用具代50两章喀银。班禅喇嘛如前赏赐。

二十六日，住在亚东噶举寺。下面的路程由东嘎寺负责护送，在官员随从启程时，（班禅）临时登上宝座，接受孜尔东寺（རྩེ་ར་དུང་དགོན།）全体僧人献三所依，格西仁布切献三所依。白塔上方的军营官民准备迎接，（班禅）向通事（ཐུང་སི།）赏赐护身结，为140名汉族士兵赐哈达各一条。噶热寺20名僧人仪仗队在附近迎接，（班禅）如前施放斋僧茶。

二十七日，经过纳推，在名叫措果（མཚོ་མགོ）的山谷宿营，如前用茶时，赏赐随行的主仆全体人员。

二十八日，住在锡金王的岗朵宫殿（སོ་ཐང་སྣང་ཏོག），锡金王子活佛主仆10人、班玛央孜寺（པདྨ་ཡང་རྩེ།）喇嘛执事4人迎接。锡金政府20名士兵排成队列设灶迎接，国王②及官员献见面哈达。（班

---

① 东嘎寺，藏传佛教格鲁派寺院，始建于16世纪初，位于西藏日喀则市辖亚东县，距离县城13公里。由两座大经堂、一座修行院、三座拉章即僧舍组成。1951年7月16日，中央人民政府代表张经武将军经印度来到东嘎寺向达赖面交了毛主席的亲笔信和十七条协议抄本。

② 可能指锡金第九世国王索多朗杰，1874年继承王位，1886年与西藏签订条约，承认臣服西藏，英国对此强烈不满，派兵占领首都甘托克，禁止在西藏受训的王储回国。1914年去世。

禅)暂时坐上设灶迎接处的宝座上,接受锡金王父子献见面哈达。喝茶吃饭后,来到岗朵,班玛央孜寺40名僧人仪仗队迎接,锡金10名政府军人担任护卫。坐上宫殿宝座喝茶。

二十九日,在驻地照样喝茶,锡金国王宴请,献三所依、本地特色油炸面食、英币1000圆;为雪提供外币100圆;为全体侍从按照地位高低给宴席代金。锡金僧俗部众献外币900圆。会见了僧俗多人。经过山谷山梁,跋涉3天准备去室利拘利(ཤི་རི་ཀུ་རི།),大救怙主师徒在多杰林寺休息3天,住在那里的许多人敬献三所依拜见。

七日,启程去室利拘利。八日,和孜雪50名骑马的随从一起乘坐火车去往印度,朝供了迦罗尼斯(ཝཱ་ར་ཎ་སི།)、金刚座等印度西部和中部有加持力的圣地,并做了开光安神仪式。在拘利(ཀུ་རི།)住了几天后,随后去迦罗迦达(ཀ་ལ་ཀ་ལ།)。三日,抵达迦罗迦达的阿罗杜谢斯章哈呼(ཧྥུར་ཞད་སི་གྲིང་ཧ་ཧུ།),由外国政府(ཕྱི་གཞུང་།)[①]准备接待,派驻锡金的查尔斯贝尔(ཆ་ར་ས་བེལ།)具体负责。为大救怙主准备的居住宫殿非常舒心,为全体随从准备了50个帐幕。

在从驻锡金多杰林寺到50名随从尚未到达迦罗迦达之前,由外国政府负责饮食,为所有的仆从每天提供请饭代金(酒饭折现)两钱白银。到达迦罗迦达后,为孜雪、经师、公台吉、内侍等以上人员提供伙食费;为拘利的80名公私骡马随员、420名驮夫提供伙食补助。

确定一日8点半会见摩门罗尔(མོ་ལུན་ལ།)[②],大救怙主(班禅)的赠品有内库见面哈达、黄铜质镀金佛像7尊、每个值一两黄金的包10个、麝香一星秤(མཐུར་སྣང་།)、汉地马蹄银5个、楚不多(ཚོབ་རྡོ།)两秤、章喀银两秤、镀金银茶桶一个、银饰铜筒一个、十五色缎匹、上

---

① 外国政府是指英国,英国占领锡金后派政治专员驻锡金。

② 可能是英文名称的藏文音译,不知道指谁?

等花氆氇20匹、带盖浴盆3个、金玉茶两箱、水果3包、银铜混制茶托一个、火镀金银茶瓶一个、羊脂玉柄一个等，派两名知宾负责提前准备。7点，两位大臣来迎接，全体随从穿上礼服盛装；大救怙主坐轿，勒参巴（五品僧俗官员）以上官员乘马列队，扬幡骑士、持圣物者先导。在巴尔郎（བར་ལར་ཀྱི་སྒོ་ཧྲི།）的大门口有士兵列队，院子里有一位大臣迎接；到了大殿中央时，罗尔曼章亲自迎接，（大救怙主）坐在罗尔曼章左侧座位上，孜雪、两位经师、公爵、四位近侍、骑兵长（ཆིབས་ཆེ།）等坐普通垫上，赏赐各位礼物。然后，如前举行送行仪式，来到驻地歇息。

这天，照样赏赐司茶人员。扎什伦布寺派来的知宾诺尔章慰问致敬，献上寺院孜的慰问信和随函礼物内库哈达、黄金3两、汉地马蹄银一个、缎子3匹、水果3箱；雪的信函及礼物阿喜哈达、黄金一两、水果一箱。救怙主回函礼有哈达。索西回书孜，随函礼有哈达等。（班禅）会见了知宾管家主仆。

二日，摩龙罗尔（མོ་ལུན་ལ།）[1]过来会见大救怙主，迎接的有僧俗四品官员两名，宫殿上有吹奏海螺、唢呐者，从梯子下面开始不断有僧俗仆从、仪仗僧，殿门抱厦处有大嘉荫（སྐྱབས་དབྱིངས།）[2]迎接。大救怙主站在小寝室中央迎接，然后罗尔[3]坐在班禅座位的右侧，按照藏族风俗上茶，为罗尔上各种水果35盘，放在汉式短桌上。这天进行了摩顶。

三日，照样喝茶摩顶。锡金千户长（千夫长）主仆来到孜，请求会见，见面礼有内库哈达、三所依、食品、外币400圆、13种阿迪卡马尔（ཨ་ཏི་ཁ་དམར།）。千户长辞行时，救怙主给予赏赐，给寺院茶米。

---

① 摩龙罗尔可能是前面摩门罗尔的误写。

② 过去对班禅大管家扎萨克喇嘛的尊称。

③ 可能指摩龙罗尔。

这天,据说是德国(སྤྱར་མན། 亦写 འཇར་མན།)的比丘喇嘛来拜见,献愿文(皈依启文)、三所依、礼物等。

四日,照例赐茶。匡佐为知宾诺尔章提供津贴联币(སྲིར་ཕྱི་སྒོར།)30 圆。

七日,按例召开早茶会,会上赐十吉全聚日[①](བཟང་པོ་བཅུ་འཛོམས།)礼品。

八日十点,会见英帝国王子(དབྱིན་ཇི་རྒྱལ་སྲས། 可能是王子乔治),按先例举行大救怙主主仆启程仪式。按照摄政王礼仪,孜给王子的礼物是内库哈达、黄铜和金铜像 7 尊、各一两黄金的包 10 个、麝香包一个、汉地马蹄银 5 个、章喀银一秤、镀金带花银茶桶两个、银饰铜盘 4 个、花色缎子 15 匹、细氆氇 25 匹、宽口浴盆、大搪瓷器皿一个、花瓶一对、金饰花银盒一个、银质坐台盖一个、羊脂玉柄一个、镀金饰品、带盖铁香炉一个等。

九日,前来慰问的知宾诺尔章辞行,救怙主为各机构回信问候,随函礼品有哈达;孜为知宾管家赠送护身结、哈达、毛呢件料,雪赠送哈达、外币 20 等。

十日,照常召开茶会。

十一日十二点,王子求见,全部仪式如前,以茶待客。

十二日,照样开茶会。锡金国王朝圣金刚座等圣地,向班禅献三所依。辞别时,孜赠送护身结、阿喜哈达、细氆氇 5 匹、茶粮 221 包。

十三日,(班禅)照常为来人摩顶,会见苏尼纳罗杂(སུ་ཊ་ན་ར་ཛ།)主从 4 人,大救怙主坐在宝座上,罗杂主从 4 人坐椅子。

十四日,锡金仲萨官员(དགོང་སར།)和迦吉温坚(ཀ་ཞི་དབུ་རྒྱན།)共同

① 按照藏族习俗,藏历十一月六日中午至七日中午,九凶毕集日的次日,欢聚亲友以庆吉祥。

来见,一起祈祷。救怙主授长寿灌顶。两人以献哈达、三所依、200圆外币、色线阿迪(སེ་ཤན་ཨ་ཏྲི།)装饰品为主的7件物品表示感谢。一起会见雪官员、两位经师、公爵等人,献见面礼外币100圆、阿迪饰件3件;赠送知宾等官员5个外币、阿迪饰件3件;赠送大小夏仲外币和阿迪饰件3件。仲本(仲萨官员)先求见,救怙主赏赐阿喜哈达、护身结、灵验长寿佛像两尊、细氆氇、香料5包。

十五、十六两日,照样开茶会。十七日,开茶会吃饭后,启程返回西藏,行至日希古日(རི་ཤི་ཀུ་རི།)休息,多来人来献三所依拜见。

十八日,夜宿一处名叫塞布(ཟེ་སྤུབས།)的地方。拉达克医师贝丹群佩(དཔལ་ལྡན་ཆོས་འཕེལ།)献三所依拜见。

十九日,夜宿让(རིང་།)地方,锡金札仓的班玛央孜瓦致敬,同时向孜献经忏费币,向雪献请托礼币10圆。孜与雪一起回赠哈达、茶一条和缎料一块。噶伦冲堆噶其吴坚嘉措(བཀའ་བློན་ཁྲུང་སྟོད་ཀ་ཆི་ཨུ་རྒྱན་རྒྱ་མཚོ།)献三所依;多林巴帕珠平措(རྡོ་གླིང་པ་ཕ་སྒྲུ་ཕུན་ཚོགས།)献三所依。大师会见了多人。

二十日,住在达尔科(ལྟར་འཁོལ།)地方,噶竹巴桑珠(ཀ་འབྲུག་པ་བསམ་གྲུབ།)拜见,献三所依、月饰香筒等,聆听教理。

二十一日,住德古嘉果(ལྡ་གུ་རྒྱལ་སྒོ།),锡金人嘉隆献三所依拜见。这天,(救怙主)赐见了许多群众。

二十二日(原文为二十一日,可能是笔误),行至锡金岗朵(འབྲས་ལྗོངས་སྒང་རྟོག),王子活佛主仆10人迎接。来到活佛南侧座位附近时,帕当扎西曲林寺(པ་དམ་བཀྲ་ཤིས་ཆོས་གླིང་།)60名僧人、热木顶寺(རབ་ལྡིངས།)50名僧人、卡桑寺(ཁག་བཟང་།)40名僧人、桑阿饶林寺(གསང་སྔགས་རབ་གླིང་།)10名僧人等组成的仪仗队迎接。根据预算,为他们施放斋僧茶。锡金政府军(守军)请求担任护卫。(班禅)坐上宝座后喝茶,之后王子活佛为各位侍从(夏仲仲科以上人员)献茶、热面、新鲜水果等。

二十三日，夜宿岗朵，日达布擦敬献三所依。岗朵全体僧人献三所依，喇嘛坚赞献三所依。按例赏赐。是日，锡金王子活佛按照锡金习俗用茶饭招待孜雪随从官员。孜回赐哈达、至尊度母像、银饰铜茶桶一个、莲饰银器一对、茶两块；给讲经者、经师、诺门汗仁布切酬谢费阿喜哈达、章喀银 7 两 5 钱。

二十四日，行抵岗朵松嘉（སྒང་རྡོག་གསུམ་ལྷུགས།），召开茶会。

二十五日，行宿江洛康萨尔。

二十六日，住在饶塘（རབ་ཐང་།）。

二十七日，住在曲布塘（ཆུ་སྦི་ཐང་།，又：曲布淌）。

二十八日，行抵亚东曲布（གྲོ་མོ་ཆུ་སྦི།）。后面行程中，参占活佛（མཚམས་བྲག།）主仆4 人、曲桑喇嘛主仆3 人、噶贡寺24 人仪仗队等迎接。照例施放僧茶僧斋。切玛布窘（བྱེ་མ་པོག་སྒང་།）准备了菜和驻地。（救怙主）刚坐下，官员及其全体随从上茶上饭，稍后敬献内库哈达、曼荼罗。孜与雪一起回赐护身结、阿喜哈达、花缎件料等。为两位经师给哈达各一条。按照职位大小，赏赐所有的骑马随从，并施放斋僧茶。宗族亲属们献三所依，然后动身，行至巴贝塘（དཔལ་བེ་ཐང་།）时遇到扎什伦布寺慰问者杰康主仆 3 人、知宾曲康巴主仆 3 人、帕里官商、老人代表骑马两人、央贡寺两位骑马僧人、东嘎寺和其施主、东嘎上寺僧人主仆两人、东噶下寺代替僧人二骑、上亚东 4 位骑马商贾（老板）等拜见，赏赐品如名册所记。行近宝帐时，夏桑基巧（ཤལ་སིང་སྐྱི་ཁབ།）、贝莱萨海（སྦི་ལི་ས་ཧེབ།）和外国士兵 60 人列队迎接，巴德塘粮台官、汉族士兵等执仪仗迎接到帐幕中就坐喝茶，会见来拜者，赐茶摩顶。上述两位慰问者和东嘎寺代表一起向孜献书信和礼品内库哈达。杰康活佛向孜献曼荼罗三所依。班禅会见两位代表，为杰康赏赐额外补助代金外币 15 圆。

二十九日，照旧开茶会摩顶，为下亚东四部2000人传授长寿大灌顶，所需条件折现，赏赐报酬三所依、内库哈达。慰问者辞别时，孜雪一起给予赏赐品。杰康献护身结、阿喜哈达。行至亚东迥日贡（གྲོ་མོ་རྒྱན་རི་སྒང།），赤烈措姆（འཕྲིན་ལས་མཚོ་མོ།）等40人拜见，献三所依、见面内库哈达等，回赐外币500圆。锡金全体随从、仁青岗全体部落、赛图贡布（གསེར་ཐུབ་མགོན་པོ།）、噶贡寺（བཀའ་དགོན།）、迥日瓦扎希拉姆（བཀྲ་ཤིས་ལྷ་མོ།）等献三所依。按照原来做法，赏赐下亚东准备接待的管理者护身结、哈达。

一日，前行准备夜宿上亚东嘎杂（དགའ་ཚ།），却噶尔通事（མཚོད་དཀར་ཐུང་སི།）等汉族兵营首长和群众列队迎接，按照来时的做法给赏赐品。顺着上道行抵东嘎寺，全体施主准备了茶饭菜。全体喇嘛施主向孜献三所依。上亚东四部和雍拉姆献三所依，按照名册回赐礼品。

初二日，行宿帕里，大管家主仆、查秀勒参巴主仆两人、珠仲本主仆3人、东西帕里宗执事主仆5人、上寺喇嘛主仆拜见，行至帐幕附近时，汉族法官代表赖阳（ཀླའི་ཡང།）、5名士兵执仪仗迎接。按照名册予以赏赐。

初三日，住在帕里（ཕག་རི།）①，会见大管家主仆。孜雪一起赏赐大管家阿喜哈达、章喀银5两；赏赐仆从哈达各一条。娘乃聚总（སྙིང་གནས་ཚོགས་སྤྱི།）献三所依。

初四日，行至堆乃（堆纳）休息，杜空（འདུ་ཁུངས།）单独献全腔肉，接受群众礼拜，赏赐为迎送做事的杜空负责人以护身结、哈达。

初五日，夜宿多庆（རྡོ་ཆེན།），多庆德吉巴扎西林寺（རྡོ་ཆེན་བདེ་སྐྱིད་པ་བཀྲ་ཤིས་གླིང།）、亚夏尔（གཡབ་ཤར།）、崔萨尔（འཁྲིས་གསར།）、杰基（དགེ་བརྒྱུས།）

① 即现在西藏日喀则市辖亚东县中部的帕里镇，是亚东南北分界线，被称为“世界第一高城”。

等献三所依;真萨姆拉章(ཞིན་ཟམ།)献三所依;格如拉堆巴(དགེ་རུ་ལ་སྟོད་པ།)献三所依。为杜空首领赏赐护身结、哈达、缎子3匹及茶包等。

六日,行近达拉(སྟ་ལ།,嘎拉)时,甲塘仲(རྒྱ་ཐང་དྲུང་།,又译"杰塘"或"吉塘")迎接。在行幕中就坐后,侍从随即上茶,尼姑寺香钦僧人献三所依。班禅连续会见许多人。

七日,行至萨玛达(ས་མ་མདའ།)①休息。行幕附近有拉康的20名僧人仪仗队迎接,根据预算为他们施放斋僧茶。在帐幕中落座后开茶会。是日,拉康札仓献三所依。班禅为负责迎接做准备工作的首领赏赐护身结、哈达;为在曼隆修行院(མན་ལུང་སྒྲུབ་སྡེ།)的护教佛母像和江若(རྒྱང་རོ།)的吉祥天母像前举行为期15天的酬补、托付事业、赞颂的法会提供所需费用。

八日,继续顺道前行,经过了哲协(འབྲས་ཞུད།)、江乃(རྒྱལ་གནས།)、岩龙修行院(ཡན་ལུང་།)、雪纳尔(ཞོ་ནར།)等寺,大救怙主主仆进行百供、献敬神哈达、施放斋僧茶。行近康马帐幕时,查浦管家主仆3人、康马嘉塘(ཁང་དམར་རྒྱ་ཐང་།)驻军等迎接,赏赐品在名册中有详细记载。

九日,行至恰柴玛(ས་ཚིད་མ།)时,朗巴管家主仆两人、塞林寺(གསེར་གླིང་།)僧人二骑、细乃喇嘛主仆、白居寺(དཔལ་ཆོས།)堪布等人迎接。行近萨岗(ས་སྒང་།)②帐幕时,朗巴和塞林两寺30名僧人仪仗队迎接,为他们发放僧茶,赏赐品如后面所记。在帐幕中上座后召开茶会。朗巴、塞林寺向孜献三所依、准备茶饭,礼品有金铜质灵验上师像、金字《妙吉祥名号经》一帙、红铜质佛塔一尊、章喀银15两。班禅赏赐各位僧人、执事护身结、哈达。

① 在日喀则康马县境内。

② 又译:沙岗,在康马县境内。

十二日，行宿江孜。是日，参观了白居寺巴绛曲钦波（དཔལ་ཆོས་བྱུང་རྩལ་ཆེན་པོ།）和格本噶拉塔（སྐུ་འབུམ་དགའ་ལྷ།）①，并陈设3次百供，献敬神哈达，举行开光仪式；应请登上大经堂宝座，接受献礼三所依。桑木当寺拉章献三所依，回赐哈达等。会见乃宁寺、卓隆康萨尔寺、尼姑寺仁青岗、嘉雪岗居巴、查浦巴、吉雄巴、江孜噶细所派查让拉塞、强巴、平德执事代表、细乃卸任翁则格金等献三所依的许多男女信徒。

十三日，行至仲孜（འབྲོང་རྩེ།）休息，大乘洲僧人等3人骑马、仲孜寺喇嘛等、洛堆庄园管家、年堆吉普寺僧人、仲孜谿卡、布康全体僧人、布康庄园管家等前来迎接。快到行幕附近时，年堆吉普寺33名僧人、大乘洲65名僧人、仲孜寺40名僧人组成的仪仗队迎接。赏赐品如后面名册所记。进帐后上座喝茶。仲孜寺和大乘洲寺献三所依。这天，班禅单独为骑马随从日喀则粮台官赏赐茶两包和酥油，作为津贴。为法官赐茶和酥油。

十四日，行宿于诺布琼孜，当钦寺喇嘛主仆、白朗宗执事主仆等迎接，按例给予赏赐品。是日，日沃当钦寺献三所依、哈达、茶包等。班禅额尔德尼为每一个人赏赐哈达一条，为抬轿的40人赐护身结、哈达。

闰十四日，行抵冲堆休息。随后在去盖贝杂（སྣེར་དཔལ་རྩལ།）方向的路上，由嘎东寺30人仪仗队、卓巴庄园20人、尼姑寺格佩寺20名尼姑等将班禅迎接到贝喜玛尼拉康（སྤེལ་བཞི་མ་ཎི་ལྷ་ཁང་།）。哈尔东

① 指白居寺和白居寺塔。白居寺，藏文名称是“白阔曲德”，意为“吉祥轮法乐寺”，是由江孜法王饶丹贡桑帕巴和第一世班禅克珠杰始建于15世纪中叶。寺院结构为曼茶罗样式，3层藏式平顶，由大经堂、法王殿、护法神殿、罗汉殿、金刚界殿、道果殿、无量宫殿等组成，为典型的多宗派混合寺院。1904年英国侵略西藏时占领了寺院，损毁了寺院设施，抢走了寺藏文物。1998年被列为第四批全国重点文物保护单位。白居寺塔，又作“吉祥多门塔”或“十万见闻解脱大塔”。始建于1414年，用了10年时间建成。塔高九层，42.4米，由塔幢、覆盆、塔腹、塔基等部分组成。全塔上小下大，开有108个门，辟有佛殿76间，门楣饰有精美的飞龙、象、狮的浮雕，殿内藏有各种佛像，总计有10万多尊佛像及近千幅壁画，故此塔又称“十万佛塔”。

师傅、总管主仆、东西日喀则宗管家主仆4人、事务负责人蔡尔娃主仆两人、冲堆管家主仆拜见。强巴林尼姑寺30名僧人仪仗队、仓空(ཚང་ཁོངས།)男女歌舞者40人、夏鲁寺仪仗队在行幕附近迎接,班禅分别予以赏赐。根据僧茶预算,赏赐各位代理人和四大喇嘛的随侍勒参巴等人。坐上彩色大帐的宝座后,匡佐先导的夏仲(仆从)按照职位大小敬献见面哈达、上茶,冲堆(集市)管家、琼仁巴(ཁྱུང་རམ་པ།)、塞巴(སེ་སྦུག)尼姑、迎候准备公会(ཕེབས་སྒྲིགས་འདུ་ཁྲི།)等献三所依等礼物,许多人拜见。孜和雪一起为从江孜开始一直近身护骑的日喀则粮台官赏赐护身结、阿喜哈达、长寿佛像、缎子件料、氆氇4匹等。

木蛇年十二月十五日吉日,世间顶饰有恩无比救怙主大遍知遍观及大梵天双方师徒众朝拜圣地中部金刚座①(རྡོ་རྗེ་གདན།)和婆罗痆斯②(ཝ་ར་ཎ་སི།),会见了印度王子等人,使佛教众生的事业得到了很大发展,祥轮足底将要登上大寺扎什伦布吉祥大寺胜诸方洲高胜幢宫殿宝座,恩惠无比。在冲堆之时,在众多勒参巴(僧俗官员)中,夏仲(ཞབས་འབྲིང་།)勒参巴以上官员、大寺4大勘布、大格贵(铁棒喇嘛或维纳)、各仲钦(དྲུང་ཆེན།)、粮台官、代本等近侍迎接到大彩虹幕中就坐,雪代表贡林(ཀུན་གླིང་།)金刚上师向孜敬献曼荼罗身语意三所依、见面内库哈达;代表大知宾向雪敬献曼荼罗三所依、阿喜哈达。之后,四大卸任喇嘛分别献礼。

从冲堆启程,行至本塘岗(འབུམ་ཐང་སྒང་།)时,扎什伦布寺为首的各寺院喇嘛、领诵师、僧俗仆从、各宗豁卡头人、僧俗部民、贵族、商人、迦湿弥罗人、尼泊尔人等侯迎献见面哈达,在萨麻扎西德勒欢

---

① 位于印度中部伽耶地方,为释迦牟尼成道之处,称为菩提道场或菩提伽耶,这里有一尊正觉大塔,为金刚座的标志。

② 又译“波罗奈斯”,译言“江绕城”,位于印度中部恒河流域尼罗河与奈斯河之间。据载,释迦牟尼成佛后,在此城北十多公里处的鹿野苑第一次为5名比丘讲四谛法,是佛陀初转法轮之地。

喜苑（ས་དམར་བཀྲ་ཤིས་བདེ་ལེགས་དགའ་ཚལ།）设灶迎接，任命了管理准备工作的负责人、医师、两名厨师。行幕内准备了飞幕（帐顶悬盖）缎子帷幔、顶盖、地毯坐台、帐中央宝座等。宝座右边按职位大小依次是以大嘉荫座为主的僧俗夏仲座，左边头两个是两位经师座，接着是日喀则大老爷和粮台官座，各大外宾座。大帐周围交错处有孜、雪代表帐幕、放舆轿的缎帐，另有红毡帐、布帐、知宾花帐、大灶帐。按照宾客名册，安排汉族官员噶孜瓦（དཀར་ཛི་བ།）等人帐幕。按定例，日喀则宗提供油炸面点代金章喀银 6 两，增加的礼品代金章喀银 5 两。宗拉章匡佐（管家）提供灶迎所需的 43 个果盘、8 个汉式短桌。班禅为日喀则宗赏赐灶迎物品护身结、哈达、茶碗、粗缎一件，增加件料一匹、章喀银 140 两。公上和日喀则宗为各位上茶上饭，上茶已是第二次，不断上饭；公上的油炸面点和日喀则宗的油炸面点前后献上，为日喀则宗赐予设灶所需的物品。为做准备工作的仲科和灶迎者赏赐哈达、章喀银各 10 两；为所有的朋友赏赐哈达各一条，陈列柱面哈达和宝座哈达。从设灶处启程来到围墙大门处，密宗学院僧人仪仗队迎接。扎什伦布寺僧人为主，周围寺院的迎请队伍如登记册所记，歌舞者如册明载，有次序地排列。寺院和上下宫殿顶上飘动着旗幡、吉祥彩幔，各札仓僧人吹奏唢呐迎接。这里的舞者击打乐器，从围墙大门开始大知宾手持各种香，班禅乘轿到了德阳界，轿子由缎子和红毯装饰华丽无比。在二层楼梯口，为献麦穗酥糕（གྲོ་གསོ་ཕྱེ་མར།）的人赐哈达各一条。（班禅）坐在欢喜持法小寝室坐垫上后，端上面点，大嘉荫代表献曼荼罗三所依、见面哈达，（班禅）回赐带盖盘子一个、盘子 4 个；献给经师诺门汗仁布切水果盘一个、食品盘一个；献给经师洛钦仁布切水果盘和食品盘各一个。之后，在日光大殿（ཉི་འོད་ཆེན་པོ།）举行迎送油炸面点宴会，如名册所记，为迎接的汉藏人士赐见面哈达。仪式如前，有汉族官员噶孜瓦。大知宾手持香,吹奏唢呐的人前导。大救怙主双足登上宝座后,高举事业的代表金刚上师向孜献内库哈达、曼荼罗三所依、金钱、八吉祥物、国政七宝等;向雪献三所依等。四大卸任喇嘛、活佛、僧俗夏仲先后献见面哈达。汉藏、迦湿弥罗、尼泊尔的骑马迎接者献见面哈达,然后上茶饭。歌舞表演结束后,上第二道茶,接着上米饭,照例准备油炸面点,全部食品盘上齐后,对他们赐护身结;给迎接者的赏赐品如实记录。知宾管家给迎接负责人献哈达,为16位轿夫和两位涅巴(管家)赐下品哈达各一条、章喀银共75两;赏给负责抬轿的首领拉茹普通哈达(三等哈达)、章喀银一两;赏给抬轿的士兵有3匹缎子的一套九件衣,赏给骑马内管家索顿欧珠、尼玛多杰等人普通哈达、章喀银各10两;赏给负荷(携带)世界画[①]和擎举伞盖的5人赐普通哈达各一条、章喀银各一两;苏纳瓦3个、磨盘4个,舞蹈生、牵马者每人赐一条普通哈达。

十七日,在大经堂释迦牟尼百行拉康(简称"百业殿"),哈达府举行一次盛大迎接宴会。

十八日,所属僧俗部民献礼,都有登记。宴会上献礼非常多。救怙主大遍知遍观师徒前往印度时,迎送人比尔萨海(སྦིར་ས་ཧེབ།)[②]主仆的驻地,政府举办集会,前往印度时的随从官员、雪根、一名柴草官。额外赐给贝勒萨海(སྦེ་ལི་ས་ཧེབ།)和阿木杰萨海(ཨམ་ཇེ་ས་ཧེབ།)砖茶一条、面粉、大米、糌粑、肉、鸡蛋、酥油、随行马骡等,为仲曼康(医院)和灵堂殿(གདུང་ཁང་།)两名勒参巴提供住处。

---

① 世界画,藏语称"སྲིད་པ་ཧྭ"实为九宫八卦图,藏文ཧྭ是汉文"画"的音译。九宫八卦是中国古代将天宫以井字划分成乾宫、坎宫、艮宫、震宫、中宫、巽宫、离宫、坤宫、兑宫,晚间可以从地上观察七曜与星宿移动。乾代表天,坤代表地,巽代表风,震代表雷,坎代表水,离代表火,艮代表山,兑代表泽。藏族也非常重视九宫八卦,流行九宫八卦铜牌、唐卡画和壁画等。

② 可能是汉语名称的藏译,不知确切的意思。

十七日，贝勒萨海辞别时，孜赏赐内库哈达。两位普通萨海(ས་དེབ།)辞别时，孜和雪一起赏赐哈达、汉银各一块。

为了祝贺大救怙主从圣地印度返回扎什伦布寺登上金座，萨迦特派秘书嘉姆札仓巴来献礼，僧俗部民敬献礼品。据记载，献给孜三所依礼品有价值黄金一两为主、有汉银章喀银、粮食包、水果等。

一月初三，为来回骑马服侍的阿木杰萨海赏赐贶礼内库哈达、汉地马蹄银一个、银饰铜盘、缎子等。孜雪联合赐给内库哈达、章喀银10两。

关于从印度回来的记载有23页纸卷，记录了必要的和重点，提出了部分礼单和会见方式等。

中间闲偈：诸凡作积缘起力①(བྱས་བསགས།)，上品所饰之洲块，怙主莅临云彩中，降下事业珍珠雨。现见胜解中做事，供奉喜幡之热闹，怙主眼前变狭窄，犹如茉莉花喜笑。大象鼻绳般摩顶，诚信想见顶饰美，相关一切作贤劫，见闻忆念和触摸，播种能得四身果，红色旗幡金刚结，保护内外魔障害，净土怙主无量光，黄色袈裟佛法日，升起圣地大地内，情器善相庄稼笑，善妙之语如蜂蜜，具缘六足(蜜蜂)皆满足，随意决定增上生，随愿游走真神奇，遍观智慧大法日，照射不定的大地，利益各处有情众，舒心生活闻法语。

殊胜遍观班禅额尔德尼对匡佐共同代理人启请致意的封口呈文回复印度，对匡佐共同代理人说：现在善事驱动的年华正茂，仿佛事业的花蕊一样开放。近来，当着知宾诺章曲则(ནོར་བྲང་ཆོས་མཛད།)的面赐给经书神物一对、佛土庄严画、黄金3两、汉地马蹄银、有50两章喀银的包、上品缎子3匹、水果3箱。现已朝拜供奉

① 即作已积集业，具备六种条件之业：动念猛厉，古思而作；业行圆满，所作已遂；既作不悔；作后随喜，且有伴作；无对治力，能毁所作；有力能令果报必熟。

各圣地,到达迦罗迦达(ཀ་ལ་ཀ་ཏ།),希望会见英帝王子与穆尤(མོ་ཡུག)等人,不久返回,彼此要努力肩负管理的担子,养身与事业无阻,祈愿不久会面。随函礼物有护身结、哈达、绸缎一匹。吉日。

救怙主大遍知遍观班禅应印度摄政王邀请前往,邀请、祈祷、慰问时的献礼和回赐品登记有4页纸。

木蛇年,公元1905年,天等一切有寂(生死涅槃)的顶饰,其恩惠无与伦比。在救怙主大遍知遍观的脚凳金龙狮子抬举的宝座前,三门百次叩礼。现在正值妙善莲花盛开之时,十力①(སྟོབས་བཅུ།)、无畏等的断证功德海的舞者无数,智悲威力的形象仿佛三密相好宝轮秋季夜晚的月亮一样灿烂闪烁,三种姓②(རིགས་ཅན་གསུམ།)摄集的等如虚空徒众的利乐白莲盛开,好像赐予无比事业月光清凉甘露物,恩蕴时代难量,巨大无比。凡在大救怙无量恩德悲凉下的人都获得快乐,此时放下身段进行祈祷。祈祷的心要是:广博轮海(曼荼罗海)的整体形象,即救怙主轮的殊胜怙主及千万弟子在行程中没有表现出丝毫的辛劳样态,早晨时善妙莲足到享受无比释迦如来觉悟甘露之地金刚座等圣地六大城市,会晤国王之子,满足了胜劣一切人的愿望,安置在胜生和定胜的妙道上,启开百业门扇,正在进行善巧方便海的事业。现在白雪环饶之雪域怙主及众随从,以三十二大悲心(译者注:佛教名词。三十二种大悲,出自《思益梵天请问经》,指:一切法无我,众生说有我;一切法无众生,而众生说有众生;一切无寿命者,众生说有寿命者;一切法无人,众生说有人;一切法无所有,众生住于有见;一切法无住,众生有住;一切法无归处,众生乐于归处;一切法无所,众生著于我所;一切法无所属,众生计有所属;一切法无取相,众生有取相;一切法无生,众生住于有生;一切法无退生,众生住于退生;一切法无垢,众生著垢;一切法离染,众生有染;一切法离瞋,众生有瞋;一切法离痴,众生有痴;一切法无所从来,众生著有所从来;一切法无所去,众生著于有去;一切法

① 如来佛的十力:知处非处智力、知业报智力、知种种解智力、知种种界智力、知根胜劣智力、知边趣行智力、知静虑解脱等持等至智力、知宿住随年智力、知死生智力、知漏尽智力。

② 又称"三种不同根器":声闻种姓、独觉种姓、大乘种姓或菩萨种姓。

无起，众生计有所起；一切法无戏论，众生著于戏论；一切法空，众生堕于有见；一切法无相，众生著于有相；一切法无作，众生著于有作。由于众生的认识同诸法法性有如此多的差别，如来即于此等差别生起大悲心，令众生灭除执著。世间常共瞋恨诤竞；世间邪见颠倒，行于邪道；世间饕餮无厌，互相陵夺；众生于产业、妻子等危脆之物生坚固想；身为怨贼，众生贪著养育，以为亲友；众生好行欺诈，邪命自活；众生乐著众苦，不净居家；一切众生从因缘有，而众生于圣解脱生于懈怠；众生弃舍最上智慧，求于声闻、辟支佛道。）关爱返回，人们喜笑颜开，吉祥轮足迅速登上具有千万甘露轮光聚的、十万吉祥善相堆山的大寺院（扎什伦布寺）无畏狮子抬举的纯金高座，莲足永远坚固，尽情受用深广法财甘露，从大悲的保护地不舍弃。如此专心祈祷，向金佛（班禅）致敬的礼物有方域内库哈达、白银质系角国土海庄严画、第一宝（黄金）3 两、汉族马蹄银、50 两章喀银的包、华服缎料 3 件、阿莎水果、羊奶子等。特派遣孜仲诺章曲则，并让孜钦益西嘉措知晓。今后，祝愿天等佛教众生利乐的生命大树莲足永远坚固，护持天成事业圆满胜过一切诸佛，越来越好。我等要永远皈依，请不要从金刚垣幕（རྡོ་རྗེ་ར་གུར། 金刚护轮）舍弃，大悲！大悲！在离障智慧的眼前，敬献随函附呈礼物有洁白的内库哈达。吉日所献信函。同样，对雪明示当前与长远取舍，常饮贤妙的教诲书信，犹如流水一样不断。

在无比佛教众生的吉祥怙主经师金刚持诺门汗仁布切和佛教众生的吉祥怙主最上经师洛钦仁布切足前，恭敬顶礼祈请。在难以衡量的长寿发菩提心的广阔园林中解脱，从汇聚胜身之树坚固雄壮，普渡众生量大福大如虚空，大恩似海。由于最上殊胜怙主的悲心而恭敬，在夏界不污染初现，更加努力侍奉。无与伦比的雪域佛教众生的利乐核心，救怙主大遍知遍观师徒们不久能够返回大寺，正在努力祈祷。向金佛特派慰问人员随寄殊胜救主佛轮怙主信函及慰问的阿喜哈达、芒果一箱、上品缎子等。祈请救怙主大遍知遍观迅速返回，为此时时努力发誓皈依。将来，祈愿足莲永驻，功勋卓著如江河般奔流不息。随函礼有哈达等。吉日。

尊敬的佛母、佛弟公爵先生,×××(原文缺字——译者)华服缎料等。吉日献。某日,第一次在亚东慰问献礼迎接,特派素尔钦杰康、仲涅曲康巴等人来到救怙主大遍知遍观跟前以三门大敬呈上书函。现在,良缘圆满,风华正茂之时,方时广大无边的国土导师佛海形象、相好庄严明亮圆满的曼荼罗宝,好像千万个太阳的光芒,在佛教众生的天空光辉闪烁,三种姓聚会的无量徒众的利乐莲花盛开,无比事业的暖流在周围环绕,恩蕴永时难量。所属的臣民百姓由于大救怙主的悲心而快乐,祈请以大恭敬心相敬。救怙主杰喇嘛有寂殊胜大顶饰师徒海犹如群星绕月,或像千万阿罗汉簇拥着无比如来自在,带领教业高贵的千万弟子吉祥轮足到了千贤劫导师享受清净甘露之地金刚座等六大城市,以大悲心思想胜中劣一切人。为了近期祈请金容宝驾起程返回,特派杰康和德仲曲觉喀饶等人至前敬献大恩之迎接慰问礼:缘起之后洁白的内库哈达、金条3两、装有油炸面点的箱子3个、水果两箱、华服料两匹、缎子一匹等,离障智成熟。祝愿未来天等一切佛教众生的救怙主及徒众莲足永固,转天成事业之轮满足众生之愿永驻金刚宝帐永不消失,大悲,大悲!离障慧眼前呈献清净内库哈达等,吉日躬身敬献的书信。

吉祥事业而现美的基巧(公上)萨海帕杜(ས་ཧེབ་སྤ་དུར།)座前表示,你努力完成了救怙主大遍知遍观的服务,心喜如春天,此处身心快乐,勤于服务善业。祝愿以后善缘生活顺利,事业兴旺,良言像流水一样流淌,随函礼有哈达和水果、油炸面点等9包。吉日献。

某日,大管家主仆等慰问人员来到帕里敬献书信,写道:以大三门恭敬心礼敬顶饰,现在圆劫风华正茂之时,十方三时十力导师及弟子的三密不尽，庄严轮相好形象宝如同须弥山一样威严，难以言表。救怙主为了更进一步发展佛教众生的利乐，无比事业仿佛日月的光辉无边，众生如此的享受，纯属对我们的恩惠巨大无比，难以衡量。救怙主大遍知遍观的悲心是所属的臣民百姓重新得到安慰，激发并坚定了今后努力服务的决心，我以大恭敬之心顶礼祈请。通过向金身仁布切（班禅）献慰问礼的四级官员大管家主仆，敬献贶礼洁白内库哈达、金饰宝轮、冰糖一箱、红糖两箱、华服缎料、绫等请查收。祝愿以后天等有寂（生死涅槃）的大顶饰莲足固如恒河沙数劫、似金刚不坏，坚固威严；事业的乐舞媲美施凉自在月亮的吉祥（威德、吉祥），从往昔的大界开始不久享受金口甘露，永远不从皈依金刚帐舍弃，大悲。离障慧眼前呈献清净内库哈达等，吉日躬身敬献的书信。

事情的本末（事情的经过），民间有这样的传说：第十五饶迥木蛇年，公元 1905 年，入藏英人敬仰承侍扎什伦布寺卸任密咒师仲孜瓦森钦贝丹曲佩，闻听佛法，敬献大量礼品，尤其敬献了一串大珍珠，其中的几粒被弟子变卖，这事立即被地方政府的几位大贵族听到，指责说不应该给外国人口实，于是将其长期关押在狱中，经过认真查问之后，将其活活投进拉萨河致死。至今这些话仍在流传。对此森钦贝丹曲佩的侄子夏仲非常气愤，为了回击，跑到英国人那里，获得英帝国“萨亚”（ལྷ་ཡག）之位，从此称“夏仲萨亚”。依靠英国人，一起带领英国军队到西藏，（译者注：可能指英国第二次侵略西藏之事。1903 年 6 月，英少校荣赫鹏率兵 200 人，以谈判为名进入西藏干坝（今岗巴）。西藏地方政府派兵 700 人赶赴干坝设防。12 月中旬，英军 2000 余人在司令麦克唐纳指挥下，越过则利拉山口，占领春丕（今亚东南）、帕里（今亚东东北）。藏军 3000 人赶至曲眉仙角、古鲁（均处亚东至江孜通道）一带设防。1904 年 3 月，英军主力由堆拉（今乃堆拉）北进，行至曲眉仙角藏军阵地附近时，一面佯装“谈判”，一面暗中调兵抢占山头，并突然发起攻击。藏军依托拦阻墙与敌搏斗，前线指挥莱丁色等官兵 700 人壮烈牺牲。4 月 13 日，英军占领江孜，为减轻运输压力，留 500 人扎营于年楚河畔，大部返回春丕。西藏地方政府动员民军万人集于江孜附近。5 月 4 日,日喀则民军得悉江孜英军大部东犯卡罗拉,立即以1500 人直插江孜,控制市区,并对英军营地发起围攻。6 月26 日,英援军4000人抵达江孜,与民军展开逐村逐屋争夺战。7 月 6 日,英军攻占民军坚守的宗政府,江孜重沦敌手。8 月 3 日,英军进入拉萨。9 月 6 日,西藏地方政府被迫与英签订《拉萨条约》,使西藏实际上成了英国的殖民地。后迫于中国人民的反对和世界舆论的压力,1906年 4 月,中英重新签约,英国承认西藏是中国不可分割的一部分,使其变西藏为其殖民地的阴谋未能得逞。)行至岗巴时,班禅额尔德尼用巧办法先后派以珠旺活佛(གྲུབ་དབང་སྤྲུལ་སྐུ།)为代表的四品官巴杜尔(འབའ་དུར།)、四品官多囊巴(རྫོ་ནང་པ།)、王忠(ཡང་གྲུང་།)等人进行交涉,假装从岗巴返回。可是英军再次从曲米细贡的康布曲参侵入,来到江孜乃宁,从这里逐渐深入到了拉萨,火炮对准布达拉宫。色拉寺和哲蚌寺的堪布们也俯首敬礼,英帝国还在拉萨建立医院和他们的特殊邮站。珠旺活佛来到岗巴时,曾见过他坐在地上,头戴淌徐帽①(ཐང་ཞྭ།)的一张照片,现在很多老人在传颂。

匡佐扎萨喇嘛、索西僧俗侍从、僧俗部民等人来为班禅 25 岁年灾祝寿。我等天等众生的无比怙主,在救怙主具有无比恩惠的大遍知遍观高大金色宝座前,具恭敬心的匡佐扎萨喇嘛、索西、僧俗夏仲、所属僧俗部众敬礼献物,殊胜快乐满佛田,此乃名叫德瓦见,遍知之顶看不见,无量寿佛祝吉祥。千万聪慧贤劫导师悲智中圆成,佛教莲苑盛开不尽法日三密库,十力四无畏之断证究竟金刚持,有寂顶饰尊胜怙主众生之顶供。珊瑚之树是风动,还是红宝石山动?青莲舞动定佛母,加持统摄有和寂。胜义诸佛慧光中,圆成五定之围墙,七支遍主本初佛,身着袈裟佛土主。分别智慧光明分,细小能除生死过,招引来做有益客,一心只做众生事。供礼超过普贤供,普贤无边满意受,遍知上师之眼前,众人一起来献供。合掌致敬诸善事,大乐轮之庄严饰,渴望心生的措辞,曼达

① 原西藏地方政府僧官夏季所戴圆盘高顶涂有油漆的帽子。

拉瓦满天空。如此用快乐的措辞来表达。如果我等天下一切众生的救怙主成为圣者,天和持明仙人等所有傲慢者都用珠宝常供足指月镜,仅用一念就会顺利地获得一切殊胜和共同成就,也不用如意宝和如意瓶来比。三界上师一切生死涅槃的导师,即救怙主上师,如《圣幻三摩地王经》说:在世界无量宝功德积聚乐土,佛薄伽梵如来阿罗汉正圆满佛金光狮子游戏王前,千世界自在法王及其威严,开始发胜菩提心。吉祥月称说:悲悯佛家圆满种,发育生长似水长,渴望受用地成熟。按此说法,始终怜悯堕入三界轮回大海中的无怙主众生,不离润湿的宝心树,其自他成熟解脱的伟大佛子行枝叶华盖悬挂天空;十地和四无畏等的三身无量果装饰的导师了义行圆满,怙主成为无量寿智的自性佛头戴四身五智的冠冕而纹丝不动。《现观庄严论》说:智慧不住有,悲悯不住寂。在有学道分位,关注(所缘)一切众生的大悲串习圆满,在果位也不住寂乐界,在庄严具乐的国土怙主无量光佛以各种形式为众弟子转甚深广大法轮。另外,在印藏班智达和善士(孤沙利)像成就轮转和如意宝树一样努力,不顾回答,为一切所化(徒众)开示无量光明幻化的庄严,运用各种方法使没成熟者成熟,未解脱者解脱,这样住地的佛弟子们也无话可说,何况其他人?班禅上师自己的前世救怙主罗桑益西贝桑布说:“天空布满的世界,我庄严三门遍满,圆满云彩的细雨,启开利乐的百门。”盛赞四位贤劫导师的声闻问答,多世说圣者须菩提,护持发展具有悲心的宝教,佛亲自说和从一切门(各种方式)说都一样,所以向住在天界的徒众广说甚深、广大之法。引向成熟解脱永乐善道的方法是:智者菩提班扎(佛金刚)说:“如风吹动紫梗树,声闻弟子大众部,远离诸方未来时,圣者小护又复现。”上师的每一世用无量宏恩护持大地的一切众生,尤其是我等天等佛教众生的无与伦比的救怙主,即具三恩救怙主遍知而胜观者最近遇到年灾,为了三密身体不能受丝毫厄难,相好庄严明显圆满,身体宝轮犹如十万束日光拥抱金山,在八自在①(དབང་ཕྱུག་བརྒྱད།)抬举的无畏高大金座上,双足永驻劫海间坚固威严,转动像天空一样宽广的任运而成不断的事业金轮,如同莲花苑中的蜂群,降服所有的人和具有傲慢心的人,以甚深密语的甘露满足他们,使他们成熟解脱,永远快乐。与此同时,发心在大地上发展普及甚深见和双运的大密金刚乘法要,贤妙事业如大海巨浪,时时享受圆满劫童子喜宴,最后在北方迦拉波(ཀ་ལ་པ།)②城的宝珠大殿成为具种勇武轮王③(དྲག་པོ་འཁོར་ལོ་ཅན།)后,在胜第一佛时轮佛的金刚大坛城成熟,以殊胜不变大乐和双运空性智金刚摧毁二现④(གཉིས་སྣང་།)魔军,寻找空色大手印身,次第引导解脱道,第一次摄授有缘者。受命做事的供奉者匡佐扎萨喇嘛、四大喇嘛、僧俗夏仲、所属僧俗部众等献上顶级哈达、凭信无价佛土海庄严画、身所依无量寿佛像、语所依长寿经卷、意所依尊胜佛塔、八吉祥、八瑞相、国政七宝、法轮座、银翅白海螺、玉石如意、衣服、全套用具、各种金刚银桶、宝饰犀牛角、胜乘象牙、汉式钹、尊胜汉式鼓槌、第一宝黄金百钱包 11 个、汉地马蹄银 11 个、各有 50 两章喀银的包 37 个、各种华服绸缎 21 匹、毛呢衣料 5 匹、氆氇 11 匹、树叶 3 捆、蜂蜜 3 包、白米 3 包、人参果一包、以白印金缎(彩缎)为主的九种缎等,犹如普贤供云,喜目瞬息享受。如是祈请,满足心愿,积极皈依。

---

① 即八种功德:细分色功德、粗分色功德、轻功德、周遍功德、证得真实功德、极光明功德、坚住功德、如意功德。

② 密教经典《时轮根本续》所说的北方香巴拉国的都城。

③ 传说未来香巴拉国的一位法王,公元 2424 年登位,即佛法的后四时开始之年。后四时指圆满时、三分时、二分时、斗诤时,每段 450 年。

④ 承认内心和外境分别存在的感觉。

第五章　遍观班禅额尔德尼住寺期间新建佛殿和身语意三所依

总说（班禅）在寺院期间修建佛殿（拉康）和身语意三所依情况。23 岁的木蛇年（1908 年），新建南杰拉康（南捷拉康），面积 12 柱，主供佛像是药泥塑造的宗喀巴师徒 3 人（宗喀巴、贾曹杰、克珠杰）像，二层楼高的文殊菩萨殿，加持威光环绕，掌柜（商官）格列玛自备千次供物。日光大殿（拉章日欧钦波）中的吉祥黄铜质无量光佛像，高六七指，有千供物。新建格桑拉康，主供佛像是金铜质一人高三时佛像，其周围是黄铜质 1001 尊贤劫佛像。绘制了吉纳白宫大殿和红宫壁画，是代表未来符号的授记图。在日光寝殿（གཟིམ་ཆུང་ཉི་འོད་འཁྱིལ།）新制顶檐德钦且，新造内供物有班禅额尔德尼的卧榻（床）、佛主从 3 人像（释迦牟尼、阿难、迦叶）和用赤金、沉香木、檀香木制造的大小佛像 200 多尊，灵座（佛龛）是水晶箧。针对时轮札仓仪轨僧每年举行的神变节（ཆོ་འཕྲུལ་དུས་ཆེན།），在遍观宫殿（ཀུན་གཟིགས་ཕོ་བྲང་།）建立吉祥时轮彩色坛城修供，增建拉康等。修建了面积 12 柱的遍观时轮殿，主供像是一人高金铜质时轮本尊像，还有内供集密、胜乐、大威德三大本尊像的晶龛；壁画内容是全幅时轮热译师①上师传承图、大小时轮坛城、香巴拉景色图、香巴拉 7 代法王和 25 位具种王②画像、香巴拉未来画等。在贡觉林（ཀུན་སྐྱོབ་གླིང་།）新建了水池、措杰颇章，新制两幅以释迦狮子佛为主的妙吉祥文殊菩萨和观世音菩萨立像的缎制大像。在祖拉康的天窗檐上悬挂了

---

① 即出生于热地的多吉扎巴译师，他从小出家为僧，曾去印度求法，回来后翻译了许多佛教经典，尤其译介《时轮根本续》和《大威德根本续》等密法，传出了热系时轮密法。

② 七代法王是月贤、天自在、威严、月施、天大自在、众色、天具自在，传说他们 7 位是传授《时轮根本续》的七王。25 位法胤：妙吉祥称、白莲花王、佳善、尊胜、善友、宝手、遍入藏、日称、报善、海胜、难胜、太阳、众色、月光、无边、护国、拥祥、狮子、镇服、巨力、不灭、人中狮子、大自在、无边尊胜、勇武轮王。

俄罗斯金丝缎质道次第上师传承画、全幅彩云腾龙具面连环画图。

32岁,即第十五饶迥木龙年,公元1914年,新建强巴佛殿、怙主弥勒佛像,具有加持力威光闪烁的弥勒佛像身高是现在人身高的80尺[①],是救怙主杰喇嘛自己的身量,金铜质,甚至工匠自己也难以思量,成为天等众生的福德与眼睛甘露,智慧俱全,甘露不断。大师建造所依能依,成为佛教众生的福田和利乐的本枝。如果详细说来,强巴佛像身高26公尺2公分,殿堂高7层(5层大殿,两层回廊),30公尺,面积30柱(862平方米),上下有房间15间,78柱;外墙的东西有37公尺3公分,南北22公尺;大门(城门)的东西24公尺5寸,柱子下面有两公尺两寸,其上南壁宽一公尺8寸;莲座上的身量为26公尺两寸,足膝以上有22公尺4寸,上下嘴唇宽各4公尺两寸;耳垂长两公尺8寸,手掌一公尺6寸,手掌厚度一公尺轮;手指长3公尺6寸,手臂从左到右之间有15公尺两寸;全身有金铜制掩覆(遮盖)。另有头饰(冠冕)、耳饰、项饰、手镯、足镯等,镶嵌的珍珠、金刚钻石、亚玛瑙(猫睛石)、珊瑚等各种无价之宝7773颗,使佛像庄严美丽。佛殿壁面绘有强巴佛(弥勒佛)千身;莲抬拉康(པད་འདེགས་ལྷ་ཁང་།)的门东壁画有集密、胜乐、大威德三大本尊像;西壁画有乃塞瓦(ནེ་སེར་བ།)为首的图像,上方是宗喀巴像,左右是退敌佛母和姊妹护法像等。身腰拉康(སྐུ་སྐྱེད་ལྷ་ཁང་།)的西墙是律经故事画,东壁是戒律所规定的比丘十三资具[②](ཡོ་བྱད་བཅུ་གསུམ།)和三种法衣[③](ཆོས་གོས་རྣམ་གསུམ།)的不离、生不生,以及季节轮、

---

① 强巴佛像高26.2米,肩宽11.5米,脚板长4.2米,手长3.2米,中指周长1.2米,耳长2.8米,是巨型雕塑中的珍品,也是世界上最高最大的铜塑佛像。铸造这尊佛像,由此间110个工匠,花费4年时间才完成。共耗黄金6700两、黄铜23万多斤。佛像眉宇间白毫镶饰的大小钻石、珍珠、琥珀、珊瑚、松耳石1400多颗,其它珍贵装饰为数更多。

② 比丘僧的十三种衣服:重复衣、上衣、下衣、裙、副裙、掩腋衣、副掩腋衣、试面巾、护疮衣、护疥疮衣、剃发衣、雨衣、坐卧具。

③ 祖衣、七衣、五衣。

轮回等画。强巴佛殿的西壁绘有约一层楼高阿底峡和仲敦巴师徒像，东壁是一层楼高宗喀巴师徒像。面容佛殿外廊的西壁是吉祥境域、五部佛刹土画等；东壁是圣僧图[①]（སྡོམ་བརྩོན་དམ་པ།）、四大洲须弥山、妙喜世界（东方不动佛刹土）、六部地（རིགས་དྲུག་གི་གནས།）、十护方神[②]（ཕྱོགས་སྐྱོང་བཅུ།）、如来以仁慈的三摩地调伏魔军的事迹画，南面是素面，上面是慈氏十二宏化、圣无著修慈氏法的历史等图。西壁是无著、世亲等广大行派上师环绕弥勒图。东壁是龙树、月称等甚深见派上师环绕文殊图。这样，东西墙面上绘有阿罗汉们环绕十地轮回图。

翁卓（ངའུ་ཧྲོག）拉康的东壁绘有一层楼高红黄色文殊菩萨、宗喀巴师徒 3 人、白胜乐长寿天等画像。西壁是彩色弥勒佛、十三世达赖喇嘛、九世班禅、经师丹增旺嘉、大译师洛桑丹增南杰等 5 人像，十分精美。拉康内悬挂着各种绸缎的华盖、幡、胜幢等，各种供物分类整体排列。不败怙主佛（弥勒佛）像是大救怙主（班禅）32 岁时，即第十五饶迥木虎年一月开始建造，火龙年末建成，用了 3 年时间，全部工程花了 4 年时间。佛殿建成后的开光仪式和供施非常隆重，为僧俗举行盛大宴会。

在强巴佛殿新建成的喜宴、开光仪式上，僧俗侍从、公上祝福救怙主大遍知遍观（班禅）为了我等佛教众生的吉祥莲足永固，密宗札仓全体僧人请求以敬献八吉祥物的方式祈祷祝寿，以前是通过大知宾汇报的，按照主簿知宾册的要求，两位经师允许后，举行盛大的佛土海庄严先行祈祷仪式，方能按顺序敬献八吉祥物。所献的物品有内库见面哈达、身语意三所依、衣服用具、代金（代替实

---

① 藏传佛教传统画，表示三怙主，亲教、轨范、法王三尊和翻译经典的人。其中剑表示文殊菩萨和赤松德赞，经函表示金刚手菩萨，中央莲花表示观世音菩萨和莲花生，双头黄鸭表示寂护，双头鹦鹉表示译经师。

② 指帝释天、焰摩天、水天、药叉、火天、罗刹、风天、部多、梵天、地母。

物的现钱)50 两、八吉祥徽、国政七宝、法轮、一两黄金的实物包 3 个、汉地马蹄银 100 两、白银 75 两、50 两章喀银的包 3 个、缎子 5 匹、代金 25 两、水果一箱、代金 6 两、茶一箱、代金 11 两、白粮一包、代金一两、白缎为主的九节缎一匹,不断有按身份敬献的哈达等。班禅额尔德尼给两位经师阿喜哈达各一条、章喀银各 3 两;赏赐大密师仁布切章喀银 5 两;给三身、孜贡金刚上师、喇嘛阿勒等章喀银各一两、外库哈达各一条;赐给密宗札仓僧人酬金章喀银各一两,为单独献哈达者赏赐现金。所需的 485 两 5 钱章喀银中,两位经师和亚谿(父家庄园)各献章喀银 50 两;索西(四大喇嘛)、四品格贵(掌堂师)、17 位僧俗各献 10 两;仲译、知宾三部外单列 18 部各献 5 两章喀银;僧俗勒参(执事)各献 1 两 5 钱;僧俗公职人员各献章喀银 3 钱。赐给工头(工程负责人)和两名启请者赆礼和助缘。赐给香扎西德的木工头巴宗赐种子 60 多克[①],面积的耕地,并减免其税,赐给木工头珠库巴热瓦次旦(གྲུ་ཁུད་སྤག་ར་བ་ཚེ་བརྟན།)爵位奖赏的官契(永久执照)。

强巴佛殿的顶上装饰有 4 个金铜质胜幢、两个风轮、女墙上两层楼高的金铜质法轮和 12 个圆形装饰。工程首日,班禅额尔德尼和两位经师参加,常驻工地的有 900 人。工厂在寺院西面的鲁当,中柱(主轴)柏树是从热振运来,金铜颜料等是近侍罗桑班丹(噶索朗赤烈)负责从印度购买;砌墙的石头取自日喀则宗后山;费用开支是拉章小库的强佐(管家)负责。开工吉日,提供章喀银 6666 两,强巴佛殿夏布(ཞལ་ཐུད།)出资 4415 两,本人出白银 6471 两。开支大概是这样:强巴佛殿顶幔等新缝制的部分、内室顶幔霍尔彩绒 65 方、面容佛殿像南边的黄色四相缎顶幔氆氇 18 方、其左右门屏

① 过去西藏使用的容量单位和重量单位,容量单位称如克,即通常说的藏斗,一如克等于 20 藏升,相当于 28 市斤。重量单位称德克,即藏斤,一般一德克等于 20 藏两,重约 7 市斤。

朱红色四相缎氆氇30方、其边加柱蓝色四相缎22方、其前像北边及下面朱红龙凤缎10方和氆氇3匹，其左右坚丹米久（རྒྱད་ལྡན་མི་ཆུང།）画用朱砂红氆氇17匹，即四相缎16方及三分之二；面容佛殿之东殿（གླིང་ཤར་མ།）中四相缎衣紫色氆氇24方及三分之二，其边沿绿色四相缎15方；面容佛殿之西殿中龙纹四相缎灵窗氆氇共三十又三分之二方，其边蓝色彩虹四相缎17方。翁卓拉康顶幔、楼梯北门殿、白石级的灵窗条幅用带有刺绣的四相缎11方，其内沿朱砂红石级3方，其边上黝黑色石级上又三分之二方，殿中央两条涂抹石级4方，其左右门屏浅蓝色石级7方，其边上紫色石级4方，其正中左右黝黑色石级12方；殿南两条黄色石级9方，其门屏紫色石级5方，边沿朱红色石级12方，殿中央灵窗两条紫色石级13方，其边沿黝黑色石级14方。殿西3条写有汉字的朱红色库缎11方，内边朱红色石级4方，其边红色石级13方。翁卓拉康像前红黄色彩云腾龙四相缎4条灵窗18方，具边达莽曼柔夏索（ཏགས་མངགས་སྨད་རིགས་ཚལ་གཟིགས་མཐའ་ཅན།）左右两条灵窗和一条灵窗四分之一共44方，3条黄色华盖共29方，红黄色质量上乘的内边10方，其边蓝色有边14方，其下坠边184方，珠江（གྱུལ་ལྗང།）103方。西华盖殿中有花纹的黄色八大轮相灵窗幔条3条共9方，其门屏朱砂红金丝缎（ཧུས་ཚལ།）两条18方，其有边橘红花相灵窗幔两条30方。像首后的五殿（གླིང་ལྔ།），中殿两窗盖紫色缎两条11方，其内沿红色缎3方，其有边黝黑色缎两方；右殿绿色两缎三条8方，内沿黄色缎两方，外沿绿色缎两方，其左三条两色缎灵窗幔8方，其内沿黄色缎3方，边沿黝黑色缎两方；其左右双挂饰（སྟོགས་རིལ་གཉིས།）黝黑色两缎各7方，红边黄缎各3方。

九世班禅额尔德尼新建弥勒佛像时，费用大概为：金银总计13550两，涂金共104钵左右，价值章喀银366两，银质供水杯等共计2249两,红铜双层(ཉིས་སོག)共28驮,细肖红铜10驮,松肖红铜246驮,松肖黄铜22驮,碎铜总共1457驮5秤3波(སྟོར)[1],整铜94驮。塔像内藏的《甘珠尔》《丹珠尔》以及咒文印刷用纸117驮、库玛(ཁྲུལ་མ)纸147驮、狐肺纸(ཝ་སོག་སྒྲོ་སོག)共1467张(ཀ་རིལ),《金刚经》(རྡོར་གཅོད)共253套,《甘珠尔》13套,《丹珠尔》9套。

扎什伦布寺强巴佛金方面:造像原料及供物、宫殿式屋顶等所需金银铜,顶幔、柱幡等材料缎子、绸子、棉布等,内藏佛像、经书、彩纸等记录如下:第一,向佛像敬献的金水1244两又24两1钱章喀银;第二,噶钦索朗赤烈(དཀའ་ཆེན་བསོད་ནམས་འཕྲིན་ལས)带领人从印度运来的松肖(གསུམ་སོག)黄铜20驮、松肖红铜100驮。上述铜总共1920驮17秤3波,银水3驮。楼上楼下供水杯等供物原料有平金7个、圆金27个、白银2249两;屋脊宝瓶、胜幢、屋顶宝瓶、守鸟、风轮、曼荼罗、树木等,用铜2189驮17秤3波。强巴佛像装藏经书,16函的《般若经》两套、12函的一套,从大香灯师(庙祝)应缴部分从各拉康收取,用于强巴佛像内装藏,还有龙童5指高金铜质财神布禄金刚像一尊、五指半高退敌佛母像一尊、10指半高六面怙主像一尊、13指高多闻天像一尊、10指高姊妹护法像一尊、十五指半高法王像一尊、10指半高银质梵天像一尊、10指高象牙白怙主像一尊、黄铜质一世班禅格敦珠本尊像9指半高白怙主像一尊。

为各行业大小首领、普通工人的赏赐物大概有:粮食1957驮、白银5398两1钱5分之四分之一、各种衣服191件、小包茶2744包。佛像装藏物开支费用共计章喀银228两。人员方面有:木工大师傅次桑、小师父拉巴次仁、珠古巴热拉巴,饰件工管理者金巴曼兰、供祭者、首席持明师、副持明师,铜匠大师傅平措、多杰扎西,

---

① 过去用的重量单位,4钱为一两,20两为一斤,即一克。波,即藏秤钱。

大印刷师雪仓，石匠大师傅诺布、班觉、旺堆，铁匠旺堆，铸工大师傅、小师傅顿珠平措，抄写师傅索朗达杰、副手旺堆、达仓、活佛噶绒巴，装藏师、大司膳、助手噶钦索朗伦珠、噶钦达杰次仁，打印者、纸工等工人拉库巴、拉琼瓦等120人，剪裁者43人、那塘提19人。

二月二十二日，募捐（བསྡུར་ཆེ་པ།）粗算结果：小铜瓶9个，夜叉仓库中大铜瓶两个、小瓶数个，酬补供物马牛等的形体庄严具衣（檀香）、棉花、画护法的黑阿喜哈达和红色阿喜哈达各一方，食子形铜数5个、弓箭、弓箭囊、甲胄、食物种类、画群主轮的优质朱红色布12方、黄色轮纹画两幅、食子碟子6个，画酬补供物的黑色阿喜哈达10方、朱红色阿喜哈达4方、白色和蓝色各4方、红色8方、浅绿色一匹、浅红色一匹，各种颜色的丝线9秤、有八瑞祥的内库哈达28匹，多闻天宝瓶修七日，红黄色帛绢3匹，黄绫一匹，黄绸子一匹，安置银95秤等，仿佛空虚的幻化物中得到真实物，所做至高无上，每一位圣者做出了力所能及的成绩，这些以前已经有授记，过去遍知格顿珠贝桑布修建祖拉康的强巴大佛像时，上首弟子帕巴恰噶次成益西（འཕགས་པ་འཆར་ཀ་ཚུལ་ཁྲིམས་ཡེ་ཤེས།）看到升起了两个太阳，跟现在的太阳比，后来的第二个太阳更大，其光辉照遍祖拉康内，我自己认为是幻觉，没对任何人说。央巴法王等人说：前面的太阳是扎什伦布的弥勒（强巴），后面是曲廓杰的弥勒的授记。第二个太阳更大，其光辉照遍祖拉康内应是指救怙主（九世班禅）修建此尊强巴大佛像很有必要，自从建成后好像升起了幸福的太阳，预示着事业辉煌。

弥勒大佛殿建成后，新建弥勒甘丹拉康（བྱམས་ཁང་དགའ་ལྡན་ལྷ་ཁང་།），面积4柱，主供佛像是黄铜质宗喀巴师徒3人像，其周围排列着上千个持寿佛母和未来相关的两个东佛殿次曲拉康（ཚེ་ཆོས།），每个面积4柱，其中的无量寿佛和班禅曲吉坚赞像两层楼高，镶嵌多种珠宝饰品,完成了开光和加行散花等仪式;在大经堂颁布侍奉斋僧茶条令。

有诗云:诸地知识光鬘大变动,挂碍黑暗驱向水神怀,七圣财等教证功德满,持边山的圣者月亮前。月光所照莲花脸,莲手闭合在心间,形象庄严于心房,不变清净稍作思。天等众生之祥瑞,方法独一佛教镜,狡诈宗派垢所暗,如此智者怎忍受?清净佛教明镜中,清净无垢极洁白,唯定本宗上等衣,众多智者齐声说,随行怙主具戒众,如理精进讲辩著。智者工作取舍教,岂能努力做他事?理论大海之船渡,密意珠宝自在王,闻思修力弃顶饰,唯独成为持教语。摄类启开明道门,汇集吉祥五部论,坚持显密密语要,修习禁戒大发扬。文殊主说弃生命,坚定勇气讲教证,坚持不断勤传授,祈愿黄教大弘扬。若尔一起做祈祷,心诚遗物不浪费,亲教规范师长住,无量光佛长寿佛,为了弘扬善规教,所发心愿自然成。乐土善慧法饰师,福泽田中建身像,开启作怖金刚坛,相融一体故加行。抛撒鲜花大圣众,召请汇聚希冀园,福田施主承事供,方便智慧二宝轮,如此一切心愿果,随顺成就之誓言,但愿永远不放弃。

在新建长寿法王像时,向法会施放僧茶,发放布施。诵经条令,由释迦沙弥达摩苏热起草。

第六章　遍观班禅额尔德尼受近圆戒

遍观班禅仁布切和强佐扎萨喇嘛两人逐级向达赖喇嘛、摄政王、噶伦、基巧堪布、各拉章报告关于班禅额尔德尼的心愿。孜对经师普布觉活佛说:“近来吉祥,伟大发菩提心愿部分已经圆满,殊胜身的月轮洁净,犹如与遍知佛王的闻思服务相关的神奇事业之放光,成为心中欢喜的安慰,身体健安,努力闻思,对佛教众生来说有一颗医生般的热心。今年我已满17岁,到了戒律要求的年龄,时机已至,正是受近圆戒的年龄,希望从达赖喇嘛阁下授戒的恩惠。为此已特派人员请求。为了实现心愿结果,请您给予支持。此方自始至终祈愿您的事业无碍圆满,称心如意。详细情况以后陆续禀报,今后利乐之根枝身体健康,伟大的事业得到发展,美好的教言犹如神水(ཞྭ་ཟླ། 恒河)①一样流淌。礼物有护身结、阿喜哈达、黄金一两、汉地马蹄银、优质缎子等。吉日。"

孜(རྩེ།)②给噶伦谢扎瓦仁布切(བཤད་སྒྲུབ།)说:"已经知晓由伟大的善资粮鹏前生(ཁྱུང་ཐོན་སྐྱེས།,黎明)牵引,身体健康,勤于建百业而高兴。此处现在身体健安,随行于坚持发展佛教的意乐白莲之后。目前,我已 17 岁,按照戒律要求,到了接受清净近圆比丘戒的正式年龄,不管快慢,关于受近圆戒之事,已特派人员,希望获得达赖喇嘛欣允的恩惠。现在真心实意地祈愿获得您的支持和清净嘉言以如愿以偿,给予代表人员百谋教导。祝今后彼方身体顺安,善业发达,增上智慧。礼物有护身结、阿喜哈达、黄色上等缎子等。吉日。"

孜(班禅)给乃琼大护法的信中说:"厉鬼首领大变化法王阁下,以前善托战神护法之首大护法的酬谢,现在善托的上千亲友诚心请求,缘起献饮代表五色神物哈达、荐新饮料、茶粮、会供曼荼罗代金章喀银 15 两、缎子衣料 9 块、白粮食包等三摩地、咒印加持,即陈列于清净智慧的眼前,尽情享受。特说明:我已 17 岁,按照律经所说及前世们的规矩,已到了正式受近圆戒的年龄,符合以前非共发心愿之善相与大皇帝旨意。为了多种善资粮门,现在的真正心愿是圆满戒学受比丘戒,希望获得天人导师大遍智遍观达赖喇

① 此处指印度的恒河,发源于喜马拉雅山南麓,是印度的母亲河或圣河。全长 2700 公里,从北阿坎德邦流到西孟加拉邦,进入孟加拉国,改称帕德玛河,最后注入孟加拉湾。

② 孜,也指最高领袖,指班禅的官府。

嘛欣允恩惠,派专人汇报呈书。现祈请示现降准具体时间之清净嘉言。请授近圆戒的主要目的是完成佛法之大事,尤其重要的是不使达赖喇嘛的三密有任何厄难相。特别是现在的总三门及成就近圆戒为主的过程中不出现违障,如果有障蔽要全部破除、天人导师达赖喇嘛莲足坚固、发心事业发达;我自己也身体健康,完成佛教众生的利乐圆满之心愿,请预以支持完成善资粮,增长恭敬之力。另外,请继续支持此次书信未涉及到的长远各方面给预的教诲和提供帮助的四种善业。随函礼有神物哈达等。吉日。”

孜(班禅)给近侍基巧堪布仁布切的书信中说:“可歌二资粮驱动的身体若金山般坚固,上师伟大事业的光彩成为喜悦之祥。我身体安康,具有发展利乐佛教众生事业的热心。今年已 17 岁,到了律经所说的接受比丘戒的年龄,我也真心渴望受戒。为了随顺获得达赖喇嘛的金字般的旨意,已请求受近圆戒,潜心祈祷得到达赖喇嘛喜允的恩惠,近日遣专人呈献书函,请达赖喇嘛确定合适日期,不管何时,由大界智决断。结合指示,按照根本问题,请支持给予实现心愿的良言。针对此事,照旧须向达赖喇嘛汇报,也要报知驻藏大臣,所有的详细事情不断反复讨论落实。愿今后生活安逸,事业兴旺发达,祝福声不断。随函礼有护身结、阿喜哈达、地藏黄金一两、内有价值 50 两章喀银的包、汉地马蹄银、缎匹。吉日。”

孜给孜仲(རྩེ་མགྲོན།)堪布仁布切的信中说:身体安好,事业兴旺,欣喜。我身体健安,有佛教众生难有医生般之热心。目前,我年已十七,按戒律宗旨,接近受近圆戒之年龄,无论时机快慢,诚心受戒的愿望,请求获得达赖喇嘛喜允的恩惠,为了向达赖喇嘛呈献特殊信函,得到完成心愿大事的清净嘉言,特派出代表。我想(受戒)确实有助于学习,也请求今后有适宜的善言。随函礼有护身结、哈达、缎子衣料等。吉日。

孜给达赖喇嘛的信函中说：天等一切众生的无与伦比的救怙主遍知佛大遍知遍观、足坚金莲盛开的座前（阁下），直至菩提藏之间信奉、清净，以三信诸法正敬而礼请。以前，特派大管家德饶巴（བདེ་རབ་པ།）求赐礼，远离不熟识三世界怙主、天等众生的亲密无间、洁白无瑕的尊者大持律师一切部主金刚持大遍知遍观阁下亲传我续部王（密主），区分断七及其戒①为别解脱八类，正授从中殊胜及最胜近圆法，自理无瑕，故如是祈请。如正理自在说：具悲心故全努力，为了他事加行故。从大慈悲界摄受，近期人员返回消除了诬蔑和歪曲邪分别之云，佛经量和随顺恭敬，答应20岁可以受戒，以圆满无罪过的方式获得佛弟子等佛心爱的圆满宝戒，比丘戒成熟于我身心的清净教导，以此为代表，与任何细致教导相关的珍贵公文（命令）用丰厚随函礼物作为健康肢体的美饰，能力、敬爱、信仰三方面的恩惠极大。犹如善良的父母教导爱子，教我们学习取舍、行走正道，以恒常、恭敬二加行的方式努力实践，自己的事自己料理，根据实际提前通过驻藏大臣奏报大皇帝，逐步祈请任何教导（指示），凡是自己喜欢的事不能从慈悲界舍弃，而且从内心深处承认一切世界和吉祥水晶般美丽的雪域大地的佛教众生的利乐根枝，导师慈悲大库唯是殊胜救怙主，以我为代表一切佛教众生的救怙主，及大友军色身相好贤劫轮显现于徒众的眼识中，今年根本不存在因年灾而产生的不洁、衰老等一般法理，在佛教三法自性中，犹如不能阻止太阳的运行一样，乃至摧毁魔轮的三摩地之门不可思议地显现，双足不坏，不解金刚跏趺系结，普遍于稀奇慈悲和大千事业的所有国土，请求将一切佛教众生置于利乐的坦途。最近，启程去高山兜率尊胜洲（甘丹寺）和法轮吉祥天成大寺（扎什伦布

① 身之三不善和语之四不善。

寺)等,同时安置那里的有不同派别的一切徒众于定胜增上(善趣)吉祥,不久登上所有倨傲的人恭敬的藏地金刚座和双运宫第二普陀洛伽(指布达拉宫)的大无量宫高大的金刚宝座,显密嘉言甘露充满我心,恩惠崇高,逐步授赐。特别是如《顿勒玛传》所说:首次多寻广大闻,广闻经典注释,按理不混杂了义不了义,必具智慧的勇气。因此,闻思学修显密教理海,掌握符合甚深金刚教言的我法,如愿成就一切,甚深誓言的保佑,也要时时以大悲心求助。同时,祈请的缘起有洁白内库哈达、顶级无量寿佛像、有一两第一宝黄金的包、汉地马蹄银、有50两章喀银的包、五色缎子衣料等。无量慈悲的眼观方面,如上所请,犹如成就悲心入海的波浪没有超越,附带在下我为了殊胜怙主的三密事业等,由于细微的意外(灾难)也永远没有感知,莲足直到劫海之间坚固,强力祝愿三宝佛海,敬重长寿法行次第,坚持不懈努力。为小请求降下智慧的关照,恭敬的信函。

天等佛教众生的顶饰大遍知遍观达赖喇嘛固足金莲盛开宝座前,以大恭敬心施礼祈请,您如今严格遵守三密教规如嘉木样嘉瓦嘉措一般,此时马官江公巴(ཆིབས་ཆེ་ལྗང་གོང་བ།)返回,悲心的流转没有过时,从传戒仪轨中消除设置的障碍,用真正的爱怜教导宝书随函礼物装饰,唯依公文的意思,我自己也追思一切妙汇的根本宝学圆满无过。现在尤其是从圆满佛主的足前想受持五戒的居士戒,授赐前后之戒陈列于如意宝丽垫上,可以接受,祈请以大恩随持,从法界中不舍弃妙金刚教诲。先例是向大皇帝奏报,无论何事,对于每一个过程有详细的启请仪轨,特别是天人的大导师32岁年灾来临,以消除厄难的好措施为代表,前后的一切做法按照天意,佛教众生的祥瑞任运成就,在三宝大海中永远发奋知道誓愿,主要是殊胜救怙主公正地为了徒众的生活,双足在金刚法上高大雄壮,信奉有加的众信徒永远不从悲观界舍弃。押信礼物有内库洁白哈达两条、黄金等。恭敬施礼的人。

孜给达赖喇嘛的书信中说:以清净三门恭敬心启请,在此善时时分,在无量的佛国大海,身语意功德事业不尽,装饰轮的庄严和遍空佛的事业一起流转,稀奇崇高。特别是和此佛土的共同徒众的印象相同,坚持金刚持的样子,相好的宝形象酷似须弥山一样神圣,利乐的心要事业犹如普贤佛的本性善相一样鲜明突出,坚定不动摇,佛教和无边众生的善妙持命(སྲོག་བཟུང་།)至高无上,恩惠越来越大。我怀着殊胜怙主的悲心,不再损伤身体,勤于闻思学,对待佛教众生长存一颗医者之心,有时礼请。现在请求的事是,天等生死涅槃(有寂世界)的殊胜救怙主为了了义,丝毫不能由静猛佛子的了智(མཁྱེན་པའི་ཡེ་ཤེས།)、一切悲悯事业合为一体的本性魔与魔类践踏(ཛི་བ།),现证世俗谛和胜义谛,自作双运金刚持位,远离破损的戏论。这样,我等观现世徒众的心目中,身语意事业功德等没有丝毫灾难相,作为雪域佛教众生的怙主,其相好轮明净,祈祷双足劫海永固,以敬信力驱动的方式敬献顶级缘起供云有洁白的神物内库哈达、银制系边佛国图、各有一两金元宝的包5个、汉地马蹄银5块、各有50两第二宝白银的包5个等,真心祈祷一切如愿,衣料5匹。同样,以前当着前后来的人士的面不断奏报,继此获得成熟的旨意,按照铁鸡年游记的抄写另外奉献(单独奉献礼物),答应遍主轮怙主遍知佛至尊罗桑旦白旺秋绛边嘉措(བློ་བཟང་བསྟན་པའི་དབང་ཕྱུག་འཇམ་དཔལ་རྒྱ་མཚོ།)于铁鸡年四月三大节①齐集日为旦白尼玛贝桑布授近圆戒。现在是水虎年新年,敬事供奉20年,知道前后节日是什么样子,如何获得大轨范师教主天人的大导师自己的教导,过去亲

① 即佛诞日、成道日、涅槃日。其中佛诞日是藏历四月初七;四月十五日为释迦牟尼佛的成道日和涅槃日。

自请教,现在特派人请问,通过智慧观察确定时教(བཀའ་དུས་ཐུགས།);以前通过驻藏大臣必须向大皇帝奏报,在支持旨轮教导等各方面盼望成就一切妙汇,心中没有舍弃深深教导,永远皈依,永远不从大悲法界抛弃,悲观。随函礼物有洁白的触天内库哈达、绫绸衣料一匹、缎子一匹。吉日所献的书信。

雪给达赖喇嘛的信中说:以大恭敬心无数次敬礼请求,现在汇集广博佛轮一切智悲功能之厚宝的,不尽三密装饰轮山主须弥山等四洲世界的祥德殊胜坚固,至高无上的根力(灌顶力,དབང་སྟོབས།)由菩提支所饰,四种事业的宫殿尤为神圣,方便智慧日月不断运转,大幻化的光辉赐给佛教众生圆满幸福的光明,大界生活,恩德无量。因悲悯和大恩而生活,敬事也没有初现。为了天人的大导师圣佛师徒健康长寿而精进努力,有时以大恭敬心启请,为了安慰无际天空般的众生,将十方佛弟子的悲力流转汇聚一体,拿起(享用)发菩提心猛誓的武器,而作为色身相好的春晖,我等享受作为佛教众生的吉祥怙主,深广事业的流转与广佛、行境等,作为一棵利乐总别一切佛教众生的生命树(轴心),衷心祝您莲足永驻,与长寿持明成就资粮不分离,直至百劫。同时,救怙主一切智大遍观的近圆戒何时传授,特派人请求智慧观察指导,不管何时向大救怙主汇报,获得如何做的教言,前后中所有大事都让天人大导师、胜佛师徒知晓,不能有丝毫厄难。对佛教要有利教利众之心,称心如意,永远不弃誓言、皈依、大爱之心。随礼有顶级洁白的内库哈达、曼荼罗三所依代金2两的包、各有黄金一两的包3个、汉地马蹄银3个、各有50两章喀银的包3个、缎子3匹等,刹那在清净慧眼前显现。我等众生的怙主、救星、友军还没有真正成为与轮海、虚空界相等之前,莲足永固,如金刚般生活。暂时与长久利乐佛教众生的事业之巨光遍布,从大界敬事,不管何时何地都不从救戏中舍弃誓言,坚守誓言;不知取舍,请赐教导的嘉言轮作为顶饰。慧观在下的随函礼物洁白的内库哈达、华服缎料、绫匹等,吉日敬献。

孜给全体噶伦的信:现在有智慧者之分,诞生于广大妙善之大地,生活像如意树一样茂盛。胜法利乐事业成熟,成为欢喜的吉祥。吾身体健安,心系佛教众生之利,水虎年新年已是20岁,根据律经应受近圆戒,早已上报并得到金刚言,现向天人导师大轨范师教主救怙主佛自在一切智大遍观询问何时受戒,并用善妙智慧观察教导。针对这件事,以前必须通过驻藏大臣奏报皇帝,现在专门派人请问,诸位噶伦兴利教导,并成为与此相关的朋友,踩进有深意智海中。以后,一起保护妙善大海之阶长寿殊胜利乐的事业力强大,按照以前规矩,净善而宜语,祈求照常行走三道。随函礼有护身结、汉地马蹄银、哈达、锦缎等。吉日。

孜给经师强巴仁布切(བྱམས་པ་རིན་པོ་ཆེ།)、林活佛(གླིང་སྤྲུལ་སྐུ།)、热振呼图克图等人信:如今吉日,广大二资粮部分已经圆满,胜身的月珠(水晶)增盛,对于佛教众生有医者之无比心,事业之光照遍诸方,成为欢喜的甘露。目前身体健安,具有发展利乐佛教众生之热心,水虎年新年我将20岁,到了正法律所说的正受近圆戒之时,特遣人去请问大轨范师教主达赖喇嘛一切智大遍观以智慧观察指示授戒时间。如此,无论何事,都要扬善成友,照例继续发愿、诚心皈依。今后,祈愿佛教众生的利乐基础像身金刚亲友般永固,无比事业佛教众生的利乐照样成熟,殊胜吉祥的信函彷佛有缘像恒河般流淌。随函礼有护身结、哈达、汉地马蹄银、缎子等。吉日。

孜给噶伦谢扎瓦、基巧堪布宇拓巴等人的信。仁布切:吉祥,解脱于广大妙善之大地,身体安康。胜方便利乐之天人伟大导师的事业遍空发展,圆满异熟的事业之光无阻照射,欢喜祥和。四大调和,对一切佛教众生之利的热心,水虎年新年我已到(受近圆戒)

年龄,久以善缘加行,请求从天人导师达赖喇嘛一切智大遍观受近圆戒,有关前后受戒的时间,特派人去请求(达赖喇嘛)以智慧决定指示。如此,无论何种措施,按原做法努力不懈。愿以后护持善妙大海之台身体长寿,优异利乐的事业兴旺发达,合宜的善语像河流一样长流。随函礼有护身结、哈达、汉地马蹄银等。吉日。

孜给亚谿(父家庄园)朗顿公为代表的全体贵族的信:今天,诞生于善法聚百度供施者帝释天乐园,身体像果比达尔军巴(ཀོ་བི་འདར་སྦྲེག།)树一样强盛,正向大众展现优异的宏化功德。我也身体健安。近来,水虎年新年,我为了从救怙主达赖喇嘛一切智大遍观受近圆戒,特派人去询问授戒时间,按其慧观指示,真切希望有利发展。愿今后妙善的基础身体安康,事业无比兴旺发达,常有合意善语。随函礼有护身结、哈达、上等缎匹、汉地马蹄银等。吉日。

孜给驻藏大臣的信:班禅额尔德尼呈函的意思是:水虎年新年我已20岁,符合佛薄伽梵所说律法,已到完成近圆比丘戒的时间,为了随顺天神文殊大皇帝圣旨密意,向大轨范师遍主轮主救怙主达赖喇嘛仁布切请求担任授近圆戒堪布,按照律藏所说获得请求答复,水虎年某月某日大节时前往拉萨救怙主达赖喇嘛仁布切座前受持五戒[①]的比丘戒,此事提前须奏报天神圣聪(皇帝),通过至尊驻藏大臣用心奏圣聪奉悉,特此,光绪二十七年,铁牛年吉祥某月某日。

孜给驻藏大臣裕纲的信:阁下,吉日诞生于无量善妙聚水海,身体之百瓣茂盛,妙吉祥文殊大皇帝之事业兴旺发达,善做的花蕊含笑,成为欢愉之甘露。现在四大调和,为使大皇帝莲足坚固,政治权势稳定,诵经不息,有利乐佛教众生之热心。祝愿今后广大善

---

① 五戒学处,指佛教基本的五戒:不杀生、不偷盗、不邪淫、不妄语、不饮酒等。

妙的根枝身体永远坚固，奉天大皇帝之事业全面发达，照旧善心宜语如流水一样长流。随函礼有护身结、哈达、亲自撒花供献的着衣无量寿佛像、锦缎、芳香20捆、带纹氆氇4匹等。吉日。

铁牛年，救怙主一切智大遍观不久将满足心愿，为了确定大恩的大事时间，（班禅）特派大管家德热巴去拉萨处理事务，嘱托诚心向天人导师达赖喇嘛一切智大遍观为中心的汉藏喇嘛官员敬献誓愿礼，所需的一切礼物从此安排。孜向达赖喇嘛敬献慰问品和祝寿有两条内库哈达的封口呈文两封、银质曼荼罗一尊、各值5两黄金的包5个、汉银马蹄银一个、各有50两章喀银的包5个、缎子5匹、绫3匹、卷绸一匹。雪也敬献相应的两条内库见面哈达、曼荼罗代金有5两章喀银的封口呈文、各有一两黄金的包3个、汉地马蹄银3个、各有5两章喀银的包3个、绫缎一卷、缎子3匹。

同时，孜给噶厦有阿喜哈达的纸信一封、汉银马蹄银一个、紫缎一卷。孜（勒空）献给经师普布觉活佛护身结、哈达、附有一两黄金信函一封、汉地马蹄银一锭、缎绫一卷；献给经师林活佛、热振呼图克图护身结各一条、系有哈达的信函各一封、汉地马蹄银各一锭、绫缎各一卷。孜（勒空）给噶伦谢扎鼐（བཤད་སྒྲ་ནས།）、基巧堪布、宇拓公等人心愿礼护身结、系有哈达的书信各一封、汉地马蹄银各一锭。雪（勒空）也向他们献系有阿喜哈达的书信各一封、各有50两章喀银包一个、缎子一卷。孜（勒空）献给亚谿朗顿公为主的贵族誓愿物护身结、系有哈达的书信一封、汉银马蹄银一锭、缎子一卷；雪（勒空）献给系有哈达的书信一封、有50两章喀银的包一个、缎子一卷。孜（勒空）给大孜仲护身结4条、哈达、系有缎料的书信一封；给孜准堪布（知宾堪布）有护身结、哈达的书信一封、汉银马蹄银一锭。雪（勒空）给孜准堪布（知宾堪布）系有哈达的书信一封、有5两章喀银的包一个。孜（勒空）献给驻藏大臣护身结、哈达、装有长寿佛像的小箱子一个、锦缎一匹。郭占察欧(མགོ་སྤྲན་མཚོལ་སྐྱོན།)分别献衣料各一匹、一卷4匹氆氇、一捆20包香。孜勒空给益仓官员(ཡིག་ཚང་།)朗章安(སྣིང་ཀྱང་ངན།)护身结、哈达、附有一两黄金书信一封;给乃琼护法神师大喇嘛护身结、系有哈达的书信一封、汉地马蹄银一锭、有50两章喀银的包一个。雪(勒空)给护法师系有哈达的书信一封、有50两章喀银的包一个。同样,孜(勒空)献给乃琼大护法阿喜五色哈达、荐新黄金一钱、茶粮、药物、会供代金章喀银5两、以缎子为主的料子9件、白粮食一包,这些属于极品,还有《四分律请问品》一卷等。照此,为乃琼扎央林寺提供酬供所需的物品大敬神哈达、需品代金附有章喀银25两一个等。五月二十二日,雪(勒空)再次向驻藏大臣献慰问礼哈达、长寿佛像一尊。

孜给达赖喇嘛的书函中说:现在等如浩瀚尘土的佛弟子等一切智悲威力汇集一体的,自性(主宰)三密饰轮金刚日影子(形象)天等众生的殊胜救怙主,从久远以来熟悉的智慧与大悲双运,神奇无限的事业之光普遍照射,指示解脱和一切智的妙道,幸福生活。原先派出的大管家已返回。在这里,我生活快乐,闻思求学,对佛教众生有一颗奉献的热情。致敬,以前从这里特地派人去请求,受到至高无上的关心。水虎年四月节,我恭受近圆戒,心中对大堪布遍主(佛)轮怙主有何希望,如此所得的教诲大恩永世难忘。现在按照我的心愿,开始持守近圆戒,连同轨范师、亲教师的前后话语在一座上连续教授。如果一心一意祈祷,果实就会成熟。同样,受近圆戒后,讲授菩提乐道面授法,以长寿天降临智慧观察法请求传授长寿灌顶,而且现在通过驻藏大臣奏报大皇帝,以呈献文书为代表,我主仆亲往前藏(拉萨),特派知宾管家,给予贶礼,去请求准备方面的指示(教导),一切工作措施都准备妥善。特别是以恭敬心做事,应该作为主要依靠,弘扬遍主大金刚持的身语意事业,身体没有丝毫厄难,断除本性三门的违缘,圆满佛教内库戒学,行一切所想之事,顺利成就一切心愿,照旧甚深誓愿皈依不从大悲界舍弃。今后,祝愿天等众生的救怙主在高大的无畏狮子抬举的宝座上双足永固,为了随顺众生界,以深广佛法甘露安置所有众生于菩提解脱道上,照旧专诚发慈悲心,一切种相善资粮亦像所饮三世水一样长流。随函礼物有内库哈达、汇报礼极品内库哈达、曼荼罗三所依代金章喀银 5 两、缎子、薄绫等,吉日献。

孜给诸位噶伦的信中说:以前天人导师达赖喇嘛一切智大遍观赐予请求的希望之果,据此为了水虎年氐宿月节接受佛弟子等佛喜爱的正法律经所说的近圆比丘戒,准备去大地中心中部区域向达赖喇嘛汇报,关于奏报大皇帝,已给驻藏大臣文书。另外,为了请示各方面准备之事,特派仲聂(卓尼——知宾管家)去请求,按所说妥善准备,照例祈祷祝愿。随函礼有哈达、缎匹等。吉日。

关于请教决定受近圆戒的时间:呈献大皇帝的奏文必须请驻藏大臣修改,班禅额尔德尼所献文书意思是:水虎年新年,我年已20,符合正式修成薄伽梵善说的正法戒律近圆比丘的年龄。如此,为了随顺天神妙音大皇帝之圣旨密意,经请求大轨范师遍主轮救怙主达赖喇嘛仁布切,得到如律藏所说担任授近圆戒堪布的允诺,水虎年四月十五日为请持五戒之比丘戒,可专程到拉萨救怙主达赖喇嘛仁布切座前,此时须提前奏报天神(大皇帝)尊耳,依书中所载,驻藏大臣呈请细心之圣聪。光绪二十七年,铁牛年十一月十四日,吉日。

孜给达赖喇嘛的书信中说:诚请,今日仲曲康巴(མགྲོན་ཚོས་ཁང་པ།)到来,交代各机构负责我们主仆路途安全联络服务事宜,于三月二十三日启程,四月四日和日曜(太阳)甘露相合,面见天人导师(达赖喇嘛)的金容,获得赏赐的礼物,如此的周到细致,恩惠无比。

再次派遣仲聂进行准备,各方面都照旧例皈依,永远不从大悲界舍弃。书信随礼有天触洁白哈达,慰问活佛礼内库哈达一双、曼荼罗三所依代金白银5两。吉日献书。

第十五饶迥水虎年,即1902年三月二十二日日曜相合的吉日,日升之甘露时分,天等一切有寂的顶饰救怙主恩德,无比一切智大遍观至尊罗桑赤烈土旦确吉尼玛格列朗杰贝桑布(བློ་བཟང་འཕྲིན་ལས་ཐུབ་བསྟན་ཆོས་ཀྱི་ཉི་མ་དགེ་ལེགས་རྣམ་རྒྱལ་དཔལ་བཟང་པོ།)①从雪域佛教众生的怙主无上佛主一切智②之尊前授满意戒,祈求轨范师与亲教师以悲心护持,逐次汇报,具大恩故。我主仆随从将去前藏中心拉萨,从扎什伦布寺高胜幢大宫殿准备盛装礼服,次第等级如登记册所记。首先是由(雪甘)雪差头次旺诺布(ཚེ་དབང་ནོར་བུ།)等手持香、世界图、法主乃塞瓦佛像(ཇོ་བོ་ནེ་སེར་བ།)、傲慢姊妹护法、吉祥欲界自在母等圣物的人和扬幡骑士在第一、二排;持法律木牌(ཁྲིམས་ཤིང་ཆ།)的夏尔玛仁增群佩、次仁多吉在第三、四排;持莲花花蕊等的夏索群佩、索朗顿珠在第五、六排;持梃杖的管家扎西、边巴次仁在第七、八排;高举有金龙五塑像图案的红色军旗的喜饶群佩、古吉(དཀུ་སྐྱིད།)在第九、十排;持黄色队旗的顿珠杰布、丹增在第十一、十二排;第十三、十四排是持黝黑色军旗的次仁和盘陀;第十五、十六排是持五峰白色军旗的边巴顿珠和西勒;第十七、十八排是持黄色军旗的赤烈和拉加;第十九、二十排是持红响铜色军旗的班玛和诺布多吉;第二十一、二十二排是持蓝色军旗的多旦和诺吉;第二十三、二十四排是持绘有金狮子画黄色军旗的扎拉岗巴和桑珠次仁;第二十五、二十六排是持绘有金鸡画蓝色军旗的执事僧扎西和次旦顿珠;第二十七、二十八排是持黄色胜幢的旺堆和杰布;第二十九、三十

① 第九世班禅的全名,简称"确吉尼玛"。

② 指第十三世达赖喇嘛土登嘉措。

排是持第三盘拉(པན་ལག་གསུམ་པ།)的旺杰和尼玛平措;第三十一、三十二排是持红色胜幢的居迈和曲畴;第三十三、三十四排是持由五色缎蝶堆饰的胜幢的顿珠多吉和尼玛;第三十五、三十六排是持金龙图案红色大扇的扎西平措和旺堆;第三十七、三十八排是持黄色扇子的多吉和达娃次仁;第三十九、四十排是持红色伞盖的桑珠和次旺。还有持黄伞盖的尼杰、达娃达吉,黄宝诏书的神殿、孜斯觉两人(རྩེའི་གཟི་འཛོ་གཉིས།)、表演骑术者 3 人、舞者 7 人、唢呐手两人、孜护法神师有驮内侍(森噶)、侍从中僧徒洛桑桑旦、香灯师洛桑朗旦、土旦次旺,迎水者斯塔、嘉康洛桑金巴、曲康强巴、噶尔章洛桑次成、吉纳香灯师西瓦、协巴洛桑群觉、遍观庙祝洛桑坚赞、贡林香灯师觉宗巴、乃巴洛桑群佩、贡林香灯师尼玛平措、恰藏香灯师扎西顿珠、日光殿香灯师罗桑土旦、极乐殿香灯师洛玛洛桑丹增、译师洛桑群培、年轻管家益西丹增、夏仲洛桑次成、盖扎西、卸任近侍(གསོལ་ཉེར།)斯塔、贡林日光殿香灯师、玛娘多吉次仁、章且南杰群佩;益仓的知宾潘康洛桑尊追、诺章顷则洛桑克珠、素尔康济仲洛桑坚赞;益仓官员门吉济仲强巴南杰、素尔康洛桑达曲、济仲洛桑曲强、古格洛桑尊追、金巴南杰、扎曲曲扎多旦;出家人队伍中有译师绛曲达杰、乃巴南杰群佩、强恰巴洛桑释迦、鲁本洛桑嘉措、印刷师顷则洛桑群陪、济仲南杰群佩、孜恰(原西藏地方政府中设立的管理贷款和财物收支的机构)执事江孜强巴、司祭顷则阿旺罗追、桑聪米玛旺堆、运粮官绛曲南周、庙祝温甲琼、神医洛桑、冲布索朗坚赞、夏仲丹曲、玛素洛桑年扎、盖曲觉、打茶师嘎钦贡嘎南杰、侍读师洛桑格列、侍读盖洛桑赤烈、校勘师洛桑达曲、侍读嘎钦益西嘉措;大老、内人中有卸任司膳阿旺丹增、司钥布隆洛桑次旦、司钥巴丹索巴、司钥洛桑次成、卸任司钥洛桑桑旦、副秘书长济仲洛桑格桑、大骑马官江公次旦、孜恰执事次仁格吉、大管家德饶巴洛桑多吉、孜恰顿康巴南杰桑珠、政府联络总代本拉丁子、仲钦堪布噶饶巴顷则洛桑次仁、台吉扎巴旦增、胞弟公爵扎西旺杰,孜的3名马官、近侍司祭堪布莱普济仲洛桑金巴、轿子仁布切左右近侍司膳司寝各一名、身后打伞盖者、大嘉荫、经师诺门汗仁布切、雪勒空司祭;俗人执事有塞巴顿珠平措、托斯顿珠玉杰、如本当巴、德饶尼玛加布、伦珠林斯塔加布、塞巴平措旺杰、敦康次旺贝巴、王仲、阿吾喇嘛;侍从有索朗布、塞夏斯平、当巴尼斯、查扎顿珠、查姆达珍加布、木工头朱巴达珍、缝纫师伦珠、画师扎西顿珠、顿吉顿次、老骑官索次、缝纫师斯塔次仁、象官、雪勒空护法殿僧人10人,南普瓦(རྣམ་སོ་བ།)4人,故冻巴(སྐུ་གདུང་པ།)和诵经师27人,仲聂、司勒巴、门卫等前后做事的骑队等。

准备起程时,从扎什伦布大寺到第二普陀洛迦布达拉宫居住期间坐垫、旅程中三所依等都要供献,侍奉僧人、迎接送行、仪仗歌舞者、公私胜劣求见者、赏赐物等都要安排,为路途中敬献麦穗酥糕者赐哈达各一条。那日,在河东扎西准备了饮食,班禅坐在行幕的宝座上,大嘉荫、索西喇嘛、大格贵(维那)、内侍等按职位高低依次向大救怙主敬献哈达,班禅回赐护身结并摩顶,然后列坐,日喀则宗代献茶和米饭。(班禅)向两位大法官赏赐哈达各一条、装饰氆氇一匹。启程后,送行至内邬仓卓(ནེའུ་ཚང་།)来了两名僧人送行。(班禅)为他们和日喀则粮台长官赏赐哈达两条、粗氆氇两匹;赐给6位随从章喀银各一两。日喀则军营负责人来到驻地扎雄(བཀྲས་གཞོངས།)送行,(班禅)赐给护身结各一条,并摩顶祝福;为两名汉族官员赐给质劣哈达各一条;为代本的两位文书赐给哈达各一条;为两名如本赐给卡欧;为一名定本(村长或头人)赐给一匹九组缎;赏赐16位随从一匹四面七组缎;赐给全体随从章喀银3两、茶一条,40名抬轿士兵章喀银3两;赏给两位宗本护身结、哈达、缎子各一匹;赐给 6 名奴仆哈达各一条;为负责迎接的赛多坚寺堪布主仆两人、3 名悦众维那、拉章两名仆从、一名总管家等人赏赐有 3 个方形缎褥的七组缎一匹;赛多坚寺40 名仪仗队员、边塞木隆巴(སྤྲན་སེར་མོ་ལུང་པ།)歌舞队 5 名男女领唱者、28 名歌唱者等人向领唱者献哈达各一条、三个方形缎褥一组。(班禅)赏赐做事者辛孜巴(བྱ་མཁན་ཤིང་རྩེད་པ།)哈达、一匹五组三个方形缎褥、茶一包。赛多坚寺喇嘛敬献见面哈达、曼荼罗三所依;寺院全体僧人敬献见面哈达、曼荼罗三所依。参巴(ཚན་པ།)、索西 3 位喇嘛、掌堂师(维那)、措索巴等人分组拜见,班禅赏赐堪布外库哈达;赐给 5 人一组的执事们一种 3 个方形缎褥、茶一包。这天,当地地方政府所献物品是按照火牛道册记载准备的。

二十三日,继续前行,夜宿洛库(སྟོ་ཁུད།)打尖,浦巴路口(岩洞口)出现了迎接队伍,赏赐温寺管家主仆 10 人、甘细(ཀན་གཞིས།)等 17 人五方缎一件,赏赐温寺九方缎 3 件,两位香灯师以两件绸缎,给托庄园管家主仆 5 人每人一件一面绸缎。这天,如前有所献的其他物品。班禅照样赏赐劣质哈达、四方缎一件。

桑珠拉孜(བསམ་གྲུབ་ལྷ་རྩེ།)人男女领唱师 8 人、维那 3 人、普通舞者 30 人中,(班禅)赐给领唱师和维那等人哈达各一条、五方缎等 7 件物品。是日,聚集了一少部分主从(官员及其仆人),应邀来到温寺附近,有温萨寺僧 180 人、群科卫当寺僧 85 人、曲帕玉孜寺僧 22 人、其尼姑寺丹佩曲林寺僧 9 人,以及邬林寺僧人组成的仪仗队迎接,予以赏赐。同时,赏赐甲玛喀巴(རྒྱ་མ་མཁར་པ།)和卡噶尔(མཁར་དཀར་པོ།)等地男女领唱师 4 人、执法者两人、舞者 30 人和洛库、四茹的男女领唱师 8 人、执法者 3 人、舞者 20 人。受到赏赐的还有班岗仲杰玉龙巴(སྤྲན་སྒང་གྲོང་འཁྱིད་གཡུ་ལུང་པ།)等男女领唱师两人、执法者一人、舞者 15 人,扎西琼孜男女领唱师 4 人、舞者 30 人,托庄园殴达钦巴男女领唱师5人、执法者3人、舞者40人。同样(班禅)赏赐8人男女歌舞者。这天午餐时,上述几支歌舞队在温萨寺拉章广场表演。班禅额尔德尼向温萨寺大法会施放僧茶,布施每僧五牌哈达各一条、白银3钱;向大经堂、铜殿各献五种百供一次。大救怙主被迎请到大法会,讲授《兜率上师瑜伽法》,温萨寺管家和寺院(སྤྱི་ས།)共同敬献曼荼罗三所依、日常用具、衣服等。除外,作为回赠和公共基金,赐给两面缎幡、一幅胜幢、汉钹、铙钹等,为献礼的金刚上师、悦众维那、公上、庙祝(香灯师)等六部回赐茶各一条,接受了群科卫当寺公上所献的长顶尖帽、敷具、腰带等;为上述各寺僧人摩顶加持。

是日,大救怙主莅临拉章顶层瞻仰佛像,供献一次五种百供,向罗桑顿珠活佛像献清净内库敬神哈达、白银制有角曼荼罗、精致小幡等;向秘密护法殿(གསང་བའི་མགོན་ཁང་།)献敬神哈达、观世音菩萨像、带套宝剑、火枪等;向克珠桑杰益西灵塔、罗桑旦增嘉措活佛灵塔、罗桑益西像、不去妙音像(文殊菩萨)、药师佛像、立体坛城等献八相敬神哈达各一条,赐给献供者温萨寺11名僧人哈达各一条、白银7章喀。温萨寺拉章顶有印护法殿为8名可怖念诵仪轨比丘僧举行为期两个月的大威德自生先行的五部吉祥怙主、佛母3尊、派卡擦(པེ་ཀྲ།)等的酬补仪轨法会,班禅额尔德尼赐以所需的一切;向群科卫当寺护法殿金刚大威德、六臂护法、阎魔护法神、金刚固佛母、欲界佛母等像献敬神哈达;向观世音像、铜殿(勒玛拉康)、大经堂献五种百供各一次;为温萨寺僧人和洛库多人摩顶加持。

二十四日,从温萨寺启程,达钦巴的歌者们在途中欢迎,班禅额尔德尼赐予哈达;根据惯例为旁波日沃齐(སྤང་པོ་རི་བོ་ཆེ།)的30人仪仗队员发放布施,为日沃齐寺下部迎接的托谿庄园(ཐོབ་གཞིས།)的

6位贵族赏赐五类红缎一匹；为仪仗队中的尼姑寺甲卡寺（རྒྱ་མཁར།）7名僧人、聂木哈寺（ཎ་མོ་ཧའུ་དགོན།）4名僧人、穆藏多吉林寺（སྨྱིང་རྡོ་རྗེ་གླིང་པ།）23名僧人施放僧茶；照例赏赐演唱者中擦尔库（མཚར་ཁྱུག）男女8人、执法者两人、吹唢呐者两人、戴面具的两人共40人。越过娘莫霍尔塔（ཉ་མོ་ཧོར་ཐག）后为迎接的兰库老管理者主仆6人、噶饶寺（དགའ་རབ།）管家主仆、噶饶寺轨范师悦众维那（领诵师）、珠仓巴主仆、日敦巴主仆赏赐物品。行近伦饶（ལྷུན་རབ།）时，帕索噶旦饶吉寺（པ་སོ་དགའ་ལྡན་རབ་རྒྱས།）220名僧人、三昧耶修行比丘5人、查欧修行（ བྲག་སྟོན་རི་ཁྲོད།）10名僧人、且林寺（ཅེ་གླིང་།）50名僧人、其尼姑寺甘丹查巴寺10名尼姑、娘莫塞当寺（ཉི་མོ་སེར་སྡིང་།）15名僧人等组成的仪仗队迎接，班禅为他们施放僧茶，接受了帕索噶旦饶吉寺所献的见面礼物条茶6包，并予以回赐，将一对汉钹作为公积基金；为谿卡4位吹奏海螺、唢呐的人赐给哈达、章喀银各2两；赏给噶饶王（དགའ་རབ་རྒྱལ་པོ།）带套宝剑一把、八瑞相敬神哈达等。杂龙寺（ཙ་ལུང་པ།）敬献公母牦牛12头、哈达两条，贵族颇热瓦敬献曼荼罗三所依、茶食品。来到兰谿卡时，管家准备好了茶、麦、上好食品、饮料等，向班禅额尔德尼献25盘，向经师诺门汗仁布切献11盘。

这天用餐时，向班禅呈献21盘，向经师诺门汗仁布切献11盘；后向班禅再献（རྒྱབ་རིམ།）75盘、3个新鲜全羊肉腔、全牛肉；向经师诺门汗仁布切献25盘、新鲜全羊肉腔一个、牛腿；为内侍、政府联络员、送行者日喀则法官、弟弟公爵等人各呈13盘，为勒参巴（五品僧俗官员）各呈13盘，给仲科各呈9盘、其他人各呈7盘，给驮夫、贵族佣人各呈5盘。兰谿卡管家负责师徒晚上的全部服务工作，向大救怙主敬献曼荼罗身语意三所依衣服全套、上等氆氇卷、沙金、汉马蹄银一锭、章喀银3秤、黄色内衣及紫色件料、曼荼罗身语意三所依、精致衣服、黄金、汉马蹄银一锭等，班禅回赐哈达、茶两包、粮食一箱、衣服件料一匹;赏赐管家长条茶一包,头人衣服件料一匹,佣人哈达 15 条、白银 15 两等。

二十五日,从兰谿卡(ལྷན།)出发,行至绒强钦寺(རོང་བྱམས་ཆེན།,今仁布县境内)休息,为陪送的兰谿卡管家主仆赐给哈达、缎褥;赏赐每一位朋友哈达一条。聂木(ཉ་མོ།,年木,今属日喀则市)的迎接者一直送到兰方向,准备回去时,班禅赐给每人哈达、三方方形缎褥一个。热拉雍仲林寺(或日阿拉雍仲林)[①]堪布主仆 3 人在大竹卡(སྟག་གྲུ་ཁ།)[②]迎接,班禅赐给哈达、方形缎褥一个,给其他朋友赐哈达各一条,赐给日宗主仆 4 人同样的礼品。这样,赏赐了觉旦、拉查谿卡让雄巴、格动邦杂、岗巴、卡恰巴、纳盘巴、吉曼巴、德林巴、吉雄巴、加麻卡尔巴主仆 25 位骑乘者及贵族等人;赐给仪仗队热拉雍仲林寺僧 37 人、曲龙庄园僧 27 人、曲德林寺僧 25 人僧茶僧斋;赏赐主人哈达、缎褥两个,赐随从哈达一条;赐给骑马过来的悦众维那、顷则等 15 人和多杰林寺所属的 22 位骑马者、德吉门卡尔 3 人骑、吉雄 5 人骑等人哈达;为哲宇吉蔡寺 15 名僧人、埃塞多杰林寺 15 名僧人和强钦下寺仪仗队、上寺(ཡང་སྡེང་།)执幡吹螺的人施放斋僧茶。同样,赏赐仁布雪巴两名领唱者、15 名随唱者、强钦地区的两名领舞者、8 名舞者及 15 名演唱者。这年,向塘东杰布像献敬神哈达,赐给表演藏戏者面粉、阿喜哈达、索达哈达(གསོད་བདགས།)[③]、章喀银 15 两、毛呢衣料两匹、九组缎料一匹、大米一包、酒钱 5 章喀、糌粑 50 斗等。救怙主一切智大遍观师徒被请进强钦寺大经

① 西藏苯教最重要的寺庙之一,位于日喀则市南木林县奴马乡境内。始建于公元 7 世纪,9 世纪遭到破坏。1834 年,曼日寺堪布喜饶贡杰的弟子达瓦坚赞在原址的基础上重建雍仲林寺,仿照曼日寺的做法开展宗教活动。

② 位于日喀则市东边雅鲁藏布江上的一个渡口。中尼公路修通前,这里有渡船运送雅鲁藏布江南北两岸的人、车。

③ 一种质量相对较差的哈达。

堂,登上宝座,喇嘛执事们各个非常高兴地手捧内库见面哈达、曼荼罗三所依、衣服用具、茶米代金章喀银 20 两、白银 15 两、汉银 6 两、汉钹、缎匹、白氆氇一匹等祝寿,先后上面食、茶、米等,欢乐无比。所献的三所依、衣物、用具、茶米代金等全部发还,赏赐堪布执事护身结、哈达各一条、两匹九组缎料;向强钦(弥勒佛大像)佛像献 3 次五种百供、一条四寻敬神哈达,将汉钹一对、黄色缎幡、紫红色幡头蓝体幡一对作为公基金,参观了以弥勒佛殿为主的各大佛殿,献上敬神哈达;为迎接的仪仗队员等僧俗上千人摩顶。

在弥勒殿大经堂之上的南寝室歇息时,接受仁布宗献礼,按照上面的做法以准备好的物品赏赐宗主仆;在寝室和大经堂系上柱饰。绒强巴林寺(རོང་བྱམས་པ་གླིང་།)举行为期一个月的七支皈依发心等先行《甘珠尔》和五部《金光明经》念诵法会,前后之间另外召开度母破阵法、尊胜佛母陀罗尼念诵法会,(班禅)提供每天 5 次五种供所需的费用。

二十六日,从强钦寺出发,途中为骑马迎接的索贡寺(སོག་དགོན།)拉基 3 人(3 位上师)主仆予以赏赐。在行幕中,仁巴(རམ་པ།)敬献曼荼罗三所依、衣服件料、氆氇一匹等。(班禅)为仪仗队员雅德索寺 25 名僧人、索孜寺(སོག་རྩེ།)7 名僧人、恰赛寺两名僧人、伦珠曲顶寺 5 名僧人、女尼 10 人等施放斋僧茶。为歌者曲灿卡巴和附近的两名领唱者赐哈达各一条,为 15 名歌者赐两方九组缎一匹。雅德索寺拉基敬献曼荼罗三所依、章喀银 15 两、白氆氇 10 匹、肉腔 9 个、红缎匹为主的九组缎、白银等,班禅予以回赐,并赏赐喇嘛、执事等人护身结、哈达、茶 3 包等,布施每僧章喀银 6 两;赏赐功德林、丹吉林、温曲顶寺、贡嘎德庆群科寺、萨迦、直贡、楚布寺噶玛巴、欧尔竹桑阿曲林寺、策却林、楚布寺的邀请者;在曲灿(位于仁布县境内)间歇时,为迎接的仪仗队等僧俗 700 多人摩顶。

二十七日,从曲灿卡(ཆུ་ཚན་ཁ 温泉)起程,行至绒赞巴(རོང་བཙན་པ།)时为去挂宝幡的管家赐哈达;为前来迎接的浪卡子宗两位宗本赐哈达、缎子各一匹;赏赐桑顶、桑曲、塔曲、甲学、扎西雄、卡隆巴、米巴帕擦当、龙努、桑林巴、尤贡等主仆;照例为仪仗队中桑当寺27名僧人、央曲德寺5名僧人、卡尔曲寺5名僧人、欧曲寺5名僧人、甲曲寺5名僧人施放斋僧茶;赏赐那里的歌唱者。是日,政府(或寺院)派来的慰问者孜仲卡尔纳强巴曲央主仆敬献曼荼罗三所依、达赖喇嘛的慰问信及随函礼内库哈达、附有3两黄金的盖印文书、汉地白马、锦缎一匹,另有内库哈达、水果、食物等。班禅回赠仲涅护身结、中等哈达、白银10两;赏赐朋友们章喀银5两、缎5方。桑当寺拉章献上等曼荼罗三所依、食品;桑当寺活佛献内库见面哈达,表示慰问。

这天,另外又赏赐政府代表茶粮食两包、酥油;赐给骑马随从日喀则张大老爷茶一包、酥油等;为4位雪仲①赐茶一包、酥油等。在此休整期间,派大仲涅去慰问达赖喇嘛,敬献内库哈达;向各位大臣献阿喜哈达。仲涅向达赖喇嘛敬献曼荼罗三所依代金章喀银5两、阿喜哈达等祝福礼品和4匹小马驹、适合于打尖时所用的火灶、马的草料等。班禅照例赏赐负责划船渡河的代本,以及其它来献礼的僧人、宗代表等人,为迎接的仪仗队员为主的僧俗1000多人摩顶。

二十八日,从亚豁出发,途中向夏如昌(ཤ་རུ་སྒང་།)的佛像敬献哈达,赏赐来迎接的东嘎宗宗本主仆和扎龙的8名舞者与7位歌唱者。是日,分别向大怙主呈上油炸食品等20盘,经师仁布切13盘,舅舅台吉5盘,联络员代本拉当子11盘、干事雪仲噶细瓦4

① 原西藏地方政府官员的随从。

盘、日喀则大老爷 11 盘，为索本、森本、却本各上 4 盘，适当赏赐其他人员；为歌舞者等僧俗 500 多人摩顶。

二十九日，从扎玛隆（བྲ་མ་ལུང་།）起程，途径甘巴拉（གམ་པ་ལ།）顶峰女神诺巴尔、胜幢女神臂环等冠冕敬献哈达祭祀；赏赐前来迎接的贡嘎宗本、贤竹林（甲竹林）僧人联络员、德庆群科林寺僧人联络员、格涅札仓的 4 位僧人、甲萨拉章的强佐（匡佐）、萨谿卡代表、甲日谿卡代表、甲吉勒松 10 位头领等；为贤竹林寺 12 名仪仗队员、贡嘎曲德寺 18 名鼓舞队员施放斋僧茶。这日，行至甘巴拉山东侧下部打尖，在行幕中堪琼（副堪布）献见面哈达、曼荼罗三所依、上等慰问品、文函；尤勒的酬补仪轨僧献见面哈达、曼荼罗三所依等。尤勒护法殿举行为期一个月的比丘仪轨实践法会和本尊我生前行酬补、请托、礼赞、摧劝法会，班禅额尔德尼提供赞颂等念诵所需的费用朵玛糌粑等，赐给每僧哈达一条、白银一两；赏赐由贡嘎宗两位宗本派来的连续两天服侍献礼的僧人一定数量质量的物品。

四月初一日，从甘巴拉山东面下部出发来到甲竹南面的甲萨拉章（ལྕགས་ཟམ་བླ་བྲང་།），由僧人们迎请到行幕中登上宝座喝茶、用餐。甲萨拉章敬献阿喜哈达、曼荼罗三所依、氆氇 4 匹、缎子一匹、带头衣料等。班禅退还身语意三所依和氆氇之外的其他物品，赏赐每人护身结、哈达；为全体僧俗摩顶。大救怙主班禅的皮船、铁船的每一个马首上配上宝焰冠冕、外库哈达、神幡。班禅额尔德尼照样赏赐船只管家贡嘎宗本代表一匹三方七组缎；赐给曲水宗本、羌塘谿卡管家甲萨念本、甲萨拉章代表、船只服务人员、曲水地区老人、贡嘎地区差役等人物品。跳舞者提前过江，当班禅踏上船只时献舞；登上地方政府准备的彩虹帐幕宝座后，根据安排为群科央孜寺（ཆོས་འཁོར་ཡང་རྩེ་བ།）25 名僧人、达浦寺（སྟག་ཕུང་བ།）20 名僧人组成的仪仗队施放斋僧茶，并为他们和来自各方的僧俗信徒 3000 多人摩顶。从此出发行至则桑康(འཛོམ་བསམ་ཁང་།),曲水宗本主仆迎接。班禅赏赐绛曲林寺喇嘛执事、塔尔巴林寺喇嘛执事、拉萨贵族等人;为绛曲林寺5名僧人、塔尔巴林寺40名僧人组成的仪仗队施放僧茶;照例赏赐曲水亚松伦布派出的5名歌者、孜阿巴3名歌者、擦尔囊7名舞者。

是日,准备拉丹(ལྷ་ལྡན།,拉萨)行幕的人员知宾曲康杰布、巴饶康管家尼玛杰布、拉姆曲宗主仆先到甲萨竹卡迎接。巴饶康管家尼玛杰布敬献阿喜哈达和曼荼罗三所依。到达曲水行幕,单独赏赐知宾曲康杰布。噶厦派来的慰问者噶准①凯曼敬献阿喜哈达,单独进见时献阿喜哈达、曼荼罗三所依。班禅摩顶并赏赐阿喜哈达、白银5两、衣料一匹;赏赐朋友们护身结、哈达各一条、银两等;为迎接的仪仗队等僧俗多人摩顶。

二日,从曲水起程,途经擦尔瓦囊(ཚར་བ་ནང་།)时为5名萨切僧发放僧茶。雪第巴主仆(ཞོལ་སྡེ་པ།)在达尔吉纳卡(དར་རྒྱས་ནག་ཁ།)的上部迎接,行至江堆(ལྕང་སྟོད།)休息,为江寺18名僧人组成的仪仗队施放僧茶。色拉寺密宗学院派人来敬献慰问哈达、曼荼罗三所依;色拉寺上师们的慰问使者堪布一名、二基索(སྤྱི་སོ།)②热振呼图克图的使者司钥等敬献内库哈达。功德林活佛(译者注:功德林活佛,即达察济咙,有时称达察活佛或济咙活佛。原为昌都八宿桑珠德庆林寺活佛,1674年,第六世济咙阿旺贡觉尼玛在拉萨传召法会上崭露头角,引起第五世达赖喇嘛的注意,并有意培养,悉心教导。1703年,八宿寺及济咙活佛受到康熙帝的册封,逐渐形成了八宿政教合一的“拉章”机构。1747年,第七世济咙罗桑班丹坚赞奉旨前往北京雍和宫出任堪布,1758年在北京圆寂。次年,乾隆帝下诏赐封济咙活佛为“慧通禅师”名号,赏给其弟阿旺罗布“札萨克喇嘛”名号。八世济咙罗桑益西旦白贡布(1760－1810年)是西藏历史上著名人物。1771年,八世济咙奉旨进京朝见乾隆帝,1789年再次奉旨进京,授为掌印喇嘛。1791年,乾隆帝令济咙活佛赴藏协同八世达赖喇嘛掌办商上事务,进藏后与八世达赖喇嘛共同掌

① 负责传达的官员。

② 基索,又译“吉索”,意为“公家”“公上”,旧西藏总管寺庙公共财物收支的机构。

政,期间于1792年开始兴建功德林寺以及格萨尔殿及关公殿,寺院建成后皇帝钦敕“卫藏永安寺”,藏名“功德林”,意为驱逐廓尔喀侵略军,卫藏永安(功德)。颁汉、蒙、满、藏四种文字匾额。1804年,八世达赖喇嘛圆寂,他又继续任摄政。他前后担任摄政达20年。随着达察活佛的影响和地位的上升,逐渐将驻锡地移至拉萨功德林,而八宿桑珠德庆林寺也随之成为功德林的一座属寺。第九世济咙活佛阿旺洛桑旦白尼玛(1811–1848年)曾担任第十一世达赖喇嘛的经师。第十世济咙阿旺班丹曲吉坚赞(1859–1886年)在26–37岁间担任摄政王,寻找认定十三世达赖喇嘛并担任其经师。第十一世济咙阿旺班丹从1875年到1886年间担任摄政,光绪帝赐“通善”名号,从此达察济咙呼图克图被称为“通善呼图克图”。)的使者敬献内库哈达、一箱食品、5布袋水果,表示慰问。班禅额尔德尼赏赐了每一位。

三日,从江堆出发,派仲涅去向卓玛拉康①献心愿敬神哈达。行至聂唐上部时,赏赐等候迎接的热堆寺②堪布主仆3人、扎西岗寺喇嘛执事、哲藏悦众维那、妥隆寺僧人翁曲(悦众维那)、顷则,以及贡嘎宗、热曼谿卡管家主仆等人。在热堆沟口,热堆寺僧200人、曲宗寺僧21人、木巴寺(རྨོག་པ།)寺僧20人组成的仪仗队迎接,班禅按计划施放僧茶。热堆寺敬献曼荼罗三所依和哈达。班禅分别予以赏赐。

这年,达布林护法亲自来请赐,先行顶礼,敬献见面哈达。班禅回赐阿喜哈达、荐新前藏奶酪一桶、茶一包、九组缎一匹等。接近驻地曲米岗时,噶伦学康巴、强钦巴、噶仲等人迎接,献见面哈达,班禅一一回赠。在蒙古族风格的行幕中,更换衣服后,经师热振呼图克图献哈达、三所依、茶、米饭等,相互慰问。饮茶时,班禅赐内库哈达。

第九世班禅在来拉萨受近圆戒时途经住宿的主要地方分别

---

①　位于拉萨市曲水县聂塘区,据说是后弘期初由来藏的今孟加拉高僧阿底峡所建。又说,阿底峡长期在此居住,他圆寂后弟子们为纪念他修建了寺院,取名聂塘寺,因寺内主供阿底峡的本尊卓玛像(度母),故又名“卓玛拉康”。

②　热堆寺,位于拉萨市曲水县聂唐乡热堆村。原为噶当派寺院,后改宗格鲁派。该寺曾是因明学的重镇。每年有许多僧人来此学习。现在寺院的重大法会为一年一次(藏历11月3–28日)的姜古大法会。

为:第一天宿在扎西雄,第二天宿在温萨寺,第三天和第四天住在伦饶,第五天住在仁布的强钦寺,第六天住曲灿卡,第七、八两天住扎玛隆,第九天宿甘巴拉东下部,第十天住曲水,第十一天住江堆,第十二天住曲米岗。

伟大的救怙主一登上彩幕宝座,两位噶伦敬献了达赖喇嘛的慰问礼品内库哈达和他们各自的见面哈达。诸位噶准(བཀའ་མགྲོན།)等随员各献哈达。班禅回赠达赖喇嘛内库哈达;赐给大卓尼所求披单、护身结等;赐给诸位噶伦护身结、八瑞祥、阿喜哈达各一条、四相缎各一匹;赏赐噶准们哈达各一条、章喀银各 3 两;赐噶学巴每人哈达一条、章喀银 3 两。夏尔觉管家(司库)献上 7 包水果;功德林扎萨喇嘛和活佛敬献哈达等慰问品,班禅在茶会上向各位问候,赐给护身结及其他礼物。之后,甘丹寺藏巴康村、甘丹寺拉章、策却林寺管家等敬献哈达,表示慰问。班禅回赐阿喜哈达等,赏赐仪仗队帕德(འཕགས་སྡེ།)40 名僧人、觉木隆寺 150 名僧人、舞蹈者 11 人、乐师 4 人、歌者 21 人、藏戏演员 7 人等。达浦寺活佛献曼荼罗三所依。驻藏大臣派出的各位衙门(ཡ་མོན།)各献礼品等。班禅赏赐两大团体、4 位抬轿者及其他负责人;为仪仗队等来自各方的许多僧俗摩顶。

四日日曜日,40 位杨幡骑士引导着穿着盛装的班禅师徒启程,哲蚌寺喇嘛执事、300 多僧人组成的仪仗队在参涅林卡迎接,按照先例迎请到宝篷中的宝座上,献上茶食果盘等,敬献曼荼罗三所依;按照地位高低为贵族仲科赐哈达各一条,会见喇嘛执事并茶叙;接受所献的三所依、哈达、油炸面食等,给予回赐,赏赐堪布执事每人一条护身结、章喀银 50 两、九组缎一匹、柱面哈达、宝座哈达。

之后,来到鲁顶园林(ཀླུ་ཆོས་ཀྲུ་སྡིངས།),地方政府设灶迎接的地方，噶伦、公爵、扎萨、孜本①、粮台长官、代本②、孜雪的内侍官员、勒参巴等大中小所有的官员都来迎接。班禅在宝帐处下轿，仍然有仪仗队迎接。两位驻藏大臣、笔帖师（སྦྱང་ཅེ། 大秘书）、粮台官、大佬、大臣的法官等人进前问候。大救怙主坐上宝座后，端上茶和米饭，地方政府的贵族（贵族官员）、孜雪全部仲科敬献见面哈达，班禅回赠。

是年，按照达赖喇嘛的旨意，迎接乃琼护法神的仪式在那里进行。接受大护法驾临的莲献（祝寿）内库哈达、三所依，念诵十万《般若经》，逐个献上。班禅回献大护法中等阿喜哈达、五色哈达、曼荼罗三所依代金白银3两、荐新古尔莫③（མགུར། 即མགུར་མོ།）黄金1两7钱、麦茶一包、会供轮代金3两、盛满大米的银碗一个、哈达、白金丝缎一匹、绫3卷、白布等。大护法献茶新（头杯茶），在说是献给洛桑扎巴（善慧称）话的同时，将瓷碗放在伟大救怙主手中，（救怙主——班禅）一口饮下，剩余的自己享用。

另外，班禅表现出了极大的热情和敬仰，向冲拉贡康（འབྲུངས་སྒྲིང་མགོན་ཁང་།）④献内库敬神哈达、观世音菩萨所用带鞘柳叶大刀、心愿物等；赏赐迎接人员米本⑤（མི་དཔོན།）主仆麦如翁曲9人骑、豁卡第巴（庄园管家）6人骑、拉萨会首（སྤྱི་པ།）主仆10人、上下密院堪布主仆4人、孜雪香灯师（庙祝）20人、八郎（བྲ་ལའང་།）15人、地方政府人员15人、雪居民80人、克什米尔人30人、尼泊尔人30人、轿子左右执法者27人、列队军营官民、地监瓦卫两人、希朋4人、汉兵150

① 原噶厦孜康负责人。

② 原西藏地方政府的军队官职。

③ 旧西藏使用的一种货币名称，8个章喀称为一个古尔莫，合藏币1两2钱。

④ 当方土地神护法殿。

⑤ 市民监，原西藏地方政府监视城市俗家居民的官吏。

人、代本两人、如本[①] 4 人、甲本、定本(ལྡིང་དཔོན།)9 人、藏兵 1000 人等不同的礼品;赐给仪仗队员、功德林僧人 70 人、药王山(ལྕགས་པོ་རི།)20 名僧人两次僧茶分量的茶叶及哈达等;为唱歌的雪城墙内外的 5 名乃赤阿热、8 名男歌手、来自官府差民的 7 名女歌手、哲蚌寺属民 10 名女歌手、3 名阿热歌手、乃琼寺 5 名女歌手、踏歌者一名、哲蚌寺豁卡 3 名阿热歌手、泰瓦男歌手 10 人、扎细豁卡所属 7 名舞者和两名阿热歌手、拉曲的 8 名舞者和两名阿热歌者、朗如豁卡所属的 7 名舞者、伴舞者一名、多孔地男歌手 12 名和两名阿热歌者、来自岗地的 8 名歌舞者、打钹者两名、觉摩隆寺的男歌手 5 名、来自朗仲巴男歌者 5 名、伴舞者一名等共 179 人,赐给每人五组哈达一条、七组五色缎一匹、茶一块等。接近布达拉宫时,看见从宫殿顶上下来敲锣击鼓、吹奏法号的人迎接。在日光寝殿(གཟིམས་ཆུང་ཉང་སྲིད།)师徒两人(达赖喇嘛和班禅额尔德尼)会面,相互交换哈达、碰头,伟大救怙主(班禅)向遍知佛自在达赖喇嘛献见面礼内库哈达、身语意三所依、用 20 两白银制作的带堆角曼荼罗、汉地马蹄银 3 两、上等缎 5 匹,每匹外系外库哈达。宫中四等僧俗官员分别向班禅敬献见面哈达、长包等。知宾、司钥、勒参巴、仲科等人依职位高低分别献见面哈达。之后,为拉章的全体主仆上面食、茶、米饭。地方政府设宴,以油炸面食招待,按照职位予以赏赐。

大救怙主班禅额尔德尼起身去拉章顶,途中有仪仗队、歌舞队迎接,吹奏乐者在前面导引,进入下榻的囊斯寝殿。当他登上宝座时,地方政府的各位噶伦、基索堪布、公扎萨、大小司钥等随从按职位高低先后敬献以曼荼罗三所依为主的见面哈达,由地方政府准备了面食、茶、米饭等,摆上油炸面食等后,班禅赠送公噶伦、基索

---

① 如本的兵额规定是 250 人。

堪布、扎萨、大小司钥等在场的政府官员（随员）每人一条护身结，派大知宾向两位大臣送去慰问礼。

自从来到拉萨的那天起，在43天内有地方政府草料管家为公私的全部马骡提供饲料，地方政府为宝骑之外的其他全部马骡提供草料代金。班禅向布达拉宫吉祥天母像献两次酬供物，为木菇寺（མོ་རུ།）8名僧人进行了为期一个月的本尊自生前导静怒吉祥天的酬补、请托、礼赞、催劝、事业、会供、御酒（神饮）等宗教活动所需费用，全部代金章喀银27两7钱，赐给衙役和负尸者①所需物品；按计划为罗布林卡庙祝孜仲赐给勒参巴或仲吉（普通俗官）等下层官员的主仆薪俸，为坐垫管理员②（གདན་གཉེར།）主仆赐给薪俸。

从五日起，拉章顶上每天会见仲甲（司茶官）、贵族恰旺、来自各方和住豁卡的僧俗信众，摩顶授法。

六日，照例会见仲甲。即日起先后为下面的寺院施放僧茶。《三大寺诵经条令序言》载："在日沃格旦南杰林（甘丹寺），佛教宝文殊怙主第二佛之宝教兴盛，凡是在此居住的执教圣人们，尤其是天人之导师大轨范师大遍知遍观佛自在（达赖喇嘛）永远长寿，事业宏伟，遍布十方，众生财源广进、生活幸福，迅速获得究竟十力的地位。特别是从大轨范师佛自在（达赖喇嘛）将受戒学圆满比丘戒，但愿始终没有任何障碍。因此，施放5次僧茶，向宗喀巴金身像献一次五种千供，向赤仁布切献回向礼一对大敬神哈达、大缎佛被、五联缎（གོས་ལྔ་ལ་སྒྲིལ།）、幡（ཕྱང་དར།）、八联绫、汉帷两匹、白布匹；向东北两大轨范师献大哈达各一条、缎子各两匹、绫子各两方；为两位副轨范师和在任五供师献哈达各一条、缎子一方；赐给8位小轨范师薄绫各一方；为1996位僧人摩顶，施放斋僧茶，赏赐章喀银各

① 将拉萨室内的尸体背送至天葬场的人。

② 原西藏罗布林卡和布达拉宫中专管坐垫的人员。

3块,举行度母和白伞盖母禳解法、《般若波罗蜜多心经》禳解法会,祈求成就众生愿望。吉日。”

如此,班禅为其他各寺也集结诵经条令,赏赐5670名僧人白银各4钱5分;为色拉寺3655名僧人和(布达拉宫)南杰札仓潘德勒贤林僧人施放僧茶,为该札仓202人发放白银每人5钱;为哲蚌寺藏巴康村、色拉寺切曼札仓藏巴康村、甘丹寺藏巴康村施放僧茶7次,布施章喀银各一块;为拉莫绛曲觉(ལ་མོ་བྱང་ཆུབ་སྐྱོག)举行的为期一月的大威德自生前行之吉祥大梵天静猛私人酬补、请托、礼赞、催劝等法会提供所需费用,赐给敬神哈达、带套观世音剑。同样,赏赐蔡赛和增姆蔡。为普布觉寺举行的为期一月的与兜率天宫相关的《悲缘赞》(དམིགས་བརྩེ་མ།)、与旭日升母相关的《长寿陀罗尼》《度母白伞盖禳解法》《般若波罗蜜多心经禳解法》等法会所需的费用。另外,还为甘丹丹秀群科林、策却桑丹林、贡嘎曲德等寺院举行的祝寿法会提供费用;为日沃甘丹寺阎摩护法神、甘丹寺藏巴康村的酬补法会、甘丹寺绛孜札仓的吉祥天母、哲蚌寺果芒札仓的吉祥天母、上下密院、色拉寺布盖札仓扎西曲科林①、木菇寺、小昭寺漆面护法等举行的酬补、请托、礼赞、催劝等法会提供所需费用;为扎西宗甘珠尔诵经法会,热振央贡寺为期一月的《兜率悲缘佛母》《长寿陀罗尼》《度母禳解法》《白伞盖般若波罗蜜多心经禳解法》《乃赛瓦食子供》等法会提供所需一切;为策门林、功德林、甘丹丹吉林等寺施放僧茶;赐给贡萨塔却林、噶尔巴日追、甘丹德庆群佩林、日嘉桑丹林、药王山等寺念诵长《寿经》所需的费用;为四名僧人在龙王勒钦哈罗(ཀླུ་ཆེན་ཧ་ར།)和当地土地神像前举行的为期一月的祷祀、会供轮、神饮法会赐给所需费用。

① 色拉寺没有布盖札仓,可能是其属寺。

七日,会见热振呼图克图师徒,接受献礼内库哈达、曼荼罗三所依、优质茶、大米、赛坚茶一箱、十克酥油一包、糌粑30袋、全羊腔5个、犏牛犊3个等。为活佛赠送护身结、阿喜哈达;赏赐每位随从。拉莫神师献上等见面哈达、曼陀罗三所依等。普布觉寺管家献内库见面哈达、曼荼罗三所依等礼品。哲蚌寺拉基、色拉寺拉基、珠康活佛等拜见,敬献曼荼罗三所依等,班禅回赐护身结等。

八日,达赖喇嘛的经师林(གླིང་།)活佛仁布切敬献内库见面哈达、曼荼罗三所依、黄金3钱、章喀银50两、四色缎一匹、茶一箱、氆氇衣料一匹、白粮食一包、缎子一卷等。班禅在茶饭会上回赠仁布切八瑞护身结、内库哈达;赐给强扎(管家)外库哈达(次等级);赏赐全体随从护身结、索达哈达。哲蚌寺藏巴康村全体僧人敬献内库哈达、曼荼罗三所依、茶米、衣服代金章喀银15两。色拉寺藏巴康村敬献身语意三所依、茶米等。班禅为500多名僧人赐茶饭及护身结,并摩顶。

这天,地方政府派两位噶学巴(བཀའ་ཤོད་པ།)来向班禅额尔德尼另献食材、草料、盐等80驮,牛皮包茶8包、12块装茶3箱、15块装茶一箱,酥油15包、全腔干羊肉5条、全腔羊8个等;给强佐岗茶7包、酥油一包、干肉4副、牦牛肉两块、4副全腔羊肉等。

九日(原文为十九日),德仇拉章(སྡེ་དྲུག་བླ་བྲང་།)的强佐扎萨喇嘛敬献阿喜哈达、曼荼罗三所依等厚礼。功德林扎萨僧人献同样的礼物。

十日,策门林活佛献哈达、曼荼罗三所依、茶米。甘丹颇章政府拉基献曼荼罗三所依。

十一日,哲蚌寺罗萨林札仓堪布、执事等60人献曼荼罗三所依、茶、米。贡萨寺强佐等30人献见面哈达、曼荼罗三所依、茶米。下密院堪布代理等20人献同样礼物。在饮茶吃米饭会上,班禅赏赐上述人员护身结。

十二日,达赖喇嘛的亚豁(父系庄园)朗顿(གླང་མདུན།)献内库哈达、曼荼罗三所依、茶米、12块装茶一箱、有10克的酥油两包、全牲肉腔5个、各有3克面粉的驮子3驮、各有3克小麦面粉的驮子8驮、各有3克的草料8驮等。班禅回赠公爵先生洁白的整匹八瑞护身结、阿喜哈达。上密院喇嘛代理、哲蚌寺两位卸任知事僧(铁棒喇嘛——维那)献见面哈达、曼荼罗三所依等。

这天早上,拉莫大梵天(拉莫护法)来到囊斯寝室,班禅赠予法会代金章喀银7两、法会用器白银一盆、油炸面食、糌粑油团一盆、连头全腔羊肉、内库五色哈达、一钱古尔莫新金、茶包、粮包、一马蹄银,每件都以哈达包裹,还有3匹九组缎、带套观音剑。会见结束时,送给法王阿喜哈达、章喀银3两;赐给绛曲觉寺11名僧人和强佐每人章喀银4两,赐全体朋友哈达各一条、章喀银3两等。

十三日,感谢达赖喇嘛从罗布林卡格桑颇章驾临大昭寺,地方政府举行盛大的欢迎仪式。在迎请仪式上,大管家在罗布林卡寝殿门口向达赖喇嘛敬献哈达,焚香先导。在厄旺殿,大怙主班禅迎接交换哈达。然后师徒两人一起行至甘丹央孜寝殿用油炸面食,大管家敬献哈达、曼荼罗三所依等。之后,师徒两人在厄旺殿会面,大怙主班禅站在红色垫子上向达赖喇嘛施礼,敬献内库哈达、曼荼罗三所依。每一位随从人员先后敬献哈达,接受赏赐的护身结。交谈中,师徒双方语气温和,班禅向大怙主、宝座、柱子献上阿喜哈达。

水虎年,感谢天人的伟大导师达赖喇嘛为遍观班禅仁布切授比丘戒,地方政府设宴,送金盘142个、高足托盘133个,共276个(应为275个),连头全羊腔4个、羊腔肉4个、全牛肉半个。

十四日,举行初十法会的60名僧人敬献曼荼罗三所依、茶米及其他礼品多件，班禅给予摩顶加持。从即日起，达赖喇嘛和班禅额尔德尼师徒多次在宫殿会晤，共同饮食，双方心满意足，心向善业，共愿佛教弘扬，众生幸福。

公元1902年，即藏历第十五饶迥水虎年四月十五日（三大节日），极乐净土的光辉怙主，心系解救一切众生，自从掌管人世间以来，穿着黄色的袈裟在无尚甘蔗族（བུ་རམ་ཤིང་པ།）[①]尊者释迦牟尼像前为至尊罗桑赤列土旦确吉尼玛格列朗杰贝桑布授圆满比丘戒。详细过程是：遍观班禅来到后，引香、托垫、香插等引导从三解脱门经过回廊、檀木大门往释迦牟尼像前，房顶上有吹奏海螺和印度乐器的僧人，供物饰品陈设齐备，每尊像前摆放着五种供物。当登上宝座时，香灯师（庙祝）献见面哈达，上面食和茶，班禅摩顶。之后，起身来到释迦牟尼佛像前，站在红地毯上礼拜，敬献律经所说的心愿敬神哈达、衣物等。

然后，达赖喇嘛上座，师徒两人会面。三世诸佛的慈悲本色神圣持白莲花手，即现今的三时金刚持至尊阿旺罗桑土旦嘉措无畏自在胜诸方贝桑布亲自担任剃度堪布，经师林仁布切洛桑隆多丹增赤烈任屏教师（གསང་སྟོན།）[②]，经师洛巴活佛丹增旺秋任报时师[③]，另外15名多闻律经的僧人作为业补足者。这样，在众多具信僧人中间开始再次重温从居士到前戒出家戒之间的诸戒，传授比丘戒。殊胜遍观师站在红地毯上施礼祷告。向供施两人敬献内库哈达、曼荼罗三所依、黄金一两、汉地马蹄银两锭、章喀银两个等。

这时，乃琼护法神师莅临，共同敬献五色内库哈达、汉地马蹄

---

① 古印度佛教创始人释迦牟尼族姓别名。

② 《毗奈耶经》所说的五种轨范师之一，具增添法、离四避法，善于盘诘受戒者有无障碍难处，故名。

③ 按照律经规定：受戒时报知得戒。

银一锭、章喀银一个等。护法向大怙主敬献内库哈达、曼荼罗三所依。结束后，护法陪同师徒两人来到甘丹央孜寝室，按照现在无过圆满仪轨的方式接受近圆比丘戒之法。屏教师悄悄问障，殊胜遍观师班禅和屏教师以念诵六字真言消除障碍，完成后来到堪布、轨范师、僧众中间的心愿仪轨，报时师和第二仪轨师业轨范师完成了十一教诀等预备、正式、结束仪轨，班禅仁布切施礼，敬献哈达、曼荼罗三所依等礼物，为作业者献报仇酬。赐给殊胜遍观食品等。

午前时分，云彩布满大地，达赖班禅师徒两人一起望着云彩逐渐散去，天空之门慢慢打开，越来越明，间或犹如堆积的新酪一样的虚空象(云)伞盖、大宝藏宝瓶等八瑞相、轮等国政宝为代表的有形供物的形象。另外，有时白天是各种颜色的密云，傍晚时分从天空降落大地许多鲜花，奇异之相非常圆满，缘起之节永无错乱，大门敞开。这时，乃琼护法神师到来，照例敬献曼荼罗、哈达等，护法神师极为恭敬。向救怙主佛自在(སྐྱབས་མགོན་རྒྱལ་དབང་།)表达心愿，敬献内库清净哈达、用13两5钱黄金制作的带角金曼荼罗、一钱金堆的器具、银轮、银套海螺、马蹄银一锭、优质缎子9个一组5卷、水晶一包、酥油一包等。心意圆满之时，向救怙主佛自在敬献内库哈达、带角5种银曼荼罗、银质国政七宝、蓝色水晶花瓶一对、各有5两黄金的包3个、马蹄银5个、优质缎子5匹等。同时，为两位经师、甘丹寺赤巴、热振呼图克图、珠康活佛洛桑阿旺丹增嘉措等人敬献章喀银各15两、阿喜哈达各一条，给每个团体章喀银各10两。救怙主佛自在向孜敬献内库哈达、带角银质曼荼罗、身语意三所依、银套白海螺、马蹄银3锭、缎子3匹。卫藏措孜(མཚོ་བཅེམ།)和全体随员共同向孜敬献内库哈达、带角银质曼荼罗、身语意三所依、章喀银一个等。心愿完成时，达赖喇嘛和班禅额尔德尼师徒两人一起瞻佛，首先向释迦牟尼佛像敬献5种内库敬神哈达、用5种中等质量的哈达包裹的带角15两银质曼荼罗、220颗珊瑚串成的背垫、优质缎子做的重复衣（ཟླུམ་སྦྱར། 祖衣）、装满水果的用28两黄金制成的金钵一个、金铜镯、精致铁禅杖、带有誓愿小螺的羊脂玉柄；向天成五位一体像（རང་བྱོན་ལྔ་ལྡན།）[①]敬献5种敬神哈达、3两银质插香曼荼罗；向慈氏法轮像献3两银质插香曼荼罗；向左首文殊菩萨像献内库敬神哈达，心愿如同医药利益佛教众生。另外，分别向其他诸像敬献敬神哈达。

是日，向拉萨大昭寺释迦牟尼像为主的佛像献一次中等千供（སྟོང་མཆོད།）[②]，向小昭寺释迦牟尼不动金刚佛像献五种千供。拉章提供酬补仪轨的酬金（费用）和所有的供品，以表示感谢受近圆戒圆满。达赖喇嘛和班禅额尔德尼被迎请到厄旺殿，先由大管家德饶巴香引，登上不变金刚宝座，西藏的僧俗各大官员贵族等大小执事（职员）列队于前，持宝幢饰品的人员在侧，按例座位安排得非常整齐，舞者献上乐舞等，成为眼耳的盛宴；两位善知识辩论，妙语不断，是一场圆满的喜宴。在集会现场，拉章献给救怙主佛自在曼荼罗，大救怙主的手捧着，用富有深意的语言祈祷。救怙主佛自在赐嘉言，所献礼品中有八瑞相、绘有昼夜恒常快乐图像的内库哈达一对、百两第二宝白银制成的涂以白粮芳香的佛国净土花束、5种内库哈达、印度铜质着衣教主（释迦牟尼）像、《贤劫经》一函、银质菩提塔一尊、衣服乌班（དབུ་ཞྭ།，长顶僧帽）、3种袈裟、披单（僧人披绕肩头和上体的长幅单衣）、半月形大氅、高足瓷碗、承接器（痰盂）、净瓶、白色靠垫、坐垫、白色坐褥、银质法轮、银套海螺、银质国政七

① 传说拉萨大昭寺的泥塑十一面观世音菩萨像内装有一躯蛇心旃檀树中天生观世音菩萨像及松赞干布、文成公主、赤尊公主的灵魂，故名。

② 按照佛教规定用花、香、灯、水、食品等满千数的供品供养，称为千供。

宝、羊脂玉如意、汉式鼓槌、汉地钹、饶钹、银质鹅颈壶、黄水晶花瓶一对、胜乘象牙两个、犀牛角、各有一两黄金的包3个、汉地马蹄银70锭、马厩10秤、章喀银28秤等,以及外库哈达(质量仅次于内库哈达)、缎匹、绫匹、氆氇、汉绸、克什米尔绸、白布等137组。扎什伦布寺的僧俗属部敬献内库哈达、8克一秤黄金35秤、章喀银15秤等。从扎什伦布寺随从的仆人敬献内库哈达、带角银曼荼罗、章喀银11秤等;分别向朗顿和拉鲁公献内库哈达;向4位噶伦敬献内库哈达各一条、马蹄银3锭、缎子11组;向基巧堪布献内库哈达、马蹄银一锭;向热振呼图克图、达擦活佛、经师林活佛、乃琼大喇嘛、江坚公、功德林扎萨、布巴扎萨、热振扎萨、德珠扎萨等人敬献内库哈达各一条。

这天,提供宴会代金章喀银10秤、食品和糌粑代金扎西章喀银30两、中途灶迎代金章喀银10两。赏赐3位乐舞师每人阿喜哈达一条,13位魔石者和舞童、4位牵马者劣质哈达各一条、章喀银共9两、一组缎子。驻藏大臣没有参加宴会,送给裕(纲)大臣和安大臣阿喜哈达各一条、佛像一尊、短香20包、红阿魏(药材名)各20包、细氆氇10匹、朱红色衣料各一匹。赐给札细勒空(原西藏地方政府设在札细寺的造币厂)大老爷和曲米粮台官哈达各一条、长香各11包、氆氇各3匹;8位法官每人哈达一条、氆氇两匹;为驻藏大臣的两位管家赐给哈达各一条、佛像一尊、粗氆氇各两匹、细香15包;赏给两位辩经的格西阿喜哈达各一条、阿喜宝座哈达一条、阿喜柱面哈达两条。

十六日早上,地方政府的四位森噶(门卫)来到班禅寝室拜见,共献内库哈达、曼荼罗三所依,4人分别献阿喜哈达、章喀银各3两等,班禅摩顶并赐护身结。色拉寺哈尔东康村居杰图托云喇嘛共20人拜见,敬献身语意三所依,班禅为他们和其他僧俗多人摩顶加持。这天，扎什伦布寺大嘉央派勒参巴噶仲来献礼慰问，即向大救怙主敬献内库哈达两条、汉地马蹄银一锭、缎子两匹。佛母阁下慰问礼物有阿喜哈达两条、黄金一钱等。为感谢大嘉央和佛母，分别送给阿喜哈达、绫匹和誓愿塔、阿喜哈达等。

是日，为了表示谢意，举行授戒后的酬补法会，3 位噶伦引香迎请达赖喇嘛和班禅额尔德尼师徒两人，莲足登上厄旺大殿由无畏五面自在狮子抬举的金色宝座，汉藏僧俗官员、内部大中小勒参巴依序排列，两位乐舞师、供云乐舞师等人奏乐，唱调婉转，身体多变，好像上趣天神舞师在表演，处在融化智慧之地，穿着三法衣，显得非常美丽；教证知识力量强大的两位善知识献上教证的格言，使耳朵得到享受。地方政府设盛宴，南杰札仓献曼荼罗之后，经师林活佛以师徒两人的知识功德作词致辞，向大救怙主献上吉祥神物、系以 5 种内库哈达的金白粮堆装饰的银质佛国净土庄严相、释迦牟尼像、有包布函头标签腰带的《贤劫经》函、着衣金铜质尊胜佛塔；衣服有班智达帽、袈裟、僧裙、艳丽腰带、披单、大氅、座褥、金刚十字形坐垫、高足烫金银饰古瓷、痰盂器、净瓶、坐垫、白色靠背、银质镀金法轮、银质八瑞相、银质银套饰品、汉地钹、饶钹、鼓槌、珠宝饰犀牛角、胜乘象牙一对、各有 3 两黄金的包 3 个、马蹄银 5 锭、各有 50 两库银包 10 个、有 50 两章喀银的包 25 个、缎匹、绫子、布匹、121 组薄绸。班禅给予摩顶，并赐护身结。向经师诺门汗仁布切献哈达、坎肩、马蹄银一锭、冲银两秤、九组缎 7 匹；布施内侍白银各 5 两，勒参巴各 3 两，中等俗官（དྲུང་འཁོར།）各一两，普通俗官（དྲུང་དཀྱུས།）各 5 钱，驮夫、私人佣人等各一个章喀银。献给两位辩经格西阿喜哈达各一条；赏赐政府三十位乐舞师阿喜哈达 3 条、普通哈达 27 条、章喀银共 15 两、九节缎一匹、普通柱面哈达两条等。

十七日,亚谿拉鲁噶蔡[①]敬献曼荼罗三所依、茶饭等。哲蚌寺藏巴康村敬献阿喜哈达、曼荼罗三所依、茶米饭等,祈祷祝寿,班禅回赐8块装茶一箱。甘丹寺藏巴康村敬献衣服用具代金章喀银25两、彩缎4匹、章喀银25两、藏木香、绿色金丝缎一匹。班禅除了衣服代金,其他全部退还,并赐八块装茶一箱。色拉寺且札仓的藏巴康村敬献曼荼罗三所依、茶米、衣服代金章喀银15两,班禅回赐茶叶,会见献三所依的僧俗多人,并摩顶加持。

十八日,为拉莫蔡赛(ལ་མོ་ཚེར་གསེབ།)、增莫蔡巴扎基(བཙུན་མོ་ཚལ་པ་གྲྭ་སྐྱི།)、哲蚌寺藏巴康村大堪布活佛主仆、珠康法王(སྒྲུ་ཁང་ཆོས་རྗེ།)等多寺来献身语意三所依、茶米饭的僧俗信徒摩顶加持。这天,地方政府的仆从和卫藏大部落迎请达赖和班禅师徒两人到厄旺殿,汉藏僧俗官员列队站在前面,掌管珠宝饰品业的人如前,政府仲科、僧俗部落等僧俗人众长时间敬献最长的哈达、系有五色哈达的银制佛国净土海庄严相、身语意三所依、衣服全套、敷具、厚坐垫、绘有金刚图画的白垫、白色靠背、高脚瓷痰盂、净瓶、章喀银17两、章喀银8秤、缎子10组、白粮食包。班禅回赐章喀银4秤、6块装茶5包、塔克(ཐ་ཀོ།)5包、缎子两匹;接受了卫藏大部所献的内库哈达、系有五种哈达的银制曼荼罗三所依、身语意三所依、各有50两章喀银的包24个、白粮食包、白色金丝缎等。赐给代本本人和代表有八瑞相的护身结各一条;回赐献礼者章喀银共100两、缎子两匹、6块装茶5包。送给经师诺门汗仁布切哈达、白银15两等。赏给两位辩经的格西阿喜哈达各一条、阿喜宝座哈达一条、陈其柱面

① 拉鲁噶蔡,即拉鲁家族,西藏贵族,为第八世和第十二世达赖喇嘛的父亲庄园(尧西)。开始于第八世达赖喇嘛的父亲索南达吉。他有三子,长子索诺木达喜被乾隆皇帝封为辅国公,第八世达赖喇嘛是第三子。索诺木达喜的长子罗桑图登旺秋是第四世哲布尊丹巴活佛。第八世达赖的一个堂侄被认定为第七世班禅活佛。1858年,清朝中央政府下令第十二世达赖家族和第八世达赖家族合居,从此两家合二为一。

哈达(དི་ཅི།)两条。这天,达赖和班禅驾临寝宫,交换心愿敬神哈达。

十九日,下密院阿仁巴格西嘉木样土旦、掘藏师索朗杰布敬献曼荼罗三所依、僧茶、米饭。班禅为上茶米的僧俗多人摩顶加持。是日,噶厦迎请达赖和班禅师徒两人到厄旺殿,油炸面食盛会上,接受所献几种上等礼物、身语意三所依、衣服用具、八瑞相、国政七宝、法轮等的代金章喀银50两、章喀银13秤、缎子10匹、连头氆氇4卷、水果4包、佐4包、白粮食一包、白色金丝缎,回赐四噶伦每人八瑞相护身结一条、内库哈达各一条、马蹄银共一锭、章喀银3秤、缎子10节等;给两位辩经者阿喜哈达各一条、宝座阿喜哈达一条、柱面阿喜哈达两条。

二十日,接受木菇寺堪布、执事、僧徒的十地仪轨(又称"十处仪轨")祝寿祈祷和所献的曼荼罗三所依、茶、米饭、章喀银100两、水果一包、缎子一节等,回赐护身结、章喀银25两、条茶一包、缎子两节。

贡萨寺强佐和基萨(སྤྱི་ས།)[①]分别敬献曼荼罗三所依,寺院还献茶饭。班禅为敬献三所依的许多僧俗摩顶。这天,在甘丹寝宫达赖喇嘛(救怙主佛自在)为班禅额尔德尼(大遍观救怙主)讲解《菩提道次第乐道面授法》一节和《妙吉祥五本尊长寿灌顶加持法》等,孜(达赖喇嘛)首次赠送慰问礼顶级内库哈达、7两银制曼荼罗束并有5钱黄金网、五色中等神物。班禅赠送内库哈达、曼荼罗三所依、托足银曼荼罗、汉地马蹄银3锭、章喀银两秤、缎子5匹等,作为报酬。

二十一日,西藏地方政府的孜仲堪布桑帕尔益西巴丹(བསམ་འབར་ཡེ་ཤེས་དཔལ་ལྡན།)主仆敬献内库哈达、曼荼罗三所依、茶饭。噶伦

① 公地,或指寺院。

谢扎来寝室拜见,敬献内库哈达、曼荼罗三所依、茶米饭、黄金一两、汉地马蹄银一锭、12 块装茶两箱、有酥油 13 克的包一个、各有 3 克细糌粑的小皮口袋3 个、各有 3 克中等糌粑的袋子8 秤、各有3 克草料的捆子 10 捆、各有 3 克麦粉的驮子 4 驮等,全部接受。回赐金银时,还赐红色护身结、内库哈达、黄色衣料等。扎雅琼仓活佛(བྲག་གཡབ་ཆུང་ཚང་།)等人敬献曼荼罗三所依。班禅为僧俗上千人摩顶加持。

二十二日,近侍总堪布宇妥巴进见,敬献曼荼罗三所依、茶和米饭、内库哈达、黄金一两、汉地马蹄银、章喀银一秤。班禅回赐护身结、内库哈达、杭州黄色缎料等。这天,哲蚌寺翟霍尔康村(ཧོར་ཁང་།)[1]执事、僧民 400 人献三所依、食品,甘丹寺绛孜札仓堪布献三所依,法王活佛献三所依等,班禅为他们摩顶。

二十三日,拉莫法王[2]拜见,敬献内库哈达、曼荼罗三所依、茶和米饭、水晶箱一对。夏基孜仲(ཞོལ་སྐྱི།)献身语意三所依、茶米饭、缎子衣料等,班禅赐给护身结。哲蚌寺藏巴康村献赆仪哈达、身语意三所依、茶米、3 件衣服的代金章喀银 10 两。班禅为献三所依的僧俗多人摩顶加持。这天,救怙主遍知佛自在达赖喇嘛在地方政府随员的护卫下驾临罗布林卡格桑颇章,护送大管家引香走在师徒前,当大救怙主备护送至三界殿门口时,师徒两人交换哈达。在罗布林卡的油炸面食宴会上,大管家敬献内库哈达、曼荼罗三所依等。

二十四日,策却林寺的管家、知事、僧众敬献内库哈大、身语意三所依、茶饭、章喀银 50 两、三色缎子、朱红色衣料、8 块装茶一箱、水果一包、白粮食一包、缎子一匹等。班禅回赐强佐(管家)哈达、

---

① 又译朱诿霍尔,四川甘孜一地名。这地方在哲蚌寺学习的僧人住翟霍尔康村。

② 又称“拉莫吹忠”,因地名而得名,为过去西藏最著名的四大护法神师之一,噶厦专职护法。每遇大事必请拉莫护法降神决定。

护身结、精致上衣、条茶一包。堪仲绛丹夏仓敬献三所依礼品、茶米、8 克黄金一秤、汉地马蹄银一锭、章喀银一秤、杭州黄缎一卷、优质缎两匹、连头衣料一件等，班禅摩顶并赐护身结，为其他敬献三所依的僧俗多人摩顶加持。

在十三四岁时，多麦地区的一位大喇嘛来此朝圣，见到经师金刚持；在永增岗（经师殿）共居时，遍知仁布切问他从哪里来？向那位僧人献了一条阿喜哈达，并说："后世您必须做我的经师。"经师仁布切对喇嘛说："那时您年岁已高，我的喇嘛年纪轻，是您自己确定的。"这方面，卸任密咒师塔尔巴呼图克图（འདར་པ་ཧོ་ཐོག་ཐུ།）来到摩诃支那（中国内地）时，请教遍观仁布切以前经师金刚持所说话的真实性。遍观仁布切说："是真的（是那样），原来弥勒殿修建之前喇嘛已圆寂，他的念珠给了我，现在仍然挂在弥勒佛像的颈上，所以如果你们发愿，向弥勒佛已发过愿。"这样，后来的救怙主第十世班禅出生多麦、长期住塔尔寺就是当时确定的。

二十五日早晨，遍知遍观救怙主主仆参加为战神主尊乃琼大法王举行的酬补法会，护法迎请，两位大师互换哈达，献五色仲达（སྙན་དར།）内库哈达、茶一包、粮食一包、九节缎一匹、曼荼罗代金白银 5 两、德觉（རྟེན་འགྱོགས།）内库哈达、用具代金等，同时还献黄金 3 两、汉地马蹄银一锭、章喀银 5 秤、缎子 5 匹等。护法敬献见面哈达、三所依、佛经等。班禅为札仓提供全天的费用白银 18 两、布施 145 位僧人每人劣质哈达一条、4 钱 5 分白银，共计 65 两 2 钱 5 分；赐给庙祝大喇嘛内库哈达、黄金一两、汉马蹄银两锭、章喀银一秤、缎子一匹，作为报酬；赏赐活佛阿喜哈达、白银 10 两，赐德夏（ཞི་ཞབས།）阿喜哈达、白银 5 两，赏给仲译（秘书）劣质哈达、白银 2 两、缎子两匹，内外老管家和 4 名年轻管家每人一般哈达（卡其）一条、白银 3 两，上下随从 11 人每人白银 1 钱 5 分，40 名侍从白银 3 两；

向孜雪佛像敬献敬神阿喜哈达3条、中等哈达5条、蒙古哈达25条、真且(ཧྲིན་ཀྱི།)哈达50条、索达(བསོད་བཏགས།)哈达20条、宝座柱面哈达3条等。

这天,乃琼以油炸面食等盛情招待班禅师徒,乃琼札仓香灯师堪布、乃琼活佛等人向大救怙主班禅敬献哈达、身语意三所依,向所有随从发放布施。乃琼札仓全体僧人诵经祈祷祝寿,班禅予以赏赐。回到囊斯寝室,照常召集茶会。

二十六日,南杰札仓[1]的金刚阿阇黎、悦众维那(翁曲)、执事、普通僧人等175人敬献曼荼罗三所依、茶和米饭、白银50两。堪穹[2]洛桑扎西主仆敬献身语意三所依、茶饭,班禅额尔德尼为多名献礼者摩顶加持。

是日,大救怙主师徒来到罗布林卡,向达赖喇嘛祝寿。为灶房赐给质劣茶一包、酥油4克;为酪糕店赏赐黑茶一包、酥油3克、供品等之代金白银15两;给南杰札仓普通茶(ཀོ་ཚེ།)一包半、酥油6克、米10升、全腔羊一个、擦锅油六秤等之代金白银10两7钱5分;赐给两大部门三等哈达各一条、缎子各两匹、绫子3匹;赏给4名中级僧三等小哈达各一条、缎子各一匹,6名小僧人三等哈达各一条、八瑞相旗两面。为献礼的707名札仓僧人赏赐哈达、白银各一两。札仓僧结合迎请、洗礼、献曼荼罗、祈祷、祝福等,请班禅额尔德尼来到救怙主佛自在达赖喇嘛跟前,手捧曼荼罗,口诵有关身语意大功德之词,亲手献上深广之祈请之物曼荼罗三所依、法轮、法螺。达赖喇嘛非常恭敬地接过礼物,回送祷词。真正献给达赖喇嘛的寿礼有清净内库哈达包裹的50两白银制作的芳香曼荼罗束鬘、五色内库哈达、珊瑚长寿瓶松耳石装饰的响铜质无量寿佛

---

① 即布达拉宫的南杰札仓。

② 原西藏地方政府四品僧官。

像，宝座帷幔衣服即黄缎衣、夹板、书带、函头标签、腰带等俱全的《贤劫经》一对，狮子、莲花、璎珞、花鬘等相饰的银质尊胜佛塔，还有冠冕、袈裟、披单、皮袍、坎肩、腰带、半月形大氅、瓷碗等，以及痰盂器、净瓶、优质缎子制作的华盖、缎子靠垫、坐垫、金刚图画、金黄色轮台、系有五色哈达的银套白海螺、汉式鼓槌、汉式钹、汉式凉扇一对、各有 3 两短黄金的包 3 个、马蹄银 50 锭、达察（ཏ་ཚགས 的音译）10 秤、章喀银 45 秤、外库哈达、优质缎子、绫、白布，各种布匹共 115 种。赐给兄长公、噶伦贤珠、基巧总堪布、噶伦喇嘛等 4 人内库哈达各一条、章喀银各 30 两；赐给近侍贡林扎萨、乃琼神师大喇嘛等人阿喜哈达各一条、章喀银各 20 两；赐给卸任司寝达尔汗和在任司寝、司膳、司祭等 4 人阿喜哈达各一条、章喀银各 15 两；赏赐八大近侍堪布、21 位小堪布共 29 人每人阿喜哈达一条、章喀银各 12 两；赐给一名侍从喇嘛（མཆོད་ཞབས）阿喜哈达一条、章喀银 4 两 5 钱。赐给知宾、勒参巴等 39 人质劣哈达各一条、章喀银各 4 两 5 钱；赏赐来自各地的 6 位执事每人卡奇哈达（一般哈达）一条、章喀银 4 两 5 钱；赐给同仲科（དྲུང་གཏོགས）①、学字的共 39 人每人卡奇哈达一条、章喀银一两。

二十七日，喜德札仓（བཞིས་སྡེ）、贝饶康管家尼玛杰布（དཔལ་རབ་ཁང་གཉེར་ཉི་མ་རྒྱལ་པོ）、拉莫绛曲觉（ལ་མོ་བྱང་ཆུབ་ལྗོག）、下色拉寺包热果索活佛（སྤྲུལ་ར་སྒོ་སོག）、夏尔巴活佛、达波林寺（དྭགས་པོ་གླིང་）法王等敬献见面哈达、曼荼罗三所依。是日，大遍知遍观救怙主师徒参观了小昭寺和布达拉宫，并向布达拉宫佛像敬献一次中等千供。据南杰札仓收条记载，配给了所需的费用等；向扎西欧巴灵塔（གསེར་སྡོང་བཀྲ་ཤིས་འོད་འབར། 吉祥放光）敬献四寻②长敬神哈达一条、带纹银质曼荼罗一

① 地位稍低于仲科的人。

② 相当于 16 肘。

尊;向五世达赖喇嘛灵塔世界一庄严献四寻敬神哈达4条;向观自在菩萨洛格夏热(ལོ་ཀེ་ཤྭ་ར།)①像献上等五色哈达、金铜质曼荼罗、用108颗蚌壳制成的项链、念珠末端大珠和蚕豆大子母绿(翡翠石,梵语称“摩羯”)、3颗珊瑚等;向时轮立体坛城殿献用8两白银制成的曼荼罗。总之,向所有的拉康(佛殿)献阿喜哈达各3条、中库哈达(བར་མཛོད།)②6条、外库哈达(ཕྱི་མཛོད།,一般哈达)10条、索达哈达50条、有八瑞相和自在母图案的哈达31条;为8名造供师(制造供神食品的僧人)提供每天的费用共计代金5两5钱,同时提供5条索达哈达作为宝座和柱面哈达。

这天,在小昭寺礼拜时提供千供的原料,向觉沃弥觉多杰(释迦牟尼不动金刚像)献优质五色敬神哈达、用中等五色哈达包裹的黄铜鎏金曼荼罗一尊、有225颗珊瑚的项链一串、上品金丝缎祖衣③、锡杖(禅杖)等,并诵经发愿。同时,向怙主狮面母献上品敬神哈达、观赏物火枪器一对;向八大声闻弟子和四大天王像各献一条上品八瑞相敬神哈达,共20条。

二十八日早上,在三界殿参加拉莫大梵天祝寿法会,献上丰厚物品,会供(ཚོགས་འཁོར།)曼荼罗代金白银3两、会供物室内器物银盆一个、酥油炸面食、带头羊腔、新酒、上品五色哈达、五色哈达包裹的八瑞相银曼荼罗、古尔肖黄金3两、茶粮一包,上身有龙凤图案、腰间有狮子野兽图、下身有水鳖(摩羯)鱼等图案的油漆皮革铠甲(犀甲),以及缎带犀牛皮头盔、五顶头骨骷髅上有佛像的珠宝装饰

① 又称“阿雅洛格夏热”,即圣观自在菩萨像,据传是松赞干布时期派人从印尼交界地区的森林中取白檀香木制作而成的。当树被截断时树芯中有天然形成的像圣玛嘉里、圣乌冈、圣吴迪、圣洛格夏热,分别供于尼泊尔的央布城、印尼交界处、西藏的吉隆和拉萨的布达拉宫。相传,1608年因战乱洛格夏热像流落到青海蒙古族聚居区,1643年青海蒙古女王塔赖贡吉用重金赎回献给五世达赖喇嘛,成为布达拉宫的镇宫之宝。

② 中等质量。

③ 重复衣,僧人衣服之一种。

物、纯金锤打的宝焰顶上有右旋海螺图的饰品、缎子胜幢、小旗、有白绳剑套的剑、护身结、头发等，详见火年记载，还有汉地马蹄银一锭、马蹄银一秤、章喀银一秤等，五种绸缎、一套上好的种马马鞍。供神一结束，班禅额尔德尼赏赐法王阿喜哈达、白银 50 两、油炸面食 5 盘；赐给强佐一般哈达、章喀银 4 两、油炸面食两盘；赐予 13 名会场排位者、两名吹唢呐者、5 名高级侍从每人一般哈达一条、章喀银各 4 两。

这天，在寝室会见时，噶伦雪康娃和噶伦喇嘛扎西康巴两人各自敬献内库哈达、曼荼罗三所依、茶米、黄金各一两、章喀银一秤、12 块装茶各一铁箱、细氆氇各 4 匹、朱砂红衣料各一件、白粮食各一包。班禅额尔德尼接受其他所有礼物，返回黄金白银，回赠两人上品哈达各一条、杭州产黄色衣料各一件。噶伦喇嘛另外敬献马头金、题字红黄色缎子一匹等。哲蚌寺拉基敬献哈达、曼荼罗三所依、茶和米、内库哈达、章喀银 50 两、缎子两匹、10 条一般哈达两捆、套头衣料一件、水果一包、白粮食一包，班禅给予回赐。

哲蚌寺果芒札仓敬献曼荼罗三所依、茶米、章喀银 30 两、蓝色四相缎一匹、紫色缎一匹、5 条一般哈达装两捆、白粮食一包、九组缎一匹。班禅回赠质劣哈达和八条装茶一箱。色拉寺哈尔东康村敬献身语意三所依、茶米。尼木杰且蔡（རྒྱལ་བྱེད་ཚལ།，能胜苑）寺敬献哈达、曼荼罗三所依、茶米、白银 42 两。班禅回赐条装茶一包等；另外会见了敬献三所依、茶米的许多信徒。

二十九日，哲蚌寺洛赛林札仓堪布等执事敬献见面哈达、曼荼罗三所依、茶米、章喀银 100 两、缎子 3 匹、五色一般哈达、纯白色哈达、条装茶一包、朱红色衣料一件，以及其他料子。班禅收下白银，其他全部还回，共 12 种一箱。阿沛之子和孜仲强曲，哲蚌寺包热康村（སྤོམ་ར་ཁང་ཚན།）等僧人拜见，敬献身语意三所依。同时，班禅会见了其他僧俗多人,诵经加持。

这天,拉鲁公来寝室拜见,敬献曼荼罗身语意三所依、食品、见面哈达、优质羊脂玉碗一个、上等眼镜一副、新出黄金一颗等。班禅回赐内库哈达、汉地马蹄银一锭、章喀银 50 两、次等衣料一件等。

三十日,甘丹寺拉基敬献曼荼罗三所依、茶米、衣服代金等共计章喀银 50 两、条装茶一包、绸缎等。色拉寺麦札仓和且札仓各自敬献见面哈达一条、曼荼罗三所依、章喀银各 50 两、缎子各一匹、杏子一包、九组缎各一匹。班禅回赐缎子、茶各一条。色拉寺拉基敬献哈达、曼荼罗三所依、食品、白银 50 两、缎子 3 匹、茶一包、朱红色衣料一件、水果一包、九组缎一件,班禅回赐水果、毛呢、缎子等。另外会见了许多敬献《般若经》和三所依的僧俗信众。

五月一日,色拉寺阿巴札仓(密宗学院)敬献上品哈达、曼荼罗三所依、食品、衣服用具代金章喀银 15 两、所献章喀银两秤、缎子 3 匹、茶一包、套头衣两件、水果两包、缎 9 组;请法礼品有身语意三所依、缎子一匹、茶一包、缎一组、衣服代金、章喀银两秤等。班禅将所献礼品全部还回,并赐 12 块装茶一箱、九组缎等。

功德林呼图克图敬献上品见面哈达、曼荼罗三所依、食品、衣服用具代金章喀银 50 两、有黄金的包两个、各有 50 两章喀银的包两个、四相缎两匹、案板、色布 5 匹、套头衣 3 件、3 包茶、水果 3 包、白粮食一包、缎子等布料两种。传授经文的礼品有身语意三所依、食品代金、衣服代金、黄金 2 两、四相缎两匹。大师全部退还,并赐给呼图克图护身结等内库哈达、佛像一尊、红色氆氇 3 匹。

热振呼图克图敬献上品哈达、曼荼罗三所依、食品、衣服用具代金章喀银 15 两、黄金一两、章喀银 50 两、紫色四相缎一匹、蓝色库缎一匹、阿尔班(འར་སྦུག)一匹、茶八块、3 包茶等;长寿灌顶随函礼品有上品哈达、曼荼罗三所依、祷祭代金章喀银 25 两、汉地马蹄银一锭、章喀银一秤等。班禅额尔德尼退还一锭汉地马蹄银、50 两章喀银、缎子、条茶等,并赐给呼图克图护身结、内库哈达、紫色呢子等。

宇拓公敬献曼荼罗三所依、食品、内库见面哈达、有 50 两章喀银的包一个、带花黄色衣料一匹、套头衣料一件、带纹细氆氇 3 捆、一包茶、一包酥油、一包白粮食、九组缎等;请求长寿灌顶的祷祭代金白银 8 两、内库见面哈达、功德曼荼罗三所依、有 50 两章喀银的包一个、缎子一匹、带头氆氇衣料一件、8 块装茶一箱、水果药物一包等。班禅在退还的同时赐给护身结、哈达、章喀银 50 两、缎 9 组、一包茶等。

普布觉寺拉章敬献内库哈达、曼荼罗三所依、食品、50 两银包、紫色四相缎一匹、蓝色缎一匹、黄色哔叽两面、12 块装茶一箱。班禅接受了缎子一匹和白银,其余退还,并赐给强佐哈达、护身结、上衣一件。

密修院共同敬献阿喜哈达、曼荼罗三所依、朱红色衣料一件、6 块装茶一包等。班禅额尔德尼退还茶包,并赐以缎子为主的一组礼物。拉章全体服务人员敬献阿喜哈达、曼荼罗三所依、朱红色衣料、章喀银 7 两 5 钱、6 块装茶一包等。大师退还白银和茶,并为每人赐给护身结、哈达、缎子一组等。

前藏代本擦绒巴[①]敬献上品见面哈达、曼荼罗三所依、食品、缎

① 指擦绒达桑占堆(1888 - 1959 年),他出身贫寒,出家色拉寺,从 12 岁开始随侍十三世达赖喇嘛左右,两次外出,学会了蒙古语。1912 年,擦绒噶伦旺秋吉波父子死于清洗中,十三世达赖喇嘛回来知道此事后出于同情,将达桑占堆入赘擦绒家。作为擦绒家的继承者,他很快晋升为藏军总司令,接着又被任命为噶伦、司伦,成为西藏最有权势的人物之一。十三世达赖喇嘛圆寂后,他失去权力,只剩下"台吉"头衔,于 1959 年去世。

子一匹、土尔扈特所产黄色氆氇件料、赤色件料、12块装茶一箱、蔗糖一包、白粮食一包等。班禅额尔德尼收下了缎子、茶、赤色件料,其余全部退回,并赐给护身结、哈达、缎子等料子。

珠康活佛敬献哈达、曼荼罗三所依、食品、汉地马蹄银一锭、缎子一匹、12块装茶一箱等。班禅回赠哈达、护身结、茶一包、缎子件料,会见以敬献身语意三所依的上密院卸任堪布为首的僧俗多人并加持。密修院献三所依。

初二日,地方政府的大小司钥、大小勒参、内侍(ནང་མ།,囊玛)、大中小僧俗官员、同仲科等人敬献哈达、身语意三所依、食品、各有一两黄金的包3个、汉地马蹄银两锭、章喀银10秤等,请求班禅额尔德尼讲授与《兜率天法》相关的缘慈法、《香巴拉祈愿法》等。班禅额尔德尼接受了献礼,退还了5秤章喀银,并按照官职大小分赐护身结、12块装茶一箱、缎9组等。

拉莫法王敬献内库哈达、曼荼罗三所依、食品、衣服代金章喀银50两、黄金3两、汉地马蹄银两锭、章喀银5秤、缎子5匹、茶15包、酥油一包等,临别时敬献优质布鞋一双、优质黄色氆氇两匹、唐徐帽一顶。班禅额尔德尼退还礼品的同时赐给寺院护身结、阿喜哈达、汉地马蹄银一锭、章喀银一秤、杏子一包、衣料一件;赏赐其他人护身结、卡奇哈达各一条、十二块装茶一包、缎子衣料一匹;赐给佣人每人护身结一条、卡索哈达一条、茶两包、九组缎一匹。

甘丹寺绛孜札仓和夏尔孜札仓各献见面哈达、曼荼罗三所依、食品、白银各25两。班禅额尔德尼退回茶等礼物。

代本仁巴敬献内库哈达、曼荼罗三所依、食品、蓝色四相缎一匹、赤色件料一匹、沉香色件料一匹、辨色件料一匹、带纹呢子三匹、蔗糖一包、杏子一包等,班禅退还衣服件料两匹、一包蔗糖、一包杏子、一包大米等，并赐给护身结、阿喜哈达、九组缎等。

多仁敬献内库哈达、曼荼罗三所依、食品、水果两包、赤绿件料各一匹、12 块装茶一箱、酥油一包、细糌粑 3 秤、豆子 5 秤、白粮食一包等。班禅额尔德尼回赐氆氇件料一匹、一包水果、护身结、阿喜哈达、上等件料一匹、一包茶等。

孜堪仲洛桑赤烈敬献内库哈达、曼荼罗三所依、食品、6 块装茶 3 包、糖一包、红色件料一匹、辨色件料一匹。班禅退还糖包件料等，并赐护身结、阿喜哈达、上等件料等。另外，回见了抬负三所依和食品的许多人，并摩顶加持。

这天，大怙主师徒在地方政府人员骑马保护下来到罗布林卡格桑颇章，师徒（达赖喇嘛和班禅额尔德尼）会面，为所有的随从举行宴会招待，上茶结束后，端上油炸面食，并伴有舞蹈，作为送行的赆礼，所有夏仲按照职位高低向达赖喇嘛敬礼辞别。政府的赆礼有世间最长的哈达、用 50 两白银制成的银曼荼罗、身所依教主释迦牟尼像、语所依《贤劫经》、意所依装饰的银质尊胜佛塔、衣服全套，包括冠帽、袈裟、皮袍、僧裙、腰带、披单、半月形大氅、坐垫，马蹄银 7 锭、楚多银 3 块、章喀银 15 秤等，以缎匹为主的料子 35 种、6 块装茶 3 包、水果和粮食共 17 包、粮食和茶 30 包、六个装罐头食品 200 件、曲靖茶 250 包、上中等品氆氇 105 匹、白色细氆氇 100 匹。为达赖喇嘛浅灰色新马配上鞍鞯一套和其他合适的东西，另外有一批备用马、普通马、白粮食一包、白色缎子为主的料子。为随从按照职位高低分别赐予护身结和赆礼。为地方政府舞蹈队员赐给每人护身结一条、哈达一条、章喀银共 15 两，以及缎子等。全部仪式结束后启程时，从拉章囊斯寝室座上向地方政府的噶伦雪康娃、彭康公为首的全体人员赐护身结和哈达。

初四日,尧西朗顿[①]敬献内库哈达、曼荼罗三所依、食品、黄金包一个、白银 50 两、缎子两匹、10 块装的茶一箱、有 12 克酥油的包 3 个、带纹细氆氇 6 匹、水果一包、缎料等。班禅额尔德尼退还一两黄金、一包白粮食、缎料等,并赐内库哈达、汉地马蹄银一锭、杭州产黄色件料一匹等。

初六日,拉章强佐主仆 50 多人敬献上等见面哈达、曼荼罗三所依、茶米饭、汉地马蹄银一锭、杭州产黄色缎子一匹、12 块装的茶一箱、朱砂红件料一匹等,请求讲授香巴拉祈愿法、三世怙主法、长寿天 3 尊陀罗尼等。班禅讲授了所求法,并赐护身结、阿喜哈达,退还了部分献礼。

任粮台长官的帕拉堪琼(ཕོ་ལྷ་མཁན་ཆུང་།)敬献内库哈达、曼荼罗三所依、食品、白银 50 两、缎子一匹、朱红色件料一块、带纹细氆氇 3 匹、12 块装的茶一箱等。班禅额尔德尼赐予护身结、阿喜哈达、缎子件料等。

噶伦谢扎敬献内库哈达、曼荼罗三所依、食品、黄金一两、缎子两匹、带纹细氆氇 4 捆、公孜红色缎子两捆、10 块装茶 3 包、白粮食一包、缎料等,请求传授长寿灌顶。班禅额尔德尼回赐护身结、内库哈达、缎子衣料一匹等。

江洛坚公爵敬献内库哈达、身语意三所依、食品、白银 25 两、缎子两匹、12 块装的茶一箱、准巴江米一包、红绿衣服件料两匹、白粮食一包等。班禅退还了部分礼品,并赐护身结、阿喜哈达、上等缎子衣料等。

---

① 朗顿,原为地名,后来成为庄园名称,又是家族名。1879 年年仅 3 岁的图登嘉措成为十三世达赖后,其全家从工布江达迁到拉萨。按照传统做法,噶厦划拨给他们大量的田庄(庄园),达赖的父亲贡嘎仁钦被清朝中央政府加封为公爵,赏给红宝石顶戴。从此有了尧西朗顿家族。十三世达赖的弟弟顿珠多吉后来也被封为公爵,他的儿子朗顿贡噶旺秋 14 岁进入噶厦供职,21 岁(1928 年)升为司伦。达赖圆寂后,他协助摄政热振活佛共同处理政务。1939 年 3 月,退出了噶厦的最高权力层。1965 年西藏自治区政府成立后,他出任副主席。后任全国政协委员,自治区政协副主席。

嘉波日巴（ལྕགས་པོ་རི་པ།）敬献见面哈达、身语意三所依、食品、一包茶、衣服件料等。噶仲诺囊巴敬献哈达、曼荼罗三所依、食品及其他礼物。

热振呼图克图敬献赆礼内库哈达、身语意三所依、上等红色氆氇一匹、章喀银50两、芒果一箱、枇杷一箱、12块装的茶一箱、缎子一匹。

乃琼札仓敬献身语意三所依和赆礼。班禅额尔德尼会见了哲蚌颇章卸任司钥为代表的许多抬三所依和食品的人。

七日，堪仲公堂巴敬献曼荼罗三所依、食品。粮台官之子敬献曼荼罗三所依、食品、朱红色衣料一件、12块装的茶一箱。

多仁敬献曼荼罗三所依、食品、水果两包、赤绿色件料两匹、12块装的茶一箱、酥油一包、马料一秤、中等糌粑（不粗不细）3秤、一般糌粑5秤、白粮食一包。班禅额尔德尼退还部分礼品，并赐上等见面哈达、护身结等，会见敬献曼荼罗三所依的达纳强佐和背负食品的多人，并诵经加持。这天，噶伦们敬献赆礼内库哈达、曼荼罗三所依、汉地马蹄银一锭、章喀银两秤、12块装的茶一箱、缎子等件料。班禅茶待诸位噶伦，并赠送每人护身结一条。

八日，多卡瓦（མདོ་མཁར་བ།）敬献内库哈达、曼荼罗三所依、食品、白银25两的包一个、带纹氆氇4匹、缎子两匹、朱红色件料一匹、12块装的茶一箱、葡萄一包、有两叶莲瓣的料子两匹、干桃一包、缎9组一捆、人生果一包。孜仲贡却达扎敬献曼荼罗三所依、茶米，班禅会见了许多背负者，并诵经加持；为拉鲁公主仆、策林活佛及普通僧人传授长寿灌顶，接受酬谢礼哈达、曼荼罗三所依及其他礼物。

这天，西藏地方政府又单独提供了特细糌粑7秤、中细糌粑23秤、生面30秤、全腔羊肉30个、全腔牛肉7个、盐两秤、酥油5包、油瓶一个、12 块装的茶两箱等。班禅为献礼的两位噶伦赠送护身结、内库哈达各一条；赐予 3 位噶学每人护身结一条、卡奇哈达一条、白银共 8 两；赏赐 6 名仆人每人护身结一条、卡奇哈达一条、白银共 7 两 5 钱；为 10 名定本赐哈达、白银 1 两 5 钱。

九日，色拉寺密宗札仓献贶礼上等哈达、身语意三所依、章喀银 10 两、香料 10 包。马官长绒查巴(རོང་དཀ་པ།)献曼荼罗三所依、食品。南杰札仓领诵师、执事等敬献哈达、身语意三所依。

哲蚌寺普康康村敬献哈达、身语意三所依、食品等。另外，班禅额尔德尼同时会见了抬食品的多人。

第二天，准备启程，按例回赐。赐予拉章两位强佐每人阿喜哈达一条、白银各 10 两；给副粮台官帕拉、香灯师仁苏之子每人中库哈达一条、白银各 15 两、朱红色件料各一匹、缎子各一件；为孜雪两名仲科各赐卡奇哈达一条、白银各 50 两；赐给仆从哈达、白银共 9 两，赐给拉章上两个寝室服务人员卡奇哈达一条；为灶房清洁工和孜的清洁工分别赐给哈达各一条、白银各 7 两 5 钱；为全体雪清洁工赐给哈达、白银 1 两 2 钱，坐垫管理员哈达各一条、白银 6 两；为每位随从赐予哈达一条、白银共 7 两 5 钱，门卫信使哈达各一条、白银 6 钱。

世间顶饰救怙主佛自在(达赖喇嘛)师徒(达赖喇嘛和班禅额尔德尼)为了徒众的希求，各自执掌着不同的寺院，而且一致举起发菩提心、誓愿的旗号。班禅再次从救怙主佛自在不断闻听经部和续部的广大甚深法，为了贤劫徒众转动广深法轮，因此多次驾临此地，在特殊的缘起寝室等处敬献放置用具之册薄，记录在囊色斯努寝宫有高十指的金铜质杰喇嘛(宗喀巴)身像一尊、有包布标签等的《贤劫经》一包、响铜制造的高 12 指的灵塔一座、高 11 指的灵塔一座、黄色响铜制做的高 13 指的忿怒金刚像一尊、红水晶供盘一对、银质带纹曼荼罗、7 个一组的红铜灯两套、朵玛盘子 4 个、缎子布料 5 组、汉地马蹄银一锭、章喀银一秤、《佛十万名号经》一部、《别解脱戒经》一部和一函有关大小吉祥怙主羯磨师的酬忏与护法欢喜歌等方面的经文、《金刚经》等经一函、糖果一包、果子茶 5 包、普通茶一包、缎子及布匹等共 5 种、酥油一包、水果一包、普通水果 7 包、各种大小哈达 3 捆、缎子 7 组、用具和糌粑等共 25 驮、茶 10 驮、盐等 5 驮。临行前回赐的礼物方面，赐给两位接待联络的仲科每人护身结一条、哈达一条、白银各 20 两、件料各一件、缎子各一匹、长条茶各一包；给每一位朋友护身结一条、白银各 6 两、缎 9 组各一匹；赐给彻德勒空[①]的家奴（ནང་ཟན།）每人一条护身结、套头衣服、白银 10 两、缎子件料、长条茶一包；给随从护身结、白银 3 两、五组缎子一匹；给全体厨师白银 15 两、缎 9 组一匹；给布达拉宫两位茶师每人哈达一条、章喀银 7 两、缎 9 组一匹；赐给 3 位坐垫管理员哈达、白银 6 两、缎 6 组一匹，赐给辛巴哈达、白银 3 两、缎 7 组一匹，赐给细觉巴（བཞེས་འཇོག་པ།）哈达、白银 2 两、缎子两匹；赐给细擦巴（ཞིབ་ཚགས་པ།）哈达、白银 2 两、缎子两匹；赐给两名乳品加工牧民哈达、白银 3 两、缎 7 组一匹；给长寿殿香灯师护身结、白银 2 两；赐给 16 位清洁工每人护身结一条、四章喀银；为寝室管理员和东密殿（夏尔居）管理员赐给每人护身结一条、白银 4 两、缎 4 组一匹；赐给两名卧室清扫工护身结各一条、白氆氇长袍各一件、各 1 两 5 钱白银；赏赐夏尔居（东殿）和努居（西殿）21 名清洁工每人一条护身结、各 4 章喀银；赐给两名盘波（ཕན་པོ།）每人护身结一条、5 章喀银；赐予全部背奶者护身结、四章喀银；赐给厨房运料者乌拉护身结、7 章喀银；为仓库的一名佣人赐护身结、章喀银；赐给贝饶

① 原西藏地方政府专管达赖喇嘛临时收支物资的机构。又名总管处。

百姓各种哈达800条、蔗糖一包、长条茶10块、酥油一包、食盐一秤、天然碱一秤、白银50两、羊毛绒袋一对;为全部纳税支差的人赐给哈达百条、章喀银5两、羊毛绒袋一对、羊毛两秤、蔬菜一包;赐给房子管家尼嘉护身结、哈达、衣料一件;赐给家仆哈达、白银10两;为两名老人赐给卡其哈达各一条、白银各3两;赐给8名班长(བཅུ་དཔོན།)[①]每人哈达一条、白银1两5钱;赐给40名扬幡骑士白银共12两、哈达40条。

这天,班禅额尔德尼在衙门赠送两位驻藏大臣哈达、佛像、少量红黄香各20包、氆氇各4匹;赏赐两位强佐每人哈达一条、佛像一尊、香15包、氆氇两匹;赐给4位法官每人哈达一条、双层香8包、氆氇一匹等。南杰札仓诵经条令词中说:弘扬佛法,利乐众生,为使达赖喇嘛的莲足坚固、事业兴盛,消除三门(身语意)的违缘,成就幸福顺缘,特别是消除途中一切违缘,班禅额尔德尼亲自向南杰札仓潘德勒贤林施放僧茶,为大威德自生、先行护法的酬补、请托、礼赞、催劝所缘的白日天母、梵天、五身、红顶等酬补、请托、礼赞、催劝宗教活动,以及八部神饮法会发放僧茶所用茶一驮4块、每克16藏两的酥油4克、盐3升、酸奶两桶;向宝座敬献大哈达、敬神哈达;向两大设置献哈达、缎子、绫子等;赐给4名中级僧官哈达、缎子一匹,6名小僧官每人哈达一条、绫子一匹、系有八瑞相哈达的海螺。新寺绛曲曲林寺8名僧人举行为期两个月的度母法会,班禅额尔德尼每天提供7次的僧茶僧饭费用茶4克4包、章喀银7两5钱、食盐、哈达10条,酬金每人哈达一条、白银5钱等。

水虎年五月初十日,吉日良辰,极乐佛土的怙主无量光佛黄色袈裟舞者至尊罗桑土旦确吉尼玛格列朗杰贝桑布从诸佛慈悲殊胜

① 十名列兵的领导者。

本色世自在僧伽王游戏舞者——佛自在大遍知遍观足前接受圆满比丘戒，前往拉萨，心意圆满，优秀天成，师徒同心合意，一心做利乐佛教与众生的伟大事业，名胜瑞祥。（他）返回扎什伦布寺之前，再次莅临大昭寺向佛像、佛经、佛塔等三所依献上供云，为僧众施放僧茶承事，一一回赠迎送者、仪仗队、舞蹈者、公私献礼者。

十日，从拉萨大昭寺启程，在旗幡、乐声的引导下向后藏出发。从大昭寺前的柳树经过悉德寺前，师徒身着盛装，地方政府在鲁当园设灶欢送，班禅登上大帐宝座接受各大活佛、公爵、噶伦、扎萨等孜雪的僧俗官员依次所献哈达，并摩顶赐护身结。茶饭后，班禅赠送功德林呼图克图哈达、缎子一匹，公爵和朱扎萨（སྒམ་དོ།）等5人哈达各一条、带图案缎子各一匹；送给两位法官每人哈达一条、氆氇两匹、香10包；赏赐政府的大小堪布[①]、囊纳（ནང་ནས།）、勒参巴等人九组缎3匹；赐给扎萨、粮台官、孜恰、公子南巴等人九组缎3匹，全体雪仲九组缎两匹；赐给色拉寺、哲蚌寺、甘丹寺、木茹寺、上下密院等的喇嘛、执事九组缎子两匹，南杰札仓执事九组缎一匹，所有佛殿和拉萨地区欢送者九组缎一匹；赏赐廓尔科神师哈达、缎匹等；赐给迦湿弥罗和尼泊尔人哈达、章喀银各5两；给如本、甲本缎子各两匹；给藏军章喀银30两；赐给驻藏大臣的两名管家每人哈达一条、衣服一件、氆氇各两匹、章喀银各30两；给每个郭卡（ཀོ་ཁ།）哈达一条、衣服一件；给两名同事（翻译）哈达各一条、氆氇各两匹；赐给全体汉族仆人章喀银2两7钱，管理灶送的知宾章喀银5两；赐给四名寺院管家每人哈达一条、白银1两8钱；赐给古尔巴（སྒུར་པ།）、噶厦厨工、碗盘管理员等人每人哈达一条、白银共1两3钱5分；给拉萨鲁康（ཀླུ་ཁང་།）管家、香灯师每人哈达一条、白银7钱5

① 堪钦堪琼，原西藏地方政府有堪布名号的僧官。

分、宝座哈达、经幡哈达等。

之后,延生神神像前敬献神饮、托付事业。同时,向勒辛诃罗王献敬神哈达、带鞘观音剑等,祈求保护路途平安。地方政府的全部人员从此返回。行至参涅林卡有哲蚌寺拉章设灶迎接,登上大帐宝座,接受哲蚌寺喇嘛、执事们所献的哈达、曼荼罗三所依、油炸食品、茶米等,以及章喀银一秤、缎子等衣料。普通俗官以上的官员分别敬献哈达等礼物。班禅额尔德尼回赐堪布、执事等人护身结、哈达、章喀银一秤、九组缎一匹。

这天,班禅夜宿聂唐卓玛拉康回廊,搭建蒙古式大帐,当他坐上宝座时,内物(包括佛像等)之印开启者地方政府的近侍堪钦来参观,按计划向卓玛拉康陈列一次五种百供物,内物被请到室外细看,发愿敬献哈达,赏赐圣物持有者堪钦护身结、哈达、章喀银 5 两,每位仆人护身结一条。根据先例上缴所献财物 3 个全羊肉腔、小腔肉 8 个、上等糌粑 25 如克、中等糌粑 25 如克,以及各净恰(རྗེན་ཚག)所献的 40 如克糌粑、一克油等,并赏赐他们护身结、阿喜哈达等;赐给迎接准备的雪部人(ཞོལ་སྡེ)哈达、衣服一件。为杜空(འདུ་ཁོངས)官民赐给缎子两匹等;赏赐每位高举旗幡者护身结、哈达九组缎,以及茶两包、酥油、糌粑两秤、肉腔一个,并为许多僧俗信徒摩顶。

十一日,曲水宗(宗本)主仆 3 人迎接,班禅额尔德尼赐给宗本哈达、缎子两匹,仆人每人哈达一条。绛曲林寺、塔尔巴林寺的喇嘛、翁则等 7 人乘马来迎接,班禅赏赐哈达、缎匹等。按例为迎接的两寺 30 多名僧人组成的仪仗队施放僧茶;为两名舞蹈者和两个查尔囊玛尼组赐给哈达、缎匹等。在驻锡曲水期间,地方政府派人来献礼。班禅额尔德尼赐给杜孔负责人、人力差徭 3 组缎子、大小哈达 20 条、茶 3 块等。为护法殿香灯师特唤的怙主的酬补、请托、赞颂等仪式提供份子茶半块，酥油 15 块、盐 7 包，以及敬神哈达；为迎接的仪仗队等僧俗多人摩顶。

十二日，到达甲萨（铁索桥）北边的布亚（དབུ་གཡག），坐在宝座上向进见者摩顶，系上各种经幡，为牛皮船和曲沃日的船换上宝焰冠冕和卡其哈达，好像第一次换新。大救怙主看着皮船和其他所有的船平安驶向南岸，接受甲萨拉章所献的哈达、曼荼罗三所依、食品及其他礼物，回赐喇嘛、执事每人护身结、哈达、白银共 15 两；赏赐皮船负责人贡嘎、曲水两个宗本代表三组缎各一匹，赏赐羌塘庄园的管家两组缎一匹，赏赐甲萨拉章的代表三组缎一匹。赐给曲水、贡嘎两宗负责迎接的两人三组缎各一件，两位船主外库哈达各一条、九组缎一件，皮船的两名服务船主外库哈达各一条、护身结一条、九组缎共一包；赐给两个宗所属的差役部门九组缎各一件、包一个；为皮船提供上等绸垫一块，为聚集在那里的僧俗多人摩顶。到达那天，行帐外旗幡飘扬，贡嘎宗宗本主仆 3 人迎接，班禅额尔德尼赐给两位宗本每人哈达一条、缎子一匹；给仆人哈达一条。按例为雅鲁藏布江南北地区的 4 座寺院仪仗队员及其他人共 108 人发放僧茶；为两组舞蹈者赐给哈达各 3 条、缎匹等。

到达夏尔曼（ཤར་སྨད）行帐时，地方政府的特使堪琼丹增曲扎（མཁན་ཆུང་བསྟན་འཛིན་ཆོས་གྲགས）送来达赖喇嘛的慰问礼品哈达、水果一箱、食品 3 箱。堪琼自己敬献曼荼罗三所依等。班禅额尔德尼给达赖喇嘛的慰问礼有内库哈达，赐给堪琼护身结、哈达、章喀银 10 两、衣料一件；赐给仆人们三组缎一件。扎什伦布寺派来的慰问者江洛坚公爵次旦（ལྕང་གོང་ཚེ་བརྟན）敬献哈达、食品 3 箱、成熟水果一箱等。班禅亲自赏赐骑马官茶一包、酥油、糌粑一袋、全羊腔肉一个，给随从们每人青稞 3 克。另外，赐给杜孔官民三组缎一件、哈达 20 条、茶 3 块；为敬献身语意三所依的人、迎接者、仪仗队员等来自各地的僧俗多人摩顶。

当时,按照职位地位高低准备了食品,给大怙主路途准备27包、经师诺门汗活佛各3盘、司膳师两盘、司寝师两盘、司祭师两盘、勒参巴两盘、近侍们各一盘、管食品者各一盘、其他普通官员各一盘。

十三日,在甘巴拉山头更换胜幢。贡嘎宗宗本前来迎接,班禅为7人歌舞队和两名导演赐哈达各一条、缎匹等。驾临白地[①]营帐,地方政府派来的孜仲夏敬献达赖喇嘛的慰问品哈达、成熟水果一箱、食品3箱等。班禅回赠内库哈达,赐给仲涅贶礼护身结、哈达、章喀银10两、九组缎一件;赐给朋友们章喀银5两、三组缎一件。地方政府所献的其他礼品记录在册。同时,班禅额尔德尼为迎接的宗本赐贶礼护身结、哈达各一条、三组缎一件等。赐给4位随从哈达各一条,赐杜孔官民三组缎匹、两组缎匹、大小哈达20条、茶3块;为扎什伦布寺院派来的敬献礼品的人回赐哈达、章喀银5两、衣料一件。班禅从江孜派出一名合适的人选去回访,大骑士顺原路回去;赐给每一位仆从护身结、哈达、章喀银共2两、三组缎一件;为来自各方的僧俗信众摩顶。

十四日,浪卡子宗本、雪仲(宗本的随从俗官)、尼木多寺(སྙེ་མོ་མདོ།)住持主仆3人等迎接。班禅为他们赐哈达、缎匹;为其他人赐哈达各一条;为桑当札仓领诵师、央曲札仓、塔尔曲札仓翁则等人赏赐哈达、缎子各一匹;赐给仆从每人哈达各一条;为3位丁本(ཞིང་དཔོན།)、康涅(房屋管理者)、私府管家、扎西雄巴寺(བཀྲས་གཤོངས།)僧人、米巴寺(མིག་པ།)僧人赐给哈达、缎匹;按规定为桑当寺(或桑丁寺)15名僧人组成的仪仗队、央曲寺(གཡང་ཆོས།)15人仪仗

① 即西藏山南市浪卡子县辖的白地乡,位于县西北部,东临羊卓雍措。

队、塔尔曲寺(ཐར་ཆོས།)10 人仪仗队、杂曲寺(འཛམ་ཆོས།)15 人仪仗队、欧噶曲德寺(མདོན་དགའ་ཆོས་སྡེ།)15 人仪仗队施放僧茶；为八大庄园的人赐给哈达、三组缎各一件；为敬献哈达、身语意三所依和食品的桑丁寺拉章回赐茶一条、三组缎一件。政府照例献物；为负责在浪卡子休息做准备工作的两位宗本赐给哈达、缎子各两匹。为杜孔官民赐给三组缎匹、哈达 20 条、3 条茶；单独赏赐拉丁(ལྷ་སྡིང་།)之子茶两条、酥油、糌粑 10 克；赐给做事者噶希巴一块茶、酥油、糌粑 5 克。为政府赶牲畜者赐粮各两藏升。这天是祈愿法会第一天，仪式上摆上面食、米茶。班禅额尔德尼为迎接的仪仗队、歌者等来自各地的僧俗多人摩顶。

十五日，照例为来迎接的寺院、宗的人赏赐哈达、缎匹，为 14 名仪仗队发放僧茶、摩顶；林地区(གླིང་ཁུལ།)18 位官员及其他人拜见，敬献哈达、曼荼罗三所依、干腔肉 8 个、白氆氇 3 匹。地方政府照样献礼。为在咋热噶尔摩(ཛ་ར་དཀར་མོ།)休息做准备工作的林宗(གླིང་རྫོང་།)宗本赐护身结、哈达、两组缎，为官民赐茶 3 块、10 条装卡索哈达 3 捆①。为领头人赐给衣料一件、缎子两种；赐给林寺 4 僧需要的份子新鲜糌粑 10 克、供饰酥油 8 块、火青稞 3 藏升、香 10 捆、藏红花、各种供物两藏升、全羊腔肉一个、5 种冠冕、胜幢顶之臂饰(臂环)、卡其哈达，薪俸糌粑 15 藏升、羊腔肉四分之一、茶两条、酥油 6 块，酬金哈达、章喀银各一两、茶酥油哈达、章喀银半两等；赐给日喀则大老爷一块茶、酥油、糌粑 3 克；单独为我们的两位联络员赐给茶、酥油等；为政府的骑康(ཆིབས་ཁང་།，马房)、抬轿者、举伞盖者、舞者等赐给相应的物品；为仪仗队员、来自各方的僧俗信众摩顶。

---

① 一种质量相对较差的哈达。

十六日,卡若山顶(ཁ་རོ།)上冠冕等如前清晰可见,热隆寺(ར་ལུང་།)30名僧人组成的仪仗队、女尼20人和多旦寺4名僧人迎接,班禅照例为他们发放僧茶,赐给热隆15名男女歌唱者两组缎等。驻休于热隆曲堆,为信众摩顶时,照样收到杜孔所献的牛羊腔肉、垫子两个及地方政府的礼物。这天带着少数弟子朝拜热隆寺,献五种百供一次,为60多名男女僧人发放僧茶,按规定提供米饭等所需;向佛像敬献阿喜哈达、蒙古哈达3条、珍奇哈达(དྲིན་ཅིད།)、索达哈达等35种,详细观看内供物,并敬献敬神哈达;为杜孔官民赐给缎匹、茶3块、大小哈达40条,为僧俗多人摩顶。地方政府任命的白居寺堪布和管家、孜仲等人迎接拜见,班禅赐茶、护身结并摩顶。

闰十七日,赐给噶细食品;为迎接喇嘛赐给卡其哈达、缎子一匹,每位仆人哈达一条。锡金王子主仆5人觐见,班禅额尔德尼赐给缎子3匹,每位仆人卡索哈达一条;为迎接的勒珠寺(ལེགས་གྲུབ།)40名僧人仪仗队、帕莫曲顶寺(ཕག་མོ་ཆོས་སྡིངས་པ།)30名僧人仪仗队、8名男女歌者赐哈达各一条、缎子一件,按例发放僧茶。在中帐(དབུ་གུར།)宝座上就坐后,上茶和米饭,勒珠喇嘛敬献哈达、曼荼罗三所依,班禅摩顶,赐护身结。为承担行程准备工作者敬献一盏岗萨的水晶灯、豌豆两驮、糌粑3驮等,班禅回赐哈达40条、缎匹、茶3块;赏赐代表地方政府献礼的宗本每人哈达一条、缎匹,继续为僧俗多人摩顶。

闰十七日下午,从噶细启程行至秋布麦邦巴(ཕྱུག་པོ་མེད་སྤང་པ།,意为舍弃无财富)方向时遇到从扎细(གྲ་གཞིས།)来的僧俗迎接者,即扎细庄园管家主仆3人、仲孜曲德寺领诵师3人、细乃札仓的喇嘛3人、朗巴赛顶巴喇嘛3人、诺尔噶喇嘛主仆3人、白康布钦巴一人、亚东地区江仲巴一人、加日加巴4人、江雪拉果瓦4人、噶尼巴一人、桑木杰一人、噶布老一人、噶康一人、娘仲贾本巴一人、塞纳乃一人、扎曼巴一人、扎达磨瓦一人、让普巴一人、朗细主仆两人、甘细一人等，他们都骑着马，还有寺院的迎接者11人、寺属村庄的迎接者25人。班禅赏赐寺院马队九组缎衣料、水果代金白银2两；赐给朗涅缎匹；为20位骑马人赐给九组缎衣料两件、杏包代金白银1两2钱；为在扎穷唐噶（གྲ་ཆུང་ཐང་དཀར།）设灶迎接的仪仗队噶曲寺25人、诺尔曲寺23人、朗巴赛顶寺僧人13人、细乃寺15人、噶旦饶吉寺女尼34人赐茶；为查朗地区（ཐག་ཆང་ཁུལ།）的男女26位歌者和法官阿热3人中的领唱者赐给每人一条大哈达，为其他人赐给卡索哈达、九组缎衣料两件、包代金白银一两；赏赐5位尼泊尔人哈达各一条、缎子一匹。

这年，没有去灶迎处，而是来到白曲寺属庄园（དཔལ་ཆོས་གཞིས།），登上宝座后，食品逐渐端上，有油炸面点、水果6盘及其他食品共31竹盒、瓷盘盒一个、糌粑10克、肉腔3个；礼物有内库哈达、曼荼罗三所依、各有18两章喀银的包两个、半月形大氅、黄色细氆氇帽、朱红色缎料一匹、细氆氇两匹、衣料一件、茶一块、麦子3包、九组缎等，还接受了见面哈达、身语意三所依、油炸面食、白银、大氅原料、面粉、糌粑、肉、酥油等。班禅回赐护身结、哈达、圣物、缎子一匹、大米一包、茶一块、九组缎衣料一块；赐给管家哈达、缎子两匹；赐给仆人每人哈达一条。诺尔曲寺敬献黄色长哈达、曼荼罗三所依、章喀银8两、白粮食一包、七组缎等，班禅回赐每人哈达一条、茶一块、红色衣料一匹。

尼姑寺甘丹饶吉寺敬献见面哈达、曼荼罗三所依、一包缎匹等。班禅回赐护身结、哈达、氆氇两匹、一个包、两块茶、缎料。甘丹曲科寺敬献哈达、曼荼罗三所依、杏子一包、七组缎等。班禅额尔德尼在回赐的同时，赏给献礼者每人哈达一条、茶、细氆氇两匹、缎料。

今年,拉章所属的商行敬献哈达、曼荼罗三所依、章喀银 10 两、优质黄缎一匹、白氆氇一匹、熟食一包等。班禅给予回赐,并赐献礼者每人护身结一条、哈达一条、茶共一块、红色衣料一块、章喀银一两、缎子一匹。

地方政府所属的迎接者江孜两位宗本、白居寺堪布、赛尔觉札仓堪布等喇嘛共 60 多人来迎,班禅赏赐九组缎、杏子一包。在寺院僧人设灶处和江孜城中心有仪仗队,班禅赐给他们护身结、哈达、缎料、茶。另外按例为白居寺举旗幡、吹螺的 200 名僧人和羊卓桑顶寺 5 僧、乃宁寺 8 僧、江若赛顶寺 8 僧施放僧茶;赐给罗贡寺(ལྷོ་དགོན།,南寺)3 位领唱师、3 位首领者、5 位歌者每人哈达一条、九组缎共一匹、茶一块;为江孜城下两位歌者首领、两位阿热瓦(藏戏角色)、两名法官、25 名歌者中的男女领唱师等赐给每人哈达一条、九组内地缎共一匹、包代金白银 5 两;赐给芒拉(མང་ར།)18 名舞者每人哈达一条、缎子共一匹;赐给 25 名歌者哈达、九组缎;赏给法官哈达、氆氇两匹;为觐见的定日人赐给哈达、氆氇两匹;为藏军代本赐给中库哈达、四相缎;赐给如本、甲本、定本等人九组缎,赐给 400 名士兵哈达、九组缎两匹、茶一块。

寺院派来的慰问者孜强佐顿囊巴(གཙང་ནང་པ།)敬献文书和礼品哈达、食品一箱、水果一箱等。班禅赏赐茶包、酥油、糌粑、一只羊腔肉等。他们个人敬献青稞、阿喜哈达等。班禅回赐护身结、哈达、章喀银 5 两、缎子衣料一匹;赐给仆人护身结、哈达、三组缎等。为普通僧俗信徒摩顶。

十八日休息。白居寺堪布、执事和寺院僧众请求讲授《兜率上师瑜伽法》和《香巴拉祈愿法》,敬献见面哈达、曼荼罗三所依、食品、油炸面食、衣服、用具代金白银 25 两、缎子 3 匹、甜杏一包、蔗糖一包、12 个装的苹果一箱、大米一包、实物章喀银一秤、白氆氇一匹、九组缎一件、谢礼曼荼罗三所依。赏给经师诺门汗仁布切阿喜哈达、礼品代金白银 3 两、缎子一匹、蔗糖一包等。之后,又接受了身语意三所依、油炸面食、白银等。班禅赐给白居寺堪布、塞尔平执事(སེར་བྱུན་ལས་སྡེ།)等人护身结、哈达、加持物;赐给吉索管家、拉嘎二管家等执事护身结、哈达、茶、九组缎。在向佛像佛塔佛经等三所依供献五种供物时,为全寺法会施放僧茶 3 次,布施每僧章喀银一两。

细乃札仓僧人一起敬献见面哈达、曼荼罗三所依、食物、油炸面食、章喀银两秤、花缎一匹、钹鼓以及九组缎彩色氆氇 14 匹、藏被 3 床、夏博帽 10 顶、茶 12 条、白粮食两包、大米一包等。这两天的接待跟往常的基础上,细乃札仓专门准备了迎送安排,献礼中有身语意三所依、各种食品、油炸面食、夏博帽、氆氇 3 匹、后藏垫子两块。班禅一一给予回赐,给堪布护身结、哈达、加持物;赐给法王、执事护身结、哈达。在五供法会上,班禅额尔德尼施放僧茶 3 次,布施每僧章喀银一两、达尔索哈达一条、茶一条、章喀银 50 两、朱红色衣料一件、九组缎一匹等。

江孜军营敬献阿喜哈达、曼荼罗三所依、食品、章喀银 15 两、茶 3 块、衣料一件、红栽纹衣料一件、大米一包等。班禅额尔德尼赏赐代理代本、如本、甲本护身结、哈达各一条。贵族吉普巴敬献见面哈达、曼荼罗三所依、食品及其他礼物。白居寺的游学辩经僧敬献曼荼罗三所依,班禅赐护身结等。

江孜宗勒仲恰涅(ལས་དྲུང་བྱ་ཞལ།)敬献见面哈达、身语意三所依、食品。在此休息的两天时间内,地方政府照常派人来慰问献礼。班禅赏给江孜的官员、两位宗管家、一名勒仲,仲孜属下 13 位官员、噶细所属 6 位头领、帕拉(ཕ་ལྷ།)庄园的 5 位头领、江洛(ལྕང་ལོ།)

家族5位头人、桑丁(བསམ་སྡིང།)3位头领、江白(རྒྱལ་སྤེལ།)一位头领、加热(རྒྱ་རམ།)一位头领、杜雅(འདུ་ཡ།)一位头领、楼热瓦一位头领五相缎;赐给拾柴、管马厩的佣人大小哈达60捆、九组金丝缎一件、长条茶包代金、茶两包等。

这天,前往白居寺瞻仰主塔如来自在大菩提塔、十万大佛塔、遍知佛像等,进行了5次五种百供,敬献圣物大敬神哈达和八瑞相,念经发愿。驻锡江孜期间,为许多敬献身语意三所依等礼物的僧俗摩顶。

十九日,从江孜启程,汉藏士兵装扮成托钵僧和带头人、白居寺喇嘛执事等送行到芒拉滩(མང་རའི་ཐང།),知宾退还旗幡,江孜宗两位宗本退还旗幡。班禅赏赐哈达、每人一匹缎子,表示感谢。中途迎接的有年堆吉普活佛(མྱང་སྟོད་སྐྱིད་ཕུག)主仆3人,仲孜曲德寺堪布主仆7人和塔尔林寺堪布主仆7人,班禅赏赐每位僧人哈达一条、缎子一匹;赐给每位随从(助伴)哈达一条。在吉普巴方向修行院40名僧人组成的仪仗队迎接。班禅额尔德尼按例施放僧茶;为行帐附近迎接的曲德寺40人仪仗队、年堆白康寺40人仪仗队、塔尔林寺45人、邻近几个寺院40名僧人施放僧茶。敬献见面哈达后上茶,之后不停地呈上米饭、瓷碗、垫子,如盘碟文记录有油炸面点的盘子。吃完油炸面点,请求赐护身结。知宾向每位迎接者送去赏赐礼物,由内地产绫罗(哈达)、柱面哈达、宝座哈达。

五月十九日,在白朗驻地雪本主仆迎接,委任仲赛杰布为联络人,专门设灶迎接。大救怙主刚登上宝座,大嘉荫(旧时对班禅管家的称呼)先行礼,敬献曼荼罗身语意三所依、内库哈达等。最后,4位卸任公爵按照职位高低依次敬献哈达。

二十一日,大观遍知救怙主(班禅)师徒身着盛装一早就出发去白朗噶瓦东寺,在天鼓齐鸣的设灶迎处,僧俗随从、雪护法殿僧、供祭僧、扎什伦布寺为主的几大寺院的喇嘛、寺院所属的大中小米村、俗人宗及庄园头人、贵族、朗生（家奴）、庄园属人、商行、克什米尔人、尼泊尔人等敬献哈达，已委任古格夏仲（གུ་གེ་ཞབས་དྲུང།）、帕西巴（བལ་ཤེས་པ།）为接待管理者，帐篷的飞幕大而华丽，缎子帷幔、地垫一应俱全，中央全套宝座，右侧首座是大嘉荫座，其下依次排列着其他僧俗仆从座位，左侧依次是经师、日喀则大粮台及其他外宾座。幔门之内摆设着汉式矮桌，和其他设施相连，孜雪各设帐幕、轿子、缎垫、红毡、迎接唢呐等。根据知宾名册记载，还有轿子、蒙古式大帐、几位汉族官员的随从等。班禅赐给寺院、庄园、宗的油炸面点的代金白银 6 两，并根据所献的礼物代金白银 5 两，提供放 43 盘水果的汉式矮桌，回赐庄园、宗灶迎的礼物护身结、哈达、长条茶、衣料等，同时也赏赐了汉族士兵。

大遍观遍知救怙主班禅额尔德尼启程时，从设灶大帐帷幔开始大粮台官、汉兵的托钵者、代本、甲本、定本、士兵等列队在路的两边迎接，在双手合十的中间夹着单根熏香，大嘉荫和两位公爵从轿子边行礼，向宝座迎请。当班禅额尔德尼登上宝座时，大嘉荫首先躬身敬献见面哈达，之后按照职位高低依次由公爵、四大卸任师、掌堂师（格贵——纠察僧）、大粮台官、小法官、代本、宗本、百本、贵族、常住大小内侍、勒参、僧俗仲科、仲扎（原地方政府僧俗官员）敬献哈达，班禅赐以护身结，赐给士兵们普通红色护身结，赏赐品共合章喀银 140 两。全体人员参加了由公上和谿卡、宗招待的茶米宴会。公上和谿宗的油炸面食结束后，班禅额尔德尼照例赏赐谿宗设灶迎接者，赐给为此工作的仲科和中途 10 次设灶迎接的人每人哈达一条，赐给其他帮忙的人卡索哈达一条。照例悬挂柱面哈达和宝座哈达，从灶迎处列队一直到外围墙大门处有密宗札仓的仪仗队。根据地方政府名册记载，还有寺院的僧众，附近其他寺院的僧人、歌舞者聚集列队,寺院所属的民众、颇章、札仓僧人吹奏海螺迎接,舞者们随着奏乐起舞。佛殿大门附近,大知宾手举燃烧的各种香作为前导,班禅额尔德尼坐着轿子来到庭院,地上铺着红毡,绸缎装饰。在日梯头等候着敬献麦穗酥糕的人,管理人员赏给每人一条一般哈达。进入耶噶曲增殿(悦意持法),大嘉荫敬献曼荼罗身语意三所依、见面哈达。按照雪的安排,上茶、6 种食品、水果。照例向经师诺门汗仁布切献礼。之后,四大札仓、米村、常住僧俗侍从、宗豁卡执事等在日光大殿举行盛大宴会,班禅额尔德尼赏赐迎接的汉藏人士,为汉族官员的两名仲科、政府联络员及一名仲科摩顶。

大知宾在前持香,吹起唢呐迎请班禅额尔德尼登上宝座,大事业者(赤烈巴钦布)敬献见面哈达、有盖黄金曼荼罗三所依、八吉祥物、国政七宝、法螺、法轮、衣服、汉钹、汉铃、汉鼓、黄金、汉马蹄银 7 锭、章喀银 7 秤、缎子 9 匹、茶 3 条、水果 3 包、白粮食一包、九组缎一匹。孜恰顿康巴敬献见面哈达、曼荼罗三所依、8 两黄金 3 秤、汉马蹄银 3 锭、章喀银 3 秤、缎子 3 匹、茶 3 条、水果一包、九组缎一匹。所有的献礼都有登记。接下来由在场的公爵、四大札仓卸任堪布等按照职位高低依次向班禅敬献见面哈达,歌舞不断,一切照常进行。汉藏、迦湿弥罗、尼泊尔人热情迎接。

二十四日,各大札仓、米村、僧俗侍从、僧俗部落联合在百业佛殿(ཚོམས་ཆེན་མཛད་པ་བརྒྱ་ལྷ་ཁང་།)举行盛大宴会,欢迎遍知班禅额尔德尼驾临,由四大札仓各派一位长者和聂仓大管家一起持香引导,进入大殿登上宝座,享用不断呈上的食品,观看舞蹈和辩经。向遍知救怙主敬献的礼品有曼荼罗身语意三所依、内库见面哈达、八吉祥物、八瑞相、七政宝、法轮、法螺、衣服用具、汉钹、汉响钹、铜锣、8 两黄金 7 秤、马蹄银 7 锭、章喀银 9 秤、缎子 9 匹、茶 5 条、水果 3 包、白粮食一包、九组缎一匹,所有的礼物都有登记。向雪献曼荼罗三所依、阿喜哈达、8 两黄金 3 秤、汉马蹄银 3 锭、章喀银 7 秤、缎子 5 匹。按例孜雪的大中小侍从、各札仓长老、米村的甘吉（ཀན་སྤྱི།）[1]按照职位高低分别敬献见面哈达。紧接着上茶、面食，观看辩经和第二次表演舞蹈。按照册文单独记载，还有水果和食品等。最后上茶、碎肉、油炸面点，表演第三场舞蹈。班禅额尔德尼赐给地方政府联络员后藏总代本拉当之子（གཙང་མདའ་ལྷ་སྡིང་སྲས།）、宴会监视人以阿喜哈达、长条茶一条、套头衣料；赐给雪仲江孜宗噶细巴哈达、缎子 3 匹；赏给日喀则大粮台每人外库哈达一条、佛像、套头衣料、香各 15 包；赐给两位法官外库哈达各一条；赐给两位总公（རྫོང་ཀུང་།）每人蓝色哈达一条；为粮台、法官等人的同司（ཐུང་སི། 翻译）赐给哈达各一条、章喀银各 3 两；赐给日喀则戴仓所有的人员外库哈达各一条；赏给日喀则两名宗本、如本外库哈达各一条。赐给 4 名舞者、3 名燃香师每人阿喜哈达一条；赐给 4 名石磨匠每人外库哈达一条；赐给舞童和背鼓者卡索哈达各一条。总之，提供稳定代金章喀银 9 两，宴会费用章喀银 8 两，赐给参加第二次辩论会的人每人卡其哈达一条、粗缎、外库柱座哈达各 3 条、内地哈达（或绫罗）两条等。

五月二十五日，重新陈列大殿内的珊瑚、香瓶、旗幡、璎珞等，班禅额尔德尼提供僧众每天的饭食，七天内每天由一位司钥和四位卸任掌堂师持香引导到会，经师诺门汗仁布切代表众上（公上）和僧俗部众献曼荼罗和粮食祈祷。大嘉荫敬献 8 寻（འདོམ་བརྒྱད།）[2]长的优质黄色哈达、带盖一两黄金制曼荼罗、佛像、八吉祥物、八瑞相、国政七宝、法轮、法螺、衣服用具、各种金刚、犀牛角、象牙、汉钹、汉铃、汉鼓鼓槌，以及每秤 8 两的黄金 11 秤、马蹄银 31 锭、白银 21 章喀、彩色缎子 21 匹、氆氇衣料 7 匹、茶 7 条、水果 5 包、白粮

---

① 即寺院基层组织米村的负责人。

② 长度单位，一寻为四肘。

食一包、九组绸缎等,每件礼品都有记录。这天献礼都由老者承担。向聂铎(གཉེར་སྡོད)、宝座仁布切敬献以缎匹为主的9组回向物,向六大类各献一组绸缎,向三中各献五种物,向八小各献8种物,还有海螺、哈达等;向吉祥欲界自在佛母献内库敬神哈达、金箔种子随顺物等,献给每一位僧人白净内库哈达一条、章喀银3两,整理诵经法令。作为公共基金,孜勒空新增12个银瓶,强佐在札子上记录从这天开始每天的活动和物品,札仓、各大米村、中等两组、小3组的祝福僧茶都记录在册。

拉章公上[①]在大经堂设盛大宴会,大救怙主登上宝座,外宾等汉藏全体人员列坐,享用面食、喝茶,观看第一场舞蹈和辩经。然后,由声音宏亮的护法殿诵经师引诵,陈设曼荼罗,经师诺门汗仁布切讲经,大事业者献贵重礼品、白银制佛国净土大海五种庄严无量光佛像、语所依《贤劫经》、意所依尊胜佛塔、八吉祥物、八瑞相、国政七宝、法轮、法螺、衣服用具、头冠、皮衣、皮靴、披单、法衣、靠垫、坐垫、瓷碗座、承接器、净瓶、交杵、犀牛角、象牙、钹等。如前,赏赐日喀则大粮台每人外库哈达一条、外库柱面哈达和宝座哈达3条、绫罗两条。地方政府借的马骡驮载的物品交付各机构,津贴和赏赐物如前单列,就像天降之道一样。按照以前做法,给两位政府联络员额外补助,有详细登记,去前藏时给了阿喜哈达、81块皮包装的茶叶一箱、黄欧足(འོལ་ཟུག)8个、氆氇6匹、朱绿色衣料3块。当情况发生变化时,提供大结护身结、外库哈达、章喀银35两、缎子衣料一块;雪勒空在给赏赐品的同时,还给了哈达、章喀银30两、套头衣料一块、茶一包。孜、雪两大勒空联合赐给每位佣人护身结、哈达、章喀银共30两、茶一包、缎子等衣料7块。

① 指班禅在扎什伦布寺的府邸。

六月七日，联络员代本向孜、雪告别，孜勒空送给贶礼大护身结、阿喜哈达、黑狐狸圆帽代金章喀银5两、四相缎薄汗衫一件、套头衣料一块、带套腰带一对、马鞍代金章喀银25两、章喀银3秤、九组缎5件；为提供帮助的人赐给白银20两、10种绸缎一件；为13人赐给白银26两、13种绸缎一件。雪勒空赏给套头衣料、白银3两、九组缎3件；为助友赏给白银7两5钱、10种绸缎一件、白银12两、九组缎等，心愿圆满，恩德无量，事业圆满。

第七章　救怙主佛自在达赖喇嘛从北京返回拉萨，救怙主大遍观班禅额尔德尼去北方迎接

救怙主佛自在达赖喇嘛去内地返回金色拉萨，[①]救怙主大遍观班禅去北方迎接。详细情况如下：公元1909年，藏历第十五饶迥土鸡年日月星辰和合的圆满吉日，天等四世间的顶饰，天人的引导者，佛自在遍知大遍观达赖喇嘛进觐天神妙音文殊大皇帝，以四摄法（བསྡུ་བ་རྣམ་བཞི།）[②]摄受护持（中国）汉蒙地区一切徒众，弘扬佛法，广做政教事业，利益众生，还以慈悲之心紧系雪域众生，返回登上与拉萨大昭寺合一的第二普陀罗迦（布达拉宫）大宫殿金座。为了师徒两人会面，救怙主大遍知遍观班禅率众弟子从扎什伦布寺启程，经过北方草原来到黑河，恩德无量。为了顺利回到拉萨大昭寺和布达拉宫，途经那曲（黑河）拉登等寺暂住期间，向著名的佛像塔献供，供养僧众，接见了迎送的仪仗队、歌舞者、贵族官员等贵贱一

① 英军第二次侵略西藏抵达拉萨前夕，十三世达赖喇嘛出走，顺北道经青海前往蒙古库伦。1906年4月，十三世达赖喇嘛从库伦启程准备返藏，9月抵达青海塔尔寺，陕甘总督升允向他转达了清朝政府的“奉旨款留，暂不回藏”的“上谕”。因此，留住塔尔寺等候“谕旨”。次年8月4日，十三世达赖喇嘛经山西五台山进京，数次面见慈禧太后和德宗皇帝，不仅恢复了名号，而且加封为“诚顺赞化西天大善自在佛”。1907年经清政府批准返藏，11月8日离京。1909年10月30日抵达拉萨。

② 佛教名词。菩萨摄持众生的四种方法：布施摄，随众生的愿望布施法、财；爱语摄，通过善言慰藉众生；利行摄，随顺众生意乐行利益事；同事摄，随顺众生的意乐做事。

切人,并按照职位地位高低予以赏赐。

班禅仁布切27岁,即藏历第十五饶迥土鸡年,公元1909年六月十三日,救怙主大遍知遍观师徒(班禅师徒)身着盛装,从德庆格桑颇章出发,随行在骑马扬幡、乐舞队之后,计划经北道(返回),途中(有人)敬献酥糕。是日,行至通门雄(མཐོང་སྨོན་གཞོངས།)或曲夏扎西地区(ཆུ་ཤར་བཀྲ་ཤིས་ཁུལ།)用餐,班禅额尔德尼登上大帐宝座,大嘉荫、卸任四堪布、大掌堂师、内部勒参、仲科、多森(སྟོ་ཟན།)等按照职位高低依次敬献哈达,班禅一一回赐并摩顶,赐大护身结。大家列坐,日喀则宗敬献代金,一切准备就绪后,举行欢送仪式。班禅为日喀则粮台官格洛等人给予水虎年到前藏时的回赐。行至扎西雄住帐,为迎接的色多坚寺17名僧人组成的仪仗队施放僧茶;为温贡寺103名僧人、尼姑寺群科卫当32名僧人、库隆寺(ཁུ་ལུང་།)5名密咒师施放斋僧茶。随行者中歌者嘉卡尔瓦(རྒྱ་མཁར་བ།)、卡尔(མཁར།)、杰玉龙巴(འཇིད་གཡུ་ལུང་བ།)等7位,包括法官、领唱师、日喀则军营负责人、代本的秘书、两位甲本、两位如本、三位定本。

十四日,从扎西雄行辕启程,行至朱康(གྲུ་ཁང་།)下部的竹卡北面用餐。然后继续前行,扎西康巴主仆两人乘马在艾玛岗草滩迎接,在东娄(གདོང་ལུག)宝帐中食用麦穗酥糕。

十五日,从东娄行辕出发,行至公堂应南木林宗代表主仆、乃康两人乘骑、噶曲寺堪布主仆3人、拉章4人骑、仲甲贡嘎曲寺僧人的请求,在帐幕中为大家讲授《兜率上师瑜伽法》相关的《慈缘法》《香巴拉祈愿法》等。结束后,大家为了酬谢向班禅上茶上米饭,敬献阿喜哈达、曼荼罗三所依。

十六日,从南木林嘉乃(རྣམ་གླིང་ལྕགས་རྙེ།)出发,和3位铁匠结伴来到五佛冠嘉乃南部的噶曲行帐,一落座就接受见面哈达和曼荼罗三所依等礼品。

十七日，照常上茶准备会见。大救怙主来到法苑宝帐登上宝座，按照惯例为贵族们摩顶，尼姑寺噶旦年尤寺（དགའ་ལྡན་མཉན་ཡོད།）的60名尼姑敬献见面哈达、曼荼罗三所依、茶米饭等。班禅应请讲授了《兜率瑜伽上师法》。这天，班禅资助德饶寺（བདེ་རག།）8名比丘僧在旧经堂姊妹护法像前举行酬补、托付事业等仪式。为使大遍知救怙主健康长寿、公私政教事业顺利，十七日准备，从十八日开始举行为期5天忿怒姊妹大护法大朵玛法会，二十二日及各日曜日跳舞，投4次食子，即托事食子（临时朵玛）和增长食子，每日供5种食品。

十八日，司茶僧照常上茶，大遍知救怙主班禅额尔德尼来到甘丹多杰上面视察随行人员，然后登上寝室金刚宝座，接受8名隐居修行的比丘僧敬献的三所依及哈达；向主尊佛像祈祷，献敬神哈达，为法会僧众施放一天的僧茶和财物。

十九日，照常召开茶会。

二十日，资助雄雄拉康（གཞོང་གཞོང་ལྷ་ཁང་།）①的4名仪轨僧在护法像前从六月二十一日开始举行的为期一个月的本尊自生先行的六臂护法劝请、请托、礼赞等法事活动。

二十一日，照常召开茶会、摩顶，会见来自各方的僧俗信众；赐给地方政府总联络员代本额外物品，即茶叶。

二十二日，光绪三年，藏历第十五饶迥木龙年，公元1904年六月二十二日，英国侵略者1800多人前后侵入拉萨。② 这天，掌堂师报告说观看跳姊妹大朵玛神舞。大救怙主班禅坐在寝室饶塞仁莫

---

① 位于今西藏南木林县，据载是由香巴噶举派创始人琼波南觉巴修建的。

② 1903年10月，英国发动了对西藏的第二次侵略，由麦克唐纳和荣赫鹏带领3000名士兵向隆吐山北部进发。12月12日，荣赫鹏带领一部分士兵占领了帕里。次年1月4日强行占领堆纳。西藏地方政府随即派出代本拉丁色和朗赛林率领部队，沿途带上民兵迅速赶往前线。3月31日，双方进行和谈，英军悄悄包围了会场，枪杀了不少藏军。4月11日，英军向江孜开火。5月，相继占领了帕拉村、乃宁寺、紫金寺等，包围了江孜东、南、西3个方向的据点。7月14日，麦克唐纳带领士兵从江孜出发，两周后到达了拉萨。

宝座上,仪式按照知宾的安排在进行,公上为大师主仆上茶和米饭,向班禅敬献见面哈达、曼荼罗三所依、室内器物碟子21个。

二十三日,照常开茶会、见客,噶曲大殿的负责人呈上食品,敬献曼荼罗三所依,请求讲授《忏悔经》。

二十四日,德饶寺(德庆饶杰林寺)请求向全体僧人传授《成就王道长寿灌顶》,敬献供养代金哈达、章喀银5两,管家提供寿新和仆从们的长寿物和必需品,成就法提前在中心殿的寝室进行。登记册记载,正常茶会后班禅坐在法苑宝帐宝座上,传授长寿灌顶后,寺院敬献酬谢礼品曼荼罗三所依、阿喜哈达等。

二十六日,在德饶札仓供养一日。

二十七日,照常召开茶会、见客,为贵族摩顶后,雄雄密宗札仓和南木林宗德门代表内管家敬献三所依,请求传授《忏悔法》;为来自各地的许多僧俗摩顶。

二十八日,为各地许多僧俗信众摩顶。

二十九日,噶曲15名联络员和曲顶活佛分别敬献曼荼罗三所依。班禅额尔德尼讲授了《香巴拉祈愿法》,为各方许多僧俗摩顶。

三十日,德饶寺(德庆饶杰林寺)堪布和悦众维那(翁曲)代表全寺僧人敬献身语意三所依。

七月一日早晨,恩德无量的大遍知遍观救怙主从德庆饶杰林寺启程,来到拉普驻锡半月,莅临那天向寝室的日光怙主、内室的姊妹护法、大经堂的主尊佛像、护法殿护法像敬献敬神哈达并诵经,赐给南木林渡口3层皮船五佛冠。当大救怙主坐在河南岸宝帐宝座上时,回赐渡河时送衣服和用具的噶曲寺东札仓的30名僧人。

二日,从达奇(ཟླ་ཕྱེད།)出发来到那噶多(ན་དཀར་མདོར།)驻锡,顶扎活佛和悦众维那等4人骑马迎接,班禅赏赐哈达。快到行幕时,巴洛寺（སྤ་ལོ）27 名僧人组成的仪仗队和尼姑寺甘丹寺的 37 人迎接，班禅分别施放僧茶和物品。穆觉寺（སྨོག་ལྗོག）36 名尼姑、伍由达雪（འོད་ཡུག་ཏ་ཤོག）所属的 20 名男女甘热巴歌者、巴洛寺全体僧人敬献曼荼罗三所依；当玛（ཤིང་མ）头人和他管辖的伍由农牧民献身语意三所依；贝诺尔寺（དཔལ་ནོར）敬献身语意三所依，班禅额尔德尼应他们的请求讲授了《三世怙主法》和《皈依法》，并为僧俗摩顶；为迎候准备的负责人拉布宗官员（ལྷ་བུ་རྫོང་སྡོད）回赐礼品。

三日，从噶尔摩（དཀར་མོ）出发，夜宿伍由宗塘（འོད་ཡུག་འཛོམས་ཐང），赐给拉贡啦财物、哈达。孜护法师拿着冠冕在布擦河边迎接。班禅额尔德尼为宗本主仆两人、萨蔡珠德寺 40 名尼姑和噶旦曲林寺 20 名尼姑发放僧茶财物。从这天开始在伍由金刚手拉康（蓝衣拉康）的骑狮护法（དམ་ཅན་རྡོ་རྗེ་ལེགས་པ）①像前由 8 名精通仪轨的比丘僧举行为期 21 天本尊自生②先行骑狮护法劝请、请托、礼赞、催劝等活动，由管家提供酬补仪轨所需的全部费用。从这天起，连续 15 天念诵七支皈依发心先导的广中略三部《般若经》，为了消除前后的不净，诵《度母经》和《般若波罗密多心经》，以利益众生。

四日，从宗塘出发，应堆色拉山下伍由东达雪松三部（ཏ་ཤོག་གསུམ）的请求，班禅额尔德尼进入行帐落座，接受所献的曼荼罗三所依和茶米。然后动身去梅朵拉滩，麻江③头人代表两人骑马迎接。（班禅一行）来到麻江松多（མར་རྒྱང་གསུམ་མདོ）行帐休息。

五日，从麻江松多出发，行至须古拉（ཤུ་གུ་ལ）山下部休息，为许多僧俗信徒摩顶。是日，向须古帕勒雪山（ཤུ་གུ་སྤ་ལེགས）献祭品。进

---

① 护法大将军，传说是莲花生大师收服的一位护法神。

② 密法修行者自身现为本尊以进行本尊瑜伽念诵和收摄等程序。

③ 西藏自治区尼木县北部一地名。

餐时,向大救怙主班禅额尔德尼呈献油炸面食、水果等15盘,白糖5包;呈给经师大译师仁布切食品5盘,白糖一包。孜护法殿师向珠穆朗玛雪山献祭。

六日,从须古拉启程,向须古帕勒雪山献五佛冠[①]等财物。孜护法殿师像祭祀念青唐古拉山善金刚三地母祭拜。行至雪布杰康(སོག་བུ་རྒྱལ་ཁང་།)暂歇。在须古叉口有羊八井头人代表两人乘马迎接。另外还有羊八井寺代理堪布和悦众维那、寺庙执事等3人骑马迎接。走近那噶尔行幕时,有仪仗队迎接,班禅额尔德尼给予赏赐,并施放僧茶财物。

七日,休息。羊八井寺敬献曼荼罗三所依,班禅额尔德尼讲授《兜率上师瑜伽法》。在接受比丘洛桑群觉所献身语意三所依和哲蚌寺吉索的仲甘(འབྲོང་རྐན།)所献身语意三所依后,为一部分俗人信徒摩顶加持。这天,照例为政府联络员提供额外补助茶一条、粮食一包和酥油。

八日,从那噶尔木(ན་དཀར་མོ།)启程,行至羊八井扎西通门(བཀྲ་ཤིས་མཐོང་སྨོན།)寺休息,参观了羊八井等几座寺院,提供五种百供和僧茶等的代金章喀银2两,发给每僧一个章喀银、哈达一条,共赐缎子10匹、白银11两5钱。当班禅额尔德尼上座时,羊八井寺拉章敬献见面哈达,呈上食品;扎达(གྲག་སྟག)修行人献身语意三所依和食品。班禅额尔德尼讲授《财神央甲法(གཡང་སྒྲུབས།)》,为许多僧俗信徒摩顶;为孜护法殿师供祭念青唐古拉山神赐给份子物品。

九日,从羊八井扎西通门寺出发,行至夏布(ཤ་སྦུག)歇息。途径山口献五色经幡。这天4名僧人在念青唐古拉山宫前诵经祈祷,

---

① 佛教名词。报身佛像额间代表五部佛的五瓣头饰。

班禅额尔德尼提供所需费用，并为来自各地的许多俗人信徒摩顶。

十日休息，应原贝氏家族的十户长（བཅུ་དཔོན།）[1]旺堆之请，讲授《王道论》，然后登上彩虹幕宝座为僧俗侍从人员为代表的各地信徒1000多人讲授《甚深长寿灌顶法》，给予加持。会见时，达朱仓桑旦（དག་སྒྲུབ་ཚང་བསམ་གཏན།）敬献曼荼罗三所依等。

十二日休息，当雄甲学地区（འདམ་རྒྱ་ཤོག）头人多乃主仆3人，加上其他人共11个人来迎接，见面时敬献曼荼罗三所依。

十三日，为做准备服务工作的全体官民摩顶。

十四日，从娘绒出发，行至白帐（古尔噶莫）时，受到金塔协玛欧帕瓦（ཤེ་མ་ཇོ་སྤྲུལ་བ།）和贝仓（སྤེལ་ཚང་།）的接待。班禅额尔德尼坐上帐幕宝座，接受哈达、曼荼罗三所依等献礼。然后去达曲，在河南岸有甲学头人多乃主仆3人、另外10名官员和江尼等11人骑马迎接，司钥自己敬献曼荼罗三所依；慰问呼图克图并献见面哈达。比丘丹增和色拉寺僧人比丘格列分别献身语意三所依，班禅额尔德尼讲授《香巴拉祈愿法》。之后，不断地赏赐许多俗家信徒。

十五日休息。甲学（བརྒྱ་ཤོག）部落敬献曼荼罗三所依。哲蚌寺僧人格敦喜饶敬献身语意三所依；色拉寺比丘僧达曲献身语意三所依；色拉寺密院属寺康麻寺敬献身语意三所依。是日，甲学所属献礼者请求传授长寿灌顶。扎西巴莫仓敬献皈依回向礼棕色烈马，班禅为2000多人传授长寿灌顶加持。

十六日休息。为接待负责人甲学18部和20名十户长赏赐礼品，作为两天休息日所做工作的回报，赐给每人护身结一条。

十七日，从宇布达巴茹（ཡུ་བོ་ཏ་པ་རུ།）出发，夜宿那龙噶莫（ན་ལུང་དཀར་མོ།），为来自各地的人摩顶。这天，派出去慰问达赖喇嘛的堪仲

---

① 十户长，原十名列兵的领导者。

噶饶巴向达赖喇嘛敬献慰问信和礼物内库哈达、印度枣子、糖果。从此,遍知救怙主班禅一心想着去那曲与达赖喇嘛会晤,行幕都是由地方政府准备。

十八日,从那龙噶莫出发往东行进,向如来八塔①献外库敬神哈达,向觉孜玛(ཇོ་རྗེ་མ།)神山献五佛冠。行至鲁那河(ལུ་ནག)过桥,对岸有人迎接。继续往下走,为头人孜仲饶央(རྩེ་དྲུང་རབ་ཡངས།)主仆赐哈达。那曲寺、拉章共派宗联络员洛桑曼兰(བློ་བཟང་སྨོན་ལམ།)慰问班禅额尔德尼,敬献阿喜哈达,班禅赐给护身结。

十九日,从那瓦尼宗(ན་བ་ཉིས་འཛོམས།)出发,行至朗玛库(སྣང་མའི་ཁུག)时,有当雄喇嘛噶饶杰仲达珍诺桑(དགའ་རབ་རྗེ་དྲུང་ཏ་མགྲིན་ནོར་བཟང་།)等10人骑马迎接,班禅赐给护身结和哈达。从此去驻地纳章摩(ན་བྲང་མོ།),达拉济仲、营官、十户长、士兵等敬献曼荼罗三所依。桑雄百夫长(百户长)尼玛和桑雄寺院献牦牛一头,请求皈依。

二十日,从纳章摩出发,祭祀朗岭拉神山,献给五佛冠。在米多夏尔巴行幕后面有那曲头人囊索扎香主仆3人骑马迎接。

二十二日,从曲达尔莫动身,大救怙主(班禅)被邀坐皮船到那曲,当庞大的随行人员到达河岸时,热振扎萨、在那曲负责接待工作的孜强桑普之子、拉章强佐(管家)丹巴桑培等人迎接,班禅坐在河北行幕宝座上,上述官员们按照职位高低敬献哈达。然后,班禅会见船长等人,并赐护身结。在竹卡,活佛的管家主仆乘马迎接,夏旦寺掌堂师和其他两人乘马迎接。密修院拉章、札仓全体僧人在隆巴恰(ལུང་པ་ཚགས།)设灶迎接。班禅额尔德尼在行幕宝座上接受夏旦寺和拉章的共同献礼。夏旦寺颇章(宫殿)顶上法螺声声,寺

---

① 可能指西藏当雄县乌玛乡境内的如来八塔。关于八塔的修建有许多传说,其中有一种说法是格萨尔王曾经在草原上征战,其大将夏巴丹玛香察战死在乌玛,当地人为了纪念他修建了八塔。实际情况可能不是这样,但找不到相关的文献记载。

院50名僧人组成仪仗队迎接，班禅施放僧茶和财物。从仲乃(འབྲོང་རྙེ།)开始，那曲(黑河)头人持香引导，来到夏旦寺石板地面中央，热振呼图克图、热振扎萨、孜雪两大机构官员、老强佐等人迎接。在寺院大经堂上层的寝室内已经准备好了油炸面点，班禅坐上寝室宝座，拉章管家丹巴桑培敬献地方政府的礼品、哈达和身语意三所依。然后用餐，所上的食品有记载。

二十三日，班禅和经师热振呼图克图、热振扎萨等15位官员在寝室用茶，官员们敬献内库哈达和曼荼罗三所依。按照知宾记录，茶米饭之后呈上果盘等。据知宾记载，地方政府拉章管家丹巴桑培敬献曼荼罗三所依，其子敬献身语意三所依，班禅额尔德尼茶待。这天，经师热振呼图克图仁布切辞行，送别时，班禅送阿喜哈达和汉式马蹄银。

二十四日，照常召开茶会。在寝室食用油炸面点时，珠康拉章(སྒྲུབ་ཁང་བླ་བྲང་།)、夏贡寺(ཞབས་དགོན།)拉章、夏贡寺全体僧人分别敬献内库哈达、曼荼罗三所依及茶米饭、有5个章喀银的包。

二十五日，班禅额尔德尼登上夏贡寺大经堂宝座，14名南杰札仓僧人敬献见面哈达、曼荼罗三所依。甘丹寺绛孜札仓的慰问使喇嘛乃丹和强佐(管家)敬献见面哈达、身语意三所依。甘丹寺藏巴康村的慰问礼有身语意三所依。蒙古族克珠等30人敬献身语意三所依；青海蒙古族觉旦等10人献三所依。艾多寺(ཨེ་ཏོག་དགོན།)拉章献身语意三所依。班禅赐给甘丹寺绛孜札仓和藏巴康村的慰问者护身结、哈达、章喀银5钱。

从七月二十五日开始，在夏贡寺大经堂后室护法殿举行为期15天的酬补、马头金刚绝密、姊妹护法(大红司命主)、水域王等的酬补、托付事业、礼赞等活动，班禅额尔德尼提供活动所需的朵玛糌粑1驮4藏升(约青稞一斤又二三两)、酥油一驮15藏升；为在中心大殿护法殿中举行的为期15天的对本尊、护法天母多闻天等圆满护法神的酬补、托付、礼赞活动提供所需费用及茶饭，利益众生；照例为在赞康(བཙན་ཁང། 庙堂)进行的为期15天的对格萨尔息怒(གེ་སར་ཞི་དྲག)酬补、托付、礼赞活动提供费用、五佛冠；为夏丹寺举行的为期一月的念诵《白伞盖佛母禳解法》《般若波罗密多心经禳解法》《空行母狮面禳解法》，以及《长寿修》《长寿陀罗尼》等法会提供所需的五种供物的原料糌粑3驮10升。

二十六日，那曲(黑河)那索查辛巴(ན་སོ་དྲུག་ཤིང་པ།)主仆25人敬献身语意三所依、茶米饭。艾多老人(差头)献身语意三所依；阿旺益西等20人献身语意三所依；蒙古族戛纳洛桑(དགའ་ན་བློ་བཟང་།)和隆布比丘喜饶(རོང་པོ་དགེ་སློང་ཤེས་རབ།)等人敬献身语意三所依、食品、酥油一包等，班禅讲授《上师瑜伽法》和《嘛呢》。

二十七日，俄曲穆辛堪布呼图克图(ཨུ་ཆུ་མུ་ཤིན།)等15人敬献身语意三所依；仲贡寺上师、僧徒50人献三所依。

二十九日，珠康活佛迎见达赖喇嘛之后，提前来到那曲在寝室会见班禅，敬献身语意三所依，上了茶米饭后，知宾当面登记。是日，扎什伦布寺先派孜勒空堪布诺章和知宾曲康巴两人慰问达赖喇嘛，他俩提前到达拜见班禅，敬献哈达。阿旺勒贤等15人敬献佛像佛塔佛经，请求传授佛法。班禅讲授了《香巴拉祈愿法》。珠康活佛来献阿喜哈达。这天，特派慰问使大知宾冲布巴(མགྲོན་ཆེ་ཁྲོན་སྦུག་པ།)亲自向大遍知遍观佛自在敬献慰问礼内库哈达、印度枣、海梅(དྲས་སྨན།)、大白糖果。同样，给医师堪布7包水果，给大知宾5包水果。

三十日，为了游方(出游)提前准备油炸面点、21盘水果、7盘11种面食，前后上面食、上茶3次，还有水果。随侍人员各献哈达一条，班禅回赐。在吃油炸面点时，经师热振呼图克图和珠康活佛到来，分别献见面哈达、曼荼罗三所依。

八月一日，地方政府新任噶伦来见，敬献身语意三所依、食品、阿喜哈达、黄色龙纹缎料。霍尔康扎萨（ཧོར་ཁང་ཛ་སག）敬献曼荼罗三所依。亚谿朗顿卸任侍从堪布敬献曼荼罗三所依。珠康活佛属下的安多库鲁（ཨ་མདོ་ཁུ་ལུ）请求传授长寿灌顶，敬献章喀银7两，相当于学费；命新和大物件代金章喀银5两，根据先例所需条件由强佐（管家）提供，全部的长寿灌顶所需物由珠康拉章准备。修行仪轨是在寝室内完成的。召开茶会后，班禅额尔德尼来到夏贡寺坐在柱后的宝座上，珠康属下安多库鲁敬献哈达和曼荼罗三所依，请求讲授《甚深长寿灌顶法》。达仁寺活佛的执事等百人敬献佛像佛塔佛经；安多雪琼噶巴札仓管家等僧人百姓60多人敬献身语意三所依；安多雪琼麻次佩（ཨ་མདོ་ཤོག་ཆུང་མ་ཚེ་འཕེལ）等15人献身语意三所依；雪琼热振寺（ཤོག་ཆུང་ར་སྒྲེང）比丘坚赞敬献身语意三所依，班禅额尔德尼传授长寿灌顶。一切完成后，请求长寿灌顶的施主敬献曼荼罗三所依酬谢，献阿喜哈达作为酬劳，另献章喀银50两。然后，班禅额尔德尼为各地僧俗信徒2000多人摩顶。

二日，当地政府在那曲附近的念波（ཉན་པོ）地方，即于河源仁莫（ཆུ་མགོ་རིང་མོ）设灶支帐迎接。班禅额尔德尼来到迎接达赖喇嘛的地方，其他随行人员全部提前到达。两人（达赖和班禅）会晤时相互交换哈达，然后大救怙主（班禅）亲自上前敬献上等哈达、曼荼罗三所依。地方政府准备好了师徒两人饮食，大救怙主先到那曲，如前正常喝茶，遍观仁布切（达赖喇嘛?）送哈达，会见扎什伦布寺的僧俗官员和随侍人员。

佛自在（达赖喇嘛）来到珠康寺，班禅仁布切和珠康活佛先后献曼荼罗三所依。然后，呈上油炸面点，佛自在很欢喜地设宴庆祝班禅额尔德能够返回西藏。

三日,达赖喇嘛的骑马随从赤烈诺布提前出发,大救怙主(班禅)请佛自在(达赖喇嘛)以夏贡寺拉章寝室作为驻地。遍知佛自在动驾时说:我们的大中小侍从留侍。达赖喇嘛来到寝室,大救怙主(班禅)亲自引导,敬献内库见面哈达、带座30两银制曼荼罗、汉地马蹄银、缎子5匹,每件礼品用外库哈达包裹。师徒两人一起喝茶吃米饭。地方政府向班禅敬献内库哈达、曼荼罗身语意。珠康活佛敬献内库哈达、曼荼罗身语意。在夏贡寺大经堂驻地的丰盛的油炸面点欢迎宴会上,师徒(达赖和班禅)两人坐在宝座上,地方政府向班禅敬献内库哈达、曼荼罗三所依;萨迦赤钦(萨迦法王)、热振呼图克图、拉加里赤钦(རྒྱ་རི་ཁྲི་ཆེན།)①、敏竹林、拉鲁公、新任噶伦、江洛坚公爵、热振扎萨、霍尔康扎萨、彭康台吉分别敬献阿喜哈达、曼荼罗三所依;地方政府全体侍从按照职位高低敬献哈达。油炸面点宴会结束后,献上一条宝座阿喜哈达和两条马旗(རྟ་དར།)②素喜(ཟུར་གསེ།)③。

四日,饮茶时间,有7人敬献身语意三所依。强佐和21名沙弥僧敬献佛像佛塔佛经。这天,向管理达赖喇嘛的用具、旗幡的人赏赐哈达;为香德等蒙古五凯雪(ཁ་སོག་ལྔ།)的85人送马人和250名驮夫赏赐哈达,赐给驮夫们章喀银15两。

五日,江洛坚公爵来见,敬献内库哈达、曼荼罗三所依、茶米饭等,这些都有登记。郡雪台吉和那曲活佛分别敬献身语意三所依。

这天,我们自己举行盛大的迎送会,给强佐油炸面点代金章喀

---

① 即拉加里法王。其先祖是吐蕃王室后裔沃松的嫡系,吐蕃统一政权分裂后,达磨赞普次妃所生之子沃松被迫迁居山南,其后后裔中的一支占据曲松修建了加里寺,并以寺名为王名(或家族名),形成了拉家里王系。后来实行政教合一的统治,形成地方统治集团,拉加里王也就成了拉加里法王。

② 原上层喇嘛出行时,护卫骑士所高举的旗帜。

③ 一种质量比阿喜哈达稍差的哈达。

银 150 两、设灶迎接的代金章喀银 10 两；赐给司茶官和设灶官章喀银 3 两。大救怙主（班禅）是来迎接佛自在（达赖喇嘛）的，师徒一起从夏贡寺拉章的石板地开始由孜强佐堪布诺章巴持香引导来到大经堂，当达赖喇嘛登上宝座时，班禅站在红色地毯上亲自敬献内库哈达、带座银质曼荼罗、无量寿佛像、《贤劫经》尊胜佛塔。然后，班禅登上宝座，拉章管家敬献内库哈达、曼荼罗三所依等。孜强佐堪布诺章巴献礼后，经师洛钦仁布切和师弟公爵分别敬献内库哈达、曼荼罗三所依。接着，我们的大中小随从按职位高低敬献哈达。仪式结束后，三类迎接者分别向班禅献阿喜哈达，向四多达细（རྡོ་དར།）各赐素喜哈达，赐给其他人辰且（དྲིན་ཆེ།），给舞者们卡欧（ཁ་སྡོན།）哈达，共赏赐章喀银 8 两。

六日，楚布寺噶玛巴主从敬献曼荼罗三所依、茶米及礼物阿喜哈达。桑丹活佛等 15 人敬献身语意三所依，请求讲授了《香巴拉祈愿法》。

七日，近侍功德林强佐扎萨喇嘛主仆 10 人来寝室拜见，在寝室外会见时，顿白格西、阿旺次成、下安多的主仆、安多老人旺堆、欧尔活佛、艾多寺喇嘛塔白、土旦曲杰、安多雪钦、上安多索朗次仁、比丘云丹、才阿占堆等人敬献身语意三所依。

专门来迎接达赖喇嘛的驻藏大臣代表，四品大员马珏（མ་ཅིན།）（向班禅）献阿喜哈达。是日，夏丹寺札仓举行油炸面食欢迎宴会，（达赖和班禅）师徒两人一起驾临，上座后珠康活佛向大救怙主敬献身语意三所依，札仓献内库见面哈达、曼荼罗三所依等。

八日，杜瓦堪布（戒律堪布）来寝室拜见，敬献曼荼罗三所依。茶歇时，哲蚌寺札仓代表、甘丹寺赤巴阿旺诺布活佛（ངག་དབང་ནོར་བུ།）、哲蚌寺四札仓的代表、廓尔钦活佛（གོར་ཆེན་སྤྲུལ་སྐུ།）、仲欧尔拉章活佛（འབྲོང་ངོར་བླ་བྲང་སྤྲུལ་སྐུ།）、蒙古族如帕拉达纳学达摩寺

(སོག་པོ་ཧུ་བ་ལྷ་དར་ཤགས་ཤོད་སྟག་མོ་དགོན།)师徒 20 人、康巴益西群培、哲蚌寺果芒札仓金巴顿珠、比丘阿旺丹巴等人敬献身语意三所依。这天,亚谿朗顿举行油炸面食欢迎宴会,(达赖和班禅)师徒一起坐在大经堂宝座上,朗顿近侍卸任堪布敬献内库哈达、身语意三所依、章喀银 20 两等。

九日,茶歇时,安多雪琼南杰(ཤོག་ཆུང་རྣམ་རྒྱལ།)敬献身语意三所依。艾多寺强巴益西、斯塔次仁敬献身语意三所依。北方族四部的官牧代表举行素食欢迎宴会,两位师徒一起来到大经堂上座,代表向大救怙主敬献见面哈达和身语意三所依等。

十日,萨迦杰尊才金欧珠旺姆(ས་སྐྱ་རྗེ་བཙུན་ཚེ་སྨིན་དངོས་གྲུབ་དབང་མོ།)主仆 20 人敬献身语意三所依。(班禅)为不断前来的珠旺活佛帕巴仁布切、南扎瓦 20 人、拉增活佛 10 人、安多赛多索朗平措、安多雪钦索朗达布、绒寺喇嘛 23 人、雪琼尊追、雪钦觉结等僧俗多人摩顶。政府司厨师来寝室拜见,敬献哈达、曼荼罗三所依。

十一日,盖仓活佛(ཀེའུ་ཚང་།)敬献三所依。密法格西、达热活佛(སྟག་རིགས།)、嘉木样协巴活佛(འཇམ་དབྱངས་བཞད་པ།)①的管家、德多才朗(ཏེ་རྡོལ་ཚེ་རྣམ།)、上安多达尔桑(ཨ་མདོ་སྟོད་པ་དར་བསམ།)、桑雄阿旺曲珠、白利土司绛央嘉措(བེ་རི་དཔོན་འཇམ་དབྱངས་རྒྱ་མཚོ།)、女首领杜都(དཔོན་མོ་བདུད་བརྟུལ།)等人敬献身语意三所依,属下信徒敬献绿松石、珊瑚、亚玛瑙(猫眼石)等项链。班禅不断为僧俗多人摩顶。

十二日,堪仲次成尼玛、彭康台吉、孜仲索波洛桑、艾多拉章、雪钦益西门兰、雪琼南桑等人敬献身语意三所依,请求摩顶。这天,达赖喇嘛奉命进京,作为骑马随侍人员,班禅为他们筹集白银,

① 嘉木样协巴活佛是第一世嘉木样活佛协巴多杰(1648－1717 年),此处是指第四世嘉木样活佛噶藏土旦旺徐(1856－1916 年),4 岁时被认定为前世转世灵童,5 岁迎至拉卜楞寺坐床。20 岁,前往西藏进入哲蚌寺深造。在担任拉卜楞寺堪布期间,兼任塔尔寺法台。43 岁,经五台山进京觐见光绪皇帝。45 岁,光绪皇帝颁赐“广济禅师”册印。1914 年,被袁世凯封为“广济静觉妙严禅师”。

作为途中费用；为近侍大司膳师强巴格列、司祭师洛桑欧色、功林强巴贤珠、大堪仲坚赞次成、医师堪布强巴图旺、孜强佐堪布洛桑克确、大堪仲洛桑欧珠、拉章大司膳师、戒律堪布、索堆堪布、夏尔孜堪布、甘丹寺格西、塔尔寺却西活佛、拉章管家朗吞等 12 人赏赐素喜哈达、章喀银 7 个。

十三日，达赖喇嘛进京的随侍人员联合向班禅敬献内库哈达、身语意三所依、汉地马蹄银两个。政府大知宾堪布洛桑欧珠（བློ་བཟང་དངོས་གྲུབ།）献身语意三所依，拉章管家朗吞、知宾大译师、仲寺活佛、赛康茹巴、代本加查瓦、色拉寺掌柜、囊如次仁平措、雪琼措萨、雪琼诺央等人献三所依。

这天，（班禅）为夏丹寺大经堂、拉康提供陈设的 3 次百供原料糌粑 7 驮 10 升；为尼姑寺甘丹曲林寺发放僧茶所需的茶一条。特派拉章管家护送嘉木样活佛回前藏，并分别赐给嘉木样活佛白果 7 包，管家 3 包。

十四日，珠康寺师徒拜见，在寝室摆上油炸面点，敬献礼物；拉章负责居住期间牛奶和酸奶。班禅额尔德尼回赐珠康活佛同时，送护身结。关于离别时的赏赐品，赐给寝室管家护身结；为吹奏海螺的夏贡寺 4 名僧人和准备接待的那曲夏寺负责人赐给每人护身结一条。这天，珠康活佛来寝室拜见，敬献内库哈达、曼荼罗三所依，以及贶礼 11 块装茶一箱、挂面一箱。

之后，嘉木样活佛来见，敬献哈达、身语意三所依。强佐敬献身语意三所依及茶米饭等，如知宾所记。是日，达赖喇嘛在后殿为班禅传授长寿灌顶，（班禅站在前面敬献）内库哈达、汉马蹄银一锭、缎子一匹等作为酬劳。然后，在日光寝室为达赖喇嘛举行告别礼，大救怙主（班禅）敬献内库哈达、曼荼罗三所依、茶米饭、章喀银 50 两、衣料两件、蓝色氆氇等，所有的大小侍从依次敬献哈达。达赖喇嘛为班禅送赆礼内库哈达、旃檀手柄、羊脂玉璎珞小盒,以及装有如意、铃套、荷包等的箱子、两个铁茶箱、有一两黄金的包一个、汉马蹄银两锭、四色缎、大瓷花瓶一个、黄色地毯一块、九组缎等。

八月十五日良日早晨,着极乐世界的怙主无量光佛黄色袈裟的至尊罗桑确吉尼玛格列朗杰贝桑布与高位天人导师大轨范师达赖喇嘛会晤,一切愿望自然圆满,师徒心心相印,在一光明器中,善相显现,利乐佛教众生的威德无比高尚,再次从那曲夏丹寺宫殿出发,恩德无量,寝室周围悬挂着大小 30 条哈达。从夏丹寺大门开始 20 名随侍士兵请求做仪仗僧,班禅未给赏赐。在此不远处,日喀则地区百名士兵请求编队护送,班禅赏赐土黄色护身结和 3 章喀银。师徒排在骑马仪仗队的前面,夏贡寺拉章在隆巴驿站设灶欢送。行幕之外以功德林扎萨为首的大小堪布①、囊朗勒参巴②、孜雪(原西藏地方政府时期达赖喇嘛和摄政)仲科(随从)等政府人员送行。达赖喇嘛的骑马护卫前藏兵 30 人请求编队护送。班禅在宝帐宝座上接受功德林扎萨代表政府和达赖喇嘛设灶欢送礼品白银和内库哈达。之后,送行者依次敬献哈达。珠康活佛献内库哈达、曼荼罗三所依,班禅回赠绸缎衣服,餐饮后赏赐护身结;赏给近侍功德林扎萨缎料等,给四品官员赏两段缎褥等,孜仲、勒参巴等孜雪侍从 4 段五种缎;送给珠康活佛阿喜哈达;赏赐色拉和哲蚌两寺 3 位堪布一段五种缎;为夏丹寺吉索和悦众维那赐给哈达各一条;为准备灶送的夏丹寺上师的仆人们赐给护身结。

在灶迎之前,达赖喇嘛的随侍骑兵 20 人请求骑马送行,班禅为他们主仆赏赐哈达,为官民赐给章喀银 4 两 5 钱。约一公里距

① 堪钦堪穷,原西藏地方政府的僧官。

② 原西藏地方政府五品以上的僧俗官员。

处，嘉木样活佛的管家等大部分侍从敬献哈达送行。夜宿曲噶尔摩（ཆུ་དཀར་མོ།），那曲囊索（ནག་ཆུ་ནང་སོ།）和属下敬献身语意三所依、茶米饭，班禅额尔德尼不停地为许多人摩顶；为准备接待的负责人那曲堪囊、北方四部人赏赐哈达。

十五日，从曲噶尔摩出发，行至姆多夏帕尔（མོ་རྡོ་ཤ་ཕྲག།）休息。地方政府联络员代本从那曲开始送行3天，班禅赏赐茶和酥油；赏赐政府孜仲罗丹茶一块。

十七日，从姆多夏帕尔启程，行至那章莫（ན་བྲང་ས་མོ།）夜宿，为骑马来迎接的桑雄巴老头人等10人赏赐哈达、缎料等。骑马送行的地方政府孜仲罗丹返回，班禅给达赖喇嘛带去慰问信和内库哈达，表示感谢。行告别礼时，仲涅（知宾管家）敬献曼荼罗三所依，班禅赐给护身结。负责迎接的头人孜仲饶阳敬献身语意三所依。

十八日，从那章莫出发，行至那龙噶尔莫（ན་ལུང་དཀར་མོ།）休息，两名病人求治。班禅额尔德尼赏赐迎接者哈达、章喀银7钱5分；向觉孜神山（桌子山）供给五佛冠，向八大佛塔献敬神哈达。这天照常召开茶会时，来自雄贾雪巴主仆两人、江日一人、彭图一人等来迎接，敬献曼荼罗三所依，上茶上米饭，班禅赏赐茶一块、酥油及糌粑一秤、肉代金章喀银一两；为管理接待的库隆巴赏赐哈达、缎子两匹；为其属下赐给哈达10条、两种缎子一匹。

十九日，大救怙主（班禅）在众随从的护持下去参观热振寺，大嘉荫提前从寺院派人来献礼慰问，即鲁顶洛桑嘉措（ཀླུ་སྡིང་དཔོན་པོ་བློ་བཟང་རྒྱ་མཚོ།）亲自向班禅额尔德尼敬献内库见面哈达两条、第一宝黄金一两、优质绸缎一匹、绫罗一匹。班禅给嘉荫和助手的回应礼有护身结、阿喜哈达、缎子一匹、上等绸缎和绫罗各一匹、水果和蔗糖四箱。大嘉荫私人敬献慰问礼阿喜哈达两条、曼荼罗三所依。四大卸任上师和大会首席掌堂师敬献慰问礼；驮茶者南杰群培敬献慰问礼哈达两条;孜恰堪布洛桑平措敬献慰问礼。这天,为负责接待的诸位头人赏赐哈达;为骑马随侍去日喀则的赤绛赏赐茶和酥油等。

二十日,从驻地出发来到贝仓鲁姆乃噶尔(སྤྲས་ཚང་ཀླུ་མོ་ནས་དཀར།),一直住到二十三日。

二十四日,班禅额尔德尼及其众随从从达隆出发向西行,受到桑顿协玛的接待。之后,来到贝仓行幕附近,留在这里的侍从执仪仗迎接,班禅登上蒙古式帐篷的宝座用茶,原来安置在那龙噶尔莫的骑马侍从中仲科以上的官员来敬献哈达和身语意三所依;当雄四萨迦(འདམ་ས་སྐྱ་བཞི།)敬献身语意三所依。当雄贾雪巴江尼(འདམ་རྒྱ་ཤོག་པ་ལྔང་ཉི།)来送行。

二十五日,从贝仓出发,行至羊八井扎西通门休息。以前,应当雄萨迦属下帕恰和北方民族的联合请求,班禅额尔德尼传授了长寿灌顶,所得供养代金章喀银 6 两、长寿物代金章喀银 15 两,由强佐交付。传授长寿灌顶后,大家敬献酬劳阿喜哈达、身语意三所依、章喀银 50 两;为代表顿珠、散桑布索和其他两位献礼者等许多人传授长寿灌顶;为迎候作准备的头人贝仓赏赐礼物和护身结,感谢 5 天的招待。到达羊八井扎西通门行帐,为来自不同地方的多人摩顶加持,为迎候准备的羊八井头人代表赏赐哈达、3 种绸缎;为羊八井部赐给哈达;赏给头人蓝色哈达和 3 种绸缎一匹;为马灶差徭赐给 3 种绸缎一匹。

二十六日,从扎西通门出发,临行时哲蚌寺东哈尔东札仓敬献身语意三所依。根据名册记录,在羊八井那噶尔摩驻锡时,行至行幕附近有羊八井寺 50 名僧人组成的仪仗队迎接,班禅施放僧茶,布施财物。

二十七日休息,茶歇之时羊八井寺敬献身语意三所依,饶杰林寺献三所依,加查拉巴次卓(སྐྱ་དགའ་ལྷག་པ་ཚེ་སྒྲོལ།)敬献身语意三所依。

二十八日，从那噶尔摩起程，途中经须古神山（ཤུ་ཀུ།）献祭五佛冠；孜护法师供祭山神。在须古拉山下有麻江头人的代表骑马迎接，班禅赏赐哈达。据名册记载，（班禅）赏赐一名嘉雄老人。然后，逐渐向斯布多（བསིལ་བུ་མདོ།）的行幕行进。这天，赐给迎候准备头人麻江的代表哈达、3种绸缎一卷，还不停地为多人摩顶加持。

二十九日，从斯布多起程，夜宿麻江松多（མར་རྒྱང་གསུམ་མདོ།），赐给迎候准备的麻江头人代表哈达。迎候准备的麻江人敬献茶两条，班禅赐给马槽差役3种绸缎等。

三十日，从麻江松多起程，途中向麻拉山献卡索哈达、五佛冠。山下有伍由（今译邬郁）当玛头人主仆两人骑马迎接，班禅给以赏赐。在麻热鲁东（མ་ར་ཀླུ་གདོང་།）少歇继续前行，过了拉甘河（ལ་ཀན།），来到热塔擦卡（ར་ཐག་ཚ་ཁ།）草原时，扎什伦布寺派来慰问的骑马官贾贡巴骑马迎接，并敬献哈达。行至宗塘行幕附近时，热木顶玛寺（རམ་སྡིངས་མ།）的50名僧人迎接，（班禅）赐茶2两2波[①]。萨蔡修行院（ཟམ་འཚེལ་སྒྲུབ་སྡེ།）40名尼姑、甘丹曲林寺20名尼姑、蓝衣拉康（གོས་སྔོན་ལྷ་ཁང་།）30名僧人、查噶尔寺35名僧人执仪仗迎接，班禅施放僧茶，发给财物。扎什伦布寺慰问使者马官贾贡次旦（ལྕགས་གོང་ཚེ་བརྟན།）代表大嘉荫敬献内库哈达、水果两箱，自己献身语意三所依等。以前专程到那龙噶尔莫（ན་ལུང་དཀར་མོ།）来慰问的鲁本洛桑嘉措从宗塘行幕提前出发。

九月一日休息，大救怙主班禅额尔德尼参观蓝衣拉康、热木顶玛等，向每个寺庙提供一次五种百供所需的费用。巳时[②]，大救怙主的全体随侍提前去蓝衣拉康，向护法大将军（骑狮护法）献敬神

① 一藏两，相当于一藏斤的二十分之一，约重十分之四斤。波，藏秤两以下的重量单位，4钱为一两，20两为一斤，即一克。

② 古代上午9点至11点的时间。

哈达和供品一杆枪等。结束参拜后,班禅额尔德尼登上大经堂宝座为各地来的许多僧俗摩顶加持,蓝衣拉康喇嘛僧徒敬献哈达、身语意三所依,上茶上米饭招待。另外,班禅还为林噶尔官府差民、30 多位男女歌者赏赐哈达。从此来到热木顶玛寺向主供佛像献敬神哈达。热木顶玛寺向大救怙主敬献哈达和身语意三所依,班禅发放僧茶代金白银一两、每僧一章喀银,共计 9 两 3 钱。伍由顶谿卡的坚赞等 20 人敬献身语意三所依。班禅为顶寺(སྡིང་དགོན།)喇嘛举行的六臂护法的酬补、托付、礼赞等活动提供所需的费用章喀银 3 两,为 1000 多名僧俗摩顶加持。萨蔡寺尼姑尼玛作为迎候准备的负责人请求班禅驻锡林噶尔宗。班禅在住那曲期间和返回途中,当雄萨迦所属 20 位骑兵一直护卫送行,强佐按照行程发给薪额。

是日,从宗塘(འཛོམས་ཐང་།)行幕起程,途中向果拉山献祭五佛冠。孜护法殿师也进行祭祀。噶饶空勒库甘等 3 人骑马在山头迎接,下山去果瓦松多(སྒོ་བ་གསུམ་མདོ།)行幕。

二日,从果瓦松多起程,直向勒卓欧仁(ལེགས་འགྲོ་སྔོ་རིང་།)桥,托庄园管家主仆 3 人乘马迎接。接近托庄园时尼姑寺的赛瓦增玛等 40 人执仪仗迎接,托杰地区男女 32 名歌者边唱边跳迎接;托杰庄园主平措康萨瓦(ཕུན་ཚོགས་ཁང་གསར་བ།)请求大救怙主师徒住在庄园寝殿,当班禅登上寝殿中央宝座时,上茶和油炸面点、水果等 21 盘、带座的 15 个 9 层篋盒等,敬献见面哈达和身语意三所依。油炸面点摆设完毕后,向班禅呈上食品、11 层干酪 4 盘、食品塔协(ཐ་ཞེལ།);呈给经师仁布切、公爵 7 层干酪各两盘;给近侍司寝、司祭和内四品以上官员食品和干酪各两盘;给各大知宾每人干酪 4 盘,给勒参巴 3 盘,给普通俗官、护法神殿师、骑马官等各 3 盘,给驮夫、贵族佣人油炸面食各一份。

之后,大救怙主来到李金诃罗王的护法殿发愿,敬献敬神哈达、御饮（神饮）等。从这天开始比丘聂松等8人举行为期一月的本尊自生先行的李金诃罗王酬补、托付、礼赞等利益众生活动，班禅提供所需费用。来到甘丹饶杰寺附近，该寺160名僧人、曼日寺30人、桑丹曲顶寺20名尼姑组成的仪仗队将班禅迎接到甘丹饶杰寺大经堂上层的寝室，吃完油炸面食后，该寺僧人请班禅到大经堂法会，讲授与曼荼罗相关的《瑜伽上师法》，敬献衣服用具代金章喀银15两，班禅赏赐众僧，施放茶饭，颁布诵经条令，资助月供，如赐给额外僧茶所需的金玉茶一甑、每人一章喀银，共10两。先后有朱仓管家孜仲、帕索米村、曼日寺上师僧徒、康巴饶丹、戴囊领主（庄园头人）等敬献身语意三所依。班禅额尔德尼不停地为仪仗队员、歌者及其他多人摩顶，向大经堂、上师殿、佛母殿、兜率天殿献百供，参拜佛像，发誓愿，献敬神哈达，托付事业。

从此起程来到鲁顶颇章后寝殿用茶，甘丹饶杰寺（དགའ་རབ།）管家上茶饭。从即日起甘丹饶杰寺全体僧人举行为期一个月的七支发菩提心先行《甘珠尔》念诵法会，前后还要开展《度母》《白伞盖》《般若波罗密多心经禳解法》念诵，班禅提供月供供物和每天5次僧茶费用，其中精品茶16驮17秤2波，酥油50驮12秤2波。

四日，从甘丹饶杰寺出发，行至蔡尔达（མཚར་མདའ།）有仪仗队迎接，班禅额尔德尼为蔡尔日超寺8位比丘发给僧茶代金二章喀银；为来迎接的擦尔寺管家主仆两人赏赐哈达、缎子；为泽东寺管家主仆3人赏赐哈达；为扭曲科林寺堪布和悦众维那等11人赐给哈达、绸缎4匹；为泽东寺悦众维那等骑马迎接的3人赏赐哈达。迎接的还有拉乌庄园一人、柏庄园一人。来到杂佐行幕附近，有扭曲科林寺僧人、曲巴寺40名僧人、泽东寺30名僧人、达珍曲顶寺女尼12人、蔡尔地区男女歌者20人、香巴左杜藏戏演员10人等执仪仗迎接。

从这天起在藏章拉康举行为期7天的吉祥寂、李金诃罗王的酬补仪式,向佛像、佛塔、佛经前陈供五种百供,班禅提供所需费用;赐给供物全套火枪、敬神哈达、建造佛像的五种奇冠,为 8 名参加酬补仪式的僧人赐给每人一条哈达、3 个章喀银,以及茶、酥油等。

萨迦嗣子阿旺伦珠坚赞(ངག་དབང་ལྷུན་གྲུབ་རྒྱལ་མཚན།)夫妇等人敬献哈达、身语意三所依。蔡尔庄园主和牛庄园敬献身语意三所依。(是日,英帝国在布达拉宫签订了不平等条约 10 条)①。

五日,从杂佐(ཙ་མཛོད།)起程,提前为要乘坐的 3 个牛皮船系上彩色护身结和外库哈达。在竹卡(大竹卡)南北,扎什伦布寺已经布置了帐幕、中心大帐、帷幕等,皮船之南设坐垫和缎幔。班禅坐上竹卡南边帐幕内的宝座,孜恰堪布赖普巴敬献慰问礼内库哈达。骑马迎接的温贡寺管家主仆 3 人迎接,班禅为管家赐哈达、缎子 5 匹,赐给仆人哈达各一条。行至班扎西雄行幕附近时,温贡寺 180 名僧人仪仗队迎接,班禅施茶发物。

九月六日,良辰吉日,在与天等世间顶饰无比恩德救怙主遍知大遍观、天人导师、殊胜佛自在(达赖喇嘛)会晤,敞开佛教众生幸福快乐大门,为一切有缘含识赐给眼前长远幸福圆满新喜宴恩惠后,班禅额尔德尼回到扎什伦布吉祥大寺胜一切的尊胜洲,双足吉祥轮登上高胜幢宫殿的金色宝座。之前,大救怙主师徒身着盛装从班扎西雄行幕起程,委派一些年长的随从在江东扎西康萨设灶迎候,宝座和坐垫都是按照知宾所记设置的。骑马迎接的有仲科赛甲米村、各宗豁卡。大救怙主回来后,大嘉荫敬献内库哈达、曼荼罗三所依。然后,汉藏、迦湿弥罗(克什米尔)、尼泊尔代表按职位高低依次献哈达,班禅赐给护身结。接下来由宗豁卡敬献曼荼

---

① 1904 年 8 月 3 日英国侵略军占领拉萨后,荣赫鹏单方面提出条约草稿 8 条,以此为基础,英国与西藏地方政府经过“谈判”拟定《拉萨条约》稿。1904 年 9 月 7 日在布达拉宫,荣赫鹏等 7 人代表英方签字,甘丹赤巴洛桑坚赞、噶伦、三大寺代表、西藏地方官员会议代表代表西藏签字。荣赫鹏要求驻藏大臣有泰在条约上签字,遭到拒绝。

罗三所依代金章喀银3锭，摆上油炸面点。班禅为设灶迎接处集合的汉族士兵赏赐章喀银140锭。

按照名册统计，准备了从起程到中途所需的用品。从贡觉林宫殿的大门到孜护法殿有仪仗队迎接，在外大门边有密宗札仓僧人组成的仪仗队迎接。之后，不断有扎什伦布寺僧人来迎接，附近各寺院、歌舞者列队迎接。宫殿顶上旗幡和吉祥彩幔飘扬，乐器、海螺声不断，寺属各殿顶上旗幡飞扬。在喜悦持法寝室中的汉式桌子上，为大救怙主驾临准备了25盘水果、11层食品盘6个、11层干酪盘一个；为内部随从（ནང་མ།）以上的官员设灶准备食品，上茶一次；中途设灶为勒参巴、仲扎（དྲུང་དྲག）[①]、外知宾、汉藏人士准备面食，上茶一次。

迎请大救怙主到大经堂赞加拉康（མཛོད་བརྒྱ་ལྷ་ཁང་། 百业殿），登上无畏五狮负载的高大的金色宝座，恰雄（ཕྱག་གཞུང་།）举行盛大欢迎宴会，摆上油炸面点；雪勒空向大遍知遍观救怙主敬献内库哈达、曼荼罗三所依一钱金口。常驻四大卸任师等人敬献国政七宝、八瑞相、八金两秤、马蹄银两个、章喀银3秤、缎子11匹等。一位老四品官员敬献见面哈达、章喀银两秤、缎子5匹等。之后，大家向孜雪献哈达，表演舞蹈，上茶饭，宴会进行的情况记录在案。同时，给日喀则达波（རྫ་ཚོག）的迎接者和准备油炸面点的人赏赐外库哈达、香10捆、氆氇两匹、衣料各一件；赏给诸位法官卡其哈达、香7捆、细氆氇各一匹；赏给3位达秋法官的同事[②]卡索哈达、章喀银各3个；赐给两位琼孔（ཆུང་ཀུང་།）卡索哈达各一条、氆氇各一匹；为两位代理代本赐给卡其哈达、优质缎各两匹；赐给4位如本7种四相绸缎一段；赐给8位甲本

① 原西藏地方政府僧俗官员的称呼。

② 又译“同司”或“通斯”，指口头翻译。

卡索哈达各一条;为25位知事僧、两位宗本、7位勒仲、4位措本(འཚོ་དཔོན།)①、扎西吞巴贵族、丁青贵族、几个豁卡负责人、9名宗跳舞者、尼泊尔迪哈达、迦湿弥罗人、地方政府联络员、全部佣人、轿子负责人、抬轿者16人、两位管家、扯轿头人、扯轿民、两位骑马官、全部养马者、世界画(སྲིད་པ་ཧོ།,九宫八卦图)、背佛像塔的5人、3位苏娜巴(སུར་ཁ་པ།)、磨石者4人、舞童、背磨者、地方政府联络员代本基巧巴、仆人联络者、拉宗门吉、送水知事僧3人、骑布巴、养马部门总管、轿子负责人、抬轿者、两名乐舞领队官、舞者5人等人赐给每人哈达一条、章喀银一两,同时赐给阿喜宝座哈达一条和素喜马旗两条。

九月九日,西藏地方政府联络员基巧代本辞别,按照水虎年前藏行册记载,班禅额外赏赐。

第八章　地方政府与班禅堪布会议厅产生分歧,遍观班禅额尔德尼出走内地

往年信教臣民缴纳差税、完成任务,掌握着金桥诏书,享受着不尽的幸福之时,之后形势发生大的变化,上弦月光暗淡如同下弦月,(众人)普遍的印象中从很早以来已经成为佛教与众生尤其是雪域众生的顶髻珠宝,殊胜救怙主师徒两人金刚结誓言,被长有骨头般指甲的怀着恶意的人,如同心中被黑暗魔鬼侵入而成为麻烦制造者地方政府孜本龙夏多吉次嘉(原文如此陈述,编者)如《密传》所说:“毒蛇九兄弟的誓愿中,未来生及一切生,恭敬其子之莲足,用谗言遮遣趋入,再三希望生威力。”恶愿应时而成熟,以龙夏为首的一部分人在紧要关头,在达赖喇嘛和班禅额尔德尼师徒之

① 负责生活的官员。

间进行挑拨离间，犹如魔鬼扰乱心智，他们贪恋权利，规矩全无，因此无论是地方政府与拉章①之间的规章制度、各种文件，以及信教百姓缴纳的差税都被他们牢牢掌握，对本来不存在强权暴力的拉章、寺庙庄园百姓等人逐渐提高增加征派羊毛、驮牛、盐税、面粉、粮食等力役租税②的税种，好像对扎什伦布寺拉章的政教来说“司法独立”（ཁྲིམས་འགོ་རང་བཙན།），相互没有了信任，对强佐扎萨喇嘛、译仓勒空夏仲执事滥杀、挑衅，加重惩罚，推迟拉莫五供时的封口呈文，一心想从西藏地方政府（噶厦）委任后藏以后的拉章扎萨喇嘛③。达赖喇嘛不停地下令给大救怙主（班禅），颁布了极不合规矩的新例，对如此重大事情，后藏的头领们请求不要这样做，后来偏袒地制定了《水猪年法令十三条》（ཆུ་ཕག་སྒྲུག་དམ་དཔྱད་མཆེམས་འདུ་བཅུ་གསུམ།）④，将后藏喇嘛、寺属庄园、百姓等纳入政府各宗，由宗送驿站的马驮跑送，因此不顾一切践踏了以前的原有规矩，费尽心机想搞坏高胜幢的政治，创新改革，制造变化。地方政府的许多主要官员明里暗里积聚四军粮（དམག་ཕོག་བཞི་ཟུར།），扬言如果不能积蓄银粮，就

① 指噶厦与扎什伦布寺。

② 过去藏区的徭役赋税，力役指派遣人畜支应差徭，租税指用实物钱财缴纳捐税。

③ 主要讲九世班禅和十三世达赖喇嘛失和的原因，这方面国内外学者说法较多。1913 年，十三世达赖喇嘛回藏后，要求扎什伦布寺还清乾隆五十六年抗廓、1904 年抗英、1912 年驱汉时拖欠噶厦的税银，还有噶厦官员往来后藏的民夫骡马差役的支应。

④ 十三世达赖喇嘛和九世班禅之间的矛盾激化后，1923 年，噶厦公布《水猪年法令》十三条，要求扎什伦布寺遵照《铁虎清册》的规定，向噶厦缴纳地租和徭役等。李苏的文章评述得比较完整：“噶厦强令扎寺拉让支付 1888 年和 1904 年两次抗英战争和 1912 年驱逐清军所耗用的军费；还要支付增建新军的四分之一军饷。并说，这是早已在 1789 年和 1853 年廓尔喀两次入侵西藏时噶厦与扎寺订立盟约时规定的。噶厦多次严令扎寺拉让后，扎寺拉让复信说：‘抗击廓尔喀，是为了保卫西藏的领土和主权。在战争中，扎寺损失惨重。当时，扎寺拉让及所属大小寺院、贫富居民为赶走侵略者，所有人力、物力都投入战争，耗用的军费噶厦不偿付我们，我们也没有什么意见，……至于要建立达赖喇嘛的警卫部队，我们愿尽力而为，除此以外，实无力支付所规定的四分之一的军饷。且拉让所属豁卡收入，仅能维持本寺费用，并无多余。五世、七世和八世达赖喇嘛对扎寺的供应差役，早有规定。此项规定关系到扎寺的兴旺盛衰，望噶厦切勿改变原定法规。’扎寺拉让多次上书请求免征新税，但噶厦充耳不闻”。噶厦少数人，怂恿一些后藏十三宗代表向噶厦提出，扎寺的属民同噶厦属民一样完粮纳税。噶厦委派调查官到日喀则调查税收情况，扎寺拉让办事人员到拉萨，据理力争，但无结果。“噶厦步步进逼，除了要扎寺拉让承担四分之一军费外，还下令按‘水猪法令’支应马差，向后藏十三宗下达了文告。

无法支出建造慈氏大佛像的费用,因此坚持原来之制度。(班禅)不忍心看着对高胜幢拉章(扎什布伦寺)的寺属庄园、夏仲、百姓增加差税而要躲避到汉蒙地区。事情的经过是:1910 年达赖喇嘛从北京返回时,满清皇帝的代表驻藏大臣提出增加守边军队人数,遭到西藏地方政府的阻拦,上报皇帝后,当陆军(ལའུ་རྩིག)[①]官兵到达拉萨时,九世班禅额尔德尼给十三世达赖喇嘛送去一封书信(ཕྱག་སམ)。主要内容是:最近,汉族官兵即将从内地来,诸位噶伦一直考虑下令动员军队,最终众生眼前与长久愉悦的根本是拥有财物,弘扬释迦牟尼宝教,恢复所有失去的一切。从我们的历辈父祖们到大堪布历辈达赖喇嘛都无限关爱护持雪域一切众生,任何方面都与众不同,当出现违背王命圣旨时,不管是出现政教或时局突变的违缘,不仅脱离愚蠢之心所忍受的机会,而且出现部分王命之请求渠道,对于中央政府政教来说希望越来越好,从政府来说依靠处还没有出现僭越前,还可以向汉族官员发出会晤的信息。

这年,达赖喇嘛主仆逃亡印度,铁猪年(1911 年)宣统皇帝下令要求班禅额尔德尼代行西藏政教之权[②]。班禅请求道:“不是不能行职权,而是他拥护敬重达赖喇嘛,对我来说没有政教才能经验。”没有答应代行政教之权。但是少数随从头脑简单,很鲁莽地出来胡言乱语。孜本龙夏等极少部分恶缘的政府官员挑拨十三世达赖喇嘛与九世班禅之间的关系,造成十三世达赖喇嘛极不喜欢班禅额尔德尼,这即是师徒两人产生不和的前兆,班禅额尔德尼的一些外在表现也不合时宜。班禅额尔德尼 34 岁时,降赐关于庶民责任方面的执照,其内容是针对当时的班禅仁布切说的。总之,出

---

① 清朝中央在十三世达赖喇嘛离开北京时即任命赵尔丰为驻藏大臣兼川滇边务大臣,同时在四川陆军中选精兵 2000 人,由钟颖率领自成都出发,经打箭炉、昌都向拉萨挺进。

② 驻藏大臣有泰向清朝政府的奏折中“弹劾”十三世达赖“平日跋扈妄为,临事潜逃无踪,请褫革达赖喇嘛的名号。”清朝政府回电:“著即将达赖喇嘛名号暂行革去,并着班禅额尔德尼暂摄。”

现了各种各样的说法使政教处于风雨飘摇的境遇当中。主要是抹杀殊胜遍观（班禅）的誓愿，为了不对部分拉章夏仲产生损害，全部的目的是增加牦牛驮子，在百姓的承担方面有新的详细规定，解决的办法已经传给各位随从。殊胜遍观（班禅），我们的皈依处已经被毁坏，就像被他人所败，失去了坚信，我胆量小缺乏智慧，难以忍受；怎么说呢？只有从两个方面详细寻找原因，以后召集在拉萨相互诉讼，破除是非对错，到那时殊胜遍观（班禅）不一定再灰心，为了利弊曲直迎接未来，进行深深思考，现在手里有的时候，不管多么沉稳重大（事情）都需要解决。对班禅额尔德尼来说心里非常着急，第十五饶迴水鼠年，公元 1913 年陆军骚乱①，拉章所属的汉地士兵们被驱至边界，关于所需的马匹物资，地方政府不断下发文件说，拉章方面有感于大皇帝无比的鸿恩，没有援军施乐，暂时没有考虑向汉地和地方政府报告，用十嗔恨力敲打遍知遍观救怙主和僧俗随从、关心公事的人们，人小言轻，不管在明里暗里多么忍让，无益反被摧残；意增加力役租税的赋税差徭，心里实在难忍，在没有任何办法的情况下，不得不选择秘密逃离。

即将秘密逃走之时，即公元 1922 年，藏历第十五饶迴水猪年，救怙主金刚持罗桑土旦确吉尼玛大自在完成普遍护持内地（原文：支那国）众有情事业的时机已经到来，过去的许多悬记（预言、授记），尤其长期以来像身影一样伴行，事业如成就，殊胜大梵天等同样像猪狗一样，一定要驾临北方，这种想法原来就有。因此，从 37 岁开始，派江孜洗礼堪布前往喀卡②（ཁ་ཁ།）时，口头命令必须准备

① 实际情况是：1911 年，受四川“保路运动”影响，驻藏川军人心浮动。同年 11 月 13 日，在会党的唆使下，驻藏川军以缺饷为名宣布起事，抢劫拉萨商贾和军粮，囚禁驻藏大臣联豫，局势失去控制。钟颖为了清除会党势力，引起军中大乱。受此影响，亚东、帕里等地的驻防川军相继哗变，其中大部分人取道印度回国；江孜驻军中的部分以革命为名反戈拉萨。局势发展到后来，噶厦以达赖公开发表《告民众书》号召全藏人民反抗，将汉人驱逐出境，即驱汉事件。

② 可能是ཁལ་ཁ་的误写，意思是喀尔喀。

走羌塘道。这样,将玛且森切(མ་ཆེ་གཟིམ་ཆེ།)萨隆巴桑珠(ས་ལུང་པ་བསམ་གྲུབ།)从玛且(厨师)位派去喀尔喀任索本(司膳师),借口急需近前僧人供奉堪布平措要去喀尔喀而派去。同时,决定起程时迎接和前面一样在羌塘准备。与这些口头指示相关的,如果首先要去达库热木(ཏྲ་ཁུ་རམ།)是有特殊性,所以一定去那里。然后,想去北方霍尔地方,这也需要条件和特殊性。

公元1922年(原文为1923年,可能有误),观看超出常人想象的装束而表演的极密之阿吉拉姆,这年秋季,派哈尔东大知宾阿普罗桑程勒(ཨ་ཕུར་བློ་བཟང་འཕྲིན་ལས།)等人去上部筹集酥油。八月底,班禅借口去芒嘎(མང་གལ།)洗浴,这时那些筹集酥油的一行人已经到了芒嘎,请问情况,班禅指示说我去谢通门(གཞད།),你们一定要边筹集酥油边往那边赶。救怙主想从谢通门经过达那(位于谢通门县东部)绕行北道。因此,从芒嘎去朗恰(ནང་ཆག),此时做好了去汉地的准备,携带的行幕有甲乙(ཀ་ཁ།)两套、衣服、日常用具、主仆一行人的伙食、圣物、驮骑等,全部准备好后,为了躲避闲言,借口去达纳朝拜本尊,但外面流传说是要去内地,地方政府随从船夫也持这种怀疑态度,为此假装那儿都不去,回扎什伦布寺的假象。为了躲避危险,进行了认真祈祷后回日喀则及之后的去留问题,没有去其它地方,暂时去了贡觉林寺,给随从等人回赐丰厚的财物。如此,司膳者说:“如果从沐浴地保护起程,由于有政府的随从,估计有大的危险,随从朋友们暂留住寺院。”不久,大密咒师之外的三大札仓的轨范师全都更换,堆桑林札仓楚岗巴(ཚོར་སྒང་པ།)替换者是勒林噶钦喜饶达结(ལེགས་གླིང་དཀའ་ཆེན་ཤེས་རབ་དར་རྒྱས།)、吉康札仓堪布郭茶巴(སྒོ་སྦྲགས་པ།)的替换者是欧宗巴(ཨོ་རྫོང་པ།),夏尔孜札仓堪布替换者是拉康噶钦占堆(ལྷ་ཁང་དཀའ་ཆེན་དགྲ་འདུལ།)。

表面上,拉章高胜幢宫殿中讲授集密四家合著,关于同四大堪布轨范师一起去祖国内地，没有额外支付四军粮，向皇帝报告请求减轻，寺内今后的工作秘密由内部商榷完成。将道光皇帝赐给七世班禅的“贤劫”大执照金印，赐给夏尔孜札仓堪布保存，这是第十世班禅坐床后夏协拉康巴（ཤག་ཀྱུལ་ལྷ་ཁང་པ།）米村的僧人噶钦江边（དཀའ་ཆེན་འཇམ་དཔལ།）回献的，上位（གོང་ས། 班禅）平时不仅说主仆去内地和蒙古族地区，当时地方政府邀请（他）到拉萨，谣传噶细代本已经到达江孜，由于各种原因希望起程。十一月十日左右，叫来大密师丹增晋美旺秋在日光道拉章（ཉི་འོད་འགག）会面时说：“现在我准备走，您也设法赶紧过来。”

从十三日开始装作闭关修行，班禅仁布切秘行时，拉章寝室望楼上整齐排列的印上安置了手书，其内容是：大堪布金刚持（达赖喇嘛）不可能悲心微小，但属下工作人员胡作非为，不遵守原来的规矩，强征四分之一军粮，由于无法完成，不得不去中原及蒙古地区向信众乞讨。在这方面，班禅额尔德尼对救怙主十三世达赖喇嘛有不灭的忠心，不变的信心和尊敬心。

四十一岁，水猪年，公元1922年十一月十五日，安排噶钦东卡（དཀའ་ཆེན་དྲུང་ཁ།）做出闭关的样子，班禅额尔德尼自己于夜晚顺着寺院后边的小道从拉章向仲孜雪（འབྲོང་རྩེ་ཤོད།）走去，在那里用餐①。按照原来给侍从阿普尔、内骑知事僧丹增成勒、平朗达瓦等人的指示，当晚在古格吉塘（ཀུ་གེ་སྐྱིད་ཐང་།）集中。应仲孜雪两名近侍请求，中月时到达古格吉塘，在用餐期间，阿普尔等3位侍从加入骑马的随从队伍中，其中有大索本（司膳师）素尔努洛桑坚赞、大司寝噶饶巴、却本堪布（司祭）潘康罗桑班丹、坚萨仲孜噶钦曲佩、坚萨仲孜

---

① 1923年11月15日夜，九世班禅带领侍从15人离开寺院向北出走。由于担心达赖派人追杀，行动高度保密，选择偏僻山路日夜兼行。7天后才被噶厦知道，即刻派兵追赶，但不知道班禅一行的行走路线，又加上大雪不断，只有作罢。

吉学、仲热巴普布次仁、坚萨扎夏仲洛桑丹巴(阿迪果)、土旦达曲、(古雄夏娃)强佐普旺、仲钦古雄当钦洛桑坚赞、(王罗坚)诺章司钥占堆、素尔巴扎西旺堆等8位随从。应骑士长胡图江布邀请前往时,阿普尔从吉塘夏门后的新青稞中抓起一把放入大襟袍。然后,他们3人邀请骑士长到恰岗(ཕྱག་སྒང་),最上怙主3人起程来到9层方向,说他们3人有没有青稞之类,阿普尔有青稞并敬献,他面向寺院长时间祈祷发愿而抛撒供养物。素西堪布、赛康大喇嘛、素尔夏知宾麦多等人来城门外的恰岗送行,两位近侍也到恰岗送行到曼荼罗之间后返回。当时,班禅额尔德尼赐给知宾麦多拉章钥匙,但是知宾麦多把钥匙献给堆桑林堪布,说:"今晚放心,以后会来商量。"知宾自己整理行李悄悄上路,跟随的有坚萨洛桑。到了绒措湖边,骑马不走水中,因此返回,以后再走。(坚萨洛桑的出生地是蓝阿,在蓝阿快乐寝室生为蓝阿瓦的教授师之子,故称蓝阿德瓦活佛,后来以班觉伦布为驻地,名叫坚萨康瓦)

班禅师徒经过曲米(ཆུ་མིག)①即那塘和包热包多(སྦོར་སྦོར་དོག)等地来到达拉(སྟག་ལ)附近,突然发现一批马逃脱了。当他们去寻找那批马时,碰到了一个陌生人。班禅额尔德尼急忙指示看是谁,问清楚原来是从昂仁达瓦追赶过来的潘康佣人南杰。达瓦不认识是谁,问去哪里?回答说是赶去上部潘康。达瓦问前方的情况,要阿普去看看。再次问清楚是南杰,问去哪里,回答说去上部。

复又做出逃跑的样子,派阿普打前站(原书此处缺字)准备从潘康到杰琼的蔬菜。阿普向班禅额尔德尼报告,班禅说:"那么,你两人去,在杰琼准备打尖。"因此,他两人打算先行。(班禅又指示)说:"阿普,杰琼地方来去的人多,在冲达村准备(打尖)。"他两人

① 又译"曲弥",地名,位于西藏日喀则市西南部(《藏汉大辞典》解释说是南木林县一地名)。13世纪八思巴建立13万户时,在这里设出密万户。

去冲达准备蔬菜，那里有个围墙，去那里准备喝茶。当时，有一个戴狐皮圆帽的俗人从墙边窥视，于是说我要走，就马上牵着马动身。他们三人也急忙离开，一直走到前方的山梁。之后，大家骑马而来，来到格定（དགེ་སྡིང་།）桥附近时，没有过桥，而是从桥下淌水而过。在未到夏仲村前换马，勒参巴在路上把这些事已经做好，去上部装孜恰（原西藏地方政府的两大机构之一）的粮食，返回者乘骏马走。从夏仲经过帕东（བམ་དོང་།）和泡泡（ཕྱོ་ཕྱོ།）岩谷来到雅鲁藏布江岸，渡过两条支流后已近黄昏，没有任何食品粮食，以沙子当床，随便喝了几口水，进行短暂休息。月亮升起，知事僧丹增成勒和平林达瓦（ཕུན་གླིང་ཟླ་བ།）顺着雅鲁藏布江寻去，只有马尿味道和马蹄印，顺着往前行，平林达瓦脱掉衣服牵着马走，来到大河对面经过江雄（འཇང་གཞུང་།）绕村而行，直到天亮，在村中呼唤，没有任何回应，让阿普去问医师罗桑南杰在哪里，师徒三人去北边（羌布）。之后，阿普和医师罗桑南杰一起到了北边，在行幕中简单地擦洗了上身后吃饭。噶饶森钦（དགའ་རབ་གཟིམ་ཆེ།）派近侍平措提前去准备宝帐和全部用具、一个驮骡。当时，如果前行必须要翻越北面的一座山，道路非常艰险，乘马难行，只好下马步行。黄昏时分，行至朗玛金科（སྣང་མའི་དཀྱིལ་འཁོར།），一进入行幕班禅就说：“哈绕，今天如此艰难”。班禅额尔德尼在垫子上仅睡了一个小时，起来后喝茶吃饭，半夜时诵经。

第二天，派噶饶仲平措（དགའ་རབ་དྲུང་ཕུན་ཚོགས།）先行去联络，班禅和其他随从在牧民向导的带领下前行，当来到塔宅拉（ཐག་དྲེད་ལ།）山时，牧民详细介绍青图（ཁྲིང་ཐུལ།）之间的牧牛人的情况，当晚住在青图。那时候，自称是地方政府的一位贵族敬献当地食品。为了第二天翻山，长时间煨桑供养，发愿托付事业。在山下，住在达纳普巴牧民所献的宝帐中，揉拌糌粑等食品，像小孩玩耍一样做出 4 个小朵玛(食子,用来供神施鬼的食品丸子),朵玛的莲盘、白花(朵玛上所粘的酥油花)是给自己做的,可以短暂地供放在桌子上,然后送向行幕的四周。次日,大约走了一华里的路,因为没有准备妥当,需要住在那里。第二天,坚持来到森林的边缘休息,热西营官(རག་ཞི་སྨར་དཔོན།)来见,班禅赏给茶和食品。营官在山口迎候准备,陪伴来到那里后,(班禅)说:“今天就住这里,明天会来的。”营官外出,第二天晨晓以仲孜近侍两位孜雪为首的落后夏仲主仆、骑士长等人都到达。吃过早饭后上路,一直去热西设灶迎接的地方,中午时分到达用餐,之后行至西山的岩角处,放下 7 发枪弹,把枪给了罗桑成勒。

寺院的庶民多巴夏尔来到热西营官的营地,在甘珠尔拉康设座,迎候准备。在此连住了 3 天,等候后面的随从,大家都到齐了。在这里,班禅额尔德尼向营官主仆讲经说法,离开时,营官供献了大批物资,为师徒们准备了相应的食物和赆礼,为每一位夏仲准备了行幕和厨具。

从热西出来后来到营官旺堆的营地,在那里休息,为营官主仆、百姓讲经说法,临别时营官敬献了身语意三所依和相应的赆礼。热西营官属地的百姓一百多人送行到大雪山之间才返回,班禅额尔德尼给以佛法教导。如今还可以看到吉那红宫(སྐྱིད་ནའི་ཕོ་བྲང་།)墙壁上绘制的当年班禅授记预见的壁画。当日行至一个名叫夏曲的河边休息,第二天来到麦瓦牧民部落居住的内湖边。次日,班禅额尔德尼在驻地非常生气地说:“经常引路的人是我,你们从不关心,从明天起领行者必须轮流做。”夏仲们说:“如果班禅仁布切不引领路,我们来做何?”其实非然,只是说说罢了。因此,两名夏仲商量,其中的素尔努(ཟུར་ཕུག།)说:“我年长,明天我去。”从此,决定从年长者们开始轮流领路。那天,素尔努前行时好像走错了路，住在湖边，向湖里面投放哈达绫绢。早上骡马没有水吃不停地嘶鸣，大家问没有水的原因。班禅额尔德尼说："湖头有水。"于是在湖头用石头敲打了三下，水一下子喷了出来，好像打水枪一样，水汩汩而出，解决了一切众生的口渴。

班禅问："现在谁来领路?"由于不识路，谁也不敢往前走。班禅额尔德尼又说："谁能?"无人应声。无奈，班禅亲自骑马做领路人，从湖的下口边经过，大家默默跟随，从岩沟出来，来到一处无草无水、酷似被铲平过的地方休息，派平林达瓦和谢巴仲雅培两人去南边看有没有路，他俩发现有路，并把湿马粪带回来让大家看。第二天起程行至水草丰美的地方，随从请求休息，班禅额尔德尼说："不能休息，必须走。"当他们走到一座山坡时，天空飘起了细细的雪花，牵着骡马翻越大山走在难行的松土上，走出后来到宽阔平整的草地上，沼泽水流淌，还有许多干黄的野牛粪便，心情愉悦，停下休息。黄昏，像以前一样学着小孩的游戏建立四个小朵玛，抛向行幕的四方。夜晚，天降大雪，随从们请求暂住几天，班禅没有答应。第二天，大约走了一里的路程，来到一个北面是高山、水草丰美的宽阔地方连休三日，江孜的驮食者喀雪给这个地方取名叫"扎西雄"。从此到仲孜吉康下面派近侍普布次仁和普布旺堆两人去探路，行至切塘(沙滩)休息。

第二天，即十二月三十日，来到一个有草的地方休息。第十五饶迥木狗年[①]，即公元1924年，藏历一月一日在托曲附近的行幕中，班禅师徒一起于新年早晨抛洒面粉，享受茶饭、蔬菜。中午，悦意喝茶，品尝丰盛的油炸面点等，准备新年庆祝仪式。第二天，班禅一行来到形似心脏的一座山前休息，教导拾柴的人们不要用火

① 原文可能有误，应该是木鼠年。

枪射杀猛兽。从当晚到黎明时分共遇到9只狼,因为放空枪,狼也非常安静地待着。当时有一人过山时,有一母熊领着幼熊跑过来,估计被那人枪杀了。

从此继续前行来到索拉(སོག་ལམ།,蒙古路)附近休息。次日,天亮后更夫(守夜报时者)们喝茶,马也返回。更夫们喝完茶后,去召集骡马时,发现连一匹骡马都没有。大家怀疑是否被土匪强盗偷走,到处寻找,后来发现骡马全回到昨天待过的地方。于是,赶着骡马往回走。正午时骑马前行,傍晚来到一座名叫冬不拉(སྟང་འབུར།)的山下,一直走到天黑也只走了很短的路,应仲孜雪仲普布次仁和仲普布旺堆两人的请求夜宿那里。

第二天,在山顶上树立起用红糖、糖果、葡萄等许多食品混合制成的心形大盒子[1]献给山神,在场每个随从分到一块拳头大的朵玛。然后,继续前行进入冬不拉休息。当晚,山下种牦牛像帐篷一样卧睡。(班禅指示)那里住牧的许多人用细柔的方法将它们赶走,大家依照指示驱散牛群。次日从那里起程来到广阔的北方(བྱང་མཐོངས།)休息,第二天在驻地有20个从内蒙来西藏朝圣的人向班禅敬献礼物,班禅摩顶,讲授经典。

次日,住在一个小湖附近。午饭后班禅为近侍们讲授《释迦牟尼佛传》和《本生传》。第二天,台吉诺尔的扎萨主仆来拜见慰问,同时来慰问的还有喀尔喀索本萨隆瓦,并报告明天灶迎的地方,然后返回。第二天,穿过大滩、沙丘及茂密森林,准备歇休于青油油的净地上,台吉诺尔的扎萨及其所属官员们、各寺院喇嘛和普通僧人、百姓等执仪仗迎接,吹奏海螺,敲锣打鼓,在路的两侧和桥的左右摆放着香炉瓶,班禅额尔德尼进入行幕落座。在用餐时,呈献的

① 用来祭祀鬼神的一种朵玛食子。

有擦果(ཚབ་སྒོག)、米饭、面食、红糖等，非常丰盛；为其他随行人员献上茶、米饭及其他食品等，每个人都十分喜欢。从此不仅有去喀尔喀库热(伦)的愿望，而且哲布尊丹巴活佛[①]也带话邀请。因此，派遣去报告哲布尊丹巴活佛准备的人告别先行。当时，此前派出的坚萨洛桑经曲托(水路)到了北京，汇报班禅仁布切已经起程，大总统亦向四川、兰州、西宁、新疆发电报，说不管到何地都不能请到其他地方，必须请到北京。因此，取消了去喀尔喀的计划。

班禅额尔德尼师徒从扎什伦布寺出发之后，地方政府专门派遣孜本龙夏多吉次杰带着达赖喇嘛的书信，转告摄政雪康巴洛桑顿珠(ཞོལ་ཁང་པ་བློ་བཟང་དོན་གྲུབ)、噶厦要求必须返回的口信，同时派出代本措果瓦(མཚོ་སྒོ་བ)等带领许多骑兵等精锐部队。措果瓦担保："如不能请到班禅本人，就迎请遗体。"但未能成功便返回了。当时民间传唱道："班禅水羊年，过羌塘直行，措果是猎犬，嗅味后返回。"不久，代本措果瓦和自己的挚友大商人邦达瓦雅培在一起，邦达瓦的枪走火射中措果瓦，子弹在体内上下窜动，刺痛难忍，昼夜难熬，在病床上过了几年，怎样医治都不见好转，最后走向来世之道(原文如此陈述，编者)。

同样，据说犹如三叉魔再生的孜本龙夏在殊胜最上净土达赖喇嘛与班禅额尔德尼师徒之间挑拨离间，自尝受罪业，最后被挖出双眼珠，受到法律严惩，投入监牢。过几年，这些事情皆被贵贱之人所见。达尔巴大密师罗桑丹增晋美旺秋(མདར་པ་སྔགས་ཆེན་ཞལ་སྔ་ནས་བློ་བཟང་བསྟན་འཛིན་འཇིགས་མེད་དབང་ཕྱུག)按照班禅嘱托，立界碑，以做出住界处的样子，趁夜悄悄出走。他的仲钦(秘书)罗桑杰布(བློ་བཟང་རྒྱལ་པོ)驱使弟子赛康巴去济仲家，骑了一批淡黄色红马经过江孜与噶

① 八世哲布尊丹巴博克多格根。

伦汇合。之后,他两人也经过道路顺利地到达内地,和班禅额尔德尼会面。大密师仁布切启程后,许多随侍僧也跟来(原文如此陈述,编者)。

班禅仁布切师徒一走,管理拉章的肩负者是按照秘籍由日喀则宗总管香恰热巴(ཤང་བྱ་རིག་པ།)、堪琼丹巴格桑(མཁན་ཆུང་བསྟན་པ་བསྐལ་བཟང།)、四品官穆恰瓦(སྨུ་བྱ་བ།)僧俗共同做,要求孜雪强佐等人宣称在日喀则宗勒仲翟尚卡瓦(ཞེ་སྔང་ཁ་བ།)未到之前不准打开寝室门,必须等知宾司钥等人来。日喀则宗堪琼丹巴格桑和四品官穆恰瓦两人召集扎什伦布寺卸任四大堪布详细询问时,堆桑林札仓堪布说:“如卧之山岗上不知是何人,保管钥匙,除了交钥匙,不了解任何情况。”吉康札仓堪布说:“班禅仁布切没有给我们很好的交代,如果有交代,我也会和他一起走。”对他们俩来说不知道该如何做决定。就这样,询问侍读卓尼格西罗桑嘉措:“尊敬的格西,您知道班禅仁布切出走了吗?”回答说:“知道。”又问:“何时知道的?”“昨晚知道的。”“之前不知道吗?”回答:“如果之前知道我也走了。”“那么,有之前知道的人吗?”回答“有。”“请问是谁?”“骑马随侍们知道。”“凡是知道的都走了,不知道的留下来了。”没有给两人回答。拉章的钥匙全部由孜掌管。

木牛年,1925 年,政府委任的扎萨喇嘛哲康罗桑丹增(ཛོ་སག་འབྲས་ཁང་བློ་བཟང་བསྟན་འཛིན།)到达扎什伦布寺(4 位工作人员:孜恰罗桑扎西、孜仲罗桑仁钦或名周嘉、贝曲杜布巴、孜仲阿旺索巴)统管高胜幢内外诸事①,遗留的夏仲中(随从)凡是僧俗喇嘛、活佛、僧徒等人秘密去汉地的下驱逐令,对其家门贴上封条加盖印章,留下的

① 九世班禅出走后,达赖派古觉大堪布罗桑丹增为扎什伦布寺札萨喇嘛,代替班禅管理政教事务。他的主要任务是:一是负责征收班禅辖区的金银粮食,以供佛和寺僧口粮;二是负责扎什伦布寺所属各宗、各豁卡百姓的乌拉分配和使用;三是负责向扎什伦布寺辖区征收附加的军粮和羊毛食盐等税收,交噶厦以供应军需。

官员和僧俗侍从一律不准离开①。这样不顾后果严格执行，造成意想不到的劫难时期，并且他们经历多年的困苦，因此变得贫困潦倒。

班禅额尔德尼师徒离开扎什伦布寺之后，以达赖喇嘛的名义在日喀则公开颁布了一个告示，雨前风暴的造势者坚萨洛桑（སྤྱན་གསལ་བློ་བཟང་）为首，同帮凶疯牛一起好像徘徊在邪道上的流浪者。扶持到了羌塘无人区，会有生命危险。授近圆戒堪布、老沙门我和经师洛巴活佛等上师有没有经过任何依止善知识和情感方面的联系等为内容的告示。当天夜里把这个告示被人替换。被替换的诗中写道：西方上师名苏耶（放光），来到北方传佛法，须弥山王心发怒，恶语毒箭射市场，见此雪域诸众生，心中忧伤唱悲歌，诽谤斜视之心索，牵引智者往恶趣，恶缘两位牛蛇头（指大知宾丹巴饶杰和孜本龙夏多吉次杰），通达一切恶行事，怙主持莲师徒众，受苦为了雪域人，是为政教全稳定，想法抢夺百姓物，释教余烬之住地，扎什伦布此法苑，最高持教之法主，如护眼睛作保护。现今护地的国王，犹如眼网与龋齿，看后未见恶边前，能够逃走真稀奇，头冠第穆大狮子、擦绒所做有记录，如今须弥山下友，凡是都应细思考，孔雀所有如意翅，唯将毒物当食品，想吃之话经常说，个别留住的遗人，喜欢豆子口中爆。善良之心于白纸，绘制小罪的图画。

其他匿名传单中写道：有法无法哪个好？有法是好守护难，当那法主消失时，哪有别人来当事。公爵官员如太阳，传令者若黑云起，持明密师不调服，民如庄稼遭摧毁。庶民羞愧心向外，有权之时会思考。嘿嘿，南不丹巴周达仓（སྨ་སྨོ་རྟག་ཚང་）应供处噶玛丹窘撰写。当时，米粮员对拉章所属没有估量就强制压服，斜视诽谤大救

① 1923年11月18日正式宣布班禅出走一事，噶厦发布命令：任何官员，不得跟随班禅出走，否则没收全部家产。但是，也有不少人不顾禁令，跟随班禅出走。

怙主(班禅),所以3年来遭受严重折磨迫害,犹如长期受病痛折磨而去死亡(人生的第五期)之道,此乃是因为诽谤净土的异熟非常沉重而导致的。

如同大救怙主师徒的特殊出走,历代遍观主吩咐,唆使托管的护法王益西坚丹,尤其是大梵天螺上乐。如说:"雪域的师徒两人,悲悯北方诸众生,遍知班禅莅彼方。"拉莫大护法说:"有边怙主班禅佛,猪狗随一来北方,北方黑洲出太阳,想为众生降法雨。"清净无垢的敕言精神和雪域众生的怙主(达赖班禅)师徒的共同事业前面已述说,不共是住了义的师徒,从无数劫以前开始,好像发心誓愿都相同,那时心思一致,过去师徒两人相互联手,献供时礼物的种类很丰富,这样的赏赐习惯一直得以传承。但是,有时候达赖喇嘛向班禅额尔德尼只献芬芳的熏香。遍知班禅从扎什伦布寺外行的那天,达赖喇嘛说:"以前没有任何准备,突然增额马旗、冠冕、香料等。"另外,根据遍知达赖喇嘛和授记秘密不可思议的符号和反应,当时在汉蒙地区有冯玉祥几位恶毒的军官变乱,内乱加剧,佛教和众有情的利乐好像冬天的寒触伤害的莲花苑,面临变化,抚育事业所做的时机已经降临,是否属实能够从以后的事业了解到。

闰三月之前月二十三日,为了北京大总统、蒙藏委员会、兰州督军,班禅师徒顺利地到达安西(ངན་ཞི)[①]。根据季节起程,不久可以抵达北京会面,通过松巴司(སུམ་པ་སི)电报上报。

二十六日,特使县官和书差两人报知班禅,大总统和兰州督军[②]收到回电,说:"第九世救怙主遍知班禅平安到达安西,大总统和兰州督军无限欢喜,之后不要去库热,速来北京会晤,商讨汉藏

① 刘家驹说:班禅于民国十二年十一月十五日,藉沐浴之期,连夜出藏,沿北路旷野荒径,备受辛劳,经甘州凉州而抵达皋兰,第二年到达北京。

② 大总统是曹锟,他于1923年10月5日任中华民国第五任大总统。兰州督军,可能是陆洪涛。

事宜，正在准备在京驻地，沿途皇军（གོང་དམག）迎接准备侍奉。”

闰三月二十四日，在距离凉州城七里处，凉州城内四座寺院的僧人执仪仗做前锋，灶迎处休息片刻。之后，慰问镇台、道台同司。

四月中旬，拉卜楞寺、塔尔寺和夏琼寺派人来慰问。

四月三日，塔尔寺迎接，来到南方拉康。

阴历五月二十一日，提前收到随员们的薪水，感谢中央每天给 60 大洋。

七日，当时的地方政府派出的送十三世达赖喇嘛书信的人到达西宁，西宁营官群培强巴主仆配合。

六月十六日，莅临兰州宫殿。

七月三日，班禅额尔德尼向塔尔寺大金瓦殿敬献用 18 两黄金和 15 块大洋制成的金灯。

十一月二十九日，督军亲自给班禅的随员夏仲、勒参以上的人颁发第一第二第三等奖章执照。

十二月四日，段执政（དྭན་ཀྱི་ཀྲིང།）①为了中国的美满幸福召集各省代表大会，要求最好班禅亲自参加，如不行可派代表参加。班禅派大堪布门努洛桑（སྨན་ནུབ་བློ་བཟང།）去向（段）执政和大会祝贺。

十五日，宣统皇帝②通过章嘉呼图克图向（班禅）敬献慰问信和哈达。其父仁钦王献慰问信和签名哈达，（班禅）向皇帝父子敬献书函。

木牛年阴历一月一日，首席执政者和临时（政府）的代表吴心鄂等为首的官员、僧俗执仪仗迎接，用轿子迎请到乾隆等历代皇帝

---

① 指段祺瑞（1865－1936 年），安徽合肥人，皖系军阀首领。1916－1920 年，为北洋政府的实际掌权者。1924 年至 1926 年，为中华民国临时执政。

② 即爱新觉罗溥仪，他 1908 年继承皇位，次年正月初一日改年号为“宣统”。1912 年 2 月 12 日被袁世凯逼迫退位。中华民国成立后，宣布废除“宣统”年号。1917 年，张勋拥戴溥仪复辟，重新称帝，复用宣统年号，是为“宣统九年”。1924 年 11 月，冯玉祥的军队包围紫荆城，强迫溥仪取消皇帝尊号。次年逃往天津。

的北京瀛台(ངཱིན་དའི།)宫殿,今称人民政府(རིན་མིང་ཀྲང་ཧྲུ།)的寝殿,热情招待班禅师徒3天。从此,每天提供400块大洋。

三日,首次与执政会面。执政府派来四大官员来邀请,其他许多大小官员到大会堂参加欢迎宴会。和执政会面时,双方互换哈达,敬献了教主释迦牟尼佛像。

七日,应执政之请,班禅莅临陆军部大会堂,他与执政座位平齐,参加宴会的有章嘉仁布切等各大上师和蒙古族的夏仲等共二百多人。

三十日,为了班禅额尔德尼应邀参加各省参会的善后国家政治会议,在会议上作了有关稳定发展国家政治、庶民百姓快乐,正确取舍因果等方面的发言。

二月十八日,班禅额尔德尼应邀莅临大会堂,坐在阳台宝座上会见汉蒙僧俗信徒和国外的男女贵族绅士,包括英国、法兰西、美国、日本、俄罗斯等千余人,暇满难得,赐予品级和适当的教诲,大家都跪地敬拜,开始信仰佛法。

五月二十五日,经过定襄县、胡林镇(ཧོ་ལིང་ཟིང་།)、普坪(ཕུད་པིན།)、扎熬顶子(ཀྲའོ་དིའི་ཟི།)、敖塔巫山(ཨོ་ཐའི་ཧྲན།)、珍珠盘(ཞི་ཧྲུའུ་པན།)、台麓寺等黄教寺院,阴历六月一日到达五台山中心菩萨顶寝室德吉贡萨,坐在金色宝座上。不久,撰写了《妙音祈祷真言慈悲嘱托使者》。

二日,作《政教论百光闪烁的宝鬘》。

十五日,大密师噶钦丹增晋美旺秋请班禅到菩萨顶密寺札仓的法会上,讲授《空行长寿仪轨》,陈设曼荼罗三所依等供云,并祈祷事业兴旺。

十六日,菩萨顶属寺法会增设辩经,班禅提供全天费用。

阴历七月七日,参拜五台山供养千佛的修行洞罗日拉康(南山佛殿）。从此先后驻锡金阁寺（ཅིན་ཁང་།）、清凉寺（ཚིན་ལང་ཟི།）、罗汉洞等五台山的寺院，朝拜了西山月面的中央山拉康等。回来途中参拜了中央山美丽的伦布日拉康，夜宿北山星星顶拉康，在距离拉康一里处的十六罗汉殿短暂停留，和密教怙主等僧人一起做布萨（修长净）。

十日，参拜东山盛幢山的翁孜拉康（དབུ་རྩེ།）和红黄妙音修行洞，夜宿康耶拉康（ཀྲང་ཡེ།）。

阴历九月五日，参拜静安寺主供像章嘉若贝多吉像等，敬献衣物等；为住在五塔院（ཝུ་ཐའི།）等寺院的百余名格西讲授《五部大论本颂》《菩提道次第口诀》，详细解释了教理之道。

十四日，起程前往北京，先后经过金阁寺、安图镇（ཨན་ཐུ་ཀྲིན།）和代县阿门堡（ཨ་མོན་སྤུག），夜宿布平（པུ་ཕིང་།）。

二十日上午坐火车。二十一日，抵达北京。

四十五岁，即第十六饶迥火兔年，公元 1927 年阴历三月十五日，在北京举行盛大的第二十一具种王不灭（阿尼律陀）即位仪式。当时，考虑内外形势，为了整合善缘，在头垫和器具、左右供物、米色两只白将使瓷瓶上配上四和睦画。

阴历十月十六日，中午两点时，政治首脑执政段祺瑞（ཀྲི་ཀྲིང་ཧྲོན་རྡུ་རུས།）召集各省督办（ཏུ་པན།）和省长（སེང་ཀྲང་།）等官员协商，中华民国的文武官员同心随顺原文殊大皇帝的好做法，利乐生死涅槃，增发写有“班禅额尔德尼”纯金金印和敕书，（译者注：给予班禅额尔德尼宣诚济世封号，用示优异，作为对班禅来内地精忠翊国的肯定和回应。制成金册、金印，印文为“宣诚济世班禅额尔德尼之印”，文字用汉、藏两种，“其册版之大小、页数及尺寸、钮式”均参照哲布尊丹巴“册印成样办理”；册封时派“专使正、副各一人赍送祗领，应行礼节届时开单呈览”；班禅现在五台山避暑，“遣使往封转多周折”，应待他回京后“再行派使赍封”。临时执政批示“俟回京策封”，并通知铨叙局、印铸局制作金册、金印。11 月 27 日，内务总长龚心湛、蒙藏院总裁贡桑诺尔布“拟定册封班禅日期，请派册封正、副使各一人”,呈报册封“应行礼节缮单”,段氏即任命龚心湛为册封正使,总裁贡桑诺尔布为副使。11 月 30 日,蒙藏院对册封工作做了部署:12 月 1 日“册封班禅,本院参、司各员均著前往瀛台”,吴燕绍、萧飏曾、汪睿昌、李振族“帮同照料”。(见孙宏年《九世班禅到内地后的舆情与北京民国政府政策论析》)。)还有装金印的朱红色小箱带铁锁,用黄缎包裹,两位代表将它放在银盘中;班禅仁布切在瀛(台)殿的大门口法乐声中迎接,内务部总长宣读金印诰文,然后将金印等一一献上,班禅非常高兴,感谢段执政,并献上内库哈达、黄铜长寿佛像等。(详见《传记》下册 110 页。)

49 岁,即第十六饶迥铁羊年,公元 1931 年三月十五日,抵达天津车站,下榻于司令部,河北司令省政府主席王树常的主政部每月提供生活费 15000 个大洋,赵厅府(ཀྲའོ་ཏིང་ཧྥུར།)私人提供每月 5000 个大洋。当天,与首脑主席林森(ལིང་ཧྲང་།)和蒋介石首次会面,互换哈达,一起合影。

1931 年 3 月 18 日召开国民大会,中国各省和蒙藏康代表、蒋主席和张副总司令为首的各大官员共六百多人参加会议,另有翻译等其他工作人员。在中央大学宽敞的学生会堂聚会,班禅额尔德尼在这次国民大会上介绍说:“在下班禅是从很远的西方来的,全省代表聚会,我见到大家非常高兴,如今中国的领袖蒋主席秉承总理主义之根本,为了利益地上的一切众生而作文武之事,依法治理,值得无限敬重。”①大会结束后,大救怙主班禅额尔德尼坐在中间,蒋和总司令两人坐在两边,与参会的全体官员一起合影留念。

阴历四月五日,向孙中山陵墓敬献金铜制妙翅鸟及其它供物,

---

① 今日为国民会议开幕之期,班禅以西鄙远人,得与盛会,与全国代表诸公快唔一堂,曷胜荣幸。我国蒋主席奉总理之主义,竟革命之全功,训政建设,努力进行,宪政时期,观成在即。秉承总理遗教,召集国民会议,周询群豪,协某国是,订立约法,永固邦基。行见青天白日,永扬华夏之光辉;三民五权,长作全球之楷模。班禅蒿目边情,倾城内款,思启政府之远图,迅拯藏民于涂炭,南北驰驱,心力交瘁。近以藏康众民,纷吁和平,益深普度之怀,弥动恤怜之念。伏望诸公宏纾伟议,整顿边疆。本总理济弱扶倾之训,巩国家主权领土之基。重张上国之声威,毋弃西方之宝藏,是则班禅所额手称庆,虔心祷祝者也。谨颂。

作为公共基金，中央表示感谢。

四月三十日，来到南京宫殿，向国民政府(སྲོ་མིན་སྲིད་གཞུང་)献放在水晶盒里的银质四和睦像，上有栩栩如生的树叶和果子，并配以新缘起吉祥颂词，收到感谢的檄文。

阴历五月一日，中央颁发封号嘉奖，决定提供随从生活费用，蒋主席派专人来献礼，礼物有缎子一百匹、茶和不可思议的物品。①

十六日，中央在大礼堂举行节日庆祝大会，以蒋主席为代表的各大文武官员500多人齐聚一堂，主席代表向护国大师遍知政教之主(班禅)颁发"班禅额尔德尼"金文玉印，全体官员无比欢喜，并一起合影留念。

六月二日，扎什伦布寺派来仲孜阿旺金巴为四十九岁生日祝贺，献上全寺请求不久回寺院的书信，表达了大家的良好愿望，班禅给予回复。

五十岁，第十六饶迥水猴年阴历九月十四日，登上了历代文殊大皇帝的宫殿太和殿乾隆皇帝宝座(原文如此，编者)。

十一日，班禅额尔德尼莅临法会看望进行时轮地仪轨、表演羌母(跳神舞)、线仪轨的大密师呼图克图丹增晋美旺秋等300名仪轨僧。

二十二日，天降节上完成吉祥时轮内外之供自入修行后，向主要请求者段执政(ཀི་ཀྲིང་དོན་ཛུ།)为首的百名大官员的上师活佛，美国、德国、英国、法国、日本等外国及不同民族宗教信仰者万余人讲授前行《次第法》，张总司令敬献曼荼罗表示酬谢。

二十三日，传授《七灌顶次第法》，将《灌顶次第》翻译成汉文宣传。弟子们绕行坛城，认识大密金刚乘之道，大家异口同声地

① 1931年7月1日，国民政府主席蒋介石封班禅为"护国宣化广慧大师"，定年俸，颁玉册玉印。

说:“如此做法在汉地以前的历代皇帝时期也没有出现过。”

二十五日,在进行酬谢会供的同时,讲授《时轮上师瑜伽法》和《香巴拉祈愿法》。施主闵仓社弄江张克辉总法师敬献曼荼罗身语意、吉祥物、七政宝、五妙欲、10 匹汉地马、大洋 4000 个等大量物品,犹如供云。班禅一一摩顶。大灌顶本位阶段,南京戴院长敬献供物白亚协伞盖,从内外各方面进行侍奉。

二十七、二十八、二十九三日分别进行夜叉、鲁神仪轨、救护酬补等活动,灌顶始末奇异的仪式不可思议,将众生安置在利乐之处。

阴历十月五日,收到达赖喇嘛的文告。

阴历十一月初一,应堪布贡却多杰等人之请,传授《时轮大灌顶》。

五十一岁,即第十六饶迥水鸡年,公元 1933 年阴历一月二十三日,从宝山起程,来到唐山军幕府休息。之后,参军诺胡(ནོ་ཧུ)、汉藏蒙各机关(机构)的代表八百多人欢送,火车经过天津驶进北京站,张总司令的代表汉藏蒙各机关的官员执仪仗迎接,原计划请到大礼堂,由北京执政府服务接待。当时,特派达尔巴呼图克图丹增晋美旺秋和仲钦堪布定钦巴洛桑坚赞通过水路进藏慰问达赖喇嘛,并献礼商讨如何处理事务。① 当他们两人抵达拉萨时,达赖喇嘛指示按程序迎接。达尔巴和仲钦堪布两人献上慰问信和礼品,分别得到“大喇嘛”和“堪琼”的头衔。

第十六饶迥水鸡年,即 1933 年,大密师和仲钦堪布两人到达日喀则,发生了在百姓中实行冈顿征兵制②,原来扎什伦布寺的寺属庄园、达木萨迦、蓝、岗巴等再次被征差,达赖喇嘛当着大密师和仲钦堪布说:“作为班禅仁布切的答复,拉章无法获得自主权,但只

① 1933 年,中央政府令班禅派遣安钦活佛和王乐阶前往拉萨,进行解释说服。达赖见了安钦活佛,并表示“切望早日回藏,共谋众生安宁”。

② 原西藏地方政府根据差地面积征兵的制度,每 12 冈或 6 顿差地征兵一名,每两冈为一顿。

要回来无需担心军饷等，原来离开的随员必须全部回来。”

二十四日，班禅仁布切乘坐火车经过张家口地区于八月二十五日抵达达哈查索朗巴尔且林寺宫殿。阴历十一月一日在达哈勒巴哈（ད་ནལ་སྐྱེ།）地方，收到中央政府发来的十三世达赖喇嘛圆寂的电报，诵经献祭，祈祷早日转世。

阴历十二月一日，从达哈勒巴哈起程，经过艰难行程。木狗年即 1934 年阴历三月十二日，与大密师、仲钦堪布和扎什伦布寺僧俗部众共同派来的迎请使者定结活佛细谈。

十三日，为了十三世达赖喇嘛圆寂诵经祈祷活动，派去西藏的索塔巴仲孜阿旺金巴话别。

十四日，班禅额尔德尼一行抵达哈主席呼林寺（ཧ་ཀྲུའུ་ཤེ་ཧྲུའུ་ཡོང་ཟེ།）。

十五日，在灵隐寺佛殿观察场地等先行仪式。

十六日，莅临法会细察指导绘画彩石线等。

从阴历四月一日起，通过广播为上万名汉藏蒙古族弟子讲授《吉祥时轮加行次第法根本位次第法》。

十一日，会晤大密师、仲钦堪布、定结活佛等人，长时间细谈。他们献上拉章和地方政府的慰问礼。

六月五日，班禅额尔德尼经过天津到达北京大礼堂。

阴历六月十六日，再次派遣大密师和仲钦堪布两人进藏，详细嘱托并赐回书。

53 岁的乙亥木猪年，即 1935 年阴历四月十二日，在塔尔寺赤巴为首的喇嘛活佛、多名官员和僧人仪仗队的引导下，首次来到大金瓦寺敬献五种供品，发愿献敬神哈达。

五月十一日，为塔尔寺提供大洋一万和缎子 10 多匹新建锻制佛像。

阴历八月二日，应大寺僧众请求，传授《时轮大灌顶》，并讲解护轮[①]加行相地仪轨和随持弟子次第法。

三日,举行地仪轨活动,表演宗教舞蹈。

四日,完成五物加行以下的仪式。

六日,打智线(在密教坛场上空悬架的线绳)和业线(又叫"羯磨线",密教坛场所画实物线条),设置妙香明点。

十三日,和仪轨服务僧一起修自、前、宝瓶三种自入法(བདག་འཇུག)[②]。为塔尔寺赤巴嘉雅活佛为首的喇嘛活佛僧俗两万多人讲授入《吉祥时轮坛城》之加行根本位次第法。

十四日,正行授课,做详细解释。

十六日,传授至上先灌顶和金刚阿阇梨主灌顶,识别能净所净、灌顶性质、前行等,一定播下四身的种子,了解金刚乘道。

十七日,是酬谢的会供法会,赤巴嘉雅活佛献长寿祝词和曼荼罗身语意等丰厚礼物。

十八日,为信众摩顶,赐护身结和会供法缘份子。

1935年木猪年九月十日,昌都全体扎萨汇报的主要内容是:如今汉地军阀混战,汉族官兵从疆界返回,应须警界保护,是否需派藏兵保护,请明示。到达后除了几名护卫外的人员限期遣返,是否可行,也请定夺。不能把这些事变为那些愚昧无知的侍从们挑拨闹事的理由。考虑众生和寺院教民的利乐,尽快赐教,请查知。诸位噶伦于1935年,即木猪年十月二十六日上书说:"殊胜遍观,当着大密师和夏钦堪布两人面汇报拉章公文,摄政热振呼图克图与执政内大臣一起报告,征询社会民意,汇报如下:要以达赖喇嘛和班禅仁布切父子师徒之情,邀请您从北路进藏,沿途由三大寺代

① 密教所说的用药物、咒语、观想等构成能防灾难的保护圈。

② 上师为他人授灌顶之前,自己进入智慧坛场中,观自我与本尊身、语、意、德、事业无别,接受灌顶,取得允许弟子进入坛场之权。

表、地方政府代表共同侍奉，请为卫藏僧俗克难利乐，尽早返藏。与随函礼一起奉献。”

二十九日，扎什伦布寺僧俗部众特派俄曲活佛洛桑曲佩、大堪布本昌巴、孜仲古格瓦仓嘉等僧俗 300 人作为迎请使者来向班禅致敬。①

阴历十月十三日，班禅额尔德尼通过囊岗（或“朗岗”，一组织名）送给时轮阿阇梨关于在塔尔寺上、下（左右）地区寻访十三世达赖喇嘛转世灵童的秘籍。丙子年，即火鼠年（原文为火鸡年，可能有误），1936 年一月十一日秘密决定，献上孩童的名签，未作明示。

阴历五月十一日，德隆寺（གཏེར་ལུང་།）僧请求（班禅）驾临德隆寺。

从二十五日起，为嘉木样活佛为首的僧俗十万人传授吉祥时轮加行次第法；二十八日，传授吉祥时轮预备、正式、结束（正行、加行、结行）灌顶次第法。

十一月一日，起程渡过长江。

三日，抵达热娘寺（ར་ཉག）。

五日，由僧众灶迎，驾临结古寺（སྐྱེ་རྒུ་དགོན།），登上汉地拉章英德宫殿宝座。

八日，以拉门米苏（ལྷ་སྨན་མི་ཟུར།）和仲科结巴（དྲུང་འཁོར་དཀྱིལ་ སྤག）两人为代表的拉章管家从西藏来到结古敬献礼物，班禅向他们致谢。

十九日，帕邦卡活佛（ཕ་བོང་ཁ།）从拉萨来结古，在寝室拜见班禅。班禅安排人员对其主仆提供服务，给予格外关心。

二十六日，班禅在寝室会见帕邦卡活佛时，年幼的丹玛法王强

① 1935 年 5 月，班禅到了青海塔尔寺，为回藏做准备。是年 6 月，国民政府也做出了护送班禅的决定，随后任命了护送专使，组建了护送仪仗队。西藏方面也做好了准备，噶厦和扎什伦布寺都派代表迎接。但是，最后由于英帝国的抗议和其他一些原因未能成行。

巴土旦格列嘉措(གདན་ས་ཆོས་རྗེ་རིན་པོ་ཆེ་བྱམས་པ་ཐུབ་བསྟན་དགེ་ལེགས་རྒྱ་མཚོ།)也来拜见,班禅让他坐在身边,非常高兴地抚摸着其小面颊,赐给包裹着长寿药丸的黄色小包,祝愿长寿,作未来黄教的主人。同时,帕邦卡活佛也献上一条黄色哈达。班禅就有关政教问题谈了许多,他说:关于达赖喇嘛转世的合适名签,必须向摄政热振活佛汇报。

丁丑年,即火牛年,公元1937年阴历八月,应龙雪寺上师活佛、代表的邀请,班禅额尔德尼莅临该寺,僧人仪仗队设灶迎接。这一时期,班禅仁布切的身体稍有不适。十八日午后,四匹骡子从前山坠下山崖,同时一匹很好的马无缘无故突然死亡。

二十日,部分官员说:"进藏时如果汉族的官兵和代表一起送行不妥,不准途径拉萨,以后要听从他们的号令等,出现各种恶行的挑衅。"班禅说:"对西藏来说不需要的人是我,"感到非常失望。国内部分省开始了抗日战争,形势非常混乱,中央政府发来电报要求推迟进藏,因此不得不延迟回寺。

阴历九月来到结古寺。

阴历十月一日,身体病情加重。

二十日,近侍和朗岗代表三人认真诵经祈祷病愈。班禅额尔德尼说:"我在藏时,救护法王经师持金刚肩负修善和顺之重任,我自己没有担责。自从离开寺院至今各种责任由我一人承担,现在我不想有任何事。"除此之外,再没有说任何话,而是想着其他事。

从八月起,天气越来越差,连着几天江河山川灰雾茫茫。驻锡龙雪寺期间,大旗倒下,先后发生地震,山在哭泣,太阳虽然照常升落却无光,还看见白色的乌鸦,非善之相不断出现。

二十三日,大师说:"战争激烈,甚感身体不适。"

九世班禅临终时遗言:"我如此全力做事,是为了拥护中央,发展佛教,各民族团结和睦,国家稳定。在祖国内地各地行走十五年，受到中央政府的深切关照，中央尊重佛教，平等看待藏族，是我受到极大安慰，意志坚定。现在去向西方的恩惠已施发，即使有回藏的心愿也无法完成，在路上已接近行空，如今有些事只能用文字写下，后藏地区的政治事务以前托付扎萨喇嘛洛桑坚赞，宣布之事由他代起完成，托付他之前，印文已献给定结仁布切（丁杰），而且囊玛岗（侍从室）和返藏之部署由六名委员共同协商承担，此事必须上报中央等候处置。护国师傅所属的火枪除了留给卫兵和勒参巴护身需要外，其余全部献给中央，有利于帮助消除国家的危难，我的转世出现后返藏。另外，必须尽快想法恢复历代班禅的权利，最后一定要为我们藏族僧俗官民和其他诸民族共同致力于国家建设、汉藏和睦而努力。扎萨喇嘛和堪布们坚持我的思想，请求完成任务的委托，已经安排”。有一次说，我方失败了，内地军阀混乱会结束的。”[①]看当时情形，是对未来趋势的一种信号。

第十六饶迥火牛年，即公元 1937 年，班禅 55 岁，十月二十八日晚十点，坐上轿子，连说两次“现在走”，然后没说其他任何话。那是一生最后的做法，示现圆寂之相。从此之后的几天中，每天定修光明法身，远离自证智戏论，出现外现觉琉璃之色。接着，如意宝遗体变成报身样，定结仁布切等人不断诵经祈祷，数百金刚持者建起上师坛城的主身，逐渐完成了自入和受取灌顶等意愿圆满次第。虎年十月白姣日，即闰月四日，班禅身体的各部分发射光芒，芥子粒大小的舍利从身体不断涌出，显现于信众的眼前，如此的缘

① 他连夜致函给赵守钰专使转呈国民政府蒙藏委员会，其中有这样一段话：“班禅东来十有五载，谬荷中央依界、殊遇优渥，心切五族团结，共安边防，冀报党国于万一，宁愿牺牲个人，力全大局，不愿中央威信陷于堕坠，既遵院令，暂缓西行，以待将来。” 班禅额尔德尼回藏被阻，悲愤交加，即染重病，于 1937 年 12 月 1 日凌晨圆寂于玉树寺拉加颇章宫中。弥留之际，大师留下了“望吾藏官兵僧俗，本中央五族建国精神，善继余志，以促实现”的遗嘱。

分,表明班禅额尔德尼的事业不可估量。遗体放了5年,根本没有腐烂也没有出现蛆虫,有时散发出香味弥漫周围。

1939年阴历一月一日,向中央政府上报有关班禅遗体请回西藏之事,很快收到同意立即回藏的答复,并说向西宁马主席寻求支持帮助。阴历九月五日早上甘露时分,(遗体)从热娘寺绒达拉章(ར་ཉག་དགོན་རོང་མདའ་བླ་བྲང།)寝室出发,慢慢经过噶尔达、查仓松多(ཁྲ་ཚང་གསུམ་མདོ།)、多热、玛多、龙雪寺甘丹群科林、杂曲(澜沧江上游玉树段)、斯曼茶罗滩等地。阴历八月二十七日抵达嘉波卡(ལྕགས་པོ་ཁ།),嘉寺土旦达杰林,将遗体请到大经堂上面的佛殿中,允许七百多僧俗信众瞻仰。

阴历九月二十九日起程,经过古仁多、龙桑多、琼布噶如下部,来到夏娃拉山附近色拉寺切札仓属寺贤珠群培林。这时,拉萨做出高胜幢之事,所派的四品官德饶、杂赛勒参、拉门等人到达。

阴历十月五日,班禅额尔德尼遗体被请到琼布色孜的寺院扎西林大经堂。从拉萨方面派出的迎请慰问使者申宗官员赖普到达,通过他向十四世达赖喇嘛献慰问礼品。之后,继续前行,十月二十九日,行至那曲夏贡寺(ཞབས་དགོན།),将遗体迎请到大经堂上面的森康(寝室)。

(十一月)三日,(西藏)地方政府特派扎萨苏康巴(ཛ་སག་ཟུར་ཁང་པ།)、大喇嘛贡却窘乃(ཏཱ་བླ་མ་དཀོན་མཆོག་འབྱུང་གནས།)、孜仲坚赞(རྩེ་མགྲོན་རྒྱལ་མཚན།)、孜仲洛桑塔却(རྩེ་མགྲོན་བློ་བཟང་ཐེག་མཆོག)等人来迎请,达赖喇嘛和诸位噶伦一起敬献敬神哈达和曼茶罗代金等,同时奉献供祭。(班禅一方)向达赖喇嘛和各位噶伦也敬献了礼品。

六日,从此起程行至央谿卡的鲁当。之后缓行,夜宿班扎西雄(སྤན་བཀྲ་ཤིས་ཤོང།)。

七日,从夏丹寺(ཞབས་བརྟན་དགོན)出发,于第十六饶迥铁龙年,即

1940 年阴历十二月三日，仪仗队迎请到甘丹德庆饶吉林寺（དགའ་ལྡན་བདེ་ཆེན་རབ་རྒྱས་གླིང་།），将遗体供放在大经堂宝座上。

八日吉祥日，迎请人员和扎什伦布寺大小夏仲马队等在河东扎西岗设灶迎接，扎什伦布寺四大喇嘛、格贵、执事僧按照职位高低依次（向大师遗体）敬献哈达。之后，由庞大的马队、仪仗队及螺号队引导，经过贡觉林宫殿（ཀུན་སྐྱབ་གླིང་།）来到扎什伦布全胜大寺，将遗体放在水晶箱中供于遍观寝宫大日光宝座上，每日献祭。

迎请班禅遗体到扎什伦布寺的同时，班禅仁布切在世时在阿拉善特制的红花色京绒垫子、镶边会众坐垫等于第十六饶迥铁蛇年，即公元 1941 年三月十五日送到扎什伦布寺，配放在大经堂救怙主大金刚持遗像处，强雄（ཕྱག་གཞུང་།）通过司钥多丹巴向诸夏仲和各寺院发放内斋和布施供物等代金章喀银 17500 两，阿周孜雪会供物代金章喀银 7500 两，供物管理会提供章喀银 42475 两，共计章喀银 67475 两。新建肉身塔时，地方政府向扎什伦布寺提供 4 层索布（ཟོམ་ཕུད།）等。特殊捐助、供云、酬物等有：新制白银供灯、能所依等。以前，地方政府为修建珠宝装饰物、前排设计、彩石、祖拉康屋顶提供 100 驮铜的原料，在银质宝灵塔前行千供，向扎什伦布寺法会献供品，供养 4034 名僧人并发放布施、僧茶，向工程管理者、工人、官民、乌拉等人赏赐物品。

十月九日吉日，为了夏麦康（ཞལ་མེད་ཁང་།）三界装饰，献百次五种千供，供施者、密宗学院全体僧人共 260 人进行吉祥金刚大威德修供和护法劝请、托付、事业等活动，增加了大乐开光仪式。同样，四位僧人在托管天母、心量天母、中房姊妹掘藏母、堆桑林札仓能言天母、密宗札仓黄寝室、夏尔孜札仓护法殿、百行姊妹护法、角城天王等八个角城分别开展为期 3 天的托付事业和劝请活动；向大弥勒佛殿为主的全部拉康献百次分配的五种供。

有诗云:诸佛事业宝藏界,如来教中穿袈裟,佛教法日之光芒,照遍大地之中心。诸凡妙语之花束,美饰方位之耳环,事业蜂蜜之精华,作为众生蜂群缘。无量无际日怙主,佛教明月大地肩,稀有事业光长索,紧系三域之世界。部多增长地心宽,佛教太阳之光芒,利乐众生之莲苑,一起盛开真稀奇。很早发心坚实索,佛王化身有授记,自身融入无量佛,遗体药丸置福田。

第九章　班禅班禅额尔从扎什伦布寺给皇帝的慰问信集锦——月镜

嗡,萨埵!

善慧智悲圆城事业稀有光,护佑佛教法莲无比佛巨日,等如虚空众生善妙欲缘友,遍胜怙主尘足神人供养护。结合如此赞颂撒下少量鲜花使道路变得宽广,无量光佛变化三分袈裟歌舞,大遍观一切智救怙主至尊罗桑赤列土旦确吉尼玛善妙尊胜吉祥贤,向奉天承运大皇帝所呈献的所有慰问信集锦月镜:

公元1893年11岁的水蛇年良辰吉日,大遍观一切智救怙主拥有高胜幢宫殿宝座(坐床)后,特派以前去北京献礼的噶究洛桑云丹向光绪皇帝敬献慰问信,信中说:“人天顶饰神圣文殊大皇帝之莲足金轮前,以殊胜大恭敬心合掌跪拜,当今善日,将十方佛子智悲三能摄聚一起之本性,现为至尊语自在王之游戏。天神,大皇帝殊胜宝身如同须弥山,在众多金山环绕中显得极其神圣,威德如具千辐金轮,统治天地,事业之光无上闪烁,赐给一切佛教众生当前与久远利乐之喜宴,安逸生活,恩德难量。住在西方的小喇嘛我受三宝之加持和天子文殊大皇帝之怜悯而身心快乐,弘扬清净佛教。为祝大皇帝万寿无疆,政治昌盛,许多寺院僧众诵经,我亦亲自祈祷三宝，勤奋学习知识。此致。文殊大皇帝无限关爱小喇嘛我等，颁发金字圣旨，赏赐优质缎子所饰的大绘像一幅、哈达一条、银碟一个、长柄碗一个、大银曼荼罗一个、银质八吉祥物、景泰蓝轮一个、景泰蓝一套、优质缎衣8件、空口大锅一个、装饰的珊瑚念珠一串、优质缎垫靠背全套、银质塔玛（ཏཱ་མ།）一个、银壶一个、银杯一个、羊脂玉柄一个、玉瓶两个，另有玉碗、水晶碗、景泰蓝器具、银器、铜器等、各式各样的大小囊袋5个、大小哈达40匹、各种锦缎55匹等，还有汉银10000两，这些都是派驻藏大臣升泰和库热洗礼堪布洛桑金巴等人送来的，授权扎什伦布寺法座。为感恩皇帝的特殊关心，特派堪布噶究洛桑云丹进京献礼祝寿，请求拥有大智慧界后像以前一样关爱如来宝教，特别是给文殊怙主宗喀巴大师之教、小喇嘛我和全体僧民，不辞赐教。”随书呈献的礼品有：用吉祥黄铜制作的有松石饰件的至尊坚轮（文殊菩萨）像一尊、红黄色香30束、红黄色氆氇各15匹、白色细氆氇10匹。吉日敬献。敬献的书信、礼单册和呈文一样双献，开头放27指，上面花色金迦第一线；之后放10指界花色中线；放7指，上面是内界线；置相互之边各37指；后面是放20指，从上面截断。

祝寿词为：嗡，萨埵萨多诃！无边佛智悲悯心，将一切事业摄集为一体，像至尊文殊菩萨一样慈爱众生的统治，幻变游戏大海之究竟三域的妙吉祥大皇帝无比关爱护佑佛教众生，尤其是小喇嘛我，他人难以获得的宝金书、礼物雅致不可思议，特派赋税官员授权于扎什伦布寺法座。赞颂功德，恭敬谢恩，复为了四大洲天神等一切世界释迦宝教、一切众生的救怙主大友军，祈祷吉祥轮相之金刚双足及金龙抬举的高大宝座上的（大皇帝）万寿无疆（万岁万岁万万岁）。为了表示祈祷之缘起，献上因吉祥圣物和祝福赞美之话而美丽的洁白圣物哈达、白银制作的带座曼荼罗、配有珊瑚长寿瓶座帷幔的无量寿佛和无量智(文殊菩萨)像、银质无量寿佛像、施寿和如意轮像各一尊、五部妙吉祥文殊菩萨等之画像15幅,每一幅配有全套上等绸缎画幔,还有用金汁在黑色纸上绘制的长寿经卷、银质尊胜佛塔、金镶边右旋白海螺、用红黄色哈达包裹的银质金刚烫金法轮座、有金刚吉祥图画的优质缎靠垫和坐垫、带有项巾的银质尊胜瓶、八吉祥物、国政七宝、银质火镀金瓶、八瑞相红黄香150大捆、克什米尔藏红花50秤、安息香一箱、红白念珠、彩色带花细氆氇上衣料45匹、印度白水晶,敬献的通道畅通,满足了祈求的愿望。

从下面呈上的7封书信,(第一封):呈大皇帝的慰问、祝福之信,写道:四洲天等一切之主妙吉祥大皇帝足座宝金莲尊前,鄙人扎萨喇嘛强佐巴旺秋崔成来金色大国焚烧妙香,双手合十,真诚感戴,叩拜无数次。自从大皇帝决定寻访天下地上的佛教众生,特别是班禅额尔德尼殊胜宝化身起,获得别人难以得到的圣旨礼物,不断以宏恩护佑。以前特派驻藏大臣升泰、库热洗礼堪布诺门汗洛桑金巴等人送来圣旨及不可思议的赏赐品,授权拥有扎什伦布寺法座,恩护之日,气象观测甚善。班禅额尔德尼致敬天神之恩,多门显现善相,奉天承运文殊大皇帝之悲心善故,才敬礼深恩,再次祝愿四洲天等之一切佛教众生之救怙主、无与伦比的友军莲足永固,永驻于由无畏狮子抬举的金色高宝座上,刹那也不动摇。同时,缘起供物有世间最长的哈达、吉祥铜质(勒马铜)白度母如意轮像、四臂观世音菩萨像、至尊妙吉祥文殊菩萨像,每尊像都有衣服。还有红黄色妙香45捆、花色细氆氇45匹。祈请(大皇帝)慈悲关爱班禅额尔德尼、鄙人扎萨喇嘛、扎什伦布寺僧众属民,一刹那也不要抛弃。书信用哈达包裹,鄙人扎萨喇嘛强佐巴敬献。

公元1877年,藏历第十五饶迥火牛年,东去人员堪布门吉巴

（མཁན་པོ་སློབ་སྤྱོད་པ།）于铁虎年返回，献给班禅由皇帝赏赐的礼物，（班禅）上书感谢。信中写道：人天神圣顶饰妙吉祥文殊大皇帝莲足金轮前，恭敬合掌跪拜，长寿天的威力王统治瞻部洲天下地上，妙吉祥大皇帝越来越时时关爱护佑佛教众生，尤其是小喇嘛我，如此大恩永远不能忘却。火牛年，派来慰问仁布切的艾勒奇堪布洛桑次旦返回，比以前增加圣旨和礼物，真是不可思议，顶礼感谢，如此重恩，尚未找到其他报答法，但随时和僧众一起诵经祝愿天下地上的文殊大皇帝万寿无疆，国政昌盛永驻，向三宝祈祷，勤修法行学业。今后，守护等空之佛教众生和第二佛祖三界法王宗喀巴之宝教不衰，祈求大皇帝像以前一样怜爱护佑住在西方的小喇嘛我及僧众属民。随书礼有洁白圣物哈达、教主着衣像。公元 1893 年水蛇年吉日。

派去人员堪布门吉巴返回，班禅上书感谢（大皇帝）额外赏赐的圣旨礼物。书首如前，鄙人扎萨喇嘛强佐巴旺秋崔成以三门大礼献金色大国，焚烧妙香，双手合掌过头礼敬百次。四洲天等一切之神圣顶饰，奉天承运文殊大皇帝随时随地厚爱护持，护佑之大恩如黄金装满三千大千世界，难以衡量。公元 1877 年，藏历第十五饶迥火牛年新年，派人来向班禅仁布切敬献慰问信及礼物，使者艾勒奇堪布噶究洛桑次旦返回后，（大皇帝）比以前更多地降旨赐礼，不可思议，以欢喜敬礼谢恩，敬上洁白圣物哈达、至尊文殊菩萨（坚轮）像。

扎什伦布寺孜（实指班禅）致敬大皇帝：人天神圣顶饰妙吉祥文殊大皇帝莲足金轮前，以圣旨呼班禅额尔德尼，小喇嘛我致敬，合掌跪地祈请：如今善妙吉祥之时节，将十方世界一切智慧三功能修成一体的，总相至尊妙吉祥天等所有众生之无上救怙主友军，天地之主大皇帝之宝身，犹如四大洲中央之金色须弥山威武庄严,莲足之余百个千万小国的发辫顶髻,保护发展佛教精华黄帽派教,不使衰落;赐给天下地上的所有众生当前久远不可思议利乐之光生活,恩蕴极重。小喇嘛我也依止三宝和天子文殊大皇帝之悲心正确护佑加持力恩惠,身心快乐,使佛教弘扬百方,一切有情有法财幸福生活。特别是心系大皇帝之恩,祝莲足永驻,万寿无疆,为使政治昌盛,祈祷三宝,向誓愿海护法托付事业,努力与僧众一起事奉法行。同时,特派人员堪布噶究洛桑云丹(དཀའ་བཅུ་ཡོན་ཏན།)去献礼敬祝皇太后慈禧端佑康颐昭豫庄诚寿恭钦献崇熙太后(ཡིའུ་ཁང་ཡིའི་ཀྲའོ་ཡུའི་ཀྲོང་ཏྲིན་ཤུའུ་ཀུང་ཆིན་ཞན་ཙུང་ཤིའི་ཐའི་ཧོ་ཆེན་མོ།)六十大寿和天等妙吉祥文殊大皇帝宝金身吉祥万岁,大皇帝无限关爱护佑佛教众生和小喇嘛我,如此大恩再无其他衡量的办法。因此,为了随时随地祝大皇帝莲足永固,专心修炼法行三摩地之愿,随顺圣旨意趣,勤奋学习,像前代班禅额尔德尼一样护持妙吉祥怙主第二佛祖(宗喀巴)之教,肩负起让众生享受快乐之责任,保持三门敬勤统一。今后,以悲心恒常关爱护佑等空的佛教众生、黄帽宝教,特别是小喇嘛我与僧众,不管是当前还是长远,请如前赐予善妙圣旨。万寿慰问信之随礼有吉祥圣物、带座靠背的黄铜制无量寿佛像、响铜质释迦牟尼佛像、珊瑚念珠、琥珀念珠、红黄色香30捆、各种彩色细氆氇30匹、印度枣子一箱。室宿月(藏历七月十六日至八月十五日)日期,班禅额尔德尼从扎什伦布寺敬献。

班禅向皇太后回信:人天神圣顶饰妙吉祥文殊大皇帝之母,孝钦慈禧端佑康颐昭豫庄诚寿恭钦献崇熙太后阁下:如今圆满时,难量之福泽与智慧部分圆满,胜身如同星宿主月坛一样明亮。天神妙吉祥文殊大皇帝之事业兴旺,犹如无比施凉甘露之盛威散发,恩惠巨大,祝身体安康。为使天地自在恩重之本体大皇帝莲足坚固,万寿无疆，天之大政治兴旺发达，抱着一颗圣洁的心，与僧众一起努力诵经，祈祷三宝，利乐佛教众生。目前，庆祝孝钦慈禧端佑康颐昭豫庄诚寿恭钦献崇熙太后六十诞辰，四边众生敬献寿礼，发出吉祥长寿祝辞。值此之际，班禅额尔德尼特派的书信堪布噶究洛桑云丹亲自敬献缘起礼物。复次，祝愿十万部本枝妙身山亲友长寿，请从保护政治事业的原本善相之界，降下慈悲不忘的教导（训诲），善妙资粮亦如恒河水一样不断流淌。礼物有上等吉祥圣物哈达、银质曼荼罗、响铜制作的无量寿佛像、响铜质如来佛像、响铜质至尊度母像、神圣长寿经、无量智慧经、金铜质尊胜佛塔、胜利银元、克什米尔藏红花 30 秤、珊瑚念珠、琥珀念珠、红黄色妙香 60 捆、红黄色细香 30 捆、带花细氆氇 30 匹、白香、印度核桃一箱、阿里杏子一箱。吉日敬献。

公元 1899 年，藏历第十五饶迥土猪年十二月二十三日，为铁兔年特派使者堪布贾康巴噶究罗桑丹增饯行，其代表返回带来大皇帝所赐的礼物，感谢信通过驻藏大臣呈上。札子（ཞུ་ལ་རྩེ།）说：人天神圣顶饰妙吉祥文殊大皇帝的莲足金轮前，以大恭敬心合掌跪地祈请，统治瞻部洲天下地上的文殊大皇帝慈悲关爱佛教众生，特别是小喇嘛我，无量恩德不能衡量。铁兔新年，向您请安的特派使者堪布噶究罗桑丹增的代表返回，献上圣旨和赏品带佛龛佛像一尊、卷轴画一幅、玉柄一个、玉器、珊瑚念珠一幅、景泰蓝（搪器）壶一个、景泰蓝瓶一个、景泰蓝一个、高足托碗盘 4 个、彩漆糌粑盒两个、碗两个、水晶器皿两个、水晶瓶两个、水晶高足托盘 4 个、水晶器皿 4 个、大口袋一个、小口袋 10 个、灵棒座全套、小箱一个等，不可思议，以大恭敬心顶礼。如此大恩牢记心间，随时随地和众僧一起祝大皇帝万寿无疆，为了政治昌盛永驻，祈祷三宝，今后保护三界法王宗喀巴之宝教，照旧关爱住在西方的小喇嘛我及众僧属民。

随书礼有洁白圣物哈达、响铜制作着衣白度母如意轮像。吉日,从扎什伦布寺敬献。

公元1900年,藏历第十五饶迥铁鼠年十一月八日,诸位噶伦通过驿站奏报情况,制造战乱的几个外国军营靠近北京皇宫,所以大皇帝驾临陕西①,西藏地方政府与驻藏大臣献礼。同样大遍观一切智救怙主亦献礼上书,写道:人天神圣顶饰妙吉祥文殊大皇帝莲足金轮前,躬身敬礼。天神妙吉祥大皇帝让地上一切众生安宁,常以慈悲之威力护佑,恩德无量,不能衡量。近来,一些不敬天恩、无故发怒的外国侵略者使国内不得安宁,派出犹如天空群星的四支天兵,迫使大皇帝暂时移居陕西②,小喇嘛我从驻藏大臣处获悉此情后,立即与众僧诵经修法支持大皇帝之天兵勇士以强力摧毁外敌,连名不留,使大皇帝之悲心与法令遍布世界。今通过驻藏大臣感恩大皇帝,敬献上等洁白圣物哈达、吉祥响铜制着衣具祥智慧誓愿塔加持之焰口母名如来伏魔像、印度铜制着衣如来佛祖自在像、响铜制着衣法王像、响铜制着衣金刚持法王像、印度响铜制着衣至尊弥勒怙主坐像、着衣文殊菩萨像、着衣四臂圣观世音菩萨像、以佛祖如来自在为首的佛菩萨灵验金色唐卡画、佛体唐卡、红绿绫制作的卷轴画幔、红黄色(金黄色)妙香125束、金黄色细香70束、藏红花70秤、胡麻布两匹、锦缎两匹、黄色和朱砂红纱、红黄色氆氇20匹、彩色细氆氇60匹、印度枣一箱、巴塘白葡萄一箱、糖果一箱、乳香一箱、安息香一箱等,请慈悲关爱,乃至以后进一步关心天下地上一切众生之利乐。随书礼洁白圣物,吉日敬献。

给驻藏大臣的文书记要,班禅额尔德尼献书:最近,诸噶伦向

---

① 指八国联军侵入北京后,慈禧太后挟光绪皇帝仓皇逃来西安,先后住南院和北院巡抚衙门。

② 1900年义和团反洋起事,导致八国联军攻入北京。慈禧挟光绪帝逃亡西安,次年签定辛丑条约后才回到北京,光绪仍被慈禧软禁。

囊佐巴扎萨喇嘛通报情况说，汉地百姓与外国代表相互不和，几国在宫殿附近发动战争，大殿与兵营较近，大皇帝为了安全来到陕西，政府献礼，从这里享受天子之宏恩。为此，现在上书大皇帝，礼物另见，地方粮台官分别细查，没有差错，正通过驻藏大臣一并上奏，为了天地之主大皇帝之天军战胜外敌，与僧众一起诵经修行服务做后援。光绪二十六年，公元1900年，第十五饶迥铁鼠年十一月十一日。

公元1902年，藏历第十五饶迥水虎年，大救怙主莅临拉萨，正值四月十五节，完成心愿。以前通过驻藏大臣上折子奏报情况，写道：人天神圣顶饰妙吉祥文殊大皇帝莲足金轮前，恭敬合掌跪地奏报，拥有十力导师一切智之本色（原形），至尊坚轮奉天承运大皇帝之宝身犹如千万日轮，光芒四射，随时赐予天下地上一切众生不可思议之幸福，尤其使小喇嘛我及众僧属民深受关爱护佑，其恩惠难以衡量，小喇嘛我依止三宝与妙吉祥大皇帝无上悲心之加持，身心快乐。以前专程到拉萨值遇四月十五节，在释迦牟尼佛像前，从尊敬的达赖喇嘛仁布切授圆满比丘戒，顺应天的甚深密意，弘扬黄帽派之宝教。为使大皇帝莲足永驻，与僧众一起诵经，三门（身语意）精进。等如虚空的佛教众生，特别是黄帽宝教、小喇嘛我、僧众属民等依止大皇帝之慈悲恩惠，请（大皇帝）以后一刻也不要放弃对我等之关爱，不断恩赐教诲善资粮。长寿吉祥万岁，吉祥礼物有哈达、两尊精美的有加持力的佛像。吉日，班禅额尔德尼自扎什伦布寺敬呈。

给驻藏大臣文书的笔录：大皇帝特派处理西藏事务之大臣前，班禅额尔德尼上书，如知名不具，以前到拉萨正值四月十五节，从达赖喇嘛尊前直接授圆满戒学比丘戒，顺应天子密意，与僧众一起精勤诵经祝妙吉祥大皇帝万岁。原来情况另有记录，望通过驻藏大臣迅速呈献折子,请求关爱。光绪二十二年,十二月十一日。

公元1908年,藏历第十五饶迥土猴年,班禅26岁,驻藏大臣转告光绪皇帝和皇太后往逝天界(驾崩)的消息,班禅通过驻藏大臣向新皇帝表达吊唁之意,为驻藏大臣送去文书。笔录说:班禅额尔德尼献书:(大皇帝)对天下地上佛教众生,尤其是黄帽宝教、小喇嘛我等有大恩,惊悉妙吉祥大皇帝光绪和皇太后往逝善趣天处,小喇嘛我心甚悲痛,难得他法,即诚心为奉天承运皇帝法王母子驾崩诵经献祭,向僧众发放僧茶布施,进行法事活动;为使伟大王子行究竟,小喇嘛我、强佐扎萨喇嘛、一切出家人获悉大皇帝母子往逝天界,痛苦难忍,无法做事,请妙吉祥大皇帝节哀。住在远处的小喇嘛我本心不快,以大恭敬心祝大皇帝万岁,慰问礼有圣物、着衣佛像。同时,强佐扎萨喇嘛洛桑尊追嘉措敬献哈达、着衣佛像,每件礼物妥善包裹,通过驻藏大臣逐次奏报呈献大皇帝。特派堪布和原先政府的代表一起进京上奏,向在位大皇帝敬献慰问品,奏报大法王父皇与天母孝钦显皇后往逝天界后。为僧众诵经熬茶发放布施情况。这边扎什伦布寺年进贡、吾受近圆戒之献礼,由于中途地界不太平被拖延了,一起派出的代表根据驻藏大臣的安排行事,请放心。为此,光绪在位的土猴年吉日,不仅××(原文省略),且向有佛像塔的寺庙供祭,敬献大敬神哈达,认真祈祷,供养扎什伦布及属寺万余僧人,密宗札仓和贡觉林寺500多名僧人单独迅速集会诚心诚意地修广大法行;在前藏拉萨向两尊释迦牟尼佛像、三大寺(甘丹寺、哲蚌寺、色拉寺)、布达拉宫、这边的扎塘等献祭,(为大皇帝与皇太后去世)诵经祷告。新皇帝宣统登基后,立即献礼祝贺。文书写道:班禅额尔德尼上书驻藏大臣,最近收到驻藏大臣文书知悉,大天子登基,成为天下地上一切众生之怙主,小喇嘛班禅额尔德尼我心生无限欢喜,祝身体万寿万寿,政治兴旺。首次敬献哈达、包裹好的无量寿佛铜像，立即通过驻藏大臣献上，奏报谢恩。宣统元年，公元1909年，藏历第十五饶迥土鸡年三月十九日。

铁鼠年，收到驻藏大臣呈书说：孝钦显大皇后与其侄大皇帝光绪升天，报丧人钦差僧俗虽抵四川，然道路不好，附函礼物移交四川库，四川都统奉旨保护，钦差张浦杭朱（ཀྲང་ཕུ་ཧང་ཀྲུའུ།）先来扎什伦布寺，（班禅）就国母去世上书宣统皇帝：人天神圣顶饰妙吉祥文殊大皇帝莲足金轮前，以大恭敬心合掌跪拜，长寿威力具全以金色千辐轮威力统治四洲天等一切，妙吉祥文殊大皇帝关爱佛教众生，特别是对小喇嘛班禅额尔德尼我，无微不至的护佑恩情无以回报。现在又通过特派驻藏大臣赐圣旨、重30两白银的酥油茶桶、银壶一个、银杯一个、大小哈达10个、缎子12匹等，当钦差张浦杭朱送达扎什伦布寺时，小喇嘛我恭敬顶礼，面向金色大国九叩首，皇帝父亲大法王之母孝钦显升天，作为诵经费用等赐给扎什伦布寺僧茶布施费白银1000两、大库哈达100匹、小哈达1000匹、茶100包；赐给其属下的各大寺院白银1000两、小哈达1000条、茶200包等；向前五世班禅灵塔殿为主的拉康献两次五种五千供，向500多名僧人供应茶饭；开启金刚大威德坛城举行自生（བདག་བསྐྱེད།）①、瓶生（བུམ་བསྐྱེད།）②先行圆满灌顶仪轨，向此坛城献敬神哈达，向僧众发放布施哈达各一条、白银各5钱；向扎什伦布寺法会3800名僧人发放僧茶22次、布施每僧白银4钱、每5人布施哈达一条，投放回向物。小喇嘛我来到法会中间向三宝祈祷，一心一意诵经修行。又向扎什伦布寺所属各大寺院22400多人以僧茶布施供养，进行

① 密法修炼者自身现为本尊以进行本尊瑜伽念诵和收摄等活动。

② 密法修炼中，初生宝瓶为本尊，劝以陀罗尼绳杵，供以法螺功德水，使本尊化为空乐，与水融为一体。

回向,安排多次法行次第活动,以前惊悉皇太后升天,小喇嘛我十分悲痛,立即向各佛殿献千供各一次,多次献敬神哈达,诚心向三宝祷告;向扎什伦布寺法会、密宗札仓、贡觉林、所属各寺院发放僧茶布施,大行供施,切实诵经百日。近来,小喇嘛我私人布施僧众,礼佛供神,完成甚深心愿,拥有大智慧。随函礼有哈达、着衣无量寿佛像。神变月吉日献。

同样,光绪驾崩后的修供方面,上书皇帝:人天神圣顶饰妙吉祥文殊大皇帝莲足金轮前,圣旨所称"班禅额尔德尼"小喇嘛我诚心合掌跪拜,如今吉祥之日,四洲等一切的佛教众生之救怙主,天成无上友军、天地自在妙吉祥文殊大皇帝犹如金山千万日光拥抱,神采奕奕,在不变金刚与金龙装饰的高大宝座上魁梧雄壮,以国政七宝和轮王近宝①等充满的金轮虚空中神圣的法律,将莲足作为地上所有一切小国头上的冠冕,统治天地之间一切。请赐三界众生上师宗喀巴之清净教弘扬各地、一切有情幸福圆满的喜宴,从享年之大界降下圣旨,赏赐汉银300两之酥油茶桶一个、银壶一个、银盅子一个、大小哈达各100条、缎子12匹。父皇法王光绪升天,为扎什伦布寺赐僧茶布施费白银1000两、大哈达100条、小哈达1000条、茶100包;为扎什伦布寺所属各大寺院共赐白银1000两、小哈达1000条、茶200包等,现今通过钦差张浦杭朱已全部送达,恩德无量。住于雪域的小喇嘛我受文殊大皇帝之悲悯,身体健康,为使文殊大皇帝莲足永固,政治昌盛,我与众僧一起向三宝祈祷,向誓愿海护法托付事业,精进修法诵经以祝长寿。为父王光绪去世而举行的修供法会赐费用的同时,向前五世班禅的灵塔各献一次五种千供、敬神哈达各一条,将30名供施僧请至各殿,进行浴

① 轮王七近宝:宫殿、卧具、靴履、宝剑、衣服、蛇皮褥、林苑。

洗、先行誓愿次第等法事，为这些僧人赏哈达各一条、章喀银各一两。另向扎什伦布寺各拉康献五种千供，向各佛像塔等加持物献敬神哈达各一条，对密宗札仓和贡觉林的500多僧以茶饭供养，开启吉祥集密坛城进行自生、瓶生先行圆满灌顶仪式，向坛城献敬神哈达，赐给僧人哈达各一条、白银各5钱；为扎什伦布寺3800僧人布施僧茶21天共23次，布施每僧白银各4钱，为每5人赐哈达一条，进行回向。小喇嘛我另施僧茶5次，布施每僧白银5分。小喇嘛我亲自到法会诵经，以清净心精进修持。向扎什伦布寺所属各寺院22400僧以僧茶布施供养，献回向礼；小喇嘛我私人另施僧茶各一次，开展多次宗教活动。以前惊悉父王大皇帝升天，小喇嘛我及僧众十分痛心，静心思虑，父王大皇帝乃是了义至尊文殊，二障习气本来清净，身体积净，对小喇嘛我恩重，为了稍作思考，圆满深广之思想，立即向各拉康献五种千供、敬神哈达；向扎什伦布寺法会、密宗学院、贡觉林、所属各寺院发放僧茶布施，增加供施。同时，向达赖喇嘛仁布切献祈愿仪轨回向物，分别向(大小昭寺)两尊释迦牟尼佛像、甘丹寺金质灵塔、布达拉宫画像献供；向色拉寺、哲蚌寺、甘丹寺、上下密院等拉萨地区的寺院发放布施。以虔诚之心请求父皇法王无漏心圆满，因大智慧而须臾成熟，如果今后生活在广阔世界大地上的佛教众生，尤其是持黄帽教的小喇嘛我、僧众庶民依止大皇帝之悲心，将永远得到关爱，刹那也不会失去，请永远赐予普善之圣旨作为顶饰。随函礼有洁白圣物哈达、感恩之大悲献礼哈达、响铜质着衣法王佛像。神变月，吉日呈文。

班禅额尔德尼致驻藏大臣书：过去，收悉驻藏大臣送达之文书，现今孝钦皇太后及其至亲父王光绪皇帝升天，钦差张浦杭朱送来大皇帝钦赐五面金龙抬举的宝书2道、各有30两白银的酥油茶桶两个、银壶两个、银盅两个、大小哈达各20条、缎子24匹等。同时,赐给扎什伦布寺(为皇太后皇帝诵经超度)的供物费用汉银2000两、大哈达200条、小哈达2000条、茶200包;为所属边地寺庙共赐汉银2000两、小哈达2000条、茶400包。从远处将钦赐礼物迎请到贡觉林,班禅额尔德尼以大恭敬心立即与众僧一起为皇太后、父王光绪去世勤谨诵经。献给大皇帝的文书、哈达佛像等装箱包裹,通过驻藏大臣次第呈献,诚心诚意。宣统三年,公元1911年,藏历第十五饶迥铁猪年一月四日,吉日。

这样,一切智班禅罗桑土旦确吉尼玛格列朗杰贝桑布的事业传记上部暂且如此。

关于怙主的事业传记整理略述如下:九世班禅在扎什伦布寺期间的作为有简略的记录,但没有编排;从寺院到祖国内地的一切事业全部有记录,救怙主(班禅额尔德尼)的亲传弟子热贡夏尔仓经师格丹洛桑征得班禅同意将这些记录进行汇集,即使有计划也未能完成。之后,囊玛岗领导请示嘉协前世,才从寺院起程,即根据后半生的所作记录,整理出下部一函,刻成藏文楷书印刷放在寺中。文化大革命期间,全部印版不知去向。但是,幸运的是原始本作为文物保存在管理处。经师俄曲瓦钦波另外作了一册,可是后来几个人以借的名义悄悄带走。由于之前作的上部没有整理,坚赞吞波官殿的工作人员委派中殿欧宗噶钦洛桑索巴贝桑布完成了反映第九世班禅前半生所做事迹的著作上册,临近刻印时,由于经过民主改革运动和后来的文化大革命,书稿遗失不见了。中国共产党十一届三中全会召开后,全面实行党的宗教信仰自由政策,在扎什伦布寺成立了历史撰写组,首先按照历辈班禅的遗愿,整理撰写扎什伦布寺史、那塘寺志、萨迦寺历史,由西藏人民出版社印刷出版。1989年第十世班禅圆寂后不久,按照扎什伦布寺民管会请愿,国务院批准,提供资金用于整理第十世班禅全集和事业传记,同时要求我们历史编写组整理第九世班禅传记上册,我们领此任务,在自治区党委领导日喀则地区党委领导的支持下,在日喀则档案馆、拉萨档案馆、德庆颇章、扎什伦布寺文物管理处的关怀下,找到了所需的文书档案,再经过走访相关专家,通过各种办法,现在整理出了传记上册。但是,整理中存在不当的叙述内容和词语,以及拼写和年代错误等。另外,有许多地名、人和事物等的名称拼合不同,这些都是依照参考文献做的,没有进行改变,究竟如何请智者们定夺。撰写时,担任整理任务的色康噶钦喜饶雅培、孜仲学徒古格丹增达结、哈尔东班玛多吉,以及校对、抄写者散巴曲次仁、帕索罗桑丹增、德央扎西道济、扎西达吉、书写大师楚刚巴仲普次、勒林巴桑、诺丁南杰、江孜贝顿、东噶尔雪仲仲孜旺堆、佐夏尔米玛、画师拉康丹增等人怀着满腔热情,非常辛苦地工作,愿永远受怙主保护!——扎什伦布寺文史资料室

救怙主遍知罗桑土旦确吉尼玛格列朗杰贝桑布共传——自在王宝串(下册)

第一章　从卫藏出发到达北京之前的情况

诸佛分别证智的自光相好之穗已经成熟,至高无上的事业白伞保护宽旷的大地,消除一切热苦,像船主一样引导昏沉于苦海中的取舍颠倒行的众生到解脱宝洲,三界法王百种遍主大金刚持第十六世遍知班禅(藏文整理者说:应是班禅戒师传承第十六代)至尊罗桑土旦确吉尼玛格列朗杰贝桑布41岁以内,即天等一切众生的顶饰,有寂顶饰救怙主遍知在卫藏地区(方面)做了无限神奇仪式(措施,或典礼),以此加行佛教众生的圆满利乐,来到中国大地霍尔多麦地区,将无数有缘弟子成功引到解脱道上,为了佛教的一切事,渴望觐见金国奉天承运大皇帝的尊容,现在时机已经成熟,如说自从圣地印度开始,随行于历辈之后,如理成就事业,按照所有护法神之首大梵天的授记所说:无量光怙主班禅活佛,猪狗二者任一来北方,北方黑暗之洲太阳升,满足众生愿望降法雨。又说:雪域之中师徒二法王,悲悯北方一切诸众生,遍知班禅额尔德尼去北方,消除北方佛土众生苦。显现遍知佛自在、秘密不可思议之符号及反应(回答)之理等授记,给予北方佛妙吉祥藏的显密双运清净教的誓愿印(མཆོག་སྦྱིན།),在见闻念触的量果播撒殊胜解脱的种子,心思佛教众生的伟大事业。但是,地方政府服务人员的诅咒者仔本(རྩིས་དཔོན།)龙夏瓦等人的恶作,挑拨达赖班禅师徒之间的关系，用多种方法仇视危害扎什伦布寺的僧俗部落民众，用尽各种形式阻碍事业发展，坐卧不安（原文如此，编者）。本来想给达赖喇嘛献礼的同时，为索西夏仲等人安排工作。第十五饶迴水猪年藏历十一月十八日，从吉祥须弥威严大寺尊胜诸方洲（扎什伦布寺）启程，经过纳塘、谢等寺，来到扎什伦布寺所属多巴东边热细营官次坝的营帐，在甘珠尔拉康小寝室歇息，以承侍致敬侍奉（班禅）师徒，敬献厚礼，此后几天间，陪驾送行等一切服务顺利完成，受到了永远继承（永世不忘）的欢喜承诺。

之后，行抵托曲（ཐུག་ཆུ།）附近宿营，在营帐中举行木鸡新年欢庆会。初五日，向羊达诺欧（ཡང་དག་ནོ་འོར།）总护法神和乃塞觉沃钦波（ནེ་སེར་ཇོ་བོ་ཆེན་པོ།）煨桑托付事业，上面树起了许多经幡。大仲译当钦巴洛桑坚赞（མདངས་ཆེན་པ་བློ་བཟང་རྒྱལ་མཚན།）主仆作为台吉诺尔布的特遣先从冬不拉（དུང་ཕུ་ར།）来见。

十三日，喀尔喀库热司浴堪布江孜麦甘堪布国师班智达洛桑克确（བློ་བཟང་མཁས་མཆོག）等人前来慰问。在贡却库土拉山内测驻地，台吉纳尔呼雪（ཐའི་ཇི་ནར་ཧོ།）派来的迎请者德德诺云为首的人员和马、骆驼等迎接队伍先后到达。

十一月最后一天，驾临司浴堪布、喀尔喀索本（司膳）、台吉纳尔诺云扎萨、堪布喇嘛、黄雄藏的麦仁等迎接者 100 多人的设灶迎接点库格纳嘎（ཁུ་གུ་ནམ་ག），诺云和喇嘛各自敬献曼荼罗三所依等见面礼。班禅摩顶加持，当天住在察甘麦仁（ཚ་གན་སུ་རེན།），那里的许多僧人执仪仗迎接。驻足寝帐后，台吉纳尔呼雪设宴，敬献曼荼罗三所依、油炸面点、荤食等，向师徒提供所需的充足食物。

阴历二月初一，台吉多杰等人献曼荼罗三所依。（班禅）为 200 多名僧俗信众摩顶。

三日，以扎萨诺云为首的 500 名僧俗拜见。呼雪（ཧོ་ཤོག）很好地安排马驮、乌拉等,提供了大量的金银和质量较好的衣布。诺云自己敬献了一秤白银(རྡོ་ཚད།,一秤合藏银50两)、朱红色缎子衣料两匹、骆驼3峰。扎西曲林寺喇嘛罗桑喜饶敬献曼荼罗三所依、汉银一秤、黄色缎子一匹、骆驼一峰。奇热诺云(ཆི་རིག་གི་ནོ་ཡོན།)敬献白银一秤、中东缎子一匹等,每个人根据自己的情况提供物资。德德诺云(དེ་དེ་ནོ་ཡོན།)等僧俗主仆敬献了三所依、白银一秤、骆驼9峰、骏马13匹等,(班禅)赐茶摩顶,讲授《皈依法》和三尊长寿天陀罗尼、欢喜天、《香巴拉祈愿》等教法。比丘仁青等200多人敬献汉地钹3对、大马8匹等,听闻《香巴拉祈愿》等法。

这时,库尔勒呼雪(ཁོར་ལུག་ཧོ་ཤོ།)特派阿嘉诺云(ཨ་ཅག་ནོ་ཡོན།)来迎接,在那里驻足,需要照顾,通过洗浴堪布请求,得到满意的回答。在准备慰问达贝斯的同时,喀尔喀司膳师萨隆巴罗桑土旦(ས་ལུང་པ་བློ་བཟང་ཐུབ་བསྟན།)主仆先行。前后向比丘顿珠、居士丹佩等许多僧俗男女信徒摩顶,讲授《欢喜天》《净土祈愿》等法。

七日,应扎西曲林寺喇嘛罗丹喜饶之请,为男女僧俗信众700多人传授长寿灌顶、新作《依无量寿之上师瑜伽》等;应国师阿旺扎巴之请,讲授新作《香巴拉誓愿摄略》。这时,上面提到的官民恭敬承侍。班禅给予关照皈依,赐给诺云公扎萨土旦嘉措"清苏久土戴青贝勒"(ཆིང་སུ་ཅུག་ཐུ་དའི་ཆིང་པེ་ལི།)爵位和银质印章、印度产黄铜制长寿佛像神物、锦缎、氆氇两匹、香3包;赐给喇嘛罗喜"诺木齐布勒图堪布"之位和堪布服装、神物等赏品;赐给齐热格诺云贡嘎伦珠"觉热图图将军"之爵位;赐给台吉多杰"格羌嘎"(གེ་ཆང་ག)之爵位。

另外,根据地位为德德诺云、格涅台吉呼云臧盖麦仁(ཧོ་ཡོན་ཛང་གེ་མེ་རིན།)等50人赏赐相应的神物等无量助缘,列坐饮茶。诺云等人敬献金镯、曼荼罗三所依、黄金一两、汉地马蹄银一个、黄色缎料一匹、骆驼两峰等。从多夏尔开始迎送的旺嘉健返回,(班禅)在寺中为四大札仓的堪布、拉章夏仲、执事等人颁布书令,要求为政教事业服务。

九日,为德德诺云等8位修行者授沙弥戒,为两人授居士戒,作为胜解脱的有缘;为150人摩顶,讲授《极乐净土誓愿》《香巴拉誓愿》等法。

十日,扎西曲林寺堪布敬献新缝制的蒙古帐、用具等全套。(班禅)赐给护身结、神物哈达、锦缎一匹等。为献印度米的齐热诺云赏赐护身结、神物。

十一日,迎送者诺云扎萨等官民已经做好了启程的各项准备,逐渐住行。十八日,先后有库尔勒达贝斯、图萨拉齐、阿嘉台吉、公上等组织盛大欢迎和设灶迎接,由仪仗队接到君马海(ཙུན་མཱ་ཧེ།)行幕,在寝帐休息时,呼雪(ཧོ་ཤོ།)的官民敬献曼荼罗三所依,请求摩顶。

二十日,达贝斯主仆进入小寝室敬献曼荼罗三所依、精缎3匹、宝骑、骆驼10峰等厚礼。茶座会上,班禅额尔德尼为他们摩顶,讲授《香巴拉誓愿》《往生法》,亦赐书。之后,赛曼雄巴拉增(སེར་སྨད་གཞུང་པ་ལྷ་བཙུན།)的管家敬献三所依等礼品。班禅为僧俗200多人摩顶,讲授《香巴拉誓愿法》。派人去慰问国民政府大总统,呈献上等哈达和金字书信。同时,向西宁大臣献慰问礼誓言物哈达、黄金一两、汉地马蹄银一个、麻布一匹等;给予阿嘉呼图克图和赞布呼图克图书信礼;赐给嘉木样活佛卸任司膳师尊追嘉措书信、护身结、汉地马蹄银一个等。向嘉木样活佛本人给书函、礼物等。为派出办事的司钥章且瓦洛桑次仁主仆举行辞行仪式,给予丰厚的赠品。

二十一日,为托杰活佛为首的僧俗400多人摩顶,讲授《香巴拉誓愿法》。在为即将返回的台吉纳尔呼雪派遣的送行者举行的茶话会上,为通噶齐热诺云(ཐོན་ཀ་ཆེ་རིག་ནོ་ཡོན།)赐画像、护绳结、伞盖护轮、混色彩色朱砂红三色绒、一块砖茶;赐给居士台吉护绳结、阿喜哈达、两方大绒、一块砖茶等;赐给诺云扎萨誓言佛像一尊;赐给公上金丝紫色缎料、5 块茶等厚礼。为呼雪藏的蒙古族僧俗信众赏赐每人哈达一条、护身结,并摩顶辞别。司浴堪布江孜瓦国师班智达噶钦洛桑克确准备了包括随从等所有人用的食品,其主仆在小寝室拜见班禅时敬献了内库哈达、曼荼罗三所依、代座口饰银制长寿瓶、银制大羯磨瓶、衣服、银灯、带盖银制粮食碗一对、银制净瓶、银制阳纹罐、素色银罐、带盖座银桶、带盖座银制嘎巴拉、银制莲碟 3 个、银蛋 3 个、黄铜制彩色浴镜、带缎套的浴盆、黄缎坐垫一对、黄底彩色京绒垫子、金纹桌子、带里黄缎被、带绥子被单、带里绵皮帽子、有絮红羔皮衣服、哈尔皮具虹鞋、红色鼻烟壶、汉银一大升、马蹄银两个、缎子 4 匹等厚礼。第二天,班禅向许多僧俗信众摩顶,讲授《往生法》;为库尔楼达居囊索南旺杰(ཁུར་ལུག་ཏྭ་ཛུ་ནང་བསོད་ནམས་དཔང་རྒྱལ།)赐阿喜哈达、红氆氇一匹、彩色锦缎一匹;为诺云的小孩、夫人、喇嘛、夏仲(侍从)等赐红氆氇一匹、紫色氆氇一匹、胡麻布一匹等;赐给图萨拉齐红氆氇、朱红黑皮膜等。

二十三日,喀尔喀司膳师萨隆巴罗桑土旦来小寝室拜见,敬献曼荼罗三所依等自给的侍奉。这天,班禅为达诺云等 40 人传授长寿灌顶。另外,为 200 名信众讲授《皈依法》《香巴拉誓愿》等教法。

二十五日,库尔勒呼雪祈请。班禅按照其所愿为 300 多名僧俗传授《成就王道长寿灌顶》。他们敬献曼荼罗三所依、骆驼 100 峰等,表示酬谢。是日,新委任的知宾江孜瓦济仲求见。司浴侍从次丹、身前侍从普尔旺等进寝室拜见,班禅为他们赏赐物品。

次日，为来自各地的信众摩顶，讲授《香巴拉誓愿法》。

二十七日，司浴堪布准备住在喀尔喀，班禅给予符合佛理的教导和祝愿，赏赐汉地马蹄银一块、锦缎、胡麻布匹；为强佐曲杰、司膳次仁、管家旺嘉、喀尔喀司膳萨隆巴等人按照职位大小、地位高低给予相应的赏赐；为他们的侍从也给予相应的赏赐，辞别。前后两日，在小寝室会见了图萨拉齐、落脚大堪布洛桑阿旺、赛曼雄巴拉增活佛等，给拉增活佛一封手书，并为他们和来自其他地方的众多信徒讲授《往生法》《香巴拉誓愿法》和新作《具种勇武轮王之上师瑜伽法》，以及《成就王道长寿灌顶法》。

阴历三月初一，拉增活佛拜见，敬献衣服、用具数件和上好的寝帐蒙古帐等，供物多如云。班禅额尔德尼为其主仆等人摩顶，讲授《极乐净土愿》《依无量寿佛之上师瑜伽法》《长寿祈祷法》等；为活佛赏赐内库哈达、神物数件、大马两匹等。这天，为库尔勒呼雪官民摩顶、赐茶；赐给达诺云索南旺嘉神物哈达、护身结、红氆氇一匹、紫色氆氇一匹、蛋黄氆氇一匹、朱红毛呢衣料等；赐给图萨拉齐神物哈达、氆氇两匹等；赐给呼雪藏格曲嘉等官员每人护身结一条、哈达一条；赐给呼雪公上锦缎、华服、氆氇 3 匹、大马两匹等。应托杰活佛请求，为库尔楼寺丹巴佩杰林赐神物泥制大威德金刚像、唐徐帽等。

三日，为拉增活佛、塘让活佛摩顶，赏赐朱红色缎子、黄金、章喀银等；为两位活佛的随从等僧俗上百人摩顶。马海（མྷ་ཧེ།）敬献了新制蒙古式帐幕，陈设侍奉的供云；为各官员赐护身结、哈达、氆氇 3 匹等。库尔勒九部提供差徭骆驼 150 峰，派出随行官民、达诺云、拉增活佛等送行。

从马海行帐扎西噶蔡（吉祥欢喜苑）启程，行至贤达托罗嘎（ཤན་ད་ཐོ་ལོ་ཀ）打尖处时，达诺云、两位活佛辞别返回。

有诗云:边际无限广阔长寿道,随行水晶王月亮光芒,仿佛白色莲花欢喜苑,您悲心增长众生利乐。生于马拉雅的旃檀林,拥抱之微风如触身体,您的悲心激发的事业,刹那消除众生的痛苦。若尔天空的七马车日,[①]好像引导太阳的坛轮,汉蒙人民的幸福缘分,才使怙主您去往东方。

四、五、六日,逐渐前行,分别在察汗诺尔、胡鲁斯台诺尔、嘎塔岗、巴绒查干打尖。

七日,由君查干库尔勒扎萨公等僧俗官民迎接到帐幕歇息,静心休息3天。

八、九日,为库尔勒扎萨罗桑顿珠等僧俗男女400多人摩顶。

十日,库尔勒呼雪公上敬献大米、小麦面粉、酥油等多物。班禅额尔德尼摩顶,予以赏赐;为送行者图萨拉齐赐茶话别,赏赐丰厚的告别礼物;按照地位高低,为阿嘉台吉、呼雪藏格曲嘉等5名官员赏赐礼品。另外,送给公上大马一匹,作为告别礼。之后,启程继续前行,在多钦错卡(རྡོ་ཆེན་མཚོ་ཁ།)和强擦古瓦(ཕྱག་འཚོལ་གུ་པ།)各住了一天,会见了宇顿贝斯和宇库热活佛等人;派遣司祭堪布潘康杰仲旺堆诺布(པན་ཁང་རྗེ་དྲུང་དབང་འདུས་ནོར་བུ།)去司浴堪布处,并赐赆礼。在那里休息期间,应库尔勒扎萨为首的官民信众、赛塘巴、玛钦巴等人请求,(班禅)非常高兴地为汉族蒙古族僧俗信众800多人讲授《成就王道长寿灌顶祈愿法》《玛尼》《往生法》《香巴拉誓愿》等教法。

十四日,从驻地动身,行至额里斯台(ཨེ་ལི་སི་ཐ།)和果托尔库库(སྒོ་ཐོར་ཁུ་ཁུ།)歇息,一位汉族妇女突然来拜见,敬献了一些圆满的食物,然后不知去向,非常惊奇。

---

① 指太阳。

十六日，行至沙州（སཱ་ཅུལ།）附近的托云彦则（ཐོ་ཡོན་ཡན་ཙེ།）河边打尖，赏赐萨珠县胡麻布等，派勒参巴扎西旺堆送去。为汉蒙等民族的信徒们摩顶。

十七日，夜宿巴龙洞（བ་ལུང་ཏུང་།），沙州派人来慰问，敬献水果等厚礼，报告求请者（ཞུ་ཚོག་པ།）的意思。从塞塘开始一直护送的库尔勒扎萨准备返回，班禅额尔德尼赐护身结、哈达、灵验物、华服等，辞别致意。之后，在萨珠向导的护卫下前行，先后夜宿兰孜（ལྷན་རྩེ།）和潭西则（ཐན་ཞིར་རྩེ།）等地，为来自各方的300多人摩顶。

二十三日，行至安西郭图（ངན་ཞི་ཀོ་ཐུའུ།）西边的村庄，县官刘安天（ལིན་ཀྭན་ལིའུ་ངན་ཐན།）和县长王英两人前来迎接，班禅额尔德尼向他们问好。按照汉族的风俗用盘菜招待，是日住在红弥勒寺庙（ཧུང་མི་ལེའུ་དམར།），和两位官员茶叙。县官敬献米面、肉、酥油等，表示侍奉。这天，通过电报向北京大总统、蒙藏委员会、兰州督军汇报顺利到达安西，不久经过松布斯到达北京的情况；赏赐安西县官哈达、朱红色锦缎一匹、红色氆氇一匹、褐子一匹等；赏赐给全体仆从的物品无量；赐给巴恰瓦等军人白银15两，表示关爱；为前来祝寿的喀尔喀云丹等百人讲授《香巴拉誓愿法》，辞别致意。

二十四日，县官单独觐见，敬献轿子、骡子、水果、食品、巴扎等十铁箱，请求在北京没有回电报之前安心地住在这里，直到二十八日。

二十六日，县官和县长专程来汇报大总统和兰州督军来电情况，电文说："班禅额尔德尼遍知、总别佛教之大领主、众生无有匹敌的皈依处，顺利到达安西，大总统和兰州督军亦无比欢喜。未到库热，很快驾临北京会面，商议汉藏事宜。来京驻地已准备妥当，沿途全体官民做好迎接服务。"兰州督军通过安西县官敬献丰厚物品。

二十七日,西宁大臣特派马本雄主从(སྨ་འབན་ཧོང་ཅན།)来送邀请信。(班禅)答应邀请,尽快前往;赏赐安西县官锦缎一匹、红氆氇7匹、汉地马蹄银一块等物品。

二十八日,为前后送行的库尔勒等人赐护身结、哈达。总之,暂时交付哈达200条、茶30包、面粉一驮等。向西宁大臣的使者额外奖赐物品茶5包、面粉一驮、白糖一驮等;为在安西迎候准备的官民按照身份给予相应的赏赐。同时,为先后汇聚在这里的500多名信徒摩顶,讲《皈依誓愿法》。

二十九日,为救怙主遍知班禅额尔德尼准备了黄色轿子,为近侍知宾等人准备了蓝车子和驮运公上物资的骆驼、每次休息的迎候准备,以及到达县负责接待的县官刘安泰、侍卫军官等都已做好准备。是日行至西派(ཤིའུ་དཔེན།)休息。从这天开始提供班禅一行的伙食代金大洋60元和足够的米面、茶、酥油、肉奶、洋蜡等,更夫和警察昼夜守护在帐幕周围。

之后,前后两天下榻于名叫蒲罗江(ཕོ་ལོ་ཅིང་།)和萨多谷(ས་འདོ་ཀུ།)的寺庙。三月的最后两日进入玉门(ཡུལ་སྨན།),县官叶本云(ཡུས་ཕིན་ཡོན།)主从、县警局李夏官兵迎接,县长派人迎接。这天,在玉门城南的玉皇阁下榻,会见迎接官员并茶叙。玉门县官敬献了青茶两铁盒、甜桃杏10箱、白葡萄10箱、果梅一箱、水果等。同时,班禅回赐礼品红氆氇两匹;给普通迎接者赏赐丰厚物品。

三日,为即将返回安西的送行军官等人赏赐青茶等礼物。之后,由县长和西宁派来迎接的骑兵官民陪伴,第一、二天行至赤齐峡和呼呼堡两地寺庙住宿,派出秘书当钦巴向西州(ཤུས་ཀྲུའུ།)官员送慰问哈达。

五日,住嘉叶宫(ལྕགས་ཡེ་ཀུན།)拉康。

六日,行至西洲城外5公里处,500名盛装军人锣鼓仪仗队、占克庙（ཞན་ཀེ་མིའོ།）门外设灶和镇台①贾赞旭的参谋张公泰、杜工（འདུ་ཀོན།）等文武官员恭候，班禅问候他们。当驾临平楼寺（ཕིན་ལུག་ཟེ།）的顶寺旦托（དན་ཐོད།）拉康时，镇台和道台两人觐见，各自敬献了伙食水果、各种罐头，一起饮茶，阅读散文书信；向其他官员摩顶，给予关爱；赏给镇台锦缎一匹、红色氆氇两匹；给道台哈达、红色氆氇两匹；给4位县官哈达。

七日，医师益西伦珠、安多洛桑诺布、贾喇嘛等人敬献曼荼罗。班禅向汉蒙等安多多民族信徒摩顶，讲授忏悔法《三聚经》；向即将返回的前后送行的库尔勒官民话别，赐给每人护身结和哈达，以及砖茶等不少物品；给予银匠江村赏品。镇台请求于寝室会见，详细商谈。从此西宁大臣护持启程，心中甚是高兴，各种服务已经到位，官员也已到达。

九日，赏给夏仲执事（工作人员）以上的服务人员、车子（ཁྲིས་ཙེ།）、驮畜马骡；分配服务人员中的奴仆差马（ཏཱའུ་ལ།）②等。镇台等官员、军官士兵都来送行，当晚住在凉州（ལང་ཀྲུས།）。镇台的代表捕快（ཏུ་ཀོན།）努力做好了各方面的准备工作，班禅予以赏赐，赐给来自西宁的人员很多瓷器。之后几天先后在盐池（ཡན་ཁྲི།）、霍嘎江（ཧོ་ག་ཙང་།）活动，很高兴为那里的汉藏蒙古族众多信徒摩顶加持。

十二日，县官周赞（ཀྲུག་ཙན།）和群山（ཅུན་ཧྲན།）官民迎接，下榻于大菩萨寺的五部佛殿，会见全体官员并赐茶。

十三日，高台（ཀའོ་ཐའི།）的官兵执仪仗、敲锣打鼓来迎接。在蒲叶宫（ཕུ་ཡེ་ཀོན།），县官等官兵敲锣打鼓、执仪仗迎接招待，夜宿沙哈

---

①　清代称总兵。（清）梁章钜《称谓录·总兵》："《皇朝通考》：'总兵官掌一镇之军政……为重政大臣。'（案今人称总兵为镇台由此——译者）俄同仁（ཞིན་ཐུའི་ཙུ་ཐོན་རིན།）、道台（清代官名。中国明清时期的地方政府官职之一，俗称道台，雅称为观察、观察使。该官职通常省与府之间－道官署的主官，另外，也有如盐运道员的专任官职，布政使副手也是道员。清乾隆时期以来，一般为正四品之官，但可另加头衔提升品秩，如台湾兵备道，例加按察使衔，为三品。

②　乌拉马，旧西藏地方政府接送官吏的无偿畜力差役。

寺(ཏ་ཧྲ།)。是日,特地从甘州派来的马督官(མྭ་འདུ་ཀོན།)拜见。为了慰问和行程,准备提前派出卸任大知宾夏尔索朗多吉,蒲叶县官汇报说已经准备好了物资和马驮,班禅赏赐氆氇等,厚赏从西宁来的骑马随从官员。

十四日,蒲叶县官送行。行至甘州城外 15 里处,甘州官员和军人先后执仪仗迎接。从兰州来迎接的国务特派大员热敏汗梁道爷(རེ་མིན་ཀན་ལིང་ཏའོ་ཡིན།)、督军中将李耐洪(ཀྱུན་ཙང་ལྷིས་ནའི་ཧུན།)大员和工部官金严盛(ཀྱང་དུ་ཀོན་ཅིན་ཡན་ཧྲེན།)等居者,以及行者全体官员在翰角(ཧན་ཅོ།)设灶迎接点恭候,班禅询问身心安否。从此行至城内大佛寺,下榻于顶层寝室。兰州迎接负责人进见,敬献督军的牌子。茶会上说到:“现在救怙主一切智启程、迎接、迎候准备等事,按照大总督的指示,兰州甘肃督军特派侍卫官员和骑兵百名,行程中有官民热情服务。以后有事需要做,请直接告诉我,我会遵命奉行。”

由于身体适应了兰州和五台山等清凉之地,在那里居住了 3 个月,选择适合的季节动身去北京,而且从北京来迎接的赞布敏珠尔呼图克图和大员参议员杜尚安(ཚན་ཡི་ཡོན་ཏུད་ཧྲང་ངན།)不久到达兰州,恭敬承侍,详细汇报,班禅给予相应的答复。

有诗云:身体的日轮强光,神奇发心绿骏马,从吉祥威严山顶,升起汉蒙族幸福,夺走世间的黑暗,在功德光欢宴上,盛开有缘信解花,虔信花穗极谦恭,富强可比帝释天,四部之军罗刹惧,统治大地做国王,努力恭敬您莲足。

还给五大近侍堪布、大秘书、大知宾等相关的人员督军的牌子。之后,甘州代理镇守使(ཏྲ་ལྷིས་ཀྱིན་ཧྲའུ་ཧྲི)、马知县(མྭ་ཀྲུའུ་ཞན།)等进见,茶会上问好。大总督、蒙藏院(སྨུང་ཙང་ཡོན།)、兰州甘肃总督主仆做好了去北京的行程准备,各呈电报。李耐洪(ལྷིས་ནའི་ཧུན།)做好了兰州的迎接准备，敬献米驮、红糖、点心等，（班禅）回赐锦缎一匹、红氆氇3匹、哈达等，派近侍大堪布噶钦群佩和司祭堪布送去。同时，赐给迎驾的小官员工部官金严盛以哈达、黄氆氇一匹；赐给4名马氏差官和普通士兵砖茶一块、米驮两驮、小麦面粉150斤。甘州镇守使和两位甘州县官根据各自的情况敬献丰厚的物资。（班禅）回赐镇守使以黄色氆氇、哈达；赐给县官同样的物品。肃州（ཧྲུའུ་ཀྲའུ།）陪送者张参谋返回，班禅会见并赏赐画像、护身器、泥印像、饼干箱、水果罐头、青茶罐；赐给全体士兵绿茶一包、水果罐头等赏品。西宁大臣再次派来马国主仆慰问，班禅赐给丰厚财物。

十六日，会见法兰西民族人员；向几个拉康陈献五种供物，满足发展利乐佛教众生的广大心愿。这天，前后为来自各方的多人摩顶，为后来的西宁人士话别。兰州迎接骑兵敲锣打鼓执仪仗迎接，甘州提督等人设灶送行，200名军人敲锣击鼓执仪仗恭候，接到东乐窝（ཏུང་ལོ་འོར།）休息，班禅为多名蒙古族僧俗摩顶，在小寝室与赛科夏鲁活佛洛桑勒贤嘉措热情交谈，讲解《香巴拉祈愿经》；为敬献物资的东乐县官和夏鲁活佛分别赏赐红色氆氇、哈达和小麦面粉、挂面等。之后几天受到森天县官（སན་ཐན་ཞན་ཀྲིན།）等人的迎接，前后宿于城内佛殿（མཁར་ནང་།）等处，向许多来自各地的人摩顶，赏赐森天县官等人。派近侍司膳（索本）堪布苏尔努济仲洛桑坚赞去慰问兰州督军。

二十二日早上，为多名蒙古族人士摩顶。然后继续前行至红毛洞（ཧོང་མའོ་ཏུང་།）打尖，县官等人在永昌城外迎接，晚上县官敬献食品、差税、器物等，班禅回赠朱砂红绸缎衣服等礼品，对唱戏队员表演予以赏赐。江仁寺（ལྕང་རིང་དགོན།）僧人执仪仗欢迎，武威县官马尚武（མ་ཧྲིང་ཨུ།）和特来抬黄轿的人从凉州来迎请，在每一个打尖的地方，为主仆呈上额外饮食。

二十四日,在凉州城外七华里处设灶,凉州镇守使马廷勷(ཧུའི་ཧྲི་མཱ་ཐིན་ཤང།)①、甘凉道台马吉青(མཱ་ཅི་ཚྭང)、张委员、武威县官马尚武等全体文武官员和骑兵 40 人高举旗子、敲锣打鼓、执仪仗迎接,李处长(ཧྲིས་ཁྲུང་ཀང།)敬献两面新制黄缎旗子。凉州城内四座寺院②的僧人拿着经幡、胜幢、香囊、飘幡、海螺、唢呐、熏香等许多供物,执仪仗以天人不可思议的吉祥相恭敬承事,在前导引。在设灶处,休息了片刻,向镇台和道台同司问好。之后,来到城东北方花园中间名叫八项噶(ཙ་ཤིང་ཀྱ།)的佛殿的顶层天自在无与伦比的小寝室,官员们很欢欣地拜见,按照地位高低就座问好。

二十五日、二十六日、二十七日三天,(班禅)在住处照常开茶会,观看唱戏,赏赐表演者,为各方信徒摩顶,满足他们的心愿;为安多拉莫寺扎登(བྲག་མདུན།)活佛等僧俗百人讲授《香巴拉祈愿法》;赏赐镇台以深青色有盖鼻烟壶、质优红氆氇两匹,赏给道台以上等红氆氇两匹,赏给全体居行官员以长寿绸鞋各一双;赐给将要返回西宁的马王兄(མཱ་བང་ཧོང།)朱红色缎衣、红茶;赏给普通士兵以红茶、水果等;送给武威县官一匹红氆氇、26 方浅灰色上等绸缎。镇台求见,敬献青茶罐,七层饼茶(ཇ་སྒོར།)、四玻璃瓶彩色糖果、波斯铁箱两个;道台敬献西宁当归茶两包、各种彩色糖果四铁盒等。

二十八日起程,上述寺院僧人执仪仗,骑兵官民敲锣打鼓在城东门外 3 里处欢送,镇台、道台等人献礼送行。行至镇班木叶(སྤེན་པན་དམི་ཡི།)休息。这天,派大堪布仲热罗桑班旦(དྲུང་རམས་བློ་བཟང་དཔལ་ལྡན།)给李处长送去青茶水果。

---

① 马廷勷是军阀马安良的三儿子,从 1915 年起历任凉州总兵、凉州镇守使等职。1927 年凉州地震,甘肃督办刘郁芳为了削弱马氏势力,派张东瀛接替武威县长一职。马仲英发动河湟事变后,刘督办怀疑马仲英和马廷勷合谋,正在这时国民军教导团团长刘志远来到凉州买马,了解到马廷勷的心理,不顾一切冒险举事,吓跑了马廷勷。

② 可能指清应寺、大云寺、罗什寺、白塔寺。

二十九日，会见将要返回的武威县官。在打尖处，赏赐即将返回的凉州送行骑兵；会见来迎接的古浪县官、军官3人和骑兵。之后，由红帽寺（夏麻寺）僧人仪仗队迎接到古浪三清卫宫（སན་ཞི་ཨུ་ཀུན།）的寺院（拉康），会见官员并摩顶，派执事扎西旺堆给县官送去彩色大绒布一块等。为红帽寺僧人等百名仪仗队员摩顶，讲授《香巴拉祈愿法》。

是日，县官按照地方风俗敬献小麦面粉、肉、酥油、水果、洋蜡、迈迈勒支（མེ་མེ་ལེ་ཀྱི།）玻璃瓶等。文算（ཡིག་རྩིས།）、武算（དམག་རྩིས།）学生拜见，（班禅）赏给每位教师哈达一条，赏赐学生水果，教导大家要努力学习。

本月末日，骑兵官民和学生们送行，由华热佛塔滩扎西达杰林寺掌座嘉斗活佛阿旺贡却嘉措、寺主活佛东科尔呼图克图的代表赤烈雅培主仆迎接到隆巴普歇宿，会见周格巴僧俗人众并摩顶，赏赐将要返回的古浪县官等送行者。

四月一日，平番县官来迎接。然后由佛塔寺赤巴嘉斗活佛为首的上师、活佛、僧徒非常热情地迎接到已经准备好的扎西巴隆草滩宝帐中，来迎接的仪仗队员还有许多僧俗及佛塔滩（མཆོད་རྟེན་ཐང་།）、萨隆（ཟབ་ལུང་།）、周格（འབྲུག་དགུ།）、甘青（ཀན་ཆེན།）等四大寺院的300上师僧徒，敬献了多种供物。佛塔滩僧俗部众为师徒（班禅额尔德尼一行）设油炸面点和肉食盛宴，敬献了曼荼罗身语意三所依和以4匹快马为主的多如云彩的物品，班禅为他们摩顶，讲授《菩提道乐道法》和与此相关的《香巴拉祈愿法》，以及有关长寿祈祷文，使胜劣一切信徒成熟于殊胜解脱之门。同时，向那里的佛像塔和几大魂湖献供。

二日，赏赐嘉斗活佛和东科尔活佛代表以护身结、哈达、缎衣、黄金、章喀银、茶包；赐给僧众红茶3包、佐肴品代金白银5两，给每一位布施僧白银一钱、铃杵等;施与萨隆、周格、甘青寺等三大寺院僧茶和佐肴品代金白银各5两,为献礼的扎西达杰林寺曲豁(寺属庄园)头人回赐护身结和哈达等;赏赐6个雪竹欧布部(ཤོད་སྤྱལ་སྟོན་པོ་ཁ་དྒྱག)和俗人护身结、哈达、经文、神物、红茶3包、银嘎乌(银制护身结)等;从凉州开始负责筹备工作的镇台代表马老爷返回,班禅额尔德尼回赐水果罐头等。安多拉卜楞寺的慰问者索本(司膳师)尊追主仆、西宁大臣[①]派出的迎接者马步芳、马步云、少官3人,还有骑马士兵等百人和塔尔寺派出的慰问者卓仓活佛、巴周活佛、米纳活佛、密院堪布、吉索第巴(སྤྱི་སོ་སྡེ་པ།)、赤巴强佐主仆、居巴札仓吉索、曼巴札仓(医宗学院)堪布与吉索、时轮学院赤巴与吉索的代表,以及阿嘉、当彩、却西、嘉雅、香萨等府邸代表,达隆、雅隆、周盖、拉加等四大寺院的喇嘛执事,寺属庄园俗人等,共计150多人骑马、执仪仗迎接到茶卡拉康(ཁ་ཁྱུ།),塔尔寺大喇嘛活佛、拉卜楞寺代表索本、西宁代表同兰到寝室拜见,饮茶寒暄。之后,班禅为上述上师、僧徒1000多人讲授《道次第法》和《香巴拉祈愿法》,并摩顶。

是日,达隆等四大寺院的代表敬献马鞍鞯一幅及四匹马、金银、绸缎等厚礼。班禅额尔德尼回赐四大寺院供养经费,布施金每人白银一钱,以及公基金等,赐给喇嘛执事护身结、哈达各一条、神物、红茶两包、白银15两等。

三日,兰州、西宁的迎接官兵、平番县官、官府人员及骑兵200多人敲锣打鼓和塔尔寺僧人执仪仗到城南拉康迎接班禅额尔德尼,会见县官和官兵并摩顶。县官敬献了额外的食物和铁罐青茶等。班禅额尔德尼为塔尔寺慰问使即3位活佛、密宗学院堪布、赤

---

① 即西宁办事大臣,首任大臣为达鼐,于1725年到任。原名为青海办事大臣,乾隆时期改为西宁办事大臣。民国元年(1912年),改为青海办事长官。

巴强佐额外奖赏铁盒佩斯果（འབེ་སི་ཀོར།）、铁罐青茶、各种彩色糖果、水果罐头等；额外奖赏居巴札仓、时轮学院、医宗学院的赤巴代表以及五大活佛府邸；赏赐给拉卜楞寺代表索本哈达、铁盒青茶、玻璃瓶装水果、白葡萄酒 5 斤；赐给西宁大臣的迎接使者同兰（ཐུང་ལེན།）哈达、铁罐青茶、5 斤砂糖、各种糖果。另外，赐给 3 位少官、列兵以铁罐头青茶两盒、面粉 100 斤、砂糖 15 斤等。

五日，（班禅）坐在寝室垫子上赐给平番县官哈达、红色氆氇一匹、肉和食品罐头等。（西宁）大臣的代表同兰进见，班禅额尔德尼敬献见面哈达、4 铁罐青茶、紫色缎子 10 方、棕色骡子一匹等。这天，向拉卜楞寺大法会施放僧茶，提供长寿仪轨法会所需的经费白银 60 两；为塔尔寺献供、施放僧茶，提供度母和短杖行法会所需经费白银 55 两。

之后，先后宿于后城顶（རྟ་ཁང་རྩེ།）拉康和玉嘉瓦（གཡུ་བྱ་བ།），行至兰州古浪县时受到迎接，在寝室会见县官，一起饮茶，赐给手函，接受红茶等献礼。

八日，嘉木样活佛经师噶钦达杰次仁（དཀའ་ཆེན་དར་རྒྱས་ཚེ་རིང་།）、小巴莽活佛格桑旦增饶吉（དཔལ་མང་བསྐལ་བཟང་བསྟན་འཛིན་རབ་རྒྱས།）、其兄罗桑次旺、代表罗桑次成、法会公上（寺院）、亲王代表顿旦、知宾管家罗丹，加央、觉拉、君噶尔、曲宗、扎贡巴、格敦、达吉、囊仓、德巴仓等八大囊钦（活佛府）的代表，以及桂珠巴勒贤嘉措、六大札仓①僧人迎接。在灶迎会上，北京大国②派来的慰问使者同司安大人（ཐུང་ཟིན་ཧན་ཏཱ་རེན།）主仆③、督军（ཐུའུ་ཅུན།）派出的各种吹拉弹唱的人和高举

---

① 即拉卜楞寺的时轮札仓、曼巴札仓（医学院）、喜金刚札仓、续部上院、续部下院、闻思学院。

② 指民国北洋政府。

③ 专程从北京赶来的“迎护专员”李乃芬等高级官员和数千群众、军人的迎接。李乃芬还宣布了民国大总统曹锟签署的赐给班禅额尔德尼的“致忠阐化”封号。

不同的马旗、胜利鼓、一对香炉、黄色伞盖的仪仗队迎接,东大人向大救怙主献见面内库哈达、油炸食品、米饭、青茶等。班禅也很恭敬地回赠内库哈达等;其随从(夏仲)知宾、司钥以上的人都向同司安大人献哈达。班禅乘坐北京国家(民国政府)提供的黄缎轿子,在前后服侍人员的簇拥下前行一华里,三统领(དྲུང་ལེན་གསུམ།)和300多名士兵迎接,路的左右两侧站立着以许多高级军官为代表的敲锣打鼓的仪仗队。督军衙门在兰州城外的桥头拉康(ཟམ་སྒོ།)设灶迎接[①]以甘肃督军陆洪涛、同司安、厅长(ཐིན་ཀྲང་།)、统领等人为首的全体官员躬身问安,督军和班禅相互交换哈达,在油炸面食会上寒暄。班禅的副堪布以上的随从都向督军献见面哈达。

之后,下榻于城西方林苑内的罗汉殿(ལོ་ཧན་ཐེན།),班禅额尔德尼就寝于有黄缎华盖、帷幔的小寝室非常精致奇异,坐着圆满的坐垫上时,督军、安同司、厅长等大官员来寝室拜见,一起茶叙,向大怙主额外敬献食品、太阳龙纹黄缎、花纹黄缎、朱砂红缎、花纹紫色缎、桃色缎衣、黄绪衣服、黄缎马褂(སྟ་ཀོ།)、黄缎鞋一双、黄色亚协(一种俗缎)帽子、黄底绸衣、大景泰蓝痰盂一对、有盖茶壶、古瓷一对、茶杯一对、大磁盘子一对、四玻璃瓶彩色糖果等丰厚礼物。给大小随员提供补贴和用具。

与此同时,安同司敬献黄缎一匹、黑绸一匹、大缎鞋一双、黄缎帽子、小茶杯、茶杯座等厚礼,两人茶叙。这天,通过发愿等为途中拜见的犹如地上的草木一样多的信徒做事。

有诗云:神物华盖饰美殿,众人皆尊遍知您,地上播撒瑞应种,

---

① 九世班禅与达赖喇嘛不睦,1923年11月15日夜,带领侍从15人,向北出走。北京政府闻讯后,急电甘肃督军陆洪涛将九世班禅迎至兰州,再转程北京。1924年2月,班禅抵达安西,陆洪涛派兵将班禅从安西迎往兰州,并命沿途各县隆重接待。1924年农历五月四日班禅额尔德尼到达兰州,甘肃督军陆洪涛率领官员、军队数千人在兰州郊外迎接。班禅经过的街道皆用黄布铺路,扎了彩色牌坊,“备极庄严”。北洋政府大总统曹锟特派李乃芬为“迎护专员”,率卫队百人由北京前来兰州欢迎,经陕西、河南入京,甘肃派兵护送出境。

生出至善药苗芽。您的悲心宽如空，加持细雨流不尽，滋润持宝大地轮，利乐润湿使增长。力量受用及福德，十分幼小的国王，身体之树来敬仰，共同恭敬之花笑。

初九，特派近侍大堪布仲热罗桑班旦和大堪布噶钦曲培（དཀའ་ཆེན་ཆོས་འཕེལ།）两人去衙门分别向甘肃督军敬献内库哈达、藏红花、香包30个、朱红色亚麻布、黄色细氆氇4匹、红色氆氇4匹、加洛氆氇两匹、快马两匹等礼物，向安同司敬献内库哈达等与上述相同的礼物。在正常的茶话会上，班禅额尔德尼为扎西齐（拉卜楞寺）所属的僧俗部落的迎接者200多人摩顶，讲授《香巴拉祈愿法》。拉卜楞寺拉基三公（གཞུང་གསུམ། 三府）向大师祝寿，敬献马蹄银5锭、上等衣料、骏马一匹等丰厚礼物。赏赐督军衙门的执事蒲官长（ཕུ་ཀོན་ཀྲང།）哈达、藏红花、黄色细氆氇、藏茜草（药物）、马蹄银一锭等。

这天，大总督发来的祝愿班禅额尔德尼在官民的服侍下平安到达兰州的电报通过督军送达。

初十日，大救怙主乘坐轿子，在官民的簇拥下，高举着马旗等前往督军衙门。在城门，督军和安同司等人候迎，接到小寝室会谈。向督军和安同司两人打开了礼物缘起之门，双足轮转到颇章（宫殿）热情谈论。

十一日，上面两位官员（向班禅）敬献见面哈达和其他丰厚礼物。

十四日，塔尔寺派来的乘骑迎接者上师活佛主仆（执事）辞别。然后，班禅额尔德尼会见以拉卜楞寺强佐克珠为首的僧俗百人，并摩顶讲授《香巴拉祈愿法》。

十五日，会见青海右翼（右旗）所属的戴细（མདའ་བཞི།）的拉莫夏仲嘎尔波（ཞབས་དྲུང་དཀར་པོ། 白佛）呼图克图和管家扎萨喇嘛主仆，以及夏琼寺的慰问者百余人，赏赐白佛呼图克图和夏琼寺慰问者水果一铁箱、红茶一包。前后几天为拉卜楞寺僧人为主的千余人信徒摩顶加持,并讲授《香巴拉祈愿法》。

二十日,嘉木样活佛、两位经师、佛父贡布顿珠(即嘉木样活佛的父亲)、强佐兄长罗桑次旺等特派管家来拜见,茶话会上,向班禅额尔德尼敬献曼荼罗身语意三所依、一匹骏马、白银250两等丰厚礼物,尊容上两眼充满甘露,善相显现,柔软的双手触摸在头顶,享受善缘。茶会上,班禅额尔德尼热情交谈,赐予教导;赏赐大米、面粉、红茶等物品,多方面给予无上的关爱;为辞别的夏琼寺慰问者授教,为夏琼寺赐给僧茶代金白银50两等。

二十一日,土观呼图克图格桑达曲尼玛、管家(强佐)等主仆来拜见,敬献身语意三所依等,班禅额尔德尼茶待并赐予教诲。同时,为200多俗人信徒摩顶,讲授《香巴拉祈愿法》。之后,(土观)呼图克图来寝室拜见,谈话气氛非常热烈,单独送给大米、面粉、红茶、水果等。

二十二日,由于这一地区雨水稀少,班禅单独召集仪轨僧噶钦桑杰平措、仲仁强巴洛桑绛曲等人举行法会诵经祈雨,向嘉木样活佛经师噶钦达吉次仁等仪轨僧讲授《怙主法酬补仪轨法》。是日,我再次到寝室拜见,班禅教导说必须随入前世事迹,专心于闻思。我请求赏赐全套堪布用具,如此关爱的缘分实在难得。

二十五日,为拉卜楞寺霍尔仓活佛、华日活佛(巴日活佛)、合作(佐盖)官员等僧俗300多人讲授《六臂怙主颂》和《香巴拉祈愿法》。

二十八日,美国被称为斯密达的民族(སི་མི་ཏ།)、法国民族哈孜(ཧག་ཅེ།)、英帝胡勒勒(ཧོ་ལི་ལི།)、杜达等人敬献见面哈达、瓶装不同饮料。班禅与他们饮茶交谈,之后会见卓尼大寺的吉索阿旺扎巴主仆、塔尔寺顿珠等百余人。当着吉索的面,卓尼官员(土司)敬献《甘珠尔》一套、马蹄银两锭,班禅予以回赠。

二十九日，通过缘慈羯磨集的方式向侍读经师和拉卜楞寺 10 名僧人讲法 7 次（连降 7 次法雨）；为修行者和仪轨僧噶钦东等密宗学院、孜仲（རྩེ་མགྲོན།）①讲授如何向所依（佛像塔）献沐浴，法雨连降，抚育幸福。

阴历五月初一，以前仆从们的薪水由中央国家（即中央政府）按每天 60 大洋支付。十三日，在寝室会面时，再次收到给我们和两位经师、父亲等人的华翰。这时，前后为各地的信徒发愿、摩顶、灌顶、加持，满足了每一个人的心愿。

初七日，西藏地方政府按照达赖喇嘛的指示和各位噶伦的请求，派西宁营官（ཟི་ལིང་སྐྱར་དཔོན།）群佩强巴主仆献寿礼曼荼罗、细呢子 4 匹等，行见面礼。与此同时，班禅会见 300 多名僧俗，诵经加持并讲授《香巴拉祈愿法》。

十一日，会见了塔尔寺赛赤呼图克图的信使管家旦增主仆和来自青海、卓尼等地 300 多名俗家信徒，讲授《香巴拉祈愿法》。同司安大人先行去北京，班禅赠送贶礼哈达、麝香、香草九捆、香两捆、朱红色胡麻布、黄色氆氇、红色氆氇、紫色氆氇等。在此前后，大祭各位护法神，话别大小主仆，为来自各地的许多信徒灌顶加持。

十四日，土观呼图克图师徒、地方政府的营官辞别。之后，班禅额尔德尼会见卓尼僧晋美僧格等来献寿礼的 500 多名信徒。在寝室会见营官时，回复达赖喇嘛和各位执政噶伦。

十五日，在寝室会见土观呼图克图，赐护身结、上等紫色缎子件料、内库哈达等。这天，书信给北京大国人主大总统、各机构总管、主要大臣，说：自从扎什伦布寺到达兰州后，心怀国家的政治措施和发展佛教众生的利乐事业，不久趁天气变凉启程渐行，在北京

① 原西藏地方政府官职名，专司接待来宾。

(大国)会晤各大官员。向大总统、国务内臣吴佩孚(ཝུ་ཕེ་ཧྥུ།)送去慰问礼内库哈达、有印章的响铜长寿佛像各一尊、画像各一幅、长毛氆氇各12匹、麻布各一匹、克什米尔寻香各6两、细香各20包;给顾员宋宗良(ཀོའུ་ཡོན་སུན་ཙུང་ལེང་།)和蒙藏院公王宗泽(སྲུང་ཚང་ཡོན་ཀུང་ཝང་ཙུང་ཙེ།)两人哈达各一条、汉铜佛像各一尊、画像各一幅、红色长毛氆氇各8匹、锦缎各一匹、香各16束;赐给外交总长(ཝའི་ཅའོ་ཙུང་ཀང་།)、交通总长(ཅའུ་ཐུང་ཙུང་ཀང་།)、财政总长(ཙའི་ཀྲིན་ཙུང་ཀང་།)、王将军(ཝང་ཅང་ཅུན།)等四部哈达各一条、画像、长毛氆氇各6匹、香各12束;送给皇帝内臣摄政王(ཧྲེ་ཀྲིན་ཝང་།)和那拉王(ན་ལ་ཝང་།)两人哈达各一条、红色长毛氆氇各两匹;给驻京总部将军大帅(ཏཱ་ཧྲའུས།)哈达、画像、红色长毛氆氇4匹、香12束;赐给西安督军(ཤིས་ཨན་ཏུའུ་ཅུན།)、于统爷(ཡུའི་ཐུང་ཡེའི།)洛桑群觉、札议员李王统(ཙ་ཡིའི་ཡོན་མི་ཡོན་ལི་དབང་ཐུང་།)、张议员徐必达等几人哈达、红色长毛氆氇各两匹等礼物。特派使者近侍司祭堪布旺堆诺布、近侍大堪布噶钦曲培等来寝室辞行。①

十六日,佑宁寺松巴活佛阿旺洛哲嘉措、玛央寺(མ་ཡང་།)吉索旦增扎巴等人献礼祝寿,班禅额尔德尼会见了以他们为首的僧俗男女信徒400多人,并讲授《香巴拉祈愿法》。西宁大臣再次派军官马本学(སྨ་བོད་ཧྲོད།)来慰问,敬献红色长毛氆氇4匹、香一秤等,班禅在寝室接待,并回赠大臣礼物哈达、蓝色搪瓷瓶一对、带盖座银碗、带盖钢精茶盒等;赏赐军官钟表等。

十八日,会见赛赤罗桑班旦土旦僧格为首的僧俗600多人。

① 蒙藏院档案:班禅行抵兰州致大总统电:班禅额尔德尼谨呈神人之主大总统莲座金轮台前:伏愿大总统贵体康宁如福德兼备国土,万民崇仰,施行善政,使天下生灵平安得益,人民同庆。前由国务院先后寄下钧谕,令于秋凉偈见,并蒙盛意优待,不胜欣幸之至。余班禅额尔德尼在康适,沿途亦甚平安。因天气炎热,目下暂住兰州,每日祝告上天佛祖佑我大总统措施政治有益宗教、生灵,如夏令之水,来源畅达。兹至诚特派曲本堪布及大堪布噶金曲批二员恭请大总统金安,呈进哈达、长寿佛、像片、黄氆氇二匹、红氆氇10匹、藏红花六两一厘、藏香20股,恳请赏收。余班禅额尔德尼甚愿瞻觐颜色,一俟稍凉,当即来京偈见,面呈一切。尤愿善保玉体,照临国家。若有示谕,请随时颁给。——由兰州泸西天于甲子年五月十三日谨呈。

赛赤活佛敬献了骏马一匹、白银 50 两等。为卓尼扎巴嘉措等祝寿献礼的僧俗 700 多人讲授《香巴拉祈愿法》。

二十二日，为华热罗噶尔寺（སོ་དཀར།）活佛洛桑绛曲旦白坚赞、比丘阿旺云丹、喜饶扎巴等僧俗 1000 多人讲授《散居传规上师瑜伽兜率天法》《香巴拉祈愿法》。班禅对罗汉滩的和尚说：按照你们自己的规矩供养修行即可，赐给大洋 30 块。

这一时期，从拉卜楞寺、塔尔寺、天祝（华热）、卓尼寺等来的僧人敬献《救度佛母仪轨》和《般若心经》祝寿，班禅发给酬金。

二十四日，应我等的请求，班禅为来自各方的 700 人讲授与《兜率上师瑜伽法》相关的甚深法、《前善女本生》《长寿贤劫满愿》等法及灌顶法。委任塔尔寺甘丹室利呼图克图的管家洛桑旦增为知宾（卓尼）。这天，为塔尔寺和拉卜楞寺大法会各自举行的兜率慈缘母、白伞盖三度母、尊胜佛母陀罗尼、姊妹怙主法、梵天法等酬补、请托等实用法会提供费用白银各 75 两、哈达各 700 条。

二十六日，按照赛赤活佛的请求，由救怙主大金刚持亲自担任亲教师和轨范师，仪轨师金隆巴噶钦桑吉平措（གཅེན་ལུང་པ་དཀའ་ཆེན་སངས་རྒྱས་ཕུན་ཚོགས།）任屏教师，伦孜瓦仲然洛桑绛曲（ལྷུན་རྩེ་བ་དྲུང་རམ་བློ་བཟང་བྱང་ཆུབ།）担任报时师，诺尔噶仲洛桑曲培、金隆巴杰仲达珍、达摩瓦洛桑旦增 3 人作为补足师，在亲教师、轨范师、僧众俱全的法会上为赛赤活佛（གསེར་ཁྲི།）等人授近圆比丘戒，要求严格持守戒律，努力闻思。赛赤活佛敬献内库哈达、曼荼罗身语意三所依、白银 175 两、上等缎子、氆氇等作为报酬。塔尔寺永增活佛、洛桑坚赞等人献祝寿礼。班禅为以他们为代表的汉藏僧俗 700 多人讲授《缘悲法》《玛尼》《香巴拉祈愿法》等。这天，比丘绛央格列念诵《白度母陀罗尼》《大威德根本咒十万偈》，绒布的多旦绛央扎西念诵《马头金刚》再秘近修法 3 年、姊妹护法酬补忏悔十万法等向大救怙主班禅额尔德尼祝寿。塔尔寺大法会托永增活佛带来告助礼品哈达、马蹄银等。班禅回复，并赐给供养宗喀巴金塔所需的物品代金白银 50 两，给却西活佛寿元长寿仪轨法会提供所需费用白银 15 两。

二十七日，大怙主及其主要随从和护卫官兵秘密到达新龙山（ཞིན་ལུང་ཤན།）避暑，金昌县官（ཅིན་ཧྲང་ཞན་ཀོན།）招待。是月末日，我方安多喇嘛仲索朗次仁主仆拜见祝寿，敬献汉马蹄银、食品、肉类等。在小寝室拜见时，敬献身语意三所依、白银 200 两等。

六月三日，为达仓拉姆格尔底寺（སྟག་ཚང་ལྷ་མོ་ཀི་ཏི།）管家（强佐）贡却曲培和执事摩顶，讲授《皈依法》《兜率法》和《香巴拉祈愿法》。

十四日（原文如此，可能是四日——译者），格尔底寺管家、执事来小寝室拜见，班禅赐给护身结、哈达、缎子衣料、红氆氇一匹、画像等。这时，认定达仓格尔底寺活佛，取名阿旺洛桑丹巴，并讲授《长寿祈祷法》。

九日，为新上（ཤིང་ཧྲང་།）和尚等人提供不少修复拉康费用和供佛基金顺缘，赏赐侍从。为前后汇聚在这里的僧俗男女信徒 2000 多人摩顶，讲授《皈依法》《兜率天宫法》《香巴拉祈愿法》等所需的法，种下了解脱的聪慧种子，具有鸿恩。

十日，启程上路，夜宿、迎接等一如既往。

十一日，抵达兰州宫（ལན་ཀྲུ།）。

十二日，为阿拉善甘丹丹吉林达布活佛呼图克图阿旺旦增赤烈坚赞、柴达木巴绒喇嘛冲布巴噶钦阿旺索巴主仆、佐盖喇嘛达摩瓦仲罗桑喜饶、夏东喇嘛噶钦洛桑道吉、热绒寺喇嘛噶钦阿旺曲培、赞波拉章的代表知宾、赛廓寺（གསེར་ཁོག）的慰问者赤巴夏鲁活佛、阿拉善王的慰问使者图萨拉齐、佐盖的嘉格扎西饶丹林寺慰问者、康萨尔贤珠诺布林寺慰问者等献礼祝寿的1000多人摩顶，讲授《功德根本女》《香巴拉祈愿法》等。

有诗云：久已成熟福慧二资粮，马拉雅山黑色檀香味，名称有利有益的香乘(风)，侵入一切众生之心肺。千万殊胜善妙之心要，您足红色莲花花蕊尘，傲慢十足长发林海中，流转加持尽情享喜宴。佛尊您的相好圣坛中，成熟诸凡眼睛之甘露，久久以来福泽功效大，为何不定所建之份子。

十四日，为阿拉善扎克热齐次仁(ཨ་ལག་ཤ་ཙ་ཁེ་རིག་ཆེ་ཚེ་རིང་།)、博学者阿旺旦增等僧俗300多人讲授《往生法》《香巴拉祈愿法》等。按照所请，为上述两座佐盖寺院的属寺赐给护文执照和圣物(内供物)。

十五日，香德诺云娘巴帕索瓦进入寝室拜见，敬献马蹄银一锭、嘎敦香40包、细氆氇6匹等。在此前后，出现了许多献诵佛说《十万名号经》《皈依经》《玛尼》《百字经》《禁食斋》等，立誓从七八千到十万遍之间。

十七日，我们进入寝室拜见，长时间深谈，面前摆放着米饭、茶等，前后多次请求服侍，班禅也格外关爱我们。托尔果王扎西旺杰、夫人、公爵齐迈等拜见，班禅关心询问，单独赐给细面100斤等。

十九日，救怙主遍知(班禅)亲自担任亲教师和轨范师，噶钦桑吉担任屏教师，在具足的僧众中间为阿拉善达波活佛等人授近圆戒，阿拉善活佛敬献身语意三所依、白银75两、彩绸等表示感谢。

二十日，为达波呼图克图赐贶礼；为诺奇布鲁图(ནོམ་ཆེ་སྦྱི་ལིག་ཐུ།)班智达呼图克图赐封号和贶礼。

二十三日，青海方面的代表法王克珠尼玛、塔尔寺措基(总会)派人来献礼祝寿。班禅额尔德尼为恰多塘贡桑、多吉扎活佛益西丹增嘉措等献寿礼的僧俗共300多人摩顶，讲授往生、依靠勇武轮王的《上师瑜伽法》《香巴拉祈愿法》等。为前后聚集在这里的1000多人讲授《皈依法》《悲悯法》《玛尼》《香巴拉祈愿法》等并摩顶。

二十六日,我的经师参夏噶钦达吉次仁(མཚན་ཞབས་དཀའ་ཆེན་དར་རྒྱས་ཚེ་རིང་།)来寝室拜见,敬献释迦牟尼铜像、十地画、智慧女画像、乃塞画像、贾曹杰的文集、油漆桌子及其他经典。(班禅)为亲王格桑旦白坚赞主仆、群科林巴格敦嘉措等祝寿者僧俗1000多人讲授《悲悯法》《玛尼》《阿热瓦杂》《香巴拉祈愿法》等,并摩顶;与亲王茶聊。

二十七日,塔尔寺却西活佛洛桑绛曲旦白仲美敬献曼荼罗祝寿,礼物还有羊脂玉刻无量寿佛像、马蹄银、用来长寿修炼的长寿物等。瓦大喇嘛、噶钦扎西次仁、旺堆喇嘛噶钦洛桑坚赞、阿窘喇嘛噶钦次仁顿珠、贡朗喇嘛噶钦洛桑扎西等人各献汉地马蹄银祝寿。班禅额尔德尼为来献礼的佐盖多旦活佛格桑晋美等僧俗300多人摩顶。却西活佛敬献黄色缎子和汉地马蹄银等,班禅额尔德尼在寝室和他谈论佛法。

二十八日,是甘肃路督军的生日,(班禅)特派近侍司膳堪布和知宾两人送去寿礼内库哈达、金铜制长寿佛像、上等缎子衣料两件、细氆氇4匹等。单独赏给塔尔寺却西活佛、我们自己的5位安多喇嘛、加央经师等人红茶、面粉等。与此同时,安多5位喇嘛在寝室拜见。上述旺堆喇嘛敬献白银150两,旺堆喇嘛仲扎西顿珠的管家敬献白银250两,贡朗喇嘛敬献白银1250两,阿窘喇嘛敬献白银300两,班禅在寝室与他们谈论政教之事。

陕西督军刘振华(又:刘镇华)派人送来慰问礼中东紫色、亚协李航(ཡ་ཤེ་ལི་ཧང་།)、各种紫色布料等各13方、水果等,班禅向督军问好,并赐给使者布料等。

多瓦寺活佛益西欧色、查嘎尔公如卡卓玛、卓尼第巴活佛的管家(强佐)洛桑桑珠等人来访,班禅为以他们为代表的僧俗700多人讲授《祈寿法普贤供云女》《极乐净土愿》《香巴拉祈愿法》等，并摩顶。

七月三日，却西活佛代表塔尔寺吉索敬献白度母如意轮延寿长寿物、白银200两、黄色缎子、黄缎垫子、黄缎靠垫等。班禅为塔尔寺赛多活佛绛边丹增嘉措、嘉雅活佛洛桑旦白坚赞、夏琼德阳活佛格敦土旦饶吉、拉卜楞寺比丘旦增索南、华热洛嘎尔旦巴嘉措、阿拉善却图库热比丘丹佩等僧俗贵贱700多人摩顶，与各位活佛茶叙。赛多和嘉雅两位活佛各献面粉、红茶等。来自西宁、塔尔寺、青海的慰问请法者络绎不绝，导致不能启程。因此，班禅额尔德尼特派近侍大堪布仲仁巴洛贝亲自去塔尔寺提供两次千供的费用白银150两，向大金瓦寺供献用18两白银制成的供灯，以珠宝装饰，还有一篇祈祷文，其酥油灯花费白银百两；为主要的佛像敬献敬神哈达150条；为大法会提供承事僧茶费用白银40两、布施代金白银300两；为几座护法神殿提供托付事业代金白银50两等。寄给西宁大臣献慰问礼哈达、景泰蓝带吉祥花纹的茶壶茶杯两对、优质缎台吉衣料、绸绫、紫色缎衣料、黄色卡垫靠背等。

救怙主班禅额尔德尼为顺利祈福众生利益，提供白银200两资助，请却西活佛和仪轨僧用达热且钦（ཏྲ་རེ་ཅི་ཆེན།）的方式举行长寿修、护摩仪轨、天母酬补、朵玛、姊妹护法托付事业等法会，供给哈达300条及盖有印章的纸片等。

四日，在密宗札仓八僧举行的长寿仪轨法会上，瓦大喇嘛噶钦扎西次仁敬献曼荼罗身语意三所依、金刚白垫子、汉地白银百秤等。班禅在卧室会见了塔尔寺赛多活佛和嘉雅活佛，接受两位活佛所献的内库哈达、马蹄银各一锭、衣服全套、杂玉碗、优质绸子各一匹等，讲授《勇武上师瑜伽》《世代随持祈愿句》等。另外，在卧室为亲王母子讲《兜率法》和《功德基础法》。

这天,在卧室和塔尔寺的却西活佛谈论佛法,赐给响铜度母像和麻布等;为拉卜楞寺活佛格桑勒贤嘉措等几位修行者授近圆戒。

七日,班禅额尔德尼会见了香德喇嘛赛康巴杰仲旦增南杰、诺云、果洛霍尔果喇嘛噶钦洛桑诺布。瓦大喇嘛等上述 5 位喇嘛辞别,班禅赐给瓦大喇嘛等人内库哈达、大护身结、圣物(加持物)、优质缎子做成的黄色袈裟、哔叽法衣、绸绫内衣、布哈尔靴子、贴身汗衫、一大块白银、马鞍、全套金刚铃、哈达 500 条等;为其他 3 位喇嘛和管家赏给大护身结、哈达、加持物。塔尔寺赛多活佛与嘉雅活佛辞别。

夏琼寺[①]赤巴洛桑念扎嘉措亲自代表寺院敬献身语意三所依、长寿物、汉地马蹄银。阿柔寺的大喇嘛敬献马蹄银 4 锭。班禅为塔尔寺僧人勒贤次成为代表的献礼者僧俗贵贱 1000 多人摩顶,讲授《兜率上师瑜伽》《度母法》《香巴拉祈愿法》。夏琼寺赤巴诵祝寿献词。

在寝室会见西安督军的使者,回函西安督军并赠送哈达、红色细氆氇一匹、黄氆氇一匹,赐给献礼使者每人黄色氆氇等。

在此前后,北京大总统、国务院、蒙藏院(蒙藏事务局)等机关和官员们,以及大臣吴佩孚、张作霖(གང་ཛོ་ལིང་།)、各督军带着恭敬的心送来电报和封口呈文。班禅按例一一回谢。

佑宁寺(译者注:又名“郭隆寺”,全名“郭隆强巴林”,位于青海省互助县境内。始建于 1604 年,占地面积 6 公顷,有殿堂 7 座。因地处郭隆地区,故又称“郭隆寺”。清代康熙年间,寺院规模宏大,包括大小经堂、僧舍等 2000 多个院落,寺僧达 7700 多人。设显宗、时轮、密宗、医明四个学院,成为青海湟水以北地区最大寺院,其属寺达 49 个,故

① 夏琼寺是青海地区比较早的藏传佛教寺院之一,位于青海省化隆县境内。其创始人是噶当派僧人顿珠仁青(1309 – 1385 年),他曾学经于西藏聂塘、那塘等寺,任临洮寺法台,先后建同仁夏卜浪寺、尖扎昂拉塞康、夏琼寺等。早期建筑有贡康钦莫(大护法殿)、拉康钦莫(大神殿)等。格鲁派创始人宗喀巴进藏前就在这里跟随顿珠仁青学法。后来,寺院不断扩建,相继建成了显宗学院、密宗学院、时轮学院和医宗学院。

有“湟北诸寺之母”的美称。原有20多位活佛，主要为章嘉、土观、松巴、却藏、王佛等五大昂活佛和九小昂活佛，五大昂活佛在清代均受封为呼图克图，地位甚尊，在历史上很有影响；五大昂活佛精通藏、汉、蒙、满文和佛学典籍，著作颇多，声誉卓著。雍正二年，该寺参与了罗卜藏丹津反清叛乱，宏伟的寺院竟然被官军付之一炬，寺内僧人死走逃亡。雍正十年，钦命宣修寺院，并赐额“佑宁寺”。）、东科尔寺[①]派人来慰问。香德喇嘛赛康巴和诺云两人进寝室拜见（班禅），并献白银百两、带花纹氆氇10匹、后藏产香两克、奶酪一箱、面粉。香德百姓献白银50两。

十日，钦西寺的察汗呼图克图格桑赤烈伦珠曲吉坚赞献初见礼身语意三所依、汉银3秤（一秤合藏银50两）。卓尼阿仁巴次成嘉措等人献礼祝寿，班禅给以他为代表的僧俗1500多人摩顶，讲授《兜率上师瑜伽》《功德基位法》《香巴拉祈愿法》等。

十一日，根据察汗呼图克图的请求，为男女僧俗500多人传授长寿灌顶并摩顶，呼图克图敬献内库哈达、曼荼罗三所依、右旋白海螺、上等缎子衣料、马蹄银4个、白银4秤等酬谢。

塘果喇嘛仲罗桑次成、瓦谢贾如瓦喇嘛罗桑拜见二妙音，敬献曼荼罗三所依、汉地马一匹等，班禅赐予华翰；额外厚赏呼图克图和安多几位喇嘛；回赐钦西寺祝寿施茶代金白银15两及相当于15两白银的物资；赏赐阿仁巴次成嘉措短杖和完成送鬼香火（为酬谢世间鬼神而举行的柴火烟祭）费用白银15两等。

十三日，为拉卜楞寺郭莽曲达尔活佛格桑晋美旦白坚赞（སྒོ་མང་ཆོས་དར་སྤྲུལ་སྐུ་སྐལ་བཟང་འཇིགས་མེད་བསྟན་པའི་རྒྱལ་མཚན།）和却藏呼图克图的信使仲尼等僧俗1000多人摩顶，讲授《兜率上师瑜伽》《要道次第》《长寿有缘补足法》《香巴拉祈愿法》等。

十五日，班禅为塔尔寺赛赤活佛府邸的管家益西等500人摩

---

① 又名“东阔寺”或“东科寺”，位于青海省湟源县境内。顺治五年（1648年）由四世东科尔嘉木阳嘉措，建于城东西石峡口，历时三年，建筑式样纯属藏式。雍正六年罗卜藏丹津反清，寺院化为灰烬。雍正十一年五世东科尔索南嘉措将东科寺移建于现在的位置。

顶,讲授《香巴拉祈愿法》。

二十一日,在寝室会见我的父母、罗桑次旺、晋美次成等人时,敬献了金玉茶两箱、酥油一包、小麦两秤、面粉 4 秤、肉两秤、细酪干两秤等。这天,班禅额尔德尼给我和圣龙活佛(ཞིན་ལུང་སྤྲུལ་སྐུ།)等僧俗 500 多人讲授《慈悲法》《三世怙主陀罗尼》《香巴拉祈愿法》等。

热贡持密师普尔托(རེབ་གོང་སྔགས་འཆང་ཕུར་ཐོགས།)代表寺院献礼祝寿,班禅答复的同时,为佛教众生的幸福而进行消除障道、完成意愿、压制怨敌鬼、小红金刚成熟法等法事活动提供了所需费用白银 150 两。

二十二日,起程去督军衙门细谈,眼前礼物有大哈达、猞猁皮袍子、果子茶、朱红色亚协缎靠垫、噶东措香 10 捆、辛驰香 20 捆、红氆氇两匹、细氆氇 4 匹等。班禅额尔德尼为拉卜楞寺的千供法会提供白银 75 两,向主供佛像敬献哈达;为几个护法殿所进行的托付事业法会提供代金白银 50 两;提供大经堂僧茶代金白银 40 两、财物代金白银 300 两。

二十四日,茶歇时,班禅额尔德尼赏赐我的正经师噶钦达结次仁(དཀའ་ཆེན་དར་རྒྱས་ཚེ་རིང་།)黄伞盖、马旗,赐给马头幡,赞颂下文,祈愿果洛地区平安稳定;为达尔格堪活佛贡确扎巴(སྟར་དགེ་མཁན་སྤྲུལ་སྐུ་དཀོན་མཆོག་གྲགས་པ།)等男女僧俗 700 多人摩顶,讲授《三世怙主陀罗尼》《香巴拉祈愿法》等。

二十五日,向白云洞(སྤྲིའི་ཡུང་ཧོན།)等兰州城内外的全部拉康献五种百供,按照地方风俗陈设丰厚的供品。班禅额尔德尼详细观看,向佛像塔献敬神哈达,行进中受到保护,特别是为了佛教和众生利乐广做善事,当时晴朗的天空中飘落绵绵细雨,示现各种善缘。

有诗云:一切内心沟渠中,悲悯河水长流淌,世间火舌所烦闷,刹那之间被洗刷。贤劫导师胜佛日,不忘众生现天空,放射佛语之光芒，消除将尽的黑暗。由于业缘而遭罪，如今仍在黑暗中，您的悲心月亮光，照射黑暗全消失。普贤行之天道中，笼罩普贤之供云，常降发心之细雨，利乐苗牙全成熟。

之后，班禅额尔德尼赐给抬轿者、吹马腿号举旗幡的骑马随行士兵丰厚的物品。

二十六日，为前来献礼祝寿的鄂尔多斯贡却寺（ཨོར་ཏུ་སུ་དགོན་མཆོག）喇嘛阿旺绛边、佑宁寺李家活佛等为代表的僧俗500多人灌顶，讲授《兜率瑜伽上师法》《香巴拉祈愿法》等。

二十九日，香萨活佛洛桑克增贤珠嘉措（ཤིང་བཟའ་སྤྲུལ་སྐུ་བློ་བཟང་མཁས་བཙུན་བཤད་སྒྲུབ་རྒྱ་མཚོ།）和阿柔活佛洛桑隆多旦白坚赞（ཨ་རོལ་སྤྲུལ་སྐུ་བློ་བཟང་ལུང་རྟོགས་བསྟན་པའི་རྒྱལ་མཚན།）来祝寿，敬献香巴拉庄严画和马蹄银7锭等丰厚礼物，班禅为300多名僧俗显贵灌顶，讲授《尊胜陀罗尼》等；单独为香萨活佛赏赐小麦面粉100斤、红茶等。

天尽日①，西宁大臣的特派使者罗桑班旦来寝室拜见，敬献大臣的馈赆书信礼品内库哈达、锦缎、香料两秤、红氆氇4匹、麝香6颗、鹿血角两个、虎豹皮缎垫一对、良马两匹等，班禅赐茶聊谈，额外补助面粉100斤及茶等。

在此前后，阿嘉活佛、亲王的妹妹德吉巴宗等来献礼祝寿，班禅额尔德尼为包括他们的800多僧俗灌顶，讲授《兜率瑜伽上师法》《祈愿慈悲法》《玛尼》《香巴拉祈愿法》等。

八月一日，阿柔活佛按照白胜乐的方式修福寿，敬献三尊长寿天像等。塔尔寺代表大法会堪布阿旺罗桑次成活佛、拉章管家扎西次成、基索金巴、三个噶尔瓦（活佛府邸）的管家等特使来见，分别敬献礼物曼荼罗三所依、马蹄银10锭、红氆氇10匹等。各位拉

① 按照时轮历计算，指每月三十日。

章管家和香萨活佛等人敬献曼荼罗三所依祝寿。

青海贝勒噶钦旺堆的朋友当面向班禅额尔德尼祝寿，敬献骏马一匹、酥油 3 秤、奶酪两秤等。班禅单独赐给土观呼图克图和拉毛嘎尔波呼图克图(俗称白佛 ལ་མོ་དཀར་པོ།)哈达、红茶、面粉各 100 斤等；额外补助塔尔寺拉基不少物品。阿柔活佛和仪轨修行僧等人进行白胜乐、无量寿、白度母三大本尊的陀罗尼大施相关的长寿修行活动，(班禅)提供怙主酬忏修行的费用白银 150 两和价值 50 两白银的物品。

三日，(班禅)向塔尔寺总堪布等人辞行。在此前后，为阿拉善饶丹等大小 1300 多人摩顶，讲授《皈依法》《兜率瑜伽上师法》《悲缘法》《玛尼》《往生法》《香巴拉祈愿法》等各自所希望的教法。

五日，根据拉毛嘎尔波呼图克图的请求，为以活佛主仆、和硕特僧俗为代表的 500 人传授《成就王道长寿灌顶》和《妙音智慧女》《香巴拉祈愿法》等。当着大臣代表的面赐给长寿文并讲解。呼图克图、和硕特(呼雪)等人敬献身语意三所依、自制的全套马鞍、马 14 匹、白银 1500 两、绸缎等，多如云彩。

七日，额多斯欧托贝勒(ཨོན་དུ་སུ་ཨོ་ཐོག་པེ་ལི།)的上师拉卡瓦仲仁巴拉加(ལ་ཁ་བ་དྲུང་རམས་པ་ལྷ་རྒྱལ།)和强佐顿珠主仆来寝室拜见，敬献白银 1900 两。班禅给他们补助面粉 100 斤以及红茶，给施主和寺院执事补助同样的物品。

八日，应拉卡活佛、呼雪寺(ཧོ་ཤོག)代表台吉、卓尼喇嘛贤珠旦白坚赞共同请求，为僧俗 600 多人讲授《成就王道论长寿灌顶法》。

十一日，向拉卡活佛主仆告别。在此前后为红帽活佛、卓尼喇嘛、合作王次丹等僧俗信众 1000 多人摩顶，讲授《三世怙主陀罗尼》《香巴拉祈愿法》等。

十五日，阿嘉呼图克图主仆来寝室拜见，敬献见面内库哈达、汉地马蹄银3锭、杭州黄绸、黄色坐垫靠背、红色细氆氇两匹、斑点黄氆氇两匹等，喝茶时赐书函。

十六日，拉毛呼图克图来寝室辞行，班禅赏赐圣缘手书、优质缎料等，双方细谈。

十七日，班禅同意我们主仆去寝室见面，赐予教诲和食品。在此前后，觐见者较多，班禅热心训诲，给予无比关怀。

十八日，在拉毛德庆寺（ལ་མོ་བདེ་ཆེན་དགོན།）开始举行与欢喜天相关的十万悲缘女、三尊长寿天、白胜乐陀罗尼诵修活动，班禅为十万遍《般若波罗密多心经》和《六十颂正理论》念诵法会提供所需费用白银160两。

十九日，我和两位经师、两位父母、晋美次成、罗桑次旺等主仆进见，敬献贶礼曼荼罗三所依、白银500两。督军特派人来敬献见面内库哈达、汉马蹄银20锭、黄色库缎两匹、羊皮件料、铺地京绒垫子、豹子皮垫、鹿茸两对、茶一秤、钢铜板、糖果、眼镜等丰厚礼品，奉命长期恭敬，从启程之日起每天增加敬献100大洋。暂住兰州期间多次请到督军衙门谈论佛法，设宴款待，敬献礼品，无比侍奉。

二十日，正常茶会时，巴莽班智达的转世灵童晋美次成南杰初次来拜，班禅摩顶，讲授《兜率瑜伽上师法》，并赐亲撰巴莽班智达寿文。在此前后，为阿嘉活佛等僧俗400多人摩顶，讲授《皈依法》《兜率瑜伽上师法》《三世怙主陀罗尼》《香巴拉祈愿法》等。大救怙主来到督军衙门会面时，赠送督军内库哈达、香50捆、昂贵的氆氇一匹、线氆氇和红色氆氇6匹等；为其他各大官员给以赏品；为督军的随从赏赐500大洋；赐给抬轿者，骑马随侍等人60大洋。

二十一日，回赐正经师堪布定结巴以大护身结、哈达、黄色内衣、布哈尔鞍鞯、马嚼子等；为所有的佣人予以赏赐。为留居期间的服侍人员古浪县官赏赐礼品细氆氇4匹、香10捆、铝制锅、壶、盆各一套。另外,班禅额尔德尼还赏赐了执事主仆、寝室内外的警察官兵、护卫军官兵等。

二十二日,良辰吉日,日升的早晨,为各寝室、囊岗(ནང་སྒང་།)挂上柱面哈达、宝座哈达;为卢贺天(ལུ་ཧེ་ཐེན།)的和尚摩顶,资助100大洋维修拉康。从此起程,班禅额尔德尼坐轿子,土观呼图克图、大小夏仲等人乘轿子和轿车、大车、骆驼等乌拉。

北京迎请者安同司的代表李处长(ལིས་ཁྲུ་ཀྲང་།)军官、送行者鲁县长(ལུའུ་ཞན་ཀྲང་།)、骑兵首领等高举旗幡,吹奏弹打等多人迎接。上万官兵列队在城外,督军和机关人员来到灶送地方,班禅和督军互换哈达,稍坐喧谈,品尝油炸面点。从此护送前行至10里处,班禅额尔德尼为我们送行者回赐哈达,赏赐吹打奏乐者(འབབ་ལ་ཆ་བ།)100大洋。

之后,由一部分僧人仪仗队迎接到景江安(ཅིན་ཅང་ཧན།)驻地。从即日起每天的宴席代金300大洋由当地各县官献出。

二十三日,我的正经师堪布定结巴、父亲贡布顿珠、兄长罗桑次旺等来送行,在寝室拜见班禅额尔德尼聆听政教方面的教诲。从此行至甘措仁(ཀན་ཚོའི་རེན།)休息,皋兰县(ཀོ་ལང་ཞན།)派人送来规定和额外伙食。

之后,分别住在占卡乌叶(ཀྲན་ཁའུ་ཡེར།)和安定(ངན་ཏིན།)城内拉康中,安定县送来物资。章嘉呼图克图的慰问使者强佐扎萨喇嘛、郭莽堪布活佛主仆来寝室拜见并献礼,班禅予以赏赐。

二十六日,从安定起程,骑兵护送,先后驻锡新宫叶(ཤིན་ཀུང་ཡེ།)、江宇(ཅང་ཡུའུ།)、呼勒迈呼(ཧོལ་མེ་ཧོ།)、山莱堡(ཧྲན་ལེ་སྦུ།)、隆德城(ལུང་ཏྲན་མཁར།)、华亭(ཧྭོ་ཏན།),各县提前有所准备,承侍供奉,提供了标准或超标准的接待。

四日,平凉统领(ཕིང་ལིང་ཐུང་ལིན།)等骑兵官兵1000多人举着马旗,敲锣打鼓,执仪仗灶迎,道台和县官等官员很恭敬地迎接班禅额尔德尼到平凉城外的柳湖(ལིའུ་ཧུ།)花园宫休息,镇台将军张治嘉(ཀྲང་ཀྲའུ་ཀྱ།)、道台、统领(ཐུང་ལིན།)等全体官员进见茶叙。

五日休息,将军为班禅额尔德尼主仆增设宴会,敬献礼品,观赏唱戏。班禅送给将军大哈达、鹿茸一对、红色细氆氇两匹、香草20等;派人给道台和县官等人送去哈达、氆氇4匹、香草26包和氆氇两匹等。县官和道台分别宴待献礼。(班禅)派近侍大堪布努罗桑建去慰问西安路督军。

十一日,启程继续行进,前后驻在泾川(ཅིན་ཀྲའུ།)、郭家锅(ཀོའོ་ཅའ་ཀོའོ།)、陕西张武城(ཧྲན་ཞིང་ཀྲང་ཝུ་མཁར།)、彬州城(ཕྲིན་ཀྲའུ།),各地官员热情侍奉。

从十六日,开始休息七日。

二十三日起程,依次住休于台吴寺(ཐེ་ཝོ་ཟི།)、祁那石(ཇ་ན་ཧྲི།)、礼泉(ཆིས་ཛོན།)、咸阳(ཧྲན་ཡང་།)等地。

阴历十月一日,行至陕西省省会西安,督军的张参谋、吴官长(ཝུ་ཀོན་ཀྲང་།)、县官、警察官兵等执仪仗迎接,上座后各大官员献礼,互相问好。阿嘉呼图克图活佛和他的管家、西安度尼姑寺住持雍贡大喇嘛主仆迎接拜见。从城外大门开始有无数人马士兵迎接,其中有举马旗的,有吹奏海螺的,有弹奏乐器的,敲锣打鼓迎接。灶迎时,西安督军非常虔诚,互换哈达、问候。入座后,品尝食品,谈论事情。

从此来到过去皇帝居住过的八仙巷(སྤལ་ཤན་ཤང་།)寺院的寝室,官员们进见。督军向班禅主仆献礼。

二日,班禅额尔德尼一行乘汽车去会见督军,到了衙门,官兵执仪仗、敲锣打鼓迎接。当班禅在小寝室落座后,和督军互换哈达,赠送藏红花一两和代表缘起的丰厚礼物,两人边谈边回到宫殿。之后,督军和部分随行人员拜会,并敬献内库哈达、黄色亚协素缎两匹,所谈问题非常广泛。县官向班禅师徒增献礼物和宴席代金。

三日,班禅派近侍堪布洛桑和仲普尔(དྲུང་ཕྱུར།)向督军刘镇(ལིའུ་ཀྲིན།)[1]等人送去上品礼物、喜香4捆、细香14包、彩色绸缎一大匹、鹿茸一对、麝香4包、红色氆氇和线氆氇共6匹、骏马两匹等。同时,赐给参谋张鼎、武官长、司令武官长(སི་ལིན་དུ་ཀོན་ཀྲང་།)和其他执事武官等人藏红花一两、细香各10包、氆氇各两包;赏给县官红花一两、细香16包、麝香一个、氆氇两匹等。会见了上述大喇嘛主仆。

这天四点,救怙主和夏仲、勒参以上的官员乘坐汽车来到督军衙门,受到热情招待,畅叙大事。

六日,刘督军在呈献食品的同时,敬献带箱套的黄铜香炉、汉朝(ཧན་ཀྲོ།)皇帝时期的带箱套花瓶、汉、周(ཧན་ཀྲུའུ།)时期的戴套供灯、刺绣缎四方画4副、羊脂玉雕刻的带檀香木坐箱的柄、亚协素缎两匹、两匹青色绸子;给服侍人员1000大洋。

吴佩孚、冯玉祥、张作霖等各方军阀混战,蒋大总统(ཇའོ་ཏྲ་ཚུང་ཐུང་།)突然上位。各地时局不宁。中国所属的各官员需要同心协力、同心同德,担负政治和睦,承担起让政治美好发展、庶民快乐的责任;同时通过督军告知北京大总统的代理人执政段祺瑞(ཀི་ཀིང་ཏོན་ཇུ་ཞུས།)[2]和各部门的官员、各省督军为代表的大小官员、章嘉活佛为代表的内外各呼图克图、内外蒙古族的汗王公爵等。

十日,去参拜往昔佛祖释迦牟尼安住的卓玛拉康(度母殿),向拉康陈列千供,同时布施僧众,礼佛供养,献沐浴,举行开光仪式,向佛像敬献供神哈达,认真祈祷利乐佛教众生,并向法会施放僧

---

① 可能指陕西督军刘镇华。1921年8月,冯玉祥接任陕西督军,原督军陈树藩逃往四川。1922年4月,第1次直奉战争爆发,冯玉祥奉命率部东进河南,让刘镇华代理陕西督军。

② 可能指代理总统李宗仁。

茶，发放财物，为护法举行的酬补、托付法会赐给 60 大洋。以大喇嘛为首的法会僧众献礼启请，班禅额尔德尼会见了上百名僧人，讲授《长寿经》《度母法》《香巴拉祈愿法》等，在至尊佛母像前赐新作《祈祷颂》。

有诗云：诸佛事业佛母体，二八十六妙龄女，欢喜无漏供养云，装满天空你所供。怙主尊容睡莲苑，真实语颂妙香云，所作成就如慧身，圣母月貌微笑光，三密功德似太阳，发心为佛教众生，好像医生对病人，实语光芒三生力，不斥圣母业作友。

十三日，班禅派近侍森本堪布噶饶济仲（དགའ་རབ་རྗེ་དྲུང་།）提前去慰问山西督军阎锡山。在此前后接到吴忠信、阎锡山等人的电报及礼物。这样，感谢心系国家的安宁，如教努力修行，一切都会如愿。

十四日，去衙门拜会督军，互换哈达，陈放在眼前的礼物有藏式黄金 10 两、麻布等，热情叙谈。班禅还赐给督军的下属、仪仗队官兵、奏乐者共 500 大洋。之后，督军主仆等少数人来到八仙宫向班禅敬献迎接礼贝武祖协（音译 སྤྱིའུ་ཛོ་ཞལ།）王时期建造的、一尺高带坐箱旧象牙观世音菩萨像、带箱旧景泰蓝花瓶一对、有周朝（སྤྱ་ཁའོ།）王铭文的旧黄铜香炉、有清朝（ཚིན་སྤྱ།）铭文的镜子一个、带箱汉朝香炉、宝瓶箱、隋朝（སུའི་ཁྲི།）皇帝时的精美香炉一个、满清（མན་ཁྲིའུ།）皇帝时期的带座雕刻银瓶、内有 6 个纯白璎珞的箱子一个、线碗箱一个、旧陶瓷香炉两个、督军本人水晶像等，详细请教依教修行的原因。

在此前后，反复邀请（班禅）去督军衙门，恭敬侍奉，异常热情。班禅赏赐其主要下属。

十五日，向寝室内外宝座献哈达。陆督军为首的文武官员、骑兵、吹打人员送行至山西交界的中原（ཀྲོན་ཡོན།）时，当地的官民来迎接。临潼县官一行高举马旗，守边官兵等人执仪仗迎接，依次到达临潼(ལན་ཏོང་།)城、渭南城(ཝུས་ནན།)、华州(ཧྭའི་ཀྲུ།)城①、华阴(ཧྭའི་ཡན་མེ་ཏོག)、潼关(ཏོང་ཀོན།)城休息,各地的官员迎送,献礼侍奉,班禅一一给以赏赐,并护持。从西安送行的人员返回,班禅向胡专员告别,赐给藏红花、香6包等;为官民分别赐礼告别。

二十日,从西安派出的中原骑兵、潼关守边军营官民送行者等将班禅护送到黄河口。山西阎督军派人迎接,楚台(ཚུའུ་ཐེན།)县道爷主仆来见,敬献督军的慰问信、礼品内库哈达和道员自己的见面哈达。督军的代表来中原邀请,非常虔诚地转达督军的意思,班禅详细询问情况,关心慰问。

之后,班禅乘船坐轿渡过黄河,山西的迎接人营长等士兵200多人打着红黄伞盖、敲打胜利鼓和城鼓、吹奏唢呐等,还有70多人拿着不同的马旗,班禅乘坐黄缎轿,近侍大堪布等人乘骡轿,其他的大小随员则挑着、背着用具。在准备住宿方面,中原出道员(ཀྲོན་ཡོན་ཚུའུ་ཏའོ།)来拜见,向主仆献上衣服、食物等。礼物有克什米尔藏红花、香12捆、麝香两颗、红色氆氇一匹、优质汉地线一匹、红色劲玛一匹②、蓝线等。

从山西地界开始,所经过的大小村庄都热情地迎接班禅。这天,派去北京的近侍堪布噶钦群佩主仆返回。

二十一日,(班禅)行至运城(ཡུན་ཀྲིན།)城外,营长等守边官兵执仪仗迎接到城内拉康(寺庙)中,准备住在韩州(ཧན་ཀྲུ།)城、运城城,曲道(ཆུའུ་ཏའོ།)、杭主(ཧང་ཀྲུ།)县官、荣(ཡུན།)县官分别宴请,敬献了各自的迎送礼物,(班禅)予以丰厚回赐。是日,北京段执政、特派同司安(ཏུང་ཟེལ་ཧན།)和韩东(ཧན་ཏོང་།)总兵官桑师长(སང་ཟེ་ཀྲང་།)、旅长(ལུའུ་ཀྲང་།)两人,团长(ཐོན་ཀྲང་།)、盐税总管等各大文武官

① 可能指现在的华县。

② 一种表面微有浮毛的毯子,质量仅次于氆氇。

员前来慰问。

二十五日休息，是宗喀巴大师逝往法界的纪念日，阿嘉呼图克图、土观呼图克图、章嘉扎萨分别敬献曼荼罗三所依，他们的随从都献了见面哈达。班禅与各位呼图克图茶叙。之后，随员们在寝宫内外室广献五种百供。另外，向各大拉康献百供。

二十九日，从兰州开始随侍送行的轿负责人返回，班禅指示属下按照每天收支情况发给薪资。

阴历十一月四日，为了政教公私的利益，在塔尔寺和拉卜楞寺开展皈依、长寿修、长寿陀罗尼、三种敬事（延僧诵经修法以事佛）等利众佛事活动，派人送去所需费用白银各250两并盖印公文。

八日早上，会见安县官，并赏赐丰厚贶礼。另外，对公干、委员也赏赐了贶礼。之后，在文武官员和骑兵官民的护送下，乘坐轿子出城。出城后，班禅额尔德尼乘坐用黄色缎子做成的非常美丽的华盖装饰的汽车，其他大小随从人员根据地位高低乘坐一般的汽车，一路上按照各地风俗的献供不可思议，又有仪仗队迎接，当行至平遥（ཕིང་ཡའོ།）城休息时，县官等人来拜见。督军向（班禅）师徒提供额外丰厚的物资食品；县官负责接待工作，补给罐头奶和蒙古茶包等，班禅额尔德尼给以回赐。

九日，同样的迎送等在霍州（ཧོ་ཀྲུ།）举行，上千军人执仪仗迎接，班禅会见了总军官陆长和县官，赐给华翰。从此起程行至平遥窝（ཕིང་ཡོ་འོ།）地方，文武官员骑马迎接，住在城内皮司卖号（པི་སི་མེ་ཧོར།），会见县长等人。

十日，行至迎泽（གཡུས་ཙེ།），孙道爷（སུང་ཏའོ་ཡིན།）、礼部官长（ལིས་བུ་ཀོན་ཀྲང་།）、县官等文武官兵执仪仗迎接。从此行至太原（ཏའི་ཡོན།）城外，上千骑兵官民和10000名步兵、炮兵、老百姓等人手持鲜花、熏香等各种供物，执仪仗灶迎，督军阎锡山献见面哈达，互换哈达后上座喝茶品尝油炸面点。赵镇守使、张镇守使、桑司长、孔司长、黄旅长、姚旅长、辛旅长、杨旅长、祁旅长、满团长、杨团长、南处长、旅长、营长等文武官员50人拜见，敬献哈达。五台山的扎萨和堪布、执事来迎接，敬献哈达，班禅摩顶。

督军很尊敬地问候，双方畅谈。之后，救怙主班禅额尔德尼坐轿子来到城内的普公寺（ཕུ་ཀུང་ཟེ།）宽敞高大的宫殿，在寝殿左右有许多内外室，落座于其中，呈上油炸面食，会见了骑马迎接者；在寝室会见了五台山扎萨和堪布主仆，他们邀请班禅不久以后来五台山。督军招待班禅主仆一行，县官敬献物资。北京大总统的代表段执政派来同司安陈（ཏུང་ཟེ་ལ་ཧན་ཆེན།），敬献内库哈达、执政的肖像、珊瑚念珠、黄缎4匹、瓷碗、红茶四小箱等，（班禅）热情地接受了，并表示感谢。同司安自己敬献黄亚协缎匹、黄如佐缎匹等，班禅给予华翰。

十一日，督军带领少数属下来宫殿拜见，双方互换哈达，友好畅谈。之后，班禅和主要随从（夏仲）来到督军衙门，第一次赏赐丰厚的随函礼物。

十二日，班禅额尔德尼派近侍仲普尔、司寝两人去向督军阎锡山敬献礼物内库哈达、两匹骏马、麝香4颗、鹿茸一对、喜香4包、香16包、前藏香32包、三方锦缎一匹、红氆氇4匹、花线两匹等；给郑司长（ཀྲེན་ཟེ་ཀང་།）、道爷、礼部官长、县官等人丰厚的赏赐。

这天，大救怙主班禅额尔德尼、两位夏仲呼图克图、5位近侍、仲科、知宾、司钥、警卫（森噶）、通事赛康巴（通事是翻译的意思）、防雹师、章嘉扎萨、阿嘉扎萨等人被请到督军衙门，按照外国风俗招待，致送主仆不同的各种食品。

十三日，阎锡山督军专门派遣孙道爷和部官长两人去向班禅额尔德尼敬献有乾隆题字的带箱的精美旧花瓶一对、精致的带箱旧香炉一个、有各种树叶的水晶饰品4个、内衣两箱、五台山药四小箱、蒙古茶两箱。班禅额尔德尼为两位使者赐茶叙谈。

十五日，特派近侍堪布噶钦群佩和同专员（དྲུང་སྐྱོན་ཡོན།）两人去北京，亲自向段执政献回礼，和就任大总统代理人的礼物有内库见面哈达、一封秘籍、誓愿塔、克什米尔藏红花3秤、鹿茸一个、锦缎和五色彩缎各3匹、喜香8捆、细香32捆、红氆氇4匹、花布两匹。班禅额尔德尼回赐同司安。这天，赵司长来见，双方茶叙。

十七日，拉科呼图克图活佛①请求赐名和长寿祈祷文，班禅满足了其愿望。阿嘉呼图克图告别提前进京，班禅为其师徒摩顶，和活佛与扎萨喇嘛话别。在此前后，鄂尔多斯益西丹佩和土旦窘乃等人呈献身语意三所依，汇聚在那里的很多的无数信徒求见，班禅现身使他们眼睛的甘露成熟，并摩顶、加持，用所缘境满足他们的愿望，播撒解脱的种子。

有诗云：千万善妙功德之源地，边际难量心密大水库，稀有神奇断证蛇冠王，爱怜悲悯众生微尘散。诸人善做风使者，由其带来之美称，书信日聚如云鬘，安置您前无中断。信仰士夫之树鬘，恭敬花穗频躬身，散撒供养之花朵，一起加持光所护。天空之中太阳光，光洒无有分别地，导师所做真稀奇，三界众生皆吉祥。

二十三日，阿巴嘎达王呼雪的博学者（ཨ་བྷ་ག་དྷ་ཡང་ཧོ་ཤོའི་རབ་འབྱམས་པ།）曲增、喜饶嘉措、次仁麦仁、台吉蒙古东等人献礼祝寿，班禅为尚朗伦三爷迈呼等汉蒙200多人摩顶，讲授《皈依法》《兜率上师瑜伽法》《香巴拉祈愿法》《慈氏誓愿法》等。

二十四日，应章嘉扎萨喇嘛郭莽堪布活佛绛央扎巴嘉措之请，撰写依止大救怙主佛、无量寿佛、韦陀佛母三界菩萨的《上师供》

① 拉科活佛是青海塔尔寺活佛，为清代驻京八大呼图克图之一，共转世八代。

《哈尔沁达尔罕王次仁南杰长寿祝愿词》。

二十七日,督军派人送来米面等。章嘉呼图克图①专门派堪钦仓嘉活佛在卧室敬献封口书信和礼物代金汉马等,班禅额尔德尼与堪钦活佛茶叙,并询问章嘉活佛情况;会见了鄂尔多斯旦增杂桑、达赖汗雪饶丹多杰、托尔果巴托门图萨拉齐、喀尔喀比丘次丹等来祝寿的僧俗百人,讲授《功德基本母法》和《香巴拉祈愿法》等。

二十八日,额外赏赐土观呼图克图和章嘉扎萨。

二十九日,根据地方风俗,在寝室举行新年喜宴,摆上油炸面食,宝座的背靠垫等重新布置。班禅额尔德尼坐上森琼朵宝座,近侍们敬献哈达,分开坐下,享受食品。向所有的密教怙主等吉祥欲界自在母献祭元旦食子②和会供曼荼罗。然后,登上大经堂高大宝座,年老的近侍们敬献内库哈达、曼荼罗身语意三所依、吉祥物等首次缘起物。接着,土观呼图克图、章嘉扎萨、仓嘉堪布、土观强佐、中原局道爷(སྒོན་ཡོན་ཚུའུ་ཏཱའོ་ཡེ།)、准备迎候总管孙道爷、诸位县长、诸侍从、随员、私人仆人等僧俗,他们按职位高低敬献哈达,列坐享受丰盛的面食等。阎督军向侍从活佛、勒参以上的人分别颁给第一、第二、第三等奖状证书。

土观呼图克图、章嘉扎萨、查老爷等主仆先后来寝室拜见祝寿,列放初缘起之丰厚供物。班禅额尔德尼讲授《皈依法》《功德根本女法》《香巴拉祈愿法》;派人向阎督军衙门送去藏式食品。

阴历十二月二日,(班禅)向托尔果拉增和呼雪扎萨两人的代

---

① 章嘉活佛是青海佑宁寺活佛,从第三世开始驻京,为驻京八大呼图克图之首。从明代崇祯年间开始转世到解放后共转世七代。此处的章嘉活佛为第七世,名叫桑斋扎布,生于1891年十一月,是青海互助却藏热洛塘人。1912年8月,在北平发表声明,赞成共和,并劝导蒙古王公、贵族放弃"独立"的主张。1927年,被国民政府任命为蒙藏委员会委员。1932年4月,在洛阳召开的"国难会议"上发表演讲,号召精诚团结,一致抗日。同月,国民政府任命他为"蒙旗宣化使",主要任务是:对内外蒙古进行宣传感化工作,要他们放弃独立或自治的主张,服从中央政府。1958年,在台湾圆寂。

② 原西藏地方政府和各大寺庙在每年正月初一日清晨献给吉祥天母的食子。

表洛桑平措主仆、喀尔喀迈根王的医师洛桑多杰等僧俗百人摩顶；额外赏赐托尔果。

三日，特地从北京赶来的段执政之子、阎督军来见，相互慰问茶叙。执政敬献内库哈达、红檀香木制成的度母像、优质华丽的缎子 7 匹、一个白宝瓶、旧香炉等。班禅、段执政之子、督军 3 人一起合影，班禅赐给段执政之子的礼物有哈达、各装有一两藏红花的玻璃瓶两个、喜香两束、细香 16 束、麝香两颗、锦缎一匹、红色细氆氇 4 匹、黄斑点氆氇一匹、汉式羊裘一匹等。

四日，段祺瑞（执政）请班禅参加中国各省代表大会，如果不能参加必须派代表参加。因此，为了表达对段执政和会议的感谢，（班禅）在回函的同时派堪钦门努洛桑为代表参加。为鄂尔多斯杭根雪晋美、王的雪台吉、图萨拉齐、哈尔沁大王雪群则叶坚等人摩顶，讲授《皈依法》《兜率上师瑜伽法》《功德基础女法》《香巴拉祈愿法》等。

五日，赐给达赖汗部的寺院吉祥源法王堪布扎西平措“诺木奇布勒图”（ནོམ་ཆེ་པི་ལིག་ཐུ།）封号，并颁发公文。

六日，在寝室会见来拜的索尼左旗达尔罕王科居嘉（སོ་ཉིད་གཡོན་ཧུའི་དར་ཧན་ཝང་འཁོར་སྐྱུར་སྐྱབས།）和呼齐右翼图萨拉齐公爵玉杰（ཧོ་ཆེང་གཡས་ཧུའི་ཐུ་ས་ལག་ཆི་གུང་གཡུ་རྒྱལ།）主仆，茶叙并讲《香巴拉祈愿法》。

七日，班禅为喀尔喀达日岗呼雪土旦喜饶、仁钦多吉、图西耶吐王部旦增、鄂尔多斯公绛央丹佩、托尔果呼雪的管家洛桑平措、喀尔喀迈根王部欧叶图、达尔罕王的图萨拉齐居麦秋朗等 200 多人摩顶，讲授《长寿陀罗尼》《香巴拉祈愿法》等。

八日，为图西耶吐王部嘉措、果朗呼雪的恰哈尔巴邦嘎、迈根王部达珍、拉莫尚等僧俗 500 多人摩顶，讲授《玛尼》《香巴拉祈愿法》。

九日，班禅及其重要弟子乘轿去衙门，亲自送给阎督军稀有带里白狐皮衣、带里猞猁皮衣等,热情谈话。

十日,会见喀尔喀吐谢叶图王的信使洛桑、鄂尔多斯欧图呼雪的坚赞,并讲授《香巴拉祈愿法》。督军敬献雕刻精美的有地方风景画的白檀香木水晶箱等。

十一日,从北京派出的慰问者大国师章嘉呼图克图罗桑班旦旦白仲美、将军大扎乌(ཟླ)、乎其温杜尔王杨桑佳、贝斯次拉旺居尔、贝斯次仁顿珠、余公洛桑群觉、处长次仁诺布、同司校部达尔等主仆到达,慰问城外和住地等各个地方的人。班禅以茶和油炸面点招待呼图克图和将军。章嘉呼图克图来寝室拜见,双方互换内库哈达、曼荼罗三所依、马蹄银等,问候细谈。

十二日,(班禅)在寝室为王、两位贝斯、余公、处长、肖布达尔等人摩顶;为喀尔喀洛桑等人讲授《香巴拉祈愿法》。

十三日,呼图克图、将军、王、贝斯等官员拜见,敬献了段执政委托的礼品黄色内库哈达、银茶壶壶座、穿线黄色珊瑚念珠 10 串、玉质旧鼻烟壶、黄色缎子内衣两件、带里子狐皮马甲等。班禅很高兴地接受了,和呼图克图、将军茶叙,为段执政发去电报表示感谢。

之后,大将军单独来寝室拜见,敬献内库哈达、朱砂红咔叽两匹、黄缎两匹、精致长丝布、雕作精致的沉香木念珠。班禅躬身接过,表示感谢。章嘉呼图克图、扎萨索本主仆等人敬献黄色内库哈达、曼荼罗、身语意三所依、马蹄银两个、羊脂玉如意、黄缎两匹、黄缎坐垫靠背冠冕等、带盖漆革小容器 8 个等。班禅赐予护身结、细软哈达,以及木座靠背、坐垫等。应北京 18 个寺院之请,代表掌印喇嘛主仆祝寿,敬献寺院的封口文书。(班禅)单独赏赐章嘉呼图克图、各位将军丰厚礼品,赐予两位贝斯、处长等公私物品。

十四日,喀尔喀迈根王部落(ཁལ་ཁ་མེ་རྒན་ཡང་སོག)的丹巴达结、哈尔沁索南杰、君索王雪饶强巴仁增等呈现礼物,班禅为他们为代表的僧俗百人摩顶，讲授《香巴拉祈愿法》。忻府坪王道班（ཤིས་སྨས་པན་བང་ཏོ་བན།）、浑源县（ཧུང་ཡུས་ཤན།）特派代表参爷张杰塞（ཀྲང་ཅིའི་ཟེལ།）拜见，敬献哈达、黄色亚协缎子内衣、红黄色亚协缎子内衣、精致碗两个等。班禅与他们茶叙，回赠浑源县朱砂红锦缎、克什米尔妙香一瓶、一火瓶长藏红花等，并赏赐代表。

十五日，妙吉祥人主宣统皇帝降旨慰问，通过章嘉呼图克图献黄色内库哈达。班禅表示感谢。同时，皇帝的父亲摄政亲王亦送来慰问信、内库哈达及名牌。班禅接信后，与章嘉呼图克图细谈，回信谢皇帝及其父亲之恩；给呼图克图的礼物有蓝花龙碗、水晶箱装时钟、镶嵌有珊瑚的带套满壶、红氆氇两匹、熏香 12 捆等；给将军达扎氆氇衣料一匹、红氆氇一匹、羊脂玉白茶座一对、熏香 12 捆、白瓶、钟表等。

十七日，大将军匆忙离开，（班禅）请他向段执政献上内库哈达、响铜制无量寿佛像、羊脂玉如意带套箱、优质缎、4 个水晶箱，说明不久见面的原因。

（班禅）会见了库伦布热夏偌呼雪大喇嘛桑佩等人，讲授《兜率上师瑜伽》《香巴拉祈愿法》等。

二十三日，应苏尼特左旗的信使甘欧吴寺格窘林的堪布活佛嘉木样勒贤嘉措请求，（班禅）作《依绿度母上师瑜伽》《两种制度教言水论取舍光明宝源》；应卓尼德珠活佛晋美嘉措之请，作《生于香巴拉长短祝愿词》。

二十四日，在北京的特派信使政府的知宾管家贤喀强巴曲旺、驻藏班司（ཐྲན་ཟི་ཀྲང་ཀྭན།）张光的代表格诺两人来见，敬献身语意三所依等，表示慰问。班禅热情回复张光。中国西北事务总局王占挺（ཝང་ཐྲན་ཐིན།）等发来慰问信，公众代表拜见畅谈。班禅回复密封信件。

二十五日，北京蒙藏院特派司长王业康（བང་ཡི་གང་།）和营长李希

(ལིས་ཤི།)代表蒙藏大小官员前来慰问,请求做好进京准备。班禅给予额外补助。美国的拉库达修(ར་ཁྲ་ཏ་ཤུ།)童光(ཐོན་ཀྭང་།)代表也是蒙古族,班禅会见了 7 位外国人。不久,准备进京,执政特派中员希木将军(ཀྲིན་ཡོན་ཤིས་མུ་ཙང་ཀྱུན།)、同司安两人来请,赏赐大量的慰问礼。

二十六日,会见两位特使。将军敬献见面哈达和黄缎内衣两件等,班禅与他茶叙,并额外补助。

二十八日,赏给驻锡期间的侍从蔡道爷(ཚེས་ཏའོ་ཡེན།)妙香、景泰蓝茶壶一套、白羊羔皮衣等;赐给宋道爷和县长相同的物品;为常住侍从赐给予职位相同的物品。督军衙门请大嘉荫和夏仲勒参以上的官员。(班禅)亲自送给督军礼物金钟表,细心会谈。同时,赏给服务的打钹者、抬轿者、护卫等人。

二十九日,督军特派宋道爷和副官(ཧུ་ཀྭན།)两人来献哈达、优质材料念珠、装有诵经内衣的小箱两个等丰厚礼物。按照职位大小给予近侍、知宾、森噶(警卫)、大同司等人优质缎子衣服。

是月末日,向各寝室、大经堂、囊玛岗等布置柱面哈达和宝座哈达。(班禅)乘坐轿子,在敲锣击鼓者等许多侍从的引导保护下从宫殿出发来到城外的火车站,阎督军为代表的文武官员、骑兵等多人欢送。在繁峙车站短暂停留,督军和其他官员敬献哈达,第一二等二十列火车内外的座子、足台、玻璃盖、卧室帷幔等都是由缎子和黄绸做成的,非常舒适,为师徒呈上丰盛的食品,火车逐渐前进。中途各地的文武官员迎接,献哈达。京津许多军人执仪仗,敲锣打鼓接送,五点时到达石家庄,蒙藏院的金副总裁(ཅིལ་ཕུ་ཙུང་ཚེས།)①、将军大使(ཏ་ཧྲུའུ།)、余公爷(ཡུས་ཀུང་ཡེའི།)等居家或旅外的官员执仪仗迎接。从北京专门设计的火车中车第一二列都是黄色的绸

① 可能指蒙藏院总裁贡桑诺尔布。

缎帷幔，坐垫等非常舒适。班禅师徒上车后，呈上食品，迎送的人络绎不绝。行驶到长辛店时，段执政的代表、蒙藏院副总裁等各大官员或亲自或派代表前来慰问，班禅也向他们问安。

这样，自从扎什伦布寺院出发，做了许多不可思议的事情，一路上人多如灰尘，当来到高大精美的阔门前，祖国内地有缘的无数不可思议的徒众用战神的供物迎接，在妙吉祥皇帝的大国驻足歇息。

有诗云：二资粮光网捆束的相好圆满轮，十万利他事业光夺走三地黑暗，圆满释教四洲由深广之法统治，佛教的太阳永护三地一切众生。聚集殊胜断证树，三密躯体满叶顶，善事芳香欢喜宴，广阔大地善相满。乐源乐土之怙主，光边幻化新光笑，法王佛法之太阳（确吉尼玛，班禅之名），乐器发出九种声。卫藏法苑皆欢愉，智慧光芒之蛇冠，催开佛教莲花瓣，众生利乐皆圆满。上下多康中国地，休养生息霍尔域，众生幸福慈悲力，使动行走大地上。带着慧眼去边地，布施佛教之灯光，为持恶趣见士夫，建立解脱之阶梯。烦恼所苦的众生，加持甘露所浸湿，本熟无量慈悲力，殊胜威力双运门。群星丛中美丽月，犹如排排如意树，无数轮环之导师，逐渐行至大国地。

世间顶饰无量光佛一切智大遍观班禅罗桑土旦确吉尼玛格列朗杰贝桑布下半生如海共同传记中略述宝自在王鬘，从中简述从卫藏启程到大国之前的传记，为第一章。

第二章　双足抵达金色首都，首次在此弘法利乐佛教众生

无量光佛三密日，遍证离戏法身显，殊胜悲心太阳引，又供三地士夫友。乙丑年，即木牛年阴历一月初一日，班禅乘坐的火车到

达北京南门前名叫马家堡(མ་ཇན་མིན།)①的城墙外火车站,国家首脑执政的代表吴心鄂(ཝུ་ཤིན་ཨོ།)、同洪年(ཐོན་ཧུང་ཉན།)、沈村武官长(ཧྲི་ཚུང་ཝུ།)、内务总长龚心湛(ནེའུ་ཙུང་ཀང་ཀུང་ཤིན་ཛམས།)等文武官员,国务委员会总长、警察总监朱深、警卫总司令鹿钟麟(ལུའུ་ཀྲུང་ལིས།)、蒙藏院大小总裁(ཙུང་ཚའི།)②等各大官员,以及各大团体的负责人③、总商会、王公等大员,还有章嘉呼图克图、阿嘉呼图克图、雍和宫大喇嘛等喇嘛执事,华严寺(པ་ཡན་ཟི།)、天灵寺(ཐན་ལིན་ཟི།)等寺庙的和尚、各寺喇嘛,各学校老师、蒙藏委员会人员拿着黄绒雍仲字迎接,与每一个人见面问候,大街的地上铺着黄布,班禅被请到黄色汽车上,警察保安、警察副总司令大导队(ཏྭ་ཏོའོ་ཏུའི།)、陆军府卫队(ལུས་ཏུའི།)等三大部门的士兵敲锣打鼓,列队站在路的两侧,仪仗队、警卫们向城中行走,当来到乾隆等历代皇帝居住的宫殿瀛台殿大门内,以章嘉呼图克图为首的,雍和宫、黄寺、嵩祝寺等寺院的僧人们列队,上述官员和托钵僧们迎接,班禅坐在轿子上来到寝室,一一会见各大官员。油炸面食宴会上,文殊大皇帝、摄政等敬献食品问候(原文如此)。执政者特派代表,送来丰厚的食品问候。像瀛台殿一样,北京城的中心,有被内外黄色城墙环绕的园林,树木和池塘中央的山上有宫殿,左右有许多宽敞的内外室,大殿中有以前大皇帝用过的器具等,应有尽有,还有现在特设的黄色坐垫、靠背、帷幔等,陈列的电灯、电话等,以及各种各样的鲜花。许多大门内外饰有精致的璎珞半璎珞花纹,随风摇摆,酷似帝释天的住处,感到羡

① 即北京南站,始建于1897年。是年,这条铁路由丰台接轨至马家堡,在距离永定门3公里的马家堡建造客货混运车站。1902年,马家堡站更名为永定门站。1988年,永定门站正式更名为北京南站。

② 指总裁贡桑诺尔布和副总裁洪学范、祺诚武。

③ 包括北京总商会、北京教育会、中华教育改进社、蒙藏专门学校、藏文佛学院、边藏讨论会、西藏商业联合会、西藏旅京同乡会、藏事促进会等14个机构(团体)。

慕。同时，给大小夏仲也按照地位高低妥善安排了相应的住处等，真是足生轮相转移使善相显现。

有诗云：楞伽军队怖畏军，迅猛之军相迎接，红花色染舍离心，执持袈裟胜幢僧，长寿流转在地上，清净宝殿极欢愉，无量供物胜天座，无比导师来登坐。

从此，当需要何种服务时，立即有蒙藏院（蒙藏机构）许多办事人员来常驻服务。3 天来，为师徒服务周到，每天提供 400 大洋生活费。① 三日，与执政首次见面。当从执政府来了向志斋（ཤང་ཇི་ཇའི།）等四位官员迎接时，救怙主师徒正在换着蒙古服，然后乘坐汽车出发，大街的左右两侧有军警。来到宫殿中门过道处时，有督军领兵迎接；在执政府大门处有锣鼓队迎接，由蒙藏院总裁、大礼官（དྲུ་ལིས་བཀོན།）等许多文武官员迎接到大殿，还有王府室（ཡང་ཕུའུ་ཧྲི།）、蒙藏委员会大小总裁等官员。执政从座位上起来，双方互换见面哈达，敬献教主铜像（铜佛像）等。侍从们敬献各 3 公尺长的见面哈达，班禅给每人回哈达各一条。

之后，（段执政将班禅）请到执政室，相互问候，热情细谈政教之事，气氛轻松。欢送仪式如前，班禅额尔德尼回到驻锡宫殿。在此前后，汉蒙无数官员来下塌处拜见，班禅耐心摩顶，为口眼赐予成熟的善缘。

四日，执政等全体官员来到瀛台殿，近侍大堪布噶钦群佩、大知宾、诺苏尔堪琼等 3 人迎接，全体侍从在德阳中门处迎接。大救怙主到达后，按照礼节在大殿交换哈达，然后各自上座，执政希望

① 2 月 21 日，蒙藏院致函财政部，表示“办理招待班禅事宜，所有开办经费”从财政部领款 25000 元，经过“通盘筹划、诸事节省”，总计不到 40000 元。班禅在 25 日就要到京，每天经费需拨 400 元，“此外应行供给之煤火、车马杂费等项，及招待处办公经费伙食，约计每日需要 600 大洋”，每天总计需要拨款 1000 元。该院还强调，这个预算“已属减无不减”，考虑到“库款支绌”，“煤火、车马杂费等项，及招待处办公经费伙食”等项再减少 200 元，每天应拨给 800 元，每月需要 24000 元。

佛教弘扬各方,众生法财幸福,祝愿班禅事业成功,相互谈论得非常愉快。之后,执政参观了几个寝室的准备。送至德阳中门,坐上汽车,由近侍和知宾诺尔苏送行。

七日,根据执政邀请,班禅额尔德尼由6名夏仲近侍和仲夏、知宾、诺尔苏3人陪伴,警卫帕恰瓦等人护送出发,来到陆军府与执政在大殿会面,执政和班禅上座,章嘉呼图克图、阿嘉呼图克图、土观呼图克图、各大机构的总长等大官员,蒙古族王公、我们自己的夏仲等官员200多人参加,桌子上摆放着丰盛的食品,同时欣赏京剧。

八日,为厄特喇嘛多杰觉拔、喀尔喀麦甘王部的次旺林寺活佛洛桑扎巴、甘丹达杰林寺活佛洛桑索南、鄂尔多斯活佛格桑益西贝旦、帕绒苏尼王部的托云多旦等僧俗500多人摩顶,讲授《兜率上师瑜伽法》《香巴拉祈愿法》《白度母颂》等,教导诸位要敬仰利乐的根基佛教,并努力修行。

九日,为政府服务人员堪仲罗松、雍和宫扎萨、南杰强巴陀麦等主仆、汉蒙民族人士摩顶,和政府服务人员亲切交谈。应阿拉呼钦亲王旺钦赤烈的请求,为亲王、夫人、儿臣、塔尔寺德瓦活佛等僧俗70多人传授长寿灌顶,播撒解脱的种子,额外赏赐亲王。特派近侍大堪布噶钦群佩去慰问张作霖。

十日,为锡林郭勒旗郭干巴绒部(ཤི་ལིང་ཀོ་ལ་ཀན་པ་རོན།)呼图克图活佛土旦、贡嘎坚赞、贝勒索朗诺布、章嘉拉章的大喇嘛阿旺、喀尔喀居囊窘乃、阿齐图王的雪公绛央、喀尔喀喇嘛桑佩等汉蒙僧俗700多人摩顶,讲授《兜率上师瑜伽法》《香巴拉祈愿法》《玛尼》等,额外赏赐呼图克图活佛和贝勒两人。

十一日,为阿拉霍尔沁利他菩提洲寺(ཨ་ར་ཧོར་ཆེན་གཞན་ཕན་བྱང་ཆུབ་གླིང་།)堪布活佛班智达格桑隆热嘉措主仆、博王雪图萨拉齐等僧俗男女200多人摩顶，讲授《兜率上师瑜伽法》《慈缘女法》《香巴拉祈愿法》等。为阿拉善王拉旺周嘉主仆60多人传授《成就王道论灌顶》。因此，信仰之花盛开，解脱之果成熟。

十二日，照例早茶会后，正值诞辰节，管家摆上油炸面食，大救怙主登上无畏狮子抬举的宝座上，老近侍门诺洛桑、仲钦当钦巴两人抬着敬献曼荼罗；仪轨僧噶钦桑杰平措代表公私希望为了佛教众生而顺利地完成一切事业，不久回到雪域佛法之地，让众生享受幸福喜宴而欢乐，祈祷莲足百劫间固住（长寿）。囊玛岗敬献带金门曼荼罗、身语意三所依、吉祥物、国政七宝、法轮、法螺、白垫、衣服全套、黄金6两、马蹄银3个、白银10秤、缎子15匹等。全体侍从敬献曼荼罗身语意三所依、黄金3两、黄缎伞盖、汉银5秤、缎子5匹、茶粮两箱等。5位知宾侍从分别敬献曼荼罗三所依。勒参巴、僧俗家仆各献曼荼罗三所依。班禅一一摩顶加持，并赐护身结。之后，吐谢耶图亲王益西克增的信使曲杰呼图克图主仆进见，敬献亲王礼品。

执政的特使面呈生日礼物内库哈达、印有吉祥文字符号的优质红缎。章嘉呼图克图请求敬献长柄瓷碗一对。

十三日，为北京各寺院的总领（总管）赢珠扎萨、雍和宫扎萨大喇嘛等为代表的西王堂（ཞིས་བང་ཐང་།）、黄寺等28个寺庙的僧人共1000多人，还有喀尔喀额尔德尼亲王平措饶丹、达尔罕呼雪咋喀热旗齐美班觉等汉蒙男女200多人摩顶，讲授《度母法》《香巴拉祈愿法》等；艾木其布旗呼图克图活佛贡嘎坚赞、贝勒索朗诺布主仆等僧俗100多人传授长寿灌顶，讲解《妙吉祥名号》《香巴拉祈愿法》等。

十四日，西蒙扎什伦布寺的慰问者第木旗阿然等人敬献礼物如来邑女铜佛像、封口书信等。（班禅）为来自西藏地方政府商贾格敦扎西、夏琼寺活佛格敦隆多饶吉、阿拉霍尔沁呼图克图的信使仲聂洛桑嘉措等僧俗300多人摩顶,讲授《皈依法》《兜率上师瑜伽》《香巴拉祈愿法》等;额外赏赐西蒙人。

是日,收到邀请报告,师徒一起去执政府。

是月末日,召开由全国各省参加的政治全会善后会议(ཧྲང་དའུ་ཧུད།),班禅应全体与会代表的请求参会,170多位代表致敬。营长(ཡིན་ཀྲང་།)、秘书(མི་ཧྲུལ།)等首脑互献哈达,官员们起立致敬。班禅祈愿国政稳定兴旺,庶民幸福,郑重教导要如理取舍因果业和善恶行,发誓自己皈依三宝,大家顶礼承诺。在此前后,为青海右旗公贝旦多吉、默特(སུག་ཧོན།)达尔罕亲王部咋科热齐(ཧོག་ཚ་ཁེ་རིག་ཅི།)、苏尼左翼亲王恰多加、蒙东和硕特的甘丹嘉措、达尔罕呼雪的旦正嘉、哈尔沁部的大喇嘛丹巴多杰、帕绒苏尼图王德却顿珠、俄航呼雪乃班喇嘛、库伦布尔部乃公蓝尚、仲札索朗饶吉、哈尔沁公罗桑喜饶、赛科寺活佛绛曲旦白尼玛、色拉寺切札仓拉仁巴巴尔果洛桑念扎、库鲁察汗部堆科、蒙古金大成就者等喇嘛活佛、僧俗官民2400多人传授长寿灌顶,讲解《皈依法》《兜率上师瑜伽法》《慈悲法》《香巴拉祈愿法》《依勇武王之上师瑜伽法》《无量光佛土颂——开启誓愿殊胜清净佛国》《祈祷加持库》《玛尼》等各自所需的甚深法,教导每个人要承侍佛教,实践自己所需的教法,使每一个地方吉祥幸福的喜宴兴盛,并摩顶加持。

阴历二月一日,为乌珠穆沁旗(ཨུ་ཛུ་མུ་ཆེན།)亲王部下曼兰喇嘛呼图克图贡却旦增、达尔罕王部的活佛格桑土旦尼玛、法王活佛公格敦嘉、图萨拉齐次仁卓玛、杂可热旗饶丹等1000多人摩顶,讲授《玛尼》《慈缘法》《香巴拉祈愿法》等;在寝室会见了吐西耶图格嘉林寺的诺木齐班智达德庆曼兰主仆25人、库库艾朗海协的格吉林寺活佛曼仁巴曲吉多杰坚等35人,讲授《皈依法》,传授长寿灌顶。

六日,向北京雍和宫献百供,发放布施、僧茶等代金700大洋,向主要佛像敬献哈达；向城内其他寺院弘仁寺（ཧོང་རིན་ཟི།）、嵩祝寺、福佑寺（ཧྥུ་ཡའི་ཟི།）、擦瓦多杰寺（ཚ་བ་ཏོ་ཅིང་ཟི།）、灵香寺（ལིང་ཤང་ཟི།）、护国寺（ཧུ་ཀང་ཟི།）、玛哈嘎拉寺（མ་ཀ་ལ་མེ་ཧོ།）、长泰寺（ཀྲང་ཐན་ཟི།）、智度寺（ཚི་ཏུ་ཟི།）、察罕喇嘛庙（ཀྲལ་བརྩེགས་བླ་མ་མེ་ཧོ།）、江宗梵宇（ཙང་ཏུང་ཡོན།）、西黄寺、达赖迈呼寺、东黄寺、普图寺、普胜寺（ཧྥུ་ཧྲིང་ཟི།）、慧照寺（ཧོང་ཀྲའོ་ཟི།）、福胜寺（ཧྥོ་ཧྲིང་ཟི།）、隆福寺（ལུང་ཧྥུ་ཟི།）、净住寺（ཅིན་ཀྲུ་ཟི།）、新寺（ཤིན་ཟི། 三塔寺）、三宝寺（སན་པོ་ཟི།）、圣化寺（ཧྲང་ཧོ་ཟི།）、慈云寺（ཚི་ཡུ་ཟི།）、真觉寺（ཀྲང་ཅའུ་ཟི།）、阐福寺（ཀྲན་ཧྥུའུ་ཟི།）、天福寺（ཐེང་ཧུ་ཟི།）、宝堂寺（པའོ་ཐིང་ཟི།）、新正觉寺（ཤིས་ཀྲང་ཅོའ་ཟི།）、贡大都寺（ཀུང་ཏྭ་ཏུ་ཟི།）等30座寺院献百供，布施财物，施放僧茶，提供敬神哈达和普通哈达200条，建立规章制度，参加法会诵经，讲授《皈依法》《兜率上师瑜伽法》《度母法》《般若法》等；为了佛教众生，尤其是中国佛教的发展，制定两项诵经条令通过章嘉呼图克图颁发。接着给雪益西贝旦等上百人讲授《皈依法》；为上面活佛格桑土旦尼玛主仆等百人传授长寿灌顶。赞布敏珠尔呼图克图从蒙古地区回来拜见，敬献慰问礼哈达等。

七日，为赞布敏珠尔呼图克图、蒙古金甘丹达结林寺主察汗递延蔡呼图克图益西达结、吉索绛央益西、廓尔鲁苏台吉土旦等2500人摩顶，讲授《度母法》《香巴拉祈愿法》等；为敏珠尔呼图克图摩顶，细谈。

八日，为蒙古金大喇嘛查巴、恰哈尔阿朵盖盖喇嘛等僧俗1500人摩顶，讲授《香巴拉祈愿法》；为哈尔沁格吉林寺曼兰呼图克图主仆传授长寿灌顶。应汉人梁新建的请求，为和尚和其他佛教信徒等60多人讲授《三恶趣极难堪忍法》《欲解脱非心造法》，作为大乘根器者获得菩萨戒，班禅额尔德尼要求发菩提心，并予以讲解，传授长寿灌顶，由同司翻译成汉语，引导大家信仰，新建解脱的种子。为恰哈尔东库鲁活佛洛桑旦白尼玛、达尔汗部台吉、额居穆旗台吉仁钦嘉措、达尔汗王部图萨拉齐布域希布、图穆杜绛央土旦、麦仁贡布次仁、廓尔鲁苏活佛洛桑索朗、达尔汗贝勒部旦白坚赞、恰哈尔阿朵旗盖盖苏米活佛洛桑桑布等喇嘛、活佛、官员僧俗7000多人摩顶,传授长寿灌顶,讲授《香巴拉祈愿法》等所希望的法,广降法雨,湿润了智慧心续。

十三日,应雍和宫堪布轨范师、杂达、第木旗、领诵师等人的请求,师徒启程前往,和以前一样,一路上军警敲锣打鼓,众僧执仪仗,章嘉呼图克图、赞布呼图克图、阿嘉呼图克图、土观呼图克图等喇嘛执事燃香引导至阿嘉拉章,阿嘉呼图克图及时敬献曼荼罗身语意三所依、羊脂玉如意等。班禅额尔德尼向主供龙树像、誓愿能仁佛尸罗母像、弥勒佛像、旃檀木佛像等的佛殿献五种千供和敬神哈达,广发誓愿利乐佛教众生;承事法会,发给每僧大洋一块;向上述呼图克图等喇嘛执事共僧俗上万人讲授《时轮俱生随许法》《成就王道论长寿灌顶法》《度母法》《香巴拉祈愿法》等,最终完成宏扬佛教的事业,引导一切进入永远快乐之道,陈设50两白银制作的极乐世界图、身语意三所依、衣服全套等供物。之后,班禅额尔德尼莅临怙主殿长净法会以宣法经、别解脱因缘、剩余闻说等的方式讲法,使徒众获得不可思议的良缘。回寝室时,寺院举行宴会,班禅师徒返回宫殿,前后为图穆杜夏仲格桑丹增嘉措、甘丹室利图洛桑隆多尼玛、喀尔喀王仲玛次仁、杜尔白扎西潘德林寺堪布活佛罗桑班旦旦巴坚赞、扎西达杰林寺活佛托云喇嘛、洛仁活佛洛桑南杰等5000多信徒传授长寿灌顶《兜率上师瑜伽法》《慈缘法》《玛尼》《功德事女》《白度母颂》《香巴拉祈愿法》等。

十八日,美国公使黎嘉凡(ཨི་ཕོའི་ས་ཧེབ་ཅིས་ཅར་བད།)通过蒙藏委员会请求班禅为汉蒙古族僧人、和尚、老黄、外洲人(外国人)等不同宗教的人授教。班禅被请到大殿门户的宝座上，黎嘉凡用汉英两种文字宣布：现在各教汇聚一起，佛教领袖班禅仁布切亲自授教，缘分甚善。与会者有章嘉呼图克图、土观呼图克图、大会总管扎瓦尔雄（ཇ་པར་ཞུགས།）、蒙藏委员会大小总裁、雍和宫僧人 40 名、和尚、老黄以及美国人、英国人、法兰斯（西）人、德国人、日本人、俄罗斯人、挪威、芬兰等国的男女绅士 1000 多人。救怙主班禅额尔德尼根据不同的根器就人身，尤其是难得闲暇等大事，以及要取得的要事、黑白善恶业如何成熟、皈依三宝问题等进行讲解，并回答提问。他的讲解被翻译成汉英两种语言文字，将大家安置在信仰之地，得信佛教。

有诗云：慈悲如意大树顶，精通方便穗成熟，四部果实全享受，众生利乐大发展。今分稀奇离言说，未被日光所照射，宽旷持宝之大地，您的悲心之雨水，未被湿透众士夫。

为使健康长寿，指导侍从们修诵十万《度母经》、百遍《八千般若经》，并供祭叶衣女境浴、护法长云王，像下雨一样密集地下令密院和雍和宫、智度寺、西黄寺等在京的寺院必须设立相关的诵经供祭法会。

二十六日，为察汗呼图克图师徒为首的僧俗 5000 人摩顶；与呼图克图细谈，呼图克图呈献丰厚礼物。

二十七日，（班禅）莅临瀛台湖边的大伞下，坐在乾隆皇帝曾经坐过的宝座上，为左苏尼王（ཛུན་སུ་ཉིད་ཝང་།）等僧俗男女大小 15000 多人摩顶，讲授《长寿陀罗尼》《香巴拉祈愿法》等；在寝室中为来拜的廓尔鲁苏扎萨主仆传授长寿灌顶；前后为蒙古金旦增嘉、察汗额乌图寺主盖盖绛边勒贤嘉措、阿瓦呷旺部雄霍尔寺堪布格桑赤烈嘉措、库鲁察汗洛桑等启请者僧俗 3400 人摩顶，讲授长寿灌顶《玛尼》《香巴拉祈愿法》等，建立了信仰田地三士夫的聪慧种子。

阴历三月一日,为莫尔汗呼雪活佛洛桑旦增多吉、帕绒咋胡大王拉旺顿珠等1000多人摩顶;在寝室为前来拜见的察汗呼图克图主仆、索伦巴阔巴班扎萨唾等120人传授长寿灌顶。

三日,为庞坛大喇嘛丹巴钦饶(ཕང་ཐན་དྲ་བླ་མ་བསྟན་པ་མཁྱེན་རབ།)、麦甘王部活佛那措多吉等40名修行者授近圆戒,确认253人为受过比丘戒的僧人,最后详细讲授守护取水吹虫等细节不失坏的口诀。前后为达尔汗部的坚赞等僧俗5000人摩顶;为苏尼王、库鲁库库阿木班伦珠等僧俗300多人传授长寿灌顶并会谈。大库热扎萨的代表共同敬献邀请去喀尔喀的信函,班禅随即答复。

四日,霍尔沁达尔汗亲王南杰次仁特派大喇嘛旦白娘布和麦仁孜如卡两人来祝寿,敬献宴会费用代金大洋1000块及物品、银曼荼罗、银制长寿佛像、金汁写就《长寿经》、银制尊胜佛塔、10两黄金之供灯、大洋1000块、黄缎两匹、黄缎垫子、黄缎靠背、银制镀金金刚等。班禅热情回复,赐给护身结、印度响铜金刚持佛像、泥印象、前世衣服、妙香两捆、喜香两捆、红氆氇4匹、黄色细氆氇两匹等。

五日,浙江等南方省份前后通过执政和蒙藏院汇报邀请之事。为了观看杭州寺院和南海普陀山等各大寺院佛像、塔,班禅额尔德尼带领侍从赛赤呼图克图、土观呼图克图、3位近侍、大知宾、卸任诺云、喀尔喀司膳师、玛达(མ་འདྲེགས།)等全体人员、中央政府执政的代表西域将军(ཤེས་ཡུས།)从宫殿出发到火车站,新军和陆军官兵等执仪仗欢送,蒙藏委员会官员等汉蒙官员和领主代理人、随从等人送行,火车的第一节车厢准备得非常好。

阴历四月初四,师徒从北京启程,警军官兵敲锣打鼓、执仪仗送行,蒙藏院总裁等各机关官员,汉蒙官民、察汗呼图克图、领主代表侍从迎接,班禅为他们摩顶。从火车站乘汽车回到瀛台殿。

五日，为鄂尔多斯额图王的上师拉卡瓦却本（司祭师）噶钦桑多尔、政府商家协瓦仲诺尔布、鄂尔多斯医师巴央等僧俗500人摩顶，讲授《兜率上师瑜伽法》《玛尼》《功德基女法》《香巴拉祈愿法》等。

六日，为阿热霍尔沁呼图克图洛桑旦增平措、克秀天曲查降边嘉措、阿帕嘎扎萨部的饶吉、鄂尔多斯王额底额旗、夏仲旦白尼玛等僧俗贵贱700多人摩顶，讲授《玛尼》《慈缘法》《香巴拉祈愿法》等。然后与段执政会面，敬献内库哈达、青瓷瓶8个、银壳形贴箱、优质缎子两匹等。

八日，大密师亲自带人从扎什伦布寺经过水路来京，班禅赐物。在此前后，为热图安卡达仓巴绛边多吉、噶究呼图克图洛桑绛央赤烈、廓尔鲁苏鄂若麻仓等师徒40多人摩顶，讲授《玛尼》《慈缘法》等。为塔尔寺慰问使吉索益西仁青、喇聂坚赞顿珠等僧俗300多人摩顶，讲授《道次第摄义》《长寿法》《香巴拉祈愿法》等。为诺云呼图克图洛桑旦白坚赞等7名修行者授近圆戒。

十一日，为噶究呼图克图等200多人传授长寿灌顶。是日，为察汗呼图克图、阿嘉呼图克图、赛赤呼图克图、土观呼图克图和北京各机关的总长、督办、总裁，一些省份的代办等官员50多人设宴，给每人安排一张桌子和一条哈达，诸位表示敬意。

二十一日，为乌祖穆旗那杂葛日奇纳森额旗尔等300多人摩顶；为诺云呼图克图、亲王央桑嘉等150人讲授与长寿马相关的长寿灌顶《香巴拉祈愿法》《度母颂》等。在此前后，为凯秀天绛边仁增、帕仁巴南钦嘉措、库勒夏热乌库钦洛桑丹巴等400人摩顶；为达日康卡巴色拉寺切札仓拉仁巴格西达杰次仁、拉仁巴蒙库、塔尔寺僧金巴嘉措、达尔罕部公央桑嘉、廓尔鲁苏大王部斯杰呼图克图等1200人摩顶，并讲授《香巴拉祈愿法》；为贾卡尔堪布等僧俗

200多人讲授《时轮俱生随许法》;为乌祖穆旗托云寺院僧人饶杰、凯秀天绛边克珠、代亲麦勒部毗扎雅等僧俗800多人讲授《香巴拉祈愿法》《度母颂》并摩顶。在寝室会见阿巴卡达王、乌祖穆旗公主人,并赐给他们贶礼。授予土默特王所属的贡杜德钦林寺活佛呼图克图阿旺索朗扎西"代亲堪布"封诰印章伞盖壮马马顶子书函;分别授予巴仁左翼岱大王部的朱尚林寺喇嘛阿旺旦白旺秋和扎西亚培林寺活佛洛桑隆多雅培两人"诺木齐堪布"封号;授予嘉绒左翼乐多林寺喇嘛阿旺贤珠饶杰"迈汗堪布"封号;分别授予杭根王部贡堆林寺活佛洛桑贤珠尼玛、桑觉林寺活佛阿旺洛桑赤烈南杰、欧丹林寺活佛洛桑贤珠坚赞尼玛、卓尼寺卸任赤巴果囊活佛"堪布"封号和印章、马顶子书函。

二十二日,为喀尔喀迈尔根王部比丘桑木旦等僧俗300多人摩顶。

二十三日,为青城室利呼图克土旦巴普雄、艾勒旗帕大王云丹旺秋等信徒500多人讲授《兜率上师瑜伽法》《慈缘法》《三世怙主陀罗尼》《香巴拉祈愿法》等;为甘东库热的本桑杰等400多人摩顶,并讲授《香巴拉祈愿法》。

二十五日,为法王夏仲罗桑次成、德阳堪布活佛格桑赤烈尼玛、阿嘉德瓦等800多人讲授《香巴拉祈愿法》《上师供》等;为额祖穆旗大王母亲和夫人主仆共300多人传授长寿灌顶《香巴拉祈愿法》。大王敬献厚礼。

二十六日,会见苏如巴益西次成等人,为罗桑敦悦等20多人讲授《天母随许法》。

二十七日,应青城(呼和浩特)呼图克图和艾旗瓦大王两人之请,班禅为150人讲授《时轮俱生随许法》《成就王道灌顶法》《大乐愿》《香巴拉祈愿法》等;为达尔汗部迈勒央桑贝等80多人传授长寿灌顶，讲授《香巴拉祈愿法》。前后，会见了欧色窘乃、蒙古金麦仁豆嘎嘉等600多人，并讲授《香巴拉祈愿法》，种植了世代传承等当前与长远永远快乐的无上善资粮种子。

阴历五月初一，班禅为霍尔沁达尔汗部活佛洛桑绛曲年扎、额多巴鲁特部僧格南杰等500多人摩顶。

二、三日，班禅为巴绒苏尼图王德却顿珠和达尔汗部王久旦诺尔布主仆等130多人传授长寿灌顶，为鄂尔多斯土丹尼玛、达尔汗部台吉土旦尼协等400多人摩顶。

四日，根据不久来五台山的通知，国家总统特派代表来到班禅处，献见面大哈达一箱、珊瑚念珠一串、银制茶盘一个、景泰蓝花瓶和大香炉5尊、银面烊铜、黄色缎靠背、刺绣花缎供幔、有6头牛的水晶瓶、带花纹的大瓷瓶一对、面具一对、杭州黄缎衣料4匹等。班禅送哈达一条，表示感谢。

七日，班禅师徒乘坐汽车来到北京城西北部15公里处的万寿山参观，这里曾是皇帝的夏居处，山上森林茂密，山坡有寺庙，皇宫十分别致，周围小河环绕，密林、小房显得十分美丽，是一块圣地，全程有蒙藏院人陪同服务。

八日，中国要员张作霖特派杨处长来见班禅，敬献哈达、金色财水缎5匹、优质黄色缎子5匹、白玉和羊脂玉座钟一对、金表一块、朱红色刺绣缎罩8个；书信邀请班禅额尔德尼秋季无论如何前往奉天参观。班禅很愉快地接受了邀请，同时捎去密封信件。在此前后，班禅为蒙古金绛曲仁钦、恰鲁特加央嘉、王拉钦旺秋、大喇嘛桑珠、台吉古拉热扎、鄂尔多斯汗根部夏仲贤珠格列嘉措、阿热霍尔沁图萨拉齐格桑、库鲁察汗七部的大臣觉巴嘉、贡桑德吉等信徒1000多人摩顶，传授长寿灌顶，讲授《玛尼》《慈缘法》《长寿陀罗尼》《香巴拉祈愿法》等。按照各人的愿望，为库鲁夏热台吉班觉、廓尔鲁苏夏仲阿旺旦增、库鲁夏热呼图克图、艾旗瓦多都部的达曲甘丹林寺活佛罗桑土旦达结、阿朵钦旺钦多杰等信徒1500多人讲授《往生法》《香巴拉祈愿法》,并摩顶。

十八日,正好是祈愿大法会,班禅额尔德尼莅临由仪轨僧大密师等人举办的法会,坐在密教怙主像之前,向护法海献酬补、托付的供品施食和会供曼荼罗。

十六日起,为帕仁台吉班扎、廓尔鲁苏益西达热、廓尔鲁苏大喇嘛群佩达结、加鲁特图萨拉齐拉嘉、蒙古金曲杰嘉、鄂尔多斯次仁南杰等僧俗信徒1500多人摩顶,讲授《皈依法》《长寿陀罗尼》《香巴拉祈愿法》《乐愿法》等。

这时,成立了"国家行政处(ཤེན་ཅེ་ཚའུ།)委员会"全省代表机构,需要向各参政院机构派驻代表,班禅和段执政商量委派仲钦和司膳堪布。

二十四日,为汉蒙古族200人摩顶,讲授《香巴拉祈愿法》,委派大知宾去视察霍尔扎什伦布寺内外班级。

在北京期间,和段执政相互谈心,轮流到各居所,多次设宴畅谈。大地持宝姑娘腹,千万瑞河汇聚海,业缘清净河流水,日日不断流淌忙。名称方轮所寄信,稀奇声音传耳朵,虔诚表情千层浪,摇供资粮结泡串。慈悲青云密布中,格言细雨常挤压,抚育虔信芽生长,快乐花开叶圆满。

后来,班禅额尔德尼有去五台山居住的想法,于是将北京的事委托给近侍司膳和司寝两位堪布。二十五日启程,段执政的代表、各局长、蒙藏院大小总裁等文武官员及其代表、军警官兵乐队等在火车站送行。另外,会见了来送行的阿嘉呼图克图、蒙古族王等,按照地位高低先后面谈授教。火车第一车厢像以前一样准备,是日住在定州县(ཏིང་ཀྲུང་ཤན།),从此每天都宴待师徒,每到一个县县官提供300大洋，国家每天拨100大洋。班禅为所有的火车服务人员和定州县长赐给礼物。

次日，乘坐皇帝的黄色轿子前行，前后两日在木句阳（སུས་ཧུས་ཡང་།）和王宫（ཝང་ཀུན།）休息。

二十八日，在和灵寺用餐，向和尚们布施物品，提供250个大洋用于殿堂修复。是晚住在彭坪（ཕུང་པིན།），恩赐县官无数物品。在此前后，赏赐送行返回的人。那段时间雨水稀少，班禅额尔德尼专门做了降雨，祈福后雨水不断，昼夜下个不停，人们非常高兴，对班禅额尔德尼也升起了由衷的敬仰。

二十九日，由照顶寺（ཀྲའོ་དིའི་ཟི།）及各寺院的僧人执仪仗迎接，是日住在照顶寺，向佛殿献供，布施给和尚们僧茶代金。

是月最后一天，行至长城岭山头，五台县赵县长、军警官兵、马旗队、黛螺寺（ད་ལཱུ་ཟི།）扎萨喇嘛等僧俗迎接。之后，五台各寺的总扎萨喇嘛、章嘉活佛大代表堪布为首的各寺喇嘛执事、山西督办特派的宋道员、李参谋等官员迎接。僧人们执仪仗迎请班禅到黄教寺院黛螺寺，班禅为迎接者等僧俗官民摩顶，向各佛殿献供，向法会施放僧茶，发放布施，向佛像塔敬献哈达，诵经发愿，并赏赐扎萨喇嘛。

阴历六月一日，一路上各寺院仪仗队、各喇嘛执事迎接，以章嘉呼图克图为首的僧人手捧供物列队在前。在山西官员代表及护卫官兵仪仗队的护卫下，道路两边簇拥的无数百姓有幸亲自目睹遍知班禅额尔德尼犹如皎洁明月般的尊容。遍知班禅额尔德尼登上文殊菩萨庄严净土圣地五台山的中心菩萨顶，幸福光明寝室中无畏狮子座的高大吉祥金座，章嘉呼图克图、五台和黛螺两寺的扎萨喇嘛为首的喇嘛执事敬献曼荼罗三所依，班禅摩顶赐茶。山西阎督办派代表来献礼，班禅在寝室会见，即兴撰写了《文殊菩萨祈祷文真言慈悲嘱托使者》,表现出非常欢喜的样子,心想他亲眼目睹了文殊菩萨显现。殊胜上师具有佛的殊胜功德且不显露,像宝瓶中的酥油灯火一样。向土地主龙王献神饮和哈达。县官准备好了一切,安排妥了3天服务班禅师徒的工作。

二日,应五台扎萨喇嘛和全寺请求,班禅额尔德尼莅临大经堂法会,观看两位格西辩经。扎萨喇嘛敬献曼荼罗三所依,祝愿长寿,陈放了如云供品。班禅念诵回向文,为参加法会的僧人摩顶。这天,班禅额尔德尼撰写了《格言论著二规百光宝鬘》;电报北京的段执政、东北的张大帅(张作霖)、山西阎督办,以及北京几个官府平安到达五台山。

三日,赐给苏代委员(སུ་ཏེ་འོ་ཡོན།)哈达、大小纯白茶杯3对、鹿茸一对、优质铁色缎料两匹;分别赏赐参谋长、五台县长。同时,恩赐大青等全体仆人。

四日,准额左穆旗晋美、察哈尔比丘益西、喀尔喀洛桑、帕仁益西佩吉、鄂尔多斯比丘洛桑曲丹、蒙古金欧色、阿拉善齐迈等人献礼祝寿,班禅为以他们为代表的1000多男女僧俗信徒摩顶,讲授《香巴拉祈愿法》。山西迎接者宋道员和李参谋返回,班禅面赐礼物。赐给督办名号、反映情况并誓愿礼的木刻玉柄箱、香一束、花纹优质缎等;赏给五台扎萨丰厚礼物。向菩萨顶及属寺各殿堂献百供,向几尊主像献沐浴和敬神哈达,并举行开光仪式。

七日,派近前大堪布洛桑给章嘉呼图克图送去礼物花纹花瓶两个、杭州优质黄缎多匹等。前后几日为鄂尔多斯洛桑索巴、门岗部的玛尼巴图尔、且桑王次仁等男女信徒1000人摩顶,讲授《慈缘法》《香巴拉祈愿法》。

十一日,应加央曲科林寺时轮轨范师拉仁巴格西格敦嘉措为代表的几座寺院善知识的请求,为1000多僧俗信徒摩顶,讲授《上师供深授法》《香巴拉祈愿法》，将胜劣一切人永远安置在乐道上。

十三日，五台山黄教寺院的执事聚集在菩萨顶举行例行祈愿法会，班禅施放僧茶，按照当地风俗供养全天的饮食，布施每位僧人大洋一块，并每天莅临法会观看辩经，指导理论讲修教育，发愿事业兴旺。

十五日，由大密师达尔巴噶钦旦增晋美旺秋亲自邀请（班禅）到密教怙主札仓（阿贡札仓）法会，主持举行与上师供会供曼荼罗相关的空行长寿仪式。会上大密师等人（向班禅）敬献多如云的礼物曼荼罗三所依、吉祥圣物、汉马蹄银、优质缎子等。从《三密传记》的撰文中颂扬功德，祈愿有寂怙主友莲足直到劫海永远不动摇，为了佛教众生的利乐发宏愿，事业无阻，自然成就，登上扎什伦布大寺无畏狮子抬举的高大宝座，让雪域一切众生享受密语甘露喜宴，圆满幸福，受用吉祥，请务必慈悲关照。班禅额尔德尼热情复示，为全体夏仲、主仆摩顶，赐护身结，讲授自作《妙吉祥祈祷文悲嘱使者》和《颂云海甚深教》。

十六日，为阿朵巴绒部的格桑扎巴嘉措、库茹勒苏米的五台和尚大寺的喇嘛、两位扎萨、大喇嘛等汉蒙僧俗700多人摩顶，讲授《香巴拉祈愿法》。这天全天侍奉菩萨顶及属寺立宗辩经法会，发给每僧报酬大洋一块，并关心辩经。

第二天，会见鄂尔多斯喜饶嘉措、阿热霍尔沁格瓦嘉措、达日岗噶部洛桑达结等300多人，讲授《白度母颂》和《长寿陀罗尼》。

二十二日，会见迈谢呼雪乃旦巴等200多人，讲授《香巴拉祈愿法》《玛尼》《慈缘法》等。

二十三日，参观菩萨顶周围寺院，五台扎萨等人敬献哈达；各寺院执仪仗迎接。（班禅）向甘珠尔寺、显通寺、白塔、龙王、文殊赞果玛（ཙམ་མགོ་མ།）、龙谷寺（ལོང་ཀུ་ཟི།）等主要佛寺塔献五种百供，沐浴、供施、开光,献敬神哈达,立大誓为信教大众谋利。

上座后,大喇嘛和执事一起献礼祝寿。班禅会见了全体师徒。这里的寺院盛情招待班禅师徒。班禅为每个寺院施放僧茶,发放丰厚布施。

二十四日,像前天一样,动身去向供有五百罗汉、曼殊室利、度母的佛殿献五种百供,并沐浴、开光、献敬神哈达、发愿祈祷等;照例为各寺施放僧茶,发放布施。

二十五日,向五部妙吉祥拉康、玛尼巴扎上下、格西苏米等寺佛塔献五种百供;次日,照常莅临法会向新寺、七佛殿、胜乐殿、章嘉拉章、金刚洞、桑林、白兰寺(འབེ་ཡན་སྨི)献五种百供,并沐浴、开光、献供,敬献敬神哈达,发愿广做事业;分别向前后十座寺院施放僧茶,发放丰厚布施。各寺院献曼荼罗祝寿。班禅讲授《普贤供云佛母法》《香巴拉祈愿法》,并摩顶,修炼金刚铃所传的胜乐五本尊自入法。为前来献礼祝寿的帕仁王部宋杜佳、鄂尔多斯杭根部喜饶嘉措等200多人摩顶,讲授《白度母法》《长寿陀罗尼》。

七月一日,按往常一样去向法王母、妙吉祥辛达玛、南山寺献供。之后,莅临章嘉活佛的寺院静安寺,扎萨喇嘛、执事等一起迎接。班禅参观了静安寺五大佛殿,瞻仰了三世章嘉饶贝多吉法体,敬献五种千供,并开光、沐浴、敬献敬神哈达、发愿等,使从红遗体左飘带不断流出甘露,所有的人都亲眼目睹,度过了稀有的时光。

从此请到章嘉寝室,会见章嘉活佛和扎萨喇嘛。在这里,班禅师徒受到热情招待。班禅额尔德尼为静安寺僧人摩顶,然后返回宫殿。在此前后,为鄂尔多斯阿旺次成、哈尔沁台吉索朗查巴、嘉康格敦扎西、拉卜楞寺的桑吉僧格、洛桑赤烈等一千信徒摩顶,讲授《长寿灌顶法》《妙吉祥祈祷悲嘱使者法》《香巴拉祈愿法》。

十五日,在菩萨顶寺的妙吉祥狮子吼像前陈放五种千供;莅临阿贡札仓法会，全天供施大威德自入开光会，向佛像涂金，向主尊佛像献黄卡迪缎半月形大氅、妆花缎（俄罗斯金丝缎）上衣、妆花缎围裙、银制精致的带纹供灯、五种供云、敬神哈达，发愿长做佛教众生的导师。对那里的人们来说，见到了至尊的各种不同的容颜。大救怙主自己表现出非常欢喜的样子，所说十分稀有。

在此前后，会见了厄鲁特部的喜饶僧格、达勒图托郭旗、却旦塘巴台吉饶丹、达尔汗王部云丹嘉措等三百信徒，讲授《兜率上师瑜伽法》《慈缘法》《香巴拉祈愿法》等。

二十三日起，闭关修炼甚深大密法，直到阴历八月一日出关，为侍从们摩顶；会见了塔尔寺慰问使、哲贡大成就师、萨延杜然、贝旦桑布、嘉陵图仁青等五百信徒。巴绒苏尼门兰嘉措、钦饶尼玛、达尔汗部次多等人前后献礼祝寿。班禅为僧俗600多人摩顶。

七日，参观五台各寺院，每到一寺照样由仪仗队迎接。参观千佛修行洞和南山佛殿等寺时，在山顶写下《战神礼赞》和《当方神施食回向》，住在“坚康”（ཙན་ཁང་།）。之后，依次参观了清凉寺、罗汉洞等寺，夜宿清凉寺。第二天，参观西山见月山（挂月峰）中央的拉康等，指示必须给密教怙主像献上送神香火，进行天神、多闻子、尊佛的神饮、托付事业等活动。回来的路上参观了美丽的伦布孜拉康，夜宿北山嘎玛祖丹拉康（སྐར་མའི་གཙུག་ལྷན་གྱི་ལྷ་ཁང་།）。次日，来到离驻地一公里处的十六罗汉做长净的具有加持力的石座前，阿贡札仓的沙弥比丘僧、五台扎萨喇嘛、蒙古族比丘等人做长净，然后会诵《缘起赞》《菩提道次第略义》。班禅额尔德尼长时间以修无漏三摩地的样子静坐。这天，天空晴朗，空中吹着柔和的微风，天气非常好。信徒们长时间望着班禅，享受眼睛的喜宴，欢喜不已，议论声不绝。

十日，参观东方胜幢山的翁孜拉康和红黄文殊菩萨修行洞，夜宿名叫观音（ཀྱང་ཡེ།）的佛殿。

十一日,参观观音洞(ཀྱང་ལོ་ཕུག)的修行洞和经堂后,为持处大喇嘛吴坚次仁、热贡宗噶尔活佛等100多人摩顶加持,讲授《妙吉祥祈祷悲嘱使者法》《香巴拉祈愿法》,然后回到菩萨顶宫殿,承事上述四院,施放僧茶,发放布施,向佛像献供、开光、沐浴、敬神哈达、发愿。前后为布鲁特图曲金嘉、帕仁桑杰加、哈尔沁活佛阿旺洛桑南杰、达赖王部信仰者等僧俗2000多人摩顶加持。

十五日,来到长净的怙主前念诵《别解脱经》。作布萨结束后,向主尊像语狮子献敬神哈达发愿,应曲诺尔布等人请求,为男女僧俗300多人摩顶。

阴历九月五日,向所有像献上新衣,发甚深誓愿,次序如下:静安寺的主供像是章嘉饶贝多吉,其右方是益西旦白的胜幢,左方是益西旦白,向这些献朱红色叶领和红绫里子的中东产黄色大氅、敬神哈达;向南山寺主尊释迦牟尼像献蓝边朱砂红绫里子的紫色带纹金缎衣及敬神哈达;向文殊香达玛像献紫色领蓝边朱砂红绫里子的缎衣及敬神哈达;向观音洞的3尊十一面观世音菩萨像各献库金缎面绿胡锦蓝底上衣围裙,向主尊像献刺绣红缎冠冕、精美彩色花纹花瓶一对;向其左右二像各献一顶带八瑞相花纹的头冠等;向法王苏米的主尊像妙吉祥阿惹巴匝献黄色为红叶中段有黄条的绸缎上衣及同样料子的围裙、红黄蓝三色叠舌的自黄色幡头冠冕一对、敬神哈达等;向妙吉祥赞果玛像献绿边红绫里子蓝胡锦缎上衣围裙、敬神哈达;向七佛中的主尊佛像献红绸里子紫色衣和黄色彩虹胡锦缎配领的缎衣、敬神哈达;向胜乐苏米的主尊像献自黄色中东锦缎面朱红色叶边、中东蓝色锦缎领子红绸里子的上衣围裙、敬神哈达;向金刚洞的主尊如来自在佛像献红黄色胡锦领朱红里子的黄缎衣、敬神哈达;向章嘉拉章的主尊饶贝多吉、益西旦白坚赞、旦白尼玛三像献胡锦领子绿绸里子黄色的卓洛玛锦缎大氅各一件、敬神哈达各一条；向白兰寺主尊大佛母像献紫色卓洛玛边绿色彩绸里子的蓝胡锦围裙；向五部文殊殿的主尊妙吉祥童子像（文殊童子）献朱红卓洛玛边绿绸里子的黄缎上衣及同样料子的围裙、紫黄色幡头卓洛玛料冠冕一对；向四方的文殊菩萨像献同样料子的上下衣各一件、中东锦缎冠冕各一顶；向善财洞的文殊语狮子献紫黄色缎子上衣、围裙、朱红绸内衣；向善财童子像献紫色胡锦领子朱红绫里子的黄缎面大氅、敬神哈达；向玛尼巴扎主尊至尊弥勒怙主像献朱红胡锦领红绫里子的黄缎面衣、敬神哈达；向格西苏米主尊时轮本尊像献白胡锦缎上衣和稀有围裙、敬神哈达；向宗喀巴像献黄缎衣服、红蓝胡锦彩虹内衣、敬神哈达；向新寺宗喀巴师徒3人像献红蓝相间的胡锦领、朱红色缎带花纹里子的黄卓罗缎制作的大氅、敬神哈达；向菩萨顶主尊三世佛像红色卓洛玛缎边里子雍拉玛缎衣各一件、敬神哈达；向宗喀巴师徒3人像朱红色卓洛玛领子、朱红缎里子的雍拉玛缎大氅各一件、敬神哈达；向文殊菩萨像献中东蓝绸衣边缎子，里子为黄色中东缎子上衣、围裙、敬神哈达等；向五百罗汉的住处大佛献红色胡锦领子、绿绸里子的霍尔黄缎衣服、敬神哈达；向宗喀巴大师像献黄缎伞盖；向老文殊菩萨像献蓝边缎里的白色卓洛玛缎子上衣、围裙和敬神哈达；向达热苏米的至尊度母像献蓝卓洛玛衣边、缎里的金黄色霍尔缎子上衣围裙、金冠、敬神哈达；向桑林寺主尊佛像释迦牟尼像献紫色卓洛玛衣领、朱红色绫子里子的黄缎衣服、敬神哈达；向两尊宗喀巴像献蓝胡锦领子、朱红缎里子的黄缎大氅、敬神哈达；向白文殊菩萨献绿卓洛玛衣边、缎里子的金缎上衣围裙；向龙谷寺的文殊语狮子献朱红卓洛玛衣边、缎里子的中东红缎上衣围裙、敬神哈达；向主尊宗喀巴像献朱红衣领、朱红绫子里子的卓洛玛缎子大氅、敬神哈达；向至尊弥勒怙主像献缎子里子黄色胡锦的上衣围裙；向甘珠尔苏米的主尊像献绿色卓洛玛缎卷领、朱红色里子的紫色胡锦上衣;向上述各像分别敬献紫色胡锦边、朱红色绸子里子的彩缎围裙、敬神哈达,发愿做佛教和众生的救护者,努力做出更大事业。

有诗云:如来法雨白莲花,莲叶笼罩花蕊中,散发修行预言味,呼唤使者之信函。毗卢遮那幻网身,文殊童子五智慧,教授五部幻化地,稀奇无比五台山。十方佛与菩萨鹏,聚集佛母空行地,所说百声渐放松,某人足指月镜中,加持洞中滴养分,有业信仰之睡莲,修行解脱之花蕊,供养芳香飘远方。诸佛之库妙吉祥,光边幻网金刚执,分别自证智光浪,现喜善相真稀奇。

在此前后,班禅额尔德尼为帕日乃桑结嘉、鄂尔多斯桑热嘉措、达尔汗贝勒部达曲顿珠、索尼图萨拉齐等1500人摩顶,讲授《香巴拉祈愿法》。菩萨顶几位大喇嘛、性相札仓堪布次仁多吉等人献曼荼罗祝寿。班禅讲授《妙音颂》《香巴拉祈愿成就源》等。

十二日,为额图扎萨、菩萨顶寺工作人员、营长等保护官民的人摩顶,并予以赏赐。为土尔扈特次成嘉措、格桑尼玛等献礼者为代表的300人摩顶。是日,为住在几座乌图寺院的几百名格西详细讲解《五部大论本颂》《菩提道次第口诀》等。

十四日,班禅将去北京,送行的县营长士兵300人和几个寺院上师执事等僧俗一起送至金康寺(ཅིན་ཁང་ཟི།)。是日,驻锡岩土镇(ཡན་ཤུ་ཀྱིན།)。第二天继续前行,夜宿代县。次日,乘汽车从衙门府出发,夜宿卜桑(པི་སིང་།)。途中阎督办进见,山西官员300多人和军人几千人献见面哈达。阎督办衙门按照汉俗设盛宴招待,陈献礼物多如云,班禅厚赏。

二十日早上,乘车继续前行,次日到达北京,段执政的代表各总长等汉蒙官员百人和警察军人迎接到瀛台宫(ཡིན་ཏའི་ཙོ་བྲང་།),会见了蒙藏王爷为首的官员。

班禅驻锡五台山期间，撰写了《菩提道次第略论实践法解脱道光明灯》《祈祷遍主轮怙主至尊善慧持教自在佛鼓励悲心使者》《依时轮上师瑜伽略论共与非共道之别导师偈》《乃塞大佛现证酬补忏悔颂》《神饮》《招引会供成就使者》《忿怒姊妹护法施食仪轨粉碎魔军金刚锤》《主道略义》《依勇武转轮王之上师瑜伽》《依妙音之上师瑜伽》《向主尊佛像献衣灯誓愿词》等多部。显然，上面的乃塞瓦之施食仪轨祝词大概也是胜天向大怙主（班禅）亲自说的。当整理时，班禅说这个词与先前一样，而看到另外一些词时说这与先前不是同一个词，但表现出回想不起来的样子，从这些方面看出难以想象的层次。像这类继续请教只会招致指责，不向任何人透露实情，所以这里也只是说说而已。

二十三日，派大密师去慰问段执政；赐给总长等大官员们慰问礼。为拜见者摩顶赐教。之后，在寝室前后会见喀尔喀桑布、阿朵帕绒部贤珠、迈甘王部豆嘎嘉、库伦包尔君巴尔果次仁等信徒 380 多人，并传授长寿灌顶；为喀尔喀桑结嘉措、鄂尔多斯贡却桑热、苏尼扎西、塞钦王部的桑布、察哈尔乌朗部郡襄等僧俗信徒 2000 多人摩顶，讲授《香巴拉祈愿法》。

阴历十月一日，班禅额尔德尼去见段执政，献厚礼，双方热情畅叙。

五日，为库鲁察甘德穆旗益西、洛桑晋美、喀尔喀塔凯、阿朵帕绒部益西桑布、贝旦欧色、贝旦坚赞等 400 多人摩顶。

八日，普布觉活佛、喀尔喀堪钦诺门汗活佛管家等人来献慰问信、礼物。班禅回赐礼物。哲木雅活佛进寝室拜见，献曼荼罗、霍尔钹恰。在此前后，会见了喀尔喀塞钦王部比丘益西桑布、土尔扈特代亲王部大喇嘛塔尔巴嘉措、郭尔鲁苏台吉格桑索朗达吉、喀尔喀贡嘎尔、罗桑达吉等 650 人，讲授《香巴拉祈愿法》。

这时,国家政治领袖执政段祺瑞与各省督办、省长协商,将中华民国所有的文武官员从同志改为与以前文殊皇帝的好做法一致,音译成藏文称"ཐོད་ཏྭན་ཅིན་རྗེད།"。为了利乐生死涅槃,加封班禅额尔德尼为"众生怙主班禅额尔德尼",授予纯金制成的印章金书。蒙藏院提前送来汇报书。瀛台宫的大门内外中各处彩旗、璎珞飘扬,鲜花、横幅美文装饰。

班禅额尔德尼的寝室中已经准备好了帷幔、宝座、各种用具、地毯、坐垫等。

十六日正午十二点,金书、金印分别用黄缎包裹和饰以鲜花,通过快轿由国家大代表内务府总长、蒙藏院两位总裁、大小官员 20 位和名叫余伟时(ཡུལ་བའི་ཧྲི།)、金翟(ཅིན་ཁྲས།)、军乐队(རྒྱན་ཡོ་དུའི།)的 40 名钹锣者分两组列于前,执政府(ཀྲི་སྲིང་ཕུ།)迎请,到达瀛台殿中门时,全体侍从和楼上僧人吹螺号迎接,4 位堪布在石阶下面迎接,班禅额尔德尼在宫殿大门内迎接①。轿子在大门外停下,金字信札和金印分别装在漆匣中,用黄缎包裹。两位代表将匣子放在座台上的银盆中开启锁扣。内务府总长宣读解释金札字义,总参献上金印,班禅热情接过三鞠躬,与两位特使互换哈达,感谢段执政,并献上内库大哈达、响铜无量寿佛像。然后,在大门外合影,两位特使返回,班禅在门内送行,堪布们送行到石阶下。

之后,班禅额尔德尼与前来祝贺的汉蒙官员会谈。结束后,焚

① 孙宏年写道:12 月 1 日,中央政府举行隆重仪式,册封九世班禅,加"宣诚济世"封号,《申报》详细报道了这一盛事,"本月一日,为册封班禅之期",段祺瑞特派龚心湛、贡桑诺尔布为"正、副专使",内务部、蒙藏院"各派荐任官各一名、委任官各两名为捧册印官"。早上 10 点 10 分,"两专使及捧册印官等齐集执政府",按照法制院规定的典礼,"先将册封、金印置于香案上,正、副专使行一鞠躬礼,即由捧印官、捧册(官)置于彩亭内,前导以军乐队,向瀛台出发"。到达新华门后,两大堪布"预候迎驾,引导入内,车抵瀛台筵次",班禅本人"亲身出接,同入涵元殿"。该殿中央已设置礼案,两专使进殿后,班禅先向他们"行一鞠躬礼,从官捧册、印入,置案上,礼官读册文竣,两专使及从官以次向班一鞠躬,班对礼案行三鞠躬后,复向正、副专使一鞠躬致谢,并依藏礼分递各官之哈达毕,始收受册、印,并以交内务堪布桑商坚赞保管"。至 11 点 30 分,典礼告成,班禅邀请"两专使及从官至香绮殿进用茶点,表示感谢之意"。

香前引，高举伞盖迎至高大宝座，献上油炸面点。管家（强佐）献缘起礼黄色内库哈达、曼荼罗三所依、吉祥圣物、国政七宝，表示祝贺。随着悦耳的鼓乐声，夏仲、仲科、仪轨护法殿僧人按照地位高低、职位大小献见面哈达；喀尔喀三海喇嘛（སན་ཏེ།）江孜瓦的管家（གཉེར་པ།）献曼荼罗三所依。从此在5天活动中，护法殿僧人向护法神誓愿海进行酬谢活动，宴待全体随侍、蒙藏委员会全体工作人员、各位官员。

十七日，管家（强佐）设油炸面点宴会，大密师口诵长寿祝词，手捧曼荼罗，敬献内库哈达、曼荼罗三所依、吉祥圣物、国政七宝、法轮海螺、饶钹、衣服用具、黄金5两、汉马5匹、银元15秤、细氆氇15匹、碗瓶一对、人参果、白绸等。班禅额尔德尼会见了大小侍从和私人仆从，赐给护身结。通过蒙藏委员会向段执政献上汉藏文对照的感谢信和内库哈达等；通电各省督办、镇长（ཀྲིན་ཀྲང།）、司长（སི་ཀྲང།）、路长（ལུའུ་ཀྲང།）、镇守等文武官员表示感谢。各地纷纷来电祝贺班禅额尔德尼从很远的西藏来，加持力不仅遍布各地方，现在又受到升封，非常高兴。班禅希望会见汉蒙各级官员，与他们畅叙。

十八日，为来献曼荼罗祝寿的军委祖木旗玉亲哈（ཙུན་ཨུ་ཙུ་མུ་ཆེན་ཡུས་ཆེང་ག）、阿瓦嘎王部的道居、贝旦扎萨部的索朗达吉等僧俗1000人摩顶，讲授《香巴拉祈愿法》。派遣近侍司供堪布潘康瓦给送来金字书札和金印的内务府总长送去礼物大哈达、响铜无量寿佛像、粗香16束、前藏香和后藏香共48束、麝香两颗、一级藏红花一两、白羊皮衣料、蓝色轮纹缎衣料一件、白绿相间的缎料一件、花纹黑缎一匹、景泰蓝大花瓶、红花景泰蓝小碗、氆氇10匹等；派近侍司膳堪布苏努巴给蒙藏委员会总参送去礼物哈达、响铜无量寿佛像、粗香16束、前藏香和后藏香56束、麝香两颗、藏红花一两、羊皮衣料、蓝色轮纹缎子衣料一件、黑白绿三色缎子衣料各一匹、景泰蓝花瓶、香炉、玛瑙壶珊瑚盖、氆氇10匹等;送给两位协助官员花纹黑缎、白绿轮纹缎衣料各一件、麝香、氆氇等;赏给其他四类官员氆氇、瓷花瓶、香料等礼物。另外,厚赏蒙藏委员会3位科长、帮办小官员4位、执政府4位警卫军官等全体官民及办事人员等。

十九日,全体侍从在会供法会上向班禅额尔德尼献礼祝寿,陈献内库哈达、曼荼罗三所依、吉祥圣物、国政七宝、法轮法螺、金刚白垫、黄金3两、白银5秤、缎子5匹、茶一箱、九组缎。大密师祈求说:"大救怙主的三密传记中所记的甚深教诲广大,为了佛教众生莲足永驻。"班禅额尔德尼热情复示,夏仲、勒参、仲科(原西藏地方政府的俗官)、仲扎(原西藏地方政府上层僧俗官员)、译仓、汉藏工作人员、学生、家仆、张同司、江孜瓦仲旺杰、赛康瓦杰仲拉旺等大小随从献礼祝寿,班禅为他们摩顶。

这天,派勒参巴索朗饶吉去雍和宫全天供养长云王(སྤྲིན་རིང་རྒྱལ་པོ།),献敬神哈达。

二十日,为阿瓦噶王部的曼兰、代亲王部洛桑旦增等祝寿者为代表的僧俗1000多人摩顶。

二十五日,为巴绒苏尼比丘尊追嘉措、达尔汗王部卓玛、乌兰察布杂科柔旗等僧俗300人摩顶,讲授《玛尼》《慈缘法》《香巴拉祈愿法》等。近侍司膳堪布的母亲去世,请求班禅额尔德尼诵经净罪,班禅莅临甘丹五供节法会诵经利乐公众私人、佛教众生。

在此前后,为巴绒苏尼额勒孜、哈尔沁达珍尚、库鲁乌兰索巴嘉措、喀尔喀索日图喇嘛、包热图札仓瓦坚赞、塞钦王部准曲扎罗桑益西等为代表的僧俗1000多人摩顶,讲授《香巴拉祈愿法》。

二十六日,身体稍有不适,大密师诊治。根据情况,为了解除病魔,修诵《度母十万法》《白伞盖母禳解法》《般若波罗蜜多心经禳解法》《狮面空行母禳解法》《上座礼供法》《药师法》《息增护摩》《本生祈祷法》《般若八千颂》《贤愚经》等，祈求长寿。

阴历十一月二日，是金刚持前世班丹益西的定时祭祀日，按照汇报在北京城内 28 座寺院的喇嘛执事诵经礼供黄寺大塔的惯例，派仲钦堪布去陈献五种千供和黄白色内库敬神哈达，给喇嘛执事每人报酬大洋一块。

九日，班禅额尔德尼的身体好转，应叶凯觉沃的却拉甘乌托王部兹克热旗巴彦图（ཡི་ཁེ་ཇོ་བོའི་ཆོག་ལ་ཀན་ཨོ་ཐོག་ཝང་གི་སོག་ཙི་ཁེ་རིག་ཆེ་པྲ་ཡན་ཐུ།）、麦仁、巴绒部亲王的夫人等人请求，在寝室会见僧俗信徒 80 人，并传授长寿灌顶，受礼很多。

十日，为塞钦王部的旦巴嘉措、代亲贝塞部的雅培、阿瓦噶大王部的洛桑嘉措、达尔汗王部图米、苏尼王部洛桑等 150 名祝寿者为代表的僧俗男女 3000 人摩顶，讲授《皈依法》《香巴拉祈愿法》。

十一日，应阿瓦噶大王部的时轮寺堪布活佛绛曲旦白尼玛请求，为僧俗 120 人讲授《时轮俱生随许法》。在寝室会见赛赤呼图克图、拉卜楞寺强佐堪布活佛、老香德诺索瓦的管家等人。

第二天起，为阿瓦噶扎萨部格桑旦坚、吐谢叶图王部齐美益西、帕仁部纳森温秋、喀尔喀旺钦索朗等僧俗 800 人摩顶，讲授《香巴拉祈愿法》《玛尼》《慈缘法》等，传授长寿灌顶。阿嘉呼图克图献长寿礼物，班禅在寝室会见他。

在此前后，会见前后从扎什伦布寺来的孜贡巴或麦本章切达瓦平措、丁青瓦诺布、赛康瓦曲达尔、嘉康洛桑群佩、江孜瓦索朗、达摩瓦饶丹、朱霍尔[①]洛桑南杰、嘉康格列尊追等人。

之后，为达尔汗贝勒部饶强巴格敦嘉措、喀尔喀顿珠、额祖穆旗王部的图萨拉齐多吉帕姆、拉卜楞寺多仁巴赤烈、库鲁察汗桑

① 康区北部自甘孜绒坝岔至道孚县一带的名称

布、达旦多吉、达尔汗王部曼仁巴嘉塞等献礼祝寿者为代表的僧俗信徒1000多人摩顶,讲授《度母颂》《香巴拉祈愿法》等。

二十一日,为达尔汗贝勒部的贡却仁钦等献礼祝寿者为代表的僧俗300多人摩顶。是日,扎什伦布寺的孜强佐塞巴杰仲阿旺金巴、仲科塞巴杰仲坚赞主仆、四级翻译王忠、勒参巴王伦珠多吉主仆等人经水路来京,班禅额尔德尼会见了他们,并厚赏两部。在寝室会见时,详细询问扎什伦布寺情况。

在此前后,为乌准王部的索巴和贡却次成、邦图呼雪格列、吐谢叶图王绛边多吉、包热图饶强巴秋居、额祖穆旗达珍、阿玉杂涅那王部的桑达多吉、拉卜楞寺科才拉萨尔等献礼祝寿者为代表的僧俗500人摩顶,讲授《玛尼》《慈缘法》《香巴拉祈愿法》等。

二十四日,在会见孜强佐堪布塞巴、四级翻译王、勒参巴王子、仲扎等人的同时,为巴绒苏尼旦巴嘉措等200人摩顶。

二十五日起,为达尔汗贝勒部的桑结嘉措、阿瓦噶贝塞部的格桑、准贝塞部的洛桑嘉措、达尔汗贝勒部的益西饶杰等僧俗450人摩顶,讲授《玛尼》《香巴拉祈愿法》等;为邦图公部的桑布伦珠、阿朵巴绒部的乌齐尔台吉、刚到的大密师的随侍噶钦群佩等500人讲授《乃奈塞尔大佛颂——洁白女》。

这时,特派叶凯觉沃却拉甘去鄂尔多斯七部地区做喇嘛代表;诺尔嘎瓦麦甘堪布洛桑群佩和管家坚扎赛康瓦仲普旺坚主仆辞行,班禅为他们赐教。

阴历十二月二日,为麦甘王部的多吉、库库希日瓦扎西顿珠等献礼祝寿者为代表的300人摩顶。

三日,土尔扈特大扎萨将军公部落的第木齐罗桑班旦等27人资助在密宗札仓护法殿举行上师会供曼荼罗法会,向班禅敬献曼荼罗身语意三所依、吉祥圣物等祝寿。班禅额尔德尼为他们摩顶,并回赐礼物。

之后，为达尔汗普乐部贝旦、苏尼图萨拉齐扎西、阿旺群觉、穆图尔扎西、比丘塔耶、察哈尔塔布斯部的洛桑等献礼祝寿者为代表的僧俗1200多人摩顶，讲授《长寿祈祷如意妙瓶》《香巴拉祈愿成就源》等。封授霍尔沁旦巴达杰林寺赤巴活佛索朗桑布为“堪布”、蒙古金王部的德吉平措林寺的第亚旗活佛益西旦增为“诺木齐麦甘堪布”，并分别颁发公文。

八日，会见达尔汗贝勒部的南杰扎西、布日图阿玉尔室利、阿雅第瓦等300人，讲授《香巴拉祈愿法》。

之后，逐渐为麦甘王部的扎西次仁、达尔汗贝勒部的弥觉嘉、杜尔贝阿旺扎巴、塞钦王部的贡却金巴、凯秀泰扎萨部的洛桑多吉等为代表的僧俗700人摩顶，讲授《香巴拉祈愿法》。

十五日，在寝室会见了从水路来的恰贝文书包尔多巴噶钦顿珠旺堆。

十六日，先后为鄂尔多斯王部的麦甘布勒、巴绒苏尼曲尚、准苏尼旺钦达瓦、吐谢叶吐王部的绛央多吉、章嘉、扎萨郭莽活佛、乌多图大公部的图萨拉齐宝音巴图儿、库热勒杰康孜代表密宗喇嘛班钦、库热勒堪布布勒图代表杂可热托云、巴绒呼齐托云喇嘛洛桑欧色等僧俗信徒700人摩顶，讲授《香巴拉祈愿法》；诵经祈祷亡灵；认定嘉康孜呼图克图和库热勒堪布布勒图两人的化身，并作长寿文；为人们讲法；前后会见布热勒图札仓僧桑堆、阿瓦噶大王部的绛央贡却、鄂尔多斯格敦次成、阿拉善群觉、麦甘王部的丹巴达结、准噶尔格隆尼玛、巴仁平措扎西、益西饶杰等僧俗信徒600人，并讲授《玛尼》《慈缘法》《香巴拉祈愿法》等；诵经为患病死亡的罗准洛桑旦增举行净荐仪轨；在寝室会见了喀尔喀达曲等50人，传授长寿灌顶。

有诗云:幸福金墙全包围,富裕叶鬘所笼罩,善相百河流一处,摩诃支那某一地。殊胜千福所建身,相好庄严笑如月,眼睛甘露悉异熟,无量悲心常尊敬。傲慢顶上旋转器,蓝色发辫波浪摇,沐浴师足之善相,广阔之地利乐满。

丙寅年,即火虎年一月一日,举行欢庆喜宴,寝室中的座位依次、床幔、华盖、宝座、地毯、誓愿物、用具等圆满供物排列整齐,悦耳的螺号声响彻四方。按照以前的做法,救怙主的寝室中摆上了油炸面点和米饭等,十一种食品共有5盘。每位近侍面前桌上各放两盘米饭,另加5盘食品。五点时,焚香迎请班禅额尔德尼登上高大的无畏法座,大密师、近侍堪布、大小近前勒参巴以上的随员身着盛装按地位高低敬献哈达,班禅一一摩顶加持,赏赐礼品。然后,上糌粑、奶酪、茶米饭等。密咒怙主法会举行仪轨,同时向吉祥欲界自在母献长寿食子和会供曼荼罗。导师净饭王子之教,尤其是妙吉祥西藏佛教像纯金一样,祝愿永远弘扬各方,众生利乐事业兴旺发达,回响异熟。

在大厅摆放着250个油炸面点和米饭盘,叠加十一种饮食的33个盘子已提前准备,在引香的迎请下,班禅额尔德尼一登上金刚宝座,大密师首先行礼,强佐伴随着悦耳的锣鼓海螺妙音敬献曼荼罗三所依、国政七宝、吉祥圣物等。阿嘉呼图克图、章嘉扎萨、雍和宫扎萨、大小喇嘛等外宾敬献曼荼罗三所依。仆从夏仲、仲扎、私人佣人着盛装按地位大小先后献礼。班禅回赐礼物,并摩顶加持,将大家都安排在坐上享受面食、茶、米饭、肉等。索朗旺堆、仲扎苏努杰仲洛桑旺堆两人第一次求见,班禅为他俩及其他外宾赐油炸面点、大结哈达等,一直待到法会结束。以段执政为代表的北京、各省的汉蒙大小官员按照各地的风俗送来许多新年缘起礼物、贺信等。班禅额尔德尼一一回复慰问。

四日，会见所属喀尔喀丹吉林寺主活佛洛桑旦增主仆、塞钦王部的格列金巴、帕仁然达那班扎等僧俗 200 多人，讲授《玛尼》《慈缘法》《香巴拉祈愿法》等。活佛向班禅献厚礼，向随从们发放布施。班禅给他以厚赏。

五日，照常上茶，会见来自扎什伦布寺的四品赛康巴索朗道吉夫人主仆，以及其他僧俗 100 人。在寝室会见四品官，询问寺院情况，额外赏赐。

第二天起，班禅额尔德尼先后为鄂尔多斯杭根部台吉拉果、帕仁云丹、夏热穆仁拉仁巴格西仁钦多吉、戴青贝勒部的贡布、库鲁察汗次仁贝达尔、鄂尔多斯确列朗杰、塞钦王部的众敬、索朗贝吉等信徒 500 人摩顶，讲授《玛尼》《慈缘法》《香巴拉祈愿法》。

应帕仁大王部黄科寺（ཧོང་ཁོག）活佛达珍次仁的请求，在寝室会见 100 位信徒，并讲授《长寿灌顶法》《香巴拉祈愿法》。

十二日，按成规诞生日大祭出生值日神阎罗海。阿瓦噶亲王南杰次仁承事全天宴。

十五日，在佛像前陈放五种千供物。神变节期间，莅临孜护法殿法会主持与上下续部相关的、针对佛教与众生利乐的广大修供活动。在此前后，喀尔喀丹吉林寺赤巴活佛主仆辞行。班禅会见了库鲁察汗多吉德摩、杜尔白达赖航部的旦增欧色、大喇嘛旦增、塞钦王部的南赛、苏尼绛边、廓尔鲁苏洛桑南杰、察哈尔库鲁夏尔旦白尼玛、吐谢伊图王部的廓西噶、准苏尼道旦、洛桑等僧俗信徒 1300 多人，讲授《香巴拉祈愿法》《长寿陀罗尼》等。在寝室会见杜尔白拉莫尚坚等 50 人，传授长寿灌顶。

二十六日，为帕仁盖根苏米活佛晋美喜饶、塔尔寺仁钦、麦甘王部的索朗达吉、阿瓦噶大王部的洛桑曲增、准苏尼格桑、三杭部的普布、吐谢伊图布扎雅、哈尔沁洛桑仁钦、鄂尔多斯王部的曲扎、塞钦王部巴沃等僧俗2000人摩顶。

阴历二月六日,应乌兰察布东苏米(东寺)寺主活佛洛桑旦增坚赞请求,为僧俗百人在寝室授长寿灌顶,讲授《时轮俱生随许法》。活佛敬献礼品。

在此前后,班禅为黄亲王部桑吉、准苏尼的洛桑群觉、喀尔喀热周、塞钦王部桑旦、达赖王部的夏热苏米寺主活佛罗桑班旦旦白坚赞、卸任堪布活佛洛桑旦吉群佩、鄂尔多斯乌托王部的阿旺索巴、吐谢伊图王部次旺班扎、杜尔白甘珠尔苏米活佛洛桑勒贤、鄂尔多斯巴绒公部的活佛格桑旦白坚赞、苏尼比丘却朱、索伦巴尔果的绛央次成、阿瓦噶王部的贝塞旦白金达、库鲁察汗贝旦次成、库鲁库扎西德勒等献礼祝寿的僧俗4200人摩顶,讲授《玛尼》《慈缘法》《香巴拉祈愿法》等;封授巴尔果库鲁察汗甘丹群佩林寺僧人比丘洛桑丹佩和阿拉善亲王部丹吉林寺饶强巴群则诺布达吉为“诺木齐堪布”名号。为乌兰察布六地区的僧人授教话别;为辞行的管家伦珠孜噶钦才诺尔建主仆赐贶礼;为返回的管家旺杰库热赐贶礼;为阿瓦噶洛桑旦增金巴等僧俗讲授《祈愿法》。

十日,会见塞钦王部罗桑益西等僧俗500人;在寝室为索伦巴尔果布盖尔达恰旗嘎主仆60人传长寿灌顶;封授仁布白噶尔塘平措达吉林寺活佛晋美格桑尼玛和阿拉善亲王部甘丹丹吉林寺的饶强巴诺尔布嘉措为“诺木齐堪布”名号。

喀尔喀右旗吐谢伊图公部的额尔德尼诺门汗呼图克图活佛洛桑多吉要求做甘丹扎西群科林寺的管家,班禅封授他为“诺木齐麦甘堪布”及印章,下令其他人不许侵害该寺,并赐给属于扎什伦布寺的文翰、圣物、衣服等。

十一日,为阿瓦噶大王夫人扎西玛、子公爵佛陀帕拉主仆、觉达帕仁王的信使弟弟罗桑益西、戴钦贝塞部的豆噶尔加、达日岗噶的罗丹、塔尔寺索朗达吉、喀尔喀贡却桑旦等僧俗 700 人摩顶，讲授《香巴拉祈愿法》；在寝室为阿瓦噶王夫人、儿子、大臣主仆 250 人授长寿灌顶，额外赏赐夫人、儿子主仆。

十四日，为图迈麦甘扎萨部的托云扎西顿珠、戴钦贝塞部的阿旺弥觉、鄂尔多斯杭根部隆多、阿热霍尔沁贡却扎西等僧俗 700 人讲授《兜率上师瑜伽法》《慈缘法》《玛尼》等。

二十三日，为将军公部的益西加措、准苏尼桑吉窘乃、察哈尔阿朵钦洛桑索巴等僧俗 500 人摩顶，讲授《玛尼》《慈缘法》等。

这时，北京和天津的各大军阀相互不和而起纷争，发动战争会侵害众多人的生命，对于公正无私的多民族来说，不可忍受的痛苦将要来临，为了不让这样的事情发生，班禅向全国大多数省发去电报，要求相互撤出军队，缔结和平条约。

有诗云：可怖吼声虚空鼓，各处发响落武器，如此罗刹亦慑服，不忍军队撼大地。蛮人暴行之狂风，刮起人死相暗淡，怙主您以悲日光，照亮一切众生药。

二十五日，为戴钦贝塞部的嘉措、土尔扈特旦巴、吐谢伊图贝吉尼玛等祝寿者僧俗 700 多人摩顶，讲授《香巴拉祈愿法》。

二十七日晚九点，直鲁联军总司令、山东督办张宗昌①主仆来拜见，与班禅详细会谈。在此前后，为香德喇嘛赛康巴杰仲尼玛顿珠主仆、诺娘帕索瓦洛桑主仆、吐谢伊图典寨、巴绒苏尼益西多吉、

---

①　张宗昌 1881 年（又说 1882 年）生，山东掖县（今莱州）人。奉系军阀头目之一，1899 年赴东北谋生。武昌起义后，亲率百余人投山东民军都督胡瑛，任光复军骑兵独立团团长。1913 年 7 月，投靠冯国璋，先后任江苏陆军军官教育团监理、江苏将军公署副官长、总统府侍从武官长。后改任江苏暂编第一师师长。率部进攻护法军，任第二路总指挥。1920 年兵败，所部被解散。第二年至奉天张作霖处，先后任巡署高级顾问、宪兵营长、绥宁剿匪司令、绥宁镇守使。1924 年 9 月，第二次直奉战争时任奉军第二军副军长。第二次直奉战争后，改任宣抚军第一军军长。1925 年初，任苏皖鲁剿匪司令。4 月任山东军务督办。残酷镇压青岛日商纱厂工人罢工，造成“青岛惨案”。7 月兼任山东省省长。1926 年初，任直鲁联军总司令。1928 年 8 月，兵败下野，一度亡命大连、日本。督鲁三年期间（1925 – 1928 年），横征暴敛，捐税多达 50 余种，曾镇压济南工人运动。民国二十一年（1932 年），由日本回国，潜居天津租界。同年 9 月 3 日，被山东省政府参议郑继成枪杀于津浦铁路济南车站。

萨亲王部的旦增群佩、喀尔喀伊旦白勒部的达瓦多吉、巴绒苏尼绛央旦增、帕仁达瓦匈奴、康区大圆满寺的喇嘛僧格桑布、将军王部罗桑次成、吉柔图海斯的贡却、阿瓦噶瓦部的喜饶嘉措等献礼祝寿者为代表的僧俗信徒2500多人摩顶,讲授《香巴拉祈愿法》《玛尼》《慈缘法》等。

阴历三月二日,授予准苏尼王玛索尔嘉为“夏吉诺苏久台吉热图”(ཤ་ཅིན་སུ་ཅུག་ཐས་ཇི་རིག་ཐུ།)名号。

三日起,为布热图格敦、释迦、赛科夏鲁活佛主仆、乌公呼雪饶强巴洛桑多吉、喀尔喀贡布嘉等700多人摩顶,讲授《兜率上师瑜伽法》《慈缘法》《玛尼》《香巴拉祈愿法》等;为帕仁塔耶嘉措等僧俗讲授《香巴拉祈愿法》《去往极乐净土的使者和成就源》等法。

会见从扎什伦布寺来的知宾平苏班觉、知宾察尔巴杰仲旦增群佩、孜仲江孜瓦噶钦旺堆主仆等人,为僧俗150人摩顶。

二十九日,为雍和宫卓志扎萨贡却窘乃等执事、哈尔沁图穆图部的洛桑群佩等僧俗200人摩顶,讲授《玛尼》《香巴拉祈愿法》。

阴历四月一日,发电给各省文武官员,劝说大家国家面临政治领袖临时就职,重点抓好法规,各位必须和睦相处。各省前后回电,答应依教行使。

三日,为觉达(ཚོའ་ཏྭ།)部13个地区的喇嘛授教。密院时轮僧伦孜仲洛桑绛曲、管家定结巴身前僧土旦达曲主仆辞行。

班禅额尔德尼会见喀尔喀母亲贝塞旦巴达吉等僧俗150人,讲授《入行论誓愿法》等;为喇嘛强佐主仆饯行。

六日,孜贡丁青巴洛桑次仁、管家乃宁巴平措主仆将去索伦萨尔果18个地方担任喇嘛,班禅为他们饯行。会见帕仁活佛土旦嘉措等僧俗100人,讲授《三昧耶金刚修行念诵法》,为喇嘛强佐主仆践行。

北京城内的总警卫司令进见问安，班禅与他细谈。

十五日(四月十五节)是个特殊的节日，厚供诸佛像；护法殿法会向阎罗王海献祭品和会供曼荼罗。班禅坐在法会首座祈愿法会为了佛教众生的利乐圆满。

班禅被请上大经堂高大的宝座，按照上师供仪轨的方式祝寿。强佐献内库哈达、曼荼罗三所依、吉祥圣物、衣服用具、金银绸缎等丰厚礼物。大密师诵经祈祷长寿。这时，四品以上的近侍堪布献曼荼罗祝寿；仲科以上的人按地位高低敬献哈达，班禅为他们摩顶，赐给护身结。

是日，达尔汗亲王南杰次仁向班禅献寿礼银制施寿如意轮等身像，用珊瑚、松耳石、绿宝石等镶饰，还有曼荼罗三所依，宴请之日全部献上，集中了一生事业发展的缘起。这时，由于战乱数万百姓遭受痛苦，纷纷逃向北京城内，班禅为他们提供顺缘大洋几千。正值天气干旱，仪轨僧做法事求雨，不久大雨降临，成为胜劣众生的利乐养料。

有诗云：怙主慈悲之津梁，从中流淌加持河，开启俱生空藏门，永施双足远伸展。浊世不和风摇动，善好威光渐失去，不忍苦生之干火，焚烧众生之身心。看见贫人起悲心，威力之云布天空，所缘雷声响起来，群龙高兴洒凉水。

班禅派遣孜恰堪布去慰问蒙古张督办和王大仲译、合肥吴大将军。在此前后，接见了从扎什伦布寺来的时轮司祭师张钦噶钦晋美、孜贡冲布巴夏仲索朗等人；为廓尔罗弥觉多吉、土默特贡却嘉措、乌托王部的纳森乌齐、益西嘉措、达赖图多仁巴旺杰、霍尔沁王部的仁钦桑布、安多贡却查巴等僧俗600人摩顶，讲授《香巴拉祈愿法》。

二十六日，为恰蓝图纳森艾勒吉、蒙古金益西贡却等僧俗100

人摩顶。这时,两位中国道教会长来见,双方就所有的事进行谈论。之后,班禅额尔德尼派遣近侍司祭堪布潘康济仲、四品王仲去迎接从南方来的华东府的人,派近侍堪布噶钦洛桑南杰、四品官赛康巴索朗道吉两人去天津迎接。

阴历五月四日,为僧俗七百信徒摩顶。从即日起逐渐为廓尔罗苏尚香、土默特晋美、蒙古金嘎协、土默特南喀娘布等200多人。

十七日,张御守(ཀང་ཡུས་ཧྲིས།)从天津抵达北京,仲钦堪布丁青巴、知宾察尔巴济仲旦增群佩、张同司等3人前往火车站迎接。到达城内市长王府后,救怙主班禅额尔德尼率弟子去会面,呈上见面礼内库大哈达、响铜制造的镀金长寿佛像,亲切会谈。张大帅很恭敬地随顺班禅额尔德尼的想法,答应尽力提供服务,双方都非常满意。

十九日早上,汪精卫(ཝའི་ཏྲ་ཅི་ཡུས།)(是否准确,待考),从华东府(དཔའ་ཏུན་ཧྥུའུ།)到达北京,班禅派孜强佐堪布塞巴济仲、洛仲喀吉索旺、同司郑塞(ཀྲིན་སྲས།)等3人前往火车站迎接;会见新到的拉章司祭冲布南杰金巴主仆,为蒙藏僧俗50人摩顶。

这天的合时圆满,张作霖和汪精卫(待考证)两人在国家机关之外故园(ཀོའུ་ཡོན། 国务院)聚会。中午两点两人带领全部随从100人来到瀛台殿拜会班禅额尔德尼,四堪布、几名知宾等在汽车边迎接,当走到宫殿大门中间时,班禅额尔德尼迎接,相互行礼后,张大帅首先敬献见面礼哈达、黄金,供施3人一起来到寝室互换哈达,然后落座相互问安,谈论如何弘扬佛法、稳固国家政权,让各族人民尤其是汉蒙藏一切含识幸福圆满的方法,双方心想一处,洁白的善相无与伦比。呈上油炸点心和清茶。这时,北京城内外的卫戍总司令王将军也一起出来,走到石阶下面的汽车边,班禅额尔德尼短送。

五时，班禅和侍从们来到汪精卫的住处，献上内库见面大哈达、火镀金响铜制造的长寿佛像等，广泛畅谈。汪答应按照班禅额尔德尼的教导而努力，为佛法做事，并且赞扬、尊敬班禅额尔德尼。班禅赏赐两位大帅的礼物有内库大哈达、良马纳丹各一匹、鹿茸各两个、一级藏红花各一两、12 束一级长粗香各一纸箱、4 束装的细香各两包、32 束装的各两包、红氆氇和各有两匹各色线的纸箱各 8 个，并且派人提前送到火车站。张大帅献碎银和 20000 大洋，吴大帅献 10000 大洋。

在此前后，班禅为大喇嘛甘珠尔嘉、恰赖图益西多吉等僧俗多人摩顶，讲授《香巴拉祈愿法》。

二十三日，国家事务负责人国务总理杜锡珪（ཀོའུ་ཝུན་ལིང་སྦྱིའུ་ཞི་དཀྲི）[①]来见，广泛谈论，非常虔诚。班禅以同样的礼节接待。总理献上见面礼黄色无量寿佛像、龙纹黄缎两匹等。

二十五日，带领全部侍从去北京城内外法务卫戍总司令府拜访王将军，送给将军内库大哈达、响铜制度母像等，就广泛事情进行细谈。将军恭敬地行礼，军官们敲锣打鼓迎接。

阴历六月七日，去拜访国务总理，呈上内库大哈达和响铜制无量寿佛像，细心谈论。总理非常虔敬。在此前后，会见土默特诺云乌勒旗、恰蓝图巴雅尔、丹巴多吉等僧俗信徒，并讲授《香巴拉祈愿法》。为前后去世的济仲桑吉、洛桑南杰举行净荐仪式，恩护。在寝室会见不久将去蒙古地区的阿嘉呼图克图。

十二日，班禅被请到大经堂宝座，僧俗侍从献礼祝寿，护法殿全体僧人举行上师供仪式，献会供曼荼罗祝寿，面前陈列曼荼罗三所

---

① 杜锡珪，福建闽侯人，1874 年 12 月 11 日生。1922 年 10 月，任海军总司令；1926 年 12 月，任海军总长，兼代国务总理；1929 年 1 月，任国民革命军海军总司令；1931 年 7 月，晋升海军上将。1964 年去世。

依、吉祥圣物、国政七宝、法轮、法螺、衣服、用具全套、黄金3两、汉马一匹、白银5秤、缎子10匹、面包、绸缎类等。大密师仁布切献上吉祥祝辞,内侍以上的人各献曼荼罗三所依,勒参巴、仲科仲扎、汉族侍从、护法殿僧、私人仆从等分别献曼荼罗三所依。根据达达扎西吞巴亲属之后的祈请,授给诺布次仁"夏卜堆"(ཞབས་སྟོད།)名号,其子晋美为"译仓勒仲"(ཡིག་ཚང་ལས་མགྲོན།),两人前后觐见。夏仲家仆等人献见面哈达,班禅额尔德尼赐给护身结,为师徒们设斋宴。

十四日,封授章嘉扎萨郭莽堪布活佛为"额尔德尼班智达堪钦盖根"名号,赛科夏鲁活佛绛央旦白坚赞为"呼图克图"。

十八日,去年,扎什伦布寺来报经师金刚持诺门汗旗赛泰图仁布切杰增洛桑旦增旺杰贝桑布往逝法界,当时由于小事较多,心情不好,主仆们怀疑身体不适,没有报告我,森夏(གཟིམས་ཤག)送来供祭回向的请示报告也被耽误了,但是如果拖延时间太长会影响到父母的发心,现在呈上报告,立即撰写《祈请真言悲恸音韵》,在法会念诵,尽快完成圆寂的广大次第。

二十二日,为去世的译仓工作人员多吉杰布举行净荐回向仪式。

阴历七月一日,为乌热卓贝塞的夫人卓玛嘉、尼玛金科、图萨拉齐额尔德穆蒙库、杜尔贝旦白坚赞等献礼祝寿者为代表的僧俗100人讲授《香巴拉祈愿法》。

十日,为去做霍尔沁十二部喇嘛的章且瓦时轮却本噶钦洛桑尤聂、管家尼玛次仁主仆授教话别;会见库热恰司徒乌兰巴雅吉喇嘛、卸任首席时轮师阿仁巴旦巴达吉、喀尔喀仲聂喜饶、章且瓦仲扎西平措等100人,讲授《三诛法陀罗尼咒》;为堪布管家主仆饯行。在此前后,在寝室会见厄鲁特多贝塞的夫人卓玛嘉主仆、厄杭部麻仁阿盖巴图尔等僧俗百人,并授长寿灌顶,讲解《慈缘法》《香巴拉祈愿法》。

十五日，应中国文武统帅汪大帅和张大帅为首的官员邀请，班禅师徒来到北京丰台（སྦས་ཏེ།）由老扎卜（ལའོ་ཀྲ་པོ།）新建的具有加持力的佛塔前，有嘉庆皇帝时修建的吉祥金刚大威德等身像的寺院，自从立名牌以后，由于战乱死亡的军官与士兵60余万人，现在西北军（ཤིས་སྦས་ཅུན།）被驱逐，请求为十万多官民举行净荐仪式，大密师等护法殿30名仪轨僧人竖起薄伽梵吉祥金刚大威德坛城像，举行圆满的空乐无二智慧幻化自前能依所依庄严活动，运用自入而受灌顶的方式进行布萨仪式。山东督办张宗昌将军、严处长将军、总司令张将军、习将军（ཤིས།）等官员进见，请求为遇难者诵经祈祷往生净土，班禅答应了。

有诗云：诸佛分别智慧聚光镜，如母大爱温暖所感化，长寿智慧千光燃烧春，化机幸福远远胜过天。一切密意光明面，慈悲坛轮常圆满，大乐百光之网络，刹时消除痛苦暗。不忍宿业之工匠，苦乐之间形象异，天地混乱战场上，七十万到阎王村。不忍地狱混乱地，其中快乐之精舍，怙主慈悲之铁钩，刹那之间能变直。

之后，派人去给汪大帅和张大帅送去慰问礼。

本月末日（晦日），班禅额尔德尼莅临护法殿法会，向总护法和忿怒姊妹护法献祭会供曼荼罗，祈愿佛教众生的利乐兴旺。

是日，准噶尔贤珠佩吉林寺喇嘛嘉康噶钦洛桑坚赞的代表旦巴达吉将班禅额尔德尼请到大经堂宝座，在献上师供会供曼荼罗的同时，祈祷祝寿，敬献曼荼罗三所依、吉祥圣物、国政七宝、法轮、法螺、衣服用具、白银1000两等礼物。

阴历八月一日，美国常住北京代表金查（ཅིན་སྦག）主仆前来拜见。英国第四位王子到达北京，班禅派四品官赛康巴去见，并为英国皇帝带去慰问哈达等。这时，为喀尔喀知宾管家喜饶等人摩顶，认定哲布尊丹巴昆季克珠曲杰的转世，并讲授《长寿经》《香巴拉祈愿法》。

十四日,国家提供前面作布萨的报酬朱砂红金字纹上等缎子一匹、两色轮纹上等缎一匹、黄宝缎一匹、中东金章嘎红色缎等。在此前后,为阿瓦嘎达王部图萨拉齐晋美等汉藏和外国人等许多官员摩顶。在寝室会见巴尔果甘珠尔苏米(寺)的性相札仓卸任堪布多仁巴洛桑旦佩等50人,并传授长寿灌顶;为索伦巴尔果献曼荼罗祝寿的20人讲授《要道次第法》《香巴拉祈愿法》,满足了每个人的愿望。

阴历九月十七日,巴绒喇嘛江孜瓦噶钦洛桑平措、达木喇嘛达摩瓦洛桑饶丹两人初次拜见班禅额尔德尼。

会见嘉尔果库鲁察汗洛桑敦云和普布、额台桑木旦林寺堪布丹增嘉措、喀尔喀吐谢叶吐公夏贝旦尼玛、安多僧人贾卡尔洛桑平措等献礼祝寿者为代表的僧俗百人;为库鲁科库王贾尚佳、大喇嘛窘乃等僧俗70人传授长寿灌顶。

另外,汉藏官员来寝室拜见;强弱一些人、外国的许多官员代表进见,班禅与他们会谈,为几名汉族男女授居士戒,播撒解脱的种子。

二十二日,丰台塔前的本尊金刚大威德像因年久未修,使手相等遭到破损,需要新建,涂金开眼、地上周围、墙面坛轮等都要镜像很好的修复。大密师特派仪轨僧,不仅要全面开展预备、正式、结束(加行、正行、结行)三方面的工作,而且也要考虑国家和人民发展幸福的心愿。

二十五日,应雍和宫几位喇嘛请求,为求学佛法欲望较高的五百多汉族男女信徒、蒙藏一些人士讲授《无量寿随许法》《无量光修行教理》,全部讲解翻译成汉语,使信法者的信念更加坚定,心灵受到洗礼,实践建设地道功德化机之续,最终成为使佛教兴旺发达的良药。

阴历十月一日，接见从扎什伦布寺来的孜贡大领诵师达乌巴、时轮轨范师吉隆巴噶钦杰仲达瓦、孜贡多吉、密宗札仓嘉巴仲米麻斯塔、仲孜瓦仲米麻、噶钦索朗杰布等10位密教护法师，马厩师平措杰布、达瓦顿珠、扎西、呈食者、比丘、尤仲等22人。为阿热霍尔沁活佛旦巴嘉措、大喇嘛诺尔布、康区德格的欧珠次旺、仁钦等50人摩顶加持。

三日，会见从扎什伦布寺来的米玛顿珠、孜贡斯塔、仲孜瓦索布、章切佐朗、伦孜瓦噶钦扎西、仲钦仆人索朗诺布等16位僧人，以及四川益西顿珠、次成尼玛等50人。

五日，应布热勒图阿纳札仓的性相堪布克珠诺丹嘉措请求，在寝室会见20人，传授长寿灌顶，讲授《香巴拉祈愿法》。

六日，向大总统的事务负责人总理报告，通过广泛的讨论决定委任孜恰堪布塞帕杰仲阿旺金巴和四品官王子玉为参与国家大小事务讨论会会议员“在野”(ཆེ་ཡིག)代表。授予塔尔寺才本活佛洛桑隆热嘉措为“呼图克图”名号，上报国家。授予巴尔果甘珠尔苏米寺的赤巴洛桑伦珠为“达尔汗堪布”名号。

十三日，幕统说张大帅为了国家大事莅临天津，(班禅)派四品官王仲去慰问。张大帅派国务代表沈鹏来慰问班禅。

在此前后，班禅为巴尔果南赛臧盖、恰蓝图恰多加、安多达盖贡寺活佛罗桑土旦尼玛、扎西曲林寺的慰问使者维那贝却建等信徒僧俗250人摩顶，传授《长寿灌顶》《皈依法》《般若波罗密多心经》《兜率上师瑜伽》《慈缘法》《玛尼》《上师瑜伽加持招引铁钩》《狮面母法》《香巴拉祈愿法》《天母食子回向法》等。

十四日，派大密师去吊唁额铁茹贾杰经师金刚持圆寂。索伦巴尔果总大臣派子令公爷来寝室呈献书函、厚礼祝寿，班禅问安，会谈回赐礼品。同时,会见布热勒图扎西曲林寺慰问使,给予额外赏赐。

二十五日,五供节(燃灯节),侍茶时献上冬衣和见面哈达,照例饯行。侍从们每人献上额外三份礼。之后,侍从中的塞巴杰仲坚赞和扎西顶诺才献上译仓勒恰自己的见面哈达。然后,班禅额尔德尼为曲达尔等70人摩顶。在定期法会的供养时,密教怙主法会僧人举行吉祥大时轮仪式。时轮僧在寝室举行全天的吉祥第一佛时轮念诵仪式,全体僧人开展满意的良时法行。苏尼扎萨亲王仁钦旺堆的特使拜见,敬献生子献礼和25位具种王唐卡画,这是在汉地第一次讲授《时轮法》,缘起资粮非常好。

二十七日,接见刚从扎什伦布寺来的仲扎司厨斯塔次仁、孜贡领诵师雄巴道吉、洛巴杰仲南杰格列等5位护法师和时轮仪轨僧格贵日卡瓦等4位密教僧人。会见阿热霍尔沁台吉阿尔罕图等僧俗60人。

二十九日,会见察哈尔塔布斯嘎摩钦等僧俗50人。

阴历十一月一日,会见库鲁察汗洛桑索巴、罗桑班旦等僧俗70人,讲授《依时轮之上师瑜伽》《香巴拉祈愿法》等。

二日,香日德办事官近侍司祭堪布潘康杰仲、香日德喇嘛赛康巴准备离开,班禅在寝室会见他们,并赏赐饯行,赐给香日德喇嘛黄绿伞、马旗、豺皮鞭。准噶尔甘丹贤珠佩吉林寺的喇嘛贾康巴的代表返回,班禅饯行。授予喇嘛噶钦洛桑坚赞为“迈甘伊谢堪布”名号及堪布服、银印、黄绿伞、马旗、豺皮鞭一对;嘉封时轮领诵师阿仁巴旦巴达吉为“曲吉堪布”(法王师),管家顿珠次仁为“佐日图”。按照喇嘛请求,赐给寺院法规。在寝室话别时,再次讲授《姊妹护法奈塞尔大佛大酬补著作女法》、上述喇嘛所请的《白伞盖上师传承法》等。

七日，照例举行十吉全聚日活动。在此前后，会见四品官赛康巴的夫人及其仆人、喀尔喀其美多吉、库鲁察汗额孜苏门僧索巴、查兰图豆嘎次仁、布热勒土旦增等200人；在寝室为巴尔果旦增等30人传授长寿灌顶；授予扎西曲林寺赤巴活佛洛桑嘉措“诺木齐堪布”名号。

十一日，张大元帅曾经发出邀请，请班禅额尔德尼不久率领众弟子驾临蒙东（སུག་ཏོན།）。这天，派出的迎请联络员副官陈连浩（ཁྲིས་ལན་ཧོལ།）和大喇嘛隆旦嘉两人到达，班禅会谈。

十五日，为喀尔喀克罗、阿热霍尔沁塔尔巴等僧俗50人讲授《皈依法》《慈缘法》等。

十六日，喀尔喀艾尔德木贝勒的新喇嘛嘉巴仲米玛斯塔拜见。班禅为察哈尔十二部的喇嘛、时轮翁则金隆巴迈甘时轮堪布噶钦次成群佩、阿瓦噶四部的喇嘛诺木齐堪布仲孜瓦噶钦洛桑旦增、阿拉善喇嘛布尔多巴法王堪布卸任善知识强巴诺布，以及青海、上蒙古、扎那（游牧部）的喇嘛孜仲舞师章切达瓦平措，冲布巴噶钦巴桑、德阳巴噶钦噶尔楚、柴达木新喇嘛江孜瓦噶钦洛桑平措、瓦达木新喇嘛达摩瓦罗桑次成等八大喇嘛主仆饯行，会见刚到的贤巴仲多吉坚、齐吾强巴尔果额格热喜饶、苏仁等汉蒙藏3个民族的僧俗200人，诵经禳解病魔、洗礼、回向等，为喇嘛、管家饯行。应巴尔果额格热请求，为50人传授长寿灌顶；前后会见国务院各机关的代表、督办、蒙藏委员会总裁等为代表的献礼官员及其代表；向吴大帅、翟宗孙（ཛྲེ་ཙང་སུན།）督办、戴云燕（དའི་ཡོན་ཡན།）、督办、西宁大臣等发去内部电报，说明去蒙东的情况。

十七日，乘坐火车，前两节车厢、所有需要的东西都由漠东大帅负责准备。班禅额尔德尼一行从瀛台殿乘汽车出发，路的两侧有军警排队守卫，送行的人有国务院等北京文武机构的官员及代表多人,宪警军人为主的军乐队击鼓钹列队欢送。在火车上短暂会见了送行的官员、住瀛台殿期间的近侍大堪布洛桑、司膳堪布、孜强堪布等人。4 小时后抵达天津站,安国军(ངན་སྐྱིད།)大总司令、张大帅的代表、余参谋长为主的许多文武官员以及宪警军人鼓乐队等迎接,官员们敬献见面哈达,班禅额尔德尼回敬哈达问候。当时,张大帅从自己的驻地派来专车,当来到衙门大门口时,张大帅亲自迎接,他和班禅互换哈达,双方热情会谈。大帅短送到西苑,然后专门派人护送。途中直省、地方官员、警察鼓乐队等迎送。

十八日,当火车到达蒙东西车站时,有隆重的欢迎仪式,督办、缪省长两人为首的文武官员,大霍尔达尔汗亲王南杰次仁、温都尔贝塞次拉旺居为代表的蒙古族官员迎接。在军人鼓乐队的伴奏下,班禅会见各位官员,并赐哈达。然后,乘坐轿子来到蒙东城内,七大寺院的大喇嘛等执事、僧民高举伞盖、胜幢、旗幡,吹奏海螺、唢呐,打击鼓钹,手捧各种供品等组成仪仗队迎接,驾临张大帅准备的驻地霍尔斯(ཧོར་ཟི།)寺院寝室,会见负责接待工作的总管家郑处长等几位官员和各寺喇嘛执事。这时,已有数万前来拜见的人等候。在大帅府设宴 3 天招待班禅额尔德尼及其全体随从。从此,每天都有宴请献礼者,班禅赐予他们所需。

十九日,在衙门短暂会见督办、省长两人,然后献上大见面哈达、响铜制无量寿佛像各一尊,热情谈论。两位官员对班禅非常尊敬。

(班禅)向天津的张大帅、北京的国务总理、蒙藏委员会总裁等发去电报,告知到达漠东。

二十日,再次会见杨督办和穆省长,相互献哈达,热情畅谈。之后,会见达尔汗大王、温都尔亲王杨桑嘉、贝塞次拉旺居等,热情畅谈,享用油炸面点。

二十一日，会见库鲁察汗的嘎拉达南杰图多、下密院阿旺次旺、宗额祖穆钦达玛等僧俗200多人，讲授《玛尼》《慈缘法》《香巴拉祈愿法》等；赐给督办、省长、郑处长、大王等主要官员丰厚礼物，照常在寝室会见汉蒙族官员。应蒙东七大寺院大喇嘛、执事、僧民请求，在寝室传授长寿灌顶。

从二十二日开始逐渐为达尔汗部的杂科热齐扎西贝旦、阿热霍尔沁汪钦尼玛、贝塞次拉旺居、夏热苏米大喇嘛益西桑布、布勒图僧人阿玉室利、索伦巴尔果喇嘛诺木齐堪布洛桑次仁、新来的管家平措主仆、果尔鲁苏贡布等汉蒙古族贵贱600人传授灌顶，讲授《香巴拉祈愿法》。在寝室，为杂科热齐贝旦主仆传授长寿灌顶；会见岳省长、达尔罕王等几位官员。

二十八日，民国十六年新年，按照当地风俗派人给各大官员送去新年祝福和红色牌匾。奉天承运、地上大梵、妙吉祥人主，光绪皇帝兄弟第六子恭亲王从很远的驻地专程赶来拜见，班禅热情接待。之后，认定右旗寺院甘丹达曲诺布林的托云活佛，并作祈祷文，赐给诺木齐堪布文书；会见蒙古金甘珠尔活佛等僧俗300人。

晦日，应恭亲王请求，班禅于中午两点会见了派来迎请的代表，然后和全体随从乘坐汽车出发，路的两侧站满了人，阻挡了其他民族的行人，整个场面非常宏大，具有民族风格的旗帜及装饰品百看不厌。和尚组成的欢迎仪仗队高举伞盖、胜幢、旗帜，吹号击鼓，还有军人等各种人上万人焚香引导，迎接到下榻处。给恭亲王见面哈达和黄铜无量寿佛像等礼品，亲切交谈。之后，大救怙主和随侍大堪布、蒙藏各大官员一起在大经堂用餐，和尚献上了悦耳的吹奏表演。用餐后，又立即来到寝室，恭亲王按照历代皇帝的做法，献上檀香木柄如意和救怙主喜爱的天然圣物。班禅热情地接受了，建立了深厚的善缘关系，双方都非常高兴，情致高昂地谈论政教之事。然后请到铜佛殿献供佛像佛经佛塔等三所依,并诵经祈愿。恭亲王热情欢送,6点时回到黄寺。恭亲王宴请,敬献心意佛像印度产铜质不动忿怒像和香料等。

阴历十二月一日,督办和省长一起在省长衙门宴请,勒参巴以上的随从参加。乘坐汽车来到衙门,一路上有仪仗队敲锣打鼓迎接。这天,应咕噜苏格瓦扎西之请,班禅额尔德尼在寝室为他们30人传授长寿灌顶。

二日,达尔罕亲王南杰次仁在王府宴请,班禅额尔德尼和众随从在仪仗的迎接下来到王府,赐给亲王见面哈达、护身结、带匣铜质长寿佛像,赐给王妃、王子等其他亲属见面哈达和护身结等,一一问候;应请讲授《吉祥金刚大威德法》。亲王及其亲属非常恭敬地献上身语意三所依和其他礼物,表示感谢。

四日起,为蒙古金索朗达杰、包王雪叶丹多杰、白热图丹佩、包王雪次旦和曲杰嘉措、赤巴喇嘛、齐钦巴尔果瓜拉达、杂科柔齐、藏古等男女僧俗信徒3000多人灌顶,讲授《香巴拉祈愿法》。霍尔钦扎萨图多罗郡王巴耶赛果朗和公爵等主仆来寝室拜见,一起用茶交谈。

七日,温都尔亲王杨桑贾、郭乌善贝赛、部落的扎萨贝勒等3人来寝室拜见,班禅教授并赏赐礼物。巴尔郭十八部的总管大臣普如图贝赛郭浦、索伦孜勒乌盖尔大安群等人来寝室拜见,班禅教授;为蒙古金益西、郭尔鲁贝勒达珍杰布、扎克热齐坚赞、麦仁次仁、嘉兰图贝杰、阿热霍尔钦益西嘉措、包王雪桑布、图协叶图公爵格顿嘉措、郭尔鲁素仁钦等人为首前来祝寿的僧俗1600多人赐给见面哈达,讲授《兜率天母法》《妙音善慧女法》等所希望之法。

这时,巴尔郭总务大臣、青海官员来寝室拜见,一起用茶,吃油炸面食;为总务大臣赐护身结,讲授《祈愿法》,送给肖像等。应大臣和乌盖达两人之请，为他们主仆60人传授长寿灌顶，讲解《香巴拉祈愿法》。大臣等人献上丰厚的酬劳礼品。

从十六日开始，先后会见蒙古金达颜旗呼图克图的信使扎萨喇嘛、达尔罕部公爵桑杰嘉措、郭尔鲁苏喇嘛益西单增、巴达巴牙尔、苏茹呼雪部、邦图王部诺门汗活佛嘉木样次仁等僧俗2200人，讲授《香巴拉祈愿法》和《菩提道灯论》等，这些犹如良药一样的教授，利益了每一个人，恩德无量。巴尔郭部喇嘛诺门旗堪布丁青巴罗桑次仁和管家侍僧乃宁巴平措两人来献礼物。阿嘉呼图克图到达蒙古，来寝室拜见，班禅额尔德尼予以奖赏。黑龙江乌勒图从北京来到这里慰问，(班禅)在寝室会见并赏赐。督办派特使来献礼。

二十一日，准备去参观黄寺玛哈嘎拉殿，夏热寺和南台寺的迎接者高举旗幡，敲锣打鼓，手持供物等迎接。嘎啦迈呼等寺院的大喇嘛、第木齐、掌堂师(纠察僧)、僧众等执仪仗、焚香引导来到三世佛殿祈愿献敬神哈达。然后来到护法殿顶层经堂主持洗礼、开光、敬献哈达仪式；向其他佛殿献百次五种供物，向主要佛殿献敬神哈达。在护法殿再次举行姊妹帐面怙主酬补仪式，祈愿弘扬佛法；为大喇嘛、僧民们传授灌顶，每日提供斋僧茶。

之后，由仪仗队迎接到宫殿休息。

有诗云：教民欢喜明月笑，心愿圆满去冰寒，帐怙主前献供云，三学甘露满心间。

向土尔扈特喇嘛送去物品。在寝室会见仲孜噶钦喇嘛的化身呼雪亲王子罗桑贝丹嘉措主仆20人，茶待活佛并赐教和卧室用具等。达尔罕王丁科嘉、乌哈特部巴丹、郭尔鲁苏南杰、督办省长等主要官员先后来献寿礼。

之后，班禅额尔德尼会见了嘉兰图商贾诺布和晋美嘉措等为代表的僧俗百人，讲授《香巴拉祈愿法》。

二十七日,为国务总理、吴大帅、孙督办、张督办、熊督办、蒙藏院、张学良、郭都统、褚道员、孙道员、郑道员、郭道员、董司办等要员送去新年慰问礼哈达和新年祝词各一封。这天,正值达尔罕亲王南杰次仁的生日,他来到班禅寝室向佛献百次五种供物,向大救怙主班禅额尔德尼献上食品,他的儿子、大臣 15 人拜见,敬献曼荼罗及身语意三所依。护法殿 8 位僧人也献礼祝福。班禅赠送铜佛像和祝福辞。

二十八日,回见了刚从寺院来的知宾古格旺堆次仁、侍从秘书第巴、杰仲罗桑喜饶、孜贡群培等主仆和准备返回的乌兰齐毕法王堪布杰龙巴达珍坚赞、管家等人,为东库伦豆噶尔等僧俗 200 人灌顶;为刚到的人提供饮食。

大密咒师主仆从五台山平安返回。

二十九日,寝室经堂内外周围布置一新,按例行供。

第十六饶迥,即火兔年阴历一月一日清晨,为新年斋宴。海螺声声,寝室内已经摆上了食品,密法师们诵经,举行欲界自在母酬补法会。随着香烟缭绕,班禅额尔德尼登上法座,以大密咒师为首的勒参巴以上的侍从依次敬献哈达,请求灌顶。班禅额尔德尼答应请求,向大家祝福。11 时,将班禅额尔德尼迎接到大经堂,大密咒师和强佐(大管家)等人敬献曼荼罗三所依、国政七宝、八吉祥物、法轮、法螺等,锣鼓齐声,唢呐声声。仲钦堪布代表全体随从敬献曼荼罗三所依;在北京的堪布敬献私人礼物。郑处长代表 30 位官员、余司长、土尔扈特活佛主仆、巴尔郭总务海拉尔大臣、乌尔盖达官员主仆、达尔罕亲王主仆、察罕呼图克图的特使知宾、蒙东各寺 8 位大喇嘛、第木齐、随行人员等按照地位高低依次敬献哈达。班禅额尔德尼为刚来的孜贡占堆和平措、定结巴旺杰等人传授灌顶并加持。之后,与法王堪布济仲旦增坚赞、德阳巴噶钦杰仲多吉两人交谈。宴会结束后，各位请求肖像。为督办、省长、郑处长、达尔罕亲王等人送上份子一碟各种食品、共8种水果；为督办和省长送上带匣银质太阳图案的供灯各一盏；为诸随从摆上宴桌；给大密师15大洋；赏赐四级堪布每人12大洋；赏赐每位知宾8个大洋，勒参巴各5个大洋；赏给仲科、仲托、密教护法殿僧每人3个大洋，每个学经僧各两个大洋，服务人员各一个大洋；赏给汉族秘书长（大仲译）20个大洋，分别赏给3位翻译18个大洋、12个大洋、8个大洋；赏给全体招待员30包香和饭票（ཐང་ཤོག）264张；赏给全体警察38包香，饭票266张；赏给全体取水、清洁工饭票55张；赐给24名乐师（འབོལ་ཆག）饭票180张。

三日，在赏赐面食宴会上，随从们敬献蒙古服帽等礼服为主的曼荼罗三所依，按地位高低敬献哈达。班禅为达尔罕王府的大小30位办事人员灌顶，讲授《香巴拉祈愿法》等教法。五台闭关的尼玛堪布等人敬献修长寿法的长寿物，祝愿年年平安。

六日，应近侍堪布绛巴罗桑南杰、秘书堪布丁青巴洛桑坚赞两人的请求，开设佛教护法神夜叉忿怒王的多玛仪轨法会。大祭时，大救怙主班禅额尔德尼亲临会场为密法怙主殿全体僧人和两位请求者为首的各大近侍、土尔扈特活佛等70人讲授《忿怒姊妹随许法》和《多玛仪轨经》。

七日，会见刚从寺院来的密教高僧章切瓦噶钦顿珠、达尔巴尼玛次仁、雪贡康巴乃巴拜巴、罗布达珍、帕塔巴饶介、斋巴多杰、古格瓦达瓦平措等人；为帕仁次仁顿珠等来祝寿献礼者僧俗500人赏赐哈达，讲授《玛尼》《香巴拉祈愿法》。

之后，为达尔罕亲王部尼玛嘉措、郭尔鲁苏法王贡却等僧俗800人讲授《灌顶法》。

十二日，生日大庆，全体密咒师举行护法及向本命神敬献食品法会,请班禅额尔德尼莅临法会登上宝座主持上师会供仪式。大密咒师献曼荼罗祝寿。强佐(管家)敬献曼荼罗三所依和衣服、使用器皿等。勒参巴以上的僧人侍从献衣物。知宾、秘书和其他服务人员分别献曼荼罗三所依等。省长为首的文武官员、各部门负责人、温都尔亲王杨桑嘉、贝赛次拉旺杰、蒙东各寺大喇嘛等僧俗拜见,献上当地蜂蜜等礼物。特别是达尔罕亲王南杰次仁在寝室献百次五种供,在大经堂向师徒设素食宴,献上祝寿词。同样,黄寺东塔、西塔、卫塔等七座寺院在黄寺举行祈愿法会,向班禅额尔德尼献上五种供物和哈达。班禅赏给每位僧人3元。全体僧人念诵《甘珠尔》《度母》《长寿陀罗尼》等,祝愿佛法久驻,班禅长寿。

十三日,巴尔郭喇嘛丁青巴罗桑次仁、强佐京扎乃娘平措在密殿举行尊胜佛母仪式,请来班禅,献上曼荼罗、吉祥物、衣服器皿等厚礼。班禅额尔德尼为敬献曼荼罗三所依的僧俗7000人灌顶加持。

十四日,会见敬献曼荼罗寿礼的僧俗5000人。利用极短的时间去见省长。

十五日,为来祝寿的3000多僧俗灌顶。在寝室会见图谢叶勒图亲王益西克尊、台吉的母亲次仁、迈仁叶达嘉等人,赐给亲王礼物。这天,应土尔扈特扎西潘德林寺活佛罗桑贝丹旦白嘉措的请求,班禅额尔德尼担任堪布,大密咒师任业规范师和报时师一起在足够的僧人中间为活佛及大喇嘛罗桑贝丹等8人授沙弥戒。

之后,会见了乌兰察布喇嘛金龙巴曲杰堪布和管家两人,赏赐礼物。为布兰达图阿难达等来祝寿的僧俗3200人灌顶,讲授《玛尼》《香巴拉祈愿法》等;在寝室会见巴尔郭乌布公爵主仆20人和图谢叶勒图亲王活佛罗桑主仆20人,传授长寿灌顶。土尔扈特活佛举行上师会供法会,并献礼祝寿。

二十日，前往省长衙门，就政教问题进行讨论。

二十四日，为即将离开的土尔扈特活佛主仆赏赐礼物和“诺门齐”名号。回复土尔扈特哈热夏拉增僧格活佛等人的慰问。会见金乌祖穆旗台吉齐麦平措、白仁曲扎加措、恰鲁特赛盖贡寺喇嘛格桑旦白坚赞、包王雪格瓦嘉措、蒙古金布仁图等僧俗5300人，讲授《香巴拉祈愿法》；在寝室为霍尔沁扎萨贝勒次旺多杰夫人、达尔罕雪恰多嘉主仆等70人传授长寿灌顶。

三十日，为蒙古金巴雅尔、邦太雪洛桑扎西、吐穆图益西坚赞等僧俗1700多人讲授《香巴拉祈愿法》。

阴历二月一日，为派往土尔扈特地区的代表诺木齐堪布仲孜瓦罗桑顿珠、曲杰堪布卸任善知识日卡瓦噶钦罗桑次成、管家济仲南杰格列、达尔巴尼玛次仁等两位喇嘛主仆赐教话别。为不断前来祝福的僧俗1700多人讲授《时轮上师瑜伽法》《妙音颂》《禳解法》等。

三日，在蒙东地区的日本大代表朗赛官、南满铁路总管、郭利中将等官员和商人通过省长问候，班禅由郑处长陪同来到一个干净的房间会见10个人，并赐哈达问候。蒙东穆省长也与其他官员一起和日本的120人在会堂拜见班禅，日本人说佛教教主亲临这里，使我们日本民族的高低人士感到荣幸，佛教统一，中国五大民族和我们日本关系和睦，为了佛教发展而邀请。救怙主班禅额尔德尼赐给两部有关皈依业果方面的经典，并做了讲解，就两种规矩的取舍讲了许多，先翻译成汉语，然后翻译成日语。因此，在座的人都信仰佛法，请求索要照片。

宴会结束后，班禅额尔德尼回宫，赐给日本人和两大部门以四部火炬和“任运善相”幡各一面。会见了郭尔苏鲁大亲王齐麦次佩，赏赐来使。在寝室会见了亲王夫人等大臣眷从，赏赐许多礼物。之后,会见以巴尔郭臧盖旺秋、僧格多杰、吐穆勒图贡却、达尔罕呼雪的次仁多杰等为首的僧俗3500多人。应郭尔苏鲁亲王请求,班禅额尔德尼在寝室会见其王妃大臣眷从等20人和察罕扎西等25人,传授长寿灌顶,赐教与大亲王等人。

十三日,为僧俗百人授灌顶;进行了多种抛撒食子活动。先后会见了包王雪确吉尼玛、阿热霍尔沁南杰、郭尔鲁苏金刚狮子、君乌祖穆亲台吉沃齐、扎西且巴桑杰嘉措、哈尔沁豆噶嘉、邦图雪雍仲嘉、帕仁王的母亲扎西、图萨拉齐班钦嘉、杂可热齐旦增曲扎、郭尔鲁苏云丹嘉措等僧俗5000人,传授灌顶,讲解《香巴拉祈愿法》等。

二十二日,为帕仁穆仁苏米的活佛巴塔沃齐尔授出家戒。

二十三日起,会见郭尔鲁苏哈玛西噶、阿热霍尔沁法王门杜、哈尔沁大王扎西班觉、上尔扈特拉增僧格活佛的代表佐巴克珠主仆等僧俗3200人,讲授《兜率上师瑜伽法》《香巴拉祈愿法》等。

二十九日,锡林郭勒仪轨法会,甘大王乌祖穆旗索朗饶丹的代表群觉、呼雪迈仁巴彦拖和阿瓦噶亲王杨桑嘉的代表嘉伦扎西顿珠送来邀请信,班禅当面答应邀请。之后,会见大库热比丘僧坚敦、将军寺僧人仁钦等僧俗500人。厚赏乌祖穆旗和阿瓦噶的代表。

阴历三月一日,恭亲王和楚咸通两人来寝室拜见,敬献衣服僧帽等礼物。班禅回赠铜质如来佛像各一尊。

三日,回复乌祖穆旗阿瓦噶两人,并为两位代表赏赐礼物话别。会见了喀尔喀比丘益西扎巴、那门罗桑坚赞、贾伦图次仁等僧俗500人。

七日,在大经堂接受全体侍从等人的祝福和献礼,讲授经典。为即将辞行的乌祖穆旗和苏尼呼台六部地区的喇嘛达尔巴噶钦洛桑曲培、管家伦孜噶钦次诺尔建主仆赐给礼物授教。

在此前后会见了邦图雪宝金刚、土默特德却加、索伦巴尔郭大喇嘛格桑、多杰帕拉、益西加措、达尔罕部诺布嘉、那门比丘阿旺索巴、郭日鲁苏帕巴嘉、土默特旺钦等前来祝寿的僧俗2600多人，讲授《药师经》《玛尼》《祈愿法》等。应大喇嘛格桑等人请求，班禅在寝室为他们传授长寿灌顶。之后，在寝室会见了达尔罕亲王主仆。

十五日，会见了贾斯图雪部的图萨拉齐阿若觉沃、洛桑曲丹等人为代表的僧俗500多人；在寝室会见了库鲁察罕部总管主仆，赏赐礼物。

这天，和众随从乘坐火车来到达哈尔路工会见日本人等，一起喝茶吃饭。路工总管、教社代表、郑处长、张局长、汉族招待人员和几名日本官员接送。

之后几天休息，蒙东招待机关提供服务，王阁员、日本翻译王、3位警察、30位官兵、日本警察等请求驻守。会见了达尔罕部比丘尼欧、罗桑、库热的扎西雅培、蒙古金布勒图、郭尔鲁苏措曲嘉措、邦图甘丹曲林寺僧嘉木样楚臣、达尔罕部杂克热图布、巴尔郭凯尊、郭尔鲁苏丹巴仁钦、土默特贡却诺布等汉、蒙、日本等2700人，传授灌顶，讲解《玛尼》《祈愿法》《妙吉祥陀罗尼》《金刚手陀罗尼》等。

三十日，会见郑处长。

阴历四月四日，蒙东百姓说一段时间来这里干旱缺雨，祈请班禅额尔德尼护持。班禅指示大密咒师举行法事活动求雨，于是连日下雨，解决了干旱问题。班禅会见了300多人。

六日，班禅一行来到唐昂山（ཐང་ཁང་རི།）左右上顶建立冠冕，然后行至南方山顶向释迦牟尼佛像托付事业，在山下向河水祭祀。

七日，乘火车离开，地方各部门人员送行。在蒙东火车站，官员和寺院大喇嘛迎接，设素食宴。是日，回到黄寺宫殿。

八日，会见刚来的仲扎贡林寺管家旺堆、孜贡细乃巴拉巴杰布、土尔扈特俺达王部原喇嘛江孜瓦，卓尼阿仁巴拉巴等为代表的僧俗300人,讲授《香巴拉祈愿法》《兜率上师法》等。在寝室会见了察罕呼图克图和阿热霍尔沁喇嘛仁波且等人的信使。

九日,去省长衙门停留片刻;在黄寺宫殿会见督办。之后,先后会见了阿尔霍尔沁隆热嘉措、嘉木样赤烈、贝吉尼玛等来祝寿的僧俗400多人,并传授灌顶。

十五日,前往督办公馆拜会督办,两人亲切交谈。之后回到黄寺,会见省长。这天,是藏历角宿月(藏历三月)十五日,香巴拉21位具种王不灭王即位日,班禅来到法会观看由大密咒师主持的时轮自入仪式、护法殿僧人念诵金刚手大轮经、众随从诵法行次第经,祝愿佛教发展,人民幸福。

十六日起,先后会见包王雪部扎西德建、库热饶强巴嘉措、阿热霍尔沁僧达、贾兰图贝丹赤烈、苏茹呼雪的六爷、却哈尔喀尔喀部乌勒兹、蒙古金益西窘乃、贾素图益西尼玛、扑热巴王子、乃满嘉木样喜饶等来祝福的僧俗2000多人,讲授《兜率上师瑜伽法》《祈愿法》《玛尼》《长寿陀罗尼》等。

二十一日,张大帅的特使慕省长来见,敬献一些良药。从此,每天提供伙食费1000大洋。

二十九日,班禅带领众随从来到蒙东城十公里处的满族第二代皇帝即太宗皇帝①陵寝殿"北陵"(ནུབ་གླིང་།)参观,苏米省长、郑处长等人迎接,警察在周围守卫。班禅观看了拉康、宫殿上下、园林,向皇帝墓碑敬献哈达。

三十日,会见刚到的喀尔喀所属的丹吉林寺的噶钦喇嘛的管

① 清太宗爱新觉罗皇太极(1592－1643年),又译黄台吉。清太祖爱新觉罗努尔哈赤第八子,清初杰出的军事家、政治家,后金大汗、蒙古大汗、清朝开国皇帝。他在位期间,实行满汉一体,保护汉人,减轻农民负担,发展生产,增强兵力,不断对明朝作战,为下阶段清王朝迅速扩展入主中原,打下了坚实的基础。庙号太宗,谥号应天兴国弘德彰武宽温仁圣睿孝敬敏昭定隆道显功文皇帝,葬于沈阳昭陵,死后其第九子福临即位。

家巴桑和饶丹两人，还有蒙古金多杰等僧俗300人。在寝室会见郭尔鲁苏大部图萨拉齐如意宝主仆一行70人，并授长寿灌顶。为托尔浑俺达亲王的寺院扎西潘德林寺的上师罗桑旦增、洛桑曲培、德阳巴噶钦济仲洛桑顿云等人授近圆戒。

阴历五月一日，会见库热格桑班觉、包王达瓦坚赞等僧俗500人时，讲授《皈依法》《祈愿法》《玛尼》。日本东江大银行的总理和满地科长等大小官员拜见，班禅授教并赐哈达。

三日，班禅和众随从参观距离驻地30公里的东陵（ཏུང་ལིང་），即奉天承运清朝首位皇帝太祖高皇帝①。郑处长、军务张处长、温都尔亲王杨桑嘉、招待办事人员等一起做汽车同行，像以前一样军警保护。班禅详细观看，并向牌位敬献哈达。

五日，霍尔亲王南杰次仁来寝室献五种百供。班禅为其王妃、儿子、大臣等20人传授从空行母桑瓦益西传承下来的《长寿金刚树灌顶》，祝愿长寿。在按照地方风俗举行的宴会上，省长和处长等为代表的官员献礼祝寿。班禅额尔德尼回赠礼品；为办事人员设酒席，赏赐警察等人。

七日，赛康巴巴桑、绒巴饶丹两人在上师供法会上敬献曼荼罗三所依、衣服、用品、吉祥物、马蹄银13锭等。班禅回赐。

九日，护法殿僧人举行仪式，班禅在寝室诵经。土尔扈特原喇嘛江孜瓦的却本（司祭堪布）阿仁巴罗桑次仁再次去叶勒土尔扈特和觉尔汗苏米地区，临走时班禅赏赐为“诺木齐堪布”，予以表扬，为另外僧俗200人灌顶，讲解《时轮上师瑜伽法》。

十日，逐渐收到北京国务院、张大帅、吴大帅、杨督办等为代表

① 清太祖高皇帝是努尔哈赤，清朝建立后，尊为清太祖，谥曰：承天广运圣德神功肇纪立极仁孝睿武端毅钦安弘文定业高皇帝。但是，努尔哈赤死后葬在沈阳清福陵，不在东陵。东陵位于河北承德市遵化西北30公里处，西距北京125公里。

的各省主要官员关于不久前往蒙古地区请予以支持保护的回复。去蒙古地区的准备工作由省长代表包公和喀尔喀司膳罗桑土旦一起做。

十一日,会见前来敬献曼荼罗等礼物的五百僧俗。由郑处长邀请到衙门宴请。班禅额尔德尼为在蒙东期间提供服务的大帅的代表蒋灿宁、慕省长、金隆张台长、警察张局长、郑处长和警察官民等人赠送厚礼,赏给洒水工食物,为蒙东七所寺院施放斋僧茶等。

十二日,大帅的代表蒋灿宁和慕省长两人在城内皇宫即原来皇帝居住过的大宫殿设宴招待班禅额尔德尼及其全部随从。两人说:现在佛亲临此土,以加持力弘扬佛教,使众生幸福,如此鸿恩,实难报答,祈请不久以后再次驾临。班禅额尔德尼参观了宫殿内外上下各处。之后,在省长衙门稍歇,赐教省长,并赠送上等哈达。这天,班禅额尔德尼和全体随从携带公私物品乘火车离开,将蒙东的事务交给卸任堪布夏尔索朗多吉管理。

这样,班禅额尔德尼来到中国大地以慈悲心摄护众生,弘扬佛法,使宗喀巴创立之教得到弘扬,原来没有佛教的地方有了佛光普照,引导高等低贱一切众生进入善道,真是具有大恩。

第三章　首次在霍尔地区宣化,发展佛教众生利乐事业

断证宝尘堆积顶,四种无畏梯级高,二义任运日月宴,怙主宝山头所依。从很早以前就熟悉发菩提心和休养生息于大霍尔地区的众生的良好业愿习气如期成熟,处于这种想法,班禅额尔德尼来到大霍尔地区。十三日,世间顶饰遍知救怙主班禅师徒启程前往蒙古地区,张大帅、省长两人的特使郑远征(ཀྲོང་ཡོན་ཏྲེན།)处长、大霍

尔十部的迎请者达尔汗亲王的代表贝塞次拉旺居、宋公图萨拉齐等人陪同。3点，乘坐汽车护送。一路上有军警官民和高低拜见者许多人送行。在火车站，有大帅督办的代表、穆省长代表为首的文武大小官员、军营鼓乐队、官兵等送行。大帅请班禅额尔德尼暂时坐在一种特殊的日本凳子上休息，之后与省长和厅长等各大官员短暂会谈，并赐哈达各一条。火车上的费用皆由省长提供。在每个车站都有各地方的文武官员、商人、百姓代表、学生、军警、鼓乐队等迎接，在火车上与各大官员短时间会谈。在四平站（ཟི་ཕིང་ཙའི།），沈大（ཟེ་དྱོ།）铁路局的索局长的官邸做好了接待的准备，晚上班禅会见慰问各位官员，并赐每人哈达一条，特别赏赐督办、局长两人。

十四日，继续乘坐火车前进，各站都有迎接送行的文武官员、百姓。大霍尔达尔汗部的温都尔亲王属下亲王央桑嘉、贝勒阿盖那森达、公扎萨、台吉、臧盖、米仁等部的总代表，穿戴相应官职的顶戴、翎眼等以前的绸缎衣服，骑着马，带着仆人，还有汉蒙护卫奇兵等迎接者非常多。亲王进到火车中，献上第一次缘起见面哈达及酥油（蜂蜜）、酸奶、器皿。然后，班禅乘坐轿子驾临灶迎处，洛丹平措林和扎西格佩林两座寺院的500多名僧人拿着不同的供物，组成仪仗队，由海螺声和焚香引导登上宝帐的宝座，温都尔亲王和全体执事各献曼荼罗三所依。班禅不断地为僧俗摩顶，饮茶、吃米饭和油炸面点后，许多仪仗队前导，来到洛丹平措林寺拉章经堂，登上宝座。每个寺庙顶上插着绘有吉祥圣物的彩旗鬘、悬结，飘着寻香的桑烟，海螺声阵阵。按照当地风俗，首先献上酸奶、三所依、油炸面点等。班禅为王妃、王子和全体大臣共20人摩顶加持。饮茶结束后，来到寝室。温都尔亲王私人设宴3天招待班禅师徒，接着达尔汗部落服侍供养。这时，途中许多汉蒙信徒站满大地，满足了他们暂时和久远的希求。专员和郑处长返回,临行前班禅在寝室会见他们,赐给哈达,并带去慰问省长的哈达礼物。从这天开始,洛丹平措林寺和护法殿僧人于每天早晚吹响海螺,宫殿寝室门内外有 50 名汉族警察守护,寺庙周围有温都尔亲王的私人骑兵 300 人扎营昼夜保护。

十五日,照常喝早茶,为迎接者僧俗大小官员 700 多人摩顶赐茶。

十六日,应亲王请求,班禅额尔德尼莅临由上述两座寺庙的僧人共同举行的法会上,喇嘛执事、王、贝勒、公爵、杂克柔齐(ཙ་ཁི་རིག་ཆེ།)等人持香迎接,敬献祝寿礼物相关的首次缘起供云、衣服、用具、缎匹、汉马。达尔汗王的代表图萨拉齐敬献三所依、缎匹、汉马等。洛丹平措林、扎西格佩林、西杰林、云孜林、丹吉林、贡锡林、甘丹群佩林、格丹桑杰达吉林、绛曲林、格顿达吉林、丹巴格吉林等附近各寺院分别敬献身语意三所依,班禅额尔德尼为 1000 名僧人摩顶,讲授《道次第略义》《往香巴拉净土的使者法》《回响法》等,为聚集在那里的有根器的一切徒众讲经说法,继续播撒解脱的种子。之后,莅临性相札仓的大经堂为来自各方的僧俗 10000 多人摩顶。

十七日,在拉章经堂会见王和贝塞的夫人,王爷等人持香迎请到札仓经堂上层寝室敬茶。班禅额尔德尼登上法座为敬献曼荼罗祝寿的代表和来自各方的僧俗 10000 多人摩顶。

十八日,照例在大经堂 3 次会见前来祝寿者,为僧俗男女 13000 多人摩顶。

十九日早晨,应布热勒图都噶尔请求,班禅在寝室为 15 人传授长寿灌顶。之后,在札仓大经堂两次会见达尔汗部和其他部的祈请者男女僧俗 7000 多人,摩顶祝福。当时,不仅是这一个部落,还有许多其他部落的人不惜财物从诸方汇聚到这里的人每天有几万人，似乎有当地的饮水都满足不了他们的危险。为了不发生众多人滞留的现象，每天寺院周围晋见的群众排成左右两行，班禅额尔德尼坐在他们中间的轿子上摩顶，把男女僧俗30000多人全部安置在异熟解脱善道上。这一时期，护身结和异熟解脱大圣物等各种加持圣物不难觅，为大家不断赐予胜劣洗礼水。

之后，莅临札仓大经堂登上宝座，为敬献曼荼罗三所依的3000人摩顶，赐给护身结加持水，胜劣贵贱一切人说现在不怕去恶趣，发出喜信的欢呼声。这天，诺木齐堪布丁青巴洛桑次仁、管家乃宁巴平措坚主仆去索伦巴尔果库隆布日埋养地宝瓶（ས་བཅུད་བུམ་པ།）①，班禅额尔德尼为他们赐物饯行。

二十二日，在寝室会见黑龙江督办之子等亲属15人和达尔汗之子等汉蒙两族数人；观看了洛丹平措林寺几位格西辩经，茶待会上赐给每位格西大哈达一条，赞扬他们发扬妙吉祥教法。

二十三日，为来献礼祝寿的汉蒙族的僧俗贵贱2500人摩顶、赐茶及护身结、加持水；为30000多人摩顶，赐护身结、加持水，像以前一样大家排列在寺院的左右两侧。这一段时间，每天来去的人非常多，周围的道路上熙熙攘攘，人流来回穿梭，还有许多新来的汉族商客，形成了一个巨大的商市。

二十四、二十五日，会见温都尔王、贝塞夫人等亲属10人，以及布热苏米寺的赤巴喇嘛仁钦僧格等执事代表20人，并茶叙；为前来祝寿的2500多人摩顶，赐给异熟解脱加持水、护身结等。参观后殿时，献上天人的供云百次，向主尊佛像敬献哈达，和护法殿僧人一起举行献供、洗礼仪式，发愿祝吉祥。之后，赏赐温都尔亲王、次贝勒、次公爵等人丰厚礼物。

---

① 把念过经、诵咒的物品装入瓦罐中埋在地下，祈求地气兴旺、物埠民安的“宝瓶”。

二十六日,会见清大爷主仆为代表的祝寿献礼者僧俗2000人、转经的僧俗5000人,照例赐给加持物。

二十七日,参观扎西达吉林寺,亲王兄弟、寺主图萨拉齐、寺院喇嘛执事等人亲自引香,僧众组成的仪仗队、骑兵护卫等迎接到大觉孜拉章,享用茶米饭和油炸面点。之后,莅临大经堂,公爵图萨拉齐敬献曼荼罗三所依、一楼高刺绣缎千手千眼大悲观世音菩萨像等。在此班禅额尔德尼为喇嘛执事、僧民、公爵夫人儿子等500人摩顶,讲授《妙吉祥名号经》;向各佛殿陈供五种供云百次,向经堂主供的达赖喇嘛像敬献优质缎班智达帽和大氅、衣服等,向身语意三所依敬献哈达供物,举行洗礼仪式,发愿弘扬佛法,利乐众生;全天供养法会,为僧众发放布施,提供大洋1300块作为公基金;赐给经堂彩色绸缎柱幡和金色幡头一对。寺主公爵在拉章设荤素宴招待。在两寺中间道上,为站在两侧的2万多名僧俗信徒逐个摩顶,接着在札仓大经堂会见两千多僧俗祝寿者。黑龙江督办吴俊升特派蒋副官来慰问,敬献各种矿石制成的精致花瓶一对,报告说不久督办亲自来见。班禅赏赐副官,并给督办带去慰问哈达。

二十八日,在寝室会见觉热图王和穆热寺僧俗共同派来的迎请者葛根喇嘛、医宗札仓堪布、寺主活佛的管家、公爵迈仁、哈邦、笔帖奇等人,并茶叙。在寝室外,为鲁杂格热图亲属等30人摩顶。然后,驾临寺院西方的园林,知宾司钥以上随从和亲王兄弟陪伴,寺院僧人相互献上悦耳优美的颂词,园林周围有汉蒙刑警骑兵保护,为班禅师徒上油炸面点。亲王为首的20人骑着疾行马表演,亲王灰白色的马表现最好,向胜利者赐黄雄带和大哈达,给马穿上黄色良缎衣及哈达,给其他名次的人赐给英雄带。

二十九日,结热图王和穆热寺的僧俗共同请求班禅额尔德尼能够驾临那里,知宾报告班禅,班禅答应请求,赐给每个人额外哈达;会见献礼祝寿者僧俗3000人，在寺院边为僧俗10000多人摩顶。

阴历六月一日，应温都尔亲王请求，班禅额尔德尼莅临札仓大经堂为亲王、贝塞兄弟、夫人儿子、公爵台吉等这一地区的做事官员、上师主仆、两寺僧人，附近寺院的喇嘛执事、僧民，以及其他僧俗信徒、具缘弟子5000多人讲授《长寿马头金刚合一随许法》《时轮俱生随许法》《兜率上师瑜伽法》《蔡布传承的观世音菩萨修行念诵法》，特别是前世罗桑班丹益西所作的《香巴拉祈愿金刚语如何发心——未来我一定接引甚深法》，将聚集在那里的无数弟子安置在喜乐吉祥上。会见期间，4位年老格西请求辩经，班禅赐予护身结、哈达；王供献实物作为报酬，请求增加对班禅及其随从的承事。

二日，会见果尔鲁苏大王的信使达庞和其他献礼祝寿者僧俗3000多人。应邀驾临洛丹平措林寺大经堂观看跳神表演，亲王献上油炸面食。

三日，温都尔亲王杨桑嘉燃香迎请班禅到大经堂，护法殿僧人举行尊胜佛母仪轨和上师会供轮仪式祝寿，敬献曼荼罗、吉祥圣物、国政七宝、法轮法螺、衣服用具、白色内库哈达9匹、汉马18匹、日本产金花缎9匹、出自如苏地方的黄色坐垫、大小皮箱9个、灰白色公马9匹、黄牛9头、绵羊9只；布施全体随侍人员上好物品。亲王夫人个人敬献金缎；贝塞次拉旺居敬献身语意三所依、马蹄银、骏马一匹；公主敬献上好缎匹等，全部礼品摆放在面前。班禅额尔德尼答应摄受他们，茶待亲王、王妃、贝塞、公爵、图萨拉齐等大小臣、各寺的喇嘛执事等僧俗300人，并摩顶祝福。亲王以油炸面点宴招待，敬献吉祥圣物、国政七宝、法轮法螺、曼荼罗身语意三所依等表示祝福。班禅额尔德尼不断为王主仆、上述僧俗、夏仲、私人佣人以回赐哈达摩顶，一起喝茶，用油炸面点。管家献给亲王礼物一香炉、藏红花一箱,给王妃一块表。

四日,为前来献礼祝寿的僧俗3000人、男女进拜者7000人摩顶。午后,在拉章前面百余位格西辩经,班禅提供茶饭和酬金小元(ཕྱེད་ཡག)各一元。

大救怙主班禅额尔德尼亲自担任堪布,大密师任羯磨师,还有屏教师、报时师和足数的僧人,为来自各地的修行者120人授细规范仪则及近圆比丘戒,坚固了佛教的基础。三宝佛土众信者,出离俗世的清水,进入佛教莲花门,戒律蜜酒为六足。白四羯磨日光照,是做断心的蜂蜜,求证解脱的双翅,广阔天空演舞蹈。时极莅临霍尔地,五浊黑暗全密布,刹那要用悲光除,佛为续继世间主。

若尔,建立了佛教的坚固根基,寺院之间帝释弓纹非常美丽,长期联系,无疑使这一地区白色护田出现了欢喜征兆。

六日,班禅额尔德尼会见吐谢叶图王益西凯尊的信使哈庞和图萨拉齐、达尔汗部盖根洛桑克珠尼玛、绛央丹增等献礼祝寿的僧俗2000人,讲授《兜率上师瑜伽》《香巴拉祈愿法》等;为来谒的群众5000多人摩顶,额外赏赐信使,给王带去护身结等。

七日,向洛丹平措林寺佛像献五种供物,向主要几尊佛像献敬神哈达,向大经堂宗喀巴塑像献上黄色亚协班智达头冠、杭州产黄缎大氅、金黄色柱幡一对;向札仓大经堂赐给同样颜色质料的10层长柱幡两对;全天承事法会,布施每僧镑(བང)各6元。

八日,为寺院周围的3000多僧俗摩顶,茶会上为格敦达吉林寺赤巴喇嘛为代表的敬献曼荼罗三所依的2000人摩顶;为去世的坚扎金龙巴仲贡布举行回向仪式。

九日,为前来献礼祝寿的两千僧俗摩顶。

十日,应邀和全体随从、亲王等官员、骑兵等服务人员一起来到东南方的名叫公主岭（ཀོང་ཅུ་གླིང་།）①开阔幽静的园林宝帐中，招待端上油炸面食，观看角力比赛，为优胜者尊胜顶赏赐大哈达、优质缎衣料，同时奖赏后几名比赛者。亲王也赏给同样的物品。回来的路上，被请到宋公的衙门，礼拜佛像，为男女主仆 50 人摩顶。

十一日，会见乃蛮部活佛参多、宝王部（ནོར་ཡང་།）曼兰喇嘛等祝寿者僧俗两千，讲授《兜率上师瑜伽》；像以前一样，为来谒的 3000 名群众摩顶；在寝室为果尔鲁苏旺布仁钦、多杰坚等僧俗 150 人传授长寿灌顶。达尔汗衙门主管图萨拉齐单独宴请，班禅为其主仆 6 人赐茶。

十三日，为阿热霍（科）尔沁察汗呼图克图及其管家、司膳师、知宾等主仆 50 人，以及阿热霍尔沁扎萨亲王旺钦赤烈的代表台吉、白仁家族公子主仆等人，一起茶叙。呼图克图单独来寝室拜见，敬献一对棕黄色骏马。

应温都尔亲王的邀请，班禅额尔德尼和上述人员一起来到西方园林，察汗呼图克图为班禅及其随从提供最好的服务，献演跑马比赛，颁给第一名英雄带、朱红色良缎衣料，颁给后几名相应的奖品。

在此前后，为祝祷者僧俗 8000 人摩顶，讲授《兜率上师瑜伽法》，会见 17500 晋谒群众。达尔汗亲王特使在寝室和大经堂献五种千供、曼荼罗、靠背、座垫等。班禅赏赐人们油炸食品，回赠亲王礼物；在寝室为吐谢叶勒图阿旺索巴等男女 50 人传授长寿灌顶。

十五日，由贝塞次拉旺居请到洛丹平措林的 14 个属寺僧人参加的例行修供祈愿法会，讲授大家所需要的教法和回向愿。贝塞敬献了吉祥圣物、衣服用具、两匹快马等为代表的礼物。班禅额尔

① 即今吉林省的公主岭市。十二年（1747 年）三月，乾隆皇帝将公主固伦和敬嫁科尔沁博尔济吉特氏辅国公色布腾巴勒珠尔。公主去世后，色布腾巴勒珠尔家族为了政治、经济上的需要，将和敬公主的衣冠埋于自己的领地，即今公主陵遗址。

德尼向佛像献五种百供,为参加法会的僧人施放僧茶,布施每僧两小圆钱,提供每年祈愿法会每日五次僧茶经费。

张大帅、杨督办从北京派副官来送慰问信和礼物,班禅回赠,并赏赐特使。

十七日,授给霍尔沁格措林、赤巴林两寺的寺主活佛丹巴坚赞“班智达诺木齐迈甘堪布”的封诰及印章、伞盖、马旗等。同时,会见僧俗5000人。

十九日,为了公私的佛教众生法事,大密师为首的护法殿僧人举行为期7天的与法王杖相关的六十朵玛食子大法会,按照要求放咒修行。

二十四日,会见2000多名僧俗。

二十五日,为宴待近前的察汗呼图克图师徒、温都尔王、蔡贝塞、宋公为代表的招待服务人员等大小官员,照例驾临西方的欢喜园大宝帐中,在全天的素宴上,呼图克图的侍从等32名僧人表演当地风俗的空筒角力赛,班禅赏赐各名次赛者。

二十六日,呼图克图离别,班禅额尔德尼为活佛主仆按照职位高低赐给相应的礼品,不断会见来自各方的200名僧俗。在寝室再次会见前来拜访的呼图克图,亲自赐给护身结、哈达、法衣袈裟等全套僧装,热情叙谈;封授(呼图克图)的经师活佛为“诺木齐堪布”,褒奖阿热霍尔沁群科林寺赤巴活佛格桑丹巴嘉措为“迈甘堪布”。

二十七日,为温都尔亲王的新旧衙门宫殿和格吉林寺撰文赐福,应请驾临丹吉林寺,向几尊佛像献敬神哈达,举行开光仪式,登上大经堂宝座,接受亲王所献的身语意三所依和汉马两匹等礼物。班禅额尔德尼为亲王主仆等师徒僧俗100人摩顶;全天供养法会僧茶,布施每僧3元;提供每年法会期间僧茶费用。

之后，请到亲王宫殿，亲王敬献内库哈达、曼荼罗三所依、马蹄银6锭、日本产金色缎子两匹、金表一块、骏马两匹、金笔尖的笔、各种用具等丰厚礼物。班禅非常高兴地诵经祝福，赐给亲王大护身结、内库哈达、响铜佛像、有盖鼻烟壶、一大串珊瑚念珠；赐给王妃珊瑚念珠，分别赏赐贝塞、公爵、公主、各位臣子等。最后，为新衙门宫加持。亲王献上药两箱、马两匹等，作为酬谢。然后，回到洛丹林寺颇章。

二十九日，为前来献礼祝寿的僧俗5000人摩顶。这天是经师大金刚持的祭日，向佛像献百次五种供物，为在札仓大经堂聚会的洛丹平措林、扎西达吉林两个寺院的僧人法会施放僧茶、油炸面点，全天供养，布施每僧钱5块（དུང་སྐོར།）。祈愿大金刚持无漏心圆满后，殊胜化身日讲辩著之光能保护佛教、迅速降生，亲自撰写祝愿词和诵经条令。

在此前后，赎回将被宰杀的牛羊等许多有情之命；封授霍（科）尔沁达尔汗部丹巴达吉林寺赤巴活佛益西贝丹为“布特图法王”（པི་ཐིག་ཐུ་ཆོས་རྗེ།）。

阴历七月一日早茶会时，关心住此期间给予特殊服务的亲王兄弟，并赏赐上述人员；为献曼荼罗三所依礼物的王爷摩顶加持，一起喝茶。同时，赐给亲王杨桑嘉大护身结、香囊、内库哈达、汉铜质佛像、泥印带篋21尊度母加持像、特殊泥印大鹏像、甘露丸、七生、3件不同圣物、衣服、珍珠月晶丸3盒、前世衣服，以及有题词的11页加持圣物黄绫卷、有5秤药、伞盖护轮、有背景的救怙主班禅额尔德尼的大画像、寝室用香粗细12束、日龙纹黄缎衣料、大公司生产的火轮纹紫色缎衣料、带盖红莲宝石香瓶、朱红色底彩色锦缎一匹、优质彩色绒缎3匹、黄色京绒座垫靠背、黄色细氆氇一匹、藏茜草两捆等；赐给贝塞次拉旺居大护身结、加持圣物、21尊度母像、伞盖、画像、铜佛像、妙香 8 束、带盖玛瑙鼻烟壶、锦缎一匹、大公司产蓝色花纹缎料、黑色缎衣料优质绒两匹、绿色细氆氇一匹等;赐给公爵次仁南麦护身结、香囊、用黄绫包裹的附有题词的加持物 7 件、伞盖护轮、画像、带座银泥胜乐像、妙香 4 束、带盖金沙鼻烟壶;赐给亲王夫人大护身结、香囊、绫裹加持圣物、5 粒装药盒、伞盖护轮、中指护轮、汉铜佛像、朱红色缎衣料;赐给公主大护身结、香囊、加持圣物、指护轮、克什米尔产绸子衣料;赐给亲王夫人的姊妹大护身结、带盖玛瑙鼻烟壶、诅咒禳解护轮;赐给贝塞夫人大护身结、香囊、加持圣物、大威德护轮、泥印度母像、克什米尔产葡萄色绸子衣料;赐给其女大护身结、加持物;赐给公爵夫人大护身结、香囊、加持物、大威德护轮;赐给小儿子、小女儿护身结、加持物各一个;赐给额勒公、两位大臣杂格热齐、哈邦(ཧ་སྦང།)、他人不能战胜的多仁巴等人护身结、加持圣物、诅咒禳解护轮、心愿物小护身。另外,赏赐公私工作人员。应亲王报告,封授洛丹平措林寺因明学规范师门仁巴仁钦桑布为“迈甘曲杰”,绛周林寺赤巴活佛洛桑尤尼为“布勒图法王”,丹巴格吉林寺知识渊博、他人不敌的规范师为“诺木齐布勒图”,并赐给诰文印章、唐徐帽、①绫披单、马头幡等予以奖励;为各方僧俗 1000 人摩顶后,在寝室会见亲王、贝塞、公爵、王妃等 8 人,赐给护身结;在大经堂以茶、米饭、油炸面点等招待其他工作人员、随从等。

二日,应洛丹平措林、扎西达吉林、丹巴格吉林三寺共同请求,为全体喇嘛和普通僧人、亲王、贝塞、公爵、夫人、大臣等僧俗 1500 人讲授《菩提道次第广论书首礼赞》《现观庄严论》《菩提道次第乐道》《现证大威德宝箧法》等,突出要点,建立了发展五部大论尤其

① 旧西藏地方政府僧官夏季所戴的圆盘高顶涂有油漆的帽子、大过则(ཏྲ་འགོ་ཅེ། 的音译)。

是般若讲辩法，提供经费作为公基金，并为大家摩顶。之后，会见来献礼祝寿的各地僧俗 2000 人。在此前后，为献礼的僧俗 2700 人摩顶，讲授《兜率上师瑜伽法》《香巴拉祈愿法》；在寝室会见公图萨拉齐双运成就师 20 人，一起喝茶畅谈。赐给噶钦洛桑尤尼主仆、洛丹平措林堪布等人嘉奖文，会见了上述几人，并接受他们的献礼。应扎西达吉林寺喇嘛僧徒、宋公请求特派大密师去传授胜乐灌顶等；派人乘快马去给黑龙江吴督办送礼物；在寝室会见宋公，一起吃油炸面食，赐给特殊礼物护身结、香囊、加持物秘密护轮、佛像、画像、优质缎料、妙香等；封授扎西达吉林寺托云大喇嘛丹巴诺布为“诺木齐法王”，封密教轨范师丹巴尼玛为“鄂齐尔达热阿仁巴”（ཨོ་ཆེར་ཧྲ་ར་སྔགས་རམ་པ།）。杂格热齐请求单独拜见，敬献度母唐卡、道次第金写、骏马两匹等。班禅额尔德尼为其主仆 30 人摩顶赐茶。

八日，会见吐谢耶勒图亲王派来的迎请使者巴仁主仆、包王部的图萨拉齐额尔德玛巴拉之妻、马诺切齐主仆等献礼祝寿者为代表的僧俗 2000 人，单独赏赐亲王代表和图萨拉齐夫人。

格西们在殿门抱厦辩经两日，班禅亲临观看，从摄类学论著开始讲起，一直讲到五部大论的清净思想理定，顺利证达教法，除了理解经典词句，还要掌握密意即调服自续的实践意义，布施大洋，赐给哈达。

有诗云：若无讲闻之日光，释教莲苑花不开，发心太阳的力量，教证法苑日光照。四轮弟子的器皿，四大道次珍珠宝，四大种姓金钥匙，开启四无畏法库。含识虔诚的基础，闻听种子长势旺，思修拙火来保护，证悟立果真稀奇。

十日，会见来献曼荼罗等礼物的僧俗 1000 人；会见并赏赐在这期间提供服务的拉章大喇嘛、招待人员、汉蒙卫士、官民等僧俗，会见送行的军营首长张连长、栈道员等汉族官员及官员代表。在大经堂，护法殿僧人举行姊妹忿怒护法诵经酬补仪式，献祭乃赛佛，在楼房上下誓愿海护法神前举行酬补、托付事业、酬谢等仪式。包多俄勒地方有个恶劣的风俗，每年六月每家宰杀10只羊血祭地方神，班禅指示亲王从今以后用彩旗装饰插在地方神周围，取消血祭，永远不要杀害生命，用不可思议的业果之力使地方丰年幸福，利益一切。亲王发誓照办。这天，温都尔王单独招待班禅师徒，宫殿上下寝室中的柱幡座幡、加持物、用具、银缎幡等重新安置。

十一日早晨，班禅为300名僧俗摩顶后，起程去寺院，各寺的喇嘛执事送行，法会僧人仪仗队护卫乘轿出行，在格敦达吉林、推巴萨且林、扎西桑丹林等寺用餐住宿，各寺喇嘛僧徒敬献丰厚礼物。班禅为他们摩顶，讲授《皈依法》《兜率上师瑜伽法》《玛尼》《慈缘法》《香巴拉祈愿法》等；为每个寺院施放僧茶，发放布施，向佛像献敬神哈达，吩咐格敦达吉林寺活佛，发给“额尔德尼班智达”的封诰。

达尔汗亲王南杰次仁、其夫人儿子以及大臣、仆从等全部出来设灶迎接，献上三所依、汉马一匹、油炸面点等，一起茶叙。然后，王臣引香，僧人组成仪仗队接到呼茹盖(ཧུ་རུ་གེ)寺新建宫殿中，端上油炸面食，班禅为晋谒献三所依、马匹等的人赐护身结，并茶叙。

这时，这一地区的主寺和分寺的喇嘛、执事、文武官员接送，车子、马队非常多，好像大地都难以容纳。大王连续招待班禅师徒3天，提供丰盛宴会。亲王自己、王爷、贝塞、全体大臣亲自献礼。大经堂殿门抱厦处设座，准备了璎珞帷幔，请班禅额尔德尼登上宝座，会见喇嘛、执事、僧民、三位图萨拉齐、杂格热齐、迈仁等200多位名流为代表献礼祝寿；对2000名群众赐给加持物、净水、护身结等；为聚集在寺院外的僧俗7000人摩顶，赐给加持物、净水、护身结等他们所需的圣物。

阿热霍尔沁王主仆专程来拜见，将夫人等众随从留在塘热（ཐང་རག），塘热王和图萨拉齐等一小部分快速前往。班禅额尔德尼在寝室会见初到的王和图萨拉齐，赐给护身结，茶叙；赐给达尔汗王礼物、大哈达、优质缎子衣料、香8束；赐给王的夫人紫色绸缎衣料、香8束等。

班禅额尔德尼对亲王说：以前这座寺院不修三事，如果修三事对公私每个人都有利，是最好的方法。亲王请求关照。

十五日，登上大经堂宝座，为大密师为首的仪轨僧、寺院僧讲授律法，善做吉祥布萨。从此在上下月弦时，新设布萨坐夏解制，建立释迦宝教的基础和众生幸福的根本，为各方僧人打开解脱之门。第一代达尔汗王的尸体在这里，每年有定期以宰杀两头牛和4只羊祭祀的恶习。班禅说：这是外道的血祭，绝不应该让牛羊失去生命，今后所杀的众有情用彩旗装饰作为所依物敬献，如果单独安置在札仓中，永远不害生命就好。达尔汗王遵行。这天，在大经堂献五种千供物，护法殿举行喜金刚诵经法会，请班禅额尔德尼来到会场主持献供、洗礼、开光仪式，讲授《六臂智慧怙主》《帐面怙主念诵酬补法》《大梵忿怒莲花法》，把大力天神、成吉思汗的三酬补仪轨、两头牛、15只羊、两头猪等作为所依物（圣物）献上。亲王及其子、全体大臣都按照当地风俗行大礼，敬献曼荼罗祝寿。

之后，大家持香引导，请班禅额尔德尼到新建并准备好的黄色大帐中，即宴待班禅师徒。按照习惯首先摆上油炸面食，献上曼荼罗三所依、吉祥圣物、衣服用具、法轮法螺等表示祝福。同时，先行者敬献马蹄银9锭、锦缎9匹、骆驼9峰、马9匹、羊9只、牛9头、毡幕（蒙古包）；给全体随从献上布施。班禅和坐在面前的人一起喝茶叙谈。

十六日,(班禅)在寝室会见阿热霍尔沁王、尼玛贝塞、尼玛次塔尔等人。

十七日,由呼茹盖寺僧请到大经堂,敬献曼荼罗三所依、汉马等。班禅额尔德尼为喇嘛、执事、僧民等 200 人摩顶,讲授《慈缘法》《玛尼》《度母》《妙吉祥名号经》《香巴拉祈愿法》等。

十八日,向呼茹盖寺院大殿的佛像献五种百供,为全天法会施放僧茶,布施每僧 3 元。这天,达尔汗亲王把班禅师徒请到花园的大帐中招待,观看管筒(སྦྲུ་གུ།)表演。班禅赐给无数英雄带。在此前后,为 10000 多人摩顶加持。

十九日,按照以前做法,护卫和呼茹盖寺僧人仪仗队送行。班禅额尔德尼会见宫殿前左右两侧的僧俗 3000 人。然后,乘坐马车来到霍尔卡热阿林寺(ཧོར་ཁ་རབ་རྒྱས་གླིང་།),会见札仓喇嘛、普通僧和阿热霍尔沁献礼者为代表的 5000 名僧俗,讲授《兜率上师瑜伽法》《妙吉祥名号经》《香巴拉祈愿法》第三节等;向法会施放僧茶,布施每僧 3 元钱。为该寺新建因明讲学院提供基金。

二十日,向主供佛像献敬神哈达,为 500 名僧俗摩顶。是日,驻锡名叫"艾红滩"(ཨེ་ཧོང་ཐང་།)的地方。

二十一日,由达尔汗亲王之子、大小大臣、塘热寺喇嘛执事等人迎接,群众组成仪仗队设灶迎接。亲王敬献汉马等,班禅赐给护身结及手书。之后,乘坐轿子来到寝室,摆上食品。亲王献身语意三所依、汉马等。从此莅临贝钦定康(དཔལ་ཆེན་སྡིང་ཁང་།)上层休息。

二十二日,应亲王和塘热扎西德丹林寺请求,莅临大经堂,曼荼罗三所依和其他丰厚礼物摆在前面。同时,班禅额尔德尼会见安多拉卜楞寺德赤活佛、4 个属寺的喇嘛执事及普通僧人、大王妻子、王子、大臣等 1000 多人,并加持洗礼,讲授《兜率上师瑜伽法》。

二十三日,会见来自各地的聚集在寺院周围的僧俗 7000 多人，赐给护身结，并加持洗礼；会见献礼祝寿的僧俗1500人。应阿热霍尔沁大王赤烈请求，为王母王妃、图萨拉齐为代表的大臣、温都尔王、贝塞、宋公等文武僧俗2000多人传授长寿灌顶，讲授《时轮上师瑜伽法》。

二十四日，在寝室会见喇嘛仁布切呼图克图、经师仁布切呼图克图，相互问安。阿热霍尔沁王资助在护法殿举行尊胜仪轨上师会供法会，向班禅额尔德尼敬献曼荼罗三所依、吉祥圣物、国政七宝、法轮法螺、班智达冠冕、衣服全套、快马一匹、大洋1000块等，表示祝寿，祈请护佑。班禅赐大护身结，赏赐阿热霍尔沁王主仆、两位活佛、温都尔王等僧俗300人。

下午，在宫殿抱厦处观看30位格西辩经，教导他们一定要广闻大论，努力调伏自续，并赏赐白银等礼物。赐给达尔汗亲王正式礼品宝瓶一对、蓝色绸缎衣料、黑色马关衣料、蓝灰色绸子衣料、后藏香12束、前藏香16束；赐给王妃宝瓶、广东产缎料、红黄色绸子衣料、香28束；赐给王子公主等5人优质黄缎、印度枣子一小箱、香8束等。

二十五日，在寝室会见两位阿热霍尔沁活佛，两人各献骏马一匹。之后，在寝室会见即将返回的温都尔王和巴仁夏尔王。达尔汗王陈献尊胜千供祝寿，班禅应其请求在寝室热情会谈；为献礼祝寿的僧俗5000人摩顶。

二十七日，为阿热霍尔沁两位活佛主仆僧俗1000人传授长寿灌顶，讲授《妙吉祥名号经》。

二十八日，应巴仁夏尔王请求，为僧俗1000人传授长寿灌顶。

二十九日，会见刚从扎什伦布寺来的公上诺云门吉孜顷则旦坚、仲札门雪济仲洛桑金巴主仆、佐大学堪恰主仆等人。大密师为主的护法殿僧人在大经堂举行两尊护法神、拉贝觉3位护法酬补法会,班禅莅临法会发愿利乐佛教众生。在此前后,为献礼祝寿的6500人和晋谒群众共61000多人摩顶。

阴历八月一日,巴仁夏尔扎萨王资助护法殿僧人举行尊胜仪轨上师会供轮法会,向班禅额尔德尼敬献曼荼罗、吉祥圣物、衣服全套、纳丹赛热公马一对、1000块大洋,同时向所有随从人员发放布施。班禅为其主仆100多人赐给护身结、礼物,并茶饭招待。

二日,在寝室为巴仁觉钦苏米部的大喇嘛贤劫等僧俗1000多人传授长寿灌顶。

三日,在寝室为巴仁夏尔王赐物饯行;封授王弟托云喇嘛洛桑南杰为"迈甘曲杰"(迈甘法王)、罗桑益西为"额尔德玛图",并赐印诰。黄科尔苏米、觉参苏米等巴仁呼雪属下僧俗、贾蓉夏尔扎萨王等请求,代表堪布(替身堪布)请求说:在我们的区域传授集密、胜乐、大威德、时轮大灌顶,发展各寺的讲闻事业,非常感谢,现在巴西作为堪布代表再次真诚请求,请赐给我们所希望的。班禅额尔德尼满足了他们的愿望,予以回赐。

五日,达尔汗部图萨拉齐巴雅尔呈献吉祥圣物、用具、赛热公马为主的礼物。班禅额尔德尼为其主仆百人赏赐礼物和会供物;为阿热霍尔沁两位活佛赐物饯行。

六日,在寝室为公爵俄勒孜主仆50人传授长寿灌顶。鲁杂格热齐来寝室辞行,班禅惠赐。

七日,次贝塞的父亲去世的祭日,护法殿僧人举行尊胜仪式,以入修方式进行会供。班禅按照以往的做法赏赐贝塞主仆30人。

十三日,从扎什伦布寺来的门吉孜顷则旦坚在护法殿举行尊胜仪式上师供曼荼罗法会的同时,向班禅额尔德尼献上吉祥圣物、右旋白海螺、一两黄金、汉马5匹等多种物品,祝莲足永固,祈祷事业顺利完成,班禅登上大寺无畏金刚宝座,加行雪域众生利乐的喜宴。班禅为门吉孜瓦主仆、塘热寺赤巴活佛等僧俗摩顶，赐护身结。

十四日，郡诺店地区的喇嘛布勒图堪布伦孜瓦仲然洛桑绛曲、管家丁杰巴京扎仲夏瓦两人非常热情地献上礼物，班禅会见他们，并予以赏赐。喇嘛和管家自己来到法会，迎请大救怙主班禅额尔德尼，献曼荼罗祝寿时，敬献吉祥圣物等先行之金两、白银、缎子衣料等，向仪轨僧和全体随从发放布施，供养承事。穆省长从蒙东派官员代表送来当地风俗的新年礼物以水果器皿等为主，附有单子名牌。班禅在寝室会见代表，赐给哈达，带给省长问候大哈达。

吐谢叶勒图王益西凯尊所派的代表汇报情况，也报告到汉地，按照答应的回复，献上请尽快起程表示感谢的书信。班禅在寝室会见来使。这时，为了消除地方疾病，利乐佛教众生，在护法殿设立六十食子行等额外法会，同时专门为了长寿新建所缘身川冠冕、本母乱足实效七期修行法会。

十五日，按照当地风俗，班禅额尔德尼为汉蒙古族卫士、官民、嘉仲（汉族侍从）、翻译等抬轿子的服务者赏给丰厚的物品，并摩顶。在此前后，为献礼祝寿的 7000 人和普通信徒 15000 人摩顶加持，满足他们的心愿。

十七日，应巴绒贾素图叶凯塔拉苏米（寺）、巴仁阿热觉沃苏米、阿热霍尔沁觉绒苏米的联合请求，班禅为 3 座寺院的喇嘛执事僧众共僧俗 500 人传授长寿灌顶。午后，观看 50 名格西辩经，赐茶，布施每僧 3 个大洋，并答应经常观看辩经，予以赏赐，教导说：要努力闻思修，必须弘扬佛教，做众生幸福之事。这天，答应吐谢叶图王不久去那里，在寝室为其代表赐物饯行。

十九日，会见来自各方的献礼祝寿的僧俗 1500 人，为台吉塔玛等人讲授《香巴拉祈愿法》。

二十日,应郡诺店部鄂端右旗(ཚའུ་ཐོད་ཏེན་ནོག་ཡོ་དན།)的扎萨王次仁欧珠、达尔汗部贝吉两人请求,为其主仆僧俗1000人传授长寿灌顶,给王赏赐护身结等。

二十一日,以霍尔沁吉日门确拉汗的果尔鲁苏大亲王齐迈次佩、岱达达尔汗亲王南杰次仁、吉日门大部的总管温都尔亲王杨桑嘉、贝塞额尔都那索图、吐谢叶图王益西凯尊、布勒王扎萨亲王阿门凉古杂萨图王、巴耶苏固朗、嘉朗图王班玛饶丹、杜尔布巴图扎萨贝勒次仁多吉、土观呼图克图、诺云呼图克图、杂萨图呼图克图南杰罗追、迈甘诺门汗呼图克图阿旺土旦、扎萨喇嘛阿麻嘉噶图等政教共主为首的部落全体僧俗联合请求传授第一佛时轮大灌顶,贝塞额尔杜那索图来和宋公两位使者敬献感谢报告书,认真请求加持护佑。班禅立即回答说:各方面的准备没有完成,又遇到冬季,明年满足你们愿望。要求必须做好一切法事活动。

二十六日,班禅在寝室教导即将返回的贝勒额尔杜那索图,并予以赏赐。

晦日,向塘热德丹林寺佛像献百供,向法会施放僧茶,布施每僧一元钱等。

阴历九月三日,吐谢艾勒图扎萨亲王派人来献书信礼物。班禅会见堪布活佛索朗旺秋、图萨拉齐格佩嘉措、麦仁颇拉等代表为首的迎接者200多人和次贝塞、嘉普大喇嘛次旦多吉等僧俗2000人。在寝室会见来邀请的各大人物,为达尔汗部麦仁那森八爷等僧俗1000多人传授长寿灌顶。

四日,大帅从北京派人送来感谢信,信中说:班禅额尔德尼法轮,敬佩是为了众生的利乐,以后如信众所愿,到各部传法。

七日,在寝室为青城呼图克图活佛旦贝坚赞温都尔亲王、次贝塞主仆15人讲授《时轮俱生随许法》《皈依法》《兜率上师瑜伽法》

《玛尼》《岗罗玛》(ཁང་རོ་མ)《香巴拉祈愿法》《忏悔法》等。授予郡诺店部喇嘛诺木齐堪布伦孜瓦“诺木齐堪布”名号，为拉章强佐等人饯行。在寝室会见嘉绒扎萨，热情教诲，赏赐礼物。另外，赏赐驻锡塘热寺期间提供服务的僧俗，表示感谢；为前后献礼祝寿者为代表的僧俗 10200 多人摩顶。

八日，和往常一样，由护卫、青城艾木奇呼图克图、塘热寺僧众仪仗队护送，先后住宿在谢瓦扎西奇格瓦林、哈盖苏米贡杜格瓦林、盖更鄂尔多苏米、宗木塔尔本等寺院，为寺院全体喇嘛执事僧众摩顶，供养法会，布施每僧 5 元钱，向佛像献敬神哈达，祭祀护法神，讲授《玛尼》《慈缘法》《香巴拉祈愿法》等，按照每个人的愿望施法，陈列着根据各自情况所献的礼物。每到一地都有迎接送行者、请求在此住宿。

在此前后，为前来献礼祝福者为代表的居者行者僧俗信众 12000 多人摩顶，讲授《皈依法》《慈缘法》《香巴拉祈愿法》等各自所希望的法。

有诗云：尽人皆知的信函，传入各方人耳中，到达周围山间里，信众之重持疲劳。身体相好蕴美丽，悦耳支聚是妙音，面容犹如月轮笑，众生心中甘露熟。不尽世间之峡谷，羯磨烦恼量所苦，慈悲加持之雨水，刹那除苦得快乐。

十三日，各部相互迎接、护送、灶迎，吐谢耶勒图诺木齐班智达法王呼图克图为代表的各寺喇嘛执事、呼雪(部落)头领们迎接，僧民们手持各种供物组成仪仗队，亲王为首的几位僧俗要人引香，将班禅迎请到莽凯巴彦呼雪的寺院，在妥善准备的乃亲呼图克图的拉章设素宴。在寝室为晋谒的亲王、亲王夫人、王父、王弟图萨拉齐等王臣，法王呼图克图等喇嘛活佛 20 人，还有从托南特来迎接的团长主仆摩顶，赐给护身结、哈达，以油炸面食招待。

十四日,由仲嘉和亲王等人引香,仪仗队等迎请班禅到大经堂为15座寺院的喇嘛执事、普通僧人、百姓等10000多人及亲王、亲王夫人、大臣、随从200人摩顶,讲授《兜率上师瑜伽法》《慈缘法》《皈依法》等,向上层佛殿佛像献敬神哈达。

十五日,亲王益西凯尊、诺木齐班智达、法王呼图克图等来寝室拜见,请求为这里的僧俗传授吉祥金刚大威德独雄、马头金刚再密等大灌顶。班禅教导说:您们必须累修加行百字明。

十七日,班禅额尔德尼赏赐亲王及其夫人以景泰蓝花瓶、缎匹、绸缎等厚礼;赏赐亲王父亲、主要做事官员和活佛3人。

二十二日,会见扎萨亲王、呼图克图为代表的各寺喇嘛僧徒、呼雪头领为代表的居者行者、僧俗信众10000人,讲授《玛尼》《慈缘法》《香巴拉祈愿法》等。亲王献上五种千供物后请求班禅额尔德尼主持开光洗礼仪式,向主供佛像献敬神哈达,发愿祈祷。护法殿僧人举行吉祥金刚手大轮自入法会,在山顶举行息灾长净、在大佛像前举行心脏形食子(འབྲང་རྒྱས།)、出生值日神大祭、身谷冠冕等成修朵玛投放仪式。班禅会见了从扎什伦布寺来的经师金刚持的侄子扎西旺堆。

二十四日,会见夏林果勒确拉汗鄂祖玛钦大亲王的信使图萨拉齐土旦尼玛主仆。

二十六日,在大经堂新建作为诸佛之父哲布尊丹巴轮忿怒身阎摩德迦独雄像;为亲王益西凯尊等居者行者僧俗信者5000人传授前行灌顶。

二十七日,正式传授吉祥金刚大威德独雄灌顶,文义被翻译成为蒙文,播撒了四身的种子,成熟为大密金刚乘。

二十八日,为他们讲授《长寿马头金刚随许法》《成就道长寿灌顶法》《般若波罗密多心经》《妙吉祥名号经》,并摩顶。

二十九日，亲王和活佛等部落僧俗公私设油炸面食宴，感谢班禅额尔德尼传授灌顶和随许法，敬献曼荼罗三所依、衣服全套、吉祥圣物、马蹄银、纳丹公马、缎子等厚礼。之后，观看法王舞、梵天舞、黑帽舞、骷髅鬼卒舞、刹土神舞、土地神舞各种不同的舞蹈，赏给哈达，表示关心。在此前后，会见献礼祝寿的信众6700多人。

阴历十月一日，驾临巴彦呼雪后山顶，大祭梵天和乃塞大佛，煨桑烟祭诸神。

二日，应安多拉卜楞寺夏仲活佛格桑贡却嘉措请求，为其主仆20人讲授《吉祥时轮俱生随许法》《依止时轮上师瑜伽法》。

八日，在寝室为巴尔郭甘珠尔寺的赤巴达尔汗堪布等20人传授长寿灌顶，讲授《香巴拉祈愿法》。

十日，为托南张正生、王主仆、巴仁贡布次仁等献礼祝寿者为代表的僧俗1000人摩顶，讲授《香巴拉祈愿法》。举行金刚大威德自入和护法公私念诵酬补仪式；向王府拉康献五种供物，向主供佛像献敬神哈达，并进行洗礼、开光、善贤时法行仪式，全天供养迈甘寺、巴彦寺法会，布施每僧3元。

二十八日，为鄂祖玛活佛隆多嘉措等僧俗300人传授长寿灌顶《香巴拉祈愿法》《兜率上师瑜伽法》《慈缘法》《玛尼》。

二十九日，封授鄂祖玛活佛隆多嘉措为“额尔德图堪布”，赐给封诰、堪布服、伞盖、马旗、方形印、快马等。在此前后，为献礼祝寿者为代表的僧俗10000多人摩顶，安置在信解地。

阴历十一月一日，为阿瓦噶曲诺尔等为代表的献礼祝寿者僧俗百人摩顶，讲授《香巴拉祈愿法》《玛尼》《慈缘法》《长寿陀罗尼》等。

七日，亲王招待班禅师徒。

八日，赏赐驻锡王府期间提供服务的人员，赐给王和夫人厚礼;封授亲王弟洛桑塔钦为“法王额尔德尼”,洛桑丹达尔为“三寺勒图”,其弟洛桑索朗为“托云诺木齐喇嘛”。为甘珠尔寺的夏仲洛桑丹坚等主仆 50 人传授长寿灌顶。

九日,在仪轨夏孜贡等王府护法殿举行洗礼开光仪式,献神饮后乘坐马车出发,有送有迎,仪仗队引导来到巴彦寺拉章寝室。

十日,向巴彦寺大经堂主尊佛像献五种百供。

十一日,请到王的营帐中,献上油炸面食和曼荼罗三所依等。班禅额尔德尼与王、王夫人、父亲公、图萨拉齐等人会谈。

十三日,为亲王内外大臣 150 人为代表的僧俗共 1500 人摩顶,讲授《玛尼》《慈缘法》《香巴拉祈愿法》等。

十四日,为宗鄂祖玛钦郡王弥觉多杰、公图萨拉齐等主仆 300 多人摩顶。王主仆献礼。

十五日,应鄂祖玛亲王、公爵两人请求,为其主仆和吐谢耶勒图王、王妃、大臣等僧俗 300 多人传授长寿灌顶,赏赐亲王和公爵。

十七日,应亲王请求,为夏仲、居者行者信徒僧俗 700 人讲授《宝生病怖畏集五本尊随许法》《遍知班丹益西著的大威德修行法》《观世音菩萨狮子吼声修行法》《护法总酬补金汁法》等。

十八日,亲王在仪轨僧举行的尊胜仪轨和上师会供法会上陈供曼荼罗身语意三所、金刚铃、珠宝、绸缎、皮类等多种供物,请求世世代代摄持护佑。班禅摩顶,赐给护身结。

十九日,在宫殿门外的城墙内搭起宝帐,按照当地风俗设布施宴,表演大力士比赛和赛马。班禅莅临观看,赏赐亲王,根据比赛取得的名次颁奖。

二十五日,莅临护法殿法会,在向佛像献供的同时,为 5 座寺院的僧众法会提供全天供养,布施每僧大洋一块,为每年祈愿法会期间施放僧茶提供基金。之后,为凯尊王、喇嘛活佛、官员等百人和献三所依为代表的来自各地的僧俗200人摩顶，赏赐王爷护身结、香囊、内库哈达、汉铜佛像、二十一度母泥像等加持圣物15件，以及妙香、黄色龙缎、蓝色大公丝、彩色绒、锦缎、玛瑙壶、京绒黄色垫子靠背、氆氇等；赏给诺木齐堪布大护身结、香囊、大哈达、汉铜佛像等加持圣物5件、玛瑙壶、锦缎、黄色龙缎，封为“三布勒图诺门汗”名号。赏给堪布喇嘛、穆仁盖根两人护身结、香囊、哈达、两种加持物、京绒等，并封堪布喇嘛为“法王堪布”、穆仁盖根为“诺木齐班智达”，赐封诰；赐给郡王、父公、大图萨拉齐、小图萨拉齐、两位杂格热齐、两位呼雪迈仁、两位塔噶迈仁、两位塔噶嘉兰、布切齐额日马嘉等护身结、加持物、缎匹等；在寝室茶待亲王、诺木齐堪布、穆仁盖根、堪布喇嘛，在大经堂招待其他人。

十二日，参观五座寺院，向佛像献五种供物；向巴彦寺大经堂后殿的佛像献半月形大氅、敬神哈达；向天母（拉姆）和大梵献供品和敬神哈达；向所有经堂主尊像献敬神哈达；根据自己的意愿驾临蔡林诵经回向。

十三日，尼亲呼图克图的囊钦（ནང་ཆེན།）宴待。在此前后，为巴彦苏门大喇嘛桑木丹等来祝寿者为代表的各地僧俗1500人摩顶。

十四日，为各寝室赐给柱幡座幡、白银等物，然后乘马车出发，仪仗队、螺号队送行，先后驻锡唐庞盖根额尔冬、门多苏米等寺。

十八日，在此寺院的僧人举行时轮自入法会，班禅提供供品和僧茶费，并布施1300元和每年所需的费用。僧人们迎请班禅到大经堂，向时轮坛城图和主要佛像献敬神哈达。

十九日，在大经堂，应赤巴活佛、大喇嘛、寺主土谢八爷等人请求，为居者行者僧俗1500人讲授《吉祥时轮金刚力护法神法》《金刚手随许法》《时轮续》《香巴拉祈愿法》《白绿度母法》《兜率上师瑜伽法》《慈缘法》《赤巴活佛长寿祈祷文》等，收到厚礼。

二十日,在布罗图用餐,塘热寺执事等来迎接。班禅额尔德尼会见了前来慰问的达尔汗王子及其随从。附近官员们提供服务,房主迈仁多吉敬献身语意三所依及快马。这天住宿巴彦察汗。

二十一日,会见尼玛贝塞,讲授《白绿度母法》,接受献礼。赏给贝塞吉祥铜度母像、京绒等。一路上为住地米村主仆摩顶,会见献礼祝寿者为代表的僧俗信徒4600人。之后,塘热寺堪布喇嘛、执事等迎接,在附近几个寺院娱乐者、仪仗队、螺号者等的引导下,班禅额尔德尼来到拉章寝室,端上油炸面食,达尔汗王的代表次贝塞、大喇嘛执事等人敬献曼荼罗、马匹。

二十四日,吐谢耶勒图诺门汗呼图克图、亲王、大爷图萨拉齐、杂格热齐、迈仁、温都尔次贝塞、门多苏米赤巴活佛等人请班禅额尔德尼主持护法殿尊胜佛母仪轨法会,敬献寿礼曼荼罗三所依、吉祥圣物、衣服全套、钱1500元、纳丹骡子等。班禅会见僧俗百人,并赐护身结;为诺木齐堪布、亲王、贝塞、图萨拉齐、杂格热齐、门多苏米赤巴堪布等人回赐铜质长寿佛像等各种所依物、锦缎、印度绒等。

二十五日,会见塘热德丹林寺僧人为代表的僧俗500人,讲授他们所希望的佛法。封授哈热钦门多金巴益齐林寺(ཧ་ར་ཆེན་མོན་དོ་སྦྱིན་པ་ཡིད་ཆེས་གླིང་།)赤巴活佛洛桑旦贝坚赞为"三布勒图",赐封诰。

阴历十二月一日,北京大元帅和山西大员阎督办发动战争,导致地区混乱,在此危难之时,(班禅)特派大密堪布、近侍堪布洛桑南杰、四品王子玉、勒参巴伦多等给两人送电报,希望能平息战争并达成和解。

七日,额祖钦盖根苏米寺堪布呼图克图阿旺罗桑土旦主仆20人献礼祝寿,班禅额尔德尼为他们摩顶。

八日,在寝室会见塘热寺僧众领诵师洛桑。洛桑敬献身语意等所有礼物,请求世代摄持护佑。这天为去世的仲苏堪布噶饶巴群则洛桑次仁举行布萨仪式。

九日,为将要返回的森噶贾康格敦扎西主仆赐教。应康区总代表巴格桑次仁请求,讲授《度母法》,并赐教。临近新年时,要为蒙古族大小额祖穆钦、阿瓦噶果尔鲁苏、达尔汗部的王为代表的官员、章嘉呼图克图为代表的喇嘛活佛,以及蒙东、北京、太原、山东、四川等地的各大官员送去礼物问候。

晦日,照常在大经堂和寝室中准备好一切。胜生年即土龙年阴历一月一日新年布施宴会上,海螺声悦耳动听,寝室中座位整齐,照常举行欲界自在母元旦食子会供法会。在大经堂,公私夏仲们照例举行布施宴,班禅额尔德尼非常高兴地接受塘热德丹林寺赤巴活佛、大喇嘛等执事 30 人、招待工作者、阿热霍尔钦喇嘛仁布切、经师活佛、巴尔郭总理大臣等蒙古地区献布施宴的官员及官员代表所显的三所依等。法王堪布济仲丹增坚赞和噶钦济仲多吉两人辩经,新年仪式照常进行。为外宾赐给靠垫、护身结、哈达;提供代金设宴招待居者行者。

有诗云:善相新紫草拥抱,圆满四部叶美丽,有寂善相招之味,新年白莲现韶年。星星当中星星主,叶瓣中间茂叶王,国王顶地您到达,如山移地很庄严。狮子抬举的宝座,美丽善相画足掌,清净镜中国王们,长发宝冠形象好,永远活在蒙古地,金色大地的腹中,有您加持才怀胎,一切业缘胜又善。

之后几日,班禅额尔德尼教导并素宴招待夏仲、仲扎以上人员和仪轨僧、新年献礼者。

十日,会见塘热主属寺喇嘛执事僧徒、扎西西吉林寺公上、巴彦呼雪的苏米诺门汗班智达南杰益西坚赞等献礼祝寿者为代表的僧俗 2200 人。

十二日,生日,密法僧、护法殿僧在贝钦平房举行全天的总护法和出生值日神的祭祀法会。在上师供会供曼荼罗与长寿诵经时,管家照样敬献曼荼罗三所依。达尔汗王献五种千供物,设宴庆祝生日。班禅为献礼祝寿者为代表的居者行者摩顶,按照职位高低赏给面食、茶、礼物等。

十三日,会见上述献生日礼物为主的僧俗1000多人。在十五日大神变法会日,在几个佛殿供放五种供物,参观时进行献供、洗礼、开光,向主尊释迦牟尼佛像献荣腊玛精致缎袈裟,向其他几尊佛像献敬神哈达,为几座属寺僧人举行的祈愿法会提供全天供养,布施每人12元;提供寺院良缎毛绒制作的狮子头柱幡一对作为公基金。另外,赐给寺院每年祈愿法会期间每天5次茶费,公私为了佛教众生而发愿。僧人们表演了跳神,班禅额尔德尼发放500元作为奖赏。

班禅额尔德尼莅临法会,为了一切佛教发展和众生的利乐发愿回响,为了播撒解脱的种子,恩德护持。

阴历二月四日,会见嘉绒王的信使;为辛盖根的管家大喇嘛旦贝坚赞、达尔汗迈仁僧格扎西等僧俗150人传授长寿灌顶,讲授《香巴拉祈愿法》;前后会见献礼祝寿者为代表的僧俗3000人。

九日,为阿瓦贝塞部的堪布呼图克图等僧俗100人传授长寿灌顶,会见章嘉呼图克图派来献新年礼物的人,并摩顶回复。

二十三日,为前往四川和康区办事的森噶格敦扎西、次仁诺布主仆饯行;为哈尔盖赤巴绛央丹增等摩顶,讲授《香巴拉祈愿法》《光明法》等。

二十八日,会见阿热霍尔钦额尔盖苏米寺僧人卡唐和嘉措等1500人,讲授《兜率上师瑜伽法》《菩提道次第摄略》等。

晦日,塘热寺6个属寺的僧人举行祈愿法会,仪仗队迎请班禅额尔德尼到法会观看跳神，发放布施600元。

是日，会见从喀尔喀来的哲洛林寺罗菩萨化身罗桑土旦贤珠嘉措主仆，一起茶叙。在此前后，会见献礼祝寿者为代表的僧俗8000人。应塘热寺请求，为罗菩萨化身等僧俗3000人讲授《长寿马头金刚随许法》《忏悔法》。这时，班禅额尔德尼要求按照前后次序念诵《甘珠尔》《十万遍度母经》《一万遍忏悔经》《一万遍白伞盖母禳解经》和《般若波罗密多心经》，进行公私护法酬补、托付事业会供轮法会。

闰月五日，在寝室会见即将离别的罗菩萨活佛，赐给铜佛像等。

从六日开始，连续7天闭关专心修行极密瑜伽。

十三日，护法殿僧人献供尊胜千供物，百姓念诵妙吉祥名号经。班禅亲手将用杭州绸缎制作的长寿三尊（无量寿、白度母、尊胜佛母）放在贝钦丁康（དཔལ་ཆེན་ལྡིང་ཁང་།）。

十四日，哈甘苏米贡杜萨协林寺请求作为扎什伦布寺属寺，班禅封授历代门赤活佛为"噶钦堪布"，并撰写护寺文，向护法托付事业。

十五日，全天供养塘热寺普明自入法会。

十七日，会见日本比丘僧嘎巴果吉，茶叙并赐给一套札铃。应妇女信徒请求，授予优婆夷（近事女）戒，播撒了解脱的种子。

十八日，在与贝塞、公爵、图萨拉齐、迈仁、藏古、笔帖式等僧俗要员的茶叙会上，根据职位高低赐给护身结、哈达、加持物、绸缎等。在寝室会见额祖穆旗大亲王派来的使者曲杰嘉木样；在室外会见时赏赐礼物，回复大王。

十九日，在侍从正常保护和仪仗队的欢送下启程，前后来到迈仁嘉措和贾兰次旺的庄园，在旦巴饶吉林和哈丹乌苏苏米贡锡林寺各住了一天,应各寺各地人们的请求或愿望摩顶,讲授《慈缘法》《兜率上师瑜伽法》《皈依法》《度母颂》《香巴拉祈愿法》。在此前后,为献礼祝寿者为代表的僧俗13500人摩顶。

二十三日,由罗丹平措林、扎西西吉林两寺喇嘛、执事、僧众仪仗队和鼓乐队,以及温都尔亲王兄弟等官员大臣迎请到亲王新建的罗丹平措林宫殿上层寝室,亲王、贝勒、公爵、亲王夫人王子及全体大臣一起献油炸面食,班禅授教。

二十五日,为即将返回的从塘热寺陪送来的喇嘛、官员、卫士饯行,赐加持物,布施钱币。

二十六日,在札仓大经堂为各寺喇嘛僧徒500人、温都尔亲王等大小王臣100人、官兵卫士摩顶;为专程来的木里王的代表摩顶。

二十八日,温都尔亲王汇报说:救怙主驾临此地真是难得,现在适逢佛薄伽梵讲授《时轮本续》的特殊时间,因缘极好,因此新建时轮札仓,必须悲观时轮大灌顶。不久,班禅额尔德尼给以答复,亲王立即准备选择建坛城的地方和所需的器物。

阴历三月五日,在森琼朵护法殿仪轨僧修吉祥时轮自入法。

六日,特派知宾济仲旦增群佩去青海、甘肃办事;封授塔尔寺赤巴香萨活佛洛桑贤珠达曲嘉措为"诺木巴彦呼图克图",赐给方印、伞盖马旗、文诰以及有红宝石的帽子、黄大褂;分别给阿荣迈杰为代表的合作(佐盖)、果洛、扎那等部落官员褒文,按照职位大小赐给相应的有顶官帽黄缎蓝里长袍、靴子等。资助罗丹平措林寺为80位老僧单独举行《甘珠尔》诵经法会和扎西西吉林寺僧人举行为期6天的度母修供法会;为阿瓦噶彦多苏米的夏仲洛桑嘉措等人讲授《玛尼》《慈缘法》《香巴拉祈愿法》。

十五日,恰逢佛讲《时轮本续》的特殊日子,罗丹平措林寺密教僧人在札仓大经堂抱厦处护法殿举行时轮诵经法会,班禅额尔德尼摄受弟子。

十七日,16名仪轨僧在该寺新建的时轮札仓举行吉祥时轮地仪轨法会。之后,绘制、上色坛城时,班禅额尔德尼非常关心,时时督导。在此前后,会见献礼祝寿者为代表的僧俗信众19600人,加持洗礼。

二十五日,为布然多仁巴罗桑班旦为代表的僧俗10000人讲授《上师供》《菩提道次第要道》《玛尼》《慈缘法》《香巴拉祈愿法》等;会见聚集在那里的汉蒙古族喇嘛僧众、官员等僧俗,给于教诲;提供10000元给鲁杂格热齐烹饪食物布施来自各地的贫困无依靠者。

四月一日凌晨两点,指导护法殿仪轨僧事前准备吉祥时轮自入、前请、宝瓶灌顶三加行,在彩色坛城中修自入法,建立坛城的主尊像,为温都尔亲王杨桑嘉、次贝塞、宋公、隆嘉扎萨、喇嘛、活佛、官员、格西等不同民族的男女僧俗有缘者10万人传授加行灌顶,讲授《时轮本续》。

二日,传授正式世俗灌顶如童入的七灌顶,按照口诀进行,没有丝毫失误,精确掌握灌顶物品和灌顶过程、时间、颂词等,一切应功德圆满。佛讲完本续后,讲了佛教驻世、积年、后四种时、未来时等所有的时首。三日,继续传授其余灌顶时场面特别大,需要用很大的声音讲解,造成喉咙不适。但考虑到来自远方的各族民众不能久等,继续讲授。

四日,立起坛城主尊佛,顺利地传授上上金刚阿阇黎圣人灌顶等,将亲王和新建时轮札仓的规范师法王多仁巴和另外一人一起在灌顶台跳骨质6饰密宗舞,排放好每一件灌顶器物,清净灌顶自性,能熟所要成就的果。这些都由章嘉扎萨郭莽堪布活佛和罗仲两人及时翻译成蒙语,文意通达。最后捶打弹奏等的各种供物由僧众拿着绕行三圈后献给坛城众本尊,表示允许进入金刚乘之门,获得吉祥第一佛时轮位的缘分已经成熟,直到世界之边也难以衡量,恩惠无与伦比。

有诗云:吉祥米积佛塔中,初佛讲授时轮法,教化持密月贤等,时轮道上皆成熟。乐源城的白莲中,具种称密意花蕊,散发灌顶续香味,千万大仙皆满足。具种称王复又死,建立金刚持身像,引导蒙古地区人,皆入金刚乘之道。时轮乐空等加行,超越微尘坛城轮,化机蕴界气脉明,修行五智性稀奇。您的悲悯之臂膀,启开殊胜解脱门,引导浊世之众生,一切魔地皆失空。

五日,侍从们穿上盛装,高举飘幡,亲王主仆引香引导班禅额尔德尼来到诵经法会,供放会供物,以曼荼罗为先行,敬献吉祥圣物、国政七宝、法轮法螺、衣服全套、黄金一两、马蹄银45锭、缎子9匹、马27匹、牛27头、羊27只等。贝塞、公爵、大小夫人等主仆献厚礼。班禅为他们摩顶,赐护身结。接着呼图克图等喇嘛活佛、执事、贝塞、图萨拉齐、公爵等官员为代表的僧俗贵贱居者行者根据自己的经济实力和需要献供,班禅为他们摩顶,然后为排列等候在寺院外路两边的百姓摩顶,赐护身结,加持洗礼。

这时,请求灌顶的汉蒙民族聚集的有10万多人,汇聚出售食物、器物的汉人布帐超过百顶,人非常多,但是没有出现动乱、盗匪等不祥之现象,这是吉祥时轮黄色袈裟游戏者大救怙主的慈悲心。亲王向夏仲们提供马蹄银20锭、公马一匹;为仪轨僧提供汉马两匹、大洋30块等。蒙东省长代表、章台(ཇང་ཐེག)张道松、县长、商务总管等献礼求教的官员先后到达,班禅在寝室会见他们,问候赐教,会赐礼物。

六日,贝塞次拉旺安排,全天举行修供供养法会,班禅莅临法会接受曼荼罗等寿礼，并为贝塞主仆20人摩顶。

七日，在举行时轮修供法会的同时，居者行者大小夏仲祝寿祈祷者请求，全天素宴招待班禅师徒、仪轨僧、三寺的喇嘛执事僧民、亲王为代表的官员、亲王夫人、臣子、贝塞等来自各地的贵贱人员。邀请班禅额尔德尼驾临接受上师供会供曼荼罗及寿礼曼荼罗，大声说从三密所作的传记，祝愿先行之莲足驻百劫，用事业引导众生进入永远快乐的良道，愿望自然实现，双足登上扎什伦布寺高大的金色宝座，使佛教众生利乐圆满吉祥。陈列礼物有身语意三所依、吉祥圣物、黄金一两、汉马11匹、良缎10匹、公马两匹、骆驼一峰及绸缎等。夏仲仪轨僧等按照各自的情况敬献见面哈达。班禅额尔德尼在赏赐内外侍从的同时，向全体仪轨僧和外宾发放布施，为三寺的僧众施放僧茶，发放布施每人6元。

漠东达尔汗亲王所派的代表敬献慰问礼曼荼罗三所依、食品代金100大洋、长期食物代金1000大洋、向佛像敬献五种千供物代金100大洋、银元2000元等。班禅额尔德尼在寝室会见代表，摩顶赐教。

八日，为使达尔汗亲王、夫人、公子、大臣等人以后更加幸福快乐，在吉祥时轮修供法会上，陈列五种供物。班禅会见代表主仆；赏赐亲王、夫人、公子等人圣物哈达、护身结、护轮、寝香、妙香、亚麻布、有山画的缎子，同时赏赐代表，赐给银元600块作为饯行礼。

十日，鲁杂格热齐请求全天供养时轮修供法会。班禅会见鲁杂格热齐主仆僧俗50人；为罗丹平措林寺献礼祝寿者为代表的来自各地的3000名僧俗摩顶。

十一日，进行灌顶补足护摩仪式。

十二日，举行坛城采砂洒江和酬谢仪轨。班禅额尔德尼会见扎西西吉林寺喇嘛执事等献礼祝寿者、吉日门确拉汗派来的汇报使吉图盖根苏米(寺)活佛和执事、贾素图沃公杂格热齐主仆等僧俗1500人,讲授《皈依法》《兜率上师瑜伽法》《玛尼》《慈缘法》《度母陀罗尼》《长寿普贤供云母法》《香巴拉祈愿法》等。

十四日,密法怙主法会僧人敬献曼荼罗,班禅为他们摩顶,赐给护身结。接着,温都尔亲王说:此次大灌顶的准备方面没有丝毫违缘,按照意愿圆满成功,特呈献哈达、曼荼罗三所依、水晶如意、陈玉大碗、陈旧大铜镜、汉马等。班禅为新建时轮(札仓)的规范师法王多仁巴、16名仪轨僧,以及其他献礼祝寿者300人摩顶。在寝室会见温都尔亲王、张贝塞、帕王的代表、额公、杂苏图盖根苏米的总代表活佛等人,完成了去年应霍尔沁总部(科尔沁)请求传授的时轮大灌顶的各种仪式。他说:“现在该走了,答应以后有时间再传授灌顶教诫,下月一日将到杂萨图盖根苏米寺。”答应七日可望传授大灌顶。

十五日,仪轨僧举行金刚手大轮仪式。

十六日,应仪轨僧和私人佣人献会供曼荼罗请求,讲授《兜率上师瑜伽深授法》。请求者敬献见面哈达、身语意三所依、汉马一匹、良缎两匹等供云。班禅摩顶,赐给护身结;为献礼祝寿者为代表的僧俗500人摩顶。在大经堂陈列五种供物的同时进行良辰法行仪式。在会见协勒郭十部额祖玛齐王和阿瓦王两人的代表迈仁、贾兰主仆时,两位代表请班禅额尔德尼夏季去那里。班禅予以答复,并额外赏赐。封授蒙古金扎西曲林寺赤巴活佛格桑格列尼玛为“诺木齐堪布”,分别封贡桑群科林寺赤巴多仁巴益西达瓦和卓玛拉康的赤巴多仁巴益西多吉为“噶钦曲杰”名号;封授卓尼德钦曲林寺恰浦噶钦活佛为“亲苏居图堪布”、布勒王部群科寺活佛格桑旦巴嘉措为“曲杰堪布”,赐给堪布服、方印、马旗、顶子等。

十八日,完成了灌顶仪式。由官员引香,在札仓僧人仪仗队的迎请下，班禅额尔德尼驾临贡觉林寺准备的大帐中，接受献礼祝福，观看力量比赛，为128人摩顶，按名次赐给护身结、哈达等奖品。

二十日，再次驾临贡觉林寺，全天宴待较亲近的人，前后赏赐温都尔亲王等官宦、大喇嘛等执事、护卫大小夏仲、仪轨僧私人佣人等人，观看由温都尔王等人表演的十分有趣的游戏舞蹈，非常高兴，大小夏仲、拜谒的僧俗人众的欢笑声充满大地。用餐结束后，温都尔王等人再次叩拜。班禅为亲王、贝塞、公爵、夫人、公子等人赐给护身结、优质长哈达各一条，为其他人摩顶赐护身结；以金钱奖励服务人员、卫士、各寺执事和夏仲、杜旭穆等。一切结束后，班禅额尔德尼一行驾临罗丹平措林寺。

二十三日，救怙主班禅额尔德尼担任堪布，曲杰堪布达珍坚赞任轨范师，其他8名密教师担任屏教师、报时师等，在足数的僧众中为蒙古金苏米活佛次贝尼玛、觉盖苏米的夏仲洛桑等人为代表的143位修行者授圆满别解脱戒，赐给比丘之物；为扎西旺堆等4人授沙弥戒。

二十五日，达尔汗亲王特派章嘉扎萨和迈仁觉噶来献五种千供，准备宴请。班禅额尔德尼在寝室会见他们，赐给华翰。护法殿僧人以兜率上师瑜伽、上师供、尊胜仪轨的方式献供。

二十六日，赏赐温都尔亲王兄弟和驻锡期间的服务人员。在阿米苏（ཨ་མི་སྒུ།）、谢刚木（བཞིས་ཀམ།）、谢牟（བཞིས་མོ།）等宴会上，班禅额尔德尼赐给亲王大护身结、香囊等厚礼。在寝室茶待其他代表。

二十八日，应次贝塞请求，为各寺的僧众、王爷为首其夫人、官员等僧俗700人讲授《金刚手乌杂随许法》。

晦日，向佛像献供敬神哈达，为几个寝室赐幡。之后，根据安排开展其它活动，来去都有欢送迎接，应邀驾临托南城内名叫鞑靼德居（ཐའི་དན་རྗེ་ཅུག།）的贾素图（ཅ་སུ་ཐུ།）事务衙门，哈尔沁部总代表几个王公、道营司长、道长(ཏོན་ཀྲང་)、县长等汉蒙文武官员,以及军警官民等人迎接,班禅为他们摩顶。这一地区前后两年连续雨水稀少,官民都处境困难,自从班禅到来后雨水不断,大家感到非常幸福。这时,班禅额尔德尼感到身体不适,阴历五月二三日卧床休息。四日,师徒乘坐汽车,官宦们接送;贾素图盖根苏米塔钦林寺盖根呼图克图等喇嘛活佛执事、蒋贝塞、扎萨郡王部的大小官员引香,500 名僧人组成的仪仗队设灶迎接到宝帐做短暂休息。然后驾临盖根呼图克图的拉章经堂,呼图克图、呼雪(部落)代表王贝塞公爵等按照当地风俗献上酸奶、曼荼罗三所依、油炸面食等。

六日,护法殿僧人为了政教和顺举行护法拉贝三尊酬补、托付事业、成熟修行法会。这时班禅额尔德尼身体病情稍微加重,从六日到十四日之间护法殿僧人举行公私护法酬补、托付法会。全体僧人做三敬事(诵经修法以事佛)。班禅连续 3 天供养盖根苏米寺的 800 僧人,施放僧茶,支持开展三敬事;为进行上座礼供、祝寿祈祷、向护法托付事业的僧人布施每僧两元;供养举行为期两日胜乐集密修行仪式的密宗札仓 70 名僧人,并发给每僧两元布施。经过多种修供祈祷活动,班禅的身体逐渐好转。

十五日,应科尔沁部总代表、盖根苏米的盖根呼图克图等僧俗共同请求,班禅额尔德尼在大经堂为 1300 名喇嘛僧徒、十部的大小官员 100 人讲授《皈依法》《兜率上师丹巴玛法》《香巴拉祈愿法》等,并为敬献曼荼罗、吉祥圣物的人摩顶,赐护身结;为其他敬献身语意三所依者为代表的来自各地的 6500 人摩顶、加持、洗礼;在寝室会见了盖根呼图克图、蒋贝塞、贾素图三王。

十七日,盖根呼图克图和郡王一起敬献曼荼罗,不断地祝福祈祷,班禅为僧俗行居者 10000 人摩顶、加持、洗礼,讲授《香巴拉祈愿法》。

十九日，为贾来图僧格娘布等献礼祝寿者为代表的来自各地的僧俗 16000 人摩顶、加持、洗礼，讲授《香巴拉祈愿法》。这天，会见新任蒙东督办张晓兰（ཀྲང་ཧོས་ལེན།）的两位代表官员和特使张正福（ཀྲང་ཀྱིན་ཧྲུའུ།）等人，献礼请求班禅额尔德尼为谢世的大元帅诵经回向，班禅答应诵经为去世者禳灾祈福，保佑督办现在和以后平安幸福；厚赏两位代表。

二十日，在寝室会见贾来图主仆 15 人、杜尔贝图蒋贝塞主仆 10 人，教导并讲授《香巴拉祈愿法》。

二十二日，由十部扎萨王、贝勒、贝塞、公爵、图萨拉齐等大小官员，盖根呼图克图等喇嘛、活佛、执事仪仗队，以及引香者、导引者、护卫官兵等人请到已经准备好的传授时轮大灌顶的地方，大家依次敬献曼荼罗，请求尽快为僧俗传授灌顶。接下来，进行驱魔[①]、修护轮等加行，让接受灌顶者必须修经续法器，不仅依止格西奠定大乘道的基础下中士夫共同法等一切的根本，了解上师五十颂甚深法，守护戒律，密道根基深厚，而且掌握护非护成就业及过失产生的方法。因此，班禅要求在利害得失的关键时刻，大家都要慎重对待，用心调柔，修行续器，讲授摄受弟子的仪轨。之后，为扎萨、贝勒等僧俗 5000 人传授长寿灌顶。

二十三日，指导学修密法的僧人和洛丹平措林寺时轮札仓的规范师等 6 名仪轨僧举行吉祥时轮地仪轨法会。然后，观看跳神、彩色坛城等，会见来自各地的汉蒙僧俗献礼祝寿者的代表 47500 人。

阴历六月三日早晨三点，密法僧修吉祥时轮自入法，以此建立时轮佛像，为居仁门确拉汗部温都尔亲王、吐谢耶勒图亲王、贾来图、杂苏图、杜尔贝图、巴尔萨、达尔汗部、果尔鲁苏等王，以及贝

---

① 密教在修坛、灌顶之初，行者自起佛慢，放出忿怒明王会众，对一切障碍修习密宗道场的邪魔，施放食子，驱往远方。

塞、贝勒、公爵等大小官宦,盖根苏米、果尔鲁苏欧擦拉康苏米、吐谢赖拉图德吉林、杜尔贝甘丹寺、萨贡部格桑林寺、吐谢耶勒图平措林等各寺赤巴、活佛为代表的喇嘛、活佛、格西僧俗 10 万人传授能熟灌顶预备次第;接见了协勒果确拉汗差队总代表郡呼亲王、额祖穆齐大王的图萨拉齐主仆 20 人。

四日,班禅额尔德尼为上述人员传授主要灌顶生起次第能熟七地如童趋入的七灌顶,之后来到宝帐四周送发东西、赐教。

六日,传授两节上上四灌顶和金刚阿阇梨大王灌顶,将盖根呼图克图安置在灌顶台上,饰以六种骨饰,全面实践生起圆满次第法,有了证得器与空色大手印身的缘分,建设弟子队伍,以三空七珠宝注满献给,直至时劫,恩德无量,难以衡量。这时,细雨绵绵,彩虹显现各种形象,稀有之相不可思议。灌顶结束后,雨继续在下,被圆满善相之相遍布。

有诗云:远离二障云堆法界城,大乐琉璃发光之中央,怙主您犹如慈悲太阳,千万形象世间眼舞蹈。十一种灌顶之光,消除四障的黑暗,四身的茂盛叶瓣,赐给周围的众生。佛的后继大师您,建立众生利乐根,善神福田与施主,灌顶璎珞挂天空。

七日,在准备说法的宝帐中陈列会供轮,传授时轮灌顶的酬谢供云有曼荼罗三所依、吉祥圣物、马蹄银 57 锭、大洋 2700 元、良缎 27 匹、马 27 匹、牛 27 头、羊 45 只。呼图克图等各位喇嘛、活佛、王、贝勒、贝塞、公爵、扎萨、图萨拉齐等官员和大小工作人员各人敬献丰厚酬礼。班禅为他们摩顶加持,赐给护身结等。僧俗行居者们根据自己的财力献供感谢,班禅摩顶,赐护身结、加持、洗礼。献给夏仲大洋 2700 块、邦果 15000 元;给仪轨僧马两匹、大洋 500 块等。

八日,果尔鲁苏斯基、盖根呼图克图全天供养修供法会,请班禅到法会献礼祝寿，班禅会见他们主仆10人。

九日，达尔汗亲王代表敬献曼荼罗、食品代金大洋1000元、五种千供代金15000元。亲王、夫人、公子、官宦、随从等为了现在与久远的美满幸福，连续3天陈献五种供云千次。班禅会见全天诵经的代表主仆。

十日，班禅额尔德尼宴待盖根呼图克图和亲王等施主主仆200人。

十一日，班禅亲自在大经堂和中殿陈列五种千供各一次，向法会施放僧茶，全天供养时轮修供法会，还莅临法会为去世的张大帅发心回向；宴待呼雪（部落）的大小官员和喇嘛活佛等人，赐给每人一条护身结和哈达。

十二日，在寝室，为表示感谢向勒郭代表赐物、话别。

十三日，进行诵经酬谢酬补仪式，会见献礼祝寿者为代表的僧俗百人。

十四日，在这里的属寺举行的祈愿法会上观看定期朵玛跳神，在大经堂上下寝室观看跳神，食用油炸面食。

十五日，为181位修行者授近圆戒。

十六日，举行时轮大灌顶仪式后，布施设宴，观看大力士比赛和赛马比赛，奖赏获得名次者。

十七日，观看诺门汗呼图克图在拉章石板地上表演的米拉日巴事迹田猎三圈传，给以赏赐。

十八日，在宫殿城墙内布帐中茶待呼图克图、亲王、贝塞贝勒、公爵等20位和其他僧俗200人，桌子上摆放着米饭、桃杏、热食等。

十九日，赏赐上述人员，按照职位大小赐给加持物、护橛、氆氇绸缎等。

二十二日，为94位修行者授近圆戒。

二十三日,祭祀护法神;为请辞的各部扎萨、王公等官员饯行,赏赐相应的礼物。

二十八日,封授科尔沁贾素图部的扎什伦布寺属寺扎西曲林寺活佛绛曲格列坚赞为“迈甘堪布”;封授布勒王部甘丹扎西尚林寺活佛固始为“迈甘堪布”。上述主仆献礼。

阴历七月三日,会见新到的济仲达珍坚赞等4人和乃宁巴孜仲次旦。

五日,是遍知罗桑益西的忌日,向扎西塔钦林大经堂、性相札仓、部属寺院的密宗札仓喜饶林苏米、察汗苏米等献五种千供物。班禅亲自参观寺院,并向大经堂主尊佛像如来自在献黄色缎衣,向宗喀巴大师像献黄色亚协缎子大氅,向护法殿献贝哈尔绒衣,向另外四个经堂的主供佛像献缎衣、敬神哈达,并和仪轨僧一起献供、赞颂、洗礼、开光,为了利乐发心。盖根呼图克图在大经堂献曼荼罗寿礼,请求洗礼为500名喇嘛僧徒摩顶,讲授《菩提道次第法》。在大经堂的茶待会上,布施每僧冒阿(མོའུ་ཤི།)一元;为洛萨祈愿法会提供两次茶费。

次珠和色拉寺且札仓拉仁巴次旦在拉章石板地上,与塔钦林寺格西中的精通五部大论的人立宗辩论,班禅奖给护身结、哈达、锦缎坎肩、披单等。

十三日,会见扎西塔钦林寺赤巴诺云呼图克图大喇嘛格贵达木齐、总部代表蒋贝塞、贾素图王、图萨拉齐等常住服务人员、卫士等,赐给护身结、加持圣物画像、衣服等。在此前后,会见献礼祝寿者为代表的僧俗12000人。

这天,班禅额尔德尼还会见了张总司令和翟省长从蒙东派来的李处长、翁孜多(ཝན་ཙི་ཏོའ།)两人,以及托南张正福(ཐོན་ནན་ཀྲང་ཀྲིན་ཧྥུའུ། 的音译)、监督(ཅན་ཏུ། 的音译)等人,他们非常虔诚地问安,转达了总司令和省长渴望与班禅额尔德尼会面的愿望，请来暂住，还说迎接的汽车和火车，即特殊的火车（专列）等一起到达。因此，全体夏仲和公私用具都放在吐谢耶勒图王府，师徒少数人于十四日乘汽车出发，喇嘛、执事、僧民执仪仗送行，骑兵不断地来到车站，诺云呼图克图、温都尔亲王、吐谢耶勒图亲王等蒙古族许多王公到专车服务，一路上有各地官员迎接，还有警车、骑兵、鼓乐队等。

十六日，火车到达奉天蒙东（ཀུང་ཐན་མུག་ཏྲོན།）新车站，军警、官兵非常多，总司令的特别代表（ཏྭའི་སྤྱོའ་གྲོའ་ཆེས་ཏུ་པན།）、翟省长、司长、各旅长（ལུས་ཀྲང་།），各机构的厅长、处长、总长等大小很多官员和达尔汗亲王等迎接，各寺喇嘛执事僧民执仪仗迎接。班禅向各大官员问安，赐给哈达。从此开始路两边有军警及往来的其他民族的人，班禅乘坐汽车，由普天寺（སྤད་ཅན་ཟི།）僧人仪仗队等迎接到驻地城内马林福宾馆（མ་ལིན་ཧྥུན།），省长等各大官员来见。东三省政府安排招待处李处长，其下张股长等人从各机关安排 20 名官员负责住行工作。

这天，班禅特派仲钦堪布和张潘叶公（ཀྲང་པན་ཡི་ཀོང་།）去慰问张总司令和省长，给每人献上一条大哈达，并汇报第二天会面之事。

十七日，去大帅府拜访张总司令，见面后两人互换哈达，班禅送上一尊铜佛像，司令很恭敬地接过，并献上一条黄色内库哈达。班禅授教现在和未来两种善规，使司令比以前更加虔诚。之后，来到省长衙门拜访，送上哈达和长寿佛像，双方就现在和未来之事进行谈论。就这样，为总司令和省长送上丰厚礼物。

次日，总司令和省长先后来到宫殿拜访大师，热情畅谈。各督办、厅长、处长、社长（ཤེ་ཀྲང་།）、路长（ལུས་ཀྲང་།）各大文武官员先后来拜访，班禅分别赐哈达一条以及香、绸缎等礼物。总司令所献的礼物有自己的肖像、有柄象牙长寿人、白银、景泰蓝瓶等器皿和各种绸缎等厚礼。

二十日和二十三日,总司令和省长分别在大帅府和省长机关宴请大救怙主及其夏仲、蒙古官员等,所做的承事无与伦比。

一天,名叫“棒工长”的30000多工人依靠机器制造了许多种大小火强弩形状的非常神奇的大作坊,犹如幻化,请班禅额尔德尼来参观。杨督办等在那里的全体官员对班禅非常恭敬地迎候,宴待班禅师徒及随从王公等。

张总司令和翟省长等文武官员认为,大救怙主班禅额尔德尼从遥远的西藏来到内地,在汉蒙古地区弘扬佛教,为了众生长远利乐基础传授甚深教法,随顺不可思议做法的服务不仅做到了,而且随意新建了在蒙东居住的宫殿,从现在开始发给师徒每月伙食费代金白银各9000大洋,另外及时提供火车、电报、电线、电灯等所需的一切,如果去蒙古等地区答应承担一半伙食费,提供足够金额。班禅给总司令和省长每人一条大哈达、一铁盒香,表示感谢。

班禅额尔德尼应达尔汗亲王邀请到亲王府,为亲王、夫人、公子等30人讲授《兜率上师瑜伽法》《长寿经》等,并吩咐回向。宴会上献礼颇多。

省长的胞兄胞弟、王军长、张司长、温继铎等各大官员请授皈依法,出现了许多努力除恶修善的人。之后,由大小官员送行,警察士兵敲锣打鼓,各寺仪仗队等送至火车站。

二十七日,准备出发,大家都依依不舍,非常敬仰。路上官兵们像以前一样迎接,在托南张司长的官府住了3天,师徒受到款待。张司长、吐谢耶勒图亲王、锡林郭勒方面的服务专人副官4人、大小4辆车及人都已到达,(班禅师徒)乘汽车出发,阴历八月一日抵达吐谢耶勒图亲王宫殿,以油炸面点招待。班禅会见了亲王和诺木齐呼图克图为首的僧俗要人,报告了锡林郭勒迎请者到达的情况。

三日，接见诺木齐呼图克图、扎萨亲王等的这一地区的僧俗官员200人，巴绒呼齐扎萨王桑达多杰、额祖穆旗大王的代表图萨拉齐、阿瓦噶大王的3位嘉兰为代表的锡林郭勒十部公私迎请者官员卫士、马驮随行者700人；在寝室会见大官员；招待并额外赏赐公私来请者。在寝室和送行者张司长会谈。

四日，吐谢耶勒图王府后塔向右方移动新建，班禅额尔德尼亲临佛塔附近的宝帐中，主持由护法殿僧人参与的大威德金刚方式的开光仪式，亲王敬献曼荼罗三所依等厚礼。班禅额尔德尼为大臣、随从百人摩顶。

八日，科尔沁十部喇嘛噶钦洛桑尤涅、管家洛桑次仁两人按照尊胜仪轨敬献曼荼罗、吉祥圣物等，布施居行者、夏仲、私人佣人等。班禅额尔德尼为喇嘛主仆、王爷、臣眷200人和其他献曼荼罗祝寿者为代表的僧俗300人摩顶。

九日，应亲王请求，护法殿仪轨僧举行多闻子招财、护法海大祭等仪式，为了恩惠护佑的酬补，敬献先行礼物，宴待仪轨僧、夏仲、家仆等。

十日，莅临宫殿附近准备好的宝帐观看大力士比赛、赛马比赛，奖赏获得名次者。

十三日，在寝室会见吐谢耶勒图亲王、父亲公、大爷图萨拉齐、杂格热齐、迈仁等所有臣眷，茶待赏赐护身结、哈达、加持物、良缎、各种器具，同时赏赐工作人员和卫士。会见送行的托南张振师（ཐོ་ནན་ཀང་ཀྱིན་ཧྲུའུ།）官兵，赐教并赏赐礼物缎子、锦缎、氆氇等，赐给士兵银元。

十六日，照常出行，吐谢耶勒图亲王、大堪布活佛等人送行，呼亲王等迎接。往驾锡林镇方向，先后住宿在迈甘苏米平措林寺、营房、徐徐巴基（ཞུ་ཞུ་འབབ་ཅི།）、达彦玉恰（ད་ཡན་ཡུ་ཆ།）、哈太图郭旭等宝帐中，为各寺施放僧茶，发放布施；向几个主尊佛像献供，向护法托付事业，赏赐各寺喇嘛执事。

在此前后，会见献礼祝寿者为代表的僧俗 6500 人，为即将返回的镇长、宋营长的士兵、吐谢耶勒图的骑兵饯行。按照各寺愿望，讲授《皈依法》《兜率上师瑜伽法》《玛尼》《时轮上师瑜伽》《香巴拉祈愿法》等。

二十二日，锡林郭勒却拉汗派代表额祖穆旗扎萨郡王弥觉多杰、公图萨拉齐、台吉图萨拉齐等大小官员和娘乃苏米（寺）、布林苏米、呼雪苏米等三寺的喇嘛活佛执事迎接。在设灶迎接的地方，王敬献曼荼罗，班禅为僧俗要员摩顶，接见阿热科尔沁喇嘛仁布切的呼图克图和扎萨郡王两人。之后，3 寺僧人拿着各种供物，组成仪仗队，吹奏海螺引导来到娘乃苏米的贾夏仲拉章，王和额德玛图活佛等人献礼祝寿，班禅为他们摩顶，一起喝茶谈论。

二十三日，在寝室与上述阿热科尔沁两位上师官员、这里的王公、家人等人会谈。之后，在大经堂为以布林堪布活佛为首的三寺喇嘛僧徒、扎萨王与公爵，以及图萨拉齐为代表的官宦等僧俗 7000 人摩顶，赐给护身结，加持洗礼。

二十四日，应呼雪请求，为上述僧俗传授《时轮俱生随许法》和长寿灌顶，公私献礼表示感谢。

二十五日，为吐谢耶勒图亲王、堪布活佛、杂格热齐等主仆，以及卫士、骑兵回赐礼物；在寝室会见王爷，为其主仆饯行。应阿热科尔沁僧俗请求，答应会再次前去传法；与喇嘛仁布切、王话别；为驻锡期间提供服务的工作人员赐给护身结、哈达、加持物、绸缎等；为寺院施放僧茶，发放布施；为僧俗 200 人摩顶。

娘乃苏米的寺主拉卜楞寺囊钦之一贾夏（རྒྱ་ཞབས།）仲活佛格桑

贡却嘉措精通显密教法，知识渊博，而且在最短时间内热心于发展佛教众生的利乐事业，现在又安排寝室等驻地，服务班禅师徒，提供非常好的供养。因此，禅额尔德尼封授他为“诺木齐诺门汗”，赐给座垫、马套、顶幡顶戴及文诰。

二十六日早晨，在贵族等僧俗仪仗队的护送下起程，噶究喇嘛的寺院等三寺喇嘛执事迎接，在僧民仪仗队等的迎接下，来到了以前答应要来的噶凯苏米丹达尔林寺拉章，会见献礼祝寿的要员们。

二十七日，应丹达尔林寺堪布喇嘛洛桑绛阳嘉措请求，为三寺喇嘛僧徒、扎萨王、臣眷等 5000 人讲授《时轮俱生随许法》，并摩顶。

二十八日，为扎萨王弥觉多杰、达尔汗王和夫人、公爵、图萨拉齐等大小臣子，各寺喇嘛、执事等人赐给护身结、哈达、加持物、绸缎等；为噶凯苏米、喇嘛苏米、洛呼苏米等三寺的僧人施放僧茶，发放布施。

二十九日，如前迎送，锡林郭勒十部总巴绒额祖穆旗大王索朗饶丹、悉尼苏米桑阿饶杰林寺喇嘛格桑晋美龙热嘉措、布罗苏米的堪布活佛、公爵图萨拉齐等骑士 1000 多人、骑兵鼓乐队等迎接。班禅额尔德尼与大王、固始喇嘛会谈，让大知宾回赐全体人员哈达。然后，由迎送的僧俗贵贱 2000 人、献供娱乐队的僧人仪仗队、吹奏海螺者的引导下，来到悉尼苏米寺的拉章，大王、固始喇嘛等喇嘛活佛、官宦献身语意三所依，问候进餐。大王请班禅额尔德尼去王府，班禅答应了。

阴历九月一日，桑阿饶杰林寺全体喇嘛僧徒在大经堂向班禅额尔德尼敬献曼荼罗三所依，陈列如云供物。班禅为各寺喇嘛僧徒 1000 多人、大秦网索朗饶丹、大小臣眷，以及其他献礼者为代表的僧俗 5000 多人摩顶。

二日,应固始喇嘛请求,为喇嘛僧徒和大王为首的这一地区的僧俗贵贱10000人讲授《时轮俱生随许法》《长寿灌顶法》《香巴拉祈愿法》等,赐给大王和固始喇嘛额外食物。

三日,为驻锡期间提供很好服务的固始活佛晋美龙热嘉措授给"诺木齐迈甘文字堪布"名号,赐给方印、堪布用具、马旗、座垫、头幡顶戴等,以及加持物、画像、绸缎,赏赐各寺院大喇嘛等人;向大经堂各佛殿献五种供物、敬神哈达;为寺院法会施放僧茶,为僧人发放布施。

四日早晨起程,先后住在萨汗诺欧尔和阿热布尔旗,喇嘛、活佛僧俗300人迎接,最后到达乌兰哈勒噶苏米寺,立即献礼祝福。班禅为呼亲王和固始堪布活佛摩顶赐福。

八日,在几个佛殿陈列五种千供,参拜佛像并献敬神哈达,布施1000多僧人每人大洋一块、哈达一条,提供公基金50大洋,全天供养曼巴札仓诵经仪轨法会,入修护法酬补、托付事业法。应这里寺院全体僧人请求,为居行僧人2000人和其他男女信徒5000人讲授长寿灌顶《兜率上师瑜伽》《玛尼》《香巴拉祈愿法》等,并摩顶;为驻锡期间担任一切服务的喇嘛、执事赐护身结、哈达、加持物、绸缎等。之后,观看百名老年青年格西在石板地上立宗辩经,施放僧茶,发放布施。

九日,由大王索朗饶丹、堪布活佛扎萨喇嘛益西次成坚赞两人为首的各寺喇嘛、活佛、执事、图萨拉齐、杂格热齐、迈仁等僧俗1500人迎接,几百名僧人组成的仪仗队吹螺、骑兵敲锣打鼓迎接(班禅行)到王的乌尔敦登欧的黄色大帐中,立即摆上油炸面点,大王、堪布活佛扎萨喇嘛等15人敬献三所依。班禅额尔德尼为他们摩顶,赐护身结并授教;会见章嘉呼图克图的代表索本(司膳师)等僧俗官员。

十日，在蒙古大帐经堂设宴，王等人分别敬献三所依和曼荼罗。班禅额尔德尼赐给每人一条护身结和哈达，赐给大王和扎萨喇嘛铜质长寿佛像各一尊。

之后，班禅额尔德尼被请到房子和蒙古包混合的十五个佛殿，和仪轨僧一起献供、洗礼、开光，向各佛像献敬神哈达。请到寝室，向师徒献上食品。这个地方天气非常寒冷，自从班禅额尔德尼来到以后天气非常晴朗，有时下着绵绵细雨，彩虹十分美丽，人们议论说这些都是救怙主的慈悲。

十一日，赐给大亲王、扎萨喇嘛、王的母亲、哈屯、3 位图萨拉齐、两位杂格热齐等人妙香、氆氇、用具等厚礼。返回乌兰哈勒汗经堂，赐给念诵《甘珠尔》的费用。

十四日，登上住帐下面的大帐经堂宝座，应大王请求为官宦、喇嘛等僧俗 15000 人讲授《时轮俱生随许法长寿灌顶》《香巴拉祈愿法》等。大王呼雪等献寿礼曼荼罗、吉祥圣物等厚礼。班禅为聚集在那里的人摩顶。

十六日，根据扎萨喇嘛劝告起程，洪赖图苏米寺僧人执仪仗迎接到洪赖图寺拉章，盖根和大王献礼祝寿。

十七日，为大经堂大密师和仪轨僧、该寺僧众举行上师供会供轮仪式，陈列曼荼罗三所依等丰厚供物。

十八日，班禅额尔德尼在大经堂为僧俗 2500 人信徒讲授《妙善耳传共同口诀之无量寿佛》《妙吉祥传规五本尊随许法》《兜率上师瑜伽相关的兜率上师著述母法》《菩提道摄略著述女》等调柔心之法，大家很高兴地念诵，努力加行；向佛像献供，向护法神托付事业，为法会施放僧茶，发放布施。

十九日，向各佛殿陈列丰厚供物，参观寺院；向主要佛像献敬神哈达、洗礼、开光。在释迦佛殿，50 名僧人建立长期讨论的规矩，班禅额尔德尼给以关心,发放布施;为盖根呼图克图、大喇嘛、管家等人赐给护身结、加持物、绸缎等;赐给常用的班智达帽,作为内圣物。天降节时,为释迦牟尼佛像涂金,陈列千供物,提供每年格西全天辩经的费用。

二十日,盖根呼图克图拜见班禅额尔德尼时,敬献了适用的各种器皿、白银、缎料、包含一匹快马在内的 9 匹马,请求时代摄受保佑;向众随从献马 5 匹。

这天,班禅额尔德尼在寝室会见了刚到来的巴仁王的公爵图萨拉齐和夫人等,然后驾临王府行幕。

二十一日,大王请班禅额尔德尼观看摔跤比赛,摆上油炸面点,献上以身语意三所依先行的马鞍一对、特制的黄色缎料蒙古大帐一顶,配有全套地毯、帷幔、座垫、桌子、供台等器皿,还有现金;献给众夏仲马 30 匹。班禅额尔德尼为参加比赛的 4 人按名次给以奖赏。

二十二日,公上陈献五种千供,班禅和仪轨僧一起修吉祥时轮自入法。

二十三日,班禅额尔德尼观看各寺的百名老年青年格西在寝帐前辩经,要求大家讲辩五部大论,弘扬发展佛法,勤奋努力,施放僧茶,发放布施。

二十四日,会见大王及其母亲、太太、公主、图萨拉齐,以及呼雪的工作人员共 200 人,赐给护身结、加持物、绸缎等。在小寝室和大王、王母等 15 人按照内部规矩一起用餐,细心谈论;赐给大肖像、金刚大威德唐卡、常用黄缎卷轴画及其他物品,作为王府的内供物,赐给王母铜质马头明王像。

二十五日,分别封授金措林寺西仁喇嘛和桑培诺布林寺活佛罗桑丹增为“诺木齐堪布”和“曲杰堪布”名号;为巴仁阿格苏米寺的3位活佛等献礼者为代表的500人摩顶。这天，班禅和大王等人乘马来到乌布豆图休息。

二十六日，郡黄旗扎萨郡王宋增旺秋、胞兄章嘉堪布、王寺两位活佛等僧俗150人迎接，由僧众仪仗队引导来到王寺。扎萨王献礼，班禅额尔德尼与王和喇嘛活佛会谈。

二十七日，在大经堂为扎萨王等僧俗2000人讲授《时轮俱生随许法》长寿灌顶《时轮略续》等。

二十八日，应扎萨王请求，驾临王府，向遍知班丹益西（第六世班禅）所赐的佛母画像为主的佛像献供洗礼，托付事业，和王的亲属茶叙，赏赐锦缎等。

二十九日，回赐大王和夫人、兄弟等人，为僧众施放僧茶。呼雪（部）共同敬献很多告助礼品（皈依礼品），献给全体夏仲1000大洋。之后，驾临额伦呼图和穆东噶蔡，在两地各休息一日。

阴历十月一日，由土观呼图克图、我的经师达巴参夏堪布丁杰巴噶钦达结次仁、我的信使阿旺格列堪布活佛、阿瓦噶扎萨贝勒、江龙寺喇嘛执事为代表的僧俗首领百人迎接，住宿于名叫“大河鲁肃”（ཧྲུ་ལུས）的地方，与土观呼图克图、我的经师、阿旺格列堪布活佛、扎萨贝勒等僧俗要员会谈。

二日，锡林郭勒却拉汗总管额祖穆旗大王、卸任总管阿瓦噶大王、副总岱达巴绒苏尼王德却顿珠等十部的大小王，各寺喇嘛、执事，僧俗共1000多人迎接；属寺僧众仪仗队手捧各种供物引导班禅来到自在方大寺即江龙班智达的寺院甘丹曲佐林，登上大经堂宝座，各大上师、官员献礼拜见，班禅额尔德尼为他们摩顶，赐给护身结，桌上摆放着油炸面点等。

三日，在寝室和各大喇嘛活佛、十部的扎萨王公、夫人、图萨拉齐等僧俗公私要员茶叙。在大经堂，经师堪布丁杰巴、阿旺格列堪布活佛主仆跪拜,陈列礼物。班禅额尔德尼不停地会见骑马迎请者、寺院喇嘛执事等僧俗 3000 人;厚赏十部扎萨等人。十部共同宴请班禅师徒,服务周到。

十四日,在大经堂为王公、做事者、献礼者等僧俗 5000 人摩顶,向吐谢耶勒图地方派去迎请者;为黄旗扎萨王、图萨拉齐土旦尼玛等 70 位头人以及其他 600 人摩顶,一起用餐授教,按照地位高低赐给护身结、加持物、绸缎。

六日,应十部的共同请求,为僧俗 7000 人讲授《长寿灌顶法》《香巴拉祈愿法》。

八日,应十部的请求,仪轨僧在大经堂举行全天的尊胜仪式。同时,在班禅额尔德尼面前陈列上师供会供曼荼罗及其他许多礼品,公私很多人不停地请求传授以吉祥时轮大灌顶为主的所需法。为僧俗 300 首领摩顶,赐给护身结、会众缘等。阿瓦噶大王和寺、部请求班禅去他们的地方。

十二日,请到江龙班智达的旧寝室,敬献曼荼罗三所依等厚礼。班禅额尔德尼摩顶,赐给护身结。

十五日,班禅额尔德尼莅临性相札仓大经堂,接受曼荼罗等许多寿礼,为上师、活佛、僧民 1000 人和来自各地的僧俗信徒 1000 人摩顶;向马头明王极密主供像洗礼、开光,献敬神哈达。13 个班级的僧人在石板地上立宗辩经,班禅额尔德尼前后莅临每一个班级关心辩论。

十六日,为郡苏尼达尔汗王等 30 人传授长寿灌顶。

十九日,在旧拉章的格桑拉康,大喇嘛、做事人员共同敬献曼荼罗祝寿礼。

二十二日,第二世达赖喇嘛的期供日(定期祭祀),向这里的寺院佛殿献多次五种千供;朝拜时献供、洗礼、开光,献敬神哈达,全天供养法会，向僧众发放布施各一元。午后，和仪轨僧一起诵经，开展法事活动。

二十六日，在性相札仓大经堂陈列五种千供物，全天供养法会，布施僧众。在此前后，会见献礼祝寿者为代表的僧俗5000人。

阴历十一月一日，在寝室会见将要返回故里的土观呼图克图，双方广泛谈论，土观活佛临别时，班禅额尔德尼送赆礼。

四日，多伦诺尔工厂为寺院密宗札仓制作高大胜乐、集密、大威德像，班禅额尔德尼为之诵经。这时举行经忏活动，念诵《皈依经》《慈缘经》《白伞盖经》《般若心经》《六十颂》等各十万遍，念诵《甘珠尔》一次、《般若八千颂》百次，进行《大威德》《集密仪式》及噶德（ཀ་དེ།）、马日杂（མ་རི་ཙྰ།）、帝释空行护摩等十万次；举行规模较大的公私酬补护法、托付事业仪式，给江龙、乌兰哈勒噶、西尼苏米、呼勒图苏米、噶凯苏米、娘乃苏米、门兰喇嘛库热、颜多苏米等这一地区寺院提供供养经费；为安多拉卜楞寺、塔尔寺等寺院提供僧茶代金各200大洋。

十一日，在寝室为阿瓦噶比丘僧雅佩等30人传授长寿灌顶。这时，出现了两个与江龙班智达贡米阿旺洛桑旦贝坚赞媲美的贤哲，整理有贤哲著作，书中性相、生圆次第、本尊护法的念诵文业资粮、手册等稀有常用书都是考虑到佛教久驻而新抄的。班禅指示从今以后，8名寺院僧人要昼夜不停地重点念修与《般若波罗密多心经》相关的噶代咒。

有诗云：离障法界净天空，圣者三时帝释中，神奇慈悲王之上，是您摇动千慧眼。铁围山围绕之蛋，苦火所苦之人心，加持海翻腾波浪，浸湿善业永不动。掌握动静一切法，空乐双运举神变，即是冬季有彩虹，降下花雨现善相。

十五日，赏赐额祖穆奇、东西苏尼的喇嘛达尔巴拉恰主仆；在小寝室为阿拉善多仓夏仲阿旺益西、喀尔喀乌兰巴叶尔杂格热齐等僧俗50人授长寿灌顶,讲授《时轮上师瑜伽》《祈祷法》《香巴拉祈愿法》。

二十二日,为门兰喇嘛呼图克图主仆僧俗贵贱150人摩顶,教诲呼图克图,讲授与兜率上师瑜伽相关的《慈缘法》、依止《具种勇武的上师瑜伽》《祈祷法》《香巴拉祈愿法》《长寿灌顶法》等。

二十六日,会见敏珠尔诺门汗呼图克图派来的慰问使者。

二十七日,应门兰呼图克图请求,讲授《长寿和马头明王双运随许法》。

晦日,为了佛教众生的快乐方便,班禅额尔德尼要求大密师等仪轨僧必须每7天修一次怙主大朵玛法和法王十六角锥形朵玛伏魔铁堡法。

阴历十二月九日,会见了从南京来的近侍仲孜瓦喀曲和阎总司令的赖参谋长。

二十一日,回复蒋总司令等官员;派人去给额祖穆奇大王、阿瓦噶大王等蒙古族官员送新年慰问品。

从二十三日开始,班禅额尔德尼闭关修行七日,勤修空乐瑜伽,指示密教护法僧人为了佛教众生的福祉立修为期7天的护国药叉大朵玛法。

晦日,会见从各地来贺新年的人。当年巳年即土蛇年破晓之时,寝室、经堂等处已经准备好了供灯,海螺声不断响起,在小寝室中大密师和4位近侍敬献哈达,其他侍从身着崭新的僧装,悬挂经幡,班禅额尔德尼穿着礼服莅临法会,桌上摆放着糌粑、奶酪等食品,照例敬献欲界自在母的元旦食子。之后,莅临大经堂的格桑拉康,管家按往常一样敬献哈达祝安,接着其他夏仲、家仆等敬献见面哈达,享用糌粑、奶酪食品。甘丹曲佐林寺喇嘛执事、十部的扎萨及各大喇嘛活佛、寺院等的二百慰问者敬献新年礼物,一起喝茶吃米饭。夏仲乃帕神医古格瓦洛桑南杰代表近侍(囊玛)、译仓丁青巴第巴济仲代表勒参巴、新任孜却本谢瓦夏仲桑木丹、本长扎西旺堆代表孜仲官僚第一次拜见班禅额尔德尼。贾木协经师和侍读仲孜瓦噶钦罗桑丹增分别辩论解说十万部律经中的难点,饮食不断端上来。班禅为外宾赐给餐具、护身结、哈达等。

二日,管家敬献内库见面哈达、曼荼罗三所依、汉马一匹。全体夏仲敬献曼荼罗三所依、衣服、汉马一匹等。班禅在寝室为来献新年礼物的人以茶和米饭、油炸面点等饯行,赏赐主要人员。

五日,为这里的喇嘛僧徒等僧俗居行者1500人摩顶,赏赐辩经的10位格西。

八日,在寝室会见阿热科尔沁察汗呼图克图、经师活佛、喇嘛仁布切的代表,接受他们的新年献礼,茶叙赐教,赏赐到达和辞行者。

九日,派罗仲(翻译知宾)和喀吉(总驮官)索旺去迎接年仅7岁的第一次来寺院的江龙班智达的转世灵童,一到驻地拉章,班禅额尔德尼以糌粑、米饭、油炸面点招待,赐给黄缎一匹、汉马一匹、白绒座垫靠背、红色细氆氇毯子等;和活佛主仆20人茶叙,赐给内库哈达、水晶器具,教导说要勤奋闻听讲经,凡事要按照前世的做法,同时赐给经师、大喇嘛、管家、经院堪布、父母亲、索本(司膳师)等人护身结、食品。

十二日,庆祝生日,照样举行尊胜仪式,热情献供上师供会供曼荼罗相关的寿礼;额祖穆奇大亲王、苏尼代大王、阿瓦噶大王等各部代表主仆、外宾300人敬献见面哈达,班禅为他们摩顶,赐给护身结、旨意资粮缘。当莅临宫殿时,班智达活佛晋谒献礼,班禅额尔德尼赐茶授教。

十三日,在大经堂热情接受全体夏仲敬献的会供曼荼罗和曼荼罗等丰厚寿礼。科尔沁吐谢耶勒图亲王代表和来自各地官员献礼,大师为他们摩顶授教。这天,受到蒙东张总司令和翟省长为首的各大官员信函礼物。

十四日,全天供养甘丹曲佐林寺1000名僧众法会,布施大洋各半个。

十五日,应江龙寺拉章请求,为小活佛授居士、出家、沙弥戒,取法号阿旺罗桑班丹曲增,赏给袈裟胜幢,即教主铜像,祈祷祝福。小活佛手捧曼荼罗三所依,敬献加行礼物。班禅赐曼荼罗、钟表、璎珞、杭州产绫绸等;为多伦诺尔曲科寺法王活佛旦贝尼玛授沙弥戒。

二十三日,这里的30位噶仁巴格西献曼荼罗寿礼,请求讲授《妙善耳传口诀兜率上师瑜伽甚深教授口诀所饰法》。

阴历二月一日,应该寺新旧两个班的请求,讲授《现观庄严论》《入中论》《长寿普贤供云女法》。为来拜谒的阿瓦噶大王和郡苏尼王授教摩顶。为江龙活佛讲授长寿普贤供云女、活佛长寿文《如意至宝母》等;为苏尼王主仆讲授《时轮上师瑜伽法》。

阿瓦噶大王准备去五台山朝圣,班禅额尔德尼让他捎去向主供佛像献的敬神哈达、供文和献供费用1000大洋。在此前后,会见了献礼祝寿的僧俗1500人,讲授《兜率上师瑜伽法》《焚烟供施法》《香巴拉祈愿法》等。

六日,应性相札仓喇嘛色拉寺且札仓的拉仁巴阿旺尊追等30位格西和喀尔喀次成等人请求,讲授《兜率上师瑜伽法》和《香巴拉祈愿法》。

八日,为江龙班智达活佛和经师等30人讲授《长寿和马头明王双运随许法》《金刚手猛鹏五天神随许法》《黑鹏火快刀随许法》；为30位格西讲授与兜率上师瑜伽相关的《上师瑜伽法》《菩提道次第摄论》《长寿普贤供云女》《江龙活佛长寿法》《法王托付事业文》《焚烟供施法》等。

十五日，被请到该寺祈愿法会会场，为佛教众生的利乐发愿回响时，天降细雨，同时出现了许多奇相。

二十日，苏尼代大王、郡黄亲王来见，班禅授教，额外赏赐。

二十五日，为性相札仓的俱舍、戒律的复诵师等250人讲授《上师供甚深口诀讲饰法》《菩提道灯论》《妙吉祥名号经》《兜率上师瑜伽法》《白文殊修行法》《长寿普贤供云女》《入行论祈愿法》《江龙活佛长寿文》《香巴拉祈愿法》等；为布德寺活佛迈甘堪布罗桑丹增等僧俗500人传授长寿灌顶和《度母颂》。

二十八日，在寝室会见阿瓦噶呼图克图和扎萨巴勒的夫人等人并授教。

二十九日，为僧俗1000人讲授《现观庄严论》《兜率上师瑜伽法》《玛尼》《香巴拉祈愿法》等。在此前后，为敬献三所依的僧俗6500人讲授《香巴拉祈愿法》。

阴历三月三日，为复诵师洛桑次成等献礼祝寿者为代表的僧俗居行者1000人讲授《兜率上师瑜伽法》《玛尼》《极乐净土祈愿法》《往生法》《中有之怀念度母法》。

六日，为僧俗1000多人讲授《上师供甚深释》《兜率上师瑜伽法》《祈祷法》《依时轮上师瑜伽法》《香巴拉祈愿法》等。为甘丹曲佐林寺大喇嘛曲杰格列嘉措等70多人中的17名老僧讲授《六座喇嘛瑜伽》《菩提道要道》《中有之怀念度母法》《焚香仪轨降吉祥雨法》《文殊传规无量寿五本尊随许法》等。额祖穆奇大亲王主仆50人拜见，班禅赐茶授教。

在寝室会见呼亲王及夫人等主仆20人，授教一起用餐。章嘉呼图克图派索本扎萨喇嘛送来慰问信和曼荼罗三所依的代金,班禅在寝室会见他们,回复赐教。

九日,为来献礼的各地僧俗信徒1000多人摩顶,讲授《普贤行法》。阿瓦噶贝勒部和性相札仓分别祝寿,班禅为主要人员赐座,赐给护身结、佛像、加持物、绸缎等。在此前后,为多次来拜的大王授教,赐给珊瑚菩提念珠。

之后,班禅师徒起程去凯修天(ཁེ་ཤིག་ཐན།)温泉,为到达那里的呼雪代表阿瓦噶达尔汗贝勒、行幕马驮等的负责人额祖穆奇图萨拉齐土旦尼玛等官员30人,一起茶叙。

十一日,为江龙班智达活佛讲授《上师供》《善妙佛愿》《丹巴尔玛》(བསྟན་འབར་མ།)等。

十二日,在寝室会见江龙班智达活佛、杜尔贝甘珠尔活佛主仆等少数人。之后出发,由多人送行,前后在布勒呼多、汗乌勒敦、凯修天库如苏米、多伦新寺德吉林、凯修天扎萨府行幕、乌松陀如、喀尔囊扎萨衙门等处各住一天。

二十日,阿尔谢亚苏米(寺)大喇嘛执事等、林西县宋连长、骑兵等迎接,来到温泉行幕,一路上为寺院施放僧茶,向佛像献供,为僧人讲授《兜率上师瑜伽法》和《香巴拉祈愿法》。在喀尔囊行幕受到扎萨王和汉族官员等人的热情服务,前后会见僧俗4000多人。

二十二日,在阿尔谢亚苏米贡杜丹佩林寺大经堂会见赤巴喇嘛夏仲洛桑丹巴嘉措等僧俗700多人,讲授《香巴拉祈愿法》。

二十六日,为来拜谒的额祖穆奇大王、呼勒图盖根呼图克图的慰问使者摩顶,回函答复;会见巴仁大王、阿热科尔沁扎萨王的信使,回函答复。

二十九日,在寝室会见江龙班智达的代表知宾、寺院总代表执事僧、扎萨贝勒杂格热齐等代表主仆并茶叙。蒙东张总司令、省长、张社长等发来电报问身体可好，希望不久会面，大悲。班禅额尔德尼为凯修天扎萨公、杂格热齐、库如苏米堪布等先后到达的信使摩顶。

阴历四月四日，呼勒图盖根呼图克图益西次成坚赞不幸去世，特派大强佐来请班禅额尔德尼诵经回向，撰文祈祷转世灵童早点降世，派人送去大洋 700 块用于献祭、施放僧茶等。派专人给（呼勒图盖根呼图克图）胞弟和母亲送去汉马 3 匹表示抚慰。

十二日，凯肖天扎萨公和胞弟包公爵两人因家人去世，从热河接受扎萨的印鉴带大部队而来，整个地方的人被恐惧所折磨，上面发去平安文告的同时，特派张同司去热河方面，吴桐（ཝུ་ཐུང་）和包公爵奉命撤出军队，班禅额尔德尼收到回电，大家幸福快乐。

十五日，在寝室陈设广大五种千供。班禅额尔德尼在会见凯肖天扎萨公、图萨拉齐、阿尔协雅苏米寺堪布活佛 3 人时，堪布将阿尔协雅寺献上作为扎什伦布寺属寺，库如寺堪布喇嘛也把自己的寺院献上作为扎什伦布寺属寺，班禅为他们两人授教，赐保护文。在此前后，为阿嘉呼图克图、苏尼扎萨公、觉钦苏米等的信使摩顶，赐给觉钦寺僧茶代金，答应该寺作为扎什伦布寺属寺；会见了各地前来祝寿献礼的僧俗信众 4600 多人。

十六日，起程返回，中途住在阿尔协雅悉尼寺贡杜丹佩林，向佛像献供，为法会僧众施茶。之后，在阿瓦噶旺之地浑霍尔、公爵的寺院扎西央达林、阿瓦噶贝勒之地额尔却罗等处各住了一天，向上述寺院佛像献供，为法会僧众施放僧茶；前后为 1500 僧俗摩顶。

二十一日，由江龙班智达的知宾、苏尼戴大王的信使、十部落的总代表黄亲王、阿瓦噶贝勒、甘丹曲佐林的喇嘛执事僧及仪仗队将班禅迎接到拉章寝室，为班智达活佛、公爵、贝勒等迎接者摩顶。活佛身体不适，班禅额尔德尼给药授教。

二十二日,会见从五台山朝拜回来的阿瓦噶王,接受其献礼,听其汇报,阿瓦噶王还将大员阎总司令的慰问礼呈献在眼前。之后,班禅额尔德尼会见杜尔贝夏热穆仁赤巴活佛和额祖穆旗大王的信使,赏赐即将告别的寝室、行程中的服务人员和达尔汗贝勒等官民;会见杜尔贝赤巴活佛等献礼祝寿者1000人,并讲授《兜率上师瑜伽》《慈缘法》《香巴拉祈愿法》,赐隐、护、教等方面的文稿。在大经堂前面的平地上新建帐房式曼荼罗佛殿等,准备请班禅额尔德尼传授时轮灌顶时用。

二十三日,班禅额尔德尼坐上十六根柱子的帐篷经堂的宝座上,以阿瓦噶王、黄亲王、阿瓦噶贝勒为代表的锡林郭勒却拉汗、江龙寺的喇嘛执事等首先敬献缘起礼曼荼罗三所依、见面哈达,班禅为他们摩顶,赐护身结。宴会上端上油炸食品等,设立念诵《师事五十颂》、摄受弟子、地仪轨等规矩,详细观看了舞蹈、线仪轨、彩色细砂等。班禅额尔德尼每天驾临法会。

二十六日,应夏热穆仁活佛请求,班禅额尔德尼为僧俗150人传授长寿灌顶;在寝室会见哲蚌寺罗萨林札仓的托杰活佛主仆7人,单独赐物给两位活佛。午后,莅临法院详细观看命名法舞,因明(性相)堪布敬献曼荼罗三所依等。之后,班禅额尔德尼为立宗辩论的格西赏赐杭州产黄绸。

二十七日,为法会1000多人施放僧茶,发放布施。

二十八日,为来自各地的僧俗500人灌顶。然后,起程去贝勒额尔顿,贝勒主仆50人骑马迎接,在额尔顿宝帐中接受曼荼罗三所依礼物,为诸位灌顶,列坐喝茶赐教。直到三日,期间接受献银1000两,观看布谷和赛马比赛,宴会盛大,诵经发愿回向;为额尔顿平措佛像开光献礼,另外赐给具有加持力的佛像。

四日中午,班禅额尔德尼驾临江龙拉章,在寝室会见苏尼杜大王、察哈尔官员巨额诺德敦却拉汗、易凯帕仁海雪等迎请者主仆，赐予书信；为前后来献三所依的僧俗6000人摩顶。

六日，为察哈尔夏巴赞盖囊赞多吉等百人传授长寿灌顶，在寝室会见了以两位部落王为首的许多上师、官员、僧俗。

七日，在寝室会见阿瓦噶王等人，为前来祝寿献礼的各地信徒10000人摩顶，讲授《慈缘法》《玛尼》《香巴拉祈愿法》等。

八日，在寝室会见阿嘉呼图克图和郡乌祖穆旗王（ཧུན་ཨུ་ཙུ་མུ་ཆིན།）等人。

十日，在帐篷大经堂为阿嘉呼图克图、江龙班智达、总呼雪的扎萨王及其妻子、图萨拉齐等居行者的喇嘛上师活佛官员、格西百姓等僧俗10万人讲授《吉祥时轮预备次第法》。

十一日，传授《如童入七灌顶》。

十二日讲法，特派人去主持江龙班智达活佛坐前世法座，当面赐给曼荼罗三所依、法轮法螺、衣服全套、绸缎衣服等礼物。

十三日，授予前世所拥有的金刚轨范师大主人的灌顶，托杰活佛和新旧两位江龙寺因明喇嘛翻译成蒙古语，最后环绕供乐等坛城，决定进入金刚乘道。广阔法界天神道，空乐双运是宝汁，坛城中现月亮笑，清净化机转意海，具信四障粗细味，灌顶甘露如流水，洗亮四金刚发光，显扬仪式谁不信？佛做佛的继承人，连根挖掉诸衰败，引导有缘诸化机，入胜缘地心意亮。

十四日，陈列许多酬补会供物品，十部蒙古共同率先敬献祝寿礼物曼荼罗、吉祥圣物、衣服用具、法轮、法螺、10000块大洋，求法者根据自己的财力分别献礼，班禅额尔德尼给他们灌顶，赐给护身结等加持物。同样，诸位夏仲共献1000块大洋，仪轨僧共献600块大洋。

十五日，班禅额尔德尼在曼荼罗前献千次五种供物，全天讲经,大密咒师额外侍奉一天,请求讲授《时轮俱生随许法》《时轮上师瑜伽法》《心识全离法》《献上身语意三所依》和《金铜制造的二胜六庄严像》。[①]

十六日,举行补足护摩仪式。

十七日,举行彩色细沙洒水仪式。班禅额尔德尼为库伦布尔将军寺的阿仁巴密咒师洛桑嘉措等300人传授长寿灌顶。

十八日,完成了传授大灌顶的全部仪式,在酬补喜宴上十部施主共同将班禅师徒请至帐篷经堂,向班禅敬献曼荼罗祝寿,以及衣服用具、吉祥圣物、1000块大洋、马10匹、骆驼10峰、牛10头、羊1000只等;向诸随从献1000块大洋、油炸面食等。扎萨和全体工作人员非常虔诚,表演布谷。如此,连续3天宴请,献上赛马113次、大力士比赛256次,班禅热情观看,赐给每个人护身结、哈达,奖赏获得名次者,在寝室会见扎萨诺云等人,赏给哈达各一匹。

二十一日,班禅额尔德尼为十部蒙古的扎萨大臣及其眷属举行特殊的宴会,并会见仲恰,在茶话会上赐给10人大护身结、香囊、各种护轮加持物、缎料各3匹、香料藏红花各4两;赐给4位大喇嘛每人绸料一匹;为扎萨的妻母、索伦王、贝勒公、图萨拉齐等30人,扎萨的亲属40人,杂凯热齐、迈仁、恰兰等70人,以及其他350人赐予相应的礼物;赐给十部蒙古彩衣等绸缎衣料70匹、哈达1500匹,以及相应的装有食品的盘子。以扎萨为代表的近前随从表达诚心,发誓一定要努力服侍佛教,一心为众生的幸福而做善事,请求班禅赐教,表示从内心深处奉从。之后,又摆桌茶待王公妻、子和大小杜旭穆(དུ་ཤུ་མུག),设宴招待大家。江龙寺班智达活佛顺利登位,江龙拉章感谢,班禅在寝室会见班智达活佛、其经师、管

① 二胜:释迦光和功德光;六庄严:龙树、圣天、无著、世亲、陈那、法称。

家等20位侍从。活佛敬献曼荼罗三所依、绸缎座垫帷幔、白银1000两等，班禅赐茶授教。

二十三日，救怙主持金刚（嘉贡多吉强）连兼亲教师和轨范师，在足数10人中间为阿嘉呼图克图洛桑隆多晋美旦贝坚赞授近圆戒。

二十六日，贝勒部的僧俗迎请班禅额尔德尼到赛欧央古（གསེར་འོད་གཡང་འཁྱིལ）法会，呼雪（部落）大喇嘛敬献曼荼罗三所依，并诵发愿词。之后，照例设宴，请进班智达活佛登基的帐篷，摆上油炸食品等。贝勒的呼雪敬献曼荼罗三所依、浅灰色公马8匹、白骆驼一峰等，还表演布谷和赛马。

二十九日，为甘丹曲佐林寺和各地修行者172人授近圆戒。

阴历六月一日，班禅额尔德尼被迎请到格桑拉康祈愿法会上，接受敬献的曼荼罗三所依和座垫帷幔等物，向佛菩萨像供上不可思议之物，发利益佛教众生之心愿，并回向。

二日，为阿嘉呼图克图传授长寿灌顶，并赐护身结、5匹黄色上等绸缎等，阿嘉呼图克图向班禅话别。

四日，是佛转法轮日，向格桑拉康等佛殿献五种千供。然后，莅临玛尼净修法会，接受曼荼罗三所依献礼，念诵发愿词。封授扎什伦布寺属寺阿尔谢雅苏米（ཨར་ཤེ་ཡ་སུ་མི）寺的赤巴活佛林赛噶究喇嘛为“额尔德穆迈汗堪布”（ཨེར་ཏེམ་མེ་ཁན），封库热苏米寺赤巴活佛夏仲饶强巴罗桑扎西为“诺木齐堪布”，并赐封文。赐封苏尼布勒图平措德丹林寺赤巴活佛土旦塔钦丹巴坚赞为“迈甘堪布”。在此前后，会见了呼且（ཧུ་ཆེད）迈甘堪布等人为代表的僧俗2300人，并讲授《香巴拉祈愿法》。

五日，为德喇嘛（དེད་བླམ）寺的夏仲洛桑克珠丹巴等30人授长寿灌顶。

六日,祭祀护法神誓愿海,为200位格西摩顶,赐护身结,讲授《妙吉祥名号经》《普贤供云佛母经》《时轮上师瑜伽法》《慈缘法》《江龙活佛祈寿文》等。

七日,在寝室会见班智达活佛等人,为来自各地的僧俗200人摩顶。班禅额尔德尼和全体随从起程,前后两天和欢送的阿瓦噶贝勒、寺院喇嘛执事等人住在额乌郭勒和哈达图。

九日,由堪布喇嘛活佛、多僧组成的仪仗队迎接到堪布喇嘛的寺院仁桑珠贝林寺拉章寝室,堪布敬献曼荼罗三所依。

十日,班禅额尔德尼在大经堂接受所献的曼荼罗祝寿,堪布喇嘛土旦贡嘎坚赞献上金铜质长寿三尊[①]像、金汁书写的《般若八千颂》、尊胜佛塔、白银1000两等。班禅额尔德尼讲授《金刚力随许法》《玛尼慈缘法》《时轮上师瑜伽法》《吉祥祝词》等。

十一日,向各佛殿献五种百供,向佛像献敬神哈达,向护法神举行酬补、托付事业仪式,为僧众施放僧茶,发给每僧半个大洋。

十二日,封授堪布喇嘛为"诺门汗",赐给堪布服全套、方形印章、法器一对、马头顶戴,赞赏护橛、黄铜质文殊菩萨像、珍贵加持物、黄色绸缎等。赏给司膳师主仆、寺院喇嘛执事等人礼物,并赐茶。在寝室会见托云旦佩坚,赐给衣服加持。

之后起程,驾临阿瓦噶贝勒的乌盖(ཨུ་གེ་ར།),贝勒首先献上曼荼罗三所依,双方茶叙。为堪布苏米寺院僧人讲授《皈依法》《兜率上师瑜伽》《慈缘法》,念诵《甘珠尔》。聚集在这里的200位僧人通过举行皈依、摆渡、却夏等仪式,煨桑供养护法神,托付事业。

二十一日,班禅额尔德尼为扎萨贝勒索朗诺布、其母亲和妻子弟兄、堪布喇嘛等喇嘛活佛,以及呼雪僧俗共1000人传授长寿灌

① 无量寿、白度母、尊胜佛母。

顶，为新建的贝勒乌盖房内的佛像开光。贝勒敬献1000银元等厚礼侍奉。（班禅）赐黄铜质度母像、誓愿卷轴画、其他加持物、绸缎、氆氇等许多物品。中国南京政府通过阎（锡山）总司令报告（班禅）去南京，特派小司膳师送来电报。

二十二日，班禅额尔德尼起程，由诺门汗和扎萨贝勒送行，夜宿夏格呼多，会见了阿瓦噶王的额尔杜郭勒苏米（ཨེར་ཏུ་ཀོལ་ཟེ་ཁག）、达尔汗贝勒的延多（ཡན་ཏོ།）寺等僧俗公私派来的信使。

二十三日，班禅额尔德尼驾临阿瓦噶王部属达尔汗包林乌盖，为阿瓦噶王主仆30人摩顶，接受所献的曼荼罗。

二十四日，在护法殿举行开光、托付事业、敬献敬神哈达等仪式，并念经回向。之后，在茶话会上，赐给主人黄铜质无量寿佛像等。阿瓦噶王子公爷主仆迎接，下榻于大王堡的帐篷大经堂，献上曼荼罗寿礼和1000块大洋。班禅额尔德尼应请为30位贵族摩顶，并赐护身结，喝茶授教。之后，来到行幕寝室。

二十五日，赏赐大王及其妻、子图萨拉齐、大小工作人员礼品。

二十七日，应大王请求，为僧俗1500人传授长寿灌顶，讲授《时轮俱生随许法》。

阴历七月一日，大王迎请班禅额尔德尼上师供法会，祈祷敬献曼荼罗、吉祥圣物等厚礼。班禅额尔德尼为其主仆和大小臣仆等300人摩顶。

二日，莅临蒙古式帐篷经堂举行的招财神仪式法会上，大王献上银曼荼罗、银八吉祥物、七政宝、汉马4匹、绸缎氆氇各4匹、3000块大洋、灰白色公马9匹、骆驼一峰、羊脂玉如意等多种供品。班禅额尔德尼为他们主仆50人摩顶，赐护身结。之后，在大帐中设油炸面食宴，观看布谷和赛马比赛，按照名次发给奖品。

三日，在各拉康、佛殿发愿祈祷，为主人赏赐物品。

四日起程,驾临延多苏米大经堂,登上宝座接受献礼曼茶罗和白银100两,为喇嘛执事、王主仆等僧俗百人摩顶赐茶,部分人员住在拉章。

五日,应法会请求,为居行者僧俗3000人传授长寿灌顶,讲授《金刚力随许法》。

六日,向几座拉康献五种千供,主持举行献供、洗礼、开光仪式,向几尊佛像献敬神哈达;在菩提道札仓经堂会见200位僧人,讲授《时轮上师瑜伽法》《具种忿怒上师瑜伽法》。在却热札仓(ཆོས་ར།)会见300位僧人。之后,请到堪布喇嘛旦贝尼玛的拉章和大王之子托云喇嘛的府邸,诵经祈祷,为诸位摩顶,丰厚礼品陈列在前。班禅额尔德尼还为法会施放僧茶,发给每人布施5枚,向护法神托付事业。

七日,下榻于经堂顶层殿内,赐给背面盖有印章的长寿三尊像和六臂怙主唐卡画,附有住撰文;赏赐喇嘛执事僧。之后启程,中途在彦岗谢(ཡན་གང་ཤེལ།)休息。

八日,阿瓦嘎觉热图王等人和僧人仪仗队迎接到参多(ཚན་དོ།)苏米的大经堂,献曼茶罗。班禅额尔德尼为工作人员等僧俗50人摩顶。然后,驾临拉章寝室,和喇本康7人茶叙并授教。

九日,应全体呼雪的请求,为僧俗1500人传授长寿灌顶。

十日,为呼图克图洛桑克增嘉措等94位修行者授近圆戒。

十一日,在大经堂部落僧俗一起敬献曼茶罗祝寿及1500块大洋,班禅额尔德尼为诺云呼图克图、扎萨王等僧俗700人摩顶。这天,在佛像前献3次五种百供,向几尊主像献敬神哈达,发愿祈祷,并进行洗礼;为僧众施放僧茶,发给每人布施5枚(སོ་ཞུ།);单独赏赐诸位格西,肯定立宗辩论。应堪布喇嘛请求,在拉章短暂停留,播撒吉祥花。

十二日,赏赐僧俗主要官员,由郡苏尼(ཧུན་སུ་ཉིད།)的迎请者堪布喇嘛和杂克热齐等人迎接到巴彦布鲁休息。

十三日,由郡苏尼几个寺院的喇嘛执事、扎萨王仁青旺堆等僧俗300多人和僧人仪仗队迎接到王宫,献曼荼罗,端上油炸面食。之后,班禅额尔德尼被请到帐篷寝室接受曼荼罗等礼物,为王等主要人员赐茶授教;前后会见献礼者为代表的僧俗6300人;为乌兰察巴却拉汗的大达尔汗部代表、达嘎拉苏米寺的赤巴喇嘛、贝勒、杜尔贝扎萨王得图萨拉齐等人摩顶,赐茶授教。当时接到邀请报告,为那一地区的僧俗1000多人摩顶,为即将返回的阿瓦嘎三部落的马驮赐别。会见了章嘉呼图克图的特使扎萨喇嘛。

十五日,应王的两个阿盖拉康护法殿请求莅临主持开光仪式,并祈祷发愿,献敬神哈达。在帐篷大经堂,上述乌兰察巴却拉汗的代表献曼荼罗1000块大洋。班禅额尔德尼在寝室会见扎萨王和图萨拉齐等人,呼雪公私献3000块大洋,祝平安长寿。在寝室会见察汗乌巴图寺的赤巴活佛额尔德尼迈甘堪布绛央勒贤嘉措和达尔汗王等人。

十六日,应呼雪请求,为2500名僧俗传授长寿灌顶。

十七日,应呼雪祈请,在无比释迦牟尼佛像、宗喀巴大师和至尊弥勒怙主像前授大乘长净戒(布萨戒),摆放千盏酥油灯等五种供物;为喇嘛活佛、僧众、扎萨王等僧俗3000多人讲授《上师供仪轨相关的七支法》《贤劫经》《贤劫经庄严鬘念诵》《百朵玛》等先行大乘胜菩提发心次第甚深法,使大家心满意足,承诺以信解大乘的力量护守清净戒律,如此确实有了胜菩提的缘分。作为酬补物陈列曼荼罗三所依、吉祥圣物等,以及1000块大洋的供云。

十九日,迎请到王的乌格尔(ཨུ་གེར།),部落僧俗信众用蒙藏两种语言请教经义,献10000块大洋。班禅额尔德尼为喇嘛、活佛、王、工作人员等僧俗要员50人摩顶,赐护身结。之后,设盛大宴会,观看布谷和赛马表演,奖赏取得名次者;应扎萨请求,按照地位高低分别奖给7位喇嘛活佛相应的爵位,喇嘛活佛献礼谢恩。

二十一日,在寝室会见扎萨王及王妻、郡王等主要官员,作为信物赐给释迦牟尼铜佛像、全套衣服为代表的加持像、香料盒、绸缎等厚礼。迎接送行仪式之后,启程来到拉却林寺(ལྷ་མཆོག་གླིང་།),会见僧众。

二十二日,为法会的僧俗1000人讲授《白度母如意轮随许法》并摩顶。向各佛殿献5次五种供物,向主要佛像献敬神哈达,播撒加行鲜花的同时,为法会僧众施放僧茶,发给每僧布施5枚。

二十三日,僧众呈献曼荼罗三所依、350块大洋。班禅额尔德尼为僧俗300多人摩顶,赏赐喇嘛、执事僧。

二十六日,驾临托浑(ཐོ་ཧོན།)苏米,锡林郭勒却拉汗的第二基巧(སྤྱི་ཁབ།)巴绒苏尼王德却顿珠主仆迎接,在寝室茶叙授教。

二十七日,应寺院请求,为居行的僧俗7000人讲授《妙善耳传口诀三世上师总修随许法》《现观庄严论》第一品《兜率上师瑜伽法》《香巴拉祈愿法》等。向几个佛殿献5次五种百供,向主尊佛像献敬神哈达,诵吉祥词;为法会僧众施放僧茶,发给每僧大洋半圆。应邀驾临麻塘拉章(མ་ཐང་།)为活佛主仆20人摩顶茶叙。

二十八日,在寝室会见喇嘛、执事僧后起程。

二十九日,驾临呼雪寺格结林,大喇嘛敬献曼荼罗三所依,喝茶授教。应僧众请求,为大王和喇嘛活佛等居行僧俗5000人讲授《千手千眼白伞盖随许法》《皈依法》《兜率上师瑜伽法》《极乐净土祈愿法》《香巴拉祈愿法》等。

阴历八月一日,在向佛殿几尊佛像献7次五种百供的同时,献上用檀香木制成的千手白伞盖佛母像,并向几尊佛像献敬神哈达,主持举行开光仪式；向法会僧众施放僧茶，发给每僧半圆大洋。然后起程，驾临央且喇嘛的寺院，应僧众请求，为僧俗1000人讲授《帕日传规的白度母随许法》《兜率上师瑜伽》《慈愿法》《玛尼》《普贤法》《香巴拉祈愿法》等，向佛像献供，为僧众施放僧茶。在此前后，会见了3500名僧俗。

二日，由许多王公、喇嘛、活佛迎接到王的额尔屯，王献曼荼罗祝寿。班禅额尔德尼为王、王母、王妻等主要人员、做事官员20人摩顶，茶叙授教。然后请到寝室休息。

四日，赏赐王及其母亲、妻儿。

五日，迎请到王苏米寺的药师千佛殿，僧众敬献曼荼罗三所依。班禅额尔德尼在佛殿前平地上，应大王请求为居行喇嘛活佛、大王自己等僧俗10000多人传授长寿灌顶，讲授《时轮俱生随许法》《渡中有险关法》《玛尼》《慈愿法》《往生法》《依止无量光佛上师瑜伽法》等；参观了各佛殿，并献供物及敬神哈达；为达尔汗部图萨拉齐喜饶多吉等僧俗1500人传授长寿灌顶，讲授《时轮上师瑜伽法》。

七日，观赏布谷比赛和赛马，按照名次予以奖赏并摩顶。

十一日，在寝室会见达尔汗王和图萨拉齐等人，授教话别。为辞行的夏热穆仁盖根等为代表的僧俗1000多人摩顶，讲授《玛尼》《香巴拉祈愿法》《勇武之上师瑜伽法》等。应邀乘汽车来到堪布喇嘛的寺院休息一日，为喇嘛活佛等僧俗500人摩顶，讲授《妙吉祥名号经》《香巴拉祈愿法》《兜率上师瑜伽法》《教焰法》等。供祭几个佛殿，并开光，向几尊佛像献敬神哈达，为僧众施放僧茶。

十三日，由王府汽车护送到甘丹贤珠达曲诺布林寺，会见托杰活佛等人，托云喇嘛诺木齐堪布贡却益西丹增敬献曼荼罗。

十四日，为杜尔贝哈乌曲寺喇嘛、扎西佐丹林寺喇嘛、图萨拉齐等为代表的僧俗1500人讲授与兜率上师瑜伽相关的《慈愿法》

《玛尼》《香巴拉祈愿法》等。

十五日,应额尔底郭林寺赤巴活佛请求,为全体喇嘛僧徒、大王等僧俗700人传授长寿灌顶,讲授《皈依法》《兜率上师瑜伽法之慈愿法》《现观庄严论》第一品、《香巴拉祈愿法》。之后,来到布萨法会诵经;在大经堂、性相札仓、密宗院的佛像前摆放五种供品,并洗礼开光,献敬神哈达;为法会僧众施放僧茶。莅临上述杜尔贝两个寺院的帐篷经堂和护法神像前献供,师徒500人和图萨拉齐德瓦贡丹献曼荼罗、白银1000两。班禅额尔德尼为他们摩顶、列坐喝茶,向佛母唐卡献神饮,托付事业。

十六日,甘丹诺布林寺师徒共同邀请班禅额尔德尼到上师供法会,敬献寿礼曼荼罗、用具、汉马15匹、公马15匹等。

十八日,班禅额尔德尼在回赐礼物的同时,为托云喇嘛等执事20人赐护身结和具有加持力的哈达,作为公基金赐给白银、马3匹、彩色绸缎3匹等,然后护送到王府。

二十日,同大王和呼雪一起来到上师供法会诵经,接受所献的曼荼罗、吉祥物、5500块大洋等;为大王及其随臣70人摩顶,赐护身结。

二十一日,全天为护法海献祭。

二十二日,为王府供放佛母(拉姆)、觉沃、五部佛像的怙主殿(贡康)诵经洗礼、开光,献神饮、敬神哈达,托付事业。在中寝室,王敬献曼荼罗和马匹。另外,献上以两匹快马为主的公马22匹,为随从们献上公马6匹。这天,呼雪的寺院、额尔多噶林寺、托浑寺的10名年长的格西立宗辩论,班禅额尔德尼认真观看,并赐难点格言,消除了大家的疑问,赏赐每人一块大洋。大王亲自献上马一匹,作为酬谢,布施每位格西一块大洋,请示于每年阴历八月二十二日开始举行连续七日的辩经,班禅额尔德尼欣然同意。当时,王的夫人生下一子,班禅赐给马3匹、绸缎衣料10匹作为生宴礼物，并取名次仁顿丹。

有诗云：怙主深心长寿道，大爱之云先密布，不惜事业珍宝雨，降下润泽干旱地？智慧太阳坛轮中，灌顶随许教诀箸，寺庙莲花随处有，解脱蜜汁全装满。教理双翅知识友，三学蜜醉僧伽部，富强傲慢众国王，争相虔诚依止您。尊容长寿平房中，悦耳呼吸如雷声，加持之雨真希奇，众生享受都幸福。十善之相洁白花，花丛美丽富贵地，稀有事业之重担，能够承担真希奇。

二十三日，为大王及其亲属赐给珍贵的厚礼。

二十四日，应大王请求，为岱延旗堪布活佛、大王德却顿珠、子豆噶尔尚等5人讲授仲毗亥茹伽所传的《作明佛母密修五天随许法》秘籍。

二十五日，应王的请求，为王及其亲属、杜旭穆（དུ་ཤུད་ཙུད།）等僧俗百人讲授喀且班智达所传的《白度母如意轮随许法》《内外秘作明佛母修行法》等。

二十六日，回复大国师章嘉呼图克图的请求和国民政府通过代院阎总司令下达的旨意，所有的主仆和阎锡山总司令的代表李参谋及信函、圣物等由汽车送达，招待仲益钦摩（秘书长）、托运官、神医、文书扎旺等人，在寝室会见章嘉呼图克图，献曼荼罗三所依、马匹、绸缎两匹等，亲自表示尊敬，两人长时间谈论佛法；在会见李参谋时，问候（总司令），（李参谋）亲自献上总司令的信函礼物。班禅额尔德尼向章嘉仁布切给酬谢礼100块大洋，给全体随从80块大洋。

二十七日，会见戴大亲王德却顿珠、其子豆噶尔尚、次仁顿丹等官员及图萨拉齐为代表的大小杜旭穆50人，赐给哈达、护身结、加持物、绸缎等厚礼。之后，在寝室与章嘉呼图克图、李参谋亲切细谈。封授卓尼雅尔塘寺的贡却曲增为“诺木齐”堪布，为杜尔贝土旦达吉林寺僧众颁发了《二利宝藏条例》。

二十八日,乘坐汽车来到呼雪地区的神山顶,祭祀地方神,埋藏宝瓶,以增加地方神的加持力,并吩咐宣布。

二十九日,会见托杰活佛和图萨拉齐为代表的臣仆 70 人,并摩顶赐护身结,托杰活佛等人敬献曼荼罗等礼物祝福。如前与章嘉呼图克图会谈,为提前去江龙寺的李参谋两人饯行。

晦日,大王及其母亲献羊脂玉如意,布拉汗献大官大褂(ཏྲེ་ཀོ།),答应永远摄持,并不断为僧俗 600 人摩顶。堪布喇嘛和大小杜谢穆等人送行,大王及其亲属随侍,一直到乘坐汽车离开。行至达赖曲杰寺,为喇嘛僧徒 200 人和来自各地的僧俗 1000 多人摩顶,讲授《时轮上师瑜伽法》《香巴拉祈愿法》等。莅临布萨法会诵经施恩,为僧众施放僧茶,发放布施。然后继续前行,夜宿阿尔谢叶寺(ཨར་ཞེ་ཡི།),为 500 位僧俗讲授《兜率上师瑜伽法》《慈缘法》《玛尼》等;应达尔汗王邀请就餐,为王主仆 700 人讲授《上师供法》,赏赐王并为其寺院施放僧茶。是日,住在巴绒阿瓦噶觉热图王的乌尔顿(ཨོར་ཏུན།)。

阴历九月三日,主持认定王子为珠钦呼图克图的化身,并为以灵童为代表的僧俗 50 人传授长寿灌顶,为小活佛和扎萨王授教。

四日,应呼雪请求,为僧俗 1000 人传授长寿灌顶,讲授《白度母随许法》并摩顶。东西苏尼(部落)的送行者官民 200 人告别,班禅额尔德尼为他们赐护身结,授教加持。王部敬献曼荼罗和 500 块大洋祝福,班禅在喜宴上予以赏赐。

五日,卓尼古尔雅堪布活佛顿珠桑杰嘉措把班禅额尔德尼请到自己住所,为 100 人传授长寿灌顶,讲授《香巴拉祈愿法》等,向佛像祷告施礼。堪布活佛敬献马两匹、1000 块大洋,班禅还礼,赏赐诸随从后前往王府,与王等亲属及图萨拉齐一起喝茶,回赠礼物。

六日,乘坐汽车来到哈颜苏米寺(ཧ་ཡན།),会见僧俗 1000 人,并讲授《兜率上师瑜伽法》《功德基础女法》《香巴拉祈愿法》等,向佛像献供,为僧众施放僧茶,发放布施。全体僧人献上 750 块大洋的礼物,班禅额尔德尼予以赏赐。

七日,由章嘉呼图克图的代表、章嘉拉章的喇嘛执事、十部的扎萨第旭穆(ཛ་སག་དེ་ཤུ་མུད།)、僧众仪仗队等迎接到江龙寺拉章寝殿,会见几位喇嘛官员,并摩顶茶叙。

八日,在寝殿会见几位扎萨官员并授教。

九日,章嘉呼图克图、李参谋、额祖穆钦大亲王为首的十呼雪(十部)的王公要员一起向班禅额尔德尼汇报说:为了发展一切佛教众生的事业,成立汉藏蒙统一教会"佛教会"。班禅说若是如此则甚好。

十日,在千佛殿会见章嘉呼图克图、扎萨王公、西部送行者等人,并予以赏赐。午后,在寝室会见前来辞行的章嘉呼图克图,详细会谈,并赠送护身结、金佛像、哈达等贶礼;为辞行的李参谋饯行,委托他给阎锡山总司令回复。

十一日,在寝室招待扎萨王公等人,要求侍奉佛教,依法为民做事,并答应不久再次驾临此地。

十二日,莅临护法殿法会,供祭护法海。会见了从蒙东来迎接的李处长、同长副馆长两人,接受大小汽车 13 辆。

十三日,两位代表亲自献上蒙东张司令长官和翟省长(ཛས་སེན་ཀང།)的信函,请求尽快前往。班禅额尔德尼回复。午后,应江龙拉章请求,班禅额尔德尼来到拉姆护法殿主持仪轨足法会,进行供祭、托付事业、嘱托等仪式。之后,请到拉章寝室,班智达活佛献上曼荼罗、各种食品、银质吉祥圣物、班智达帽、全套衣服等,请求护持闻思修圆满。

十四日,为汉族的两位迎接官员各赐马一匹,为全体汽车驾驶员等给予相应的赏赐。

十五日,向几座佛殿献一次五种千供,为法会僧众施放僧茶,发放布施每人半个大洋;在性相札仓认真观看了全天的立宗辩论,对疑难问题给以推测的格言,要求发扬讲修事业,发给每人布施大洋半块;应格本佩结活佛请求,为僧俗50人传授长寿灌顶。

十六日,封给江龙班智达活佛“呼图克图”名号,授予银印、黄伞盖、座垫、马旗、马顶戴、套子等;封授其经师和大喇嘛为“堪布”名号,强佐为“扎萨喇嘛”,奖赏司膳师、司寝师大护身结、香囊、药师佛像等;封授呼雪大喇嘛、日追活佛、呼图克图活佛分别为“迈甘堪布”,赐给堪布服;封各札仓喇嘛为“法王”(曲杰);封两位维那(铁棒喇嘛,或知事僧)、大翁则(领诵师)为“诺门汗”,根据地位高低分别赏赐上述高僧和大小执事(负责人)共50人。封布热特扎西多杰为“诺门齐堪布”,察汗盖根贝丹欧色为“觉热图堪布”,并颁发执照。

十六日,在寝室会见班智达活佛、十部的扎萨代表;会见送行随侍的戴大王,然后起程和僧众仪仗队一起来到黄亲王的额尔多乃休息,会见主人并授教。

十八日,赏赐铁箱香和快马后继续上路,由巴绒额祖穆钦大王臣属、乌兰浩特等几座寺院的喇嘛活佛、执事等僧俗500人及仪仗队迎接到王府的宝帐,在寝室和大王及其母亲、各寺大喇嘛活佛茶聊。班禅双足踏进值得称赞的新建的黄色库热寝室,即二十日会见大小大王、曼兰喇嘛呼图克图、甘丹洛巴格西帕巴群培等人并授教。曼兰喇嘛说(现在)汉蒙地区正处在战乱的浊世衰败时期,请班禅一定要赐祝愿词,班禅额尔德尼撰文并讲授教法;厚赏大王及其母亲。

二十一日,在寝室会见镶黄旗王和阿瓦噶贝勒,给予教诲。应大王部落的请求，为喇嘛、官员等僧俗10000人传授长寿灌顶，讲授《曼兰喇嘛所请的祝愿词》《香巴拉祈愿法》等。

二十二日，天降节（佛祖释迦牟尼的天降节），派强佐向王府的新建佛殿献五种千供，同时和参加仪轨法会的僧人一起修金刚手大轮自入法。大王拜见班禅敬献额外酬礼。

二十三日，封赏镶黄旗亲王寺院的达尔汗法王格桑阿旺为“诺门汗堪布”，并赐执照（公文）；在寝室与活佛、扎萨王、王的夫人和儿子等人亲切会谈。

二十四日，在寝室会见大亲王，赐书函后起程，来到乌兰浩特苏米（寺院），在大经堂为1000多僧人摩顶，讲授《兜率上师瑜伽法》《香巴拉祈愿法》等；为法会施放僧茶，发放布施，赐给100块大洋作为公基金。

二十五日，住在西尼寺（ཤི་ནི་སུ་མི།），为堪布盖根等僧俗2000多人摩顶，讲授《长寿陀罗尼》《香巴拉祈愿法》等；为几座佛殿献供开光，赐予以前翻译师们的教言，关心新建的因明讲授札仓，观看50名格西立宗辩论，发给每人一块大洋，并且提供100块大洋作为每年天降节日全天辩经的基金。

二十九日，赏赐迈甘堪布等亲近人员。这天由郡额祖穆钦部（ཧུན་ཨུ་ཙུ་མུ་ཆིན།）喇嘛官员和僧人仪仗队迎接到娘乃寺，会见喇嘛、执事、僧徒、扎萨王等为首的僧俗2000多人。

阴历十月一日，为吐谢耶勒图的慰问使者等300人摩顶。然后继续前行，驾临额祖穆旗所准备的霍赖馆（ཧོ་ལེ་ཀོན།）和布赞县（སྦུ་ཙན་ཤན།）各住一天，土南张镇守（ཐོ་ནན་ཀྲང་ཀྲིན་ཧྲུའུ།）一行官兵百人、漠东张总司令和翟省长的代表委员等官兵百人迎接。

三日，驾临省长公馆，会见迎接的官兵并相互问候。张社长负责为班禅额尔德尼主仆服务。在这里，前后为献礼祝福者为代表的来自各地的僧俗4000人摩顶。

四日,会见来迎接的满杜尔亲王,热情交谈。

五日,给张镇守以银质长寿人等丰厚礼物及公马4匹,赏给霍旅长(ཧོད་ལུས་ཀྲང།)两匹马,温都尔亲王和贝勒各一匹马。

六日午后,在火车上给张总司令、翟省长、阎总司令等人发去电报。六日,在寝室会见了各位官员,为男女僧俗1000人摩顶,然后和霍旅长等汉蒙官员一起到火车站。

八日,东三省司令长官张学良(ཀྲང་ཤོ་ལེན།)、省长主席翟文选两人为首的各机关所有的文武官员、达尔汗亲王、吐谢耶勒图亲王等蒙古族官员、蒙东各寺的大喇嘛等许多人迎接,在军乐队的锣鼓声中,来到蒙东新车站(ཤིན་ཁྲིས་ཀྲན།),总司令和省长两人走上火车包厢内,和班禅互换哈达问候,下车后乘坐汽车,由仪仗队迎接到黄寺宫殿,会见翟省长、司令部杨处长、张镇守、雷处长、达尔汗、吐谢耶勒图王、温都尔王等全部官员,以及大小招待人员、西康学生(ཤིས་ཁམས།),给每人一条哈达问候。

十日,在各公馆短暂会晤张总司令、翟主席、司令部秘书长、吉林主席张作相、热河主席汤玉麟、韩主席、卸任省长穆大业、金都统等各大要员,感谢各位到车站迎接,各位躬身施礼。

十一日,张总司令①单独来见,双方长时间热情会谈,之后和张总司令、吉林张主席一起进餐。

十二日,以翟主席为代表的各大官员宴请献礼。

十五日,会见了南京蒙藏委员会的信使张处长、贴身司膳堪

① 指张学良。1901年6月3日生于辽宁省鞍山市台安县桓洞镇鄂家村张家窝堡屯(旧称桑子林詹家窝铺),国民革命军将领,奉系军阀首领张作霖的长子,中国近代著名爱国将领。1920年毕业于东三省陆军讲武堂,先于奉系军中担任要职,"皇姑屯事件"之后,他继任为东北保安军总司令,拒绝日本人的拉拢,坚持"东北易帜",为祖国统一和民族团结做出了贡献。后任中华民国陆海空军副司令,陆军一级上将。西安事变后遭蒋介石父子长期软禁。1990年恢复人身自由,1995年起离台侨居美国夏威夷,2001年10月14日病逝于檀香山,享年101岁。

布、委员格桑次仁，广泛会谈。

十七日，为漠东城内外各寺院喇嘛、执事、僧民共800人摩顶，讲授《兜率上师瑜伽法》《慈缘法》《玛尼》《香巴拉祈愿法》等。

十八日，参观总司令所创办的有2万机械工人的飞机工厂，工作方法如同魔术，还参观了大中小火炮工厂，之后一起进餐。班禅额尔德尼送给张总司令细软哈达、虎皮、豹皮、细氆氇4匹、妙香、马4匹等礼物；厚赐翟主席、吉林省主席、总司令部的王迈处长，以及民政厅、镇台长等各机关大小官员，摆桌宴待蒙古族王公、随从、汉族要员等30人。

二十五日，燃灯节（甘丹节，或兜率天节），漠东七大寺院的僧人全天在摩诃噶拉（大黑天）佛殿诵经，班禅额尔德尼发放布施每人半块大洋，向主要佛像献敬神哈达，供祭酬补护法神。仪轨僧在护法殿全天举行大轮自入法会，念诵吉日法行和二资粮方面的经，班禅提供费用。

阴历十一月十日，为来献礼祝寿的僧俗百人摩顶；在寝室会见即将返回的随侍者巴绒苏米代大王，赏赐其主仆。

十七日，近侍曼努巴将返回北京，班禅额尔德尼为主要官员带去慰问信。

十八日，会见英帝的男女萨海噶勒查坚（དབྱིན་ཇིའི་ས་ཧེབ་ཀ་ལི་ཏྲ་ཙན།），讲授了业果法。

十九日，达尔汗亲王陈献寝室百供，班禅额尔德尼会见他及其亲属，接受他们所献的曼荼罗三所依、衣服、食品等，并摩顶授教。翟省长身体不适，班禅派医师去探望诊治，使病情好转，省长表示感谢。

二十四日，来到总司令和省长的公馆会谈。

二十五日，不久是民国新年，班禅额尔德尼分别问候南京、北京、漠东、黑龙江、吉林、岱远（太原?）、天津、四川、甘肃、西宁、热河、张家口等省的主要官员,结合当地风俗表示祝愿;赐给蒙古族喇嘛、官员护身结、哈达,以及相应的吉祥衣服。

阴历十二月二日是民国新年,向西宁府、省长衙门等各大机关派去代表大知宾祝贺新年。达尔汗王在寝室陈献百供和丰盛的食品,王爷及其子等主仆 15 人敬献身语意三所依,一起喝茶用餐。

四日,会见哈尔沁(科尔沁?)邦图部的首领图萨拉齐主仆。

五日,全天酬补贝涅赞益西的护法神和姊妹护法神。

十四日,在寝室会见印度四品办事员赛康巴。

十六日,接见帕索瓦格西斯塔欧珠、拉直巴楚康仲多杰等所属的僧俗 12 人。

二十一日,在寝室会见蒙古金王主仆、察哈尔呼图克图的强佐、阿热霍尔沁王的代表,赐茶授教。在寝室与托南张社长、吐谢耶勒图王、恰勒图王、叔公、热河唐主席、委员格桑次仁等人会谈。

二十六日,驾临城内皇宫,认真观看历任皇帝画像和器物,待了很长时间;按照各地的俗规回赐来献礼的四川办事孜恰堪布塞巴主仆(སེ་སྦྲག)和献新年礼物的蒙汉人士。

二十七日,达尔汗王在敬献自己礼物的同时,于寝殿的内外室陈列千供及食品。班禅额尔德尼会见王与王子主仆 30 人,并一起喝茶用餐。护法殿僧人以上师供方式献供,班禅赐给王府缘起印章,送给总司令、翟省长等在这里的汉蒙官员新年贺礼优质绸缎帽、华服、水果等。

二十八日,在寝室会见阿热科尔沁王、库伦布尔林公、塘热苏米、乌盖苏米的大喇嘛等人。

三十日,准备新年,像往常一样见客。会见了打箭炉办事处负责人的仆人罗桑班丹和康区僧俗的总代表马尔康桑普喇嘛主仆,赐给书函,并让强佐负责招待,关心备至,这时收到了许多康区寺院村落僧俗的信函。

庚午年(1930 年)，即铁马年新年，阴历一月一日，照例奏乐报喜，排列前后中座次，摆上油炸食品和吉祥圣物，李处长为首的招待人员和蒙古族官员、亲属、代表们敬献新年礼物，班禅额尔德尼为他们摩顶。之后，每天在寝室举行素宴仪式，赐给夏仲以上的人员及外宾礼物，授予人们教诲，按照官职大小会见汉蒙官员并赐教。

十二日，生日庆祝日，献祭出生值日神，举行尊胜仪式和上师供法会的同时，强佐献曼荼罗祝寿，和过去一样眼前摆放着张总司令、省长、省政府委员为首的工作人员、大小公私官员、蒙古族王公、各寺院等汉蒙外三方面所献寿礼的章子、银质寿星图、宝瓶、器具等多种礼品，并献哈达。班禅额尔德尼为他们摩顶，按往常一样颁赐礼物；会见漠东各寺僧人，通过赛康巴向尼泊尔廓尔喀王毗摩萨穆谢送去 4 封文告，祝贺其就位。

十三日，全体随从照常敬献礼物祝寿，班禅额尔德尼为献身语意三所依的公私人员摩顶，赐护身结。之后，张总司令和省长为首的各机关官员共同将班禅师徒、骑马随从蒙古族官员、漠东各寺喇嘛等人邀请到皇宫即国王的宫殿庆祝生日，百名文武主要官员行三鞠躬，请求画像。班禅要求大家为了佛教和国家的政治兴旺、百姓的利益而努力，大家再次施礼。接着表演取自王朝故事的戏曲，如此全天看戏、宴待，地方风俗的宴会十分圆满。班禅厚赏了唱戏者、乐鼓队和厨师等工作人员。

有诗云：自性离垢清净法界持棍(阎罗王)圆角中，仿佛护佑关爱众生之心如海浪，在积福之根成熟的智慧密叶顶，菩萨行白花善妙香味集散大地。断证莲花尽开放，善妙事业之香味，吸引虔诚弟子蜂，好像召唤远处客。四部层级极高贵，诸凡事业珠宝山，利他政教光圆满,为看变幻帝释眼。殊胜净戒之金轮,慈氏十力兵胜法,足掌珠宝火镜上,国王发花得转趋。进入烦恼毒大道,即于世间的铁城,我执门锁不失落,紧束一切诸众生。您的加持金钥匙,走出生死之刹那,引进解脱无量宫,谁能测量秘密边?宽阔大地之明点,雪山环绕之藏区,摩诃支那产药区,您用悲心来护持。文殊密意月笑容,升起边中地区海,金国大地之中心,利乐莲开大国王。旨意鲜花丛,庄严王发髻,施与诸善相,文殊皇帝宫。历辈宝鬘之王统,弘扬佛法摧敌军,歌舞道毁娱乐等,有寂善相皆圆满。

有寂顶饰无量光佛大遍观一切智班禅额尔德尼至尊罗桑土旦确吉尼玛格列朗杰贝桑布后半生的共同事迹如海宝王鬘中,略说在大霍尔地区弘法利众的事迹为第三章。

第四章　在祖国内地弘扬大乘佛法

殊胜密语大法鼓,四部实践悦耳声,救醒昏沉之众生,虔诚敬礼法王您。在庆祝生日的三天时间里,城市内外的高低贵贱所有的人都孝敬侍奉。

四日,达尔汗亲王陈列五种千供,同时设盛大宴会,献曼荼罗三所依。班禅为其主仆50人摩顶,赐护身结。午后,在皇宫宴待总司令、省长为代表的汉蒙官员、大喇嘛等献生日礼物的300多人。

十五日,为献身语意三所依的僧俗400人摩顶。

十九日,北京前来邀请的阎总司令的代表张参事、河北省政府代表魏科长、北京蒙藏委员会办事处蒲处长、察哈尔大臣、勒参巴活佛索朗饶杰等拜见,献上各自的书信,请求尽快动身。班禅逐个问候招待。

二十二日,会见即将返回的察哈尔喇嘛噶钦楚曲、管家坚扎仲次仁主仆，给予厚赏。南北发生混乱，使起程暂时拖延，以平息争执，厚赏各位代表。

二十五日回赐。

阴历二月三日，与张总司令、原顾总司令顾文君（ཀུའུ་ཙུང་སི་ལིང་）、翟省长、吉林督办张作相、黑龙江督办万福麟、托南张政福（ཐོ་ནན།）等人会谈，在张总司令、原顾总司令顾文君、翟省长、吉林督办张作相、黑龙江督办万福麟的公馆短暂停留。

四日，委托大密咒师向众随从送礼。

八日，四品印度办事员赛康巴出行，以亚东格西仁布切阿旺格桑为代表申请西藏地方方面给予保护，班禅额尔德尼回复。锡金基巧萨海（སཧེབ།）等几个萨海和锡金助手隐山，班禅额尔德尼回文诺布顿珠、锡金国王、不丹第悉、噶布热杂龚森等人，予以关心；为上述廓尔喀①王即位赐贺礼。

十一日，会见美国苏布丹（སུ་པི་ཏེན།），酌情交谈。

十三日，派孜强佐塞巴和仲钦丁青巴两人去北京。在寝室为达尔汗王方面的杂克热齐贝丹扎西和其他 30 人传授长寿灌顶。

十六日，会见库伦布日哈王齐迈等人并摩顶，讲授《极乐世界祈愿法》《玛尼》《慈缘法》等。应哈王请求，为 70 人传授长寿灌顶。在此前后，为献礼祝寿的僧俗 1700 人摩顶。

二十三日，为蒙古金格措林寺活佛洛桑旦贝坚赞授沙弥戒，教导要闻思经义，直至究竟。

二十六日，举行全天仪式，向护法海做佛语酬补。

---

①　廓尔喀是尼泊尔的一个部落，位于首都加德满都西北，起源于 14 世纪的北印度月亮族契托尔王朝。这个王朝的创立者名称是里什拉吉巴克拉塔，是拉贾斯坦邦乌代浦的拉其普特 rajput 王公，因为逃避德里苏丹国的入侵，其中一支刹帝利前往尼泊尔中西部与当地的马嘉人与古隆人通婚，形成廓尔喀人。1769 年，廓尔喀人征服了尼泊尔的玛拉王朝，建立起了沙阿王朝。人们于是也将尼泊尔称为廓尔喀，把沙阿王朝称为廓尔喀王朝，把尼泊尔人称为廓尔喀人。

阴历三月十六日,在寝室会见冯玉祥的代表毛志忠(མོན་ཀི་ཀྲུང།)和吴处长,喝茶谈事。达尔汗亲王在寝室陈列五种百供和丰盛食品,班禅额尔德尼应请为他们摩顶,赐护身结、食物等。

二十四日,应土默特部察兰铭铭(ང་ལན་མིང་མིང།)和卡林松(ཁ་ལིང་ཟུང།)的请求,为100人传授长寿灌顶。在此前后,为献礼祝福的僧俗1200人摩顶。

阴历四月一日,会见库伦17个布日呼雪(部)的代表额格尔达等蒙古族献礼祝福者僧俗100人,讲授《皈依法》《玛尼》《慈缘法》等。

七日,会见蒙古金部比丘卓玛嘉等几个来献礼祝福者,讲授《那若空行祈愿闲暇大船法》《香巴拉祈愿法》《玛尼》等。应达尔汗亲王请求,传授长寿灌顶和《结岗传规马头金刚密修随许法》。

十五日,向寝室佛像献五种百供,为漠东6座寺院全天施放僧茶,发放布施。

阴历五月七日,张司令长官的生辰因缘,提前送去礼物有六面锦缎的章子、大面蓝宝瓶缎、氆氇、妙香、豹子皮等,前去短暂会晤。

十五日,达尔汗亲王陈列千供。班禅在寝室会见敬献曼荼罗三所依及衣服、用具的人,一起茶叙;为亲王主仆讲授《白度母法》《尊胜陀罗尼》《般若心经》等。

二十日,会见第一次来的鄂尔多斯额陀王上师喇嘛僧俗。

二十七日,阿热科尔沁部的噶热迈仁来邀请,班禅额尔德尼答应十天内动身前往。

阴历六月一日,来到吉林主席张作相的公馆做短暂会谈。委任噶钦顿珠为鄂尔多斯福田喇嘛。会见托尔仲拉增僧钦活佛派来的信使森本(司膳师)及其胞弟等人,辞别时予以赏赐,给僧钦活佛带去礼物书信,并封授为"甘丹旦贝友军僧钦诺门汗呼图克图",赐给印章、伞盖、马旗、垫子等，表示赞赏。

十四日，新建捷道警卫部(འཛིན་སྐྱོ)官民，会见新任命的警卫处机构领导处长苏努旺堆。康区总代表桑普喇嘛洛桑绛央群觉嘉措辞别，大师授予"迈甘觉热图堪布"称号，并赐封文、礼品画像、中顿黄色大褂(སྟོང་ཏོན་སེར་པོའི་ཐུ་ཀྱི)。封授打箭炉办事僧噶格扎为"卓尼"(知宾)、办事员仲扎扎西顶诺次为"勒参巴"，两人辞行致敬。四川办事处孜恰主仆来寝室辞行，班禅额尔德尼赐给礼物。

十六日，达尔汗王献上酥油茶和食品，班禅额尔德尼应其请求摩顶赐教；向南京政府蒋主席、太原总司令、副总司令、蒙藏委员长马福祥、北京蒙藏办事处张旺等人发去盖印公文(极密)，说在身体允许的情况下将去蒙古地区，秋季国内战乱平定后会面；张总司令不住这里，在古鲁大奥(ཀུ་ལུ་ཏ་འོག)，向黑龙江主席万福麟①、吉林主席张作相②、托南张政沙等人发去同样内容的电报；向辽宁的臧式毅③主席发去手书，赏赐各位招待人员和警察。

二十八日，会见察汗呼图克图的信使索本(司膳师)主仆。

晦日，会见鄂尔多斯噶尔布部的佐扎(庄头乡吏)禧玛诺布、温都尔王、阿热霍尔沁王等并授教。

---

① 万福麟(1880－1951 年)，吉林农安人。当时任国民政府陆军第五十三军军长。万福麟出身靖威军列兵，官至东北军陆军上将，沈阳解放前夕去台湾。民国 17 年(1928 年)7 月，任黑龙江保安副司令。张作霖、吴俊升在日本帝国主义制造的皇姑屯爆炸事件中丧生后，万福麟继任黑龙江军务督办。同年 12 月底，东北易帜，他被南京国民政府委任为东北边防军副总司令。次年二月，国民政府任命万福麟为东北边防军副司令兼黑龙江省政府主席。

② 张作相(1881－1949 年)，字辅忱，祖籍直隶深县太古庄花盆村(现属河北省深州市前磨头镇)，生于奉天锦州义县(今锦州凌海市班吉塔乡杂木林子村)人。曾任国民政府国策顾问、东北行营政治委员会委员、东北剿共副总司令、驻吉东北边防副司令长官兼吉林省主席及东北政务委员会委员、国民党吉林省党务指导委员会主任。张作相在吉林任职期间，创办吉林大学，修吉敦铁路，兴办自来水，铺筑柏油马路，拒绝与日本人合作修筑吉海铁路。1949 年 3 月，张作相患病逝于天津。

③ 臧式毅(1885－1956 年)，字奉久，原籍山东高密县城臧家王吴，生于辽宁沈阳苏家屯区沙河铺前三道岗子村。早年追随孙烈臣。后受张作霖及张学良赏识，任东三省保安总司令部中将参谋长、辽宁省政府主席等职。九一八事变后成为伪满洲国四巨头之一。日本战败后被苏联红军关押，后引渡回国，死于抚顺战犯管理所。

闰六月四日,骑马随侍、迎请者阿热霍尔沁王仆送行,中院李处长、漠东官员、代表等在车站送行,班禅师徒乘火车离开。

五日,住在穆仁盖根拉章,会见汉蒙僧俗 500 人和前后僧俗 1000 人。

六日,乘坐张总司令所派的汽车和阿热霍尔沁王预备的轿车、大车来到阿盖苏米休息,会见并赏赐将要返回的李处长和汽车师傅等人。给张总司令和省长发去电报,报告平安到达蒙古地区。

九日,前后在哈比尔根苏米(ཧ་པིར་གེན་སུ་མི།)和图岱谭苏米休息用餐。十日,由这一地区的几所寺院喇嘛执事组成的仪仗队迎接到阿热霍尔沁扎萨王的额尔顿和达恰噶尚林寺(འདབ་ཆགས་དགའ་སྐྱུང་གླིང།)大经堂,亲王献曼荼罗三所依。班禅额尔德尼为察汗呼图克图、雍增活佛、喇嘛仁布切、麦止呼图克图、扎萨王等 30 人摩顶,列座喝茶,然后就寝于大殿上下的寝室。

一路上,向几座寺院佛像献供,为僧众施放僧茶,为献礼祝福者为代表的僧俗 8500 人摩顶。

十一日,在寝室会见上述喇嘛、官员,为大小杜旭穆、几个寺院的喇嘛僧徒等居行僧俗 3000 人摩顶。帕仁部的信使来请,说已经做好了迎接的准备。班禅额尔德尼会见了帕仁大图萨拉齐和诺木齐贝勒图堪布伦孜瓦的信使管家仲次仁等,额外赏赐;回复额祖穆旗大王部的噶旺珠立即起程。

十五日,在此寺祖拉康陈列千供,为僧众施放僧茶,发给每僧半块大洋。午后,在殿门抱厦处 14 位格西立宗辩论,班禅认真观看,施茶发放布施,赐给每人哈达一条。

十六日,应邀驾临王的额尔顿,师徒受到热情招待,殷勤献礼。班禅额尔德尼主持为几个佛殿举行洗礼、祝福、回向等仪式,大恩护持。

十八日，在寝室会见盖根朗巴、王爷、郡帕仁的迎请代表托云堪布洛桑等人。之后，在拉章前的广场观看布谷表演和赛马，举行喜宴，奖赏勇敢者，并摩顶加持。

十九日，在大经堂为喇嘛活佛、王爷、杜旭穆等居行僧俗5000人讲授《独雄大威德》《觉沃传规二十一度母法》《吉祥退敌佛母随许法》等。

二十日，为部落（呼雪）僧俗传授长寿灌顶，讲授《药汁法》《百本法》。僧俗施主敬献曼荼罗和用具、5000块大洋等。应请为盖根朗巴、喇嘛、活佛、执事、僧徒、百姓、王爷等居行的许多僧俗摩顶，赐给长寿物。

二十二日，在寝室会见了迈止盖根、王母、王妻、大图萨拉齐、泰山县长主仆等人，赐给喇嘛、执事加持物、护身结等。之后起程，驾临杭塔温苏米，接受曼荼罗，察汗呼图克图、雍增活佛、喇嘛仁布切、扎萨王旺钦赤烈等喇嘛、官员求见。从此来到察汗呼图克图拉章，敬献曼荼罗三所依，班禅为大家赐茶、摩顶；赐给察汗呼图克图、雍增活佛、喇嘛仁布切3人锦缎、妙香、绸子等礼物。

二十五日，应察汗呼图克图请求，来到他的日追扎西孜寺院大经堂上下寝室，为察汗呼图克图摩顶。之后，在大经堂举行上师供法会，敬献曼荼罗三所依、衣服、座垫、汉马18匹、普通马9匹等。班禅额尔德尼为上述三位盖根、加绒扎萨王等喇嘛、官员、寺院僧人等僧俗500人摩顶，赐护身结并加持洗礼；向佛像献供物、敬神哈达，为僧众施放僧茶，发放布施，午后驾临汗苏米（ཧན་སུ་མི）。

二十七、二十八两日，应阿热霍尔沁僧俗的请求，为诸位盖根、王爷、热河唐主席的信使郑青木等汉蒙官员为代表的僧俗5000人讲授《独雄金刚大威德预备法》《金刚力随许法》等，呈献包括曼荼罗三所依等许多礼物。在寝室会见了额祖穆旗大王的邀请者公爵、迈仁等人。

二十九日,请到西方欢喜大宝帐中,观看布谷表演和赛马,按照原来的习俗奖赏勇敢者。

阴历七月一日,应汗苏米僧人请求,为喇嘛、活佛、执事、官员、臣民等僧俗1000多人讲授《菩提道灯论》的实践次第法,并结合密法加行进行讲说,以及《十三祈祷轮母法》《时轮上师瑜伽法》等。

二日,照常回赐呼雪僧俗,会见诸位盖根和王爷为首的僧俗工作人员150人,赐给公私茶叶、护身结、哈达、佛像、佛画、加持物、缎子、氆氇、绸子等厚礼,和三位盖根和王爷一起用餐,为其他人在大经堂供上茶米饭。午后,在喇嘛仁布切住所休息,对师徒提供服务。齐卓玛久为首者献礼,班禅额尔德尼会见其主仆,并赐护身结、回向。在寝室之前,这里的格西们立宗辩论,班禅观看,施放僧茶,发放布施。

三日,在几个佛殿陈列千供,向僧众施放僧茶,发放布施;为了弘扬佛教与众生幸福,设立念诵《甘珠尔》基金。

四日,应经师活佛的邀请,驾临活佛自己的寺院格佩寺,诸位盖根和王爷等人护送,在经师拉章接受献礼祝福,然后请到大经堂为喇嘛、官员等僧俗1000多人讲授《白文殊随许法》《上师供》《香巴拉祈愿法》等,并摩顶。在此前后,为来献礼的僧俗5000人摩顶。

五日,为300名僧人施茶,发放布施,向佛像献供,祈愿献敬神哈达;为即将离别的加绒王及其母亲回赠礼品。午后,驾临汗苏米。

七日,为布王部(སྦོ་ཝང་)法轮寺堪布夏仲活佛绛央嘉措和阿热霍尔沁部古尔塔勒寺的夏仲达曲坚赞等9位修行者授近圆戒,会见了阿瓦噶大王的信使和额祖穆旗大王部的迎请者官民。

八日,应盖根请求,为拉章的佛像洗礼、祈请、开光,献敬神哈达。在寝室会见盖根呼图克图,授教并赐护身结、哈达、观世音菩萨铜像、加持像、绸缎3匹等；给雍增活佛和喇嘛仁布切两人同样的礼物；赐给王爷护身结、哈达；授教赐别齐卓玛久、阿瓦噶王、军黄亲王的代表等人。

九日，会见僧俗500多人，然后和诸位盖根、王、杜旭穆等人一起前往额祖穆旗方向，赐给僧众平时用的班智达帽等。中途在图萨拉齐苏米、巴尔达帕（བར་དཔག），山后、卜柔图各住了一天。当到达金觉尔林寺（སྙིང་སྐྱོར་གླིང་།）时，堪布喇嘛敬献曼荼罗祝福。

十三日，休息时，应寺主夏仲晋美洛桑嘉措请求，为僧俗1500人传授长寿灌顶，讲授《皈依法》《兜率上师瑜伽》《慈缘法》《玛尼》《香巴拉祈愿法》等，向佛像献供，为僧众施放僧茶，发放布施。之后，行至果尔呼勒馆休息，当登上敖布图大乘法轮寺盖根拉章宝座时，盖根、大王、曼兰盖根等人献曼荼罗。班禅额尔德尼为他们摩顶。

十九日，应僧众请求，在大经堂为僧俗1000多人传授长寿灌顶，讲授《时轮俱生随许法》，受到献礼。在几各拉康，举行献供、沐浴、开光仪式，祈愿献敬神哈达。午后，为立宗辩论的50名格西施放僧茶，发放布施。

二十日，为法会施放僧茶；在呼勒图扎西曲林寺如意宝佛像前献千次五种供物。法会僧众必须要得到献供、供鬘次第做法的指导，班禅额尔德尼提前教授，突然说明天乘汽车来为了利益佛教众生在佛像前认真地献敬神哈达，为僧众热情施放僧茶，发放布施。大喇嘛、管家、官员们献礼，为请求护佑的公私多人赐教，为经忏法会赐给经费100大洋。然后，返回敖布图。

二十一日，厚赏敖布图盖根；为性相札仓（参聂札仓）提供熬茶基金100块大洋。之后继续行走，额祖穆旗大王和曼兰盖根两人为代表僧俗骑马者500人及军黄亲王等人迎接，各寺院的仪仗队在额祖穆旗大王府前面迎候。在宽阔的草坪中央为班禅师徒准备好了蒙古大帐。当大师等人走进各自的寝室时,大王等7位亲属各自敬献曼荼罗拜见,班禅额尔德尼赐教。之后,会见曼兰呼图克图等喇嘛活佛、公爵图萨拉齐等杜旭穆贵族、黄亲王。从这天开始,由巴绒额祖穆旗私人侍奉大师及其随从。帕仁宗喀苏米的活佛洛桑贡却坚赞、布顿师徒文集经教传承人多仁巴洛桑索巴、阿热霍尔沁骑马送行者善男子等来寝室辞别,大师赐茶授教。

在此前后,为僧俗数千人摩顶。为阿热霍尔沁阿根苏米的喇嘛洛桑嘉措授予"迈甘堪布"名号,并赐书函,由图萨拉齐返回后面交。赐给大亲王礼物下衣、黄色地垫、黄色云龙图案绸缎等厚礼,同时厚赏亲王夫人、达尔汗图萨拉齐及其他大小图萨拉齐等呼雪(部落)的主要工作人员;赏给黄亲王下衣和花色鞋等。大王的千余匹马群在宫殿前,从中挑选出9匹公马献上。

二十七日,在大经堂,大王献曼荼罗祝福,班禅额尔德尼为所有的僧俗提供食品,讲授《兜率上师瑜伽》《功德根本女教授法》《摄受先行弟子》。从此每天莅临法会,督导彩绘细砂坛城等。在寝室会见章嘉呼图克图的信使和多伦那卧仁甘珠尔呼图克图等人,予以教诲。

阴历八月四日,按照曼兰呼图克图请求的愿望,师徒全部乘坐汽车出发,几千僧人仪仗队和呼图克图、大亲王持香前导,来到喇嘛库热苏米的拉章大寝殿,喇嘛和官员双方敬献曼荼罗三所依和塔热(ར་ཐག)。

六日,在大经堂为僧俗3000多人讲授《时轮俱生随许法》和《长寿灌顶法》《兜率上师瑜伽》《慈缘法》《玛尼》《时轮上师瑜伽法》《香巴拉祈愿法》等。

七日,向几个佛殿献五种供物祝福,为25尺金铜质弥勒怙主像陈献五种供物千次，用作怖金刚的方式开光，从大乐胜女之前到预备法，献上费用。

八日，为法会施放僧茶，发放布施每人半块大洋。

九日，苏尼代大王和阿瓦噶扎萨王觐见，班禅额尔德尼在寝室与他们会谈授教。午后，诸位格西在弥勒佛殿立宗辩论，班禅额尔德尼讲授新作《五部论之祈愿法》和《慈氏宗陀罗尼》等，讲完《妙善教愿》和《教焰》，认真地为佛教兴盛而祈祷，并且为每年的辩经设立基金。

十日，赐给呼图克图加持物护金刚橛、绸缎等公私礼物，为500名僧俗摩顶。之后，动身去王府的行幕。

从十二日起，开始传授《吉祥时轮灌顶先行预备次第》《如童入七灌顶》《大上上四灌顶》，即《世出世间十一灌顶》《金刚阿阇梨大主灌顶》等。如此，班禅额尔德尼为宿业行善之力成熟的有缘弟子、额祖穆旗大王、曼兰呼图克图、盖根呼图克图等部落所属的僧俗，甘珠尔呼图克图、参周呼图克图、宗喀苏米赤巴活佛、掌持显密口诀的多仁巴洛桑索巴等喇嘛活佛格西，以及苏尼代大王、东西黄亲王、军阿瓦噶贝勒等居行僧俗30000多人传授上述灌顶，建立了修习二次第甚深道之器。

十六日，再次讲授《金刚力随许法》《时轮上师瑜伽法》《五部论祈愿法》《佛教众生利乐祝愿词》等，陈列会供轮。大亲王敬献曼荼罗三所依、吉祥圣物、14000块大洋，胜劣贵贱所有的人都根据自己的财力敬献了礼物。班禅额尔德尼为他们摩顶，赐护身结。亲王为全体仪轨僧供养1500块大洋，为全体随侍（夏仲）供养1000块大洋。

有诗云：众生福泽如天日，佛教莲苑全开放，十万光芒照喜宴，第二佛日您升起。浊世极衰败，笼罩诤劫暗，您的悲日光，刹那摧毁奇。启开三密宝库门,降下教诀珠宝雨,满持有缘如意宝,共同供养满庄严。

十七日,应军额祖穆旗扎萨王和其母亲的请求,为僧俗百人传授长寿灌顶。从此三天内,在完成灌顶的喜宴上,观看128布谷比力,70匹马赛跑比技能。同时,摆上油炸食品,敬献蒙古帐幕谢林玛、黄缎库修坐垫、上师衣、马蹄银9个、马9匹、骆驼9峰、牛9头、羊1000只等。班禅额尔德尼为其及亲属摩顶,赐护身结;按照比赛的名次分别奖赏英雄带,并摩顶。同样,大王向夏仲们供养2000块大洋。班禅额尔德尼为即将离别的各地喇嘛活佛等高僧厚赏,答应乌兰察布公私迎请者明年一定前往。

二十日,会见巴仁呼雪的迎请者,额外补助。

二十一日,请求主持护摩和彩色细砂仪式。这天,大亲王觐见,报告说:现在为了报答恩惠的一部分,在时轮本尊驻地的拉康边新建救怙主的寝宫和经堂僧舍,同时一定要保护新建时轮札仓。班禅额尔德尼授教说在最短时间内修建这些会成为佛教众生的良药。

二十二日,供祭护法神,在寝室会见阿瓦噶大王主仆,并授教。

二十六日,回赐大王部,会见全体人员,一起喝茶进餐,赐给大王大护身结、香囊、黄铜长寿佛像、各种加持物、染色妆缎5匹等;厚赏大王胞弟、妻子等家人和图萨拉齐为首的工作人员等公私多人。之后,在寝室招待大王,在帐幕中为其他人供应茶米饭、糌粑、西瓜、馍馍、各种肉等,形式简便,不可拘束,详细教导大王如何新建时轮札仓,并提供顺缘基金2000块大洋,赐给时轮器物、白色亚协缎子伞盖、大宝冠、全套染色绒毛四胜幢等、宝座上的红氆氇铺垫、黄色半月形大氅等,执行将(时轮札仓)按照扎什伦布寺的札仓修建,专门委任轨范师堪布作为代表。

晦日，在寝室会见大王。在前往帕仁时有送迎者和僧众仪仗队，中途先后驻锡达彦旗丹达杰林寺和阿邹达巴巴尔欧塔本寺（ཨ་ཚོག་ཏ་པའི་པར་ཇོས་ཐ་པིན།），阴历九月二日驾临巴仁大王府达塘，大王敬献缘起礼曼荼罗、1000 块大洋。班禅为 40 位僧俗官员摩顶。然后，迎请到寝室，大王敬献曼荼罗，班禅教授。接下来大王亲属呈献雪丝（ཐོའུ་སི།），服侍师徒。

五日，厚赏以大王为首的僧俗主要工作人员。

六日，在寝室会见诺木齐布勒图堪布、参周呼图克图、大王等喇嘛官员，为上述献礼祝福者为代表的僧俗 3000 多人摩顶。强佐（管家）说新年班禅额尔德尼 49 岁，请求大喇嘛活佛观察如何除障禳灾，（喇嘛活佛们说）必须向蒙古和康区的各派寺院多放斋僧茶代金，会逐渐消障除灾。

十三日，应寺院贡钦林僧众的请求，在大经堂为全体僧人、喇嘛、王等僧俗 1000 多人摩顶，讲授《上师供》《妙善教愿》《香巴拉祈愿法》，接受所献 500 大洋。

十五和十六日，应叶凯帕仁部请求，为布勒图堪布仲仁巴洛桑绛曲、仁布参周呼图克图、大王、公图萨拉齐等喇嘛官员僧俗两万人讲授《圣十六白伞盖佛母预备灌顶妙善同胞随许法》。

十七日，传授《妙吉祥传规五尊无量寿佛随许法》，施主敬献曼荼罗三所依和 8000 块大洋，全体求法者根据自己的财力敬献酬谢供物。

二十二日天降节，班禅额尔德尼和仪轨僧一起举行一天的自入实护法海讲说酬补法会，向君苏米寺陈献五种千供，向主要佛像献敬神哈达祈愿，为法会僧众提供茶饭，布施每人半块大洋，为每年的定期法会全天茶饭提供公基金；在帕仁苏米寺，向主要佛像献供，为法会施放僧茶，布施每人半块大洋。

二十三日,在寝室会见君翁诺王(ཇུན་ཨོང་ནོ་ཝང)等10位亲属。在此前后,为献礼祝福的僧俗4200人摩顶。是日,应军帕仁部的邀请,启程前往,一到军帕仁王府,献上曼荼罗和1000块大洋。

二十五日,会见王爷、夫人、工作人员、臣属等为首的敬献身语意三所依的僧俗1000人,厚赏官员、臣子。

二十七日,会见王爷、杜旭穆、翁诺寺赤巴活佛阿旺格桑等献礼的僧俗1500人,讲授《香巴拉祈愿法》。

二十九日,会见献礼的僧俗1000人并摩顶,向王府的佛像举行洗礼、祈祷、开光仪式,并献敬神哈达。

阴历十月一日,应代大王次仁南杰旺布和呼雪请求,班禅在王府附近的甘丹群科林寺大经堂,为宗喀苏米寺堪布活佛等师徒、代大王为首的王臣等僧俗3000人讲授《时轮俱生随许法》长寿灌顶《玛尼》《慈缘法》《香巴拉祈愿法》等。公私献上3000块大洋、马36匹、骆驼9峰等表示感谢。托云喇嘛迈甘法王、额尔德玛图堪布两人邀请,敬献马9匹等厚礼。班禅会见了觐见的额祖穆旗大王的慰问使者。

二日,会见并厚赏大王及其夫人、托云喇嘛等50位要人;在寝室会见喇嘛土旦娘布,赐茶回赠;奖励并封授呼雪苏米(部落寺院)的赤巴活佛云丹嘉措为"迈甘班智达堪布"。

三日,向这里的寺院佛像献供,为僧众施放僧茶,发给每人半块大洋;授予扎萨王居士戒,讲授《独雄修行法》《白伞盖殊胜成就女》《齐顿佛母法》《善逝顶髻佛母法》《退敌法》等。

六日,会见王爷和图萨拉齐等人,教导要侍奉佛教。然后,起驾去帕仁王府。

八日,为即将返回的骑马送行者君帕仁图萨拉齐等人赐物话别。

九日,诺木齐布勒图堪布洛桑绛曲、管家仲次仁献礼祝寿,仪轨僧举行先行法会,进行上师供祈寿,献曼茶罗三所依、吉祥圣物、马蹄银10锭。班禅额尔德尼为喇嘛、管家主仆、大王等50人摩顶,赐护身结资粮份子、食物等。

十日,在寝室会见翁诺王的母亲、妻子等亲属15人并教授,赐给王礼物。屈司令邀请去林西县,班禅额尔德尼派仲钦堪布去给司令一匹快马,给县长等人相应的礼物,回复不能去那里。在帕仁佐丹林寺大经堂会见僧俗1000人,讲授《长寿鼓声陀罗尼》和《长寿经》,大家敬献曼茶罗、500块大洋。

向几个佛殿献供,祈愿献哈达,提供300块大洋作为每年举办上师供和《慈缘法会》的经费。

十六日,应君苏米寺的邀请,先后来到君苏米寺祖拉康、帕曲活佛拉章、翁则堪布喇嘛私所,接受献礼祝福,为佛像举行开光仪式。

二十日,会见伊克昭帕仁部的诺木齐堪布、参周堪布活佛大王、妻儿、图萨拉齐等僧俗要员,并回赐许多礼物。与诺木齐堪布、大王、公图萨拉齐在寝室茶叙吃米饭,为其他人在大经堂设宴招待。

二十三日,会见且甘呼图克图、阿热黄亲王加绒两位王的代表,赐给大王快马一匹。

二十五日燃灯节,班禅额尔德尼和仪轨僧一起修金刚手大轮自入法,大家照常做贤善时法行,(班禅)在东西两个寺院的佛像前陈列许多供物,为僧众施放僧茶,发给每人半块大洋。这时,仪轨僧提供额外服侍,以伦孜瓦饶强巴洛桑绛曲为引导,16位仪轨僧举行朵玛和退敌法会,修大服侍。

班禅额尔德尼在寝室会见帕仁大王主仆30人。

二十七日,驾临参周诺门汗的拉章,献上大量礼物。这时,为了消除身体的年灾,为五台山、蒙古、青海、安多、康区等地区各派寺院施放僧茶代金,开展法事活动。

二十九日,专门派遣拉曼洛桑南杰去向张总司令献礼,祝贺他升任为全国副司令。在此前后,为献礼祝福的僧俗3000人摩顶。

阴历十一月十二日至二十三日,闭关修行。

二十六日,为前来祝福的全体夏仲、诺木齐堪布、参周活佛、大王等僧俗50人摩顶,回赐诺木齐布勒图堪布伦孜瓦洛桑绛曲;为夏霍尔苏米扎西伦布寺提供100块大洋资助举行时轮修供等法会和修供会。封授参周活佛为"达尔汗诺门汗",赐给文告;封授加绒扎西平措林寺现任赤巴夏仲绛杨多杰为"堪布"名号,君帕仁部海龙堂寺寺主土旦娘布为"迈甘堪布",赐给文告。

二十七日,赐给君苏米贡钦格措林寺一幅大誓愿画像和长穿的彩靴。在此前后,为献礼祝福的僧俗3000人摩顶。

二十八日,和堪布伦孜瓦、参周诺门汗、大王等僧俗骑马送行者一起出发,来到杂克柔旗庄园。

二十九日,驾临觉钦苏米寺。

晦日,为师徒僧俗700人讲授《香巴拉祈愿法》,为法会施放僧茶,发放布施,提供150块大洋作为公基金。之后,驾临乌达苏,住在哈马尔大阪山后。

阴历十二月二日,驾临呼勒图寺院拉章大经堂,苏祖穆旗大王献曼荼罗,不断为骑马迎接的僧俗要员50人赐茶摩顶。在寝帐会见大王并授教,锡林郭勒十部已准备好全心服侍班禅及其随从。

三日,会见几位信使代表和呼雪工作人员,并摩顶赐福。送行的服务人员辞行。

十五日,向释迦牟尼佛像陈献五种千供。

二十一日起,全体僧人在护法殿专门举行夜叉盖沙扎波罗朵玛修供法会。

二十九日,装饰各寝室内外。

生主年(辛未年),即铁羊年阴历一月一日早晨,悦耳的海螺声响起的时候,按照传统仪式,僧人坐在前、后、中间座位上,帕仁堪布和3位格西敬献长寿物;蒙古族各上师官员的代表300人先后敬献身语意三所依,班禅额尔德尼摩顶。法会上,6位格西辩经,呈上油炸面点;为了外宾,按照原先的做法向如意宝佛像献五种千供和誓愿敬神哈达。从此,照常进行活动,在寝室摆上油炸面食,用油炸面食招待新来的几个外宾的代表。

在寝室会见曼兰呼图克图、额布图呼图克图等几大上师活佛、大亲王索朗饶旦、东西呼旗王、准苏尼王等各大官员。给大密师增加呼图克图名号,同时分别授予喀索孔琼以大知宾头衔,嘉康格列尊追以森噶职务,侍从扎旺、司厨阿普和密院仲钦杰布3人以勒参巴职位,绛巴济仲齐迈以夏多巴职位。为使救护主班禅额尔德尼莲足至劫海间永固不变,为佛教众生的事业顺利完成,强佐大管家结合密教怙主尊胜佛母仪轨和上师供会供轮献寿礼曼荼罗和其他礼物,大密师亲自诵长寿词,班禅赐金刚教诲,为那里的1000多僧俗信徒授资粮份子。向如意宝佛像献供物和誓愿敬神哈达。

五日,管家在大经堂不断陈设曼荼罗三所依、吉祥圣物、衣服全套、用具全套、珠宝、犀牛角等供物。章嘉呼图克图献礼物代金汉马蹄银一个、马一匹、缎子。大亲王献1000块大洋、马8匹、骆驼40峰、牛9头、羊300只。准呼亲王献540块大洋、马、骆驼、缎子。苏尼底大王献600块大洋。巴绒呼亲王献马蹄银两个、马一匹。准苏尼王献汉马一匹、300块大洋等。这样,上师活佛、僧俗信徒、寺院、私人贵族、侍从、佣人等分别献礼,所献礼物多如云。班禅为1000多僧俗信众摩顶,赐护身结,逐次上油炸面食、茶果等食品,赏赐外宾。

六、七、九、十一日等几天,在大经堂由僧俗部的侍从、大密师、几位近侍堪布、贡萨隆巴、孜贡等献丰厚的寿礼。班禅额尔德尼分别摩顶,给以赏赐。

十二日,照常举行生日庆祝活动。之后,江隆班智达活佛主仆70多人拜见,敬献曼荼罗三所依、汉马20匹、缎子等。班禅为以额祖穆旗大王、帕仁亲王等僧俗上师官员代表为首来献礼者2000多人摩顶;向释迦牟尼佛殿献五种千供和敬神哈达;在寝室为江隆班智达话别并赐赆礼,同时赐蒙古黄缎和锦缎。从这天开始连续4天在扎西群科林寺大经堂举行祈愿献供法会。

十五日在佛像前陈列五种千供品,赐给每僧大洋一块、哈达一条、公基金、马等。

十八日,请赐午月宴,救护主班禅额尔德尼一登上大经堂宝座,大密师、额祖穆旗大王、仲钦丁青巴、杰仲达珍坚赞、仲扎西次仁、翻译多杰南吉、厩吏顿丹等老龄和同龄人敬献曼荼罗三所依、见面哈达,一起茶叙,享受面点。班禅额尔德尼讲授《十地念诵经》《旭日升起女》《长寿祈祷法》《菩提道次第法》等。

十九日,为那里的师徒僧俗1000多人讲授《双运随许法》《时轮俱生随许法》,并摩顶。为苏尼达延旗堪布喇嘛等3名修行者授近圆戒。

二十日,应仪轨僧请求,全天讲经并进行酬补活动。

二十五日,塔尔寺培杰活佛诺门汗绛央隆多嘉措敬献寿礼曼荼罗和500块大洋、优质缎垫和靠背,祈求永世护佑。班禅为其主仆30多人摩顶,赐护身结等。为寝室准额祖木亲王米居多杰、阿妈、妹妹等主仆50人授长寿灌顶。

二十七日,确认澳兰卡拉噶苏弥巴噶厦呼图克图和西尼苏木古室利诺穆旗迈甘两堪布的转世灵童,为巴噶厦呼图克图取名罗桑益西嘉措,为古室利堪布活佛取名洛桑晋迈益西嘉措,分别作长寿祈祷文。

二十八日，为了在土尔扈特方面埋藏宝瓶，班禅派遣诺穆旗迈甘堪布仲孜瓦洛桑群培主仆，并为他们授教赐赆礼。在寝室为准呼亲王主仆30多人传授长寿灌顶。

二十九日，蒙东省政府派赵帝院长思源、李处长代表杨福东（ཡང་ཕུ་འདོན།）、汽车队长金杜巴尔（ཇའི་ཏུར་སྦར།）、汽车驾驶员20人等来请，班禅热情招待，向他们的3位主人问好并赐丰厚礼物。

阴历二月初二，巴尔果库鲁博尔呼雪部的云乃堪布丁青巴洛桑次仁、管家乃娘巴仲平措来贺寿，敬献曼荼罗、555块大洋、缎子7匹及其他绸缎。

三日早晨，在寝室会见大亲王索朗饶旦，亲王敬献厚礼，双方茶叙。班禅赐给画像银座、加持物、良缎等，以及新作扎西群科林寺寺规、王的苏弥法规等。在寝室会见准呼亲王，赐给法王的“杂迦勒布卡让卓”（ཙ་ཀ་ལི་དབུས་ཁ་རང་འགྲིག）；赏赐寺院的喇嘛执事们；为1500多僧俗传授长寿灌顶。然后乘坐汽车，工作人员送行，是日住在觉钦苏米（ཇོ་ཆེན་སུ་མི།）。

四日，来到帕仁大王堡休息3天，为1500人摩顶，向东西两寺施放僧茶。

八日，来到黄霍尔苏弥。

九日，住在阿热霍尔钦巴容苏尼的拉章寝室。

十一日，应寺院请求，班禅额尔德尼为察汗呼图克图等喇嘛僧徒、王爷、工作人员等人讲授《三世总修随许法》《皈依法》《时轮上师瑜伽法》《长寿祈祷如意宝瓶法》等，接受白银、马匹、骆驼、牛羊等九类献礼。中午，为聚集在那里的贵贱5000多人摩顶；为法会施放僧茶，为僧人发放布施。

十三日，是前世罗桑确吉坚赞贝桑布的祭日，向僧众法会施放斋僧茶,发给每僧大洋半块。

十五日,在寝室会见察汗呼图克图和王两人。

十六日,寺院举行身份认定和生死回向活动,(班禅)献给白银和马20匹作为公基金,赐给格西们僧茶费。之后,来到阿盖苏弥,为前后祈祷献礼的僧俗6500多人摩顶。

二十一日,梁喜祖(ལིང་ཤིས་རྩུའི།)的军人等来迎接,班禅为他们摩顶,阿热霍尔钦王爷送行。这天,来到开鲁县(ཁའི་ལུའུ།)城内休息,到阿盖纳拉帕卡(ཨ་གེ་ན་ར་པ་ཁ།)河谷之间有两条河,河水急流,非常不好行走,突然河口很窄,渡河不久又变的和以前一样,犹如幻化,十分稀奇,当时人们都感到吃惊,认定是救护主班禅额尔德尼的发心造成的,信仰之心大增。

二十二日,托南张正福、张旅长(ཀྲང་ལུད་ཀྲང་།)、县长等许多文武官员迎接,由骑兵护送来到夏拉穆仁科河口(ཤ་ར་མུ་རེན་ཀྱོལ།),按照当地风俗敬献食品点心,班禅向官员们问好。这次会见的蒙古族僧俗很多,班禅为他们摩顶。之后,坐船来到托勒穆仁盖更拉章。

二十三日,为汉蒙古族男女2000多人摩顶。在火车上受到省政府的很好接待,各车站都有迎接活动。班禅赏赐给火车领导组司令代表张副官(ཀྲང་ཧྥུ་ཀོན།)妙香等,赐给车站、伙夫(མ་ཆེན།)、火车工作人员很多食物。

二十四日,漠东新车站总司令的代表杨处长率领文武官员、骑兵、蒙古族各大官员、汉地的常住大小夏仲(侍从)执仪仗迎接。然后,由漠东各寺的仪仗队伴随来到黄寺颇章,立即依次会见汉蒙官员;派人去慰问张总司令和前主席等主要官员。

二十七日,南京国民政府邀请,派来的代表吴大正(ཝུལ་ཏའི་ཇིན།)和蒙藏委员会马院长的代表潘(ཕན།)委员进见,他们是作为中央国民政府林主席、蒋总司令(ཅང་ཙུང་།)、蒙藏马委员长的特使来邀请

（班禅）去南京，非常希望会见以主席的中央政府首脑和各大官员，尤其为了佛教和众生的事业答应很快前往，也发了电报。

二十八日，为陆海司令部张学良送去礼物见面哈达、喜香4束、白熊皮、白色细氆氇两匹、公马50匹；送给臧主席哈达、妙香、后藏香、狐皮4张、氆氇两张等。中午，张总司令（ཀང་ཙུང་སི་ལིང་།）在大帅府宴待内侍以上的人员，菜肴丰盛，畅言相叙。

阴历三月一日，班禅在寝室会见拉科呼图克图、亲王益西凯尊、达尔汗亲王、温都尔贝斯等人，为漠东七大寺院的大喇嘛、汉蒙古族僧俗500人摩顶，讲授《香巴拉祈愿法》。

三日，（班禅）去见臧主席和翟省长两人。

六日，达尔汗亲王来寝室拜见，敬献五种百供和食品，班禅为其主仆20多人摩顶。

十四日，中央政府在火车站欢送班禅师徒180人，南京代表潘委员等人护送，一路上迎送队伍不断。

十五日，到达天津车站，省政府主席的代表王处长、张总司令的胞兄师长张小明、蒙藏委员会的王副院长等汉蒙大小官员、上师、京津官兵多人执仪仗迎接，主要官员走进火车拜见，相互敬献哈达问候。

十七日，国民政府蒋总司令的代表参军处长、蒙藏委员会委员长马福祥（མ་཭ུ་ཞང་།）[①]为代表的南京的文武机构的官员、汉蒙康藏的官员代表1000多人迎接，场面非常盛大；军人、警察官民几千人和军乐队（ཅིན་ཡོ་དྲུ།）仪仗队迎接。班禅坐在汽车上，一路上拜见的信

① 马福祥（1876－1932年），字云亭，回族，甘肃河州（今临夏）韩集阳洼山人。清光绪二十一年间（1895）与其兄福禄招募丁勇，组织民团，协助清军镇压河湟地区各族农民起义，从此跻身仕途。光绪二十三年（1897）中武举，1900年其兄马福禄在北京正阳门与侵华八国联军激战中殉国，马福祥接统遗部继续抗击。后奉旨护卫慈禧太后与光绪帝西狩，“积功以提督记名”。辛亥革命积极通电赞成共和，拥护孙中山国民革命，后跟随冯玉祥和蒋介石，先后任绥远都统，西北边防会办航空督办，国民政府军事委员会委员，故宫博物院理事，青岛特别市市长，安徽省主席，国民政府蒙藏委员会委员长等职。1932年，病逝于天津。

众无数,犹如地苔,布满大街。南京城内外的大街上到处有迎风招展的旗帜,按照藏族风俗迎接到司令部驻地,政府各方面的准备非常周到,连续招待三天。之后,有丰厚的食品,每月提供15000块大洋和所需的一切物品。3点,救护主班禅额尔德尼和内侍以上的人去中央政府处,拜见中国政治领袖主席林森、蒋介石,首次见面,互换哈达、问候,并拍照留念。之后,准备到居住的宫殿,国务院中国军营总负责人参军处处长、蒙藏机构的领袖马委员长等许多大小官员先后来见,相互问候。

诗颂:于此作者之彩笔,绘制世界庄严画,赛过天神幻化奇,美过各地之歌舞。支那大地如天空,十万村落美如星,大小间隙有城星,威严宫殿月亮相。各种粮食由地给,百年树荫给清凉,鬼军亦是可怖军,无数变幻导师地。尊师色身日坛轮,发射事业欢乐光,消除一切破落暗,努力使融法界中。所有上中下种姓,如是根界及思想,观后相应措施护,尊师您是佛后嗣。

十八日,参加"国民大会",有中国各省和蒙藏康三省代表、蒋主席、张副总司令为代表的各大官员亲属共600多人,还有文书等其他工作人员非常多,会议在中央大学的学校大礼堂举行。班禅额尔德尼在国民大会上讲话说:"我班禅来自遥远的西方,和全省代表共聚一堂,与诸位相见,甚是高兴。如今中国的领袖蒋主席肩负总理之事,为了大地一切众生的利益方便,做猛静事业,法制稳固,十分欢喜。"大会一结束,班禅站在蒋张两位总司令中间,与其他官员代表一起合影。之后,回到宫殿连续会见不断进拜的国务各机构的大小官员和各校与会的蒙藏康区公私代表。中午,与蒙藏委员会马委员长等各大官员一起用餐。在国民大会上,委派代表近侍门努、大司膳罗委员、仲钦以及其他少长(ཆེ་ཆུང་།)为首的汉族8人做服务。短暂走访行政院为主的国民政府、中央党部、外交部、财政部、首都卫戍司令部等。

二十一日，蒋主席在丽芝地（ལི་ཁྲི་ཐོག）宴请班禅额尔德尼师徒，热情畅叙。另外，应其他文武官员的邀请前去短暂交谈。这天，向蒋主席敬献大哈达、响铜佛像、白色马熊皮、精致的黄底彩色毯子、一对犀牛角、坐骑100匹、香12束、精细氆氇6匹、稀有的象牙用具、妙香、野兽皮、缎子等；送给蒙藏委员会马委员长（马福祥）各种皮子、缎子、氆氇、公马20匹等；为机关全体官员和蒙藏委员会工作人员赏赐哈达。

二十八日，班禅莅临蒙藏委员会马福祥委员长的公馆，就有关事情详谈。午后，参加蒋、张二位总司令举办的宴会，蒙古族各官员的代表50人参加。

阴历四月二日，马福祥之子鸿逵（ཧུང་ཀྲུ）①宴请。上海、四川、云南、广州等省的代表官员50人在中央大殿宴请细谈。

三日，康、藏、青海的民族人士200多人齐聚宴请班禅师徒，康区方面的代表桑普呼图克图、诺尔拉呼图克图、委员格桑次仁，青海代表囊索贡布次仁等表示敬仰。

五日起，参军处黄处长、参军处处长、格委员等敬献食品，先后来寝室拜见。中间请来军需处人和中央党部官员观看各种表演，并详细畅谈，每个人都非常高兴。蓝大臣的夫人来寝室拜见，并敬献曼荼罗三所依、带箱长寿佛像、古瓷等。班禅向孙中山陵敬献与金铜大鹏历史相关的供物等，中央发文表示感谢。

（班禅）赐封青海囊索贡布次仁为“苏久图巴图尔”，并赐书赞颂。蒋主席前后在官邸宴请畅谈。

十五日，班禅莅临对佛教非常虔诚的考试院院长戴季陶官邸，

① 马福祥有三个儿子，此处可能是其长子马鸿逵。

一起谈论佛法。

十八日,戴院长报告:国民政府特设宴招待。于是,班禅额尔德尼来到南京城东六十公里处名叫“汤山”的热水湖苑居住。

二十日,班禅被请到名叫宝山茂的和尚寺院的大雄宝殿诵经。之后,在宫殿用油炸面食。

二十一日,应寺院全体僧人和戴院长的请求,在大讲堂为寺院师徒、戴院长为首的各官员、邵迈处长、蒙藏委员会的王副院长(ཝང་ཐུ།)、孟思处长(ཧྨུང་སི།)、刘秘书(ལུས་མི་ཧྲུ།)等汉族僧俗信众500多人讲授《观世音菩萨随许法》。之后,向各佛殿献敬神哈达。午后,上师执事们呈献食品,向戴院长献见面哈达、度母像、无量寿佛像、亲手绘制的画像等,戴院长非常敬仰。

二十二日,向宝茂和尚施放僧茶,发给每人大洋一块;赐给大经堂铜质无量寿佛像一尊。在戴院长住所详细讲授有关实践佛法,置于信仰之地。

二十三日,班禅和戴院长等人去汤山水地,和尚们送行。

二十四日,应戴院长请求授法。

二十六日,从皇福宫(ཧོ་ཞུ་ཏུ་ཀྲུན།)来到句容县中山公园,县长、公安局长、党府代表、营长等官员,以及百姓代表包公(སྤའོ་ཀྲུན།)、学生等迎接,敲锣打鼓者和军人仪仗队在公园候迎,合影留念。之后前往目的地,在沐浴期间,军科部已做好准备。班禅额尔德尼赐给副领导胡福坤(ཧོ་ཞུ་ཏུ་ཀྲུན།)妙香、喜香、氆氇、马匹等;离开时,为护卫官民赐给丰厚礼物。

本月末日,班禅额尔德尼来到南京宫,向国民政府送去反映和睦四兄弟树的历史画和祝词,国民政府表示感谢。

阴历五月一日,蒙藏委员会王副院长等几名工作人员来见,报告中央政府封赏,决定向(班禅)师徒、护卫等人提供薪酬。蒋主席特派代表来(向班禅)面呈绸缎100匹、龙藏茶10箱、杭州红茶10箱、橘红花10箱和40小箱等不可思议礼物;给侍从人员按照职位大小提供缎子衣服。班禅师徒书信表示感谢。另外,各机构官员先后分别献礼。

二日,戴院长在自己的官邸宴请班禅额尔德尼。

三日,为蒙藏委员会招待处、办公处的大小工作人员200多人设桌宴。

五日午后,丽芝屯安排外国风俗的桌宴招待蒋主席为首的大小机关的院长、部长、委员、处长等官员300多人,他说:现在大家都成为朋友了,表示感谢。大家都非常欢喜。

六日,蒋主席平息江西叛乱后返回。特派人来献50000大洋、火枪100根等。不久,答应见面。为了表示感谢,(班禅)敬献大哈达。

蒙古族各部官员齐聚北京讨论为救怙主新建宫殿,特派张副司和赵处长两人请问(班禅)在何地见面较好。班禅回复:内蒙全体客人信仰一致,在北京见面磋商较好。

十五日,中央政府大礼堂按照书信的意思让两位知宾堪布和翻译准备起草明日在中央政府大礼堂由各官员参加的封授仪式文件。

十六日是纪念节,大救怙主和4位近侍堪布、翻译等人乘坐汽车前往大礼堂,在政府大门处官员和军人仪仗队、军乐队等迎接。蒋主席不在大礼堂,而是由豫(ཡུཞེ།)院长代表,院长、各府长、司长、礼长、处长等各大机关的文武官员共500人聚会,大家站立两侧随着乐声面向纪念柱向孙中山画像鞠躬,念诵遗嘱。(译者注:国民政府参军处典礼局拟定的仪式:一、册授仪式定于七月一日上午十时在国府大礼堂举行;二、参加人员:本府文官荐任以上、军官校官以上;各机关文官荐任以上、军官校官以上;三、参加人员均着礼服,班禅及其随从堪布着藏礼服;四、举行册授典礼应有各执事人员,由典礼局指派之;五、班禅率堪布两人及参加人员,于规定时间之前齐集国府接待室,届时由典礼局长引导入大礼堂,按照规定秩序册授;六、礼成摄影后,由典礼局长引导班禅入延见室,文官长、参军长、内政部长、蒙藏委员长陪见,班禅向主席行一鞠躬礼,礼毕就坐。

主席中坐,文官长、参军长、内政部长、蒙藏委员长分左、右坐,班禅对坐。主席询话毕,班禅向主席行一鞠躬礼。)仪式结束后,班禅的两位侍从来到中间,按照礼行互换哈达,主席代表说“护国宣化广慧大师”(ཧུས་ཀྲོའི་ཧྲོན་ཧྭ་ཀོང་ཧུད་ཏ་ཧྲི།)①,翻译成藏文的意思是“护国大师政教之主遍知班禅额尔德尼”,并颁发金字、羊脂玉印。军乐队奏乐,官员们行礼鞠躬,无比欢喜,拍照留念。之后,请班禅到楼上寝室,和林主席、院长详谈。坐上寝室宝座时,机关人员一起问安,呈上油炸面食等各种面点,政府献哈达、良缎4匹、新毯5匹等厚礼。机关官员们也献礼。管家献曼荼罗三所依、吉祥圣物、衣服用具全套、绸缎等。接着由大小侍从堪布、勒参巴、仲科、翻译、仪轨僧及其仆人、诺尔拉呼图克图、桑普活佛、琼布噶尔茹平措等敬献曼荼罗三所依等礼物。

十八日,班禅进藏前特委派为“西陲宣化使”,作西部扬善治恶的指导者,新建机关、学校、部队的费用等所需按每月40000大洋拨付,主席盖章。

二十二日,(班禅)为招待人员、护卫等服务人员给予丰厚赏赐。之后,前往文武官员的衙门公馆。接到国民政府蒙藏委员会同意(班禅)为了身体暂到蒙古地区,不久见面的电文。

二十三日,中央政府的代表蒙藏委员会马委员长为代表的官员、军人、军乐队奏乐在浦口②车站送行。蒙藏委员会专员主仆等人乘火车护送。

二十五日中午,市长张学明为代表的大小文武官员、内蒙王公代表、寺院喇嘛执事、各学校师生、大密师呼图克图等驻地夏仲在

① 《民国政府档案》说:“国民政府令:班禅额尔德尼志行精诚,翊赞和平统一,此次远道来京,眷念勋劳,良深嘉慰。著加给护国宣化广慧大师名号,用示优异。”

② 浦口火车站,这是位于南京市浦口区的一座车站,其始建于清光绪年间,百年前就开通运营了。在2004年的时候,这座火车站完成了它一生的使命,不再为乘客提供服务。它的时光就定格在了2013年的5月3日,在这一天,它被国务院列为全国重点文物保护单位。

北京车站迎接。当班禅由500军人和军乐队奏乐迎接到和瀛台相关的大礼堂时，汉蒙全体官员、香萨班智达、拉卜楞寺司膳尊追主仆行初见礼。政府为班禅师徒周到服务。班禅派人慰问张副总司令和各大机关，见代表时互换哈达。香萨班智达、青海省政府马主席的代表拉卜楞寺司膳尊追主仆30多人觐见，献上曼荼罗三所依等礼物，并呈主席和各寺院邀请书。班禅不断为汉蒙僧俗300多人摩顶；单独在寝室会见香萨班智达、司膳尊追主仆，接受献礼。香萨班智达请求尽快成为青海方面佛教众生之亲友，班禅答应，并赐礼物。利用较短时间驾临安放前世遍知班丹益西法体的黄寺，瞻仰灵塔，发愿并指示修复。

班禅额尔德尼给南京主席、中央政府各机关、蒙藏主席等发电报告到达北京；亲自写信给蒋主席和戴院长等主要人物。

二十八日，张副司令患病住在西门医院，班禅去探病，诵经守护加持。守护们非常高兴，请求皈依。返回途中去了自己的办公处福佑寺（ཧྥུ་ཡུ་སི）①，给予详细的安排。

二十九日，张副司令派代表张社长和王主席等人在外交大楼的国家大楼和布置精巧圆满的地方设宴招待（班禅）师徒和蒙古族王公、青海代表等人，军乐队奏乐助兴。

阴历六月一日，蒙古族代表、青海代表、班禅办事处等献礼祝贺册授名号，班禅赐护身结和食品。蒙古族王宫单独到寝室拜见，详细汇报新建宫殿寺院之事。班禅说新址锡林郭勒是一块好地方，答应尽快考察合适之处。以前，从北京执政府到总统府之间是皇帝非常喜欢的宫殿，午后在这里宴请班禅师徒和王公。

---

① 位于北京北长街北口路东。建于清顺治年间，为清圣祖玄烨的避痘处。雍正元年（1723）拟分给宝亲王（乾隆帝）弘历作为私第。弘历未迁入，登基后改为藏传佛教寺庙，名福佑寺。后代曾数次重修。寺坐北朝南，外垣门西向。全寺共为三进。山门面阔三间，黄琉璃瓦歇山顶。属于文物保护单位。民国16年（1927）改为班禅驻北平办事处。1980年后作过班禅驻京办事处。

二日,为香萨班智达和司膳尊追两人回复关于马主席[①]和青海的政教共主、各寺院的信函。打箭炉[②]办事处为了平息嘉绒内乱特派出代表护国喇嘛,大家接受。第十任赤巴等官员和大多数寺院通过办事处上书大救怙主班禅,敬献护法殿身语意三所依和税额,委任领导人代表,表示感谢。班禅根据各自的愿望,回复文书,达到了预期目的,并封授达巴嘉赛为郡王(ཤ་ཅིན་སུ་ཅིག་ཐུ་ཅུན་ཡང་ཆེན་སོ།),护国喇嘛为"毕勒图"(བྱི་ལིག་ཐུ།) 堪布"名号。为了管理嘉绒部,委任洛桑南杰为参谋长,赐给工作执照;赐封拉嘉贡为"佛教众生之友呼图克图",达西扎萨大喇嘛洛桑克珠为"迈更孜热图叶凯扎萨喇嘛"(མེ་རྒན་རྗེ་རིག་ཐུ་ཡེ་ཁེ་ཇ་སག་སླ་མ།)。委任福田喇嘛诺尔噶瓦洛桑群培为青海苯达(བོང་སྟག)。

这年是班禅额尔德尼49岁的年灾,扎什伦布寺派仲孜瓦阿旺金巴送来书信和寺院个人的祝寿礼,请求大师尽快返回寺院。班禅复函。

三日上午,赏赐做服务工作的人员和护卫等;会见办事处的工作人员并赏赐。火车上护送照例进行,到达天津站时应文武官员和军人仪仗队迎请,班禅师徒来到司长俱乐部驻锡,招待周到,还观看唱戏;向王主席和张司长送去礼物,用较短的时间会见了各位。

五日,乘火车到达蒙东,会见了汉蒙官员和各寺院喇嘛。省政府提供长期薪酬,增加了招待费用。

七日,东三省第二总部副司令张佐祥(ཀྲང་ཙོ་ཞང་།)等人拜见,短暂会谈。然后,大师去会见张副司令、臧主席、翟省长3人;这天还

---

① 指马步芳,他是甘肃临夏回族,是民国时期国民政府西北军政长官公署长官。

② 四川康定的别名,藏语称康定为"打折多",意为打曲(雅拉河)、折曲(折多河)两河交汇处。旧史曾译作"打箭炉",后通译"打箭炉",简称炉城。

会见库伦霍尔(ཁུ་ལུན་ཧོར།)呼雪的迎请者乌盖达主仆。达尔汗王子进寝室拜见。

八日,张副司令、臧主席为代表的各机关共同在省长衙门宴待班禅师徒祝贺册封名号,军乐队奏乐。班禅赐鼓励书给甘丹鲁本拉章的人。

十日,照例给南京和北京的要员送去电报,说明乘坐火车去蒙古的情况。

十三日,为扎兰图(ཛ་ལེ་ཐུ།)和土尔白图(ཏུར་པེད་ཐུ།)的男女僧俗信徒10000多人摩顶。吴主席①的代表参谋长等官员数千人在黑龙江车站大厅迎接,骑兵军乐队奏乐执仪仗迎请班禅到中国银行楼上和各位官员见面,相互问候,同时会见了库伦部的迎接者。为师徒准备了丰盛的菜肴,还陈列了各种类别的书籍。班禅赐给参谋长、温局长、副官长3人礼物。

十四日,官员们护送班禅一行到中国和俄罗斯共同修建的铁路后返回,班禅予以赏赐。

十五日,库伦霍尔大臣、其子梁公、统领厅长(ཐུང་ལིན་ཐིན་ཀང་།)、额尔达顿、喀喇达(ཀ་ལ་ཏཱ།)、参古(ཚ་ཀུ།)、哈王(ཧ་བང་།)等官员百人,

---

① 可能指吴俊升(1863－1928年),原名兆恩,字秀峰,祖籍山东历城。吴家世代务农,咸丰末年,山东年景不好,迫于生计,便迁到东北谋生,后在昌图兴隆沟落户。七八岁时便给人家放马牧羊,13岁当铺做小伙计,后又随其父贩过马匹。17岁,入辽源捕盗营,20岁编入骑兵。他在军中,作战勇敢,以功提升5次,迄光绪三十四年(1908年),官至奉天后路巡防队统领,候补总兵。1912年,满族王公勾结日人,策动“满蒙独立”,吴俊升率领所部给其以沉重打击。1918年,吴俊升参加了剿灭叛国蒙匪及打击前清肃亲王善耆和蒙古喀刺沁王的满蒙独立活动,及平息科尔沁右翼前旗札萨克图王乌泰叛乱的战事。吴俊升粉碎了外国反动势力分裂中国的图谋,维护了国家的统一和民族的团结,也因此以骁勇善战扬名塞外。1912年10月,吴俊升功晋陆军少将,先后任旅长,守备司令官,师长,陆军中将、洮辽镇守使,陆军上将衔、黑龙江督军兼行暂署黑龙江省长。获不同等级的文虎章、嘉禾章、大绶嘉禾章、宝光禾章,叙勋至二位。袁世凯图谋称帝时,与张作霖等共上《变更国体请愿书》,得封二等男爵。在讨袁运动中,又与张作霖联手驱逐了亲袁的奉天将军段芝贵。当黑龙江省发生许兰洲与巴英额、英顺军事对峙之际,他受命率军至齐齐哈尔,实行武力调停。接着又与孙烈臣夹攻吉林,辅佐张作霖当上“东北王”。1925年郭松龄反奉,吴俊升任讨逆军总司令,兼左路军团司令,击败郭松龄部队。1928年北伐战争张作霖失败后,决定息争罢战,退兵关外,吴俊升闻讯远迎至山海关,两人同乘一节车厢回奉。于当年6月4日清晨5时30分,在沈阳皇姑屯与张作霖同时被日本人炸死,卒年65岁。

赤巴、喇嘛、大喇嘛等执事,各寺僧人,以及守边者、部司令、县长等官兵在海拉尔车站迎接,在车站停留片刻喝茶吃点心。之后,乘坐汽车来到大臣衙门,呼雪(ཧོ་ཤོག།)敬献曼荼罗三所依、白银1000两等,班禅会见并赐教。

班禅额尔德尼给蒋主席为代表的中央要员和张副司令为代表的关东官员发电汇报已到达海拉尔,收到回复。护送来的张副司令的代表副官和托南府副官等人返回,班禅赏赐礼物并分别给以书信。即日起保护班禅师徒的任务等由索伦巴尔郭呼雪承担。

十六日,呼雪敬献初次见面的缘分礼曼荼罗和10000块大洋。接着班禅为以大臣为代表的大小官员、寺院喇嘛执事等僧俗1000多人摩顶,赐护身结。这一地区雨水稀少,即从班禅到来后雨水不断,人们异常兴奋。班禅单独会见了大臣、梁公和统领三人,并赏赐他们和呼雪的全体官员。

二十一日,应甘珠尔苏米赤巴喇嘛达尔汗堪布洛桑伦珠、西仁喇嘛群培、索伦咕噜夏热包雪嘉达(སོ་ཡང་གུ་ལུ་ཤ་ར་སྦོ་ཤོག་ལྷགས་ཏ།)、古鲁库库苏吉(གུ་ལུ་ཁུ་ཁུ་སུལ་ཅེ།)、营旗噶噶尔达(ཡིས་ཆེད་ཀ་སྐར་མདའ།)请求,班禅为300多人讲授《长寿灌顶法》《玛尼》《慈缘法》《香巴拉祈愿法》等。

二十二日,班禅在寝室会见甘丹寺赤巴寺主活佛的管家阿旺贡却、噶拉达等几位蒙藏高僧。

二十三日,应噶热达明林(ཀ་རའི་ཏྲ་མིང་ལིན།)、甘珠尔苏米赤巴、古鲁库库部的赛日图等人之请,班禅传授《长寿灌顶法》。

二十四日,应骑马官巴郭僧格、额切尔巴尼、噶热乌盖尔达、巴尔噶帕蒂、杰温达、图多、颇云噶、比丘洛桑年扎等8人之请,为僧俗400多人讲授《长寿灌顶法》《玛尼》《慈缘法》《香巴拉祈愿法》等。

二十五日，应古鲁夏热颇雪、古鲁察汗饶丹、骑马官巴热郭噶仓等人请求，传授长寿灌顶。在此前后，为前来献礼祝寿的各地僧俗信徒2万多人摩顶。

二十六日，应扎西南杰、格西丹增、绒堆堪布罗桑赤烈达结、噶罗达曲罗、格丹、雅布赞古、蒙库、罗平等8人请求，为僧俗500多人传授《长寿灌顶法》；为索隆热赞古、僧顿两人讲授《慈缘法》《玛尼》《长寿陀罗尼》《香巴拉祈愿法》等。

二十七日，应古鲁夏热索默吉、库帕、察汗饶丹、达林太、娘布赞古强多赞古等五部请求，为僧俗500多人讲授《长寿灌顶法》《玛尼》《慈缘法》等。准苏尼察汗额包图纳盖根诺木齐迈甘堪布嘉央勒贤、齐钦甘珠尔苏米大喇嘛洛桑次成、库包图玉尚等20多人来寝室拜见，敬献白银2500两。班禅茶待教授。在此前后，为前来献礼祝寿的500多人为主的各地信众共112000多人摩顶。

二十八日，班禅额尔德尼被请到那萨苏米，一坐在寝帐宝座上，大臣们前来拜见。之后，登上大经堂宝座接受曼荼罗献礼；临近地方的达桑和杂布林二部献马20匹、500块大洋。班禅不断为僧俗50多人摩顶，赐护身结，向佛像塔抛撒供物和吉祥花；奖赏在赛马比赛中获胜者180人。回到宝帐后，呈上曼荼罗三所依、塔热、茶、米饭等，观看了128位选手力士比赛，奖赏第一名。结束后，呼雪敬献哈达、缎子5匹、跑马10匹、大白骆驼皮。应大臣等30位官员请求，班禅摩顶，赐护身结及每人一条大哈达。

二十九日，应大喇嘛丹巴、翁则格敦请求，班禅额尔德尼讲授《皈依法》《语加持法》《玛尼》《慈缘法》《香巴拉祈愿法》等。

本月末日，应贝丹乌盖热达、罗桑土旦、僧格、达曲等人之请，班禅为500人传授长寿灌顶；在寝室会见齐勒旗苏米的夏仲次成等人，讲授《玛尼》《慈缘法》《具光佛母陀罗尼》《焚烟供食法》《食子百法》《香巴拉祈愿法》等。

阴历七月三日,为阿顶噶、强多(金刚手)、敖齐尔等僧俗1000多人讲授《长寿灌顶法》《玛尼》《慈缘法》《香巴拉祈愿法》等。

四日,班禅额尔德尼驾临大臣住处,分别厚赏大臣、其子令公、统领3人。大臣献马20匹,作为内缘皈依礼。

五日,全天供养仪轨法会等护法海会。

六日,为库白敖兰部的古宗嘎拉达等僧俗300多人传授长寿灌顶并摩顶。这天,索伦巴尔郭达桑苏米贡多林、索伦那萨苏米两寺的僧人聚会举行祈愿法会,班禅提供全天饮食,布施每僧半圆钱。在每年举行的祈愿法会上讲授《上师供》和《兜率上师瑜伽法之慈缘法》;为弥勒祈愿法会提供长期使用的资本马7匹等。广阔无边大地上,富饶珠宝高胜幢,四部宫殿美丽城,名叫巴郭大霍尔。羯磨之风紧追逐,生老流水欺骗者,生死过错所湿行,为了引至解脱地。您之双足如月轮,加持冰片常滴水,转趋之时才高大,白莲微笑很美丽。

八日,为嘎拉达等百人传授长寿灌顶。

十日,为夏仲阿旺洛桑等7人授近圆戒。

十一日,应全部落请求,班禅乘汽车来到甘珠尔苏米甘丹策佩林寺法苑吉索的寝室,寺院赤巴堪布等僧俗主要官员觐见献礼。

十二日,部落的僧俗上千人拜见,敬献曼荼罗、马20匹等。班禅讲授《玛尼》《慈缘法》《香巴拉祈愿法》等。

十三日,应全部落请求,班禅为僧俗1000多人讲授《长寿灌顶法》《玛尼》《慈缘法》《食子百法》《焚烟供食法》《香巴拉祈愿法》等。

十四日,在佛像前献供品和敬神哈达,供养法会1000多僧人施放僧茶,发放布施每人大洋半块。每年阴历八月初五是《上师供》《兜率上师瑜伽》《慈氏愿》《兜率教愿》等法会日，班禅赐给常用经费白银350两、内依画像誓愿母等。之后，莅临大经堂布萨法会讲经。请到因明学院（性相学院）为500名上师学徒、乌盖尔达等50位官员摩顶，讲授《上师供法》；在佛像前献五种供物、洗礼、开光；在曲热札仓提供例茶资本公基金；分别赐给两位乌盖尔达护身结、有加持力的画像；为贴身近侍桂楚、4位嘎拉达西（ག་ལ་ཏ།）、8位大喇嘛、哈旺赞古等30人赐给加持护身结，按照地位大小予以赏赐。他们一起献马20匹，请求护佑寺院村落。

十五日，驾临海拉尔颇章宫寝室，大臣等人上茶和油炸面食。班禅与他们面谈赐教。在此前后，为来祝寿的僧俗10500多人摩顶。

十七日，蒙东李处长来见。

十九日，给南京的蒋主席和东北的张司令发去电报，祝贺抗敌成功。

二十三日到二十六日之间，为甘珠尔赤巴喇嘛等师徒、大臣、厅长、乌盖尔达、噶热达等僧俗，以及蒙东李处长、海拉尔公安局长等汉蒙古族3000多人传授《白伞盖预备先行法中十七尊白伞盖》和《宝马游戏密修大灌顶》，讲授《成就王长寿灌顶具光佛母随许法》。全呼雪（部）敬献曼荼罗、汉马37匹、公马50匹等，礼物多如云。

二十八日，蒙东蔡省长出资新建应福寺（ཡིན་ཕུ་ཟི།），班禅提供后续护养费1500块大洋。

二十九日起，在连续7天中，夏坐休浴。

阴历八月二日，巴尔郭库鲁那包热喇嘛诺木齐堪布当钦巴洛桑次仁、管家等人在上师供法会上敬献相关的曼荼罗寿礼和15000块大洋。班禅为喇嘛、管家主仆及施主大臣等官员50人摩顶，赐护身结。

这年雨水很多,南方几个省遭受灾害,致使很多人死亡,缺衣少粮,损失极大。八日,新建捐助机构“救济委员会”,班禅提供10000块大洋,并发电报发愿救护死去和生存的人。

九日,在布鲁图害怕红敖如苏的做事方法而逃走来到巴尔郭,辛达布鲁特图的头领额盖尔达弥觉多杰部邀请班禅额尔德尼,班禅师徒乘坐汽车来到新建佛寺丹林苏米,僧俗1000多人执仪仗迎接。在大经堂,班禅接受献礼,会见主要人员,然后下榻于新建的寝宫。

十日,班禅为僧俗2000多人传授长寿灌顶,讲解《时轮上师瑜伽法》和《香巴拉祈愿法》;为敬献曼荼罗、马、牛、羊、骆驼等礼物的人摩顶。

十一日,班禅为法会施放僧茶,发给每僧半块大洋、例茶基金牛24头、100块大洋等;在大经堂法会上结合《五部大论本释》开讲《密教实践法》《兜率上师瑜伽法》等。寺院把新建的寝室献给班禅,请求必须派一位喇嘛做代表留住。班禅答应了;在寝室茶待这一地区的哲邦塔仁活佛和两位大喇嘛、额郭尔达、两位嘎拉达、20位僧俗执事,分别有加持力的大护身结、哈达和护身结、食品等,然后动身去海拉尔。

十二日,会见杜司令。这时报告说日本军力已逼近蒙东(关东)。

十六日,会见呼雪领袖和其他官员,根据职位高低大小赐给大臣、令公、衙门夏尔曲的厅长、呼雪额盖尔达、统领、郭吴达、嘎拉达、衙门的4位帮办、赞古、哈旺、布贴旗等40多人护身结;封授那萨苏米的赤巴喇嘛洛桑南杰、达仓噶热秘书布勒图赤巴洛桑金巴为“额勒齐图堪布”名号;授给大喇嘛囊瓦桑布、曲科、罗桑班丹、强巴群培、洛桑丹巴“三曲杰大喇嘛”名号；授给德丹平措林寺的赤巴活佛阿齐图堪布洛桑坚赞“额尔德尼迈甘堪布”名号。

十九日，班禅被迎请到海拉尔北方的天鄂博（ལྷ་ཨོ་བོ།）地方，主持总护法和乃赛尔大至尊的语酬补、燔柴烟祭、战神礼赞等仪式活动，赞颂喜欢善品的地方神的威望，讲授《招多闻子法》；接受曼荼罗三所依、汉马两匹、马百匹、牛百头、羊百只等，为献礼者摩顶，赐护身结。

二十一日，张副司令派来王参谋长献礼祝贺新年。

二十四日，班禅封授甘珠尔苏米赤巴洛桑群培“三布勒图堪布”名号。

阴历九月一日，封授恰斯图扎西塔钦林寺的托云喇嘛洛桑为“布勒图堪布”名号。

二日，以大臣为首的呼雪（部落）全体官员敬献曼荼罗三所依，请求尽快传授《时轮大灌顶》，并表示感谢。班禅答应，教导他们在最短时间内必须敬信三宝，如理修炼掌握如何取舍罪恶因果。派遣仲钦堪布和翻译勒参巴两人去慰问关东军。

四日，动身去温泉，前后住在红果路（ཧོང་གུར་ལུ།）、汗达（ཧན་དག）、阿西亚（ཨ་ཤེ་ཡ།）温泉，一边疗养一边为地方神制作事业冠冕。

八日，起程乘汽车前往霍拉赛图（ཧོ་ལྷ་སེ་ཐུ།）、谢茂尔郭勒（ཞེ་མོར་ཀོ་ལ།）、浦仁郭勒（ཕུ་རིན་ཀོ་ལ།）、西勒诺尔（ཤེ་ལི་ནོར།）、海仁郭勒（ཧས་རིམ་ཀོ་ལ།）、诺尔达布（ནོར་ཏབ།）等地，每地住一天，受到当地信众的迎接。

十五日，师徒乘汽车去准额祖穆旗王府，受到仪仗队欢迎。

十七日抵达王府时，扎萨王敬献曼荼罗三所依。班禅会见扎萨王家人、布林堪布活佛、图萨拉齐公爵等人。

十八日，会见巴绒额祖穆旗大王和门兰盖根派来的慰问者。

十九日，赐给准额祖穆旗王礼物丝绒件料（ཀང་སི་ཏོན།）、公跑马；

赐给王的母亲库绒衣料(ཁྲལ་ཧོན་གསེར་རྡོད།);赐给王的夫人朱红色衣料;赐给图萨拉齐蓝色中东衣料;赐给旺钦图萨拉齐蓝缎衣料等。在巴尔郭库楞地方向送行者官民话别,赐给嘎拉达僧格和布勒图嘎拉达广东衣料各一件;按照职位大小分别赏赐两位赞古和哈庞军官。

二十二日是天降节,全天举行大轮自入和会供开启前行祈愿法会。

二十三日,为准额祖穆旗王、母亲仁青卡卓、公爵图萨拉齐等僧俗1000多人讲授《长寿灌顶法》《皈依法》《兜率上师瑜伽法》《慈缘法》《玛尼》《长寿经长寿陀罗尼》《尊胜陀罗尼》《白绿度母法》《马头金刚修行法》《香巴拉祈愿法》等。准额祖穆旗王敬献曼荼罗三所依、2000块大洋等。

二十四日,邀请到塔噶鄂尔敦和拉康,祝愿吉祥。

二十六日,师徒乘坐汽车来到悉尼苏米(ཤི་ནི་སུ་མི།)寝室。

二十七日,在寝室会见迈甘堪布活佛、司膳主仆等10人。另外还会见了门兰盖根、包拉苏米喇嘛等。准额祖穆旗部的欢送者辞别。班禅封授巴绒丹达尔林寺比丘尊追为"爱木齐堪布",准额祖穆旗噶凯苏米的夏仲绛央嘉措为"诺木齐堪布"。

二十八日,在大经堂会见僧俗2000多人,讲授《兜率上师瑜伽法》《固始堪布活佛长寿法》《香巴拉祈愿法》等。

二十九日,在寝室为堪布活佛洛桑晋美益西嘉措、大喇嘛、索本巴马等传授长寿灌顶,赐给活佛缘起礼物响铜长寿佛像、优质缎匹;向法会施放僧茶,发放布施。

本月末日,班禅被请到博拉根苏米首次接受献礼曼荼罗三所依。

阴历十月一日,在博拉大经堂为僧俗1000多人传授长寿灌顶，讲授《时轮俱生随许法》《香巴拉祈愿法》，并摩顶；向各佛殿佛像献洗礼、开光、敬神哈达，发愿；向法会施放僧茶，发放布施，提供公基金 100 块大洋。赏赐堪布活佛和管家后，驾临悉尼苏米。

二日，被请到上拉章，为佛像洗礼、开光，发菩提心愿，献敬神哈达各一条。派仪轨僧去后山顶煨桑祭祀，新建增谷冠冕。赏赐大喇嘛等执事。博拉根堪布活佛辞别。在此前后，会见了前来祝寿的僧俗 1300 多人。

三日，来到巴格萨苏米，敖兰哈勒嘎寺的喇嘛执事等人执仪仗迎接到寝室。

五日，为巴格萨呼图克图的化身罗桑土旦益西嘉措、大喇嘛、司膳父母等 10 人授长寿灌顶；在大经堂为僧俗 2000 多人讲授《化身长寿法》。

六日，向法会施放僧茶，发放布施，赏赐活佛等人。之后，驾临额祖穆旗大王德普地方左右帐幕。

七日，赛赤呼图克图敬献曼荼罗三所依、公马 20 匹等，班禅赐茶畅谈。之后，会见大王和赫亲王，厚赏赛赤呼图克图、大王和亲王。

十一日，会见江龙班智达和阿瓦噶贝勒等人派来的慰问使者。

十三日，会见香萨呼图克图，热情畅叙。

十四日，应全部落请求，（班禅）莅临新建的寝室顶楼，接受曼荼罗盛宴和莅临寝室之缘分礼 1000 块大洋。在大毡幕（蒙古包）中，为香萨呼图克图、大亲王等僧俗 1000 人讲授《长寿灌顶法》《慈缘法》《玛尼》《香巴拉祈愿法》等。献礼颇多。

十五日，为新建时轮札仓委派金隆巴担任轨范师。4 个寺院召集 36 名仪轨僧一起念诵《时轮经》，班禅全天供养。大王也献薪酬。

十八日,林熙初司令(ལིང་ཤིས་ཚུའི།)的代表韩钦慕达(ཧན་ཆེན་མུ་ཏ།)来见献礼。班禅回复司令,并赐跑马一匹。

二十一日起,(班禅)在新建寝室顶楼闭关修《观世音菩萨法》。五供节(燃灯节)日,向江隆苏米的格桑拉康、霍来图释迦牟尼佛像、喇嘛库热的慈氏怙主像、乌兰哈勒噶、悉尼苏米、奥博图苏米、金觉苏米献五种千供;向德央苏米、包勒苏米、堪布喇嘛苏米、达贝苏米各献5次五种百供,指示举行《上师供》《兜率上师》《具祥三地女》《清净雪山女》《慈氏愿》等常诵经法会,赐给费用白银和心愿敬神哈达。在王的苏米念诵《甘珠尔》;向悉尼苏米献怙主酬忏物,向喇嘛库热举行姊妹酬忏法会,投放大食子,大修是为了佛教众生的利乐承事;在住处陈设五种千供物,向法会施放僧茶,发放布施。闭关期间进行大量的上师供;给南京政府蒋主席、北京张副司令为首的各省文武大官发去阳历新年祝福信。苏尼代大王来请。

二十八日,解闭。

二十九日,护法殿法会举行仪轨和酬补护摩;在寝室会见大王、代大王、准苏尼王,并茶叙。

阴历十月一日,应准苏尼王请求,班禅额尔德尼授长寿灌顶。

二日,为香萨呼图克图、大亲王、王妃等人讲授《天母传规的十一面大悲观世音菩萨加行法》和《定撒有相无相种子法》。

三日,夏仲、私人仆从同声念经献曼荼罗、身语意三所依、衣服以及汉马5匹、抽布(ཚོག)5秤等丰厚礼物。班禅封授塔尔寺的嘉措和香萨管家阿旺尊追两人为"囊玛堪琼"(内廷小轨范师)。

五日,在寝室与香萨呼图克图、大亲王一起用餐,单独(额外)宴待香萨活佛的4名主要随侍、图萨拉齐等人。这时,仁钦多吉为主的75户从布热图(བོ་རད་ཐུ།)逃到红敖茹苏保护作为寺院部众,班禅为他们摩顶，并下文将他们安置在水草丰美的额祖穆旗达和正黄旗（ངན་ཧོ་ཆེད།）的交界地带。

十日，早上班禅额尔德尼乘汽车来到喇嘛库热的宫殿寝室。

十二日，为门兰盖根等僧俗2000多人摩顶，讲授《慈缘法》《玛尼》《五部大论的祈愿法》《香巴拉祈愿法》《时乱寂静愿》等；向至尊弥勒怙主像献五种供品及祈愿哈达。

十三日，为固始夏仲等7名修行者授沙弥戒，为门兰呼图克图贡却丹增等19名修行者授给近圆戒。门兰呼图克图敬献丰厚礼品。班禅额尔德尼为法会施放僧茶，布施每僧大洋半块；向弥勒佛殿献5种供品、发愿敬神哈达；赏赐盖根呼图克图。大小内蒙（大小囊索）请求测定新建寺址。班禅额尔德尼说："现在大小王已亲自选定，阿瓦噶王（ཨ་བ་ག།）、巴绒苏尼、正黄旗3个较好，其中巴绒苏尼最合适。"在弥勒佛像前做心愿偈颂15首，献上世间最长的敬神哈达、五种座供的代金500块大洋，要求通过达热且钦（ཏཱ་རེ་ཆེ་ཆེན།）的方式修长寿、念诵《甘珠尔》，必须开展姊妹护法托付事业仪式，赐给酬金400块大洋。为敖兰哈勒噶、悉尼苏米、额布图、呼莱图、金觉苏米念诵《礼供上座》《尊胜长陀罗尼》各万遍，《救度心经》十万遍，必须修行开展护法酬补、托付等仪式，并提供酬金。

十六日，向那里的盐湖抛撒供湖之物，夜宿巴绒黄亲王府。

十八日，应王爷请求，为僧俗1000多人讲授《时轮俱生随许法》及《长寿灌顶法》。王敬献曼荼罗三所依、马15匹等。

十九日，班禅受邀驾临塔姆噶额尔东（ཐམ་ག་འི་ཨོར་དོན།）举行马头金刚善相仪轨和祭拜天帐仪式，接受1000块大洋。

二十日，班禅为桑达多吉王主仆15人讲授《白文殊》《狮面随许法》《长寿灌顶法》。王献羊百只。

为黄旗贡堆林寺堪布喇嘛苏米（寺）、达拉苏米、悉尼苏米施放僧茶,发放布施;赏赐扎萨王母子等人。

二十一日,行途中礼拜甘珠尔拉康的佛像,然后来到江龙寺拉章寝室,班智达拜见。

二十四日,讲授新作《妙音上师瑜伽》及《香巴拉稀有善巧女法》《嘱托法》等。在大经堂为全体僧人和贝勒主仆共僧俗3000多人摩顶。赏赐班智达活佛黄色轿子全套、毛毯披单、绸缎等上好礼品。同时,赏给经师、大喇嘛、管家、司膳、知宾等高僧,以及扎萨贝勒呼雪等丰厚礼品。

二十五日,从江龙拉章请班禅和部分随从到宝帐寝室招待。班禅赏赐几位亲近之人。应日追喇嘛请求,为班智达活佛等200多人授胜处长寿灌顶;赏赐活佛黄舆,给予关爱。班智达活佛进寝室拜见,敬献身语意三所依、50两银制曼荼罗等礼物。

二十九日,班禅额尔德尼莅临僧众举行的长净怙主法会讲经,向佛殿陈放五种千供,向法会施放僧茶,布施每僧一块大洋,赐给性相札仓、密宗札仓、格桑佛殿等所需法事费用;为新建的"曲邦"巴热图呼雪寺提供例茶费300块大洋,赐给一尊金铜质大悲观世音菩萨像,作为全部落的神物;封授呼沁米多苏米寺(ཧོ་ཆིང་མིན་དོ་སུ་མི།)的赤巴活佛阿旺洛桑为"曲杰堪布"(法王轨范师)名号。

是月末日,班禅为江龙活佛讲授《菩提道次第略颂》和《食子百法》。应持律僧请求,为僧俗500人讲授《道次第要道》《兜率上师瑜伽》《入行论》第三章等;赐给性相札仓立宗辩论费300块大洋。

不久到了乌祖穆旗大亲王49岁厄运日,班禅鼓励说:前辈们种姓血统圆满,实为佛教的善缘,而且诚心事佛,愿永为佛教资助者,赐封为"胜力盖夏金苏久图巴图尔"(དགེ་ཤ་ཅན་སུ་ཅིག་ཐུ་པ་ཐུར།),嘉奖7种乐器和书函、哈达、护身结、响铜长寿佛像、古瓷、绸缎等,当着侍读仲孜瓦的面派人送去。

阴历十二月一日,班禅师徒乘坐汽车来到图萨拉齐贡桑的营盘用餐,接受丰厚献礼。然后,莅临阿旺的额尔顿(ཨེར་ཏུན།),为王及其家人摩顶茶叙。

三日,在大帐中,班禅额尔德尼接受大王部的献礼 2000 块大洋,为他们摩顶。

老大王年过 70 岁,他自己觉得寿命将至,请求班禅额尔德尼给以随持时代鬘(延寿)的照应护佑,献 300 块大洋、马 25 匹、骆驼 20 峰、羊 300 只等。

四日,举行招财引福和赞美佛像塔仪式。(班禅)封授香萨呼图克图次旺、贡布日追巴活佛丹增达杰嘉措为“诺木齐堪布”名号。应香萨呼图克图请求,撰写《面见香巴拉具种王之镜》并讲授,说我的前世一切智班禅旦白旺秋作有《生为具种勇武轮王》①,请求护佑。

五日,赐给延多苏米(ཡན་ཏོ་སུ་མི།)事修费用 200 块大洋。在寝室会见大王,赐给禳解病魔的神物。然后起程行至额亲杂格柔旗(ཨེ་ཚིང་ཙ་ཀི་རིག་ཆེ།)营盘用餐,接受 500 块大洋。从此驾临堪布喇嘛的寺院,为 30 位僧人摩顶。

七日,赏赐堪布喇嘛贝勒等人。堪布喇嘛主仆进入寝室拜见班禅,敬献新建寝室和羊、黄牛等。班禅为堪布喇嘛、贝勒等僧俗 1000 多人讲授《兜率上师瑜伽法》《慈缘法》《玛尼》《乐愿》《香巴拉祈愿法》等;向法会施放僧茶,发放布施,并为此法会和哈颜苏米提供修供《甘珠尔》、上座(长老、尊者)所需费用。

八日,喇嘛和官员觐见,敬献牛 5 头、山羊 50 只。之后,驾临巴绒阿瓦噶王的额尔顿会见主要人物,为我的经师达巴定结摩顶,

① 传说该王为未来香巴拉的一位王,他将于公元 2424 年登位,即佛法的后四时开始之年。

茶叙。

九日，赏赐扎萨和图萨拉齐；应王的请求为僧俗300多人传授长寿灌顶，为黄果苏米(ཧོང་ཀོ་སུ་མི།)长寿修法会提供费用100块大洋。

十日，行至准苏尼马索尔王的私人府，会见王等主要人员，并予以赏赐。

十一日，王敬献骆驼一峰、马8匹、1000块大洋等。从此行至阿西亚苏米休息。

十二日，在奥兰甘珠尔苏米用餐，在大经堂接受喇嘛活佛所献1000块大洋，为他们摩顶。在此前后，为敬献曼荼罗三所依祝寿的僧俗2000多人摩顶加持。

十三日，由许多仪仗队迎接到巴绒苏尼图岱大王府，在大宝帐中会见敬献曼荼罗三所依的王、王母、王子、图萨拉齐等，一起茶叙。之后，在寝室会见3位，接受所献曼荼罗。在寝室会见前来的乌兰察布的大达尔汗王和贝赛图萨拉齐、图尔拜图萨拉齐德瓦贡丹等人。

十四日，会见迎接的仪仗队员等700多人。乌兰察布大王和图萨拉齐两人觐见，敬献曼荼罗，再次邀请希望驾临他们的地方。班禅答复，并予以赏赐。察哈尔军官达珍尚、准额祖穆旗公爵图萨拉齐多丹父子进寝室拜见。

十七日，张副司令和章嘉库勒主席共同从北京派遣贡丹昆勒(ཀུང་རྟན་ཀུན་ལེགས།)处长张居金(ཀྲུའི་ཅིན།)主仆来慰问，呈献优质缎、各种用具等。班禅请处长转告总司令和主席礼物全部收到；向张处长讲授《皈依法》，赐给徽章。

乌兰察布大王和图萨拉齐辞别，班禅答应明年三月初三去那里。

鄂尔多斯额图王的使者来请，班禅为轨范师洛桑金巴等献礼祝寿的200多人讲授有关祈祷愿望祥施和誓愿词句愿望满足法等；赏赐苏尼大王、母亲、妻子、图萨拉齐为首的杜旭穆人；在寝室会见东图尔拜穆仁盖根（དུང་ཐེད་ཤར་མུ་རིན་གེ་གེན།），并予以额外赏赐。

十九日，（班禅）从德旺到达呼雪衙门和军营，接受献礼300块大洋和马10匹，会见了王和图萨拉齐、军人、官民等。

二十二日，夏尔穆仁盖根敬献250块大洋，乌图王的代表献1000块大洋。班禅额尔德尼继续为僧俗百人摩顶。

二十三日，上面两人来寝室拜见并邀请。班禅赐教话别。为使佛法久驻世间众生幸福，在江龙、夏热穆仁、巴达哈勒噶、乌图呼雪、苏尼寺等之中开展诵《慈缘法经》十万遍、《三敬事狮面经》十万遍、《怙主酬补忏悔经数》十万遍的活动，班禅提供所需费用。资助仪轨法会设立护国药叉朵玛修行。

二十八日，班禅莅临朵玛修行法会，针对政教诵经。

二十九日，放咒（ཟོར་འཕང་།）[①]，出现很好的咒相。

有诗云：二资粮琉璃精华溶液，离障法界虚空之空行母，等加行大乐之气幻化，七支彩虹文殊童子舞。乐土怙主名叫无量光，夺走世间诸苦之救主，浊世解救众生之亲友，您是东方三世之怙主。离障稀有智慧如太阳，请问是非七马（即太阳）之主人？悲心如施清凉之流水，请问是非云彩之苗水？取舍密语光明太阳光，请问若是日光做何事？聚集如意满愿加持树，殊胜奇妙恒河之色法。密意如云彩密布之中，降下供养圣土之雨水，伸展齐心施放之广臂，消除厄难衰损真稀奇。

第十六饶迥壬申水猴年阴历一月一日新年喜宴缘起日，班禅

① 针对某一物诵咒，然后向一定的方向抛出以驱策鬼神诅咒的敌人。

寝室、大经堂已准备就绪,悦耳的螺号声响起,前后座位排列整齐,例行投放元旦食子(ཚེས་གཏོར།)①,进行开启、摆上面酪干等,管家献上内库见面哈达、曼荼罗三所依、吉祥圣物等。托杰活佛等喇嘛活佛、代大王等要员、全体侍从献见面哈达,照例摆上丰盛食品。班禅赏赐外宾,为来自各方的七百僧俗摩顶。

二日到五日,为中层以上侍从和大王杜旭穆勒等献慰问礼者赐教,赏给丰厚的油炸面食等。代大王的长子为了"多杰公"(金刚公爵)名号和顶戴求见班禅诵经,班禅赏给金镯和良缎;在寝室会见夏尔穆盖根和乌兰察布的达尔汗王等人;为侍卫乌杜的官民护法讲授《姊妹护法法》,为释迦牟尼大唐卡画像作祈愿文。官民们放炮、敲打锣鼓将班禅迎请到军营招待。

十日,班禅为杜尔贝扎萨王和图萨拉齐主仆僧俗百人摩顶,与王等主要人员茶叙,额外赏赐礼物。

十四日,按照藏历计算是班禅额尔德尼·确吉尼玛的诞生日,代大王、杜尔贝扎萨王等官员亲自或派代表共200多人献见面哈达。班禅额尔德尼不断为僧俗1000多人摩顶,不停地上茶上米上面食,享受法会缘分。却拉甘周(ཚོགས་ལ་སྐན་དྲུག)等一致请求新建宫殿,地点选在巴绒苏尼较好。代大王提出敬献王苏尼寺身语意三所依供物、供佛基金、公上财物、有情(寺属民)、帐幕、寺僧等寺院内外全部情器(东西)。班禅在寝室接受生日献礼马100匹。

十六日,为杜尔贝扎萨王等人传授长寿灌顶,讲解《满愿誓词》。在寝室,为王、图萨拉齐、大臣杂克柔齐3人授教话别。

十七日,简单招待代大王、公爵、公主、妻子、杜旭穆要员等人。

十九日,会见杜尔贝托云喇嘛等几寺执事、门兰呼图克图代表

① 原西藏地方政府和各寺院在每年正月初一日清晨奉献给吉祥天母的食子。

等人。

二十四日,举行长寿喜宴及尊胜佛母仪轨、上师供会供曼荼罗法会,接受曼荼罗献礼,并为夏仲、私人仆从、香萨呼图克图、夏鲁巴大王等人摩顶,赐给护身结,赏赐物品,素食招待。

二十五日,代大王祝寿敬献曼荼罗三所依、汉马一匹、普通马 9 匹、牛 9 头、羊百只等,班禅为其摩顶,赐护身结,宴待赏赐;为杜旭穆僧俗 300 人摩顶。

二十八日,班禅在寝室会见青海总代表香萨呼图克图、拉卜楞寺司膳堪布次仁尊追等人。香萨呼图克图敬献曼荼罗,请求班禅去青海。班禅答复并赐教。

本月末日,青海代表们辞行,班禅捎信给西宁主席。

阴历二月二日,班禅在寝室会见代大王、王母、儿子等 15 人,讲授《白度母随许法》。封授准阿瓦噶夏仲喇嘛格桑桑杰为“三布勒图法王”(སན་དྲི་ལིག་ཁྲི།)名号,封三恩弟子布热图多尔玛府贝曲为“额勒基图堪布”(ཨུལ་ཅི་ཁྲི།)名号。

四日,应堪布喇嘛寺的邀请,班禅师徒乘坐汽车前往,住了 3 天。

七日,为法会 300 多僧人摩顶,讲授《岗罗玛》(གང་བློ་མ།)和《香巴拉祈愿法》,接受马 10 匹等献礼;为法会施放僧茶,发放布施,为五供法会(燃灯节)期间的上师供、怙主、姊妹护法等酬补、托付仪式提供公基金 170 块大洋。

十日午后,乘汽车回宫。

十一日,在寝室会见了准苏尼王、察哈尔库库科沃图部的扎西贡恰林寺等的僧俗代表、皈依者等。

十五日,向萨尔普寺佛像陈供五种千供物,为主尊释迦牟尼佛像献敬神哈达,撰写 12 首祝愿颂。之后,上座念诵《上师供》经。

诵毕,喝僧茶吃饭。作文褒扬苏尼王为黄帽派资助人“厄鲁特阿弥陀杜额勒基图觉热巴图尔”(ཨོ་ལོད་ཨ་མིན་ཐེན་ཏུ་ཨོལ་ཅི་བྲུ་ཇོ་རག་པྲ་བྲུར།);赐给阿妈、公爵、妻子等人以护身结、绸缎等;赏赐寺院执事、呼雪衙门、王内府工作人员;委任寺主代表喇嘛诺木齐堪布噶钦洛桑群培,并颁布寺规。

返回寝室,为法会赐茶饭,布施发放每僧半块大洋。

十六日,在寝室会见苏尼额布泰盖根、喀尔喀德罗巴盖根等人;应呼多扎萨贝勒之请,为僧俗200人传授长寿灌顶;向佛像献五种千供物,向法会施放僧茶,发放布施,接受献礼。

十七日,应呼雪苏米、托东苏米、西蒙办事处处长副官德勒等人的邀请,班禅师徒来到索罗公爵的鄂尔东,公爵敬献曼荼罗三所依、大洋100块、汉马一匹、普通马一匹、骆驼一峰等。班禅予以回赐。之后,由处长和托呼(托东?)苏米迎接到寝帐,会见了处长和寺院执事等人,并赏赐处长。

十八日,应处长宝音达赖请求,班禅为500多人讲授《白度母如意轮随许法》《玛尼》《慈缘法》等,接受佛像佛塔佛经三所依和1000块大洋。

十九日,驾临托噶图苏米的拉章,登上宝座为佐扎(庄头乡吏)摩顶。

二十日,为图萨拉齐顿珠、大臣杂克柔齐等人讲授《玛尼》《慈缘法》等,分别会见寺院赤巴活佛洛桑嘉措、安多拉卜楞寺诺布活佛。在大经堂,为僧众讲授《金刚心随许法》和《五部大论》,接受丰厚献礼;会见了居者和行者僧俗1000多人。

二十一日,按例在五供法会上念诵《五供经》和《慈缘法经》,班禅提供经费200块大洋。每年四月节日期间立宗辩经一次,班禅提供酬金汉马11匹。

二十一日，赏赐夏仲喇嘛等执事后，班禅额尔德尼去处长家。

二十三日，按照处长的愿望，班禅作《多闻子招财招福》。处长献上厚礼。

二十四日，念经护佑处长家人。然后，护送去呼雪苏米。

二十五日，向白伞盖佛殿献供，向法会施放僧茶，发放布施。

二十六日，在大经堂讲授《白度母如意轮随许法》《五部大论》《尊胜长陀罗尼》。午后，参观辩经院，向佛像献五种百供和敬神哈达。每年的神变节，举行法会念诵《上师供》和《慈缘法经》，班禅额尔德尼提供费用200块大洋。

二十七日，莅临平措德林寺。

二十八日，在大经堂讲授《狮面佛母随许法》《玛尼》《慈缘法》等。所献礼多如云彩。

杜尔贝部人觐见，班禅为80多人讲授《白度母随许法》；为这里的几座佛殿开光，发愿献敬神哈达；向法会施放僧茶，为每人发放半块大洋，提供公基金100块大洋。

二十九日，莅临王府宫。

阴历三月一日，班禅诵经为门兰呼图克图圆寂回向，祈求转世灵童尽早来世，撰文祭祀，赐给汉马3匹。

四日，为了创造我回前藏的顺缘，特派寺院活佛拜见班禅额尔德尼，求道：悲悯我接待他主仆，请赐必须帮助护佑各部官员之令。

五日，北京特使叶军长（ཡས་ཅུན་ཀྲང།）和张处长来见，呈献佛教会会长段祺瑞为首的各省主要官员百人的信函礼物，请求在北京传吉祥时轮大灌顶。信中说：像这一时期敬信求学正法乃是善缘，依我等意见，请（大师）务必答应今年能来，教授实践之法，向大会全体代表传授灌顶。

为安多噶尔盖活佛等50人传授长寿灌顶。

八日,阿瓦噶王菩提波罗、觉柔图萨拉齐去五台山,顺路拜见班禅请求摩顶,班禅寄去献供费300块大洋和敬神哈达。

十五日,向佛像献五种千供物,向法会施放僧茶,发放布施。在此前后,会见献礼祝寿的僧俗3000多人,讲授《玛尼》《慈缘法》《香巴拉祈愿法》等各人所希求的法。

二十六日,在寝室会见从塔尔寺返回的正黄旗王及其夫人、王子、夏仲喇嘛等人和喀尔喀托罗苏米的甘珠尔盖根。

二十七日,为甘珠尔盖根等150人传授长寿灌顶和各人所求之法。

阴历四月四日,卓尼王和全体代表人员来求保护地方平安,班禅复示,赐保护文,提供给寺院修复顺缘1000块大洋。

八日,在寝室为代大王、王母、王妃、王子等10多人传授长寿灌顶,讲授《皈依法》《玛尼》《慈缘法》《香巴拉祈愿法》等。向巴绒苏米佛像献五种千供物,为法会施放僧茶。

十五日,为巴绒苏米的佛像献五种千供物、敬神哈达,同时举行开光仪式;供养法会,提供茶饭,布施每位僧人一块大洋。

应代大王全体部落的请求,为僧俗3500人讲授《威猛三进随许法》《长寿马双运随许法》,当着老大王的面讲授《国土安乐祝愿词》等。代大王等人呈献曼荼罗三所依、汉马两匹、蒙古包4顶、骆驼两峰、普通马100匹、牛10头、羊百只等丰厚礼物。

二十日,会见为门兰喇嘛圆寂来报丧的僧俗50人。

二十三日,为察哈尔阿多旗的洛桑多吉等31位修行僧授近圆戒。

二十六日,班禅额尔德尼会见我们派去的慰问者阿拉努古仓乃,接受敬献的信函礼物,回赐物品;会见并赏赐乌兰察布来迎请的官民100人。

阴历五月四日，班禅复示我们，并赐古青铜器；下书强烈鼓励努古仓去阿瓦噶方面。

九日，去德王乌布图苏米，路过盐海寺用餐，祭拜盐海，赐给寺院30块大洋作为公基金。驻锡乌布图苏米的拉章寝室后，盖根敬献曼荼罗三所依和1000块大洋。

十日，在大经堂讲授《兜率上师百法》《玛尼》《香巴拉祈愿法》，为法会700僧人摩顶。呈献的礼物有身语意三所依、10000块大洋、马10匹、骆驼10峰、牛10头等。

之后，为主要佛像献敬神哈达，举行开光仪式。请到旧拉章，盖根献汉马5匹。先后请到各佛殿、密宗札仓、医药札仓、性相札仓、时轮札仓主持洗礼开光仪式，各献100块大洋。

十一日，为法会施放僧茶，布施每僧大洋半块，赐给寺院200块大洋、羊200只作为公基金；赐给每个札仓100块大洋；赐给盖根大堪布护身结、各种圣物等。行途中，为呼热勤图苏米佛像诵吉祥词开光。是日到达王府。

十三日，应邀举行语酬补、祭祀烟柴招财仪式，年祭地方神等敖博；观看了跑马、射箭等游戏比赛，接受献礼汉马10匹、牛10头、骆驼10峰等。

十四日，封授益西嘉措活佛为“布勒图堪布”；前后为来献礼祝寿的僧俗3000多人摩顶。乌布图盖根辞行。

十九日，代大王部献会供曼荼罗、1000块大洋等祝寿。

二十一日，班禅额尔德尼茶待代大王家人、大臣随从50多人及巴绒苏米的执事、卫士300人等，赏赐公私人。封授康麻杂纳活佛格桑丹增嘉措为“诺木齐布勒图堪布”。

二十五日，在寝室会见代大王及其母亲、公爵、妻子、处长等人，亲手授予王母白怙主如意宝大唐卡画。之后，迎送不断，行至乌布图苏米用餐,为法会施放僧茶,发放布施;为诸佛像洗礼、献供。法会敬献汉马两匹等丰厚礼物。从此继续行走,由乌兰察布的仪仗队迎接,来到杜尔贝布营苏米(དུར་བེད་པོ་ཡོན་སུ་མི)。

二十六日,在大经堂为各方500多僧人传授长寿灌顶,讲授《功德基础女》《集密本续》第一章等;接受1000块大洋;向几个札仓的佛像献百供、洗礼、开光;向主供佛像献敬神哈达;向法会施放僧茶,发放布施。

二十八日,请到赤巴拉章,敬献云朵般数量丰富的礼物。班禅回赐。之后,请到图萨拉齐德瓦贡丹私人府,主人敬献1000块大洋等礼物,请求皈依。班禅为其摩顶,赏赐加持圣物。是日驻锡哈乌旗苏米。

二十九日,莅临大经堂长净法会讲经。然后,应僧众请求为僧俗500人讲授《长寿灌顶法》《兜率上师瑜伽法》《慈缘法》《无量光佛上师瑜伽法》《哀呼三宝祈祷法》等。法会敬献1000块大洋。

为大经堂、性相札仓的经堂等洗礼、开光,献敬神哈达。在佛像前陈放百供,向法会施放僧茶,发给半圆钱;提供护法酬补、托付等修供费用。

阴历六月一日,班禅赏赐托杰活佛;为塔布绍图苏米和图萨拉齐等人摩顶。行途中,为格佩林寺僧俗200人讲授《玛尼》《慈缘法》;为法会施放僧茶,发放布施。是日,莅临杜尔贝扎萨王的额尔顿。

二日,在王府附近的寺院经堂会见杜谢穆上师徒子等僧俗300人,讲授《兜率上师瑜伽》《慈缘法》《香巴拉祈愿法》等,为佛像开光。

三日,应呼雪请求,为僧俗1000多人传授长寿灌顶,讲授《兜率上师瑜伽》《香巴拉祈愿法》等。

四日，莅临呼雪苏米大经堂为僧俗700人讲授《玛尼》《慈缘法》《忏悔法》等，并摩顶。向几个佛殿献百供、敬神哈达，主持开光；为法会僧众施放僧茶，为每年六月四日法会提供僧茶费。

五日，委任扎萨王并赐护身结。呼雪（全部落）祝寿献曼荼罗、白银1000两。班禅为他们摩顶，赐给护身结。

六日，为王寺施放僧茶；为每年六月六日的上师供兜率瑜伽和祈愿法会持续提供公基金。

七日，赏赐王母和图萨拉齐等后启行，在夏尔穆仁盖根等人的迎接下，来到夏尔穆仁扎西潘德林大寺的拉章寝室，会见喇嘛执事。

八日，向大经堂和几个佛殿的佛像献供、洗礼、开光，献敬神哈达。各喇嘛再献礼物。班禅额尔德尼赏赐盖根。

九日，为汇聚在大经堂的僧俗3000多人讲授《功德基础女》《长寿马双运随许法》《兜率上师瑜伽》《慈缘法》《岗罗玛》《香巴拉祈愿法》等。盖根敬献曼荼罗三所依、白银1000两等。

十日，观看在石板地上举行的辩经。

十一日，邀请到当方神敖博举行托付事业、吩咐等仪式，顺便向日超拉章佛像献敬神哈达。

十二日，在寝室会见盖根，赏给各种加持圣物、缎子等；向佛像献供，为法会施放僧茶，发放布施。再次观看了辩经，为每年的全天辩经提供经费作为公基金，发愿弘扬佛教。

十三日，行途中来到扎西平措林寺，为僧众摩顶，施发僧茶布施。夜宿达尔汗贝勒的丹德林寺。

十四日，在大经堂为僧俗500多人摩顶，讲授《兜率上师瑜伽》《香巴拉祈愿法》等；向各佛殿献敬神哈达；向僧众发放布施。之后，由乌兰察布的却拉汗达尔汗大亲王云丹旺秋、代大王、敦杜公等六部的王、公、图萨拉齐以及巴达哈勒哈喇嘛执事等人执仪仗迎接到巴达哈勒哈拉章。

十五日,在大经堂,以王为首的却拉汗敬献曼荼罗三所依、汉马20匹等。寺院献汉马两匹等,所献礼物多如云。这天,班禅额尔德尼莅临各寺所有僧人共聚举行的布萨(长净)法会讲经。午后,莅临祈愿法会,讲授《乐愿》《教焰》《回响法》等。

十七日,六部扎萨报告请传时轮灌顶之事。班禅额尔德尼允诺。

十八、十九两日,在寝室会见大王等部落扎萨、苏尼随侍官员,赏赐物品,热情畅谈。

二十日,在密宗札仓的经堂为僧俗500人摩顶,讲授《玛尼》《慈缘法》《集密本续》第一章等;为佛像献敬神哈达、开光。

二十一日,在医药札仓的经堂讲授《妙音岗罗玛》《药师佛法》《香巴拉祈愿法》等。

二十二日,为准呼雪的扎萨公、夫人、杜谢穆等人传授长寿灌顶。

二十三日,会见了叶凯觉沃的却拉汗乌托部派来邀请的人员,额外赏赐。在时轮经堂为僧俗500人讲授《时轮略续》《度母》《香巴拉祈愿法》等;在经堂和禁食斋佛殿、护法殿,为佛像开光。长净法会以500块大洋供养。

二十四日,当着朱副主席面献上国民政府副主席从南京派人送来的手杖和印章。

二十五日,在性相札仓大经堂为札仓喇嘛僧徒等僧俗700多人摩顶,讲授《般若波罗密多心经》《法王托付事业法》《香巴拉祈愿法》。在大经堂石板地上为许多僧人讲授《道次第略义》等,按照各班的顺序,从《五部大论》的《本颂》讲起,最后观看辩经;鄂尔多斯鄂托王的代表请示报告，敬献 500 块大洋。

阴历七月初一，驾临大王的鄂尔敦。

二日，为大王主仆等僧俗 500 人讲授《香巴拉祈愿法》，赏赐大王等公私工作人员。

四日，为寝室内外佛殿、大经堂开光。

五日，应大王请求，为杜旭穆等僧俗 300 人讲授《上师供》《大威德》《三唵字》《三世怙主陀罗尼》《慈缘法》《香巴拉祈愿法》等。大王等人向班禅敬献 1000 块大洋、马百匹、羊 1000 只、骆驼 5 峰等。扎萨王、两位夫人等亦献礼物。

七日，大王觐见，敬献 1500 块大洋，请求护佑，班禅嘱托加持。这里的呼雪呈献 3000 块大洋。

八日，赏赐大王，褒奖为“夏津清乌尼苏久图巴图尔”（ཤ་ཅིན་ཆིང་ཨུ་ནེར་སུ་ཅིག་ཐུ་པ་ཐུར།）。赏赐扎萨王及其年长年轻两位夫人等人，然后起程，途中来到图萨拉齐喜饶多吉的私人寺，为佛像开光，为主人摩顶，之后来到达哈勒噶寝室歇息。

九日，应迈噶（མེན་ག）扎萨托云请求，为僧俗 500 人传授长寿灌顶，讲授《度母法》；会见前来邀请的班噶尔曲林寺时轮班智达的代表和东都戴达（དོན་ཏུ་ཏེང་ནྡ།）等迎请者。

十二日，莅临夏尔却伦苏米的拉章。

十三日，为寺院的喇嘛僧徒、部落官民等僧俗 1000 多人讲授《长寿灌顶法》《玛尼》《慈缘法》《度母法》《香巴拉祈愿法》等。

十四日，为法会施放僧茶，赐给每年五供法会的僧茶费。然后驾临阿热乎多苏米（ཨ་ར་ཧོ་དོག），为 1000 多僧俗信众摩顶，讲授《香巴拉祈愿法》；为法会施放僧茶，发放布施，提供五供法会费用。在此前后，为来祝寿的僧俗 5000 人摩顶。

十五日，驾临东都德吉苏米寺（དོན་ཏུ་བདེ་སྐྱིད།）歇息，为僧俗 5000

人摩顶,讲授《兜率上师瑜伽法》《慈缘法》《香巴拉祈愿法》等。

十六日,由代大王、扎萨贝勒仁庆僧格等僧俗500人迎接到厄鲁特东都代大王的额尔顿(府)。

十七日,官民献见面礼1000块大洋。班禅额尔德尼连续为僧俗5000人摩顶,送礼祝贺代大王之子就任甘巴扎萨。

十八日,为这里的所有寺院施放僧茶,为僧人发放布施。

十九日,应代大王巴沃多吉为首的部落人的请求,为居者和外行的僧俗2000人传授长寿灌顶,讲授《时轮上师瑜伽法》《玛尼》《慈缘法》《香巴拉祈愿法》等。

二十一日,在宝帐接受曼荼罗等献礼、享用油炸面点的同时,观看摔跤比赛和跑马比赛。

有诗云:殊胜事业金千辐,统治佛教四洲您,摧毁浊世衰败军,除您法王还有谁?诸佛等混法身空,不贪寂乐嗜好味,慈悲风车做牵引,相好朝日未升起。霍尔民族之大地,世代传承未中断,密意珠宝内库中,加持恩赐满诸愿。千宝之藏二资粮,脚掌宝镜真稀奇,国王宝珠之形象,常现成为利乐春。赛过帝释弓之物,美丽帐幕多欢愉,风力快马之技能,比赛臂力之喜剧。您心欢喜太阳光,不管照射哪地方,事业莲花尽开放,吉祥妙味皆散放。

二十二日,为王府的甘珠尔拉康、护法殿、塔姆噶乌尔敦等四帐洗礼、开光,给神像敬献哈达。在宝帐中,接受全部落所献曼荼罗三所依、汉马一匹、1000块大洋等;会见杜旭穆50人,并摩顶赐护身结及礼物。在寝室会见王、贝勒为首的15人,王等人敬献银质曼荼罗、金属茶壶、跑马,特建的有四柱黄缎外幔窗户的寝帐、黄花色缎子内幔、地毯、卧榻、白银1000两等,请求护佑。

二十三日,为鄂尔多斯杭根部的巴雅尔坚等僧俗1000人摩顶,传授《法灌顶》。在塔姆噶乌尔顿用餐时,授予代大王"布音图却图嘎多盖贝”(པོ་ཡིན་ཐུ་ཚོག་ཐུ་ཀྲ་ཏོ་ཀེ་པ།)名号,承诺来世生为勇武轮王,并厚赏。赐给其昆季等人和图萨拉齐等无量礼物。

二十四日,驻锡阿热乎都苏米。

二十六日,住阿班杂克柔齐营帐。途中为邦香图(སྤང་ཤིང་ཐུ།)等3 个寺院的僧人摩顶,赐给寺院僧茶费。

二十七日,在巴达哈勒噶寝室歇息。

阴历八月一日,在寝室会见香萨呼图克图、厄鲁特巴绒公爵部的麦甘苏米的赤巴活佛等人。

二日,时轮护轮前行地仪轨日,大王献曼茶罗三所依,设油炸面点宴。班禅额尔德尼讲授《师事五十颂》中《随持弟子法》。

三日,详细观察彩色细砂曼荼罗等。

四日,雅凯觉沃却拉汗总代表代大王汇报七部邀请之事,献1000 块大洋。

五日,为献身语意三所依的僧俗3000 人摩顶。

七日起,为使政教稳定,念诵《甘珠尔》,举行十万遍护法、拉白三尊酬忏仪式,修白度母大藏等大堆法。

十二日开始,先后热情为佛教太阳香萨班智达、班噶尔曲林寺的时轮班智达等四寺喇嘛活佛执事,乌兰察布却拉汗的大小二王,扎萨王贝勒、贝塞、图萨拉齐等佐扎,苏尼代大王、伊克哉布、鄂尔多斯戴达等上师官员,僧俗共两万多人讲授《时轮预备次第法》《如童入七灌顶法》《大贡玛法》《金刚轨范师主人灌顶法》等,每个人都结合捷道金刚乘妙道修双运时轮位现证之有缘法。

十五日,在陈设酬谢会供曼荼罗和五种供云的同时,施主们共同敬献曼荼罗三所依、10000 块大洋等,供物多如云。班禅额尔德尼为他们摩顶,赐护身结。

十六日,应这里寺院的喇嘛执事的请求,向大经堂中的佛像献万次五种供物。同时,为僧俗3000人讲授《上师供仪轨》。自从依止为善知识友到修炼双运法之间,班禅额尔德尼全面讲解《道次第实践法略说》《发菩提心功德学》等发菩提心供恩惠;陈列曼荼罗三所依、重复衣(祖衣)、500块大洋等,大家都成为胜菩提之有缘者。

有诗云:三时十方诸如来,宣讲利益众生理,发心为了无上觉,犹如主柱而讲说。怙主您的悲心水,清洗众生贪嗔痴,胜乘类的镜面上,圆满一七因果像,不堪有惧之铁伤,置入监牢的众生,若由怙主来摄受,一切魔军发长叹,远离业缘之潮湿,具信徒众之心田,生长发心旃檀苗,刹那摧毁生死苦。

香萨呼图克图辞行,班禅额尔德尼授教并厚赏;在寝室会见鄂尔多斯杭根王,答应不久将去那里;分别封授夏热穆仁盖根罗桑班丹旦贝坚赞为"额尔德尼迈甘呼图克图"、时轮班智达活佛为"诺木齐班智达堪布"、东达呼雪的达曲甘丹林寺赤巴活佛为"诺木齐达尔汗堪布"、察汗呼拉那苏米的赤巴活佛为"诺木齐布勒图堪布"、巴彦显德的赤巴活佛为"迈甘达尔汗堪布"、洛桑贡嘎扎西活佛为"额尔德图堪布"等名号。举行时轮补足护摩和会供曼荼罗龙群等仪式后,全部落设宴3天,班禅赏赐很多。

二十二日,应法会和时轮札仓请求,班禅额尔德尼为僧俗2000人传授长寿灌顶,讲授《金刚力随许法》《时轮瑜伽上师法》《妙音祈祷法》《皈依法》《香巴拉祈愿法》等。

二十三日,为法会施放茶饭,发放布施,提供羊500只作为公基金;向大经堂和札仓佛像献五种供物,举行洗礼、开光仪式;向主供佛释迦自在像献法衣、祖衣等,并诵经发愿;赏赐这里的大小王爷以及各部的规范师、官员、各寺执事等,设桌宴招待。

二十五日,为117人修行者授近圆戒,讲戒学。

二十六日，寺院四大札仓献马、骆驼、牛羊等，班禅将此作为各机构供养基金。分别授予巴达哈勒噶历任赤巴为“额尔德尼卸任堪布”、夏仲喇嘛为“布勒图”、迈甘苏米活佛为“迈甘堪布”、喀尔喀格佩林寺护法神师为“曲杰堪布”（法王堪布）等名号。

二十九日，会见青城（呼和浩特）主席的代表和王司长的代表。赏赐驻锡期间服务的人员。按照将从喀尔喀逃来的680户作为法民置于救护之下的请求，满足了愿望。

阴历九月一日起程，先后在哈夏图苏米、夏热穆仁苏米、青城席日图苏米歇息。

三日，去会见主席和司长，敞开语言谈论所有的事。主席、司长、史督办等官员在衙门设宴招待班禅一行。

四日，班禅和主席畅叙，厚赏副主席王塞章（ཝང་སེ་ཀྲང་།）、四个厅长等；在呼和浩特席日图苏米大经堂为汉蒙僧俗2000人摩顶，讲授《玛尼》《慈缘法》《香巴拉祈愿法》等。

五日，主席在官府设宴招待班禅师徒。班禅为这里的寺院佛殿献五种供物，并洗礼、开光，向法会施放僧茶，发放布施。

六日，乘坐火车返回，在中途的两个车站为汉蒙僧俗3000人摩顶。江扎楚（ཅང་ཀྲུའུ།）主席宴待班禅师徒，并献礼。

班禅会见了从北京来的迎接者。在南郊（ནན་ཞུའུ།）车站，班禅向来接站的大密师、侍从、佛教要员温将军（ཏུ་ཅའོ་གཙོ་གྲས་ཝུའུ་ཅང་ཅུན།）、李参谋长等人问好。

七日午后，得到张总司令的代表潘主席（དཔན།）为首的南京城内外文武官员、内外佛教团体等迎接；各寺仪仗队、军警官民组成的锣鼓队、蒙古族官员、外国人士等迎接，从火车转乘汽车来到南海宫城墙内的大礼堂，然后到寝室会见汉蒙官员100多人；为各寺院喇嘛执事200多人摩顶；派人去向张总司令、潘主席和北京、省政府等主要部门慰问;向南京政府主席、蒋总司令、省委员会(ཞིང་ཡོན།)、戴院长、蒙藏委员会等发电,报告已到达北京。省政府准备好了一切,连续5天招待班禅师徒。之后,每天提供伙食费300银元、煤、电灯等。

九日,会见吴佩孚大帅(ཝུ་པེ་ཧྥུ་རྫོགས།)为首的汉族官员,在张总司令和吴大帅等几位要员处短暂停留。南京的蒋总司令提供补给20000块大洋,各省也先后发来电报,送来慰问金。

十日,坐在历代皇帝的宫殿太和殿乾隆皇帝的宝座上,吴佩孚、朱将军等为代表的要员来见,大密师等30位仪轨僧举行大地加持和弟子随持活动,并讲经,哈尔沁贡却多吉担任翻译。午后,吴大帅设宴招待班禅师徒。

十一日,莅临法会观看吉祥第一佛时轮地仪轨和舞蹈、彩色线仪轨等表演。

十二日,张副司令宴待。

二十日,送给张总司令香、氆氇、妙香、马、皮子等,赏赐每一位官员。北京省政府主席、王处长等机构、潘督办等各大官员先后宴请。

二十一日,向北海佛塔前的本尊金刚大威德像撒食子,诵经举行托付事业、约束仪式,突然大风吹来,不一会儿风越来越小直至消失,几天来天气非常好,出现如此奇兆。执政段祺瑞特从天津来见班禅,在执政公馆会谈宴请。

二十二日是天降节①,举行时轮自入、前请、宝瓶内外供自入实践仪式。之后,从班禅为主要召集人,招集执政段祺瑞、吴大帅、张总司令、宋春康、朱将军等督办、总长、司长、军长等大官,礼司、和

---

① 一般藏历九月二十二日为天降日。传说释迦牟尼出生后没有多久,母亲摩耶夫人就去世了。释迦牟尼修行成道后,通过神通观察知道母亲尚未解脱,于是亲往天界兜率宫为母亲说法,百日后下降到人世间,故名。又说释迦牟尼41岁时为报答母亲生育之恩,来到三十三天忉利天为母亲及天众讲授《大白伞盖陀罗尼》《净治恶趣仪轨》等经。后来为纪念这件事而有了天降节。

尚为代表的汉满族人，佛教的师傅贡却多吉、哈尔沁达尔汗亲王等蒙古族官员，五台山大喇嘛、此处的堪布等汉蒙喇嘛活佛，以及美国、英国、德国、法国、日本等外国民族不同宗教人士共计10万多人讲授《前行次第法》，张总司令敬献酬补的曼荼罗①。

二十三日，如孩童般正式进入授灌顶阶段，传授七灌顶次第，灌顶释说的次第被翻译成为汉文散发，弟子们围绕曼荼罗坛城，决定大密金刚乘道种。大家异口同声地说：如此在过去历代文殊大皇帝时期也没有出现过。

二十五日，在酬补会供仪式结束的同时，油炸面点宴开始了，班禅额尔德尼讲授《时轮上师瑜伽》和《香巴拉祈愿法》。施主黑龙江光复会佛教徒敬献银曼荼罗、身语意三所依、吉祥圣物、国政七宝、五妙欲、汉马10匹、4000块大洋等多如云的礼物，班禅摩顶。在大灌顶正行位时，南京戴院长献缎质伞盖等礼物，从内外各方面敬仰承事，他人无法相比。

二十七日，举行护摩仪式。

二十八日，举行龙仪式。

二十九日，举行语酬补仪式。如此，在灌顶的首尾举行不可思议的特殊仪式，将众生置于利乐之处。

阴历十月四日，班禅额尔德尼在局礼堂（ཚུས་ལེ་ཐང་།）设宴招待张总司令、吴大帅、朱将军为首的各大机构要员和蒙古族王公等120人。

五日，接到达赖喇嘛的信函。

七日，应黑龙江光复会请求，为汉族庄头（佐扎）150人讲授《作明佛母随许法》《作明佛母修行法》《玛尼》《慈缘法》《瞻巴拉

① 按照汉文史料记载，1932年8月25日应段祺瑞、吴佩孚及北京佛教团体的邀请，九世班禅在北京太和殿举行“时轮灌顶大法会”。在北平的社会名流和高官段祺瑞、吴佩孚夫妇、张学良、孙传芳、朱庆澜、曹汝霖、戴季陶夫妇等参与了法会。北平各佛教团体、僧俗群众参加法会者上万人。这次法会后，陈元白、韩大载、汤芗铭、邓振矾等人皈依了九世班禅。

陀罗尼》等。授予老师哈尔沁贡却多吉“堪布”名号。朱将军、新任副官为首的布教佐扎 50 人进寝室拜见,敬献曼荼罗三所依、两个大银质尊胜宝瓶、8 个羯磨瓶、优质缎舞服、10 个旃檀木橛等。班禅应他们请求,讲授《兜率百法》《大手印根本法佛道》《上师传承祈祷法》等。

本月末,在寝室举行一天诵经酬补等仪式。在此前后,会晤几个外国的代表、司令马主席等人的代表。

阴历十一月一日,朱将军等人修缮以前遍知班丹益西(第六世班禅)为乾隆法王讲经的雍和宫,班禅额尔德尼受邀莅临登上大经堂宝座为汉蒙、外国民族的僧俗 1000 人讲授《兜率百法》《多闻子陀罗尼》《转趋入战场女法》《普贤供云女法》等,并摩顶赐护身结;为几个佛殿主供佛像献五种百供,并洗礼、开光,献内库敬神哈达;为法会施放僧茶,布施僧众。朱将军等人招待班禅师徒。

二日,在日本公使衙门设宴,班禅给领事馆和办事处的政教要员手函。

四日,章嘉呼图克图进见,献曼荼罗三所依,班禅授予护身结、哈达,一起用餐谈论佛教。

五日,应堪布贡却多吉和朱将军为代表的黑龙江光复会请求,为男女 100 名信徒、德旺等蒙古族 30 人传授《时轮灌顶》中的《大皇帝灌顶》《金刚轨范师灌顶》《大主灌顶》等,由大知宾堪布和堪布贡却多吉两人翻译灌顶的意思。敬献的礼品多如云。

六日,班禅师徒 8 人乘坐张总司令的飞机在城市上空飞翔,观看山川大地,犹如掌中物。

七日,章嘉呼图克图诞生日,班禅派人送去生日礼物良缎和汉马等。

在此前后,为章嘉扎萨果麦堪布活佛、乌托部总代表曲杰喇嘛等献礼者为代表的汉、蒙、藏三个民族的僧俗几千人摩顶，讲授《皈依法》《度母法》《玛尼》《香巴拉祈愿法》等各自所需求之法。

八日，南京政府派蒙藏委员会郑委员等人来请，班禅设宴招待。

十一日，维修黄寺大塔和祖拉康回廊、僧舍工程结束，班禅莅临献五种供物、敬神哈达，主持开光仪式。

十三日，张总司令在官邸宴待班禅师徒。

十五日，班禅及其随员在南京迎接者郑处长、送行者张总司令的代表等人的陪同下乘坐火车，行至天津车站会见主席余学忠（ཡུའི་ཤོའུ་ཀྲུང་།）等机关官员。

十七日，到达南京车站，国民政府代表余参军、蒋总司令代表军司参谋、穆霍（མུའུ་ཧྥོ།）参军长等官员亲自或派代表来迎，保护班禅来到城外东方蒋总司令的官邸，政府设宴接风。

十八日早上，会见政府林主席。之后，会见蒋委员长等各大委员，细谈；应邀参加三中全会之事。午后，由戴院长宴请。

十九日，与戴院长会谈，送给戴院长大小两幅极乐世界唐卡和佛在灵鹫山说法的事迹唐卡，作为信物。

二十日，蒙藏委员会、励志社行政院（ལིས་ཀྱི་ཧྲེར་ཞིང་སྲིད་ཡོན།）、图书馆宴请，观看赛马、杂技等表演。午后，在宫殿寝室宴待章嘉呼图克图、戴院长、蒙藏委员会委员长、苏尼德却王等人，谈论政教之事。

二十二日早上，参加中央政府三中全会。午后，按照外地风俗宴请南京地区 120 个大报馆人。

二十三日，戴院长、周元庆（འགོ་ཡུན་ཆིང་།）、安万妮（ཨན་ཝན་གཉིས།）、行政院等各大官员前后宴请献礼。会见中央政府主席林森，互换哈达，畅谈。

二十五日，会见蒋总司令，互换哈达，广泛交谈，并一起合影，随侍送蒋司令。午后，励志社（行政院）、蒋总司令、胡参谋等按国外风格宴请班禅师徒、章嘉呼图克图、苏尼德旺等王公,以及南京各机构官员100人,班禅讲话期望中央政治兴旺,蒙藏幸福,委员格次翻译成汉语,大家无比欢喜敬仰。

二十六日,在蒋总司令官邸短暂会谈;和戴院长、石委员长①会谈,公私事情无所不谈。

二十七日,中国国家各文武机构和大小学校聚会邀请,班禅莅临中央大戏院,受到赞美说:大救怙主是圆满佛教的主人,事业无与伦比,实有大恩,献上一块缎匾,上面写着:“恭贺西陲宣化使班禅活佛”(ཀུང་ཁུལ་ཞིས་བྲུའི་ཤོན་ཧོ་ཧྲི་པན་ཀྲན་ཧོ་ཧྥུ།),翻译成藏文是:永驻西方天国之主班禅佛(ནུབ་ཕྱོགས་བདེ་ལྡན་ལ་འགྱུར་མེད་བརྟན་པར་གནས་པའི་མཛད་པོ་པཎ་ཆེན་སངས་རྒྱས་མངོན་སུམ།)。这天提出成立“组织”(ཙུའུ་དྲི།),在国民政府大会堂政府主席为首的文武机构的全体官员参加的大会上,献上印章,全体官员说“拉索”表示祝贺。

在此前后,受到林主席、蒋总司令、戴院长、胡参谋等官员和各机构的再三宴请,谈论政教大事。

阴历十二月十九日,应戴院长请求,班禅来到宝山寺(བྲག་ཧྲན།)前后两日进入薄伽梵药师佛坛城传授前行准备次第和正位灌顶次第等法,②一定播下了四身种子;在接受曼荼罗三所依前行多如云的礼物后,摩顶赐护身结;前后为献礼的僧俗2600多人摩顶。

二十一日,为各佛殿提供供养代金。然后,跟戴院长、寺院赤

---

① 可能指石青阳(1878–1935年),四川巴县人,1905年赴日本,1906年加入中国同盟会,追随孙中山先生投身民主革命。1907年,石青阳回国,成为中国同盟会重庆支部理事,创办了蜀眉丝厂,这里也成为中国同盟会的秘密据点,同时提供革命经费,抗衡日商又发展了民族工商业。1911年,成都血案爆发,石青阳带领重庆革命党人,投身辛亥革命,功勋卓著。随后,石青阳追随孙中山参加护国运动、护法运动,被委任为川东招讨使,旋任四川靖国军总指挥,授中将军衔。1924年1月,中国国民党第1次代表大会召开,石青阳被选为中央委员。1935年因病逝世。

② 据汉文史料说,1933年,应戴季陶夫妇、王一亭、黄慕松等人的邀请,九世班禅来到南京宝华山的护国隆昌寺向僧俗信众传授“药师佛七灌顶”。经班禅提议,护国隆昌寺定制,于每年1月15日举行药师王佛如来供养法会。

巴喇嘛参观圣地。在和尚殿的佛像前聚会祈祷诵经的同时，开光，献敬神哈达。

二十二日，提供代金，全天供养法会，向几尊佛像献敬神哈达。

每年一月十五日举行药师佛仪式，班禅提供全天费用1000块大洋。

二十三日，从宝山返回，在汤山陆军府歇息，应赵社院长（ཀའོ་ཧྲས་ཡོན་ཀྲང་།）等人请求，讲授《作明天女随许法》《度母随许法》等，翻译成汉文。院长献礼。之后，班禅去见蒋总司令和文武各官员。参军府、参军长等汉、藏、蒙各机构的代表等800多人送行。火车经过天津到达北京车站时，张总司令的代表、汉藏蒙机构官员迎接，请到以前住过的地方瀛台，北京市政府招待。

班禅派遣大密师呼图克图和仲钦堪布两人经水路进藏慰问遍知达赖喇嘛。

二十四日，班禅师徒乘坐火车去蒙古族地方①，各大官员、各寺执事等许多官民送行。火车经过张家口到了呼和浩特，主席傅作义亲自率领文武官员迎接。在去往巴达哈勒噶的路上为僧俗信徒摩顶，为哈协雅苏米提供僧茶代金。

二十八日，抵达巴达哈勒噶苏米的宫殿，受到仪仗队、鼓乐队的隆重迎接，海螺声不断，在寝室与大王、扎萨王、贝勒、图萨拉齐为代表的主要官员、赤巴、喇嘛执事会谈。

癸酉年，即水鸡年（1933年）阴历一月一日，新年斋宴，海螺声悦耳，照例摆好座位食品、面粉、奶酪、元旦食子、油炸面点等。达尔汗贝勒、大王、扎萨王等部的王公、巴达哈勒噶寺的赤巴、执事等

① 按照汉文史料说，1934年7月，九世班禅应西蒙古王公贵族的邀请，前往默根寺（宝应寺）为王公、高僧及僧俗信众传授“长寿佛灌顶”。之后，九世班禅先后去日更寺、衍庆寺、教广寺、衍慧寺、乌朗阿日更寺、哈日哈图寺传法。年底，来到宁夏蒙古族地区传法。次年一月，在广宗寺为两千多信徒传授灌顶。之后，到了延福寺、定远营王府后山为信众传法灌顶。

人手执香将班禅迎请到性相札仓大经堂,强佐呈献曼荼罗三所依、法轮法螺等。班禅额尔德尼不断地为夏仲、仪轨僧、私人仆从、卫士、寺院赤巴、执事、大王等大小官员、来自各地的僧俗共100人摩顶。之后,每天照例开展宗教活动,食用油炸面点等。

三日,寺院献曼荼罗三所依。班禅额尔德尼为赤巴执事等献礼者100人摩顶。

十二日,照例设生日宴,为大王、外宾等主要人员上油炸面点,赏赐礼品,回赠后几位代表。

十五日,供养法会茶饭。

二十日,请至密殿,敬献曼荼罗和食品。应喀尔喀代表请求,讲授《玛尼》《慈缘法》《香巴拉祈愿法》等。

二十一日,伊克昭盟勒代大王去世,班禅在寝室会见报丧人麦仁嘉兰两人,赐密封信件。

阴历二月六日,班禅额尔德尼在寝室会见准苏尼王的特使。使者敬献曼荼罗三所依。

十三日,应凯勒喀寺属百姓、僧人请求,班禅在密宗札仓为僧俗60人讲授《兜率上师瑜伽法》《慈缘法》《玛尼》《香巴拉祈愿法》等。

十四日,应巴达哈勒噶赤巴喜饶拉仁巴格西请求,驾临格佩日追寺,接受赤巴喇嘛所献的曼荼罗三所依和汉马。班禅敬拜佛像,献誓愿敬神哈达;赏赐赤巴,然后回到宫殿。

十五日,请到时轮札仓,在时轮会供法会上,为札仓僧人摩顶。之后,请到像星星一样排列的宝帐中,享受素食宴,摆上的有茶、面食、米饭等;为寺院喇嘛执事、当地官员、乌祖穆旗大王的邀请使者等献礼祝寿者为代表的僧俗500人摩顶。宴会之后,回到宫殿。

二十八日,班禅师徒全部起程去班噶尔曲林寺,在仪仗队的迎接下,来到班噶尔曲林寺的宫殿,与时轮班智达为首的执事们会谈。

本月末，在大经堂为众僧摩顶，班智达为首的僧人们献礼，多如云。

阴历三月一日，应时轮盖根、僧众、道次第札仓僧人之请，莅临大经堂传授《长寿马头金刚随许法》《白文殊随许法》《乐道》等。鄂尔多斯达赖王觐见，敬献500块大洋，表达个人邀请的愿望。

二日，为多伦诺尔盖根呼图克图洛桑旦贝尼玛等17名修行者授近圆戒；在佛殿陈列五种供物，礼拜献敬神哈达。在性相札仓讲授《五部大论》本颂，在道次第札仓讲授《乐道法》。

三日，达赖王辞别返回。班禅额尔德尼关心甘珠尔呼图克图立宗答辩多仁巴格西学位，赏赐时轮盖根甘珠尔呼图克图，回赐时轮班智达、甘珠尔呼图克图两人为代表的各位执事、大臣麦仁等人；为法会施放茶饭，发给每僧半元钱，提供札仓每年修供法会费用。

四日上午，提供给四个札仓各100块大洋。在寝室会见班智达和呼图克图为首的执事们，教导他们为了佛教的发展和众生的幸福而做好导师。在此前后，会见僧俗2000人。最后回到巴达哈勒噶宫殿。

十二日，应巴达哈勒噶时轮札仓请求，在大经堂讲授《白度母如意轮随许法》《玛尼》《香巴拉祈愿法》等。礼物陈列前面。大王和东都扎萨贝勒觐见。

十四日，在寝室会见伊克昭盟的代表主仆，答复去那里的时间。

十五日，在祖拉康的佛像前供放五种供物，向主供佛像献五种千供，在护法殿举行布萨仪式。

二十二日，为贝丹扎萨部的绛央等僧俗200人讲授《大手印根本法》《玛尼》《慈缘法》《香巴拉祈愿法》等。

有诗云：殊胜热诚坚柄顶，三密千辐美丽伞，事业帛幔迎风飘，阴凉是为众生药。美名犹如水泡沫，富裕百河汇成海，福泽金色圆眼转，自在众生逢良缘。尊师慈悲妙瓶中，加持甘露水流淌，融进信众深心处，发挥加持药功效。讲修白莲欢喜苑，三学法蕊密布洲，幸福芳香飘周围，圆满功德火双寺。智慧解脱之百叶，讲修蜂蜜之养分，圆满释教节日宴，永远盛大不退衰。

二十九日，起程去巴绒苏尼王府，途中分别在夏热穆仁和鄂尔多郭勒苏米用餐。一到戴大王府，为戴大王、王子多吉公、夫人和达延旗堪布喇嘛等要员摩顶授教。

阴历四月二日，会见大王和他的母亲，赐茶会谈。

七日，在寝室会见巴绒阿瓦噶王和杜尔白瓦日活佛并赐教。应贝丹扎萨部的索朗查巴、卜谢尔图苏米僧人之请，讲授《兜率上师瑜伽》《慈缘法》《香巴拉祈愿法》等。在此前后，为2600多人摩顶。

十日，起驾前往巴绒乌祖穆旗大王府，途中先后在阿尔谢亚苏米、阿瓦噶堪布苏米、江龙苏米三寺歇息。十四日先到寺属百姓准备的大帐和黄亲王苏米用餐，然后到达乌祖穆旗大王府，大王觐见，热情交谈。路上，为2500人摩顶。

十八日，赏给大王和衙门主要官员绸子等，作为见面礼。

二十一日，会见布勒图寺的堪布喇嘛和克秀图寺的盖根等人。

二十二日，请到当地地方主神巴彦鄂博处，煨桑供祭，托付事业。大王献曼荼罗三所依先行礼。

二十四日，专门宴待大亲王索朗饶丹主仆。亲王请求外护佑，班禅额尔德尼赐教并赏赐。

二十五日，应亲王请求，传授长寿灌顶，讲授《马头金刚随许法》《度母》《香巴拉祈愿法》等。在向这一地区的大小寺院的佛像献五种供物的同时，为法会施放僧茶，发放布施。为了佛教和众生的利乐不间断地诵经，班禅提供费用及马牛羊等。

二十八日，为准乌祖穆旗王和来自各地的 200 人讲授《白度母随许法》《救度心经》《香巴拉祈愿法》。

二十九日，在寝室和准乌祖穆旗王、布勒图堪布喇嘛会谈；与大王会谈。这天来到正黄旗王苏米处休息。

阴历五月一日，在大经堂会见扎萨王和喇嘛、活佛、执事等人；向护法殿几尊佛像献供、开光，发愿献敬神哈达。在王府，为王主仆等僧俗 100 人讲授《白度母如意轮随许法》，王献曼荼罗三所依祝寿。班禅给以回赐，然后返回宫殿。

二日，为同一个寺赐僧茶代金、公基金，向主尊佛像献敬神哈达。之后，驾临布热图扎西佩吉林寺的寝帐休息。

三日，为僧俗讲授《白度母随许法》《上师供》《三种敬事法》《香巴拉祈愿法》等。向那里的寺院丹达尔林提供僧茶代金、公基金，从此来到江龙班智达的寺院。

十一日，班禅额尔德尼在大经堂讲授自己的著作《道次第教授》《乐愿法》等，赏赐以扎萨贝勒为首的僧俗。然后来到王府额尔顿，与王主仆茶叙；为工作人员摩顶。

十五日，为王府的护法殿佛像开光，主持举行酬补、招福活动。王敬献酬金。

十六日，在普古献演的喜宴上，呈献礼物 2000 块大洋。次日（原文为十六日）驾临颜多苏米寺（ཡན་ཏོ།）。

十八日，在大经堂讲授《马头金刚密修随许法》《道次第要道法》《五部大论本颂》《香巴拉祈愿法》，收到所献的酬金。

十九日，班禅额尔德尼赏赐喇嘛执事等要员，回到大王府，授教大王及夫人。在此前后，为献礼祝寿的僧俗 5000 人摩顶。

二十一日，赏赐大王为首的衙门和王府工作人员，封授托云喇嘛洛桑克珠丹增为“迈甘堪布”名号。之后，驾临哈颜苏米（ཧ་ཡན།）。

二十三日,在大经堂讲授《白度母随许法》和《香巴拉祈愿法》。为寺院和当地百姓等僧俗献厚礼。

二十四日,向法会施放僧茶,发放布施;为每年举行的祈愿、上师供、慈愿等法会提供资金马牛羊等。从此驾临阿瓦噶贝勒的额尔顿,会见贝勒主仆和堪布喇嘛等主要人员。

二十七日,应贝勒亲属请求,在大经堂举行圣十一面观世音菩萨准备及大灌顶法会,讲授《香巴拉祈愿法》。如云的礼物有上师供会供曼荼罗、曼荼罗三所依、汉马一匹、300 块大洋、普通马 5 匹等。班禅额尔德尼为堪布喇嘛等呼雪的僧俗官民 500 人摩顶,赐给资粮份子。

二十九日,为寺院施放僧茶,发放布施;向佛像献供,提供马牛羊作为公基金。

本月末,班禅赏赐部落的主要人员后,往驾喇嘛堪布的寺院。

阴历六月一日,应扎萨贝勒等人请求,向着山顶煨桑,供祭地方神。贝勒敬献酬金。应僧众请求,班禅额尔德尼在大经堂传授《药师佛五十一尊预备大灌顶》,讲授《白度母随许法》,接受所献的曼荼罗三所依、500 块大洋等礼物。

四日,堪布喇嘛、贝勒主仆等人祝寿,敬献 500 块大洋。班禅为在场的僧俗 1000 人摩顶。

六日,班禅额尔德尼赏赐堪布诺门汗等人并赐教。一来到黄霍尔苏米就为阿瓦噶觉柔图王等人赐茶授教。

七日,在大经堂讲授《白伞盖随许法》《香巴拉祈愿法》《玛尼》等;为主尊佛像开光,献心愿敬神哈达。驾临王的额尔顿,在护法殿诵经祝祥。之后,驾临参多苏米,在大经堂讲授《白度母随许法》《香巴拉祈愿法》等。供物如云。这天准备返回王府。

九日,在王属寺院大经堂陈列曼荼罗三所依、汉马、普通马、骆驼等供云。班禅答应护佑僧俗；赏赐几位佐扎，为几个寺院提供僧茶代金和公基金马牛羊等。行途中受到仪仗队欢迎，驾临准苏尼王府，会见王主仆，并赐茶。

十二日，应伊克乌尔顿僧俗的请求，讲授《胜处长寿灌顶法》《香巴拉祈愿法》《愿望贺词》等。

十三日，呼雪（部落）祝寿的同时献1500块大洋。

十四日，赏赐扎萨王和大小两位夫人、衙门办事人员。然后，驾临达赖曲杰苏米寺，在大经堂为300僧俗讲授《香巴拉祈愿法》和《药量法》。

十五日，向佛像献供，为法会施放僧茶，布施僧众，提供马匹作为公基金。驾临乌兰甘珠尔苏米寺为佛像开光，向法会施放僧茶，提供汉马一匹、普通马3匹、牛7头、羊百只等作为每年额外的大量基金；为僧俗官民摩顶。之后，莅临达赖苏米。

十六日，来到长净怙主殿。

十七日，为每年的法会提供额外承事基金汉马一匹、牛7头、羊70只等。从此驾临苏米戴大王府的寝帐，为大王等人摩顶赐教。在此前后，为献礼祝寿者为代表的僧俗3000多人摩顶。

二十四日，应邀驾临巴绒苏米寺，在大经堂为僧俗500人讲授《金刚手随许法》。

二十五日，讲授《白度母随许法》，接受献礼。

阴历七月一日，为自己的寺院甘丹贤珠达吉林寺几尊佛像献五种供物，全天供养法会，并在法会讲授《尊胜仪轨》和《上师供会供曼荼罗》，不断为夏仲、仪轨僧、卫士、官民、大王亲属、杜旭穆等人摩顶；布施法会僧人每人大洋一块，提供长供和酬金马蹄银10锭、马50匹、牛50头、羊500只等作为公基金，提供祖拉康维修资金即顺缘马3匹、羊300只、牛30头、汉马7匹等。然后回到宫殿。

十二日,王及其亲属来寝室拜见,敬献白银1000两、马百匹,请求以后保佑。

十三日,戴大王部敬献汉马一匹、1000块大洋,请求讲授与尊胜仪轨相关的《长寿法》。之后,(班禅)为部落僧俗500人摩顶。

十六日,迎请班禅额尔德尼到地方神巴彦鄂博山顶,煨桑祭神,托付事业,天空降下花雨等奇相出现。

二十七日,额济郭勒土尔扈特绛曲等人献礼祝寿,班禅讲授《兜率上师瑜伽》《慈缘法》《玛尼》《香巴拉祈愿法》等。

阴历八月五日,赐给巴绒苏米寺坐垫、大氅等作为内圣物;赏赐戴大王及其母亲、夫人、儿子和杜旭穆、王的办事人员等,并设宴招待。

六日,大王亲自敬献私人礼物白银1000两、马百匹等,祈求保佑。

九日,班禅额尔德尼驾临额尔第呼勒的寺院。

十二日,在法会上讲授《长寿灌顶法》《勇武三卷随许法》《集密本续》《善愿法》等。

十三日,全体僧人在大经堂念诵《尊胜仪轨》和《上师供会供曼荼罗经》祝寿,献礼有汉马一匹、普通马120匹、骆驼10峰、牛20头、山羊300只等。班禅为喇嘛活佛、执事、普通僧人等摩顶。

十四日,赏赐活佛,为法会施放僧茶,布施每人大洋一块;为每年额外3次法会提供本金马20匹、山羊200只、牛20头、骆驼3峰等。之后,驾临杜尔贝布达苏米(寺),在大经堂讲授《香巴拉祈愿法》《玛尼》《慈缘法》等,为佛像和护法殿开光,献心愿哈达。

十五日,驾临杜尔贝王寺,为王、王母、寺院喇嘛活佛、图萨拉齐等主要人员30人摩顶授教。应呼雪(部落)请求,班禅来到大经堂讲授亲自撰写的《道次第教授》《香巴拉祈愿法》,接受1000块大洋。在王府护法殿念诵《吉祥》,献敬神哈达。

十六日,在喜宴时观看中观天表演和赛马比赛。

十七日,应全呼雪(全部落)请求,讲授《道次第法》;向上述寺院施放僧茶,发放布施。

十八日,赏赐王、衙门、杜尔穆等人后,起程来到夏尔木仁拉章,在寝室会见盖根和执事。

二十二日,在大经堂为僧俗 1500 人讲授《白度母随许法》;为前后来祝寿的僧俗 2300 人摩顶。

二十四日,班禅被请到密院大经堂讲授《妙音颂——舞画不变女》《甘丹教焰女》《香巴拉祈愿法》等。

二十五日,在寝室会见盖根并赏赐礼品,向大法会和各札仓施放僧茶,提供每年增加的法会本金。在寝室会见杜尔贝王,封古鲁特王为“呼图克图诺木齐迈甘堪布”名号。之后,行至齐布钦苏米用餐,在大经堂讲授《香巴拉祈愿法》《玛尼》等。来到巴达哈勒噶的索朗帕尔且寺时,由仪仗队迎接到拉章,会见达尔汗贝勒大王、戴大等上下却勒罕的代表王、公、喇嘛执事等人。

二十六日,在寝室会见宁夏省长马鸿宾(མ་ཧུ་པིང་།)的代表李秉谦(ལིས་པིས་ཚན།),并招待宴请会。

阴历九月六日,应东都王爷请求,班禅讲授《马头金刚长寿双运随许法》《叶衣女随许法》等。

二十六日,按照内地风俗宴请中央政府的 3 位特使汉族官员,在一旁设桌宴招待其他 30 位军官等。

二十八日,为土尔扈特巴额热勒贾兰和阿盖格彤等人讲授《玛尼》《慈缘法》《香巴拉祈愿法》等。

阴历十月六日,为阿拉善哈热库库、觉囊王部的久且等献礼祝寿者讲授《香巴拉祈愿法》。在此前后,为前来祝寿者为代表的僧俗几千人摩顶,讲授《香巴拉祈愿法》以及每个人所希求的佛法。

二十七日,应帕尔果喇嘛诺木齐堪布请求,在性相札仓的大经堂举行长寿祈请上师供会供仪式的同时,陈列曼荼罗三所依、汉马115匹、缎子50匹等供云。巴达哈勒噶僧众献汉马10匹。班禅额尔德尼不断为喇嘛执事、来自各方的共500人摩顶,赐法会缘分。

阴历十一月一日,班禅接到中央发来的中央希望众生怙主遍知一切达赖喇嘛永远教化徒众,突然色身庄严摄入法身之界的电报后①,写道:刹时好像一切众生失去了导师无所适从,不仅像不知做事的流浪者,而且佛教的利乐犹如被太阳抛弃的莲花一样,无法忍受失去亲友好导师的痛苦,祈祷一切担心早已过去。同时,陈献不可思议的五种供云之蕴,和仪轨僧一起聚会连续几天诵经祈祷;供养巴达哈勒噶寺,为内蒙四十九大部、察哈尔八部、巴尔郭六部的所有大小寺院施放僧茶,发放布施,要求诵经修供,提供全部费用。同时,为汉地各寺院提供承事供养的费用,诵经祈祷;为安多、康区各派寺院提供30000块大洋,作为诵经超度之用,派遣近侍司祭堪布和孜强佐塞坝两人送去。

阴历十二月一日,中央发出邀请班禅从巴达哈勒噶出发前行至绥远饭店(ཟུའི་ཡོན་ཕན་དེན།),立即在寝室会见主席等文武官员、杜尔贝王、夏热穆仁盖根等上师官员,相互问好。主席宴请班禅及其一行。之后,继续前行到达北京,张总司令的代表、蒙藏委员会委员长等各机关官员、官员代表、蒙古族各官员及其驻京人士和各寺院僧人组成的仪仗队、军警官民敲锣打鼓迎接到南海殿大礼堂,按照惯例承事供养。和张总司令等各大机关的官员们进行了短暂会

① 即指十三世达赖喇嘛圆寂的消息。按照汉文史料,1933年12月17日,十三世达赖喇嘛土登嘉措在罗布林卡圆寂,享年58岁。得知这个消息,班禅额尔德尼表现出极大的悲痛,半年里举办了多次"诵经法会"。

晤，按例相互宴请。

二十一日，到市政府和各军、司委员会的驻息地拜访。市政府设宴招待。

二十二日，从北京起程去南京，途经天津，于二十四日抵达南京，各大小文武机构官员、汉蒙藏官员代表、佛教徒、军人锣鼓队排队迎接，下榻于招待地深家巷（གཏོང་ཏའི་ཧྲན་ཇུ་ཤང། 的音译）行宫。①

二十五日，去中央政府领袖蒋委员长、汪委员长、戴院长、蒙藏委员会委员长等官员的公馆拜访，大家都非常高兴，热情招待。之后，会见我的兄弟黄司令洛桑次旺、黄司长、木鲁寺大喇嘛府孜仲勒参洛桑平措、小昭寺子曲罗等献礼祝福者，并摩顶赐教。

二十七日，应邀莅临戴院长公馆细谈，受到盛情款待。

甲戌年，即藏历木狗年新年阴历一月一日，向吉祥天母奉献食子和会供曼荼罗后，为来献礼的侍从、私仆等人摩顶。办事处官员或代表各献身语意三所依。同时，会见献礼恭祝新年的戴院长、四川重庆的代表委员长、我的兄弟黄司令洛桑次旺等人。然后，上座食用面食、油炸面点等，结束后来到寝室楼顶。中央为悼念达赖喇嘛提供 2000 块大洋，捐助以 15000 块大洋为主的许多不可思议的供物。在福盛苑（བའུ་ཧྲེ་ཡོན།）楼上雪域众生的救星遍知一切达赖喇嘛的画像前行礼献敬神哈达，认真祈祷发愿，并且和仪轨僧一起连续 3 天举行《大威德》《金刚手大轮》《喜金刚念诵仪式》，祈祷遍知一切达赖喇嘛的化身为了佛教与众生的吉祥不久出现在清净无垢日轮中。

七日，莅临国民政府送加封仪式后和主席等主要官员的合影。

---

① 按照汉文史料，九世班禅于 1933 年 1 月来到南京隆昌寺举行时轮灌顶法会。次年 3 月，在杭州灵隐寺举行法会传法。1933 年 12 月 24 日再次到南京后开展的活动，汉文记载不多。似乎汉藏文的记载在时间上有很大出入。

九日,去拜会林主席,①双方细谈。

十日,会见中央行政院长王宠惠(དབང་ཆེན་ཧུ།)②、剿总副司令张学良(ཀྲའོ་ཡིས་བུ་སི་ལིང་ཀྲང་ཞའོ་ལིང་།)、教育部部长王世杰(ཕང་ཧྲི་ཅེ།1933.4.21 任-1938.1.1 免)③、四川刘湘的李委员长等人,长时间广泛交换意见。

十一日,特使巴尔郭主仆完成承事悼念祈祷活动后,从五台山返回,向班禅额尔德尼报到致敬。

十二日,生日庆典日,按例进行生日值日神大祭和尊胜仪式,南京政府献礼祝贺。

十三日,应佛教会朱将军代表姚灵军(ཡའོ་ལིན་ཙུན།)祈请,为汉地佛教团和新来的康藏人士共 200 人传授长寿灌顶并摩顶。午后,蒙藏委员会赵(ཀྲའོ།)委员长宴请。④

十五日,向寝室上下的佛像献五种供物,向大经堂献千供,和仪轨僧一起诵经,祈祷做佛教众生的怙主。

---

① 林森(1868-1943 年),原名林天波,福建林森县(今闽侯县)人,近代著名政治家。辛亥革命中,领导九江起义,并促海军反正,派兵援鄂、皖,稳定革命大局,被举为民国开国参议院议长。1914 年在东京加入中华革命党。此后又担任过大元帅府外交部部长,参议院院长兼宪法会议议长等职。1928 年 2 月,被选为国民政府委员,10 月当选为立法院副院长,接着又被选为中国国民党中央监察委员。1931 年 12 月 23 日,接替因九一八事变而下野的蒋介石任国民政府主席。1937 年 11 月率员抵达重庆。1941 年 12 月 9 日,代表国民政府对日宣战。1943 年 8 月 1 日因车祸在重庆逝世,葬于重庆歌乐山陵园。

② 王宠惠(1881-1958 年),字亮畴。广东东莞人。近现代中国法学的奠基者之一;曾任中华国民政府外交部长、代总理、国务总理。他是民国时期著名法学家、政治家、外交家,曾参与起草《联合国宪章》,被聘为国立复旦大学法学院教授。著有《宪法评议》《宪法危言》《比较宪法》等。

③ 王世杰(1891-1981 年),湖北省崇阳人,早年就读于湖北优级师范理化专科学校,1911 年肄业于天津北洋大学采矿冶金科,后留学英、法,1917 年获英国伦敦大学政治经济学士,1920 年获法国巴黎大学法学研究所法学博士。回国后曾任教于北京大学,与胡适等创办《现代评论》周刊。后转投中国国民党,进入政界。历任国民政府法制局局长,湖北省政府委员兼教育厅长,海牙公断院公断员,武汉大学校长,教育部长,军事委员会参事室主任兼政治部指导员,中国国民党中央宣传部长,中央设计局秘书长。曾一度任国民参政会主席团主席。1945 年当选中国国民党中央监察委员,并出任外交部长,1945 年 8 月 14 日赴苏代表蒋介石签定不平等的"中苏友好条约",嗣任巴黎和会代表团团长。1946 年选任"制宪国代",1948 年当选中央研究院院士。

④ 按时间推算,这时的委员长应该是石青阳。赵委员长是否是一位副职委员长,待考。

二十二日，行政院陈（ཁ།）秘书长①、国民政府司令主席、段祺瑞、朱将军等人再三认真请求第一佛的大灌顶。

阴历二月七日，鄙人的兄长黄司令在宴请班禅师徒。

九日，在寝室会见委员格桑次仁的弟兄尼玛，讲授《六加行法》，教导要护持实践正法，加行于密续。

十一日，应邀参加戴院长在公馆举办的宴会，细心谈论。

十三日，陕西（ཧྲན་ཤིས།）刘委员和黄慕松（ཧོང་མུ་སུང་།）②等人辞行进藏，班禅赐给丰厚的贶礼。

二十五日，南方佛教团体的佐扎觐见，班禅传授《十三尊金刚大威德大灌顶》。

二十七、二十八日，应请求，传授《十三尊金刚大威德异熟灌顶》，播撒其前行与正行次第的四身种子。

阴历三月二日，在寝室会见黄慕松和黄司令。

十二日，以前派去西藏的大密师和仲钦堪布丁青巴返回，班禅会见了他两人和跟他们一起来的扎什伦布寺的定结活佛等 3 人，3 人敬献了曼荼罗三所依，详细汇报情况。

十三日，蒙藏委员会报告进藏代表黄慕松和两位密法近侍返回，黄也汇报。中央通过黄司令送来嘉奖为"护国宣化禅师"之印，在委员聚会之地献上，班禅领全部侍从莅临参加宴请。之后，在森穷多尔寝室接见新来的森噶卓尼为首的大小夏仲、公私献礼者。为进藏吊唁达赖喇嘛的孜索仲孜瓦阿旺金巴主仆赏赐话别。

十四日，莅临杭州西湖灵隐寺（ཧང་ཀྲའུ་ཤིས་ཧུའུ་ལིང་ཡིང་ཟེ།），为100

① 藏文发音似乎是陈铭枢，但译为秘书长。

② 按照藏文发音，可能指黄慕松。他于 1933 年，奉命主持边政，派往西北，先后到新疆、西藏少数民族地区。1934 年 1 月奉派赴藏任致祭达赖专使并主持册封大典。随后被任命为蒙藏委员会委员长。

名僧官摩顶。[①]

十五日,在寝室会见以中国文武官员的首领蒋总司令家人为主的南北汉族官员,同时先后接到张总司令、吴大帅、林主席、戴院长等主要官员,以及多个省的电报、信函,请求为了政教、百姓发展幸福而举行灌顶法会;按照上述官员和中国佛教团体请求,在灵隐寺三世佛殿由仪轨僧、仲科、轨范师等 20 人先举行证地(相地)等先行仪式,为后面的随持仪轨做准备,念诵《贤劫经》章品。

十六日,莅临法会观察舞仪轨和彩色线仪轨。

阴历四月一日起,为上述人员为代表的汉藏蒙三族上师、佛教徒等有缘者几万人传授《时轮预备次第》和《正灌顶十种世间灌顶》《十一种出世间灌顶》等,由于聚集的人众多,依靠话筒扩音高声诵经,犹如雷声,如此完成了实践金刚乘二次第甚深道之有缘者。结束时,陈列佛教僧所献的酬补。班禅在寝室会见了佛教主要官员,接受献礼。就这样,劝请彩砂坛城严格按经续实施丝毫不二,一切圆满。班禅额尔德尼为灵隐寺法会提供供养承事代金 1000 块大洋,向主要佛像献敬神哈达,布施每僧一块大洋,提供 3000 块大洋作为公基金,用于为了政教事业每年四月十五日法会的僧茶费。

十一日,会见大密师、堪仲丁青巴、扎什伦布寺全体属民的代表定结活佛,商议如何处理西藏事务。几人各献厚礼。长时间认真谈论达赖喇嘛、噶厦噶伦、各部官员、三大寺、各喇嘛活佛、扎什伦布寺拉章管家、四大喇嘛活佛、僧俗夏仲的密函(封口呈文)。杭州市政府宴请班禅师徒。班禅为杭州有名的成就者济公寺提供 500 块大洋作为每年的供祭费,为了佛教众生做出了难以言表的突

---

① 1934 年 3 月,屈映光、段芝泉、王一亭等人为施主,九世班禅在杭州灵隐寺作了他在内地的第七场“时轮金刚法会”,历时 8 天,每天前来听受佛法者达数万人。

出成绩。

在中国广袤的土地上，灌顶讲说口诀的日光从秘密不可思议的天界放射，使佛教的白莲花绽放，希望解脱的六足群方便解脱的双翅摇动，解脱的力量强大，努力使敬仰的赞颂声嗡嗡鸣。

第五章 略述在多麦地区弘法化众的事迹

金色二资粮广阔大地，无常任运事迹白莲花，四摄芳香护持诸众生，虔诚礼拜班禅上师您。

十二日，班禅师徒来到上海，受到送迎。一到准备好的上海宫殿，就受到上海市政府的周到服务。

十三日，会见这里的各文武官员、僧俗百姓、商人等。午后，上海市政府在部长公馆宴请。在此前后，沪海地区佛教、上海市政府许多官员们拜见并献礼，班禅满足每个人的愿望，也设宴交谈。应官员们的请求，参观各种美景圣地。

阴历五月十一日，收到西藏噶厦回复大密师、堪仲两人信函的电报，要求班禅额尔德尼尽早回藏。

二十五日，伊克昭盟杭镜部的代表斯灵喇嘛主仆来请，敬献曼荼罗礼代金和信函，班禅会见并授教。

闰月一日，驾临南京，照样受到迎送，在下榻的三家巷（སན་ཅ་ཁང།）宫会见了行政院主要官员的代表。

十一日，在寝室会见戴院长，谈论政教之事很长时间。

二十五日，高胜幢宫殿的拉章[1]全体夏仲、四大喇嘛照以前做法通过代表密法师夏仲祝寿报告，结合尊胜仪轨上师供会供曼荼罗仪式，由定结活佛念诵祈祷祝寿词，献上衣服、用具等。班禅为

① 指扎什伦布寺。

他们摩顶,赐护身结。

二十六日,去拜访蒋委员长、行政院、汪院长等。蒋委员长请班禅和定结活佛到公馆招待。午后,蒋委员长亲临会晤,商量大密师和堪仲再次进藏之事。

阴历六月五日,经过天津抵达北京大礼堂,参加市政府主要官员宴请。

八日,为吐谢叶图巴彦苏米寺的堪布活佛、乌宗巴噶钦洛桑索巴、达尔巴噶钦诺布3人授近圆戒。

九日,会见乌托王派来邀请的使者,请求传授《时轮灌顶》。班禅摩顶。寺院杰康为乌宗去世举行净荐仪式,班禅额尔德尼赐予善方便和新作《趋入札仓上师传承》。

十五日,应北京佛教会请求,为200人讲授《道次第法》和《皈依法》。

二十九日,为进藏的大密师和堪仲两人饯行,并且给予赏赐,对公私的嘱托及各种信函都做出了很好的答复;前后应各机构官员、佛教人士和团体的请求,参加宴请,在寝室为献礼祝寿者授教、摩顶。

阴历七月一日,经过张家口铁路去蒙古地区,一路上有敲锣打鼓迎送者。

八日,抵达东都王(ཧོར་དུ་ཡང།)部的贡堆林寺,王和僧人请求摩顶。

十日,会见东都王主仆并授长寿灌顶;在东都呼雪的寺院大经堂讲授《白度母随许法》《玛尼》《慈缘法》和《祈祷达赖喇嘛迅速转世的著文》,收到500块大洋的供养。

十一日,为主要佛像开光,献敬神哈达,为法会施放僧茶,赐给240块大洋作为公基金。

十二日，起程来到迈甘呼雪的寺院，会见王和工作人员。

十三日，在大经堂讲授《白度母随许法》，献礼陈列于前。

十五日，赏赐迈甘堪布等人。然后驾临巴绒扎萨公的额尔屯，会见公爵，公爵敬献曼荼罗。

十六日，为喜饶多吉公爵等300人传授长寿灌顶。

十七日，赏赐公爵等主要人员后，驾临乌托托云喇嘛的寺院、悉尼寺、伊克昭盟的却拉罕夏热等地，为每个寺院施放僧茶，发放布施，为佛像开光。

二十一日，驾临达赖图所属的哈尔汗图用餐，夜宿杭噶尼雪乌兰俄热寺（ཧང་ཀ་ཉེ་ཧོག་ཙུ་ལན་ཨི་རིག）。

二十六日，由许多人迎接到康布、上师官员们敬献身语意三所依，热情茶叙。

二十九日，大王恰多嘉、戴大杭根王、乌托王等六部的官员、杜旭穆等却拉汗在杭根王寺大经堂献曼荼罗、汉马二十一匹等，班禅额尔德尼摩顶。在此前后，为4000多人摩顶。

阴历八月三日，在大经堂为两位大王为首的部落工作人员、喇嘛执事等僧俗1000多人摩顶。

六日，莅临孜贡巴等人的法会，向护法神献会供曼荼罗。

八日，在大经堂为僧俗1000多人传授长寿灌顶。

十三日，在寝室会见来自阿拉善的代表咱克热齐和大喇嘛等人。

十六日，在几个佛殿举行开光仪式。

二十五日，在大经堂授长寿灌顶，接受酬金白银500两等。

阴历九月七、八日，在大经堂为数万人传授《马头游戏密修预备灌顶》等，全部属于金刚乘法。

九日，讲授《吉祥时轮俱生随许法》。应亲王图盖苏吉尔噶部

(ཐུ་གོ་སུ་ཅིར་གཡས)请求,为数万人传授长寿灌顶;为准噶尔部大喇嘛为首的24位修行者授近圆戒。

二十一日,与仪轨僧一起举行护法大祭仪式。

二十二日是天降节,在陈列五种供物的同时,念修金刚手大轮自如法;在寝室会见伊利的大亲王、扎萨王亲属等人。亲王等人献马8匹、骆驼一峰等。

二十六日,为大亲王为首的部落官员设宴,并予以赏赐。

二十八日,向王府寺院大经堂、各札仓经堂献五种供物百次;向佛像献誓愿敬神哈达,施放僧茶,发放布施,为每年天降节期间的上师供、慈缘法法会提供费用100块大洋、马8匹等;赏赐两位大王优质缎衣料等礼物。

阴历十月一日,驾临乌托部寺院宫殿寝帐,为王、几位佐扎、活佛、执事摩顶。

三日,在寝室会见罗塞活佛主仆、乌托寺执事等人。之后,迎请到乌托的扎西贝丹弥觉林寺大经堂,这一地区的49座大小寺庙敬献汉马10匹、500块大洋等。

六日,在大经堂讲授《长寿灌顶法》和《香巴拉祈愿法》。

十日,在性相札仓大经堂为1500僧俗讲授新作《道次第颂》《慈氏愿》《普贤行愿经》《白度母颂》《绿度母颂》等;为法会施放僧茶,布施僧众,赐给马8匹、200块大洋作为公基金。

十二日,在寝室会见求见的苏尼戴大王。

十三日,为乌托部寺庙每年的念诵《普贤行愿经》法会提供费用。

十六日,应密宗札仓僧人请求,讲授《集密根本续第一品》《妙吉祥名相经》《往生英雄入战场女》《乐愿》等。

二十二日,请到时轮札仓经堂,讲授《时轮略续第一品》《香巴拉祈愿法》《金刚力随许法》。

二十四日起，应乌托部请求，开始传授《药师佛五十一尊预备灌顶》等。

二十六日，为不断敬献礼物祝寿的部落僧俗 10000 多人摩顶，讲授《时轮上师瑜伽法》。

阴历十一月十九日，为僧俗百人讲授《度母颂》，并摩顶。在此前后，为更多的来献礼祝寿的僧俗 13000 人摩顶。

二十一日，应邀驾临乌托施主噶钦喇嘛的寺庙，夜宿王府宫。王献见面礼汉马一匹等。

二十二日，应郡王请求，讲授《三忿怒随许法》；为僧俗 500 人摩顶。王敬献 1000 块大洋、二等公马 9 匹。

二十三日，驾临阿热苏米的贤珠达吉林寺。

二十五日，为僧众传授长寿灌顶。献礼有汉马两匹、500 块大洋、骆驼 13 峰、普通马 3 匹、羊 180 只等。

二十六日，赐给噶钦喇嘛信物画像、无量光佛的唐卡等；向佛像献供，为法会施放僧茶，布施僧众，为每年的上师供、慈缘法、五种誓愿等念修法会提供费用 100 块大洋、马 5 匹、羊 150 只等。驻锡扎西曲林寺期间传授长寿灌顶，施放僧茶，布施僧众，为佛像献供；为每年的上师供、《慈缘法》《度母念修法会》提供 100 块大洋、马 7 匹、羊 50 只等，收到丰厚献礼。

二十八日，西宁僧人献 300 块大洋，请求护持。

从此驾临阿热苏米，为该寺发放布施，提供 50 块大洋和公马两匹作为公基金。

二十九日，再次来到扎西达吉林寺。

阴历十二月七日，设家宴招待王、西宁喇嘛、部落做事人员，按照职位高低予以赏赐；供养扎西达吉林寺四札仓、大经堂法会，提供公基金。

八日,部落敬献不可思议的礼物。班禅额尔德尼为僧俗 700 多人摩顶。

十五日,在各佛殿佛像前陈列五种供物,并主持开光、洗礼仪式,献敬神哈达。王部将寺庙作为扎什伦布寺属寺献上,每年敬献 100 块大洋。班禅封授历任喇嘛为"堪布"名号,赐给赞扬赤巴和历任喇嘛的文书。

十七日,来到宁夏占参爷(ཉིང་ཤ་ཀྲན་ཚན་ཡེས།)公馆下榻。在此前后,为献礼祝寿为代表的僧俗 2500 人摩顶。

十八日,在宁夏主席处短暂停留,派人慰问了其他各大官员。

十九日,在寝室会见阿拉善亲王派来的邀请者。午后,马主席在公馆宴请,班禅送上厚礼,并按照职位高低分别赏赐各大官员。

二十日,在寝室会见专程赶来的马主席。然后,和马主席一起乘汽车参加由机构各大官员和百姓在公馆设的桌宴。

二十二日,马主席敬献各种各样的物品和大炮、枪支等。之后,莅临阿拉善城内葛吉林寺宫殿,为大亲王和僧俗佐扎摩顶。

二十四日,在祖拉康为部落僧俗等来自各地的汉藏 1000 多人讲授《兜率上师瑜伽法》《慈缘法》《胜幢顶的臂饰》《香巴拉祈愿法》等,并摩顶。

二十九日,在寝室会见专程赶来的佛教之本枝策觉林活佛①。

乙亥年,即木猪年一月一日长寿朵玛日,各个寝室、大经堂中准备就绪,先后摆上长寿食子、会供曼荼罗、坐垫等。

二日,按例举行仪式。

三日,在大经堂为大王、札仓办事人员、杜旭穆等献礼祝寿者

① 即拉萨策觉林寺的寺主活佛。

僧俗500人摩顶。

八日，在大经堂全体侍从举行上师供会供曼荼罗仪式，同时向大师献礼祝寿。

十二日生日，举行上师会供曼荼罗仪式，献礼祝寿。班禅额尔德尼为他们摩顶，按例予以赏赐。在此前后，为献礼祝寿者1300人摩顶，讲授《诸如来心要法》《瑜伽师誓愿》等。

十五日，赐给僧众礼物，然后乘汽车来到阿拉善巴绒伊克苏米僧殿，寺主第斯呼图克图等大喇嘛佐扎20人敬献曼荼罗祝寿，班禅摩顶，赐护身结。

十八日，应僧众请求，在大经堂为僧俗1000人传授长寿灌顶，讲授《兜率上师瑜伽法》《慈缘法》《玛尼》《上师瑜伽》《转趋入战场法》《香巴拉祈愿法》等。第斯活佛敬献曼荼罗三所依、厚礼祝寿。

十九日，拉章单独全天供养法会僧茶，向祖拉康佛像献五种供物，布施僧众，提供200块大洋、马3匹、茶30包作为每年祈愿法会期间额外进行的会供曼荼罗法会的公共费用；为其属寺土旦林、扎西恰派林、贤珠曲林、格丹仁钦林等寺施放僧茶，发放布施；为性相札仓提供额外辩经费用150块大洋，厚赏第斯呼图克图。之后，莅临王府。

二十二日，在大经堂为王等1500人讲授《兜率上师瑜伽法》。

二十七日，从衙门起程，驾临准苏米格珠林寺拉章，接受首献的曼荼罗三所依、汉地马一匹等。

二十九日，在寝室会见堪布活佛呼图克图洛桑隆多嘉措等人；应僧众请求，在大经堂用餐后，讲授《皈依法》《兜率上师瑜伽法》《慈缘法》《尊圣母陀罗尼》《胜幢顶臂饰》《香巴拉祈愿法》等；为几个佛殿开光，献敬神哈达。

本月末,向僧众施放僧茶,发放布施,提供公基金150块大洋、马两匹;为性相札仓赐100块大洋,赐给时轮札仓50块大洋,为柔乃(文化)札仓和道次第札仓各赐40块大洋,作为公基金。

阴历二月一日,莅临衙门。

三日,应呼雪请求,在寝帐为王等僧俗5000人讲授《时轮俱生随许法》《长寿灌顶法》并摩顶。献礼较多。

六日,班禅额尔德尼在寝室会见我们派出的慰问使者阿旺格列堪布活佛格桑克珠嘉措、管家达吉,接受献礼。

九日,按照内部习惯招待几位办事佐扎,并予以厚赏。

十三日,朝拜几个佛殿,封授奖赏第斯活佛、准苏米活佛、格丹仁钦林寺活佛、功德林活佛。

十五日,为返回的阿瓦噶王佛陀帕饯行。向格杰林寺佛殿献供,为法会施放僧茶,布施僧众,提供公基金。

二十三日,从呼雪请到乌布,向地方神桑祭,托付事业,建立身川冠冕。

阴历三月十二日,班禅额尔德尼一行起程,阿拉善王为代表的多人送行,到了宁夏城内受到迎接。

十三日,宁夏主席①在公馆宴请班禅师徒。

十六日,厚赏主席等主要官员。

十八日,主席等文武官员和1000军人送行,班禅师徒乘坐中央派来的专机离开,抵达兰州时,朱主席②等文武官员、骑兵10000

① 可能指马鸿逵。马鸿逵(1892年-1970年1月14日),生于甘肃河州(今临夏)。西北军阀"四马"之一,先依附冯玉祥,后投靠蒋介石,任宁夏省主席长达17年,集军政大权于一身,被人称为宁夏的"土皇帝"。加授陆军上将衔,曾获得一等云麾勋章,胜利勋章。抗战时在第八战区副司令长官兼第17集团军总司令,后任西北军政副长官、西北行辕副主任。

② 可能指朱绍良,他生于福建福州,曾任国民党陆军一级上将,兼驻赣绥靖主任,担任甘肃省政府主席兼驻甘绥靖主任,兼任西北"剿共"军第一路总指挥。1963年12月25日病逝;后被追晋为陆军一级上将。

人、各学校代表迎接，在兰州下榻的宫殿会见了全体官员。

十九日，与西宁马主席的代表和我特派近侍堪布钦饶顿珠、森本（司寝官）等人茶叙。

二十四日，回复西宁马主席等文武官员们的慰问；前后为汉藏蒙古族求见者等400人摩顶。

二十七日，朱主席在省政府按照内部规矩宴请，观看了唱戏，服务非常好。

阴历四月一日，按照职位高低，厚赏朱主席和邓军长（དན་ཅུན་ཀང།）等文武官员、忙于招待的服务官民。

二日，会见来献身语意三所依的以图萨拉齐为首的汉蒙40人。

三日，西宁马主席的夫人过世，班禅额尔德尼派人送去吊唁代金400块大洋和帐子（ཀང་ཅི）。

七日，中央代表郑委员特来拜见，在寝室中献上慰问信和礼物。是日，班禅额尔德尼为阿拉善的送行者饯行。

八日，为3000多名汉族男女信徒摩顶。

九日，班禅师徒乘坐飞机到达西宁，西宁马主席、马军长两人为首的文武大小官员迎接，迎接者还有15个兵营士兵、学校师生、塔尔寺阿嘉呼图克图、两位赤巴为代表的喇嘛活佛执事、各寺代表。几位喇嘛执事、孜仲翻译等人进入寝室敬献身语意三所依。

十日，主席邀请班禅额尔德尼到省政府，各文武官员、佛教学校僧人、各寺喇嘛活佛敬拜。主席设桌宴招待班禅师徒及其他人共300人，表演了唱戏。

十一日，班禅额尔德尼到省政府拜访主席。

十二日，班禅师徒由马军长、委员长等多名汉族官员陪同去塔尔寺，赤巴代表的各位喇嘛活佛、多名蒙藏官员设灶迎接，在僧众仪仗队的引导下来到大金瓦寺献五种供物和敬神哈达,然后来到拉章孜宫殿,会见寺主、各寺喇嘛活佛、执事等主要官员。

有诗云:乐空等行长寿房,神奇悲心太阳引,文殊妙智聚光镜,摄于怙主佛日地,多麦大地之中心,人血明点的精华,旃檀大树全长成,十万佛像真美丽,如此大塔之善相,发出十万电闪光,多麦教源大佛寺,慈氏洲名世间传,殊胜教理似鼓声,讲修翅膀摇动鹅,十万欢喜游戏寺,僧众怙主您最美,密意犹如太阳光,常照佛教莲花苑,密语好似蜜蜂蜜,求解六足生活源①。

十三日,应僧众请求,班禅师徒莅临大经堂享用茶饭、油炸面点等,以赤巴代表的喇嘛活佛执事分别敬献曼荼罗,班禅一一摩顶。

十五日,莅临僧众举行布萨的护法殿,热情讲授《兜率上师瑜伽甚深教授圆满道》,以及《东修法等教理》。赤巴仁布切念诵长寿祝词,敬献寿礼曼荼罗。班禅为众僧摩顶。

阿柔活佛、迪擦日追寺喇嘛僧徒在森夏举行白度母如意轮长寿修法会,向班禅额尔德尼敬献长寿物和身语意三所依。班禅为他们摩顶,向大金瓦寺宗喀巴像献千次五种供物,为僧众施放僧茶,发放布施每人一块大洋。

十六日,请到大经堂做回向、发愿。

十七日,为许多求知者讲授《集密本续》和《度母法》。

二十二日,孜仲索饶巴献厚礼。班禅为前后祈请者为代表的僧俗3500人摩顶,讲授《玛尼》《香巴拉祈愿法》。

阴历五月二日,应阿嘉呼图克图等塔尔寺僧人请求,班禅坐在

---

① 是说文殊菩萨的化身宗喀巴大师的诞生地塔尔寺是多麦地区的佛教中心,寺内大金瓦寺前面的旃檀树据说是由宗喀巴的脐血生长的,每一片树叶上有佛像,故名塔尔寺,即十万佛慈氏洲等。

普照佛殿的殿门抱夏宝座上为僧众传授长寿灌顶，讲授《转趋英雄入战场母法》，并摩顶。

十一日，为新制缎子佛像，提供 10000 块大洋、缎子 10 匹。

十五日，应扎拉爷请求，为喇嘛活佛僧俗 10000 多人讲授《药师佛重楼随许法》，并摩顶。

十九日，为佛教本枝隆务寺甘丹嘉措活佛、晋美桑珠活佛等人讲授《兜率上师瑜伽法》《慈缘法》《香巴拉祈愿法》等。前后为献礼者为代表的僧俗 10000 人摩顶。

二十日，应性相札仓请求，为僧众讲授《五部大论道次第法总释教理量庄严论》《三主道甚深教授法》。

二十五日，应隆务东寺甘丹嘉措活佛请求，讲授《上师供法》，接受献礼。

二十六日，接到摄政热振呼图克图、司伦等卫藏主要官员的书信，为信徒讲授《兜率上师瑜伽》《玛尼》《香巴拉祈愿法》《英雄入战场母法》等。

本月末日，嘉封阿柔活佛、塞活佛、红帽活佛、马尔康活佛等。

阴历六月四日，参观各拉康和大经堂并献供，在医药札仓和密宗札仓的大经堂宝座稍坐。

六日，为一些求知者讲授《玛尼》《慈缘法》《香巴拉祈愿法》；前后为祈请者为代表的僧俗 4500 人摩顶。

十四日，应塞科寺（广惠寺）甘丹达曲林[①]邀请，班禅师徒起驾前往，赤巴罗桑赤烈嘉措、夏鲁巴呼图克图绛边旦白嘉措等人迎接，在仪仗队的引导下来到寺院拉章寝室。

---

① 广惠寺位于青海省湟源县东峡乡，创建于清顺治七年，创建人是西藏哲蚌寺顿珠嘉措，法号称隆巴顿珠布。原名为郭莽寺（郭莽，藏语是“多门”的意思），属于西藏哲蚌寺郭莽札仓系统。建寺初，只有显宗经院，康熙初又设密宗院，遂成了显、密双备的寺院。当时和塔尔寺、佑宁寺、隆务寺、夏群寺等齐名，并称青海五大格鲁派寺院。敏珠尔呼图克图的驻寺。

十五日,向释迦牟尼佛像献千次五种供物及敬神哈达。

十六日,应僧众请求,讲授《兜率上师瑜伽》《慈缘法》《玛尼》《香巴拉祈愿法》等,结束后为10000多名听法者摩顶。

十八日,莅临释迦牟尼佛殿(觉康)祈愿法会,讲经祈愿。

二十日,应僧众请求,讲授《时轮俱生随许法》。敬献的礼物有曼荼罗三所依、黄金10两、汉马15匹、1000块大洋、普通马5匹等,礼物多如云。

二十一日,驾临却藏寺(在青海互助县)①,却藏呼图克图洛桑旦白旺秋等人迎接,由仪仗队引导来到却藏拉章。

二十二日,应僧众请求,在觉康殿讲授《道次第摄略法》,为僧俗5000人摩顶。献礼有曼荼罗三所依、汉马两匹、700块大洋、马7匹等。

在觉康举行洗礼和开光仪式。呼图克图和经师来寝室拜见,献礼有曼荼罗三所依、汉马两匹、狐皮衣服、棋盘花玛噶大花马褂(ད་སོའི་ལྷ་ཀ།)、旱獭皮帽、玉手串等。

二十三日,赏赐呼图克图和执事;在诸佛像前献五种供物,为法会施放僧茶,布施每僧半块大洋;提供修复觉康殿的顺缘白银100两、300块大洋,每年念诵《慈缘法》《上师供》《度母》的费用100大洋、马一匹、哈达千条等。

二十六日,再次驾临赛科寺,参观大经堂和各佛殿,洗礼开光,献敬神哈达,向佛像献五种供物一次,向觉康殿献五种供物千次及敬神哈达;向法会施放茶饭,布施每僧半块大洋、哈达各一条;提供每年举行《慈缘法》《长寿供修法会》的费用白银500两、马10匹

---

① 却藏寺,藏语称"却藏具喜不变洲",位于青海省互助土族自治县城北约20公里处,在今南门峡镇政府所在的本朗扎西滩(亦称却藏滩),属格鲁派寺院。寺院东西两山环抱,从整个山势看,右如盘龙绕卧,左似凤凰展翅,前有狮子山拱卫,山上松柏苍翠,寺前良田千亩,一片翠绿。乾隆三十年(公元1765年),清追赐"广教寺"匾牌。

等，作为公基金。

阴历七月一日，请到敏珠尔林寺拉章讲授《香巴拉祈愿法》，主持举行开光仪式；为献礼祝寿者为代表的僧俗2000多人摩顶。

七日，在寝室会见夏鲁呼图克图、赤巴喇嘛、赞布强佐（管家），分别赏赐他们和执事们。

九日，为一些信徒讲授《兜率上师瑜伽》《慈缘法》《香巴拉祈愿法》等。

十二日，应西宁主席请求，会见两位副官。

十三日，迎接到西宁省政府，马主席宴请大师一行。在此前后，为祝寿者为代表的僧俗4300人摩顶。

十五日，省政府派军乐队敲锣打鼓护送班禅驾临塔尔寺拉章顶。

十九日，由格尔底活佛将班禅请到法会，敬献礼物，班禅额尔德尼讲经回向。

二十一日，在寝室为格尔底活佛主仆传授长寿灌顶。

二十六日，莅临性相札仓参观每一个班的辩经。

阴历八月一日，接见打箭炉处长堪琼门孜瓦主仆。

二日，应寺院全体僧人请求，为传授时轮大灌顶，班禅额尔德尼莅临仪轨僧举行的持明法会，讲授《广护轮先行证地仪轨》和《随持弟子次第法》。

三日，举行地仪轨和跳神活动。

四日，完成五色细沙的准备。

六日，圆满完成了坛城的划线打底，妥置妙香明点，详细观察彩色细砂等。马主席亲临观看，恭敬金印、章子、黄缎伞盖、绸缎等多件各种物品。同时，班禅会见了蒋委员长的代表郭委员。午后，班禅和马主席一起参加宴会。前后为库热娄大贝塞、刚察千户、恰如千户等献礼祝寿者僧俗 1500 人摩顶。

十三日,班禅和仪轨法会僧人一起实践自入、前请、宝瓶三自入等法,为塔尔寺住持嘉雅活佛、阿嘉呼图克图、赛多活佛、佛教大本枝拉科活佛、格尔底活佛、夏鲁呼图克图、红帽活佛、阿柔活佛等来自各地的喇嘛活佛、僧俗 2 万多人讲授《入吉祥时轮坛城》的《先行加行次第法》。

十四日,详细传授《正位灌顶次第如童入七灌顶释说次第法》。

十六日,传授《太上灌顶》《金刚轨范师大主灌顶》等,解释能净所净、灌顶本性文义等,一定播下四身的种子,进入金刚乘道。

有诗云:最极微尘的镜面,固动广博十万像,双运轮的怙主您,圆满一切时轮师。无量众生心大地,清净灌顶甘露滴,清除四障食盐水,圆满四身之精华。寺庙喜苑佛法光,普贤热力一切旺,为了佛教佛日童,没有升落您发光。

十七日,在陈列酬补会供曼荼罗和五种供物的同时,住持嘉雅活佛敬献先行礼曼荼罗身语意三所依、衣服用具、吉祥圣物、法轮法螺、马蹄银 120 锭、4000 块大洋、绸缎等厚礼。班禅为僧众摩顶,赐给护身结法缘。

十八日,为祝寿者为代表的僧俗 10000 多人摩顶,赐护身结资粮份子。

十九日,为阿柔活佛等众多信徒讲授《慈缘法》《转趋入战场女》《香巴拉祈愿法》。

阴历九月一日,赐给阿柔嘉仓特殊书信和加持圣物。

二日,为赛多活佛、库尔勒贝塞为代表的僧俗 300 人讲授《时轮俱生随许法》《香巴拉祈愿法》,并摩顶。

十三日,向金塔献千次五种供物,向其他佛像塔献供,为法会施放僧茶,发放布施代金白银 500 两、绸缎、香料、氆氇,以及佛狮子吼像、伞盖等，提供祈愿法会额外供养费用。之后，应僧众请求，为新旧绸缎佛像开光，使智者直接融入其中。

十四日，会见从西藏来的商人200人；授予塔尔寺、果麦桑阿德庆林寺活佛、却藏活佛、热贡平措林喇嘛阿旺平措、刚察察汗等人封授文书。

二十二日，向天等众生无上福田大灵塔之顶层灵塔殿献精致银供灯15盏，提供常供费用1000块大洋、马牛20头等作为公基金，献祝愿词、敬神哈达，和仪轨僧一起举行时轮自入仪式，并修行实践；前后为献礼祝寿者为代表的僧俗5200人摩顶。

阴历十月十四日，塔尔寺僧众献长寿物、曼荼罗三所依，喇嘛活佛执事300人请求摩顶。

二十五日，值遇五供节，[①]在大金塔前陈放五种供物，诵经修行；会见来邀请者；前后为祝寿者为代表的僧俗5600人摩顶。

二十七日，为库尔勒贝塞为代表的僧俗500人讲授《白度母随许法》，并摩顶。

二十九日，扎什伦布寺派来四大喇嘛、拉章僧俗侍从、寺属部落代表等来请。班禅会见特使欧曲活佛、大堪布本章巴、知宾古格仓嘉等为首的各单位侍从、各宗豁的330人。

晦日，在寝室会见欧曲活佛、大堪布本章巴、孜仲古格瓦等。几人敬献礼物，请求护佑。

阴历十一月十一日，莅临大寺院仪轨僧聚会的护法殿，西藏的属民们在上师供会供曼荼罗会上一致请求班禅额尔德尼尽早驾临扎什伦布寺，祝愿长寿（莲足百劫）。欧曲活佛敬献曼荼罗、吉祥圣物、衣服用具和其他丰厚礼物。班禅为居者行者侍从、新来侍从

① 即燃灯节，一般在藏历的十月二十五日举行，以纪念格鲁派创始人宗喀巴忌辰。

300多人摩顶,赐茶、食品、油炸面点等。

二十六日,西藏地方政府特派代表来献装有噶厦信函的小箱子。班禅前后为献礼祝寿者为代表的僧俗2900人摩顶。

阴历十二月八日,应阿嘉呼图克图请求,班禅莅临许多智者中间观看格西们讨论博学者名号,予以赏赐。在此前后,为献礼祝寿者为代表的僧俗2000人摩顶。

十三日,大怙主命令:表面上大堪布金刚持遍知达赖喇嘛活佛花冠佛不一定出现在此方,请详细寻找塔尔寺左右地区有无奇异孩童,必须保密。此令通过甘珠尔囊岗传达。

丙子年,即火鼠年阴历一月一日,在新年欢庆的缘起喜宴,各寝室、大经堂的司祭将一切准备妥当,唢呐乐器、座位排次、元旦食子、会供曼荼罗、麦穗酥糕等如往常准备齐全。正午,班禅额尔德尼被请到塔尔寺,强佐按照一定成规,敬献曼荼罗三所依。接着塔尔寺的喇嘛活佛执事等不断敬献见面哈达,座位上的两位格西辩经。用餐时,按照规定上米饭等。

二日,班禅为塔尔寺执事僧给予新年赏赐品和寝室油炸面点。

九日,会见在这里的特使近侍堪布、甲夏仲活佛等新来的人。

十日,塔尔寺僧众请求做赤巴的保管员,班禅额尔德尼莅临大经堂,施放僧茶后,开讲《一切佛经之要点大乘佛教龙树》和《无著的主张》[①]《吉祥阿底峡思想精华》三界众生大喇嘛宗喀巴所作的自己如何实践理解之歌,即从宗喀巴的《菩提道次第略论》讲起,到清净道理、相信教理、神圣口诀所饰的一法座,施与大家解脱之无上生。阿嘉呼图克图敬献曼荼罗三所依,接着塔尔寺吉索[②]献银质

① 龙树是古印度大乘佛教中观学派的创始人,他以解释《般若经》的思想而著称,作《中观论》提出了“八不中道”观。无著是大乘佛教瑜伽行派的创始人之一,重点阐释弥勒思想。

② 是藏文的音译,一般直译成“公上”,即总管寺院公共财物收支的机构。

曼荼罗、身语意三所依、衣服、吉祥圣物、黄金一两、4000块大洋、黑茶50块。各札仓、喇嘛、属寺、属民等献汉马一匹、缎子10匹、氆氇12匹、虎豹皮八张、蒙古茶百块等。拉章圆满供养僧众，在大经堂举行的塔尔寺赤巴就任喜宴上，敬献赤巴印。

有诗云：清净如来教大海，三学金眼在摇动，圆满二次第身技，受用上师诸活佛。四部青年之大地，佛教莲花盛开苑，教理悦声之蜜蜂，十万聚集的大寺。智者顶门森林中，手莲显现闭合相，恭敬臂膀举起来，高大无畏之法座，十万二资粮所建，吉祥相饰您双足，庄严善相现青春，常观太阳而忙碌，如此稀有事业日，驱逐不忍的衰落，俱生圆满佛教光，照射多麦之大地。

十一日，吉日，（班禅）看到报来的让策林活佛、欧曲活佛、时轮轨范师等人秘密寻访的孩童的名字后非常高兴，他只问有没有寻得，从何知道等一些话外没有进行过多的询问。

十二日，是生日大庆日，塔尔寺敬献长寿礼物、曼荼罗三所依、白银50两、缎子等。

十五日，莅临僧众做布萨的护法殿，南京政府代表高军长呈上蒋委员长、汪委员长、张学良、蒙藏委员会委员长黄慕松等人札子、各种用具、缎子20匹等。

应塔尔寺僧众请求，班禅额尔德尼莅临讲经法会，中央代表黄参军呈献缎子包裹的札子、各种用具、优质缎等。汉族官员主仆就座，班禅从佛三十四本生讲起，讲了一法座，使全体信众享受佛法喜宴。详细观看了晚上的供养，祈祷发愿。

在此前后，为来自各地的信徒10万多人摩顶

二十五日，应阿拉善图萨拉齐阿格巴图尔请求，传授长寿灌顶。

阴历二月八日，会见塔尔寺新赤巴赛多活佛和土观呼图克图、卓仓活佛等。

十一日,麦杰贝贡赤烈拜见,敬献白银5秤。班禅前后为献礼者为代表的僧俗6600人摩顶。

阴历三月三日,会见土观呼图克图。

十五日,新任赤巴赛多活佛觐见。班禅赐给纯金第二佛陀(宗喀巴)像,作为内供圣物。

二十五日,为僧众讲授《兜率上师瑜伽法》《慈缘法》《妙善教燃法》等。按照职位高低分别厚赏赤巴堪布、卸任赤巴、阿嘉呼图克图及措钦新旧喇恰、大老爷、阿尔伦等高低执事。莅临妙音法会,即与准备营帐的侍从们一起来到法会享用茶饭,进行会供曼荼罗献供活动及树立河旗。

二十五日,应全体僧人请求,讲授《却西活佛长寿经文传承》。前后为献礼祝寿者9700人摩顶。

二十七日,关心前后献礼者,向大金瓦寺献五种千供、敬神哈达,广发心愿。行途中到达灶茶点时,喇嘛活佛、执事等觐见。马主席、司令、县长等人宴请。马司长特派卫士骑兵50人护送班禅去往拉卜楞寺,行至群加桑木丹林寺休息。

二十八日,行至底擦日追扎西曲当林寺拉章休息,讲授《上师供法》。

二十九日,仪仗队迎接到夏琼寺[①]拉章寝室,赤巴却藏呼图克图、德阳活佛、执事觐见献曼荼罗,班禅摩顶。

晦日,拜祭法王顿珠仁布切灵塔,献敬神哈达;在阿热巴杂修行洞修《怙主会供曼荼罗法》和《吉祥大威德自入法》。

阴历四月一日,应僧众请求,讲授《要道次第法》并摩顶。僧众献厚礼感谢。班禅额尔德尼还向大经堂、各佛殿献供发愿。

① 夏琼寺位于青海省化隆县境内,始建于元至正九年(1349年),其创始人是宗喀巴大师的启蒙老师顿珠仁钦。后来经过不断扩建,成为一座拥有十几座佛殿的大寺院。

二日，观看夏琼寺跳神表演。

三日，行至底擦日超寺休息。在此前后，为献礼祝寿者为代表的僧俗6200人摩顶。

四日，应红帽活佛等居山修行僧请求，在大经堂为僧俗1000人讲授《上师供法五部大论释义》及《显密经论》等实践法，享受了一次空前的新格言喜宴。班禅额尔德尼还为法会施放僧茶，发放布施，观看因明辩论，将大家安置在信仰之地，播撒了解脱的种子。

五日，由仪仗队迎接到郭米却丹拉章，参观供养僧众，布施僧茶。

六日，前后驻锡于阿贡和张公馆。

八日，瞻仰参观贵德（赤噶）释迦牟尼佛和欧角儿札仓，向佛像献供及敬神哈达；为欧角儿札仓施放僧茶，布施僧众，为塔尔徐活佛摩顶，驻锡公馆。在此前后，为僧俗5300人摩顶。

九日，在隆务本寺用餐，住在新寺。贵德的地方神是不死强生黑方者，向救怙主（班禅）显示形象，被委为凶恶的乞讨者。第二天的山路上出现违缘，清楚地看到未来的训诲，从一切开始放在心上，所以提放警备。因此，除了马惊跑、一只狗突然死亡之外，没有其他的违缘。大家都说这些都是大救怙主的恩惠，敬仰得五体投地。

十日，由仪仗队迎接到拉莫寺[①]，驻锡尖扎王准备的宝帐中。

十一日，应僧众请求，坐在床垫上讲授《玛尼》《慈缘法》《心女法》等，赐给拉莫寺僧茶、250块大洋、马牛10匹（头）。请求在当地埋宝瓶，派欧曲活佛去主持埋藏。

十二日，由隆务诺门汗的管家和囊索等百骑迎接，下榻于牛润

① 亦称“德钦寺”“德谦寺”“德欠寺”“德缠寺”“德禅寺”等，全称“拉莫德千群科林”，意为拉莫大乐法轮洲，位于青海省尖扎县治马克唐镇西南15公里，在今能科乡西一华里处。整个寺院藏于山坳之中，周围青松环绕，农田层层，环境幽静舒适，风光秀丽如画。该寺由第三世拉莫活佛阿旺洛桑旦白坚赞所创建，故一般称“拉莫德千寺”，是尖扎地区最大的格鲁派寺院。拉莫活佛，又称“白佛”，三世拉莫活佛为七世达赖喇嘛的授戒堪布之一，后来被七世达赖喇嘛封为“阿齐图诺门汗”，为察罕诺门汗旗一等台吉。

木(ཁྲུག་རྩམ)。前后为6700名信徒摩顶。

十三日，在隆布红寺用餐。然后，由甘丹嘉措的转世罗桑赤烈隆多嘉措、阿柔活佛等喇嘛活佛、执事、官兵1000多人、僧众仪仗队迎接到隆务大寺①东拉章寝室，为喇嘛活佛、官员摩顶，诺门汗献曼荼罗见面礼。

十五日，应诺门汗活佛请求，班禅莅临大经堂僧人法会做完吉祥长净仪式后，参观各佛殿，献五种供物，开光洗礼。

十六日，应僧众请求，登上堆桑林札仓法苑宝座，接受札仓喇嘛所献曼荼罗后，会见喇嘛执事，认真参观各班辩经。

十八日，在大经堂殿门抱厦宝座上，会见多人，密院敬献长寿圣物和寿礼。班禅额尔德尼不断为僧俗20000多人摩顶。

十九日，应诺门汗活佛和囊索请求，班禅莅临宝帐登上宝座为僧俗25000人传授《十一面观世音菩萨大灌顶》。所献酬金由曼荼罗三所依、6250块大洋、缎匹等。

二十日，为僧俗10000人摩顶。应邀驾临阿柔活佛的拉章。应夏尔活佛请求，讲授《从大手印教理道引出的甚深中观见龙树密意》，使听讲的喇嘛活佛、格西等都感到惊奇，在信众大会上献上酬金白银500两等。

二十一日，在寝室会见两位活佛、各执事及囊索为代表的官员，并予以赏赐。这天，行至王府(可能是河南蒙古族亲王)用餐，住在准备好的地方。

二十二日，来此迎接的扎贡巴活佛等100位骑士、噶尔孜寺的

① 隆务寺位于青海省黄南藏族自治州府所在地隆务镇西山脚下，据《安多政教史》说，1426年前后，由当地名僧桑旦仁钦修建，之后其胞弟罗哲森格进行了扩建。原属于萨迦派寺院，后来改宗格鲁派。明天启五年(1625)熹宗帝题“西域胜境”匾额。1607年，夏日仓甘丹嘉措诞生于隆务家族，被认定为桑旦仁钦的转世，从而形成了夏日仓活佛系统。清乾隆三十二年(1767)，甘丹嘉措被乾隆皇帝封为"隆务呼图克图宏修妙悟国师"，成为隆务寺寺主和隆务寺所属十二族政教首领。

迎接者仪仗队迎接到噶尔孜寺休息，讲授《兜率上师瑜伽》《慈缘法》《香巴拉祈愿法》。是日，为聚集在这里的僧俗7000人摩顶。

二十三日起程，我和我的经师、父亲贡布顿珠、黄司令①、管家等5000骑迎接。西藏扎什伦布寺、色拉寺、哲蚌寺、甘丹寺总代表3位卸任堪布主仆迎接，是日住在准备好的甘家塞钦滩，我们敬献曼荼罗，热情谈论。午后，为僧俗7000人摩顶。

二十五日，军人、学生等列队迎接，有设灶，由仪仗队迎接到大经堂，在任赤巴敬献曼荼罗。之后，驾临我们的拉章寝室桑珠孜。我和我的经师、巴忙瓦、父母、黄司令、管家等内侍全部聚集献曼荼罗，班禅摩顶。

有诗云：诸佛三密十万河，同流您心大如海，慈悲之风不停吹，事业水泡全微笑。发心诃梨檀香林，三密花开之林苑，名风带来的花香，散发充满广阔地。热心大地慈悲树，同时医他枝叶顶，十万菩萨行花开，阴影众生得清凉。无垢相好画园满，您身胜过满月轮，北部微尘堆山丘，南方寺院高如天。诸凡悲心之肩膀，佛教金色大胜幢，高高举起之善相，三界众生的安慰。

二十六日，班禅额尔德尼为献身语意三所依的3000多人摩顶。

二十七日，秘密会见三大寺的迎请者；为在这里的25000人摩顶。

---

① 可能指黄正清，他藏名罗桑泽旺，1903年生于四川顺化（今理塘）。早年习读汉文。1920年春，同选定为甘肃拉卜楞寺第五世嘉木样活佛的二弟迁至拉卜楞。1925年后在兰州参加创办“拉卜楞茂民文化促进会”和“少年同志会”等活动，并当选为中国国民党兰州市党部监察委员，组建了“甘青藏民大同盟”。1928年在拉卜楞任番兵司令部游击司令。1933年番兵司令部改为拉卜楞保安司令部，任保安司令。1944年任军事参议院少将参议。1945年当选为中国国民党第六届候补中央执行委员。1948年当选国民大会代表。1949年8月率部起义。中华人民共和国成立后，历任甘肃省人民政府委员、甘肃省农业厅副厅长、西北军政委员会委员、畜牧部副部长、民族事务委员会副主任、西北行政委员会副主席、甘肃省人民政府副主席、甘肃省副省长、甘南藏族自治州州长。1955年被授中国人民解放军少将军衔，任中国人民解放军甘南军分区司令员，后任政协全国委员会常委、甘肃省政协委员会副主席等职。

晦日,参观大经堂和各佛殿,陈列五种供云,献心愿敬神哈达,洗礼开光,念诵法行经,佛教的心愿广大。当来到下洲度母佛殿时,长时间望着度母像,当时刹那间无疑是出现了奇异的观相,显然就象宝瓶中的酥油灯火光一样被隐藏,慧眼所见没向人透露,随从人员谁都没有敢询问。同时几个随从也感觉到了至尊佛母的面容有所变化。

阴历五月五日,照常喝茶,然后来到大经堂砖瓦座上,观看跳神,为以献礼者为代表的僧俗 13000 人摩顶。

十一日,应德隆寺僧众(གདེར་ལུང་)请求,驾临德隆寺。

十二日,在大经堂讲授《知识基础女》《兜率上师瑜伽慈缘法》《时代随持法》等。寺院敬献曼荼罗身语意三所依、6500 块大洋等厚礼。班禅还为祝寿者为代表的僧俗 13000 人摩顶。

十四日,为僧俗 5000 人摩顶,布施寺院 500 块大洋,提供 1000 块大洋作为每年修行法会的公基金。

十五日,返回途中莅临拉恰寺(ལྷ་ཚག)供祭,陈供 200 块大洋。之后,驾临这里的寝室。

十六日,按照原先请求,立足大树法座讲授《上师五十颂》和《等起所随持的仪轨法》,然后按照成规次第跳地仪轨舞,做先行次第线仪轨彩色细砂的准备。在此前后,为僧俗信徒 60000 人摩顶,听几位理论家的辩论。

之后,班禅额尔德尼为我和这里的喇嘛活佛格西为代表的居行者僧俗信徒 100000 多人,于二十五日传授《吉祥时轮先行次第灌顶》,二十六日传授《如幼童入七灌顶》,讲授了《细小的实践法秘密密续释密意》。

二十七日,向大经堂陈列千次五种供物,向法会施放僧茶,布施每僧一个大洋,提供公基金 5000 块大洋、金铜胜幢一对;提供给堆桑林公基金5000块大洋,为其他寺院提供僧茶代金5000块大洋。

二十八日,传授《吉祥时轮圆满次第》实践容器中主修大上四灌顶及金刚轨范师大主灌顶。这样,传授《密续真正口诀具种教法福德智慧二资粮能修》《了不了义十一种灌顶》,使生息修养在大地上的一切人成为甚深金刚乘妙道种姓。

有诗云:有形无形之光鬘,拥抱初佛光明库,密意广阔天空中,升起作为众生祥。您是解脱道导师,能洗烦恼甘露水,能开利乐莲花日,引入解脱城之人。闻思修行具光鬘,多有持教之星星,星星之中如满月,您在世间无匹敌。清净灌顶太阳光,促生有缘信仰苗,生圆二次圆满顶,四身鲜花全成熟。依您悲心之向导,迦罗波的城市中(香巴拉的中心宫殿),具种法王的跟前,一切众生平等行。

二十八日,陈列酬补会供曼荼罗和五种供云。所献酬补礼物有曼荼罗身语意三所依、衣服用具、吉祥圣物、法轮法螺、20000块大洋等。班禅额尔德尼摩顶,赐给护身结。

阴历六月八日,僧俗侍从在举行上师会供曼荼罗仪式的同时,向大师敬献礼物祝寿。

九日,在僧众大会上讲授《三界众生的上师宗喀巴所作的修证歌引导到具缘佛地的全法如大乘说法菩提道次第略意》,为理论家讲授奇异口诀之无上生。在各札仓建立辩经,逐个关心,消除疑虑,无上喜乐。为宗喀巴大师的出生地塔尔寺大金瓦寺献千供。

关于遍知达赖喇嘛转世,特派欧曲活佛去观察以前在塔尔寺六部寻找的孩童。十日,应我的请求,为我和德赤活佛等人授近圆戒,我等敬献厚礼感谢。

十五日,由我请班禅额尔德尼到法会敬献寿礼先行曼荼罗三所依、汉马50匹、马牛各50匹/头等。大师发愿给以回赐。

二十三日,班禅额尔德尼和我内部主仆、赤巴德赤活佛格桑钦饶嘉措、各执事一起用餐,按照职位高低得到关爱赏赐。授予黄司令洛桑次仁(即罗桑泽旺)为"台吉"、管家为"扎萨堪布"、拉仁活佛为"迈甘堪布"、卓尼官员为"额尔德玛图夏金苏久图巴杜尔"(ཨེར་དེ་མ་ཐུ་ཤ་ཅིན་སུ་ཅིག་ཐུ་པ་དུར།)名号。

二十八日,先后请到喜金刚札仓、时轮札仓、续部札仓、曼巴札仓的大经堂,献曼荼罗等礼物。班禅额尔德尼发愿予以护佑。应各囊钦请求,讲授各自所希望的法,满足了每个人的愿望,接受献礼。

阴历七月一日,从秋季法开始讲授《佛教祈愿法》,之后为3000僧人摩顶;赐给每个札仓一尊佛像。萨姆措佛(ཟམ་ཚོ།)呼图克图将囊钦全境献给寺院。所以,(班禅)高兴地赐给圣物大氅、自己用过的器具等。在此前后,为献礼祝寿者为代表的僧俗信徒3500人摩顶。

四日上午,按照惯例噶饶强格西们辩论密法,班禅额尔德尼提供全天五次所需的费用500块大洋。

这样,遍知一切班禅罗桑班丹益西驾临汉族地区(内地)时,贡钦帕尔巴献上希望邀请到该寺的报告,(班禅)答应返回时来。我的上世去前藏时向扎什伦布寺表达了请救怙主遍知班禅额尔德尼来我寺的愿望,班禅答应以后我愿去你寺,有如此的真挚的金刚指示,说明是真的,想来这是在世间难以衡量的恩惠,就好像手莲花在心口闭合。我们和这里的喇嘛活佛、法会翁曲执事等高僧、黄司令、军队等送行,僧人百姓执仪仗、手捧供品迎请,驾临达觉滩(དར་རྒྱག་ཐང་།)准备好的行幕。

五日,从此起程,我们和我的经师、父亲主仆等从噶尔孜滩开始敬献见面哈达，然后返回。之后，以桑科头领为首的百骑迎接，驾临准备好的桑科行幕。从此来到达钦多（མདའ་ཆེན་མདོ།）休息。

七日，班禅来到寺院遗址处讲授《玛尼》《往生法》《香巴拉祈愿法》。所献礼物有犏牛150头。是日，黄司令军队辞别返回。

从此继续行走，来到泽曲河边（རྩེ་ཆུ།），[①]黄南亲王为首的500骑迎接到宝帐大库热。

十日，中途有设灶迎接者，驾临夏吾多（加吾乡）宝帐，会见亲王。一路上为6000多名信徒摩顶。

十一日，为亲王贡嘎班觉为首的僧俗5000人讲授《往生法》并摩顶。

十二日，在寝室会见西藏地方政府派来的迎请者四品官多仁主仆，茶叙招待。

十三日，应亲王邀请，驾临亲王府，讲授《香巴拉祈愿法》和《玛尼》，参观各佛殿，会见了亲王家人。

十四日，多仁献曼荼罗祝寿，同时献上地方政府的礼物金银、香料、氆氇等，一件一件清点。班禅为其摩顶。这天，应呼雪请求，为僧俗5000人讲授《观世音菩萨随许法》《香巴拉祈愿法》《往生法》等，接受献礼备有鞍鞯的犏牛100头。

十五日，按照职位高低分别赏赐亲王家人和部落各办事人员、臣子等。

十六日，亲王等人送行，在各地准备的地方休息。

十八日，由藏贡寺（གཙང་དགོན།）僧人仪仗队迎接到寺院，讲授《观世音菩萨随许法》和《往生教授》。

十九日，行至曲桑休息。前后为献礼祝寿的僧俗12000人摩

---

① 泽曲河源自青海省黄南州泽库县，东折南向西流经河南县注入黄河。

顶。

二十日,由拉加寺[①]僧人仪仗队、法螺队、唢呐队迎接到新建的拉章顶楼宫殿,会见香萨呼图克图,一起用餐。

二十二日,香萨呼图克图献礼祝寿。同时,班禅额尔德尼会见札仓和来自各地的信徒。

二十四日,在寝室会见送行到这里的各位喇嘛主仆,赐给绸缎等;委任卸任管家达尔吉为"堪琼"(副堪布);在寝室会见从塔尔寺返回的欧曲活佛、堪钦尊追及马军长派来的骑兵官兵100人。

二十八日,塔尔寺派出的献慰问礼的代表鄂尔多斯乌兰活佛为首的大小中之大老爷献身语意三所依和圣物,班禅额尔德尼为他们30人摩顶赐茶。

晦日,香萨呼图克图在举行会供曼荼罗法会时献礼祝寿,班禅为呼图克图、执事等百人摩顶,赐会供缘。

阴历八月二日,为塔尔寺慰问使者饯行;为果洛康萨首领主仆摩顶,讲授《玛尼》《往生法》《香巴拉祈愿法》。

三日,应香萨呼图克图请求,为300人讲授《白度母随许法》。

五日,为献礼祝寿的格尔底活佛等人讲授《兜率上师瑜伽法》《慈缘法》《玛尼》《香巴拉祈愿法》。

六日,应僧众请求,在附近新宫殿讲授《十一面观世音菩萨灌顶法》《三世怙主总修法》《时轮俱生法》《忿怒三合随许法》,不停地为僧俗10000人摩顶。所献的礼物很多。

十一日,为法会供应茶饭,布施每僧一块大洋,为每年额外举行的法会提供费用1000块大洋、马牛各100匹/头等,作为公基

---

① 拉加寺位于青海玛沁县东北部黄河北岸的拉加乡阿尼群贡(意为:大鹏展翅)山下,坐东向西,面临黄河。初名"扎西功德林"(吉祥广安寺),后改名"甘丹扎西炯尼"(具善吉祥源地),又称"嘉样寺",由阿柔格西坚赞鄂色(1726-1803年)所建,属于色拉寺系统。

金;在佛像前陈献大量的五种供物。参观的时候,在大经堂讲授《兜率上师瑜伽》《不动金刚法》《香巴拉祈愿法》,为主要几尊佛像献敬神哈达开光。在此前后,为僧俗12500人摩顶。

十五日,为香萨呼图克图等30名修行者授近圆戒。之后有仪仗队送行,十九日继续行走,逐渐乘坐准备好的皮船通过黄河,驻锡阿米果陀(ཨ་མི་ཀོ་ཐོ།)。

二十八日,果洛王的侄子贡拉和大臣、官民等300名骑士迎接,在驻地阿窘部[①]首领为主的部落僧俗献礼,班禅额尔德尼讲授《玛尼》《往生法》《香巴拉祈愿法》,并摩顶。

自从拉加寺出发,前后为献礼祝寿的僧俗信徒10000多人摩顶,通过见、闻、念、触等播撒解脱的种子。

有诗云:至善水波摇动热心之浪花,发心深海中二资粮本熟树,菩萨行枝叶顶四身万花丽,导师如意根您施舍利乐宝。不净烦恼业盐水,沾染心思大地人,乃至如是之善业,拥有甘露常神奇。伴您慈悲太阳轮,加持之光有百束,不护佛教莲喜苑,不毁也有诸衰败。地上林圈所环绕,藏区大地之周围,您的事业白伞盖,刹那如影施清凉。三学彩服身体美,教理歌喉如鼓声,摇动智慧解脱僧,多麦大寺您护持。众生幸福高山顶,利他悲悯之风车,相好光明轮如日,升起幻化常不断。无缘妙空之空界,仁心云网之艳丽,与其相伴箴言雷,打醒众生无明眠。串习发心大地上,菩萨行之大海中,一切众生心田地,事业河水流不断。根之次第胜中劣,如理仪式真稀奇,双运珍宝无量宫,永敬引者导师您。

世间顶饰无量光佛遍知一切班禅至尊罗桑土旦确吉尼玛格列朗杰贝桑布的后半生的共同传记犹如大海少业说宝王鬘中,略述

① 又译"阿什姜"部落,其活动范围在青海省果洛的班玛一带,被视为果洛的发源地。

在多麦地区弘法化众的事迹为第五章。

第六章　庄严色身暂摄法界幻化事业略说

殊胜发心国土广阔地,二资粮百顶燃烧之旗,摧毁二障非天战场敌,无比天神上师应赞颂。

阴历九月三日,会见果洛王①的侄子贡拉和做事负责人,予以厚赏,并封授贡拉“台吉”名号。

九日,会见前来献礼的热洛管家、卓仓活佛、白玉活佛等人。前后为僧俗5000多人摩顶,讲授《玛尼》《慈缘法》《长寿三尊三世怙主法》《香巴拉祈愿法》《往生教法》等每个人所希望的法,最后讲授《取舍善的教诫》。

十一日,从驻地起程慢慢启程。

十六日,由热洛部落的藏巴噶钦罗桑扎西、阿木却甘丹喇嘛阿旺次旦等两人主仆和那里的僧人、部落首领百姓等执仪仗迎接到大库热驻地,为献礼祝寿者摩顶。两部供养,请求讲授《玛尼》《转趋法》《香巴拉祈愿法》等。

十八日,藏巴噶钦罗桑扎西献礼。在此前后,班禅额尔德尼为僧俗17000人摩顶,讲授《长寿陀罗尼》《香巴拉祈愿法》。

十九日,渡过黄河,于二十一日行至拉曲下部,受到藏·喇仲丹增、邦堆喇嘛仲扎西顿珠、卫巴喇嘛孜贡诺穷、班玛本喇嘛噶钦丹居等上师、官员、百姓300人骑马迎接,当地的僧人执仪仗引导来到达吉念穆多行辕,喇嘛、官员、部落等立即献礼祝寿。

二十四日,应念穆寺活佛宋饶、瓦述官员曲窘贡两人为代表的僧俗请求,为甘丹布拉主仆、白玉活佛等僧俗4000人讲授《时轮俱

① 可能指果洛阿什姜部落首领。

生随许法》。

二十五日，请到念穆寺，驻足大经堂顶层寝室。该寺献礼时将寺院献给扎什伦布寺作为属寺。班禅讲授《兜率上师瑜伽法》《慈缘法》《时轮祈愿法》等。前后受到卫巴、邦多、班玛本、达陀霍尔等服侍；为各地区人和来自各方的10000多人摩顶，赏赐后藏四活佛和上述五部的官员；为念穆寺法会施放僧茶，发放布施，赐给寺院供物各种绸缎；向佛像献五种供物。

二十八日，一路上受到各地的迎送。各地根据自身的情况进行供养服侍。班禅为献礼祝寿者和信众摩顶加持，尊容成熟为眼睛的甘露。

阴历十月十三日，石渠寺赤巴喇嘛为首的各位喇嘛活佛，两个札仓的执事、领诵师等百骑和石渠王臣、百姓等300名骑士前来迎接、灶迎，两个札仓的仪仗队引导到石渠寺。

十五日，莅临布萨法会。

十七日，应石渠寺、属村请求，讲授《时轮俱生随许法》。献礼颇多。

十九日，向几尊主要佛像献五种供云，向法会施放僧茶，布施每僧一块大洋，给每年额外举行的会供曼荼罗法会和辩经法会提供300块大洋、马牛百匹(头)，作为基金。

二十日，参观各佛殿并陈献五种供物、敬神哈达，赏赐石渠寺喇嘛、执事、王臣等；封授白利(བེ་རི་དགོན།)土旦贤珠达吉林寺喇嘛为“额尔德尼诺门汗”，石渠王旺杰为二品台吉。

驻锡石渠寺期间，为来拜见的百姓12000人摩顶。

二十一日，随着仪仗队出发，次日有仪仗队迎接，驾临澜沧江边杂曲喀囊寺(རྫ་ཆུ་ཁ་ནང་དགོན།)。

二十三日，应僧众请求，讲授《大手印根本法》《长寿陀罗尼》

《香巴拉祈愿法》《往生法》等,为赤巴、执事等人为代表的札仓僧人和来自其他地方僧俗3000人摩顶。

二十四日,从喀囊寺出发。

二十五日,拉布堪钦活佛为首的高僧、仪仗队迎接到拉布寺(ལབ་དགོན།)①拉章寝室。午后,向佛殿陈献五种供物,照例念诵五供经。

二十六日,应僧众请求,讲授《慈缘法》和《长寿陀罗尼》《往生法》。

二十八日,在佛殿陈献五种供云,参观各佛殿并献心愿敬神哈达。

二十九日,应拉布寺大堪布活佛请求,讲授《时轮略续》《祈愿法》《长寿陀罗尼》《乐愿》《香巴拉祈愿法》等。陈列的献礼有曼荼罗等多如云。会见了请求献礼的百户之子。

晦日,按照职位高低,分别赏赐喇嘛、活佛、执事、官员等,向法会施放僧茶,布施每僧一块大洋;为每年举行的五供(燃灯节)会供曼荼罗法会上辩经提供费用400块大洋、马牛百匹(头),赐给拉布寺《寺庙清规》和《守规》。

阴历十一月一日,从拉布寺出发渡过长江前行,三日过长江驾临热娘寺(ར་ཉག)②。

四日,应僧俗请求,讲授《时轮俱生随许法》。献礼有马、骡子共200匹。向各佛殿陈献五种供物和心愿敬神哈达,按职位高低分别赏赐僧俗官员。

---

① 拉布寺,藏语称"嘎登郭囊谢舟派吉楞",意为"具喜显密讲修兴旺洲"。位于县治南20公里处,在今拉布乡拉司通(亦名拉莎梅朵塘)学群沟口的嘉日僧格昂却山(狮子跃空山)山麓。明永乐年间,宗喀巴弟子代玛堪钦元登巴奉师命来今称多县地区建寺,见拉司通学群沟口山清水秀、风景宜人,便选定寺址,在当地拉布头人尼玛本的协助下,于永乐十六年(1419)改建原有萨迦派小寺,新建经堂一座,僧舍6间,聚僧10人,形成拉布寺。清同治年间达到最盛,有属寺18座。

② 又称"让娘寺",别称"惹尼牙寺"。藏语称"让娘彭措帖庆楞",意为"圆满大乘洲"。位于结古镇北50公里的仲达乡境内,传由直贡噶举派的创始人仁钦贝的弟子康觉多杰宁保所倡建,第三世达赖喇嘛时改宗格鲁派。

五日，从热娘寺出发，以囊谦王（囊谦千户）为代表的各官员200骑，塔尔孜活佛为代表的喇嘛、执事300人，马司令等文武官员500骑和骑兵500人迎接，还有设灶迎接者，在仪仗队的导引下驾临结古寺[1]汉地拉章（རྒྱ་ནག་བླ་བྲང་།）顶层宫殿，支拿活佛进殿拜见，献上身语意三所依等礼物。

八日，会见刚从西藏来的拉门米苏（ལྷ་སྨོན་མི་རྒྱས།）和仲科吉巴，两人献上拉章管家的礼物等。

十日，在大经堂为献礼的僧俗300人摩顶。

阴历十二月十八日，应结古寺政教共主一致请求，班禅额尔德尼在大经堂讲授《观世音菩萨随许法》《香巴拉祈愿法》等，不断为献礼的僧俗信徒10000多人摩顶。

十九日，在寝室会见来自拉萨的帕邦卡活佛，关心留住期间的服务。应结古寺政教共主请求，为僧俗1000人传授长寿灌顶。

之前，发生了西宁和西藏之间的纷争，西藏派出的调查达赖喇嘛转世灵童的特使受到马司令的阻止，滞留在西宁和西藏交接处噶达寺（སྒར་མདའ།），向东要征得马司令的同意，（在班禅的斡旋下）马司令同意派官兵迎接特使。

二十六日，班禅额尔德尼在寝室会见帕邦卡活佛，一起用餐，谈论政教之事，要帕邦卡转告代理摄政热振活佛有关达赖喇嘛转世灵童合适的名签，并且分别给予赏赐，关心僧众。

丁丑年，即火牛年（1937）阴历一月一日新年，吹响了悦耳的缘起法螺和唢呐声，座位前后排列整齐，照常向欲界自在母献上元旦食子和会供曼荼罗、糌粑、奶酪等；西藏地方政府在大经堂陈献曼荼罗三所依、国政七宝、衣服用具等供云祝寿。同时，为了寻访调查达赖

---

① 结古寺，位于青海玉树市结古镇，据说是1398年由西藏萨迦派高僧当钦瓦喜饶坚赞在这里传教时，受扎武部落头人的支持修建的。

喇嘛的转世灵童,西藏地方政府特派出格仓活佛(ཀིའུ་ཚང་།)、那曲堪布勒参钦饶、囊索塞朗巴、贡孜杰仲洛桑次旺主仆等人,班禅在寝室会见。

二日,向各地派遣人员要求结多寺和周围附近的寺院举行大范围的特殊的念修法会。

十二日,班禅额尔德尼生日喜庆日,迎请到大经堂举行与上师供会供曼荼罗相关的祝寿仪式,恰雄(地方政府)献曼荼罗三所依、吉祥圣物、法轮法螺、衣服、用具、金银、绸缎等厚礼。班禅额尔德尼不停地为外宾代表、夏仲、私人等摩顶。

二十八日,在以扎什伦布寺为代表的卫藏、多麦地区各寺院布置举行经忏活动。

阴历二月五日,应扎武百户(དའུ་བེ་ཧུ།)亲属等人祈请,为来自各地的僧俗5000人传授《白度母随许法》并摩顶。

八日,供养附近的布曲寺、玉树寺,赐给僧茶代金。

十二日,所有的僧俗侍从在大经堂先行祝寿祈祷,敬献法轮法螺、国政七宝、吉祥圣物、衣服用具、汉马、绸缎等供云。夏仲和外宾按照职位高低依次敬献哈达礼品。班禅额尔德尼赐以会缘,诵经发愿。

十八日,在寝室会见藏军百夫长贡嘎萨措,并予以赏赐。

二十日,在寝室会见囊谦王(囊谦千户),并给以褒奖文。另外,会见了德格王的代表、达尔贡寺代表、玉树藏曲官员(ཡི་ཤུ་གཙང་འཛུད།)。应藏曲百户请求,为僧俗2000人讲授《圣母如意轮随许法》。这样,会见了这一地区的官员们,为请求摩顶的信众完成了各自所求的瞻仰尊容的眼福,摩顶加持;按照各自的愿望,授予所求的大小教法,为了教化徒众的事业而心忧身劳,没有丝毫放松,就像大海的波浪一样,一刻也不能停止,精心于诵经布萨和甚深道天瑜伽,向佛像献上普贤供云,使佛教兴旺、众生幸福发展的吉祥圆满,希望遍布于世间汉藏蒙一切地区,坚固利他的伟大菩萨行,犹如成就随顺传记的光明。

有诗云:增上意乐柄中出,利他身躯满度根,菩萨行花十万艳,二利珠宝赐众生。清净誓愿纯洁水,稀有发心阔海中,利乐枝叶十万密,遍地生长佛教树。您的三密云层中,箴言犹如夏季雷,有缘徒众笑容开,一切解脱胎中美。教民利乐珠宝库,大乘双运二资粮,世间所有的众生,导入利乐春天美。所有善妙的仪式,犹如大地美少女,轮流高举日月灯,昼夜不停在轮替。

阴历八月一日,驾临隆雪寺(ལུང་ཤོད),受到喇嘛活佛、执事等人的迎接,手执黄色盛幢的持律僧以供享的仪仗队和圆满恭敬心迎请。一到寺院喇嘛活佛、执事、僧众祈祷供养、服侍,班禅额尔德尼摩顶加持,向僧众施放僧茶,发放布施,提供公基金;向各佛殿供放丰厚的五种供云之蕴,以七支方式献供发愿。

从此时开始,遍知救怙主身体出现不适,大司寝堪布等部分近侍诵经祈祷尽快好起来,提供费用供养此寺和附近其他各寺院、仪轨法会等举行经忏活动,祈求班禅额尔德尼早日康复。

十八日,对司寝大堪布说班禅现在病情加重,必须自己亲自供祭青嘎瓦佛(ཪོ་བོ་བྱིང་དཀར་བ)。按照班禅的指示,为密院怙主殿法会提供供品和心脏形食子(祭祀鬼神的一种食子)进行修供祭祀。

这天午后,汇报说发生了四头骡子从前面山上坠落的事件,另外一匹骏马无缘无故突然死亡。班禅说如果这样遮止,会有大碍,对我来说没事。如此用心说,显得慌慌忙忙。

二十日,管家、大小堪布为首的全体侍从非常渴望班禅额尔德尼长寿,不停地祈祷,必须保佑尽快回到西藏扎什伦布寺。班禅暂时没有答应回寺。当时少数西藏地方政府官员污蔑说,现在正遭受冤魂鬼蜮诅咒,汉族的官员军队护送不合适,不易到拉萨,如果那样以后可能听从他们的指示,政教会有不用调和的恶行。(当时)内地一些地方中日战争爆发,处于混乱状态,中央也派人送来电报要求班禅暂时推迟返藏,因此不得不推迟返寺。定吉活佛、强佐、近侍堪布们祈请加大开展长寿修炼仪轨,按照口头命令在周围寺院念诵《甘珠尔》和十万遍《度母经》《般若经》《白伞盖经》《千万遍慈缘法》和《长寿修念法》,供祭护法神,法会规模很大,提供各寺开展的怙主大食子、六十食子等活动费用。

这样,自从驾临结古地方,内外的寺院、各宗派的修行院都来邀请汇报,班禅额尔德尼去过其中的几个寺院,毫无私心地对管理各寺的堪布、修政教宿业的官员、勤奋修行的格西、信仰坚定的僧俗给予关爱和合意的教诲,针对每个人的根器施法,重视拯救外来的侵害,给以相应的特殊褒奖,恩德无量;向每一个寺院的僧众施放僧茶,发放布施,提供佛教长盛不衰的建设基金和修复各派僧人经堂的顺缘白银物资;赐给鼓励为善的信函、守护文等,要求必须珍爱佛教的教导。另外,提供白银物资作为公基金、符合各宗派佛教发展的承事、胜上士夫掌管佛教的教诲;关心各讲修寺院的教理辩论和实践,并进行整顿,建立不可思议的仪式,使之发挥具有佛教有益的作用,清除浊时的衰败。为了这一地区所有优劣僧俗的利乐威德而努力,人们的内心深处不愿超越其教授,双手合掌放在胸前努力祈祷,响起悦耳的赞歌声,树立坚固的希望根基不动摇,难以言语表述。

阴历九月某日,莅临结古寺(སྐྱེ་རྒུ་དགོན།)。从此像往日一样十分高兴为所有的信徒摩顶,满足他们的愿望,讲授《往生教法》《玛尼》《慈缘法》等。

二十二日,天降节,在佛像前陈列五种供云,发佛教兴旺之愿,仍然诵经修行。之前,身体感觉不适,通过诵经祈祷,有所好转,没有什么病痛。这天,病痛再次复发,让上下地区的寺院广做法事。

阴历十月一日,身体有恙的感觉明显,而且日趋加重。近侍大司寝师祈请道:为了他人,请悲观承事,使病好转。按照班禅的指示,念诵以《甘珠尔》和《丹珠尔》为代表的所有显密经典,献几千次五种供云,各本尊神的诵经仪式、护法神之祈祷、《度母般若经伞盖经》念诵各有上亿遍;前后发电报给扎什伦布、色拉寺、哲蚌寺、甘丹寺、上下密院等卫藏大小寺院立即开展祈寿活动,派人送去所需的代金、念修酬金等,各寺都回电。给安多的塔尔寺、拉卜楞寺等多麦寺院和康区的大小寺院提供酬金,请求开展念修祈寿活动。召集当地大小全部寺院举行念修祈寿活动,承事供养,献上酬金,规模盛大。

近侍们请求必须用药物调治,让神医(相当于班禅的御医)和各方名医会诊,开药治疗。即使这样,病情仍然没有得到控制,大家都昏昏惘惘。八日,布达拉宫护法殿法会用圣如意轮的方式举行长寿永驻仪式诵经。同时,定吉活佛等近侍和管家等大小夏仲悲痛祈请说:世界尤其是扎什伦布寺以后的指望、圆满佛教的发展都要依靠唯一的遍知救怙主,请怜悯大众疾病尽快好转。这一地区的寺院喇嘛、僧人、汉藏官员也不断祈请,但没有得到明确的回复。向当地的拉古学(ལབ་སྒྲུབ་ཚོགས)等大喇嘛活佛问卦的结果是:颂《甘珠尔》十三回,念诵长寿三尊(《无量寿》《白度母》《尊胜佛母》)陀罗尼几亿遍,举行尊胜本尊们的四业护摩活动和四续部广博天众修供仪式,多多布施乞丐,赎取生命,进行怙主法的酬补、忏悔活动,以及怙主法及姊妹护法的托付事业、拉白三佛的祭祀、十万白伞盖的大遮、狮面怙主食子回遮等,针对性的活动非常多。派人向上下地区所有寺院、塔尔寺、拉卜楞寺等多麦许多寺院送去财物,诵经祈祷。

二十日,近侍和囊玛岗的3位代表在班禅额尔德尼身前眼含泪水,恸哭着祈请说:病能否全愈是掌握在救怙主大金刚持手里,对我们亲眷来说就像失去了导盲者,不应如此,不要忘记过去(您)为了佛教众生所发的心愿和誓言,必须怜悯照顾,而且现在百劫间莲足坚固的愿望也已达到,无论如何请赐教,必须祈怜悯照顾。班禅赐教说:"我在藏之时,最上怙主经师金刚持肩负着排除障碍修行顺缘的责任,我自己没有责任。自离开扎什伦布寺至今,所有责任都是我自己承担了,现在我对任何事不感兴趣",没有说其他的话。实际上心已向别处。

这样,班禅额尔德尼前后反复祈请,除了这几句话外,再也没有任何答复,大家也没有办法,悲痛不已。祈祷法事像以前一样昼夜不停地在周围各寺院进行,公私每一个人反复祈求病情迅速好转。这时,病情不但没有好转,而且停止进食,睡眠困难。昼夜念经诵咒、静心修炼没有任何减弱,以广大供养来打发时间。过去,在北京、南京、上海等汉蒙地区期间也生过一两次病,依靠法事活动和医疗品能痊愈。但是,从八月身体开始出现不适一直不见好,前后一个时期天气恶劣,多日灰尘弥漫,山川河谷也被笼罩在沙尘中。驻锡隆雪寺期间,出现旗帜倒下,前后地震、山崩、太阳升落无光,还看见白色的大乌鸦等,不善之相接连发生。

二十二日晚,班禅额尔德尼心情非常愉悦,对近侍说:"这不是我们的房子,有个非常舒心宽敞,如同镜中景象的房子。"无疑,这种情况表明已经突然清楚地看见动静世界能依所依之坛轮。有时又说欢喜魔王(他化自在天王)很恭敬地来到跟前。这句话的含义预示着一个相同的故事:佛在释迦狮子洲开示胜应身(殊胜化身)的事迹时,即将涅槃,启请3次之后应允,因此他满足了。有时,反复观望天空微笑,突然合掌说"大成就自在萨乐诃",好像真见到佛菩萨、班智达、成就者似的。这些除了作为大圣人内部相互的自证智的行境外，像我这样根器小的人不敢评说。

二十三日，各寺院、各大喇嘛活佛分别祈寿，（班禅额尔德尼说）各札仓要继续努力勤进法的仪轨，不断发扬光大，除此之外再没有其他指示。一次，大师说：战争非常激烈，心里很不舒服。

二十五日傍晚起，身体似乎好转，说看见手拿青莲花等各种鲜花的许多穿着美丽的孩子列队站着。

二十六日，十几只彩色斑斓的小鸟整课时停在大师的附近，班禅额尔德尼说：前面的小孩和现在的小鸟是从清净佛国派来迎接我的持明空行。这天，定结活佛等近侍从内心深处发出强烈的祈请说：（您）不仅是我们将来的唯一指望，而且所有世间佛教众生的利乐也要依靠遍知救怙主的慈悲，请病情尽快好转，以大慈与怜悯之心登上扎什伦布寺法座，无论如何关爱佛教与众生利乐之时宴。

二十七、二十八、二十九日三天，除了说有“险象”之外，再也没有说什么。

二十八日，大家看见从晴朗的天空中有一股白色的彩虹射向寝室房顶。当晚十点时，班禅额尔德尼连说了两次“轿子已经到了，我该走了”。然后，再也没有说话，进入修持状态，好像在修甚深金刚道念诵瑜伽等法一样，身体坐立僵硬，到三千大世界逐渐沉没之后，一切皆空，显现为光明大乐俱生智慧法身。这样，证得胜义法身，外相犹如虚空明净离垢，发出琉璃之光，没有细微的气息流动，天气非常温和。内相是此佛土的徒众暂时圆满，鼓动执常者修习佛法，显示摄集色身之庄严，再次表现为慈悲不舍。过去由于身患疾病身体虚弱，现在没有一点皱纹，身体的坛城非常饱满，仿佛十五的月亮。从此，禁戒的香味散发到很远的地方，时常在天空中出现彩云。定结活佛等近侍们怀着无比悲痛的心情，大声说：

“呜呼,圆满佛教的太阳已落下,摧毁衰损烦闷的大云已失散,一切利乐的根基如意树已干枯,我们盲夫们没有救怙主犹如独自漂泊在荒漠之地,如来教的莲花欢喜苑由于远离保护的太阳而闭合。”恸哭声不断,泪流满面,身体因忧苦而颤抖,无法自拔,各种供养就像普贤的供云从体内出来,不可思议地排列;遗体如意宝戴上冠冕,变成受用身形。定结活佛等人逐次承许祈祷、几百位金刚持建起上师坛城的主尊身像,自性入而受灌顶,心思圆满,抚育自己衰退的三昧耶,依教修供献祭;各寺院的许多师徒开展相应的诵经法事活动,昼夜不停。大多数人敬礼、转经,献上各种供器,特别是昼夜供奉的酥油灯像升起的群星一样璀璨,各自努力寻找除罪修善等甚深圆满的思想方法。

上述活佛侍从们做好誓愿本尊的诵经仪轨等圆满心愿的服侍,不断地祈祷新的清净转世活佛像太阳一样迅速明亮。这样,以光明俱生大乐法身的方式,昼夜不断修行,藏历润十月四日凌晨,空乐无别的智慧法身和双运心气中成就的双运身摄集在化基五决定①受用圆满身中,将粗身宝箧放置在众生的福田。在幻化网身上表现出的菩提内相是从两鼻孔直接流出红白菩提心,天空飘下细小的雪雨,右手是镇地印,左手是等至印。不知从什么时候开始,从身体的每一部分发射光芒,犹如舍利珍珠芥子般大小的东西无间流出,信徒们看在眼里,视为自己的缘分。如此难以估量的伟大事业,我们这些愚笨者如何能述说?他已经超出了住地神圣菩萨的境地,成为众人的顺缘,如此所拥有的殊胜成就地的自相,是用来抚育信众。

---

① 佛教名词。五决定是报身所具有的五种特法,指处决定,永驻色究竟大密严刹土;身决定,相好庄严圆满报身;眷属决定,唯有圣者菩萨围绕;法决定,只说大乘教法;时决定,住世乃至轮回未空。

一切三时如来的本性,已经消除了一切过错,各种功德圆满,因此而获得无上菩提之乐。但是,班禅额尔德尼不顾寂静之乐,为了利他事业而显示无量身变化,众生不失散,大悲依他起的方法是:诸凡大慈悲,都是为了他。由此原因,大遍知遍观救怙主显示为一切众生的无上三有金刚持怙主友无量光佛身,以教理所成,不需要新述。原因如《宝性论》说:"死魔不游走,长寿寂灭处"。到达常乐我净的彼岸,坚决消除情世间四魔①,为了了义而远离生死衰损。《大乘经庄严论》说:"犹如虚空中,世事不断现,如是无漏界,佛业不间断。"这是说佛的事业是随顺徒众的事业愿望示现的。另外,现在亲自所教化的徒众圆满,摄持最后的弟子们和执常的弟子们必须通过殊胜遗体教化的时间已到。如同过去第四导师释迦牟尼佛在庵摩罗村为了摄受最后一批弟子而示现涅槃,驻地佛弟子菩萨和阿罗汉像金山之鬘一样的众多弟子祈祷未了愿望,示现涅槃相。如此认真祈请、做法事活动和用药物治疗,都未得到允诺,决定受用五具圆满身的本性中,在广阔的净与非净之界,教化徒众千万种,全身心投入,乐此不疲。

有诗云:大乐琉璃之光清除了一切戏论,天空微风之光化为金刚持虹身,一切虔诚弟子眼中做出定胜象,他是有寂界无与伦比的救怙主。相好千束光网络,色身太阳曼荼罗,五定受用之城中,西山顶上去法界。谁除衰损之黑暗,谁分释教莲喜苑,谁赐利乐蜂蜜宴,无您谁做众生友?遍知二谛知识曼荼罗的千眼在转动,十力饮乳骨质法轮战胜了四障非天,统治三十三天法世界的帝释突睡去,自诩持教的小天神现在自己能执政。热恼水晶坛圆满,滴入利他冰十万,吉祥圆月被云弊,希望谁来开教莲?闻思修的大绿鬃,若无吉祥语狮您,

① 佛教名词。指蕴魔、烦恼魔、死魔、天子魔。

彩涂八法之狐狸,怎能执掌雪山教?相好太阳睡天空,阻挡法语海螺声,稀有大悲流转断,痛苦黑暗压众生,心想利他之沟道,佛子行之十万河,多劫您心器皿中,汇入悲水已干枯?痛苦步伐也摇晃,忧伤过度处境难,失去方向像盲人,稀有悲力护我们。智慧太阳光,消除四魔暗,普通人看来,去救他土人。忆念您功德,犹如信莲合,我心八瓣莲,悲光鬘常护。

有寂世间顶饰无量光大遍观遍知班禅至尊罗桑土旦确吉尼玛格列朗杰贝桑布的不共后半生之传记如海中少说珠宝王鬘,从中第六章是略说色身庄严摄入法界之幻化。

第七章　概说如何修行成就圆满特殊无漏心的方法

断证聚光镜液界,摄入相好光蕴中,摧毁世间所有暗,上师请您游我心。三界众生的上师、有寂顶饰的相好坛轮摄集为五具受用圆满身,粗大宝箧全部有寂大灵塔之前有伞盖、胜幢、璎珞、花鬘、菩萨七宝①、吉祥圣物、寻香水、香料、数万盏酥油灯等每天供放,以不可思议的种类供养,为了圆满怙主的无漏特殊心,进行法事活动,念诵显密经典,在宽阔的续部坛城中受取灌顶,以七支敬礼②,献曼荼罗,昼夜不停地在修善行次第;向佛像献五种千供、百供等,为各寺院施放僧茶,发放布施;向各大上师告知班禅圆寂,请求诵经祈祷;先后完成的施舍乞丐及有关遗体请往扎什伦布寺之事另有记录。

---

① 佛教名词。指映红、帝释青、吠琉璃、子母绿、金刚石、珍珠、珊瑚。

② 修学佛法时所加行的七法,包括积累资粮七支:顶礼、供养、忏悔、随喜、劝转法轮、请住世不入涅槃、回向正等菩提;忏罪七支:忏罪、随喜、发胜义菩提心、皈依、发愿菩提心、发行菩提心、回向;密乘七支:礼拜、供养、忏悔、随喜、皈依、发菩提心、回向。

若尔，班禅额尔德尼思想圆满，完成了善业之大事，为了大悲天空中殊胜化身太阳般笑容尽快显现、佛教众生的利乐白莲花欢喜苑圆满，不断地祈祷，进行佛事活动，使一切有寂之苦同时消失，遗体如意宝王安驻地能所依等仿佛三世珍宝堆积一处，圆满庄严。

有诗云：有寂漆黑的怨敌，有边善相日光波，舍弃此土教莲苑，移至五有箕宿方。诸凡善业大金车，向上引导之圣人，无漏心思圆满法，建设福泽千万蕴。空乐双运宝王器，有寂灵塔之宝箧，住心珠宝心所依，天等众生应供处。作成画的身形象，双手合十去敬仰，若得无上菩提果，有寂灵塔何不敬？断证珠宝蕴，施以圆满祥，放射加持光，应赞圣灵塔。

有寂顶饰遍知大遍观是三世诸佛的妙观察智①三有本光金刚持身的显现，三密不共传记成为一切善逝者们的秘绩一般，只有善逝者们内部相互成为自证智的行境，除此之外像我这样的智力低下的人怎么能阐述？犹如因明教所说，自从成为比丘法源，第一次发胜菩提愿时，就开始修不同于天神世间的稀有妙语等引导虚空有情众生趋善为已任，在无数劫之间专心修佛弟子的伟大行，证得无上四身五智②的菩提位。《大乘经庄严论》说："无量艰难行，积累无量善，无量之时间，无量障蔽尽，诸障之无垢，获得一切智。"在三无数劫为了利他而舍身等的难行和为了自利而积累修般若六度的善根，就像启开宝禅堂门，成为一切功德（知识）之库，这一切连驻地的圣人们也不能述说，比如大鹏翱翔天空且无法丈量天际一样。共同的传记犹如大海，后半生的事业如前所述，如果概括起来

---

① 佛教名词。观察一切法圆融的智慧。《心地观经·二》："妙观察智转分别识得此智慧，能观诸法自相共相，于众会前说诸妙法，能令众生得不退转，以是名为妙观察智。"大意是说，所谓妙观察智，是由"分别识"转化而来的智慧。这种智慧能够分别事物（诸法）的自相（法相不同）和共相（法性相同），由此而在法会上为众生宣说妙法，使其在修持上不退转，因此而叫妙观察智。

② 四身是佛所具备的自性身、智慧法身、受用报身和变化身。五智指大圆镜智、平等性智、妙观察智、成所作智和法界性智。

说,则是:善巧阿阇梨世亲①,如理听闻和思考,是故加行去修炼。以清净戒律为根本,讲说入修佛法的次第。《大乘经庄严论》说:“如何易得宝,自光像导师,诸佛无报答,如是做定说。”如意宝不看勤奋心,而是显现自光,如来没有等起之分别心,而是教化徒众,犹如琵琶手,是事业化身②生为普通人者,称受生化身;示现十二宏化者,称殊胜化身,表演各种歌舞。无量光佛为了发展世界佛教众生的幸福,在四部威德显盛的塔隅(即塔波)中心,生在非极富非极贫处于中层的血统圆满的家族中,没有放荡孩童的恶行味,而散发着圣者稀有的香气,讲说内部的本性,在众生没有自由的时期,给以圣教尤其是欲界自在佛母所给的明显标记,雪域众生怙主达赖喇嘛用真实语认定遍知大遍观班禅的转世灵童,在扎什伦布寺无畏法座上坐床,开始亲自从经师罗桑丹增旺杰贝桑布用意乐加行如理掌管佛教的根基,即自从迅速加行学习读诵开始,逐渐修心,毫不费力地获得菩提智。但是,他不知道满足,昼夜不停地分析经典词义,以此度过时光。智者马鸣③说:“少闻盲不知修行方法,不知方法如何去思考?是故勤奋努力要闻听,边思边修才能智慧多。”这种进入闻思的次第,必须向后来者宣传。《经庄严论》说:“比丘勤奋常努力,严守清净禁戒法,修心开发大智慧,一切痛苦全消失。”佛的教导有教法和证法两种,一切教法摄于三藏中,一切证法摄于三宝学中。如果从戒学说,遍知大遍观达赖喇嘛阿旺罗桑土

---

① 又音译为婆薮槃豆,是4世纪末的印度佛教论师,与其兄无著同为印度佛教大乘瑜伽行派的创立者。著作颇多,如《阿毗达磨俱舍论》《佛性论》《大乘成业论》《大乘五蕴论》《止观门论颂》等。

② 或技艺应身,佛教认为佛为了教化众生而示现各种工巧匠的化身。事业化身是佛的三化身之一,如身、语。另两种化身是受生化身和殊胜化身,前者如转世活佛,后者如释迦牟尼本人等。

③ 又称马鸣菩萨,著名的佛教学者,诗人、剧作家。大约是公元一、二世纪人,婆罗门种姓。原为婆罗门教信徒,后随著名佛教学者胁尊者出家,在东天竺、北天竺宣传佛法。现存主要作品是叙事诗《佛所行赞》《美难陀传》(《庄严难陀》)和三部梵语戏剧残卷。

旦嘉措贝桑布获取清净别解脱前后戒,不仅仅是勇气,而是把它当做生命守护,所以在雪域持戒者当中像胜幢顶一样,显得非常高大,不被自利之浊染污,而是用大乘戒律的神水利益众生,时常汇集在心意头上,把密咒的不共誓言当做眼珠一样保护,拥有共同的心智学止观瑜伽、不共的生圆、空乐无别的智慧瑜伽,然后宣讲,事业宏伟,成为圆满如来教的伟大主人。另外,有伟大的与三轮相关的菩萨行,通过讲辩著不断发扬佛教的利乐。如果从讲功德说,理解所有的词意,箴言之生殊胜,不是只掌握只言片语的词义,也不是向他人炫耀,而是将首尾一切意思以章目概括,用教理决断,通俗地解释经典的全意,能够抓住听众的心,使听者容易理解,不是供施烦恼者,所以能正确地讲经。暂且不管寻觅、恭敬侍奉、讽颂,而将改造传统作为重点宣讲,解说道次第修心、生圆二次第教授,整理说法(不同的观点),不是增加不必要的虚文词义,而是加强体验,体验道的本性、次第,顺利地掌握错误的根源在哪里、如何消除障碍、怎么样发挥作用的次第;上下不乱,用口诀修饰,导师讲授,他人不挑战,犹如文殊菩萨出世一样。

如果从辩论功德说,用高深的智慧技能中出现的一二应成方法同时解决对方不了解、颠倒分别和一切疑虑问题,就连那些度过了一生、自称是老辩论智者的骄慢者,随便在任何人面前发问经典难点、分析经典的人都不敢作答,仿佛法称和陈那两位大师出现,或亲自会见两位圣人怙主一样,心里想着因缘极好,十分敬仰。

如果从著功德方面说,用圆满修饰语风格增长听者耳中的圆满吉祥,没有上下混乱、前后矛盾关系,也没有诠释方面的错误,从高大定胜法著成的所诠(叙述的内容)圆满,用圣者的口诀修饰,符合巨著的规矩,好像是从妙音天女的喉咙中发出的。著作有《兜率上师瑜伽讲义笔记》《菩提道次第略义——道次第偈颂》《多位本尊护法修行法》及道次第方面的著作多部。

智者三大事业的次第是,战胜反击辩论、合法、不得逞(不给反驳的机会),在词义的每一处都要有智慧无碍的胆识,获得无畏位。《大乘经庄严论》说:“能依所依及所讲,语意智慧及能讲,智慧时常无障碍。”佛(导师)是无与伦比的,不顾等起之分别,为了徒众拥有自然流转的语事业,不用天鼓激励,就能发出声音,犹如同法之苑。《大乘经庄严论》说:如鼓未擂击,普皆出音声,如来无造作,普皆出善声。年轻的时候也没有智慧的技能障碍,掌握了所有的治他语言学和因明学、摄益接引徒众的工艺学和医学、遍知自性的内明学(佛学)等五明学。公正对待自他宗派,明确看待一切要义,到达显密口诀大海的彼岸,成为智者和成就者中最优秀者;寻找教诫时,还像青年诺桑一样,从遍知达赖喇嘛和经师接受灌顶、聆听教法,灌顶、随许法、教理、讲授之水注满了所有的宝瓶,成为教诀的宝库。即使如此,仍然感觉不到满足,提出要闻听以前没有听过的世代传承的稀有法,因此特从塔尔寺请来金刚持法王晋美赤烈嘉措完成了闻思传记。

班禅额尔德尼精通修行的次第本尊瑜伽和空乐三摩地等,心常住空性,平等摄持,到达所有成就者之顶点,后得相等之行、曼荼罗、供物等都是上师亲自排列,修行实践吉祥时轮、本尊大威德、佛薄伽梵喜金刚、大吉祥轮等的语仪轨和自入法,努力念诵这些密教经典,认真对待许多静猛天众的闭修。

教化徒众的事业次第:每时每刻都在修不净有情行,做等入业边的善事。《大乘经庄严论》说:虚空世界中,如事不间断,如是无漏界,佛业不间断。浊世的自相如海水翻腾,由于受恶毒的边鄙王的侵略,被请到印度之时,用庄严身的各种幻变调伏教化,使恶毒之心纯熟,不违背教令,这样的历史较多。如《大乘经庄严论》说:

成坏等有情，世界视如幻，如愿而自在，真实显各种，发光令极苦，恶趣升善趣，撼魔妙高宫，令魔生怖畏。用神境通智慧观见器世间的成坏，用知死生智力观见情世间的成坏等，用漏尽智显见情器世间如幻，因此开示情器世间的庄严，三千大千世界化成芥子般大小，这些都是由身幻变所为，是来救护受苦者，断除一切凶恶残暴者。这就是传记的神奇。

劳于教化徒众，公平对待每一个有缘分的人，接引所有的徒众。虽然给平等的众生造成了见、闻、念、触的关系，但是在圣地印度、卫藏四茹、多康各地、摩诃支那大地、大霍尔地区，通过语教诫神变（རྗེས་སུ་བསྟན་པའི་ཆོ་འཕྲུལ།）①加行异熟解脱道，朝拜圣地印度、普陀山、妙吉祥驻地清凉山（五台山）等殊胜之地，敬献供物，为佛像新制衣服，陈献供物。另外还有其他神奇的故事，在普通地方也向身语意三所依（佛像、佛塔、佛经）、寺院僧众承事供养。至尊弥勒怙主说：去各地向佛有情献供，发清净菩提心。照此践行，对众信徒，特别是在佛教不发达的地方，想尽各种善巧方便让众生知道十善法的取舍，建立佛法根基，很辛苦地将身语意三所依从地下掘出，立下常供规矩，善巧方便方面的做法不可思议。至尊弥勒怙主说：不称佛号称佛号，是故他土有佛号。不是殊胜宝教未普及，就像第二佛发愿。向他们敬献的物海像河水一样，是从各地汇聚来的，所修成的身语意三所依等洁白的伟大福泽，未来佛至尊弥勒怙主的不知餍足的端庄身材，其绝世的高度被四种舍利充满，闪烁着现智的加持之光，新建能依所依等，生为至尊弥勒怙主的眷从，现证解脱之善相，以此为代表做了建立身语意所依等不可思议之事。布施乞丐他们所需的不可思议之物品。

---

①　观察有情众生何种烦恼最盛，就用说正法来对治。

说符合世俗道理的话和有法之语,正确地进入取舍之地,我也进入适合之地,如说:入取相同施,我等随行者,爱语及行事,是想相同事。他续成熟,通过体验四摄事使徒众们成熟。《大乘经庄严论》说:菩萨身及受用,不施他人有和无,两种加惠能熟他。意思是财、法、无畏三种施使此生和来生利乐,以此为代表,安置在自性戒、圆满戒、圣者喜戒等五种戒律及忍辱、精进上,用二加惠成熟的事迹非常多。

一切发冠依止足莲,获得梵净位,没有丝毫傲慢之心,用慈爱弱者的悲心之力显示符合每个人想法的尊容,用语言劝慰,以摩顶加持,符合保护的目的,讲经传授灌顶,总之传授佛薄伽梵吉祥时轮大灌顶9次,不用说是用不可思议的施法而成熟解脱。

语生的弟子遍及多康、卫藏、汉地、霍尔(蒙古)等地,其中有掌管法座的大喇嘛、专心修炼的得道者、精通教理的善知识、萨迦派人、宁玛派人、噶举派人、止贡派人、达隆噶举派人、珠巴噶举派人、用法律的威力统治大地的国王、拥有土地的王子、领有善恶计策的群臣、如理取舍的无数人,还有不同宗教的许多外国人和普通人。每当遇到请教佛教的根本上下别解脱戒时,班禅额尔德尼不顾任何疲劳而热情传授,受戒者无数。这样,通过调伏化机的事业平等做佛教众生事的方法已无法言表。赞颂道:从何不引众,还有诸衰败,世界不净行,哪里有圆满?意思是消除遭受痛苦的人的一切痛苦,发扬灭道所摄集的一切善资粮。如说:众生寂静业。意思是自从众生被置于道依,即到不住涅槃之间,做了所说的二十七种事业。与身语意之秘一切三世如来的断证功德事业等平等相混,不是造作,以抛撒零碎鲜花来供养。

有诗云:若尔所有佛法圆满洁白光,尊师表面美丽佛语广如空,勤学白翅摇动教证声如鼓,刹那到达彼岸学说空亦惧。各色美丽词赋全抛弃，分辨粗细长眼取宝义，清除不证邪证疑虑教，反复清净满足所有愿。微甜皮之味，用作止观药，能治昏聩病，丰盛修证力。深意宝门紧系缚，显密百论库房门，讲说格言金钥匙，打开库门说宝教。殊胜辨析不死中，无垢教理电光带，争论霹雳燃烧光，具力摧毁恶证岩。词义婉转皆圆满，拼合著作极优美，犹如妙智琵琶音，夺走天女之美姿。显密双运树枝释教莲花欢喜苑，放射十万讲说辩著之光加持相，净戒定慧三学妙香安住叶瓣身，悲悯之风所带信函享誉铁围山。诸佛三密之万光，圆满佛尊如太阳，您的加持之光带，紧抱我心之莲花。足掌莲花红色尘，我以虔诚心顶礼，加持蜜酒用不尽，愿常护佑悲悯库。

有寂世间顶饰无量光大遍观遍知班禅至尊罗桑土旦确吉尼玛格列朗杰贝桑布的不共后半生之传记如海中少说珠宝王鬘中无漏心的特殊思想圆满，述说如何方便修为第七章。

若尔，将诸佛三密的所有仪式措施作为手相标志，安慰三界一切众生的做法是所诠的胜义精华，没有增损和偏袒，由于真实性语适合于浊世弟子们的心，主要根据传记笔记为主线，其他不可思议的业绩方面没有寻找到仍能回忆的人，我自己也不太熟悉，所以了解的不多，心里只知道一二，作为附带录入，从清净无垢的虔诚心中，根据自己的能力撰写传记成册，成为具缘弟子们的福分。《大乘经庄严论》说：所依及密意，事业平等性，自行不间断，相续恒常性。所依空性与密意五智、事业不是共同，仪式无别，成为一体，法身、报身、化身自性与相续不间断性、相续恒常性而常住。不贪爱息静之味，幻化之庄严犹如水中月和魔术，乃至驻世之间宣扬。若尔彼威力，如是弟子缘，乃至驻世间，佛业不间断。依止早就熟悉的大慈悲心力，平等护持具有业缘的弟子们，殊胜化身仁布切的微笑像日光一样，消除三界的一切黑暗，魁伟驻在莲足金刚自性中。

有诗云:善慧佛法白莲苑,净慧祥日悲坛满,善妙业光除二障,三世苦暗上师消。三时善逝如来妙观察智慧善界,菩提暖心融化佛教白莲诸亲友,金刚持确吉尼玛善妙光欢喜宴,作为众生宾客解救众生出轮回。大慧胜佛发心普贤长寿边,定于等行事业光宴佛莲中,施与讲修法光第二胜佛日,您给众生乐善尊胜之祥瑞。各种戏论成人恶见阎罗命,力智闪耀利剑指向空性空,伴所毁缘起幻变流大乐血,金黄年华舞蹈是有寂怙主。浊世暴行夜晚暗,极力取舍障覆地,投向三毒之利器,自他进入恶趣渊。障蔽众生福深渊,三毒种子熟乌毒,五浊恶世叶茂盛,佛教众生命剩名。吹起烦恼业狂风,吹乱众生之大地,一切佛日也行舍,卧寐法界西山处。拥有十力熟悉诸劫意精华,全力祈祷密意宝瓶满收藏,周围山间摇动步伐的人群,化身演舞引导进入解脱洲。烦恼业恶鬼发怒吐毒气息,异熟炽热火舌欲食诸众生,悲悯密云之中降下加持雨,摧毁炽热如您只在影子中。即使如此之法身,与诸佛尊是一体,事业之空无差别,唯独礼赞尊者您。思念众生之仁心,舍弃贪爱自方人,时常承担利他事,此乃如来之本性。抛弃三界慢供骄傲态,到达法海之边闻思修,大乐甘露味醉懒寂乐,加持良药不护刺痛魔军心。结伴力日炽燃之坛慈悲韶年者,精进于格言光喜宴远离分别心,公正无私在世间不断努力工作,统治圆满佛教四洲尊者是法王。财富力强射向骄光愚昧之细孔,远离戒律心要之油虚妄风摇动,八法细棉缠绕三毒一切细小树,假冒智者灯鬘乃是持教的形影。于此三毒酒所醉,自夸他斥乱战场,假装石雹抛向天,乃是自毁常乐头。远离善良慈悲行,粗语武器伤他人,唆使取舍佛教者,是修毒狱之商品。有人教证翅膀行,号称飞行经义滩,舍弃清净修蜜味,迷恋华美辞藻之故。有人贪爱修行宝,舍弃清净闻思船,触摸无知之黑暗,总取歧途之礁砆。您于殊胜闻思船,树起分别之旗幡,修行风动之台上，是赐二利宝船主。未染粗细堕罪之味出离尸罗莲花胎，殊胜善行百瓣断心新鲜紫草而美丽，环绕浓密断证花蕊吸闻芬芳之香味，飘向远近地方满足天神众生所有愿。负荷深海珠宝人劳累，太阳每日运行四大洲，大地似非众生累所累，您的事业流水常利他。三密功德千万宝现悲心波浪起，智慧蛇冠燃烧之光摧毁恶见暗，十力龙王依止利他水泡皆开颜，殊胜解脱大海之中取此珍珠鬘。三密事业最圆满，三时一切如来佛，千万劫说非圆满，如我愚力不能静。恩德巨大有寂至尊之顶饰，心念恩德之风吹动意海水，利他凉风吹到等缘人心田，虔诚瓢灌使心离散人劳累。奇妙三密宝库中，蔑曲词赋不染污，殊胜事迹零碎宝，有缘弟子之装饰。凡夫之心难达到，存在矛盾与错误，吉祥喇嘛金刚持，还有众人前忏悔。精进修成善蕴雪螺及睡莲，似如圆月之光聚集而成就，三时十方诸佛菩萨声闻众，一切善蕴汇聚一起之威力，总别佛教讲修新日从中笑，三学坛城圆满生圆光喜宴，一切往空善妙吉祥之巨光，刹那消除三界众生意黑暗，四无畏法座上千只慧眼动，饮乳事业骨器除浊世非天，有缘帝释享受解脱利乐宴，祈愿圣者天众自在齐显现。闻思修雪山抖讲辩著绿鬃，三学爪鬘显现教理狮子吼，千万假冒专家野兽心胆寒，愿十万语狮子护持释迦教。数万法画美丽殊胜吉祥尘，众人堆砌心想皆成大寺中，数千智者白莲鬘讲修叶开，愿普贤行香餍足佛教节宴，圆满四部宫殿善妙金胜幢，高大威严福力所愿汇聚宫，政治新日微笑解开利乐瓣，愿善妙节宴威德永远圆满。如法护持广阔大地地梵天，虔诚花瓣恒常供养释迦教，四部臂力强壮战胜不合政，愿十善良法使众生常快乐。

想着具十力无量光佛，建立三分金刚持佛像，三世诸佛的继承人，三世一切众生的安慰导师，种姓及诸坛城的主人，您的恩德无与伦比，他的名字是我的堪布仁布切，其传记《有寂世间顶饰无量光大遍观遍知班禅至尊罗桑土旦确吉尼玛格列朗杰贝桑布的不共后半生之传记如海中少说珠宝王鬘》是圆满百规大集会遍胜高胜幢宫殿政教事业的作者、奉天承运地上大梵教业所推崇的扎萨喇嘛洛桑坚赞和近侍大司膳堪布罗桑班丹、呈食者达曲雅培等内侍们敬献曼荼罗三所依、一两黄金、一匹绸缎、一匹细氆氇、内库哈达等敦请,我自己也想到讲述一部分殊胜上师的三密功德也是很有意义的,于是将文殊菩萨(妙吉祥)安置在喜笑金刚之中,释迦比丘洛桑绛央益西旦贝坚赞于第十六饶迥内的木鸡年箕宿月(藏历六月)上弦月,第三佛日在土旦南杰殿桑珠孜寝室圆满完成,笔受者为具有虔诚心的德庆香热孜仲土旦丹增。愿喇嘛永远摄受。

诸佛三分妙观察智褐黄色游戏舞者,救怙主具三恩至尊上师大金刚持所做的佛教众生事业的传记深似大海,广如天空,就连住地菩萨们也出乎意料,敬仰爱戴。其略传是救怙主金刚持无与伦比的亲传弟子绛央仁布切所做,在其基础上进行充实,一少部分是根据我的所见所闻添加进去的,上下词句关系稍作删改;受到救怙主杰喇嘛恩德,傲居于声闻雍增宝座上,由俄曲结名噶究巴比丘洛桑群培所做。吉祥!

九世班禅额尔德尼·确吉尼玛年谱[①]

米玛次仁 编

1883年1月22日,九世班禅出生在西藏中部达布达曼布巴,今天的西藏朗县境内。无父,母亲达曲措姆,家境贫寒,乳名为伦珠嘉措。

1888年1月14日,在布达拉宫无量大殿内的三界尊胜寝室举行金瓶掣签第八世班禅化身的仪式。驻藏大臣文硕参加,并三次拨动金瓶后,写有达布孩童名字的名签腾出来,由此确定伦珠嘉措为第九世班禅。

1888年1月15日,十三世达赖喇嘛土丹嘉措为第九世班禅剃度,取法名罗桑土旦确吉尼玛格列朗杰贝桑布。

1888年,九世班禅开始学习藏文读写,念诵上下法行论,按照共同次第总规矩记诵密法咒语等。

1891年7月5日,九世班禅在扎什伦布寺大殿举行坐床典礼。

1891年12月11日上午,由第穆阿旺洛桑赤烈饶杰贝桑布亲自担任堪布,在金刚持洛桑旺杰等虔诚的持戒长老足数僧人的中间,传授居士戒、中间出家戒,提前授清净沙弥戒。

1892年1月10日,根据谕旨,升泰在去多杰林与英帝商谈时,顺路来到扎什伦布寺肩负起第九世班禅受出家戒、坐床仪式的主

① 这一年谱是根据西藏藏文古籍出版社整理出版的《历辈班禅额尔德尼传记之九世班禅额尔德尼·确吉尼玛传》中记载所记。

要责任;班禅仁布切坐上高胜幢宫殿的悦意持法寝室和扎什伦布寺法筵狮子抬举的高大金刚宝座,举行盛大的坐床仪式。

1895年,九世班禅十三岁年灾,西藏地方政府派近侍兄长大堪布洛桑扎西来祝寿,迎请(班禅)到扎什伦布寺僧众大法会上,献礼祝寿,(班禅)也接受了原有的一些僧人的祝福献礼。

1896年,开始在热振呼图克图阿旺益西次成坚赞跟前闻听多种甚深显密教法。

1902年4月4日,九世班禅抵达拉萨,在布达拉宫拜见十三世达赖喇嘛,请求达赖喇嘛传授比丘戒。

1902年4月15日,十三世达赖喇嘛在大昭寺释迦牟尼佛像前为九世班禅授比丘戒。

1902年5月10日,九世班禅返回日喀则。

1903年英军入侵西藏。6月28日,班禅派人奉劝英军退出中国领土。

1904年,英军占领拉萨。

1905年9月12日,按照约定,九世班禅与印度王子会晤。

1905年10月12日,在英军的威逼下,九世班禅离开日喀则,前往印度。九世班禅到印度会见英皇太子(王储)时,鄂康诺要班禅跪拜,"班禅未从,当称我只在大皇帝前跪拜,其余不行。仍行执手常礼。"当时清朝政府外务部"已电达驻印钦使及印督等,班禅来印赴会则可,若逼令干预藏事,即令班禅亲自画押,盖用印信,均作为废纸"。这样,英人的阴谋未遂,不得不厚礼送归九世班禅。

1905年12月26日,九世班禅从印度启程返藏。

1905年12月29日,九世班禅抵达中国境内。

1906年1月16日,九世班禅抵达扎什伦布寺,举办大宴三日。

1908年,新建南杰拉康面积十二柱,主供佛像是药泥塑造的宗喀巴师徒三人佛像,二层楼高的文殊菩萨殿,加持威光环绕,黄铜质无量光佛像,高六七指,有千供物。新建格桑拉康,主供佛像是金铜质一人高三时佛像,其周围是黄铜质一千零一尊贤劫佛像。绘制了吉纳白宫大殿和红宫壁画,等等。

1909年6月13日,九世班禅前往那曲迎接返回西藏的十三世达赖喇嘛。

1909年8月2日,在那曲附近的念波地方,设灶支帐迎接。班禅额尔德尼来到迎接达赖喇嘛的地方与十三世达赖喇嘛相见。

1909年9月6日,经过长途跋涉,九世班禅回到扎什伦布寺。

1910年,十三世达赖喇嘛逃往印度,九世班禅拒绝前往拉萨管理西藏地方事务。

1912年,十三世达赖喇嘛返回西藏,途径热隆寺时与九世班禅会面。

1913年,临时大总统致九世班禅密电,对九世班禅赐封号。

1914年,九世班禅主持新建强巴佛殿及著名的扎什伦布寺未来佛长寿怙主弥勒佛像,佛像高八十尺。由于受到地方政府官员孜本龙夏的挑拨,十三世达赖喇嘛和九世班禅师徒之间的关系日益恶化。

1923年11月15日,九世班禅假装闭关修行,率亲信侍从离开扎什伦布寺,趁夜向北出逃。

1924年3月23日,九世班禅一行抵达安西。

1924年6月16日,莅临兰州。

1925年1月1日,临时政府代表吴佩孚等为首的官员、僧俗执仪仗迎接,用轿子迎请到乾隆等历代皇帝的北京瀛台宫殿,热情招待班禅师徒三天。

1925年1月3日,首次与执政会面。执政府请来四大官员,其他许多大小官员到大会堂参加欢迎宴会。和执政会面时,双方互换哈达,敬献了教主释迦牟尼像。

1925年7月7日,九世班禅参拜五台山供养千佛的修行洞罗日拉康(南山佛殿)。从此先后驻锡金阁寺、清凉寺、罗汉洞等五台山的寺院,朝拜了西山月面的中央山拉康等。

1925年7月14日,起程返回北京;21日,抵达。

1927年10月16日,执政段祺瑞召集各省的督办和省长等官员协商,给九世班禅增发写有"班禅额尔德尼"纯金金印和敕书,还有装金印的朱红色小箱带铁盖,用黄缎包裹,两位代表将它放在银盒中,百螺声声,班禅在瀛台的大门口迎接,内务部总长宣读金印诰文,然后将金印等一一献上,班禅非常高兴,感谢段执政,并献上内库哈达、黄铜长寿佛像等。

1931年3月15日,与首脑主席林森和蒋介石首次会面,互换哈达,一起合影。

1931年3月18日,召开国民大会,中国各省和蒙藏代表、蒋主席和张副总司令为代表的各大官员共六百多人参加会议,另有翻译等其他工作人员。在中央大学宽敞的学生会堂聚会,班禅额尔德尼在这次国民大会上作了自我介绍。大会结束后,九世班禅坐在中间,蒋、张两人坐在两边,与参会的全体官员一起合影留念。

1931年5月16日,中央在大礼堂举行节日庆祝大会,以蒋主席的代表委员长为代表的各大文武官员500多人齐聚一堂,主席代表向护国大师遍知政教之主(班禅)颁发"班禅额尔德尼"金文玉印,全体官员无比欢喜,并一起合影留念。

1933年1月23日,九世班禅从宝山起程,来到唐山军幕府休息。之后,参军诺胡、汉藏蒙各机关的代表八百多人欢送,火车经过天津驶进北京站,张总司令的代表汉藏蒙各机关的官员执仪仗迎接,原计划请到大礼堂,由北京执政府服务接待。

1933年8月24日,九世班禅乘坐火车经过张家口地区;于25日抵达达哈查索朗巴尔且林寺。

1933年11月1日,九世班禅在达哈勒巴哈地方,收到中央政府发来的十三世达赖喇嘛圆寂的电报,诵经献祭,祈祷早日转世。

1933年12月1日,从达哈勒巴哈起程。

1933年12月14日,九世班禅抵达哈主席呼林寺;15日,在灵隐寺佛殿举行观察地基等先行仪式;16日莅临法会细察指导舞画彩石线等。

1935年4月12日,九世班禅为塔尔寺赤巴为代表的喇嘛活佛、多名官员和僧人仪仗队的引导下,首次来到大金瓦寺敬献五种供品,发愿献敬神哈达等,并在此处停留了一段时间。

1935年10月13日,班禅额尔德尼通过囊岗送给时轮阿阇梨关于在塔尔寺地区寻访十三世达赖喇嘛转世灵童的秘籍。

1936年1月11日,秘密决定,献上孩童的名签,未作明示。

1936年5月11日,德隆寺僧众请求九世班禅驾临德隆寺而前往。

1936年11月1日,九世班禅起程渡过长江。

1936年11月3日,九世班禅一行抵达热娘寺。

1936年11月5日,由僧众灶迎,九世班禅一行驾临结古寺。

1937年8月,应龙雪寺上师活佛等人的邀请,九世班禅莅临该寺,僧人仪仗队设灶迎接。这一时期,班禅额尔德尼身体稍有不适。

1937年10月1日,九世班禅病情日益加重。

1937年10月28日,九世班禅在结古寺圆寂。

1939年1月1日,向中央政府上报有关班禅遗体请回西藏之事,很快收到同意立即回藏的答复,并说向西宁马主席寻求支持帮助。

1939 年 9 月 5 日,九世班禅的遗体从热娘寺绒达拉章寝室出发,经过噶尔达、查仓松多、多热、玛多、龙雪寺甘丹群科林、杂曲(澜沧江上游玉树段)、斯曼茶罗滩等地。于 1941 年 3 月 15 日送到扎什伦布寺。

人名、地名汉藏词汇对照

A

阿跋哈雅迦罗掬多　ཨ་བྷྱུཿཀ་ར་གུཔྟ།
阿楚　ཨ་ཕྲུག།
阿旺洛桑赤烈饶杰　ངག་དབང་བློ་བཟང་འཕྲིན་ལས་རབ་རྒྱས།
阿旺尼玛　ངག་དབང་ཉི་མ།
阿喜哈达　ཨ་ཤི།
阿勒活佛　ཨ་ལི།
阿拉拉科仁布切　ཨ་ལགས་བླ་ཁོ་རིན་པོ་ཆེ།
阿迪卡马尔　ཨ་ཏི་ཁ་དམར།
阿木杰萨海　ཨམ་ཛེ་ས་ཧེབ།
阿尔班　འར་སྤན།
阿旺诺布活佛　ངག་དབང་ནོར་བུ།
阿嘉诺云　ཨ་ཅག་ནོ་ཡོན།
阿旺伦珠坚赞　ངག་དབང་ལྷུན་གྲུབ་རྒྱལ་མཚན།
阿巴嘎达王呼雪的博学者　ཨ་པཱ་ག་ཏཱ་ཝང་ཧོ་ཞོའི་རབ་འབྱམས་པ།
阿拉霍尔沁利他菩提洲寺　ཨ་ར་ཧོར་ཚེན་གཞན་ཕན་བྱང་ཆུབ་གླིང་།
阿米苏　ཨ་མི་སུ།
阿尔谢雅苏米　ཨར་ཞེ་ཡ་སུ་མི།
阿尔谢叶寺　ཨར་ཞེ་ཡེ།
阿邹达巴巴尔欧塔本寺　ཨ་ཙོག་ཏ་པའི་པར་ཇོས་ཐ་པིན།
阿盖纳拉帕卡　ཨ་གེ་ན་ར་པ་ཁ།

阿西亚	ཨ་ཤེ་ཡ།
阿瓦噶王	ཨ་ཝ་ཀ།
阿热乎多苏米	ཨ་ར་ཧོ་ཧོག
阿米果陀	ཨ་མི་གོ་ཐོ།
阿门堡	ཨྲམོན་སྤུག
阿拉善扎克热齐次仁	ཨ་ལག་ཤ་ཙ་ཁི་རིག་ཚེ་ཚེ་རིང་།
阿帕伽罗雅	ཨ་སྦྱུ་ཀ་ར་ཡ།
阿普罗桑程勒	ཨ་ཕུར་བློ་བཟང་འཕྲིན་ལས།
阿旺洛桑嘉措	ངག་དབང་བློ་བཟང་རྒྱ་མཚོ།
安多达尔桑	ཨ་མདོ་སྟོད་པ་དར་བསམ།
安多库鲁	ཨ་མདོ་ཁུ་ལུ།
安多雪琼麻次佩	ཨ་མདོ་ཤོག་ཆུང་མ་ཚེ་འཕེལ།
安国军	ཇན་སྒོའུ།
安万妮	ལྷན་ཝན་གཉིས།
安西	ངན་ཞི།
安西郭图	ངན་ཞི་གོ་ཐུའུ།
安定	ངན་ལྷན།
安图镇	ཨན་ཐུ་གྲིན།
昂仁	ངམ་རིང་།
昂仁曲德甘丹贤珠强巴林寺	ངམ་རིང་ཆོས་སྡེ་དགའ་ལྡན་བཤད་སྒྲུབ་བྱམས་པ་གླིང་།
昂仁甘丹贤珠强巴林	ངམ་རིང་དགའ་ལྡན་བཤད་སྒྲུབ་བྱམས་པ་གླིང་།
艾噶其	ཨེ་ཀག་ཆེ།
艾曲德寺	ཨེ་ཆོས་སྡེ།
艾希瓦	དངོས་བཞི་བ།
艾莫	སྤུས་མོ།

艾多寺	ཨེ་ཏོག་དགོན།
艾红滩	ཨེ་ཧོང་ཐས།
敖塔巫山	ཨོ་ཐའི་ཧྲན།

B

巴布两位头人	བལ་བུ།
巴丹顿珠	དཔལ་ལྡན་དོན་གྲུབ།
巴瓦巴扎	ཧྲ་ཝ་ཧྲ་ཏྲ།
巴尔蒂	སྦ་སྟི།
巴贝塘	དཔལ་བེ་ཐང་།
白居寺	དཔལ་ཆོས།
白居寺巴绛曲钦波	དཔལ་ཆོས་བྱང་ཆུབ་ཆེན་པོ།
巴杜尔	འབའ་དུར།
巴洛寺	སྦ་ལོ།
巴周达仓	སྦ་སྦྲོ་སྟག་ཚང་།
巴龙洞	ཐ་ལུང་ཏུང་།
巴莽活佛格桑旦增饶吉	དཔལ་མང་བསྐལ་བཟང་བསྟན་འཛིན་རབ་རྒྱས།
巴尔达帕	པར་ཏ་བ།
八郎	བུ་ལའང་།
八项噶	ཐ་ཤིང་ཀ།
八仙巷	སྦལ་ཤན་ཤང་།
八寻	འདོམ་བརྒྱད།
八自在	དབང་ཕྱུག་བརྒྱད།
八吉祥物	བཀྲ་ཤིས་རྟགས་བརྒྱད།
布顿	བུ་སྟོན་ཞབས།

布隆活佛	འབི་ལུང་།
布巴之子	ཧཱུཾ་པ་སྲས།
布平	པི་ཐིང་།
布王部	སྤོ་ཁང་།
布热图	ཕོ་རད་ཐུ།
布音图却图嘎多盖贝	ཕོ་ཡིན་ཐུ་ཆོག་ཐུ་ཀཱ་ཐོ་ཀེ་པེ།
布亚	དབུ་གཡག
布赞县	སྤུ་ཙན་ཤན།
布特图法王	པི་ཐིག་ཐུ་ཆོས་རྗེ།
白朗吉雄	པ་སྣམ་སྐྱིད་གཤོངས།
白利土司绛央嘉措	བེ་རི་དཔོན་འཇམ་དབྱངས་རྒྱ་མཚོ།
白云洞	སྤའི་ཡུང་ཧོན།
白兰寺	འབེ་ལན་སི།
白利	བེ་རི་དགོན།
班玛卓玛	པདྨ་སྒྲོལ་མ།
班玛曲顶寺	པདྨ་ཆོས་སྡིངས།
班玛央孜寺	པདྨ་ཡང་རྩེ།
班岗仲杰玉龙巴	སྤན་སྒང་གྲོང་འགྲིད་གཡུ་ལུང་པ།
班长	བཙུ་དཔོན།
班扎西雄	སྤན་བཀྲ་ཤིས་ཤོང་།
班司张光	སྤན་ཟི་ཀྲང་ཀོན།
本塘巴	འབུམ་ཐང་པ།
本塘岗	འབུམ་ཐང་སྒང་།
苯达	ཕོང་སྟག
比隆巴钦波	འབི་ལུང་པ་ཆེན་པོ།
比尔萨海	སྤིར་ས་ཧེབ།

白居寺 དཔལ་ཆོས།
贝丹群佩 དཔལ་ལྡན་ཆོས་འཕེལ།
贝莱萨海 སྦེ་ལེ་ས་ཧེབ།
贝喜玛尼拉康 སྤེལ་བཞི་མ་ཊི་ལྷ་ཁང་།
贝勒萨海 སྦེ་ལེ་ས་ཧེབ།
贝诺尔寺 དཔལ་ནོར།
贝武祖协 音译 སྦེའུ་ཛོ་ཞལ།
贝钦定康 དཔལ་ཆེན་ལྡིང་ཁང་།
白居寺属庄园 དཔལ་ཆོས་གཞིས།
贝饶管家 དཔལ་རབ།
贝饶康管家尼玛杰布 དཔལ་རབ་ཁང་གཉེར་ཉི་མ་རྒྱལ་པོ།
包热康村 སྤོམ་ར་ཁང་ཚན།
包热果索活佛 སྤོམ་ར་སྒོ་སོག
包热包多 སྤོ་ར་སྤོར་ཧོག
包公 སྤའོ་ཀུན།
邦宇寺 སྤང་ཡུལ།
邦香图 སྤང་ཤིང་ཐུ།
邦甲欧 སྤང་གཅལ་འོག
宝堂寺 པའོ་ཐིང་ཟི།
宝王部 སྤོ་ཤང་།
宝山寺 སྤའོ་ཧྲན།
宝江公巴 ཆེབས་ཆེ་ལྷུང་གོང་བ།
北陵 སྤས་གླིང་།
北方 བྱང་མཐོངས།
保护者 སྐྱབས།
镑 བང་།

遍观　　ཀུན་གཟིགས།
百业佛殿　　ཚོམས་ཆེན་མཛད་བརྒྱ་ལྷ་ཁང་།
悲缘女　　དམིགས་བརྩེ་མ།
博东班钦　　པོ་དོང་པཎ་ཆེན།
鲍尔托寺　　སྤོར་ཏོག
笔帖师　　སྦྱར་ཚེ།
饼茶　　ཛ་སྒོར།
彬州城　　སྤན་ཀྲའུ།
波　　སྤོར།
捕快　　བུ་ཀྭོན།
珀热扎西曲林寺　　པོ་ར་བཀྲ་ཤིས་ཆོས་གླིང་།
拜康东西札仓　　སྤེལ་ཁང་གྲྭ་ཚང་།
边塞木隆巴　　སྤན་སེར་མོ་ལུང་པ།
卜桑　　པི་སེང་།
毕勒图　　སྦི་ལིག་ཐུ།

C

擦绒瓦　　ཚ་རོང་པ།
擦尔巴　　མཚར་པ།
擦尔库　　མཚར་ཁུལ།
擦尔瓦囊　　ཚོར་བ་ནང་།
擦果　　ཚབ་སྒོར།
擦瓦多杰寺　　ཚ་བ་ཏོ་ཅིང་ཟེ།
崔成敦丹　　ཚུལ་ཁྲིམས་དོན་ལྡན།
崔成群佩　　ཚུལ་ཁྲིམས་ཆོས་འཕེལ།

崔萨尔　　འཁྲིས་གསར།
措康巴　　ཚོགས་ཁང་པ།
措钦　　ཚོགས་ཆེན། 大法会或大经堂
措孜　　མཚོ་བཙེམ།
措本　　འཚོ་དཔོན།
措果　　མཚོ་མགོ
措果瓦　　མཚོ་སྒོ་བ།
次曲拉康　　ཚེ་ཆོས།
次旺顿珠　　ཚེ་དབང་དོན་གྲུབ།
次旺诺布　　ཚེ་དབང་ནོར་བུ།
次珠　　ཚེ་སྒྲུབ།
参森康　　མཚན་གཟིམ་ཁང་། 内寝
参巴　　ཚན་པ།
参议员杜尚安　　ཚན་ཡི་ཡོན་ཧུད་ཧྲང་ཧན།
参夏噶钦达吉次仁　　མཚན་ཞབས་དཀའ་ཆེན་དར་རྒྱས་ཚེ་རིང་།
参多　　ཚན་དོ།
参古　　ཚ་ཀྱུ།
参占活佛　　མཚམས་བྲན།
参周甘丹达尔结林寺　　མཚན་འབྲོག་དགའ་ལྡན་དར་རྒྱས་གླིང་།
慈云寺　　ཚེ་ཡུ་ཟི།
次觉林　　ཚེ་མཆོག་གླིང་།
财政总长　　ཛའི་ཀྲིན་ཙུང་ཀྲང་།
财神央甲法　　གཡང་སྐྱབས།
蔡道爷　　ཚུས་ཏྭ་འོ་ཡིན།
蔡尔达　　མཚར་མདའ།
仓空　　ཚང་ཁོངས།

察甘麦仁	ཚ་གན་མུ་རེན།
察罕喇嘛庙	ཀྲལ་བརྩེགས་བླ་མ་མེ་ཧོ།
察兰铭铭	ཇ་ལན་མིང་མིང་།
长寿佛殿	འཚེ་མེད།
长云王	སྤྲིན་རིང་རྒྱལ་པོ།
车任喇嘛	བླ་མ་ལས་ཐོག་པ།
车子	ཁྲིས་ཙེ།
查热木修行院	ཁྲག་རམ་སྒྲུབ་སྡེ།
查仓马蒂修行院	ཁྲ་ཚང་མ་སྡི་སྒྲུབ་སྡེ།
查德	འཕྲུལ་བདེ།
查噶尔寺	བྲག་དཀར།
查尔斯贝尔	ཁ་ར་ས་ཧེབ།
查噶尔喇嘛	བྲག་དཀར་བླ་མ།
查欧	བྲག་སྔོན་རི་ཁྲོད།
查朗地区	བྲག་ལྷང་ཁུལ།
查仓松多	ཁྲ་ཚང་གསུམ་མདོ།
冲豁卡	འབྲུངས་གཞིས།
冲堆吉塘滩	ཚོང་འདུས་སྐྱིད་ཐང་།
冲布巴	ཁྲོན་སྦུག་པ།
冲拉贡康	འབྲུངས་གླིང་མགོན་ཁང་།
陈	ཁྲ།
陈连浩	ཁྲིས་ལན་ཧོལ།
陈其柱面哈达	ཀྲི་ཁྲེ།
楚岗巴	ཚུར་སྒང་པ།
楚不多	ཁྲོབ་རྡོ།
重复衣	སྣམ་སྦྱར།

辰旦　ཏྲིན་ཏྲེ།

抽布　ཁྲོབ།

楚台　ཚུའུ་ཐེན།

差马　ཏའུ་ལ།

城内佛殿　མཁར་ནང་།

茶卡拉康　ཁྲ་ཁའུ།

摄政王　ཧྲི་ཀྲིན་ཝང་།

长泰寺　ཀྲང་ཐན་སི།

阐福寺　ཀྲན་ཧྥུའུ་སི།

吹打奏乐者　འབལ་ཆ་བ།

昌珠护法神师　ཁྲ་འབྲུག་ཆོས་སྐྱོང་།

臣文硕　ཧྲིན་ཨམ་བན།

丑目天王　སྤྱན་མི་བཟང་།

昌都嘉拉瓦活佛仁布切　ཆབ་མདོ་ལྷུགས་ར།

传令官　ཕེབས་སྒོ།

赤仁布切　ཁྲི་རིན་པོ་ཆེ།

赤烈措姆　འཕྲིན་ལས་མཚོ་མོ།

持命　སྲོག་བཟུང་།

剿总副司令张学良　ཀྲོའོ་ཡིས་བུ་སི་ལིང་ཀྲང་ཞའོ་ལིང་།

D

达敦释迦佩　མདའ་སྟོན་ཤཱཀྱ་འཕེལ།

第七世达赖喇嘛·格桑嘉措　རྒྱལ་བ་སྐལ་བཟང་རྒྱ་མཚོ།

达布达曼布巴　དྭགས་པོ་མདའ་སྨད་ཕྲུམ་པ།

达敦释迦佩　མདའ་སྟོན་ཤཱཀྱ་འཕེལ།

达帝巴	ཊ་ཊི་པ།
达本	ཊ་དཔོན།
达结密修院	དར་རྒྱས་སྒྲུབ་སྡེ།
达波拉杰	དྭགས་པོ་ལྷ་རྗེ།
达曼巴布	མདའ་སྨད་ཧྲུཾ་པ།
达尔顶邦康寺	དར་ལྡིང་སྤང་ཁང་།
达尔达杰林	མདར་དར་རྒྱས་གླིང་།
达托新寺	ཏ་ཐོག་དགོན་གསར།
达赖	གོང་ས་མཆོག
达尔结	དར་རྒྱས།
达尔科	ལྟར་འཁོལ།
达拉	སྟ་ལ། 嘎拉
达迦罗迦达	ཀ་ལ་ཀ་ཏ།
达莽曼柔夏索	ཏགས་མངགས་སྨད་རིགས་ཚལ་གཟིགས་མཐའ་ ཅན།
达杰修行寺	དར་རྒྱས་སྒྲུབ་སྡེ།
达尔吉纳卡	དར་རྒྱས་ན་ཁ།
达波林寺	དྭགས་པོ་གླིང་།
达朱仓桑旦	དག་གྲུབ་ཚང་བསམ་གཏན།
达热活佛	སྟག་རིགས།
达波	ཊྭ་ཐོག
达库热木	ཏྭ་ཁུ་རམ།
达拉	སྟག་ལ།
达哈勒巴哈	ཏ་ཧ་ལ་སྦེ།
达仓拉姆格尔底寺	སྟག་ཚང་ལྷ་མོ་ཀི་ཏེ།
达热且钦	ཏྭ་རེ་བྲེ་ཆེན།

达尔格堪活佛贡确扎巴	སྟར་དགེ་མཁན་སྤྲུལ་སྐུ་དཀོན་མཆོག་གྲགས་པ།
达彦玉恰	ཏ་ཡན་ཡུ་ཆ།
达恰噶尚林寺	འདབ་ཚགས་དགའ་སྲུང་གླིང་།
达巴嘉赛为郡王	ཤ་ཅིན་སུ་ཅིག་ཐུ་ཙུན་ཧང་ཆེན་སེ།
达尔巴大密师罗桑丹增晋美旺秋	མདར་ པ་ སྔགས་ ཆེན་ ཞལ་ སྔ་ ནས་ བློ་ བཟང་ བསྟན་འཛིན་འཇིགས་མེད་དབང་ཕྱུག
达雪松三部	རྟ་ཤོག་གསུམ།
达奇	ཟླ་ཕྱེད།
达觉滩	དར་ལྕོག་ཐང་།
达钦多	མདའ་ཆེན་མདོ།
达热且钦	ཏྲ་རེ་བྱེ་ཆེན།
达浦寺	སྟག་ཕུང་བ།
达察	རྟ་གྲས། 的音译
班禅旦白尼玛	བསྟན་པའི་ཉི་མ།
旦真	རྟ་མགྲིན།
旦托	ཏན་ཐོད།
丹曲措姆	དམ་ཆོས་མཚོ་མོ།
丹增旺堆玉杰	བསྟན་འཛིན་དབང་འདུས་གཡུལ་རྒྱལ།
丹增旺杰	བསྟན་འཛིན་དབང་རྒྱལ།
丹玉瓦	ལྡན་ཡུལ་བ།
丹增旺秋	བསྟན་འཛིན་དབང་ཕྱུག
丹伦	ལྡན་ལྷུན།
丹巴尔玛	བསྟན་འབར་མ།
丹吉林寺拉章	སྐུ་སྐྱེར་བསྟན་གླིང་།
丹玛法王强巴土旦格列嘉措	གདན་ས་ཆོས་རྗེ་རིན་པོ་ཆེ་བྱམས་པ་ཐུབ་བསྟན་དགེ་ལེགས་རྒྱ་མཚོ།

戴尔那	གཏེར་སྣ།
戴细	མདའ་བཞི།
戴云燕	དའི་ཡོན་ཡན།
大明杜鹃	རིག་པའི་ཁུ་བྱུག་ཆེ་བ།
大竹卡	སྟག་གྲུ་ཁ།
大政府	གཞུང་ས་ཆེན་པོ།
大神变节	ཆོ་འཕྲུལ་ཆེན་མོ།
大喇嘛贡却窘乃	ཏཱ་བླ་མ་དཀོན་མཆོག་འབྱུང་གནས།
大帅	ཏཱ་ཧཤུར།
大使	ཏཱ་ཧྲཤུ།
大导队	ཏཱ་ཏོའོ་ཏུའི།
大礼官	ཏཱ་ལིས་བཀོྭན།
大河鲁肃	ཏཱ་ཧོ་ལུ་སུ།
大喇嘛洛桑顿丹	ཏཱ་བླ་མ་བློ་བཟང་དོན་ལྡན།
大褂	ཏཱ་ཀོྭ།
大儿子丹正	ཛོ་ལགས་ཧ་མགྲིན།
大庙祝	སྐུ་གཉེར།
大花马褂	ཧ་སོའི་མཱ་ཀྭ།
大译师潘德康萨瓦洛桑南杰	ལོ་ཆེན་ཕན་བདེ་ཁང་གསར་བ་བློ་བཟང་རྣམ་རྒྱལ།
德仁巴	བདེ་རམ་པ།
德坚寝宫	བདེ་ཆེན།
德阳羌	བདེ་ཡངས་བྱུང་།
德勒卫巴	བདེ་ལེགས་དབུས་པ།
德庆空行寺	བདེ་ཆེན་མཁའ་སྤྱོད་པ།
德庆活佛	བདེ་ཆེན།

德国	ཇྱར་མན། 亦写 འཇར་མན།
德饶巴	བདེ་རབ་པ།
德仇拉章	སྡེ་དྲུག་བླ་བྲང་།
德觉	ཏྲེན་འགྲོགས།
德夏	སྡེ་ཞབས།
德饶寺	བདེ་རབ།
德隆寺	གཏེར་ལུང་།
德喇嘛	ཏེད་བླ་མ།
德隆寺	གཏེར་ལུང་།
德古嘉果	ལྷ་གུ་རྒྱལ་སྒོ།
德多才朗	ཏྲེ་ཏྲོལ་ཚེ་རྣམ།
顿月嘉金	དོན་ཡོད་སྐྱབས་སྐྱིན།
顿珠玉杰	དོན་གྲུབ་གཡུལ་རྒྱལ།
顿囊	གདུང་ནང་།
顿康次贝	དོན་ཁང་ཚེ་དཔལ།
顿囊巴	གདུང་ནང་པ།
德德诺云	ཏེ་ཏེ་ནོ་ཡོན།
定结	གཏིང་སྐྱེས།
定本	ལྡིང་དཔོན།
定州县	རྗིང་གྲུང་ཤན།
东谢通门法主	བཞད་ཆོས་བདག་ཤར།
东嘎寺(董嘎寺)	དུང་དཀར་དགོན།
东殿	གླིང་ཤར་མ།
东娄	གདོང་ལུག
东乐窝	ཏུང་ལོ་འོར།
东陵	ཏུང་གླིང་།

东都戴达	ཏོན་ཏུ་ཏེད་ནྣ།
东都王	ཏོན་ཏུ་ཝང་།
东西后殿	གཙང་ཁང་།
多卡瓦	རྡོ་མཁར་བ།
多杰平措	རྡོ་རྗེ་ཕུན་ཚོགས།
多杰嘉布	རྡོ་རྒྱལ།
多杰林	རྡོ་རྗེ་གླིང་།
多奈蔡康巴	སྡོད་གནས་ཚེར་ཁང་པ།
多麦大寺扎西且	མདོ་སྨད་ཆོས་སྡེ་ཆེན་པོ་བཀྲ་ཤིས་འཁྱིལ།
多麦	མདོ་སྨད།
多林巴帕珠平措	རྡོ་གླིང་པ་སྤྲ་སྤྲུ་ཕུན་ཚོགས།
多庆	རྡོ་ཆེན།
多庆德吉巴扎西林寺	རྡོ་ཆེན་བདེ་སྐྱིད་པ་བཀྲ་ཤིས་གླིང་།
多囊巴	རྡོ་ནང་པ།
多卡瓦	མདོ་མཁར་བ།
多三	སྟོ་ཟན།
多达	རྡོ་རྟར།
多钦错卡	རྡོ་ཆེན་མཚོ་ཁ།
杜空	འདུ་ཁོངས།
杜谢斯章哈呼	སྟུར་ཞད་སེ་གྲིང་ཧ་ཧུ།
杜旭穆	དུ་ཞུ་མུད།
杜尔贝布营苏米	དུར་པེད་པོ་ཡོན་སུ་མི།
杜莫寺	བདུད་མོ་དགོན།
杜工	འདུ་གོན།
杜雅	འདུ་ཡ།
当巴次饶	སྟེང་པ་ཚེ་རབས།

当玛	སྡིང་མ།
当雄甲学地区	འདམ་རྒྱ་ཤོག
当雄贾雪巴江尼	འདམ་རྒྱ་ཤོག་པ་ལྗང་ཉི།
当钦巴洛桑坚赞	མདངས་ཆེན་པ་བློ་བཟང་རྒྱལ་མཚན།
第仲	སྡེ་དྲུང་།
第穆呼图克图阿旺洛桑赤烈饶	དེ་མོ་ཧོ་ཐོག་ཐུ་ངག་དབང་བློ་བཟང་འཕྲིན་ལས་
杰	རབ་རྒྱས།
第三盘拉	ཕན་ལག་གསུམ་པ།
娣妹护法殿	ལྕམ་སྲིང་མགོན་ཁང་།
代本	མདའ་དཔོན།
代理镇守使	ཏཱ་ལྷིས་ཀྲིན་ཧྲའུ་ཧྲི།
顶噶井	ལྡིང་ཀ་ཁྲིན་པ།
顶寺	སྡིང་དགོན།
冬不拉	དུང་ཕུ་ར།
冬不拉	སྦྲུང་འབུ་ར།
督办	ཏུ་པན།
督军	ཏུའུ་ཅུན།
段执政	ཏྭོན་ཀྲི་ཀྲིང་།
段执政	ཀྲི་ཀྲིང་ཏོན་ཛུ།
黛螺寺	ད་ལིའུ་ཟེ།
都德吉苏米寺	ཏོན་ཏུ་བདེ་སྐྱིད།
鞑靼德居	ཐའི་རན་ཧྲི་ཅུས།
帝释	བརྒྱ་བྱིན།
道长	ཏོན་ཀྲང་།
都司	ཏུ་སི།
独觉	རང་རྒྱལ།

氐宿月节　　ས་ག་ཟླ་བ།
丁本　　སྡིང་དཔོན།
断证　　སྤངས་རྟོགས།
豆蔻花　　ཛོ་ཏི།
堆穷　　དུད་ཆུང་། 小烟户
邓军长　　ཏན་ཅུན་ཀྲང་།

E

俄尔塔孜寺　　ངོར་ཐང་སྡེ།
俄曲穆辛　　ཨུ་ཆུ་མུ་ཕྱིན།
俄曲乃增巴晋美　　དངུལ་ཆུ་གནས་འཛིན་པ་འཇིགས་མེད།
俄曲宗寺　　དངུལ་ཆུ་ཆོས་རྫོང་།
俄同仁　　ཝུ་ཐོན་རིན།
鄂尔多斯贡却寺　　འོར་ཏུ་སུ་དཀོན་མཆོག
鄂齐尔达热阿仁巴　　ཨོ་ཆིར་ཏྲ་ར་སྟགས་རམ་པ།
额多斯欧托贝勒　　ཨོན་ཏུ་སུ་ཨོ་ཐོག་པླེ་ལི།
额尔德穆迈汗堪布　　ཨེར་ཏེམ་མེ་ཀན།
额尔杜郭勒苏米　　ཨོར་ཏུ་ཀོལ་ལིན།
额里斯台　　ཨི་ལི་སི་ས།
额尔顿　　ཨོར་ཏུན།
额亲杂格柔旗　　ཨོ་ཆིང་ཙ་ཀི་རིག་ཆེ།
额勒基图堪布　　ཨུལ་ཅི་ཐུ།
额尔德玛图夏金苏久图巴杜尔　　ཨེར་ཏེ་མ་ཐུ་ཞ་ཅིན་སུ་ཅིག་ཐུ་པླ་ཏུར།
二现　　གཉིས་སྣང་།
厄鲁特阿弥陀杜额勒基图觉热巴图尔　　ཨོ་ལོད་ཨ་མིན་ཐིན་ཏུ་ཨོལ་ཅི་ཐུ་ཇོ་རག་པླ་ཐུར།

大臣鲁	ཨོ་རོད།
大臣恩	ཧེན།
恶毒四魔军	བདུད་བཞི།

F

法官	ཁྲིམས་དཔོན།
法金刚	རྒྱལ་ཚབ།
法界	ཆོས་དབྱིངས།
法王欧西瓦	དངོས་ཞི་པ།
法筵	ཆོས་སྟོན། 宗教典礼
法主乃塞瓦	ཇོ་བོ་ནེ་སེར་བ།
法律木牌	ཁྲིམས་ཤིང་ཆ།
梵净仙人	ཚངས་པའི་དྲང་སྲོང་།
梵天	ཚངས་པ།
放咒	ཟོར་འཕང་།
佛源摄生术	བཅུད་ལེན།
佛塔滩	མཆོད་རྟེན་ཐང་།
佛教要员温将军	ཧྥུ་ཙའོ་གཙོ་གྲས་ཧྥུའུ་ཙང་ཙུན།
福佑寺	ཕུ་ཡའི་ཟི།
福佑寺	ཧྥུ་ཡུ་སི།
福盛苑	ཕའུ་ཧྲེ་ཡོན།
福胜寺	ཧྥོ་ཧྲང་ཟི།
拂尘洲	རྔ་གཡབ་གླིང་།
丰台	ཧྥས་ཏེ།
附体	བརྗོལ་བ།

幡	ཕྱང་དར།
饭票	ཐུང་ཤེའོ།
奉天蒙东	ཕུང་ཐན་སུག་ཏོན།
副官	ཐུ་ཀྭོན།
蜂钱	ཐུང་སྐོར།
富人	ཕྱུ་དར་བ།

G

噶细巴	དགའ་བཞི།
噶夏尔	དགའ་ཤར་བ།
噶达丹饶杰寺	དགའ་ལྡན་རབ་རྒྱས།
甘丹多杰旦寺	དགའ་ལྡན་རྡོ་རྗེ་ལྡན།
噶热	དགའ་རབ།
噶东	དགའ་གདོང་།
噶布拉莫	ཀ་སྦུག་ལྷ་མོ།
噶钦	དཀའ་ཆེན།
噶饶寺	དགའ་རབ་འདུས་སྡེ།
甘丹丹杰林	དགའ་ལྡན་བསྟན་རྒྱས་གླིང་།
噶饶寺	དགའ་རབ།
甘丹念岳寺	དགའ་ལྡན་གཉན་ཡོད།
噶蔡甘丹曲林寺	དགའ་ཚལ་དགའ་ལྡན་ཆོས་གླིང་།
甘丹喀觉游戏州	དགའ་ལྡན་མཁའ་སྤྱོད་རོལ་པ་གླིང་།
噶伦冲堆噶其吴坚嘉措	བཀའ་བློན་ཁྲུང་སྟོད་ཀ་ཆེ་ཨུ་རྒྱན་རྒྱ་མཚོ།
噶竹巴桑珠	ཀ་འབྲུག་པ་བསམ་གྲུབ།
噶贡寺	བཀའ་དགོན།

噶孜瓦	དཀར་རྫེ་བ།
噶钦索朗赤烈	དཀའ་ཆེན་བསོད་ནམས་འཕྲིན་ལས།
噶饶寺	དགའ་རབ།
噶饶王	དགའ་རབ་རྒྱལ་པོ།
噶准	བཀའ་མགྲོན།
噶学巴	བཀའ་ཤོད་པ།
噶学	བཀའ་ཤོད།
噶旦年尤寺	དགའ་ལྡན་མཉན་ཡོད།
噶尔摩	དཀར་མོ།
噶饶杰仲达珍诺桑	དགའ་རབ་རྗེ་དྲུང་ཧྲ་མགྲིན་ནོར་བཟང་།
甘丹饶杰寺	དགའ་རབ།
噶钦江边	དཀའ་ཆེན་འཇམ་དཔལ།
噶饶森钦	དགའ་རབ་གཟིམ་ཆེ།
噶钦东卡	དཀའ་ཆེན་དྲུང་ཁ།
噶饶仲平措	དགའ་རབ་དྲུང་ཕུན་ཚོགས།
甘丹德庆饶吉林寺	དགའ་ལྡན་བདེ་ཆེན་རབ་རྒྱས་གླིང་།
噶钦达杰次仁	དཀའ་ཆེན་དར་རྒྱས་ཚེ་རིང་།
噶究洛桑云丹	དཀའ་བཅུ་ཡོན་ཏན།
噶钦曲培	དཀའ་ཆེན་ཆོས་འཕེལ།
噶钦达结次仁	དཀའ་ཆེན་དར་རྒྱས་ཚེ་རིང་།
噶饶济仲	དགའ་རབ་རྗེ་དྲུང་།
噶德	ག་ཏེ།
噶热达明林	ཀ་རའི་ཏྲ་མིང་ལིན།
噶达寺	སྐར་མདའ།
嘎玛祖丹拉康	སྐར་མའི་གཙུག་ལྡན་གྱི་ལྷ་ཁང་།
嘎拉达	ཀ་ལ་ཏ།

戛纳洛桑	དགའ་ན་བློ་བཟང་།
杂	དགའ་རྩ།
伽拉夏	ཀ་ལ་ཤ།
伽尔加	ཀར་ཅའ།
甘居	རྐན་བཅུ།
甘措仁	ཀན་ཚོའི་རིན།
甘吉	རྐན་སྐྱི།
甘细	རྐན་གཞིས།
甘巴拉	གམ་པ་ལ།
甘蔗族	བུ་རམ་ཤིང་པ།
甘青	ཀན་ཆིན།
盖协热巴	སྒེར་ཤེལ་རིག་པ།
盖仲康	སྒེར་གྲོང་ཁང་།
盖贝杂	སྒེར་དཔལ་རྩལ།
盖仓活佛	ཀེའུ་ཚང་།
敦粗囊巴	གདོང་ཚུགས་ནང་པ།
郭莽曲达尔活佛格桑晋美旦白坚赞	སྒོ་མང་ ཆོས་ དར་ སྤྲུལ་ སྐུ་ སྐལ་ བཟང་ འཇིགས་མེད་བསྟན་པའི་རྒྱལ་མཚན།
郭仓修行寺	རྒོད་ཚང་སྒྲུབ་སྡེ།
郭占察欧	མགོ་སྦྲ་མཚལ་སྔོན།
郭仓寺	རྒོད་ཚང་།
郭卡	ཀོ་ཁ།
郭茶巴	སྒོ་སྦྲགས་པ།
郭家锅	ཀའོ་ཅའ་ཀའོ།
贡森佛殿	ཀུན་གཟིགས།
贡康布	མགོན་ཁང་སྦུག

贡康多殿	མགོན་ཁང་མདོ།
贡仓寺	དགོན་ཚང་།
贡木仓寺	སྒོམ་ཚང་།
贡摩且寺	དགོན་མོ་ཆེ།
贡多活佛	ཀུན་རྡོལ།
贡却多杰活佛仁布切	དཀོན་རྡོར་སྤྲུལ་པའི་སྐུ་རིན་པོ་ཆེ།
贡林	ཀུན་གླིང་།
贡觉林	ཀུན་སྐྱོབ་གླིང་།
贡觉林宫殿	ཀུན་སྐྱོབ་གླིང་།
贡大都寺	ཀུང་ཏྭ་ཏུ་ཟི།
贡丹昆勒	ཀུང་རྟན་ཀོན་ལེགས།
贵族扎萨	སྐུ་སྐྱེར་ཛོ་སག
班智达贡嘎坚赞	ཀུན་དགའ་རྒྱལ་མཚན།
岗江瓦	སྒང་ལྷུང་བ།
岗拉	གངས་གླ།
岗巴	གམ་ཕྱུགས།
岗巴宗赛康巴	གམ་རྫོང་གསེར་ཁང་པ།
岗朵宫殿	ཕོ་བྲང་སྒང་ཏོག
岗朵松嘉	སྒང་རྟོག་གསུམ་ལྷུགས།
《岗罗玛》	གང་བློ་མ།
高胜幢宫殿	ཕོ་བྲང་རྒྱལ་མཚན་མཐོན་པོ།
高台	ཀའོ་ཐའི།
高足清辨	ལེགས་ལྡན།
根吉	ཀན་སྐྱི།
根保	ཀན་པོ།
根力（灌顶力）	དབང་སྟོབས།

格列贝桑布	དགེ་ལེགས་དཔལ་བཟང་པོ།
格贵勒土巴	དགེ་བསྐོས་ལས་ཐོག་པ།
格列寺	དགེ་ལེགས།
格巴古强斯塔	གུས་པ་གུ་འཚང་སྲིད་ཐར།
格如拉堆巴	དགེ་རུ་ལ་སྟོད་པ།
格本噶拉塔	སྐུ་འབུམ་དགའ་ལྡ།
格萨尔息怒	གེ་སར་ཞི་དྲུག
格羌嘎	གེ་ཚང་ག
格仓活佛	ཀེའུ་ཚང་།
格定	དགེ་ལྡིང་།
古格巴洛桑诺布	གུ་གེ་པ་བློ་བཟང་ནོར་བུ།
古尔麦扎西顶	གུར་མེ་བཀྲས་ལྡིང་།
古吉	དགུ་སྐྱེས།
古尔莫	མགུར། མགུར་མོ།
古尔巴	གུར་པ།
古格夏仲	གུ་གེ་ཞབས་དྲུང་།
古帕勒雪山	ཤུ་གུ་སྤྲ་ལེགས།
古格吉塘	གུ་གེ་སྐྱིད་ཐང་།
古鲁大奥	ཀུ་ལུ་ཏ་འོར།
古鲁库库苏吉	གུ་ལུ་ཁུ་ཁུ་སུལ་ཙེ།
管家仆人	ནང་ཟན།
管筒	སྦུ་གུ།
管家	གཉེར་པ།
观音	ཀྭང་ཡི།
观音洞	ཀྭང་ཡི་ཕུང་།
公主岭	ཀོང་ཇོ་གླིང་།

公上	ཀྱི།
国民政府	ཀྭོ་མིན་ཀྲིང་ཧྥུག
佛国大海庄严系角画	ཞིང་ཁམས་རྒྱ་མཚོའི་བཀོད་པ་སྣེ་གདོགས་ཅན།
国政七宝	རྒྱལ་སྲིད་རིན་ཆེན་སྣ་བདུན།
故园(国务院)	ཀོའུ་ཡོན།
故冻巴	སྐུ་གདུང་པ།
果托尔库库	ཀྭོ་ཐོར་ཁུ་ཁུ།
果比达尔军	ཀཽ་པི་འདར་ཅུན།
果瓦松多	ཀྭོ་བ་གསུམ་མདོ།
皋兰县	ཀོ་ལང་ཞན།
顾总司令顾文君	ཀུའུ་ཙུང་སི་ལིང་།
廓尔钦活佛	ཀོར་ཆེན་སྤྲུལ་སྐུ།
更苏颇章寝室	ཀུན་གཟིགས་ཕོ་བྲང་།
恭贺西陲宣化使班禅活佛	ཀུང་ཞུལ་ཤིས་བྲུའི་ཤོ་ཧོ་ཧྲེ་པ་ཙ་ཀྲན་ཧོ་ཧྲུ།
桂・库巴拉孜	འགོས་ཁུག་པ་ལྷས་བཙས།
鬼众	སྡེ་བརྒྱད།
观宫殿	ཀུན་གཟིགས་ཕོ་བྲང་།
工部官金严盛	ཀུང་བུ་ཀོན་ཅིན་ཡན་ཧྲིན།
顾员宋宗良	ཀོའུ་ཡོན་སུན་ཙུང་ལེང་།
国务总理杜锡珪	ཀོའུ་ཙུང་ལིང་སྟུའུ་ཞི་དགུ།

H

霍尔地区	ཧོར་ཡུལ།
霍尔月	ཧོར་ཟླ།
霍尔康扎萨	ཧོར་ཁང་ཛ་སག

霍嘎江	ཧོ་ག་ཅང་།
霍州	ཧོ་ཀྲུ།
霍尔斯寺院	ཧོར་ཟེ།
霍尔卡热阿林寺	ཧོར་ཁ་རབ་སྟགས་གླིང་།
霍赖馆	ཧོ་ལེ་ཀོན།
霍旅长	ཧོད་ལུས་ཀྲང་།
霍拉赛图	ཧོ་ལྷ་སེ་ཐུ།
哈主席呼林寺	ཧ་ཀྲུའུ་ཤི་ཧུའུ་ལིང་ཟེ།
哈孜	ཧག་ཙེ།
哈邦	ཧ་སྤང་།
哈热钦门多金巴益齐林寺	ཧ་ར་ཚེན་མེན་ཏོ་སྦྱིན་པ་ཡིད་ཚེས་གླིང་།
哈颜苏米寺	ཧ་ཡྣན།
哈比尔根苏米	ཧ་པིར་གེན་སུ་མི།
哈王	ཧ་ཝང་།
哈颜苏米	ཧ་ཡན་སུ་མི།
汉朝	ཧན་ཐྲུ།
汉、周	ཧན་ཀྲུའུ།
汉地拉康	རྒྱ་ནག་ལྷ་ཁང་།
汉地拉章	རྒྱ་ནག་བླ་བྲང་།
胡林镇	ཧོ་ལིང་ཟེང་།
胡勒勒	ཧོ་ལེ་ལེ།
胡福坤	ཧོ་ཝུ་བུ་ཀོན།
呼雪	ཧོ་ཤོ།
呼云臧盖麦仁	ཧོ་ཤོན་ཛང་གེ་མེ་རེན།
呼雪寺	ཧོ་ཤོ་དགོན།
呼勒迈呼	ཧོལ་མེ་ཧོ།

呼齐右翼图萨拉齐公爵玉杰	ཧོ་ཆིང་གཡས་ཧྲུའི་ཐུ་ས་ལག་ཆི་གུང་གཡུ་རྒྱལ།
呼雪	ཧོ་ཤོ།
呼茹盖	ཧུ་རུ་གེ།
呼沁米多苏米寺	ཧོ་ཆིང་མིན་དོ་སུ་མི།
呼且	ཧོ་ཆེད།
韩州	ཧན་གྲུ།
韩东	ཧན་ཏུང་།
韩钦慕达	ཧན་ཆེན་མུ་ཏ།
杭州西湖灵隐寺	ཧང་གྲུའུ་ཤིས་ཧུའུ་ལིང་ཡིན་ཟེ།
杭主	ཨང་གྲུ།
杭噶尼雪乌兰俄热寺	ཧང་ཀ་ནེ་ཤོག་ཝུ་ལན་ཨེ་རིག
护国天王	ཡུལ་འཁོར་སྲུང་།
护国宣化广慧大师	ཧུས་སྐོའི་ཤོན་ཧའུ་ཀུང་ཧུད་ཏཱ་ཟེ།
护国寺	ཝུ་ཀང་ཟེ།
皇军	གོང་དམག
皇福宫	ཧོའུ་ཕུ་གོན།
皇	ཧང་།
红毛洞	ཧོང་མའོ་ཏུང་།
红果路	ཧོང་གུར་ལུ།
红弥勒寺庙	ཞུས་མུས་ལེའུ་དམར།
汗苏米	ཧན་སུ་མི།
汗达	ཧན་དག
华州	ཧོའོ་གྲུ།
华阴	ཧོའོ་ཡན་མེ་ཏོག
华严寺	བ་ཡན་ཟེ།
华东府	དཔའ་ཏུན་ཕུའུ།

黄慕松	ཧོང་མུ་སུང་།
黄果苏米	ཧོང་ཀོ་སུ་མི།
黄科寺	ཧོང་ཁོར།
海梅	ཧས་སྨན།
回、朱诿	ཧོ་ཇི་ཝེ།
华亭	ཧའོ་ཏན།
狐肺纸	ཝ་ཤོག་གློ་ཤོག
赛欧央古	གསེར་འོད་གཡང་འགྱུག
伙夫	མ་ཆེན།
鸿逵	ཞུང་ཧུ།
浑源县	བུང་ཡུས་ཤན།
河源仁莫	ཆུ་མགོ་རིང་མོ།
海仁郭勒	ཧས་རིམ་ཀྱོ་ལ།
弘仁寺	ཧོང་རིན་ཟེ།
翰角	ཧད་ཅོ།
怙主	མགོན།
慧照寺	ཧོང་ཀྲའོ་ཟེ།
后城顶	ཧོ་ཁྲིང་ཏེ།

J

迦拉波	ཀ་ལྷ་པ།
迦湿弥罗	ཁ་ཆེ།
迦罗尼斯	ཀླ་ར་ཎ་སི།
迦罗迦达	ཀ་ལ་ཀ་ལ།
迦吉温坚	ཀ་ཀྱི་དབུ་རྒྱན།

迦拉波	ཀ་ལ་པ།
甲本	བརྒྱ་དཔོན།
甲噶雄拉	རྒྱལ་འགག་གཞུང་གླ།
甲达瓦	སྐྱ་དར་བ།
甲拉巴	ལྕགས་ལམ་པ།
甲热桑珠德庆寺	སྐྱ་ར་བསམ་གྲུབ་བདེ་ཆེན།
甲米村	རྒྱ་མི་ཚན།
甲塘	རྒྱ་ཐང་།
甲塘仲	རྒྱ་ཐང་དྲུང་།
甲玛喀巴	རྒྱ་མ་མཁར་པ།
甲卡寺	རྒྱ་མཁར།
甲萨拉章	ལྕགས་ཟམ་གླ་བྲང་།
甲学	བརྒྱ་ཤོག
甲乙	ཀ་ཁ།
嘉央丹巴	འཇམ་དབྱངས་བསྟན་པ།
嘉孜	སྐྱབས་རྗེ།
嘉斯	སྐྱབས་སྲིད་ཆེན་པོ། 摄政
嘉措德庆日超寺	རྒྱ་མཚོ་བདེ་ཆེན་རི་ཁྲོད།
嘉荫	སྐྱབས་དབྱིངས།
嘉波日巴	ལྕགས་པོ་རི་པ།
嘉卡尔瓦	རྒྱ་མཁར་པ།
嘉木样协巴活佛	འཇམ་དབྱངས་བཞད་པ།
嘉波卡	ལྕགས་པོ་ཁ།
嘉叶宫	ལྕགས་ཡེ་གྙོན།
吉细	སྐྱི་བཞི།
吉堆子	སྐྱིད་སྟོད་སྲས།

吉康	དཀྱིལ་ཁང་།
吉祥称	འཇམ་དཔལ་གྲགས།
吉索	སྐྱི་སོ།
吉普寺	སྐྱིད་ཕུག
吉那红宫	སྐྱིད་ནའི་ཕོ་བྲང་།
吉索第巴	སྐྱི་སོ་སྡེ་པ།
金星	པ་སངས།
金刚持贡却坚赞	རྡོ་རྗེ་འཛིན་པ་ཀུན་མཆོག་རྒྱལ་མཚན།
金卡尔	གཅེན་མཁར།
金刚铃	རྡོ་རྗེ་དྲིལ་བུ།
金刚座	རྡོ་རྗེ་ལྡན།
金刚垣幕(金刚护轮)	རྡོ་རྗེ་རྭ་གུར།
《金刚经》	རྡོར་གཅོད།
金阁寺	ཅིན་ཁང་།
金隆巴噶钦桑吉平措	གཅེན་ལུང་པ་དཀའ་ཆེན་སངས་རྒྱས་ཕུན་ཚོགས།
金昌县官	ཅིན་ཧྲང་ཞན་ཀོྭན།
金副总裁	ཇིལ་བུ་ཙུང་ཚས།
金康寺	ཅིན་ཁང་ཐེ།
金翟	ཅིན་ཁྲས།
金查	ཅིན་ཕྲལ།
金觉尔林寺	སྐྱིན་སྐྱོར་གླིང་།
金杜巴尔	ཇུའི་ཏུར་སྤར།
杰当噶东	རྒྱལ་སྟེང་ཀ་གདོང་།
杰当	རྒྱལ་སྟེང་།
杰仲	རྗེ་དྲུང་།
杰殿	མཆོད་དཀྱིལ།

杰基	དགེ་བསྐྱབས།
杰且蔡	རྒྱལ་བྱེད་ཚལ།
杰玉龙巴	འགྱེད་གཡུ་ལུང་པ།
具足二净	དག་པ་གཉིས་ལྡན།
具五决定	ངེས་པ་ལྔ་ལྡན།
江热拉莫康	ལྕང་ར་ལྷ་མོ་ཁང་།
江周	ལྕང་འབྲོག
江公	ལྕང་གོང་།
江孜宗擦仁瓦	རྒྱལ་རྫོང་ཁྲ་རིང་པ།
江若	རྒྱང་རོ།
江乃	རྒྱལ་གནས།
江堆	ལྗང་སྟོད།
江洛	ལྕང་ལོ།
江白	རྒྱལ་སྤེལ།
江雄	འཇང་གཞུང་།
江仁寺	ལྕང་རིང་དགོན།
江宇	ཅང་ཡུའུ།
江宗梵宇	ཛང་ཧྥུང་ཡོན།
江扎楚	ཅང་ཀྲ་ཁྲུའུ།
救怙主殊胜至尊喇嘛	སྐྱབས་མགོན་རྗེ་བཙུན་བླ་མ་མཆོག
救怙主佛自在	སྐྱབས་མགོན་རྒྱལ་དབང་།
静猛	ཞི་ཁྲོ།
静业	ཞི་བའི་ལས།
觉杰布	ཇོར་རྗེད་འབོག
觉宗扎西曲当寺	ཇོ་རྫོང་བཀྲ་ཤིས་ཆོས་སྡིང་།
觉杂扎西林寺	ཇོ་ཚ་བཀྲ་ཤིས་གླིང་།

觉孜玛	ལྗོ་རྗེ་མ།
觉达	ཅོའོ་ཏྲ།
觉钦苏米	ཇོ་ཆེན་སུ་མི།
结热寺	སྐྱེ་རི།
结蔡喇嘛	སྐྱེ་ཚེ་བླ་མ།
结古寺	སྐྱེ་རྒུ་དགོན།
坚丹米久	སྤྱད་ལྡན་མི་ཆུང་།
坚公爵次旦	ལྕང་གོང་ཚེ་བརྟན།
坚萨洛桑	སྤྱན་གསལ་བློ་བཟང་།
坚康	ཅན་ཁང་།
基索	སྐྱི་སོ།
基巧巴	སྐྱི་ཁྱབ་པ།
基萨	སྐྱི་ས།
基巧	སྐྱི་ཁྱབ།
净恰	རྗེན་ཆག།
净厨	ཏང་ཁང་།
净住寺	ཅིན་ཁྲུ་ཟི།
加热	རྒྱ་རམ།
加行	སྦྱོན་འགྲོ།
加里赤钦	རྒྱ་རི་ཁྲི་ཆེན།
加查拉巴次卓	སྐྱུ་དྲག་ལྷག་པ་ཚེ་སྒྲོལ།
贾素图	ཅ་སུ་ཐུ།
贾贡次旦	ལྕགས་གོང་ཚེ་བརྟན།
郡乌祖穆旗王	ཧུན་ཨུ་ཙུ་མུ་ཆེན།
郡诺店部鄂端右旗	ཅོའུ་ནོད་ཏེན་ཕོག་ཡོ་དན།
郡苏尼	ཧུན་སུ་ཉིད།

郡额祖穆钦部	ཧུན་ཨུ་ཙུ་མུ་ཆིན།
军乐队	ཅུན་ཡོ་ཏུའི།
军委祖木旗玉亲哈	ཅུན་ཨུ་ཙུ་མུ་ཆིན་ཡུས་ཆིང་ག།
君翁诺王	ཧུན་ཨོང་ནོད།
君马海	ཅུན་མཱ་ཧེ།
居金	ཅུའི་ཅིན།
居许	བཅུ་ཤུལ།
津贴联币	སྦྱིར་གྱི་སྒོར།
家奴	ནང་ཟན།
蒋总司令	ཅང་ཙུང་།
蒋大总统	ཇའོ་ཏྭ་ཙོང་ཐུ།
靖善禅师	ཇིའི་ཧྲན་ཤན་སི།
局礼堂	ཅུས་ལིད་ཐང་།
监督	ཅན་ཏུ།
泾川	ཅིན་ཀྲའུ།
景江安	ཅིན་ཅང་ཧན།
拘利	ཀུ་རི།
交通总长	ཅའུ་ཐུང་ཙུང་ཀྲང་།
积聚四军粮	དམག་ཟོག་བཞི་ཟུར།
教师	གསང་སྟོན།
践踏	རྫི་བ།
绛坚三法寺会首	བྱང་ཅན་ཆོས་གསུམ་སྤྱིའི་ཀན་པོ།

K

克珠玛瓦尼玛格列贝桑	མཁས་གྲུབ་སྐལ་བའི་ཉི་མ་དགེ་ལེགས་དཔལ་བཟང་།

克珠桑杰益西	མཁས་གྲུབ་སངས་རྒྱས་ཡེ་ཤེས།
喀尔喀洗礼诺门汗	ཁལ་ཁའི་བྱབས་ཁྲུས་ནོ་མིན་ཧན།
喀尔喀大儿子益西群佩	ཁལ་ཁ་རྗེ་ལགས་ཡེ་ཤེས་ཆོས་འཕེལ།
喀觉寺	མཁའ་སྤྱོད།
喀尔喀的哲布尊丹巴活佛	ཁལ་ཁ་རྗེ་བཙུན་དམ་པ།
喀卡	ཁ་ཁ།
喀尔喀迈根王部落	ཁལ་ཁ་མེ་རྒན་ཕང་སོག
喀喇达	ཀ་ལ་ཏྲ།
康布贡布寺	ཁམ་བུ་དགོན་སྦུག
康布达隆寺	ཁམ་བུ་སྟག་ལུང་།
康钦巴格敦达结	ཁང་ཆེན་པ་དགེ་འདུན་དར་རྒྱས།
康马嘉塘	ཁང་དམར་རྒྱ་ཐང་།
康耶拉康	ཀྲང་ཡེ།
卡纳仁康	ཁ་ཧྜའི་རང་ཁམས།
卡热	ཁ་རག
卡桑寺	ཁག་བཟང་།
卡噶尔	མཁར་དཀར་པོ།
卡若山顶	ཁ་རོ།
卡尔	མཁར།
卡欧	ཁ་སྔོན།
卡林松	ཁ་ལིང་ཟུང་།
库隆寺	ཁུ་ལུང་།
库热洗礼堪布诺门汗	ཁུ་རལ་བྱབས་ཁྲུས་མཁན་པོ་ནོ་མིན་ཧན།
库玛	ཁུལ་མ།
库格纳嘎	ཁུ་གུ་ནམ་ག
库尔勒呼雪	ཁོར་ལུག་ཧོ་སོ།

库尔楼达居囊索南旺杰	ཁྲུར་ལུག་ཧྲ་ཛུ་ནང་བསོད་ནམས་དབང་རྒྱལ།
库伦霍尔	ཁྲུ་ལུན་ཧྲོར།
库绒衣料	ཁྲུལ་ཧྲོན་གསེར་དོད།
堪布门吉巴	མཁན་པོ་སྨོན་སྐྱིད་པ།
堪琼钦饶平措	མཁྱེན་རབ་ཕུན་ཚོགས།
堪琼丹增曲扎	མཁན་ཆུང་བསྟན་འཛིན་ཆོས་གྲགས།
堪琼丹巴格桑	མཁན་ཆུང་བསྟན་པ་བསྐལ་བཟང་།
开鲁县	ཁའི་ལུའུ།
可瓜	མ་ཧུ་རྩེ།
凯修天	ཁེ་ཞིག་ཐན།

L

拉日瓦	ལྷ་རི་བ།
拉莫护法神	ལ་མོ་ཆོས་སྐྱོང་།
拉莫	ལ་མོ།
拉麦拉康	ཟླ་མེད།
拉仁木拉康	ལམ་རིང་།
拉孜曲德寺	ལྷ་རྩེ་ཆོས་སྡེ།
拉阿扎寺	ལྷ་ལྷ་བྲག
拉丁日追寺	ལྷ་ལྡིང་རི་ཁྲོད།
拉尔贡嘎寺	ལྷར་གོང་དཀར།
拉莫法王	ལ་མོ་ཆོས་རྗེ།
拉仁巴格西多杰	ལྷ་རམས་པ་རྡོ་རྗེ།
拉丹	ལྷ་ལྡན། 拉萨
拉莫绛曲觉	ལ་མོ་བྱང་ཆུབ་ལྗོག

拉莫蔡赛	ལ་མོ་ཚེར་གསེབ།
拉莫绛曲觉	ལ་མོ་བྱང་ཆུབ་ལྗོག
拉丁	ལྷ་སྡིང་།
拉布宗官员	ལྷ་བུ་རྫོང་སྡོད།
拉甘河	ལ་ཀན།
拉康噶钦占堆	ལྷ་ཁང་དཀའ་ཆེན་དགྲ་འདུལ།
拉门米苏	ལྷ་སྨོན་མི་ཟུར།
拉基三公	གཞུང་གསུམ།
拉木嘎波	ལ་མོ་དཀར་པོ།
拉库达修	ར་ཁུ་ཏྲ་ཞུ།
拉却林寺	ལྷ་མཆོག་གླིང་།
拉恰寺	ལྷ་ཆབ།
拉布寺	ལབ་དགོན།
拉古学	ལབ་སྐུ་ཞོག
拉卡瓦仲仁巴拉加	ལ་ཁ་བ་དྲུང་རམ་པ་ལྷ་རྒྱལ།
拉毛德庆寺	ལ་མོ་བདེ་ཆེན་དགོན།
拉旺罗	ལྷ་དབང་གློ།
洛扎南须	ལྷོ་བྲག་གནམ་སྲུམ།
洛门	ལྷོ་མོན།
洛桑索巴	བློ་བཟང་བཟོད་པ།
洛巴旦增旺杰贝桑布	ལྷོ་པ་བསྟན་འཛིན་དབང་རྒྱལ་དཔལ་བཟང་པོ།
洛桑巴顿珠南杰	ལོ་བཟང་པ་དོན་གྲུབ་རྣམ་རྒྱལ།
罗桑班丹	བློ་བཟང་དཔལ་ལྡན།
洛钦活佛	ལོ་ཆེན།
罗桑顿珠	བློ་བཟང་དོན་གྲུབ།
洛桑金巴	བློ་བཟང་སྦྱིན་པ།

洛桑扎西	བློ་བཟང་བཀྲ་ཤིས།
洛桑旦白旺秋绛边嘉措	བློ་བཟང་བསྟན་པའི་དབང་ཕྱུག་འཇམ་དཔལ་རྒྱ་མཚོ།
洛库	ཀློ་ཁུད།
洛格夏热	ལོ་ཀེ་ཤྭ་ར།
洛桑曼兰	བློ་བཟང་སྨོན་ལམ།
洛桑欧珠	བློ་བཟང་དངོས་གྲུབ།
洛桑克确	བློ་བཟང་མཁས་མཆོག
罗桑土旦确吉尼玛格列朗杰贝桑布	བློ་བཟང་ཐུབ་བསྟན་ཆོས་ཀྱི་ཉི་མ་དགེ་ལེགས་རྣམ་རྒྱལ་དཔལ་བཟང་པོ།
罗桑班丹益西	བློ་བཟང་དཔལ་ལྡན་ཡེ་ཤེས།
罗桑班丹确吉扎巴旦白旺秋	བློ་བཟང་དཔལ་ལྡན་ཆོས་ཀྱི་གྲགས་པ།
罗桑班丹旦白尼玛确列朗杰	བློ་བཟང་དཔལ་ལྡན་བསྟན་པའི་ཉི་མ་ཕྱོགས་ལས་རྣམ་རྒྱལ།
罗布寺	ཀློ་ཕྲུག
罗桑赤烈土旦确吉尼玛格列朗杰贝桑布	བློ་བཟང་འཕྲིན་ལས་ཐུབ་བསྟན་ཆོས་ཀྱི་ཉི་མ་དགེ་ལེགས་རྣམ་རྒྱལ་དཔལ་བཟང་པོ།
罗贡寺	ཀློ་དགོན།
罗桑杰布	བློ་བཟང་རྒྱལ་པོ།
罗汉殿	ལོ་ཧི་ཐེན།
罗噶尔寺	ལོ་དཀར།
罗汉洞	ལོ་ཧན་ཐུང་།
伦珠嘉措	ལྷུན་གྲུབ་རྒྱ་མཚོ།
伦珠曲林寺	ལྷུན་གྲུབ་ཆོས་གླིང་།
伦饶	ལྷུན་རབ།
伦孜瓦仲然洛桑绛曲	ལྷུན་རྩེ་བ་དྲུང་རམ་བློ་བཟང་བྱང་ཆུབ།

轮辋王	རྩིབས་ཀྱི་མུ་འཁྱུད།
勒仲	ལས་དྲུང་།
勒龙喇嘛仁布切	ལེགས་ལུང་བླ་མ།
勒玛夏尔	ལི་མ་ཤར།
勒曲寺	ལེགས་ཆོས་འདུས་སྡེ།
勒恰	ལས་བྱ།
勒措细布	ལས་ཚོ་བཞི་པོ།
勒钦哈罗	ལི་བྱིན་ཧ་ར།
勒珠寺	ལེགས་གྲུབ།
勒仲恰涅	ལས་དྲུང་བྱ་ཞལ།
勒卓欧仁	ལེགས་འགྲོ་སྔོ་རིང་།
朗生	ནང་ཟན། 家奴
朗日塘巴多杰坚赞	གླང་རི་ཐང་པ་རྡོ་རྗེ་རྒྱལ་མཚན།
朗巴塞顶寺	གླང་པ་གསེར་ལྡིང་།
朗贡寺	གླིང་དགོན།
朗玛塘	གླང་མ་ཐང་།
朗章安	ལྷིང་ཀྲང་ཧན།
朗顿	གླང་མདུན།
朗玛库	ལྷང་མའི་ཁུག
朗恰	ལྷང་ཆག
朗玛金科	གླང་མའི་དཀྱིལ་འཁོར།
灵堂殿	གདུང་ནང་།
灵香寺	ལིང་ཤང་ཟེ།
勒林噶钦喜饶达结	ལེགས་གླིང་དཀའ་ཆེན་ཤེས་རབ་དར་རྒྱས།
林地区	གླིང་ཁུལ།
林宗	གླིང་རྫོང་།

林熙初司令　ལིང་ཤིས་ཚུའི།

林活佛　གླིང་སྤྲུལ་སྐུ།

林森　ལིང་ཧྲང་།

林　གླིང་།

隆巴恰　ལུང་པ་ཆགས།

隆务比丘喜饶　རོང་པོ་དགེ་སློང་ཤེས་རབ།

隆德城　ལུང་ཏྭན་མཁར།

隆福寺　ལུང་ཕུ་ཟི།

隆雪寺　ལྷུང་ཤོད།

李耐洪　ལྷིས་ནའི་ཧུན།

李处长　ལྷིས་ཁྲུང་ཀྲང་།

李希　ལིས་ཤི།

李秉谦　ལིས་པིས་ཅན།

鲁顶秘书　ལྷུ་སྡིངས་དྲུང་ཡིག

鲁县长　ལུའུ་ཞན་ཀྲང་།

鲁顶园林　སྐྱིད་ཚལ་ལྷུ་སྡིངས།

鲁康　ལྷུ་ཁང་།

鲁那河　ལུ་ནག

鲁顶洛桑嘉措　ལྷུ་སྡིང་དཔོན་པོ་བློ་བཟང་རྒྱ་མཚོ།

兰州宫　ལན་ཀྲུ།

兰谿卡　ལྷན།

兰孜　ལྷན་རྩེ།

礼泉　ལྷིས་ཇོན།

礼部官长　ལིས་བུ་ཀོན་ཀྲང་།

刘镇　ལིའུ་ཀྲིན།

刘秘书　ལྷུས་མི་ཧྲུ།

路长	ལུའུ་ཀྲང་།
柳湖	ལིའུ་ཧོ།
老扎卜	ལའོ་ཀྲ་བོ།
梁喜祖	ལིང་ཞིས་རྫུའི།
励志社行政院	ལིས་ཀྲི་ཧྲེར་ཞིང་སྲིང་ཡོན།
丽芝地	ལི་ཁྲི་ཐོན།
卢贺天	ལུ་ཧེ་ཐེན།
龙谷寺	ལོང་གུ་ཟི།
旅长	ལུའུ་ཀྲང་།
临潼	ལིན་ཧོང་།
凉州	ལང་ཀྲུས།
莲台拉康	པད་འདེགས་ལྷ་ཁང་།
六部地	རིགས་དྲུག་གི་གནས།
喇阳	ལྷའི་ཡང་།
陆军	ལུའུ་ཙུན།
蓝衣拉康	གོས་སྔོན་ལྷ་ཁང་།
楼敦寺	ལུག་གདོང་།
了智	མཁྱེན་པའི་ཡེ་ཤེས།
圣者龙树	ཀླུ་སྒྲུབ།
罗桑确吉坚赞	རྗེ་བཙུན་བློ་བཟང་ཆོས་ཀྱི་རྒྱལ་མཚན།
骡头人	གཟེམ་དྲེལ་འགོ་པ།
岚氏家族	རླན་རིགས།
鹿钟麟	ལུའུ་ཀྲུང་ལིས།

M

玛拉雅	མ་ལ་ཡ།

玛尼项噶	མ་ཎི་ཤངས་ཀར།
玛且森切	མ་ཆེ་གཟིམ་ཆེ།
玛央寺	མ་ཡང་།
玛哈嘎拉寺	མ་ཀ་ལ་མེ་ཧོ།
玛达	མ་འདེགས།
妙吉祥称	འཇམ་དཔལ་གྲགས་པ།
妙吉祥怙主第二佛	འཇམ་མགོན་རྒྱལ་བ་གཉིས་པ།
曼荼罗	ཚོགས་འཁོར།
曼达罗	མཎྜ་ར།
曼日寺	སྨན་རི།
曼隆修行院	མན་ལུང་སྒྲུབ་སྡེ།
摩隆巴	དམིགས་སློང་བ།
摩门罗尔	མོ་མུན་ལ།
摩龙罗尔	མོ་ལུན་ལ།
米厦	མི་ཤང་།
米本	མི་དཔོན།
米巴寺	མིག་པ།
马海定	མ་ཧས་ཧིང་།
马嘎拉	མ་ཀ་ར།
马旗	རྟ་དར།
马珏	རྨ་ཙོན།
马海	མྭ་ཧེ།
马本雄主从	མྭ་འབན་ཞོང་ཅན།
马督官	མྭ་འདུ་ཀོན།
马知县	མྭ་ཀྲུའུ་ཞན།
马尚武	མྭ་ཧྲིང་ཝུ།

马吉青	མཱ་ཅི་ཆྭུ།
马王兄	མཱ་ཝང་ཤོང་།
马褂	མཱ་ཀྭ།
马本学	མཱ་ཕད་ཤོད།
马家堡	མ་ཇན་མིན།
马林福宾馆	མ་ལིན་ཕུན།
马日杂	མ་རི་རྫུ།
马福祥	མཱ་ཧུ་ཞང་།
马鸿宾	མཱ་ཧུ་ཕིང་།
穆尤	མོ་ཡུག
穆巴	སྨུ་པ།
穆藏多吉林寺	སྨུ་རྫིང་རྡོ་རྗེ་གླིང་པ།
穆觉寺	རྨོག་སྨོག
穆恰瓦	སྨུ་བྱ་བ།
穆霍	སྨུའུ་ཧོ།
木菇寺	རྨེ་རུ།
木巴寺	རྨོག་པ།
木菇寺	རྨེ་རུ།
木句阳	སྨུས་ཧུས་ཡང་།
芒拉	མང་ར།
芒拉滩	མང་རའི་ཐང་།
芒嘎	མང་གལ།
麻江松多	མར་ཀྱུང་གསུམ་མདོ།
麻热鲁东	མ་ར་གླུ་གདོང་།
麻塘拉章	མ་ཐང་།
蒙藏院	སྨུང་ཙང་ཡོན།

蒙古族如帕拉达纳学达摩寺	སོག་པོ་རུ་བ་ལྷ་དར་ཤགས་རོད་སྟག་མོ་དགོན།
蒙藏院公王宗泽	སྨུང་ཚང་ཡོན་ཀུང་ཞང་ཙུང་ཛེ།
蒙东	སྨུག་ཏོན།
迈迈勒支	མེ་མེ་ལེ་གྲི།
迈更孜热图叶凯扎萨喇嘛	མེ་ཀན་ཛེ་རིག་ཐུ་ཡེ་ཁེ་ཛ་སག་བླ་མ།
秘书	མེ་ཧྲུལ།
秘密护法殿	གསང་བའི་མགོན་ཁང་།
弥勒甘丹拉康	བྱམས་ཁང་དགའ་ལྡན་ལྷ་ཁང་།
麦穗酥糕	གྲོ་གསོ་ཕྱེ་མར།
冒阿	མོའུ་ཨཱ།
枚	མོའུ།
毛志忠	མོན་ཀྲི་ཀྲུང་།
民监	མི་དཔོན།
姆多夏帕尔	མོ་རྡོ་ཤ་སྤར།
满清	མན་ཁྲུའུ།
美国公使黎嘉凡	ཨེ་གོའི་ས་ཧེབ་ཅིས་ཅའ་ཐད།
孟思处长	སྨུང་སི།
门努洛桑	སྨན་ནུབ་བློ་བཟང་།
默特	སྨུག་ཏོན།
募捐	བསྡང་ཙེ་པ།
明翰	མིང་ཧན།

N

尼玛布赤	ཉི་མ་བུ་ཁྲིད།
尼姑寺吴坚古如	ཨུ་རྒྱན་གུ་རུ།
尼玛隆寺	ཉི་མ་ལུང་།

尼木多寺	སྙེ་མོ་མདོ།
诺门汗罗桑顿珠	ནོ་མིན་ཧན་བློ་བཟང་དོན་གྲུབ།
诺囊巴	ནོར་ནང་པ།
诺尔章	ནོར་བྲང་།
诺尔琼	ནོར་ཁྱུང་།
诺章曲则	ནོར་བྲང་ཆོས་མཛད།
诺胡	སྣུ་ཧོ།
诺尔达布	ནོར་ཏབ།
诺奇布鲁图	ནོམ་ཆི་སྦྲི་ལིག་ཐུ།
囊斯色诺寝室	སྣང་སྲིད་ཟིལ་གནོན།
囊斯寝室	གཟིམ་ཆུང་སྣང་སྲིད།
囊纳	ནང་ནམ།
囊岗	ནང་སྒང་།
囊钦	ནང་ཆེན།
纳库曲宗寺	ན་ཁུད་ཆོས་རྫོང་།
纳萨查寺	ན་བཟའ་བྲག
纳章摩	ན་བྲང་མོ།
涅旦噶	གཉེར་གཏད་འགག
涅摩赛顶寺	ཉ་མོ་གསེར་སྟེང་།
乃塞瓦	ནེ་སེར་བ།
乃琼护法神师	གནས་ཆུང་ཆོས་སྐྱོང་།
乃塞觉沃钦波	ནེ་སེར་ཇོ་བོ་ཆེན་པོ།
南普瓦	རྣམ་ཕོ་བ།
南卓塔则巴	གནམ་གྲོ་ཐག་རྩེད་པ།
南木林嘉乃	རྣམ་གླིང་ལྷུགས་སྐྱེ།
南郊	ནན་ཝུའུ།

内邬仓卓	ནེའུ་ཚང་།
内侍	ནང་མ།
内务总长龚心湛	ནེའུ་ཙུང་ཀྲང་གུང་ཤིན་ཛས།
聂木哈寺	ཉ་མོ་ཧའུ་དགོན།
聂木	ཉ་མོ།
聂铎	གཉེར་སྟོད།
那噶多	ན་དཀར་མདོ།
那噶尔木	ན་དཀར་མོ།
那措喇嘛拉康	སྣ་ཚོགས།
那龙噶莫	ན་ལུང་དཀར་མོ།
那瓦尼宗	ན་བ་ཉིས་འཛོམས།
那曲囊索	ནག་ཆུ་ནང་སོ།
那章莫	ན་གྲངས་མོ།
那拉王	ནལ་ཡང་།
那龙噶尔莫	ན་ལུང་དཀར་མོ།
娘莫霍尔塔	ཉ་མོ་ཧོར་ཐག
年堆吉普巴	ཉང་སྟོད་སྐྱིད་ཕུག་པ།
娘乃聚总	སྙུང་གནས་ཚོགས་སྤྱི།
娘莫塞当寺	ཉེ་མོ་སེར་སྟེང་།
牛尾	གཡག་རྔ།
牛润木	ཉུག་རུམ།
年仲	མཉན་དྲུང་།
年堆吉普活佛	མྱང་སྟོད་སྐྱིད་ཕུག
女首领杜都	དཔོན་མོ་བདུད་བརྟུལ།
努曲隆寺	ནུབ་ཆོས་ལུང་།
努玛拉次	ནུབ་མ་ལྷག་ཚེ།

扭曲科林寺	ཉུག་ཆོས་འཁོར་གླིང་།
念波	ཉན་པོ།
奈赖	སྣེ་ལེ།
宁夏占参爷	ཉིང་ཤ་ཀྲན་ཚན་ཡིས།
能承	འདེགས་བྱེད།

O

欧曲乃喇嘛仁布切	དངུལ་ཆུ་གནའ་བླ་མ།
欧林寺	ཨུག་གླིང་།
欧噶拉康	མདོན་དགའ།
欧尔寺	ངོར།
欧琼巴布寺	མདོན་ཆུང་པ།
欧宗金刚座寺	སྦོ་རྫོང་རྡོ་གདན།
欧噶曲德寺	མདོན་དགའ་ཆོས་སྡེ།
欧足	འོལ་ཛུལ།
欧宗巴	ཨོ་རྫོང་པ།

P

帕州	བག་གྲོ།
帕索曲杰坚赞	བ་སོ་ཆོས་ཀྱི་རྒྱལ་མཚན།
帕卓	བག་གྲོ།
帕里下寺活佛	ཕག་རི་དགོན་འོག་སྤྲུལ་སྐུ།
帕里觉杂扎西曲林	ཕག་རི་རྫོ་ཙ་བཀྲ་ཤིས་ཆོས་གླིང་།
帕邦卡强巴旦增赤烈嘉措	ཕ་བོང་ཁ་པ་བྱམས་པ་བསྟན་འཛིན་འཕྲིན་ལས་རྒྱ་མཚོ།

帕当扎西曲林寺	ཕ་དམ་བཀྲ་ཤིས་ཆོས་གླིང་།
帕里	ཕག་རི།
帕巴恰噶次成益西	འཕགས་པ་འཆར་ཀ་ཚུལ་ཁྲིམས་ཡེ་ཤེས།
帕索噶旦饶吉寺	བ་སོ་དགའ་ལྡན་རབ་རྒྱས།
帕德	འཕགས་སྡེ།
帕拉堪琼	ཕོ་ལྷ་མཁན་ཆུང་།
帕莫曲顶寺	ཕག་མོ་ཆོས་སྡིངས་པ།
帕拉	ཕ་ལྷ།
帕西巴	བལ་ཤས་པ།
帕东	བམ་དོང་།
帕邦卡活佛	ཕ་ཕོང་ཁ།
潘托	ཕན་ཐོག་པ།
潘主席	དབན།
潘康杰仲旺堆诺布	ཕན་ཁང་རྗེ་དྲུང་དབང་འདུས་ནོར་བུ།
潘	སྤད།
平措康萨瓦	ཕུན་ཚོགས་ཁང་གསར་བ།
平林达瓦	ཕུན་གླིང་ཟླ་བ།
平楼寺	སྤིན་ལུག་ཟེ།
平凉统领	ཕིང་ལིང་ཐུང་ལེན།
平遥	ཕིང་ཡའོ།
平遥窝	ཕིང་ཡོ་འོ།
普布觉活佛洛桑崔成嘉措	ཕུར་ལྕོག་སློ་བཟང་ཚུལ་ཁྲིམས་རྒྱ་མཚོ།
普	ཕུལ།
普通俗官	དྲུང་དཀྱུས།
普通茶	ཀོ་རྩེ།
普坪	ཕུད་ཕིན།

普胜寺	ཕུ་རྫིང་ཀྲི།
普天寺	ཕྲད་ཙན་ཀྲི།
蒲罗江	ཕོ་ལོ་ཅིང་།
蒲叶宫	ཕུ་ཡེ་ཀོན།
蒲官长	ཕུ་ཀྭན་ཀྲང་།
浦仁郭勒	ཕྲུ་རིན་ཀྭ་ལ།
派卡擦	པིཙྪ
庞坛大喇嘛丹巴钦饶	ཕང་ཐན་ཏཱ་བླམ་བསྟན་པ་མཁྱེན་རབ།
瓶生	བུམ་བསྐྱེད།
皮司卖号	པི་སི་མེ་ཧོར།
婆罗痆斯	ཕ་ར་ཎ་སི།
盘波	ཕན་པོ།
旁波日沃齐	ཕུང་པོ་རི་བོ་ཆེ།
鹏前生	ཁྱུང་སྔོན་སྐྱེས།
佩斯果	འབེ་སི་ཀོར།
泡泡	ཕྱོ་ཕྱོ།
颇罗鼐	ཕོ་ལྷ་བ།
彭坪	ཕུང་པིན།

Q

曲阔维顶寺	ཆོས་འཁོར་དབུས་སྡིང་།
曲杰多吉	ཆོས་ཀྱི་རྡོ་རྗེ།
曲科岗寺	ཆོས་འཁོར་སྒང་།
曲涅寺	ཆོས་ཉིད།
曲瓦玉则寺	ཆུ་དབང་གཡུ་རྩེ།

曲布寺	ཆུ་སྦུག
曲布塘	ཆུ་སྦི་ཐང་།
曲灿卡	ཆུ་ཚན་ཁ།
曲夏扎西地区	ཆུ་ཤར་བཀྲ་ཤིས་ཁུལ།
曲噶尔摩	ཆུ་དཀར་མོ།
曲米	ཆུ་མིག
曲道	ཆའུ་ཏའོ།
奇索	ཆེབས་སོར།
奇热诺云	ཆེ་རིག་གི་ནོ་ཡོན།
强巴南杰贝丹	བྱམས་པ་རྣམ་རྒྱལ་དཔལ་ལྡན།
强佐岗	ཕྱུག་མཛོད་སྒང་།
强钦巴钦饶绛曲	ཆང་ཁྱིམ་པ་མཁྱེན་རབ་བྱང་ཆུབ།
强康面容佛殿	བྱམས་ཁང་ཞལ་རས་ལྷ་ཁང་།
强巴仁布切	བྱམས་པ་རིན་པོ་ཆེ།
强雄	ཕྱུག་གཞུང་།
强擦古瓦	ཕྱུག་འཚལ་གུ་པ།
恰噶尔喇嘛	ཆ་དཀར་བླ་མ།
恰恰巴	ཕྱུག་ཆ་པ།
恰赛	ཕྱུག་སྲས།
恰杜扎西桑木丹林寺	བྱ་རྡོལ་བཀྲ་ཤིས་བསམ་གཏན་གླིང་།
恰柴玛	ཕ་ཕྲེད་མ།
恰雄	ཕྱུག་གཞུང་།
恰岗	ཕྱུག་སྒང་།
群佩	ཆོས་འཕེལ།
群科央孜寺	ཆོས་འཁོར་ཡང་རྩེ་བ།
群山	རུན་ཧྲན།

钦饶仁青	མཁྱེན་རབ་རིན་ཆེན།
钦饶洛哲	མཁྱེན་རབ་བློ་གྲོས།
钦饶智美	མཁྱེན་རབ་དྲི་མེད།
清辨	ལེགས་ལྡན་འབྱེད།
清凉寺	ཆིན་ལང་ཟེ།
清苏久土戴青贝勒	ཆིང་སུ་ཅུག་ཐུ་དའི་ཆིང་པེ་ལི།
清朝	ཆྭན་སྤྱུ།
骑兵长	ཆིབས་ཆེ།
骑康	ཆིབས་ཁང་།
骑狮护法	དམ་ཅན་རྡོ་རྗེ་ལེགས་པ།
却噶尔通事	མཆོད་དཀར་ཐུང་སི།
却拉甘周	ཆོག་ལ་སྒན་དྲུག
琼仁巴	ཁྱུང་རམ་པ།
琼孔	ཅུང་ཀུང་།
且林寺	བྱེ་གླིང་།
且康巴	ཆེ་ཁང་པ།
且	ཁྱེལ།
且康	ཆེ་ཁང་།
青嘎瓦佛	ཛོ་བོ་ཕྱིང་དཀར་བ།
青图	ཕྱིང་ཐུལ།
祁那石	ཛ་ན་ཧུ།
千供	སྟོང་མཆོད།
桥头拉康	ཟམ་སྟེ།
求请者	ཞུ་ཆོག་པ།
秋布麦邦巴	ཕྱུག་པོ་མེད་སྤང་པ།
起力	བྲུས་བསགས།

情器世间 བརྟན་གཡོ།

切玛布窘 ཁྲི་མ་ཐོག་སྐྱོང་།

全体公职人员 དྲུང་སྤྱི།

齐迈旺布 འཆི་མེད་དབང་པོ།

寝室门口 གཟིམ་ཆུང་འགག

R

日车 ཉི་མའི་ཤིང་རྟ།

日东 རི་གདོང་།

日提喇嘛 རི་མཐིལ་བླ་མ།

日追德庆空行寺 རི་ཁྲོད་བདེ་ཆེན་མཁའ་སྤྱོད།

日追甘丹金刚座寺 རི་ཁྲོད་དགའ་ལྡན་རྡོ་རྗེ་གདན།

日库曲德寺 རི་ཁུད་ཆོས་སྡེ།

日希古日 རི་ཤི་ཀུ་རི།

日光大殿 ཉི་འོད་ཆེན་པོ།

日光寝殿 གཟིམ་ཆུང་ཉི་འོད་འཁྱིལ།

日光道拉章 ཉི་འོད་འགག

惹且喇嘛 རལ་ཆེ།

惹萨诺布曲佩寺 རེ་ས་ནོར་བུ་ཆོས་འཕེལ།

热振阿齐呼图克图仁布切 རྭ་སྒྲེང་ཨ་ཆི་ཧོ་ཐོག་ཐུ།

热拉雍仲寺 ར་ལག་གཡུང་དྲུང་།

热木顶木顶寺 རམ་སྡིངས།

热拉雍顿寺 ར་ལག་གཡུང་སྟོན།

热振格培林寺 རྭ་སྒྲེང་དགེ་འཕེལ་གླིང་།

热木顶寺 རམ་ལྡིངས།

热隆寺	ར་ལུང་།
热塔擦卡	ར་ཐག་ཚ་ཁ།
热木顶玛寺	རམ་སྡིངས་མ།
热西营官	རག་ཞི་སྒར་དཔོན།
热娘寺	ར་ཉག
热娘寺绒达拉章	ར་ཉག་དགོན་རོང་མདའ་བླ་བྲང་།
热敏汗梁道爷	རི་མིན་ཀན་ལིང་ཏའོ་ཡིན།
热贡持密师普尔托	རེབ་གོང་སྔགས་འཆང་ཕུར་ཐོགས།
热塔	ར་ཐག
热娘寺	རྭ་ཉག
热旗巴彦图	ཡི་ཁེ་ཛོ་བོའི་ཚོག་ལ་ཀན་ཨོ་ཐོག་ཤང་གི་ཧོག་ཙོ་ཁེ་རིག་ཆེ་པུ་ཡན་ཐུ།
仁增南杰	རིག་འཛིན་རྣམ་རྒྱལ།
仁巴瓦	རམ་པ་བ།
仁达瓦	རེད་མདའ་བ།
仁巴	རམ་པ།
绒赞巴	རོང་བཙན་པ།
绒强钦寺	རོང་བྱམས་ཆེན།
绒强巴林寺	རོང་བྱམས་པ་གླིང་།
绒查巴	རོང་དྲག་པ།
荣	ཡུན།
荣罗活佛丹增旺杰	ཡོངས་རྫོ།
如意至宝	བསམ་འཕེལ་དབང་གི་རྒྱལ་པོ།
如本	རུ་དཔོན།
人民政府	རིན་མིང་ཀྲེང་བྲུ།
饶塘	རབ་ཐང་།

让	རེང་།
柔卓活佛	རིགས་གྲོ།

S

《三思念》	འཕྲེང་བསྐོར་གསུམ།
三所依	རྟེན་གསུམ།
三生	སྐབས་གསུམ།
三学	བསླབ་གསུམ།
三密	གསང་བ་གསུམ།
三昧耶修行寺	དམ་ཚིག་སྒྲུབ་གནས།
三戏	རོལ་གསུམ།
三种姓	རིགས་ཅན་གསུམ།
三种法衣	ཆོས་གོས་རྣམ་གསུམ།
三清卫宫	སན་ཞི་ཨུ་ཀྭོན།
三统领	ཁྲུང་ལེན་གསུམ།
三宝寺	སེན་པོ་ཟི།
三海喇嘛	སན་ཧེ།
三布勒图法王	སན་པུ་ལིག་ཐུ།
三家巷	སན་ཅ་ཤང་།
森本	གཟིམ་དཔོན།
森巴	སིང་པ།
森塞	གཟིམ་སེ།
森天县官	སན་ཐན་ཞན་ཀྭན།
森夏	གཟིམ་ཤག
娑婆世界	མི་མཇེད་འཇིག་རྟེན། མི་མཇེད་ཀྱི་ཞིང་།

索本潘康巴	གསོལ་དཔོན་ཆེན་མོ་ཕུན་ཁང་པ།
索南确吉朗布	བསོད་ནམས་ཕྱོགས་ཀྱི་གླང་པོ།
索达哈达	གསོད་བཏགས།
索贡寺	སོག་དགོན།
索孜寺	སོག་རྫེ།
索达	བསོད་བཏགས།
索查辛巴	སོ་དྲག་ཤིང་པ།
索拉	སོག་ལམ།
索布	ཟོམ་ཕུད།
索尼左旗达尔罕王科居嘉	སོ་ཉིད་གཡོན་ཇུའི་དར་ཧན་ཝང་འཁོར་སྐྱུར་སྐྱབས།
索伦咕噜夏热包雪嘉达	སོ་ལང་གུ་ལུ་ཤ་ར་སྦྱོ་ཤོག་ལྗགས་ཏ།
桑阿俄林	གསང་སྔགས་ཨུག་གླིང་།
桑颇台吉	བསམ་ཕོ་ཐའི་ཇི།
桑佩	བསམ་འཕེལ།
桑木次	བསམ་ཚེ།
桑结窘乃	སངས་རྒྱས་འབྱུང་གནས།
桑珠甘丹寺	བསམ་གྲུབ་དགའ་ལྡན།
桑阿饶林寺	གསང་སྔགས་རབ་གླིང་།
桑珠拉孜	བསམ་གྲུབ་ལྷ་རྩེ།
桑帕尔益西巴丹	བསམ་འབར་ཡེ་ཤེས་དཔལ་ལྡན།
桑丁	བསམ་སྡིང་།
桑师长	སར་ཇེ་ཀྲང་།
素西南巴	ཟུར་བཞི་རྣམ་པ།
素尔努	ཟུར་ནུབ།
索西	ཟུར་བཞི།
塞尔平执事	སེར་ཕུན་ལས་སྣེ།

塞布	ཟེ་སྤྲུབས།
塞林寺	གསེར་གླིང་།
塞巴	སེ་སྤག
塞巴主仆	སེ་སྤག
赛尔林曲德寺	སེར་གླིང་ཆོས་སྡེ།
赛赤活佛	གསེར་ཁྲི།
赛廓寺	གསེར་ཁོག
赛图贡布	གསེར་ཐུབ་མགོན་པོ།
賽曼雄巴拉增	སེར་སྨད་གཞུང་པ་ལྷ་བཙུན།
赛贡多杰羌	གསེར་གོང་རྡོ་རྗེ་འཆང་།
赛格欧拉康	གསེར་སྐུ་འོག
萨海	ས་ཧེབ།
萨海噶勒查坚	ས་ཧེབ་ག་ལི་དྲ་ཅན།
萨麻	ས་དམར།
萨钦扎巴坚赞	ས་ཆེན་གྲགས་པ་རྒྱལ་མཚན།
萨迦达钦	ས་སྐྱ་བདག་ཆེན།
萨迦赤钦	ཁྲི་ཆེན།
萨嘎尔顿寺	ས་དཀར་གདོང་།
萨多丹寺	ས་རྡོ་ལྡན།
萨尔曲科德庆寺	ཟར་ཆོས་འཁོར་བདེ་ཆེན།
萨海先生	སྐུ་ཞབས་ས་ཧེབ།
萨玛达	ས་མ་མདའ།
萨岗	ས་སྒང་།
萨麻扎西德勒欢喜苑	ས་དམར་བཀྲ་ཤིས་བདེ་ལེགས་དགའ་ཚལ།
萨海帕杜	ས་ཧེབ་སྤ་དུར།
萨亚	ཡཱ་ཡབ།

萨迦杰增才金欧珠旺姆	ས་སྐྱ་རྗེ་བཙུན་ཚེ་སྨིན་དངོས་གྲུབ་དབང་མོ།
萨蔡修行院	ཟམ་འཚོལ་སྒྲུབ་སྡེ།
萨隆巴桑珠	ས་ལུང་པ་བསམ་གྲུབ།
萨隆巴罗桑土旦	ས་ལུང་པ་བློ་བཟང་ཐུབ་བསྟན།
萨多谷	ས་འདོད་ཀུ།
萨隆	ཟབ་ལུང་།
苏尼纳罗杂	སུ་ཊ་ན་ར་ཛ།
苏布丹	སུ་སྦི་ཏེན།
苏娜巴	སུར་ཊ་པ།
苏夏尔	ཟུར་ཤར།
苏代委员	སུ་ཏྲེ་འོ་ཡོན།
苏康巴	ཟུར་ཁང་པ།
“司法独立”	ཁྲིམས་འགོ་རང་བཙན།
司令武官长	སི་ལིན་བུ་ཀྭོན་གྲང་།
司长	སི་གྲང་།
四业	ལས་བཞི།
四摄法	བསྡུ་བཞི།
四大喇嘛	ཟུར་བཞི་བླ་མ།
四分满	སྡེ་བཞི།
四摄法	བསྡུ་བ་ནམ་བཞི།
四平站	ཟི་ཕིང་ཚའི།
色线阿迪	སེ་ཤན་ཨ་ཏི།
色楞呼诺门汗	ཟེ་ལེ་ཧུ།
斯布多	བསིལ་བུ་མདོ།
斯塔顿珠	སྲིད་ཐར་དོན་གྲུབ།
斯塔	གསོལ་ལྷིར།

斯密达的民族	སི་མི་ཏ།
松凯普次	ཟོན་ཁེ་ཕུར་ཚེ།
松凯白仓	ཟོན་ཁེ་སྤེན་ཚང་།
松肖	གསུམ་ཤོག
松巴司	སུམ་པ་སི།
私主义	སྒེར་ཇོ་བོ།
散居寺	སྲིད་རྒྱུད་པ།
随从	ནང་མ།
隋朝	སུ་ཁྲུ།
孙道爷	སུང་ཏའོ་ཡིན།
寺院	སྡེ་ས།
丝绒件料	ཀོང་སི་ཧོན།
绥远饭店	ཟུའི་ཡོན་ཕྭན་ཏེན།
十户长	བཅུ་དཔོན།
十善相	དགེ་བཅུ།
十力	སྟོབས་བཅུ།
十善相	དགེ་བཅུའི་མཚན་མ།
十三资具	ཡོ་བྱད་བཅུ་གསུམ།
十吉全聚日	བཟང་པོ་བཅུ་འཛོམས།
十护方神	ཕྱོགས་སྐྱོང་བཅུ།
世界美饰灵塔殿	མཆོད་སྡོང་མཛམ་གླིང་རྒྱན།
世亲	དབྱིག་གཉེན།
世界画	སྲིད་པ་ཧོ།
善后会议	ཧྲང་ཧའུ་ཧུད།
善长	དགེ་རིང་།
双挂饰	སྒྲོགས་རིལ་གཉིས།

双层	ཉིས་ཐོག
神变大法会	ཆོ་འཕྲུལ་དུས་ཆེན།
神变节	ཆོ་འཕྲུལ་དུས་ཆེན།
神水	ལྷ་ཆུ།
沈村武官长	ཧྲི་ཚུང་དཔུ།
沈大	ཟེ་དའོ།
圣僧图	ཐོམ་བརྩོན་དམ་པ།
圣者地	ཁྲང་ཐའི།
圣化寺	ཧྲང་ཧྥོ་ཟེ།
圣龙活佛	ཧྲིན་ལུང་སྤྲུལ་སྐུ།
上赛格拉康	གསེར་སྐུ་ལྷ་ཁང་སྟེང་།
上寺	ཡང་སྟེང་།
上师云力	སྤྲིན་གྱི་ཤུགས་ཅན།
大臣升	ཧྲིན།
大臣升泰	ཧྲིན་ཨམ་བན།
陕西张武城	ཧྲན་ཞིང་ཀྲང་ཝུ་མཁར།
陕西	ཧྲན་ཤིས།
山莱堡	ཧྲན་ལེ་སྦུ།
沙哈寺	ཧྲ་ཧྭ།
声闻	ཉན་ཐོས།
舍卫城	མཉན་ཡོད།
手工局管家	འདོད་དཔལ་དོ་དམ།
圣地	འཕགས་པའི་ས།
胜喜	སྤྲོ་བ་སྐྱེད་བྱུང་།
顺治	ཤུན་ཀྲི
树瓣轮十五	ལྗོན་འདབ་འཁོར།

室利拘利	ཤྲི་རི་ཀུ་རི།
麝香一星秤	མཐུར་སྲང་།
身腰拉康	སྐུ་སྐྱེད་ལྷ་ཁང་།
时教	བཀའ་དུས་ཐུགས།
侍从喇嘛	མཚན་ཞབས།
《水猪年法令十三条》	ཆུ་ཕག་སྤྱུག་དམ་དཔྱད་མཆེམས་འདྲ་བཅུ་གསུམ།
书信	ཕྱུག་སམ།
上位	གོང་ས།
誓愿印	མཆོག་སྦྱིན།
省长	སིང་ཀྲང་།
社长	སེ་ཀྲང་།
沙州	ས་བྲུལ།
守使马廷勷	ཧྲའུ་ཧྲི་མྰ་ཐིན་ཤང་།
少长	ཧྲའོ་ཀྲང་།
胜力盖夏金苏久图巴图尔	དགེ་ཤ་ཅིན་སུ་ཅིག་ཐུ་པཱ་ཐུར།
食子	ཚོས་གཏོར།
省委员会	ཞིང་ཡོན།

T

塔姆噶额尔东	ཐམ་གའི་ཨོར་ཏོན།
塔尔巴呼图克图	འདར་པ་ཧོ་ཐོག་ཐུ།
塔宅拉	ཐག་ཏྲེད་ལ།
塔克	ཐ་ཀོ།།
塔尔巴勒曲寺	ཐར་པ་ལེགས་ཚོས།
塔尔曲寺	ཐར་ཚོས།

塔协	ཐ་ཤེལ།
塔玛	ཏཨུཨྨུ།
台吉丹珍	ཐའི་ཇི་ཧྲ་མགྲིན།
台吉纳尔呼雪	ཐའི་ཇི་ནར་ཧོ།
台吴寺	ཐེ་ཝོ་ཟྲི།
统领	ཐུང་ལེན།
统领厅长	ཐུང་ལེན་ཐིན་ཀྲང་།
土尔白图	ཏུར་པེད་ཐུ།
土登嘉措	ཐུབ་བསྟན་རྒྱ་མཚོ།
土南张镇守	ཐོ་ནན་ཀྲང་ཀྲིན་ཧྲུའུ།
托曲	ཐུག་ཆུ།
托杰	ཐོབ་རྒྱལ།
托杰日囊巴	ཐོབ་རྒྱལ་རི་ནང་པ།
托楚翁则	ཐུག་ཚོུལ།
托谿庄园	ཐོབ་གཞིས།
托云彦则	ཐོ་ཡོན་ཡན་ཙེ།
托南张正福	ཐོན་ནན་ཀྲང་ཀྲིན་ཧྲུའུ།
托南张振师	ཐོ་ནན་ཀྲང་ཀྲིན་ཧྲུའུ།
托浑	ཐོ་ཧྲོན།
托南	ཐོ་ནན།
塘巴以信、敬、热爱	དད་གུས་སྤྲོ་གསུམ།
塘热	ཐང་རག
土旦确吉尼玛	ཐུབ་བསྟན་ཆོས་ཀྱི་ཉི་མ།
图尔拜穆仁盖根	ཏུར་པེད་ཤར་མུ་རེན་གེ་གེན།
图盖苏吉尔噶部	ཐུ་གེ་སུ་ཅིར་གལ།
天福寺	ཐེང་ཧུ་ཟྲི།

天灵寺	ཐན་ལིན་ཟེ།
天鄂博	ལྷ་ཨོ་སྦྱོ།
同仲科	ཏྲུང་གཙོགས།
同司安	ཏུང་ཟིལ་ཧན།
同瓦顿丹拉康	མཐོང་བ་དོན་ལྷན།
同司	ཐུང་སི།
同兰	ཐུང་ལེན།
同司安大人	ཏུང་ཟིན་ཧན་དྷ་རེན།
同司安陈	ཏུང་ཟིལ་ཧན་ཆེན།
同专员	ཏུང་ཀྲོན་ཡོན།
同洪年	དོན་ཧུང་ཉན།
太原	དའི་ཡོན།
太尔更孜瓦	ཐེར་ཀུན་རྩེ་ར་བ།
太尔更喇嘛索巴仁钦	ཐེར་ཀུན་བླ་མ་བཟོད་པ་རིན་ཆེན།
通门雄	མཐོང་སྨོན་གཞོངས།
通噶齐热诺云	ཐོན་ཀ་ཆི་རིག་ནོ་ཡོན།
潼关	ཏོར་ཀྭན།
童光	ཐོན་ཀྭན།
潭西则	ཐན་ཞིར་རྩེ།
堆桑林札仓	ཐོས་གླིང་།
脱藏第	ཐོ་ཙང་ཏི།
陀伽尔瓦	ཐུག་དཀར་བ།
条令	དཔྱད་ཁྲ།
厅长	ཐིན་ཀྲང་།
团长	དོན་ཀྲང་།
唐昂山	ཐང་ཁང་རྩེ།

土登嘉措　　　　ཐུབ་བསྟན་རྒྱ་མཚོ།

W

王忠　　　　ཝང་ཀྲུང་།

王将军　　　　ཝང་ཅང་ཅུན།

王占挺　　　　ཝང་ཀྲན་ཐིན།

王业康　　　　བང་ཡི་གང་།

王府室　　　　ཝང་ཕུའུ་ཧྲི།

王宫　　　　ཝང་ཀྭོན།

王副院长　　　　ཝང་ཕུ།

王塞章　　　　ཝང་སེ་ཀྲང་།

王惠　　　　དབང་ཆེན་ཧུ།

王世杰　　　　ཝང་ཧྲི་ཅེ།

五智　　　　ཡེ་ཤེས་ལྔ།

五道　　　　ལམ་ལྔ།

五位一体像　　　　རང་བྱོན་ལྔ་ལྡན།

五联缀　　　　གོས་ལྷ་ལྔ་སྦྲེལ།

五殿　　　　གླིང་ལྔ།

五供殿　　　　ལྔ་མཆོད་ཁང་།

五轮贡孜　　　　ཀོང་རྩེད་འཁོར་ལྔ།

五浊　　　　སྙིགས་མ་ལྔ།

五照见　　　　གཟིགས་པ་རྣམ་པ་ལྔ།

五凯雪　　　　ཁེ་རྡོག་ལྔ།

五塔院　　　　ཨུ་ཐའི།

乌珠穆沁旗　　　　ཨུ་ཙུ་མུ་ཆེན།

乌盖	ཨུ་ཀེར།
乌格尔	ཨུ་གེར།
乌尔顿	ཨོར་ཏུན།
乌班	དབུ་པན།
卫日寺	དབུ་རི་དགོན།
卫部	ཨུའི་སྡུ།
卫队	ཞུས་ཏུའི།
吴心鄂	ཞུ་ཤིན་ཨྭ།
吴佩孚	ཨུ་ཕྲེ་བུ།
吴官长	བུ་ཀྭན་ཀྲང་།
吴桐	ཨུལ་ཐུང་།
吴大正	ཨུལ་ཏའི་ཀྲིན།
吴佩孚大帅	ཨུ་པེ་བུ་ཏཱ་ཧྲོས།
外多总长	ཝའི་ཅའོ་ཙུང་ཀྲང་།
外国政府	ཕྱི་གཞུང་།
外库哈达	ཕྱི་མཛོད།
翁卓	དབུ་སྤྲོག
翁孜拉康	དབུ་རྩེ།
翁孜多	ཨུན་ཅོ་ཏོའོ།
伍由达雪	འོད་ཡུག་ཏ་ཤོག
伍由宗塘	འོད་ཡུག་འཛོམས་ཐང་།
韦仓	སྤྲུལ་ཚང་།
韦仓鲁姆乃噶尔	སྤྲུས་ཚང་གླུ་མོ་ནས་དཀར།
温萨罗桑顿珠	དབེན་ས་བློ་བཟང་དོན་གྲུབ།
温萨曲杰颇章	དབེན་ས་ཆོས་ཀྱི་ཕོ་བྲང་།
文算	ཡིག་རྩིས།

文殊殿	འཇམ་དབྱངས།
汪精卫	ཝའི་ཧྲ་ཅི་ཡུས།
渭南城	ཝུས་ནན།
帕索伦珠德庆寺	བ་སོ་ལྷུན་གྲུབ་བདེ་ཆེན།
威力	མཐུ་དང་ནུས་པ།
无阻梵音解说大恩的佛国大海	ཞིང་ཁམས་རྒྱ་མཚོའི་བཀོད་པ་དར་ལྷའི་ཆུན་
五彩庄严画	འཕྱང་ཅན་གྱི་སྐྱེ།
维那	དབུ་ཆོས།
武算	དམག་རྩིས།

X

西方极乐净土	ནུབ་ཕྱོགས་བདེ་ལྡན་ཞིང་།
西派	ཤའུ་དཔེན།
西勒诺尔	ཤི་ལི་ནོར།
西康学生	ཤིས་ཁམས།
西尼寺	ཤི་ནི་སུ་མི།
西北军	ཤིས་སྤས་ཙུན།
西域将军	ཤིས་ཡུས།
西王堂	ཞིས་ཝང་ཐང་།
西安督军	ཤིས་ཧན་ཏུའུ་ཙུན།
西州	ཤུས་ཀྲའུ།
西宁营官	སི་ལིང་སྐར་དཔོན།
香甘丹曲科寺	ཤངས་དགའ་ལྡན་ཆོས་འཁོར།
香德庆饶杰寺	ཤངས་བདེ་ཆེན་རབ་རྒྱས།
香萨活佛洛桑克增贤珠嘉措	ཤིང་བཟའ་སྤྲུལ་སྐུ་བློ་བཟང་མཁས་བཙུན་བཤད་སྒྲུབ་རྒྱ་མཚོ།

香恰热巴	ཤང་བྱ་རིག་པ།
香德饶寺	ཤངས་བདེ་རབ།
香喀觉巴寺	ཤངས་མཁའ་སྐྱོང་པ།
香灯师	སྐུ་གཉེར།
协庆章康	ཕྱི་ཆེན་བྲང་ཁང་།
协玛欧帕瓦	ཤེ་མ་ངོ་སྤལ་བ།
夏布	ཞ་སྤུག
夏协拉康巴	ཤག་ཤུལ་ལྷ་ཁང་པ།
夏贡寺	ཞབས་དགོན།
夏尔曼	ཤར་སྨད།
夏基孜仲	ཞོལ་སྐྱི།
夏丹拉康	ཞབས་བརྟན་ལྷ་ཁང་།
夏卓森噶	ཞལ་གྲོའི་གཟིམ་འགག
夏桑基巧	ཤལ་སེང་སྐྱི་ཁྱབ།
夏仲	ཞབས་འབྲིང་།
夏布	ཞལ་ཕུད།
夏如昌	ཤ་རུ་ཕྲང་།
夏丹寺	ཞབས་བརྟན་དགོན།
夏麦康	ཞལ་མེད་ཁང་།
夏仲嘎尔波	ཞབས་དྲུང་དཀར་པོ།
夏吉诺苏久台吉热图	ཤ་ཅི་ན་སུ་ཙུག་ཐས་ཛི་རིག་ཐུ།
夏卜堆	ཞབས་སྟོད།
夏拉穆仁科	ཤ་ར་མུ་རིན་ཀྱོལ།
夏津清乌尼苏久图巴图尔	ཤ་ཅིན་ཆིང་ཨུ་ནིར་སུ་ཅིག་ཐུ་པཱ་ཐུར།
雄热玛特瓦	གཤོང་ར་མ་ཐེ་བ།
雪康巴洛桑顿珠	ཞོལ་ཁང་པ་བློ་བཟང་དོན་གྲུབ།

雄拉	གཞུང་ལྷ།
雄雄拉康	གཞོང་གཞོང་ལྷ་ཁང་།
雄四萨迦	འདམ་ས་སྐྱ་བཞི།
雪布杰康	ཤོག་བུ་རྒྱལ་ཁང་།
雪乃卡	ཞོལ་གནས་ཁང་།
雪甘拉巴次仁	ཞོལ་ཀན་ལྷག་པ་ཚེ་རིང་།
雪琪索尼	ཤོད་ཆིབས་གསོར་གཉིས།
雪索丹玉	ཤོད་གསོལ་ལྡན་ཡུལ།
雪	ཤོད།
雪扎西格居德勒饶丹	ཞོལ་བཀྲས་དགེ་བརྒྱུད་བདེ་ལེགས་རབ་བརྟན།
雪纳尔	ཤོ་ནར།
雪第巴	ཞོལ་སྡེ་པ།
雪部人	ཞོལ་སྡེ།
雪琼热振寺	ཤོག་ཆུང་ར་སྒྲེང་།
雪琼南杰	ཤོག་ཆུང་རྣམ་རྒྱལ།
雪竹欧布部	ཤོད་བྲུལ་སྟོན་པོ་ཁ་དྲུག
雪丝	ཤོའུ་སི།
谢扎西格佩寺	བཞད་བཀྲ་ཤིས་དགེ་འཕེལ།
谢茂尔郭勒	ཞུ་མོར་ཀྱོལ།
谢扎鼐	བཤད་སྒྲ་ནས།
谢扎瓦仁布切	བཤད་སྒྲ་བ།
谢通门	གཞད།
谢刚木	བཞིས་ཀམ།
谢牟	བཞིས་མོ།
细乃札仓	གཞི་གནས།
细卓瓦	བཞིས་སྒྲོ་བ།

细热瓦	བཞིས་ར་བ།
细乃喇嘛	གཞི་གནས་བླ་མ།
细觉巴	བཞིས་འཇོག་པ།
细擦巴	ཞིབ་ཚགས་པ།
锡林郭勒旗郭干巴绒部	ཤི་ལིང་ཀྱོལ་གན་པ་རོན།
锡金岗朵	འབྲས་ལྗོངས་སྒང་རྫོག
新车站	ཤིན་ཁྲིས་ཀྲན།
新雍贡寺	གཡུང་དགོན་གསར།
新龙山	ཤིན་ལུང་ཧྲན།
新上	ཤིང་ཧྲང་།
新宫叶	ཤིན་ཀུང་ཡེ།
新寺	ཤིན་ཟེ།
新正觉寺	ཤིས་ཀྲང་ཅོའ་ཟེ།
辛布巴	ཤིང་སྦུག་པ།
辛旦坚	ཤིང་སྟན་ཅན།
辛强古寺	ཁྲིན་ཆུང་ཀྲུ།
辛孜巴	ཁྲ་མཁན་ཤིང་རྩེད་པ།
徐帽	ཐང་ཞུ།
徐徐巴基	ཞུ་ཞུ་འབལ་ཅི།
贤达托罗嘎	ཤན་ཏ་ཐོ་ལོ་ཀ
贤劫第四导师	རྣམ་འདྲེན་བཞི།
贤正善良	མཁས་བཙུན་བཟང་གསུམ།
向志斋	ཤང་ཇོའི་ཇེ།
悉尼苏米	ཤི་ནི་སུ་མི།
小元	ཤའོ་ཡན།
咸阳	ཧན་ཡང་།

行政处	ཤེན་ཅི་ཚའུ།
肃州	ཤུའུ་ཀྲའུ།
喜德札仓	གཞིས་རྩེ།
秀雄甘丹曲林寺	ཤུག་གཞུང་དགའ་ལྡན་ཆོས་གླིང་།
修仲瓦	ཤུག་གྲོང་བ།
习将军	ཤེས།
须古神山	ཤུ་གུ།
须古拉	ཤུ་གུ་ལ།
心脏形食子	འབྲང་རྒྱས།
县官刘安天	ཞན་ཀོན་ལིའུ་ཧན་ཐན།
忻府坪王道班	ཤིས་སྦུས་ཕན་བང་ཧོ་བན།

Y

雍敦多杰贝巴	གཡུང་སྟོན་རྡོ་རྗེ་དཔལ་བ།
雍敦钦波多杰贝	གཡུང་སྟོན་ཆེན་པོ་རྡོ་རྗེ་དཔལ།
益西图丹	ཡེ་ཤེས་ཐུབ་བསྟན།
益仓官员	ཡིག་ཚང་།
宇拓	གཡུ་ཐོག
宇布达巴茹	ཡུ་པོ་ཏ་པ་རུ།
央寺	གཡང་ཆོས་སྡེ།
央曲德寺	གཡང་ཆོས་སྡེ།
央玉德瓦坚寺	ཡང་ཡུལ་བདེ་བ་ཅན།
央曲寺	གཡང་ཆོས།
雅德索寺	གཡག་སྡེ་སོག་དགོན།
雅让喇嘛拉康	གཡབ་རིང་།

一阔	འཁོར་གང་།
尤噶尔寺	ཡོལ་དཀར།
一秤白银	རྡོ་ཚད།
亚东曲布	གྲོ་མོ་ཆུ་སྦི།
亚东迥日贡	གྲོ་མོ་རྒྱན་རི་སྒོང་།
亚夏尔	གཡབ་ཤར།
亚协李航	ཡ་ཞེ་ལིང་ཧང་།
岩龙修行院	ཡན་ལུང་།
岩土镇	ཡན་ཐུ་ཀྲིན།
迎候准备公会	ཕེབས་སྒྲིགས་འདུ་སྤྱི།
迎泽	གཡུས་རྫེ།
瀛台	དབྱིན་དའི།
瀛台宫	ཡིན་དའི་ཕོ་བྲང་།
营长	ཡིན་ཀྲང་།
营旗噶噶尔达	ཡིས་ཆིད་ཀ་སྐར་མདའ།
药王山	ལྷགས་པོ་རི།
衙门	ཡ་མོན།
意乐加行	བསམ་སྦྱོང་།
扬幡骑士	ཆིབས་དར་བ།
延多	ཡན་ཏོ།
延多苏米	ཡན་ཏོ་སུ་མི།
叶军长	ཡས་ཙུན་ཀྲང་།
叶本云	ཡུས་སྤེན་ཡོན།
玉门	ཡུལ་སྨན།
玉嘉瓦	གཡུ་བྱ་བ།
玉树藏曲	ཡི་ཤུ་གཙང་འབྲུད།

余学忠	ཡུའི་ཞོའུ་ཀྲུང་།
余公爷	ཡུས་ཀུང་ཡེའི།
余伟时	ཡུལ་བའི་ཧྲི།
应福寺	ཡིན་ཕུ་ཟི།
豫	ཡུའི།
乐师	འབལ་ཆ་བ།
永驻西方天国之主班禅佛	ནུབ་ཕྱོགས་བདེ་ལྡན་ལ་འགྱུར་མེད་བརྟན་པར་གནས་པའི་མཛད་པོ་པཎ་ཆེན་སངས་རྒྱས་མངོན་སུམ།
彦岗谢	ཡན་གང་ཤེལ།
译仓勒仲	ཡིག་ཚང་ལས་མགྲོན།
颜多苏米寺	ཡན་ཏོ།
姚灵军	ཡའོ་ལིན་ཙུན།
佑康颐昭豫庄诚寿恭钦献崇熙太后	ཡིའུ་ཁང་ཡིའི་ཀྲའོ་ཡུའི་ཀྲོང་ཁྲིན་ཧྲའུ་ཀུང་ཆིན་ཞན་ཙུང་ཤིའི་ཐའི་ཧོ་ཆེན་མོ།
于统爷	ཡུའི་ཐུང་ཡེའི།
盐池	ཡན་ཁྲི།
运城	ཡུན་ཀྲིན།
勇武轮王	དྲག་པོ་འཁོར་ལོ་ཅན།
英帝国王子	དབྱིན་ཇི་རྒྱལ་སྲས།
郁南	ཡུ་ནན།
悦意寝室	གཟིམ་ཆུང་ཡིད་དགའ།
欲界	འདོད་ཁམས།
月称	ཟླ་གྲགས།
羊达诺欧	ཡང་དག་ནོ་འོར།
养地宝瓶	ས་བཅུད་བུམ་པ།

杨福东　ཡང་བུ་འདོན།

Z

杂曲喀囊寺　ཛ་ཆུ་ཁ་ནང་དགོན།
杂迦勒布卡让卓　ཙ་ཀ་ལི་དབུས་ཁ་རང་འགྲིག
杂克柔齐　ཙ་ཁེ་རིག་ཆེ།
杂佐　ཚ་མཛོད།
杂曲寺　འཛམ་ཆོས།
杂罗僧诃　ཚ་ར་སེང་ཧ།
杂南甘丹曲佩寺　ཙས་རྣམ་དགའ་ལྡན་ཆོས་འཕེལ།
杂坚寺　ཚ་བརྒྱུད་དགོན།
杂龙寺　ཚ་ལུང་པ།
赞加拉康　མཛད་བརྒྱ་ལྷ་ཁང་།
赞康　བཙན་ཁང་།
赞果玛　ཚམ་མགོ་མ།
藏绒　གཙང་རོང་།
藏胡咋热寺　གཙང་ཧོ་ཛ་ར།
藏总代本拉当子　གཙང་མདའ་ལྷ་སྟིང་སྲས།
藏贡寺　གཙང་དགོན།
总公　ཙུང་ཀུང་།
总司令的特别代表　ཏཱའི་སྤྱོར་གྲོར་ཆེས་ཏུ་པན།
总裁　ཙུང་ཚའི།
宗基巧　སྤྱི་ཁྱབ་པ། 总管
宗喀巴　ཙོང་ཁ་པ།
宗总令　རྫོང་སྡོད་སྤྱིལ་པོ།

宗翟雍杜巴	རྫོང་སྤྲེལ་ཡོངས་བསྡུད་པ།
宗塘	འཛོམས་ཐང་།
孜恰勒帕尔	རྩེ་ཕྲུག་ལས་འཕར།
孜仲	རྩེ་མགྲོན།
孜仲坚赞	རྩེ་མགྲོན་རྒྱལ་མཚན།
孜仲洛桑塔却	རྩེ་མགྲོན་བློ་བཟང་ཐེག་མཆོག
孜仲饶央	རྩེ་དྲུང་རབ་ཡངས།
孜恰顿康巴	རྩེ་ཕྲུག་དོན་ཁང་པ།
孜斯觉两人	རྩེའི་གཟི་འཛོ་གཉིས།
孜仲	རྩེ་མགྲོན།
孜	རྩེ།
孜尔东寺	རྩེ་ར་དུང་དགོན།
孜钦寺	རྩེ་ཆེན།
孜木桑木丹大乘洲	འཛོམ་བསམ་གཏན་ཐེག་ཆེན་གླིང་།
孜隆班玛曲顶寺	རྫི་ལུང་པདྨ་ཆོས་སྡིངས།
孜东管家	རྩེད་གདོང་།
孜佩寺	རྩེད་འཕེལ།
孜恰	རྩེ་ཕྲུག
孜僧噶	གཟིམ་འགག
孜雪	རྩེ་ཤོད།
孜仲堪布强巴旦增仁布切	རྩེ་མགྲོན་མཁན་པོ་བྱམས་པ་བསྟན་འཛིན།
孜恰顿康巴	རྩེ་ཕྲུག་དོན་ཁང་པ།
孜所	རྩེའི་སོ།
祖父齐美旺布	མེས་པོ་འཆི་མེད་དབང་པོ།
祖拉	གཙུག་ལག
自入法	བདག་འཇུག

自生	བདག་བསྐྱེད།
增莫蔡巴扎基	བཙུན་མོ་ཚལ་པ་གྲྭ་སྐྱི།
增上天王	འཕགས་སྐྱེས་པོ།
咋热噶尔摩	ཛ་ར་དཀར་མོ།
咋科热齐	ཙོག་ཚ་ཁི་རིག་ཆེ།
坐垫管理员	གདན་གཉེར།
组织	ཙུའུ་དྲི།
左苏尼王	ཙུན་སུ་ཉིད་ཕང་།
尊追桑布	བཙོན་འགྲུས་བཟང་པོ།
再献	རྒྱབ་སྟེར།
泽曲河边	རྩེ་ཆུ།
觜宿月	མགོ་ཟླ་བ།
佐霞	མཛོད་ཤག
则桑康	འཛོམ་བསམ་ཁང་།
仔本	རྩིས་དཔོན།
在野	རྩེ་ཡིས།
扎萨喇嘛罗桑顿珠	ཛ་སག་བླ་མ་བློ་བཟང་དོན་གྲུབ།
扎萨喇嘛旺秋崔成	ཛ་སག་བླ་མ་དབང་ཕྱུག་ཚུལ་ཁྲིམས།
扎萨江坚公	ཛ་སག་ལྕང་ཅན་གུང་།
扎西顿珠	བཀྲ་ཤིས་དོན་གྲུབ།
扎西格当巴	བཀྲ་ཤིས་དགེ་སྟེང་པ།
扎拉岗巴	དགྲ་ལྷ་སྒང་པ།
扎西通门巴	བཀྲ་ཤིས་མཐོང་སྨོན་པ།
扎纳寺	བྲག་སྣ།
扎希拉姆	བཀྲ་ཤིས་ལྷ་མོ།
扎雄	བཀྲས་གཞོངས།

扎雅琼仓活佛	བྲག་གཡབ་ཆུང་ཚང་།
扎西欧巴灵塔	གསེར་སྡོང་བཀྲ་ཤིས་འོད་འབར།
扎细	བྲག་གཞིས།
扎穷唐噶	གྲ་ཆུང་ཐང་དཀར།
扎达	གྲག་སྟག
扎西通门	བཀྲ་ཤིས་མཐོང་སྨོན།
扎萨喇嘛哲康罗桑丹增	ཛ་སག་འབྲས་ཁང་བློ་བཟང་བསྟན་འཛིན།
扎萨苏康巴	ཛ་སག་ཟུར་ཁང་པ།
扎登	བྲག་མདུན།
扎乌	གྲའུ།
扎瓦尔雄	ཀྲ་ཕར་ཞུན།
扎萨第旭穆	ཛ་སག་དེ་ཤུ་མུད།
扎兰图	ཛ་ལེ་ཐུ།
扎武百户	ཏྲའུ་པེ་ཧུ།
扎西雄巴寺	བཀྲས་གཞོངས།
扎玛隆	གྲ་མ་ལུང་།
札子	གྲལ་རྩེ།
札议员李王统	ཛ་ཡིའི་ཡོན་མི་ཡོན་ལི་དབང་ཐུང་།
周格	འབྲུག་དགུ།
周朝	སྤྲུ་ཁྲའོ།
周诺布岗寺	འགྲིག་ནོར་བུ་སྒང་།
周赞	སྤྲུག་ཙན།
周元庆	འགོ་ཡུན་ཆིང་།
珠库巴热瓦次旦	གྲུ་ཁུད་སྤག་ར་བ་ཚེ་བརྟན།
珠江	གྲུལ་ལྕང་།
珠康法王	སྤྲོ་ཁང་ཆོས་རྗེ།

珠旺活佛	གྲུབ་དབང་སྤྲུལ་སྐུ།
珠仓	བྲུལ་ཚང་།
哲	དྲེས།
掌堂师	ཆོས་ཁྲིམས་པ།
维那	དབུ་ཆོས།
珠旺活佛	གྲུབ་དབང་།
哲霍尔	ཇེ་ཧོར།
珠康拉章	སྒྲུབ་ཁང་བླ་བྲང་།
朱砂红金丝缎	ཧྲུས་ཚལ།
张	ཀོ་རིལ།
朱霍尔贝丹次仁	ཇེ་ཧོར་དཔལ་ལྡན་ཚེ་རིང་།
朱康	གྲུ་ཁང་།
朱扎萨	གྲུམ་ཛ།
仲科	དྲུང་གཏོགས།
仲甘	འབྲོང་ཀན།
仲乃	འབྲོང་སྣེ།
仲欧尔拉章活佛	འབྲོང་ངོར་བླ་བྲང་སྤྲུལ་སྐུ།
仲孜	འབྲོང་རྩེ།
仲钦	དྲུང་ཆེན།
仲曲康巴	མགྲོན་ཆོས་ཁང་པ།
仲迈	མགྲོན་མེ།
仲涅	མགྲོན་གཉེར།
仲康	མགྲོན་ཁང་།
仲敦	འབྲོམ་སྟོན།
仲代	དྲུང་མདའ།
仲孜曲德寺	འབྲོང་རྩེ་ཆོས་སྡེ།

仲萨官员	དཀྲོང་སར།
仲达	སྒྲོན་དར།
仲扎	དྲུང་དྲག
仲孜雪	འབྲོང་རྩེ་ཤོད།
仲科结巴	དྲུང་འཁོར་དཀྱིལ་སྡུག
仲普尔	དྲུང་ཕུར།
仲热罗桑班旦	དྲུང་རམ་བློ་བཟང་དཔལ་ལྡན།
仲孜	འབྲོང་རྩེ།
中帐	དབུ་གུར།
中库哈达	བར་མཛོད།
中顿黄色大褂	ཀྲུང་ཧོན་སེར་པོའི་ཏྭ་ཀྭ།
中佛殿	མཆོད་ཁང་དཀྱིལ།
中等俗官	དྲུང་འབྲིང་།
中将李耐洪	ཀྲུན་ཅང་ལྷེས་ནའི་ཧུན།
中原	ཀྲོན་ཡོན།
中原局道爷	ཀྲོན་ཡོན་ཇུའུ་ཏའོ་གཡེན།
中员希木将军	ཀྲོན་ཡོན་ཤིས་མུ་ཅང་ཇུན།
中原出道员	ཀྲོན་ཡོན་ཇུའུ་ཏའོ།
真萨姆拉章	ཀྲིན་ཟམ།
真正救星	དཔུང་གཉེན།
真旦	ཀྲིན་ཏྲི།
真觉寺	ཀྲང་ཅའུ་ཟི།
哲协	འབྲས་ཞུད།
哲霍尔巴	ཧེ་ཧོར་པ།
卓弥译师	འབྲོག་མི་ལོ་ཙཱ།
卓果瓦	ཀྲོ་སྐོར་བ།

卓库巴热瓦	གྲོ་ཁུད་སྤུག་ར་བ།
卓隆巴洛哲窘乃	གྲོ་ལུང་པ་བློ་གྲོས་འབྱུང་གནས།
卓尼洛桑嘉措	ཚ་ཉེ་བློ་བཟང་རྒྱ་མཚོ།
章喀银一石	ཏཾ་རྗེ་གཅིག
章台	སྒྲང་ཐེན།
执照	ལག་ཁྱེར།
执政段祺瑞	ཀྲི་ཀྲིང་ཏོན་ཇུ་རུས།
执政段祺瑞	ཀྲི་ཀྲིང་ཏོན་ཆུ་རུས།
执政府	ཀྲི་སྲིང་ཕུ།
赵厅府	ཀྲའོ་ཐིང་ཕུར།
赵社院长	ཀྲའོ་ཧྲས་ཡོན་ཀྲང་།
赵	ཀྲའོ།
张浦杭朱	ཀྲེང་ཕུ་ཧང་ཀྲུའུ།
张佐祥	ཀྲང་ཙོ་ཞང་།
张总司令	ཀྲང་ཙུང་སི་ལིང་།
张旅长	ཀྲང་ལུད་ཀྲང་།
张副官	ཀྲང་ཧྥུ་ཀོན།
张学良	ཀྲང་ཞོ་ལེན།
张潘叶公	ཀྲང་ཕན་ཡེ་ཀོན།
张晓兰	ཀྲང་ཞོས་ལེན།
张正福	ཀྲང་ཀྲེན་ཧྥུའུ།
张作霖	ཀྲང་རྫོ་ལིང་།
张治嘉	ཀྲང་ཀྲུའུ་ཇྭ།
张杰塞	ཀྲང་ཅེའེ་ཟེལ།
张御守	ཀྲང་ཡུས་ཧྲོས།
郑塞	ཀྲེན་སྲས།

郑司长	གྲའུ་ཇེ་གྲང་།
郑远征	གྲོང་ཡོན་དྲིན།
占卡乌叶	གྲན་ཁའུ་ཡེར།
占克庙	ཞན་གེ་མིའོ།
翟霍尔康村	ཏེ་ཧོར།
翟省长	ཛས་ཤིན་གྲང་།
翟尚卡瓦	བྲེ་ཤྲང་ཁ་བ།
翟宗孙	ཛྲེ་ཙང་སྲུན།
珍珠盘	ཞི་ཏུའུ་པན།
珍奇哈达	དྲིན་ཁྱེད།
旃陀罗王	གདོལ་པའི་རྒྱལ་པོ།
旃檀银喜拉康	ཙནྡན་དངུལ་དཀའ།
镇班木叶	གྲིན་པན་དམི་ཡི།
镇长	གྲིན་གྲང་།
照顶寺	གྲའོ་དིའི་ཇི།
招待地深家巷	གྲོའོ་ཏའི་ཧྲན་ཐྲ་ཤང་།
指示	བཀའ་སློབ།
政府彻德	འཕྲལ་བདེ།
铸工尼玛	ལུགས་པ་ཉི་མ།
竹木日沃当钦寺	འབྲུམ་རི་བོ་མདངས་ཆེན།
桌子	ལྕབ་ལྕོག
众陪颂者	གསུང་ཞབས་རྣམ་པ།
知宾冲布巴	མགྲོན་ཆེ་ཁྲོན་སྤྲུག་པ།
智度寺	ཚེ་ཏུ་ཇི།
帐子	གྲང་ཙེ

后 记

《九世班禅额尔德尼·确吉尼玛传》,全名《救怙主遍知罗桑土旦确吉尼玛格列朗杰贝桑布共同传记宝王》,分上下两册,上册在原有的资料基础上扎寺文史资料室整理;下册由洛桑江央益西丹巴坚赞编著。藏文全书共1050页。说来也巧,2015年9月去拉萨出差时,西藏自治区社会科学院西藏藏文古籍出版社的普琼旺堆来商谈翻译之事,他说西藏自治区社会科学院已经启动重大项目历辈班禅传的翻译工程,其他班禅传记本的翻译任务已经落实,剩下《第九世班禅额尔德尼确吉尼玛传》无人承担,提出让我翻译,这时距离其他人接受任务已过去近一年的时间。我当时只考虑这是一件非常好的大事,在不了解任何翻译的具体要求和原则的情况下就接受了。但是,当我拿到上下两册厚厚的本子翻看时,发现跟我原来接触过的人物传记完全不一样,其复杂性远远超过了其他任何一个本子,主要表现在这样几个方面:一是从写作手法分析,不是出自一人之手,而是多人记录的集合,看不出有整理润色的痕迹。二是内容不完整,生活记录较全,大事描述简化。对班禅每一天的活动,包括讲授什么经法、为多少人摩顶灌顶等方面的生活琐事记录的非常全面细致,对班禅在内地参加的重大政治活动和发表的事关祖国统一的演讲则一笔带过。三是方言或口语化严重。文中有大量的日喀则或其他地区的方言,给翻译带来不便。在翻译的过程中,每当遇到这样的问题时,我请教其他老师和来自日喀则的学生,结果都说不清楚是什么意思。四是译音过多。下册主要描写九世班禅在内地的活动,其中涉及许多人名、地名、职官名称、机构名称等,基本上采取音译,要查找出原始名称非常不易,给翻译带来了预想不到的困难。五是文本存在大量的错别字。

由于以上诸多方面的原因,再加上本人藏文水平和翻译能力有限,经过两年时间的努力,虽然翻译完成了《第九世班禅额尔德尼确吉尼玛传》,但是译文的质量很难保证。尤其是文中出现的有些原民国时期的地名已经更改,查找起来十分困难,再说也不允许花大量的时间进行查找核对。因此,呈献给读者的这个译本难免存在诸多问题,在此说一声抱歉。同时,感谢西藏自治区社会科学院提供了这样一次难得的锻炼机会,使我学到了不少知识。

许德存(索南才让)